Festgabe für
WERNER FLUME

zum 90. Geburtstag

Dem Lehrer dargebracht von

HORST HEINRICH JAKOBS
EDUARD PICKER
JAN WILHELM
WOLFGANG ERNST
RAINER HÜTTEMANN
WOLFGANG SCHÖN

Springer

Für eine großzügige Unterstützung des Drucks der Festgabe danken die Herausgeber der Alfried Krupp von Bohlen und Halbach-Stiftung, den Rechtsanwälten Busse, Miessen & Partner und Herrn Dr. iur. Dr. rer. pol. h.c. Klaus Liesen.

ISBN 978-3-540-64832-1

Die Deutsche Bibliothek - CIP-Einheitsaufnahme
Ernst, Wolfgang: Festgabe für Werner Flume: zum 90. Geburtstag / Wolfgang Ernst; Rainer Hüttemann; Wolfgang Schön. Hrsg.: Horst H. Jakobs ... - Berlin; Heidelberg; New York; Barcelona; Budapest; Hongkong; London; Mailand; Paris; Singapur; Tokio: Springer, 1998
ISBN 978-3-540-64832-1 ISBN 978-3-642-58963-8 (eBook)
DOI 10.1007/978-3-642-58963-8

Einbandgestaltung: Erich Kirchner

SPIN 10683541 42/2202-5 4 3 2 1 0 - Gedruckt auf säurefreiem Papier

Festgabe für WERNER FLUME

zum 90. Geburtstag

Springer-Verlag Berlin Heidelberg GmbH

Anno suae aetatis xc.

Vorwort

Was in der Wissenschaft das Verhältnis von Schüler und Lehrer ausmacht, hat Werner Flume wie folgt umschrieben: „Wenn wir sagen, Lehre und Forschung seien die Aufgabe des Professors, so ist hinsichtlich der Lehre für uns Juristen zu unterscheiden zwischen der allgemeinen Ausbildung der Juristen und dem *besonderen* Lehrer-Schüler-Verhältnis, bei dem es darum geht, wer in der Folge zu Lehre und Forschung berufen wird. So wichtig die Lehre als Aufgabe der allgemeinen Ausbildung der Juristen ist und so ernst ich diese Aufgabe immer genommen habe, der eigentliche Zauber der akademischen Lehre gilt dem besonderen akademischen Lehrer-Schüler-Verhältnis, der Verbindung des Lehrers mit denen, welche die Fackel weiterzutragen haben. Es ist ein Glück für den Schüler, auf den richtigen Lehrer zu treffen, aber ebenso ist es ein Glück für den Lehrer, die richtigen Schüler zu bekommen“[1].

Das Glück, in Werner Flume ihren Lehrer gefunden zu haben, die Dankbarkeit dafür, seine Schüler geworden zu sein, die er ohne belehrende Worte bis in die Tiefe geprägt hat, vereinigt die Autoren der hier vorgelegten Arbeit. Diese soll, nachdem die deutsche Rechtswissenschaft Werner Flume zu seinem 70. Geburtstag durch eine umfangreiche Festschrift geehrt hat[2], zu seinem 90. Geburtstag die Verbundenheit der Schüler mit dem verehrten Lehrer bekunden. Eine freilich fehlt in dem Kreis: Durch den frühen Tod von Brigitte Knobbe-Keuk hat Werner Flume seine Schülerin, haben zwei der hier versammelten Autoren ihre Lehrerin und haben alle Beteiligten eine eng verbundene Freundin verloren. So macht dieses Buch einmal mehr den Verlust schmerzhaft fühlbar.

---

[1] Gedächtnisschrift für Brigitte Knobbe-Keuk, 1997, S. 7

[2] Festschrift für Werner Flume zum 70. Geburtstag, 2 Bde., 1978

In der Festgabe veröffentlichen die Autoren Erträge ihrer gegenwärtigen wissenschaftlichen Arbeit. Deren Unterschiedlichkeit in Thema und Methode belegt, wie sehr Freiheit und Individualität die Beziehung zu dem Lehrer bestimmen, dem jede Schulenbildung fernlag. Die Abhandlungen reichen vom Ius Romanum über das geltende Zivilrecht, das Recht der juristischen Person und das Steuerrecht zu den Grundlagen der Idee des Rechts, und sie berühren damit zentrale Bereiche, denen Werner Flumes Interesse und Arbeit gelten. Sie mögen deshalb auch dem Leser eine Anregung sein, sich immer neu mit dem Werk des Jubilars zu befassen.

Horst Heinrich Jakobs *Eduard Picker* *Jan Wilhelm*

Wolfgang Ernst *Rainer Hüttemann* *Wolfgang Schön*

Inhaltsverzeichnis

Die Vorgeschichte der exceptio non adimpleti contractus

im römischen Recht bis Justinian

Wolfgang Ernst

I. Das Thema im Rahmen der Lehre vom sogenannten funktionellen Synallagma

Wenn aus einem Vertrag beiden Parteien ein Anspruch zukommt, stellt sich die Frage, ob und gegebenenfalls wie die Geltendmachung des einen Anspruchs durch das Bestehen des anderen Anspruchs beeinflußt wird. In unserer Tradition wird eine Abhängigkeit der gegenläufigen Vertragsansprüche in ihrer Verfolgung und Durchsetzung mittels der *exceptio non adimpleti contractus*, d.h. mittels der Einrede des nichterfüllten Vertrages, hergestellt. Diese Einrede ist unser Thema.

Üblicherweise wird das Thema heute als Teilaspekt einer grundlegenderen Lehre vom Synallagma aufgefaßt. Man pflegt seit *Bechmann*[1] die wechselseitige Abhängigkeit, in der die Verpflichtungen aus dem gegenseitigen Vertrag zu erfüllen sind, als das „funktionelle" Synallagma anzusprechen. Die Figur des funktionellen Synallagmas ist als Abstraktionsleistung jedoch selbst das Ergebnis einer dogmengeschichtlichen Entwicklung. Die verschiedenen Regelungen, die man heute in der systematisierenden Dogmatik der Lehre vom Synallagma zuordnet -

[1] Kauf nach gemeinem Recht I. Teil (Geschichte d. Kaufs im röm. Recht), 1876, 540 ff.

die notwendig beidseitig wirkende Unwirksamkeit des Vertrages[2], das notwendig beidseitige Freiwerden bei nachträglichen Erfüllungshindernissen[3] und eben die wechselseitige Abhängigkeit der Vertragsansprüche im Erfüllungsvorgang - haben historisch verschiedene Wurzeln. „Das" Synallagma, wie es die heutige Dogmatik versteht, kann im antiken römischen Recht von vornherein nicht aufgefunden werden. Die Frage nach der geschichtlichen Entwicklung läßt sich sinnvoll nur jeweils für die einzelne, heute der Lehre vom Synallagma zugeordnete Rechtsfigur stellen. Dies wollen wir für die *exceptio non adimpleti contractus* tun: Unter Ausblendung der anderen Fragen, die mit dem funktionellen Synallagma in Verbindung gebracht werden, behandeln wir die Abhängigkeit der wechselseitigen Hauptleistungen in Erbringung und Erzwingung.

Es geht uns nur um den Kauf. Im Mittelalter und in der Neuzeit hat sich die *exceptio non adimpleti contractus* - ausgehend vom Kaufvertrag - ein immer weiteres Feld erobert[4]; sie ist heute bei jedem sogenannten gegenseitigen Vertrag gegeben[5]. Diese Entwicklung, die mit der abstrahierenden Ausbildung einer allgemeinen Rechtsfigur des gegenseitigen Vertrages zusammenhängt[6], liegt außerhalb des Bereichs, den wir verfolgen wollen. Dementsprechend lassen wir auch die wichtigste Variante der *exceptio non adimpleti contractus*, nämlich die *exceptio non rite adimpleti contractus*, außer Betracht, weil auch sie erst der späteren Entfaltung unserer *exceptio* angehört.

Gegenüber der Redeweise von „dem" funktionellen Synallagma ist noch ein weiterer Vorbehalt anzubringen: Dem eindeutigen wirtschaftlichen Befund, wonach bei einem gegenseitigen Vertrag jede Partei das Ihrige einsetzt, um etwas als Gegenleistung zu erwerben, steht keineswegs eine einzige juristische Technik zur Regelung des funktionellen Synallagmas gegenüber. Vielmehr kann dem wirtschaftlichen Zusammenhang beider Leistungen juristisch auf ganz unterschiedliche Weise Rechnung getragen werden. Der uns vertraute Mechanismus der Einrede des nichterfüllten Vertrages ist nicht die einzige Möglichkeit zur Wahrung des Zusammenhangs von Leistungs- und Gegenleistungspflicht[7], wie auch Inhalt und Wirkungsweise der Einrede des nichterfüllten gegenseitigen Vertrages positivrechtlich sehr verschieden ausgeprägt sein können.

---

[2] Kritisch zu diesem sogenannten genetischen Synallagma im Hinblick auf das röm. Recht *Flume* Rechtsakt und Rechtsverhältnis (1990) 99 f., 107 ff., 113 m.w.N.; im Hinblick auf die moderne Dogmatik *F. Rittner* Festschr. Heinrich Lange (1970) 213 ff. m.w.N.

[3] Sog. konditionelles Synallagma.

[4] S. dazu *Cassin* L'exception tirée de l'inexecution dans les rapports synallagmatiques (exception non adimpleti contractus) 1914, S. 47 ff.

[5] Vgl. § 320 BGB.

[6] Dazu *Coing* Europ. PrivatR I (1984) 405 f. m.w.N.; *Nanz* Die Entstehung des allg. Vertragsbegriffs im 16. bis 18. Jahrhundert (1985); *James Gordley* The Philosophical Origins of Modern Contract Doctrine (1991); zusammenfassend ders., in *von Mehren* (chief ed.) Intl. Encyclopedia of comp. law VII/2 (1997) 12 ff.; zuletzt *Italo Birocchi* Causa e Categoria generale del Contratto (1997).

[7] So werden wir in der Kaiserjustiz des dritten Jahrhunderts einer abweichenden Rechtstechnik begegnen, nämlich der Klägerverurteilung in die Gegenleistung, s. unten V.

Unterschiedlich können die Regelungen sein, die das positive Recht u.a. hinsichtlich der folgenden Fragen trifft: Muß, wenn der Anspruch auf eine Leistung durchgesetzt werden soll, die Gegenleistung schon vor Klageerhebung erbracht (angeboten) worden sein oder kann sie noch während des Prozesses oder gar erst bei der Vollstreckung erbracht (angeboten) werden? Und wenn man das Angebot genügen läßt - in welcher Form muß das Angebot erfolgen? Wie und von wem ist die erfolgte Leistung oder deren Angebot zu beweisen? Führt die fehlende Erbringung (das fehlende Angebot) der Gegenleistung zur endgültigen oder nur zu vorübergehenden Abweisung der Klage? Muß sich der Beklagte hierfür auf die ausstehende Gegenleistung berufen oder ist diese vom Richter von Amts wegen zu beachten?

II. Klagen gegen den Käufer trotz ausstehender Sachleistung

1. Die *exceptio mercis non traditae* und ihr Funktionswandel vom prätorischen Edikt zum justinianischen Recht

Wir kennen im römischen Recht mit der *exceptio mercis non traditae* eine Einrede, die dem Käufer wegen ausstehender Sachleistung gewährt wird. Diese Einrede hat aber in ihrer Entwicklung einen grundlegenden Funktionswandel durchgemacht[8]:

a) Die *exceptio mercis non traditae,* wie sie im prätorischen Edikt formuliert war, zeichnet sich durch eine spezifische Anwendung aus. Es geht um den auktionsweisen Verkauf durch einen *argentarius.* Während eine ältere Ansicht vermutet hatte, es komme hierbei die *emptio venditio* unmittelbar zwischen Ersteher und Argentarier zustande, der sich zusätzlich zu seiner Kaufpreisforderung *ex venditi* den vereinbarten Betrag auch in Stipulationsform habe versprechen lassen[9], stellt sich die neuere Forschung den regelmäßigen Hergang der Auktion nunmehr wie folgt vor[10]: Der *argentarius* vermittelt den Abschluß eines Kaufvertrages zwischen dem Ersteher und dem Einlieferer (*dominus*). Regelmäßig schießt der *argentarius* dem verkaufenden *dominus* schon vor der Auktion einen festen Betrag

[8] Lit.-Auswahl: *Lenel* Edictum perpetuum (3. Aufl. 1927) 503 f.; *Talamanca* Contributi allo studio delle vendite all' asta nel mondo classico, Atti Naz. Lincei (1955) 121 ff.; *Palermo* Studi sulla „exceptio" nel diritto romano (1956) 149 f.; *Thomas* Juridical Review 1957, 42 ff.; *Thielmann* Röm. Privatauktion (1961) 96 ff., 141 ff.; *Ankum* Studi in onore di G. Scherillo I (1972) 377 ff.; *Wesener* SZ 112 (1995) 115.

[9] So *Th. Mommsen* Ges. Schriften I/3 (1907) 228 (anders seinerzeit aber schon *Karlowa* Röm. RGeschichte II/1 [1901] 631); ebenso noch *Thielmann,* (o.N. 8) 94 ff., mit weiteren Nachw. zum Streitstand 95 N. 4; wie *Thielmann* auch *Meylan* IURA 22 (1962) 249 f.

[10] Grundlegend *Talamanca* (o.N. 8) 119 ff.; *Ankum* (o.N. 8) 380 ff.; *Thomas* a.a.O.; *Kaser* SZ 79 (1962) 441 f.; *Mayer-Maly* TR 31(1963) 127 f.; *Bürge* SZ 104 (1987) 481 N. 71.

vor; der *argentarius* übernimmt also eine Finanzierungsfunktion. Nach erfolgtem Zuschlag läßt sich der *argentarius* den vereinbarten Preis vom Käufer in Stipulationsform versprechen. Die Kaufsache erhält der Käufer vom *dominus*, den „Kaufpreis" erbringt er, indem er auf die Stipulationsschuld, d.h. an den *argentarius* zahlt. Bei diesem Geschäftshergang hat die *exceptio mercis non traditae* die Funktion eines Einwendungsdurchgriffs. Um den Auktionskäufer dagegen zu schützen, daß er trotz Nichterfüllung seitens des *dominus* vom *argentarius* auf die promittierte Summe in Anspruch genommen wurde, stand die *exceptio doli* nicht zur Verfügung: Es ist ja nicht dolos, wenn der *argentarius* die Erfüllung der Stipulationsschuld verlangt, da ihn selbst keinerlei Gegenverpflichtung trifft. Daher konnte erst eine spezielle *exceptio* prätorischen Rechts dem Auktionskäufer helfen. Eben dies ist die ediktale *exceptio mercis non traditae*, durch die der Käufer der Stipulationsschuld einredeweise entgegenhalten konnte, ihm sei die Ware noch nicht übergeben worden[11]. (Ebenfalls einen „Einwendungsdurchgriff" erlaubte die parallel angelegte *exceptio redhibitionis*[12]: Sie schützt den Auktionskäufer gegen die Inanspruchnahme aus seiner Kaufpreisstipulation, wenn er gegenüber dem *dominus* wegen eines Sachmangels gewandelt und diesem die Kaufsache zurückgegeben hat[13].)

Die *exceptio mercis non traditae* wird ihrem Wortlaut nach erst durch die vollzogene Übergabe beseitigt, also nicht etwa schon durch ein Übergabeangebot. Irgendeine Koordination der noch ausstehenden Sachübergabe mit der prozessualen Verfolgung des stipulierten Betrages ist nicht erkennbar und ja auch von vornherein nicht zu erwarten: Gehen wir davon aus, daß das Stipulationsversprechen dem *argentarius* abgegeben wurde, die Kaufsache aber vom *dominus* tradiert werden soll, so scheidet jede Möglichkeit aus, einen „synallagmatischen" Vollzug des Kaufvertrages noch in die gerichtliche Verfolgung des stipulierten Kaufpreises einzuschalten, etwa in der uns heute geläufigen Form, daß der Verkäufer vor der Verurteilung oder vor der Vollstreckung die Leistung erbringen oder anbieten muß: Den *argentarius*, der den promittierten Betrag mit der *condictio* verfolgt, kann man ja nicht zu der *traditio* anhalten, zu der allein der *dominus* verpflichtet und in der Lage ist.

Die ediktale *exceptio mercis non traditae* scheidet aufgrund ihrer spezifischen Funktion als Beleg für eine synallagmatische Handhabung der durch die *emptio venditio* begründeten *actiones* natürlich aus.

---

[11] Den Wortlaut entnimmt man D. 19.1.25 Iul 54 dig (dazu sogleich): *„SI EA PECUNIA, QUA DE AGITUR, NON PRO EA RE PETITUR, QUAE VENIT NEQUE TRADITA EST".*

[12] Lit.: *Lenel* (o.N. 8) 505; *Talamanca* (o.N. 8) 124 ff.; *Thielmann* (o.N. 8) sowie die in N. 10 Genannten.

[13] Im Fall einer einvernehmlichen Rücknahme des Sklaven durch den *dominus* kann dem *argentarius* nicht die *exceptio redhibitionis* entgegengehalten werden, da eine *redhibitio*, die auf einen Mangel im Sinne des ädilizischen Edikts gestützt gewesen wäre, nicht stattgefunden hat: Nach D. 2.14.16.1 Ulp 4 ad ed hat man den Käufer gegenüber dem *is qui pro domino rem vendidit* (interpoliert für: *argentarius*) mit der *exceptio doli* geholfen; s. nur *Thielmann* (o.N. 8) 182 f.

Überliefert wird uns die *exceptio mercis non traditae* durch Gai. 4.126a[14]. Die romanistische Forschung hat auch für D. 44.4.5.4 Paul 71 ad ed und für D. 19.1.25 Iul 54 dig den Bezug zum Auktionsverkauf und zur ediktalen *exceptio mercis non traditae* aufgedeckt:

D. 44.4.5.4 Paul 71 ad ed

Si servus veniit ab eo, cui hoc dominus permisit, et redhibitus sit domino: agenti venditori de pretio exceptio opponitur redhibitionis, licet iam is qui vendidit domino pretium solverit (etiam mercis non traditae exceptione summovetur et qui pecuniam domino iam solvit) et ideo is qui vendidit agit adversus dominum. eandem causam esse Pedius ait eius, qui negotium nostrum gerens vendidit.

Einhellig wird seit längerem angenommen, daß der Text anstelle von *ab eo, cui hoc dominus permisit,* einfach *ab argentario* gelautet hat[15]. Ein Sklave ist von dem *argentarius* für den Eigentümer verkauft, dann aber unmittelbar dem Eigentümer wandlungshalber zurückgegeben worden. Klagt der *argentarius* den ihm promittierten Kaufpreis ein, kann ihm der Käufer die *exceptio redhibitionis* entgegehalten, selbst wenn der *argentarius* dem Eigentümer bereits vorschußweise den Betrag des Kaufpreises gezahlt hat; der *argentarius* muß sich also zwecks Rückforderung des Vorschusses an den Eigentümer halten. Diese Aussage wird durch die folgende Überlegung unterstützt: Auch die Kaufpreisklage des *argentarius* wird mit der *exceptio mercis non traditae* zurückgewiesen - selbst dann, wenn er den Kaufpreisbetrag bereits vorschußweise dem Eigentümer geleistet hat[16].

D. 19.1.25 Iul 54 dig wird - jedenfalls im ersten Satz, der uns hier allein interessiert - ursprünglich von drei Personen gehandelt haben: dem Käufer, dem *dominus* und dem *argentarius.*

Qui pendentem vindemiam emit, si uvam legere prohibeatur a venditore, adversus eum petentem pretium exceptione uti poterit "si ea pecunia, qua de agitur, non pro ea re petitur, quae venit neque tradita est". ceterum post traditionem sive lectam uvam calcare sive mustum evehere prohibeatur, ad exhibendum vel iniuri-

---

[14] *Item, si argentarius pretium rei quae in auctionem venerit persequatur, obicitur ei exceptio, ut ita demum emptor damnetur, si ei res quam emerit tradita est, et est iusta exceptio.* Im zweiten Satz von Gai. 4.126a wird klargestellt, daß die *exceptio mercis non traditae* abbedungen werden konnte: *Sed si in auctione praedictum est, ne ante emptori <res> traderetur quam si pretium solverit, replicatione tali argentarius adiuvatur: aut si praedictum est ne aliter emptori res traderetur quam si pretium emptor solverit.*

[15] *Talamanca* (o.N. 8) 126 ff.; *Benöhr* Das sogenannte Synallagma in den Konsensualkontrakten des klassischen römischen Rechts (1965) 52 mit zahlr. Nachw.; *Ankum* (o.N. 8) 389 f.; *Bürge* (o.N. 10) 481 N. 71; *Wesener* SZ 112 (1995) 115 N. 40.

[16] Es mag sein, daß der vergleichsweise Einschub der *exceptio mercis non traditae* ein Glossem ist, das sachlich aber durchaus dem klassischen Recht entspricht; s. *Thielmann* (o.N. 8) 97 N. 12; *Benöhr* (o.N. 15) 52 f.; *Ankum* (o.N. 8) 388 N. 48.

arum agere poterit, quemadmodum si aliam quamlibet rem suam tollere prohibeatur.

Die Stelle ist von *Spruit* in aller Ausführlichkeit besprochen worden, worauf hier verwiesen sei[17]. *Spruit* geht - wie vor ihm *Talamanca*[18] und *Ankum*[19] - davon aus, daß Iulian im ersten Satz von der Verteidigung des Käufers gegen eine *condictio certae pecuniae* gehandelt hat, mit der man den stipulierten Kaufpreis einzutreiben versucht hat. Dabei nimmt man auch an, daß der Stipulator ein *argentarius* ist, daß es sich also um eine direkte Anwendung der ediktalen *exceptio mercis non traditae* gehandelt hat. Die Textveränderung, die damit unterstellt wird[20], ist plausibel: Die justinianische Kodifikation hat durchweg die Besonderheiten des Auktionsverkaufs durch den *argentarius* ausgemerzt. Auch wir wollen uns für D. 19.1.25 Iul 54 dig den neueren Erkenntnissen anschließen[21].

b) Was das justinianische Recht betrifft, so ergibt sich, geht man für D. 44.4.5.4 Paul 71 ad ed und für D. 19.1.25 Iul 54 dig davon aus, daß Paulus und Iulian ursprünglich von einer Argentarier-Klage (*condictio*) auf den promittierten Kaufpreis und von der hiergegen verfügbaren, ediktalen *exceptio mercis non traditae* gehandelt haben, ein besonders interessanter, bislang noch nicht hinreichend herausgestellter Befund: Die *exceptio mercis non traditae* ist im justinianischen Recht von ihrem Bezug auf die strengrechtliche Stipulationsschuld und auf den Auktionsverkauf durch den *argentarius* gelöst worden[22]. Im justinianischen Recht erscheint die *exceptio mercis non traditae* als eine Exzeption, die man gegen den Verkäufer aufbieten kann, der den Kaufpreis mittels der *actio venditi* verfolgt: Die *exceptio mercis non traditae* ist also in der justinianischen Kodifikation auf die *actio venditi* übertragen und zugleich - was die Herauslösung aus dem Sachzusammenhang der Auktion betrifft - verallgemeinert worden. Sie ist nunmehr die käuferseitige Einrede des nichterfüllten Vertrages.

2. Die Zahlungspflicht des Käufers trotz ausstehender Sachübergabe nach klassischem Recht

Man hat sich in der jüngeren romanistischen Forschung, die erfolgreich die Argentarier-Geschäfte aufgeklärt hat, noch nicht hinreichend die Konsequenz dieser Erkenntnisse für das allgemeine Kaufrecht bewußt gemacht: Indem die Bezogenheit von D. 19.1.25 Iul 54 dig und D. 44.4.5.4 Paul 71 ad ed auf die Verteidigung gegen die dem Argentarier abgegebene Stipulationsverbindlichkeit aufgedeckt

---

[17] Schikanen anläßlich eines Traubenkaufs, in: Satura Robert Feenstra (Fribourg/CH, 1985) 157 ff.

[18] O.N. 8, S. 122 f.

[19] O.N. 8, S. 388 f.

[20] [*eum*] <*argentarium*>.

[21] Einzelheiten noch sogleich im Text sub 2 a.

[22] Dasselbe gilt hinsichtlich D. 44.1.14 Alf 2 dig von der *exceptio redhibitionis*.

wurde, sind die hauptsächlichen Belege entfallen, auf die man sich bislang für eine käuferseitige *exceptio non adimpleti contractus* zu stützen pflegte. Namentlich D. 19.1.25 galt in der Handhabung des Corpus Iuris[23] und dementsprechend zunächst auch in der romanistischen Forschung[24] als eine Kardinalstelle für die käuferseitige Einrede des nichterfüllten Vertrages.

Im übrigen, also abgesehen von den Stellen mit einem ursprünglichen Bezug auf die Argentarier-Versteigerung, kann eine synallagmatische Verbundenheit der Kaufpreisverfolgung mit der Warenlieferung für das klassische römische Recht nicht nachgewiesen werden. Wir wollen die Fehlanzeige, die sich in unserer Quellenbasis insoweit ergibt, hier nochmals bekräftigen. Angesichts der verbreiteten Übung, den Kaufpreis zu promittieren[25], hätte für den Käufer, wenn man ihn denn gegen ein Zahlungsverlangen vor erfolgter Sachlieferung hätte schützen wollen, ein zweifacher Schutz gefunden werden müssen: sowohl gegen die *condictio*, mit der eine stipulationsweise begründete Kaufpreisschuld verfolgt wird, als auch gegen die *actio venditi*, mit der man den Kaufpreis verlangt. Weder für das eine noch für das andere finden wir einen verläßlichen Anhalt in unseren Quellen. Wir beginnen mit dem Käuferschutz bei promittiertem Kaufpreis, weil man (allenfalls) hierfür meinen konnte, es gebe mit D. 19.1.25 Iul 54 dig einen quellenmäßigen Anhalt.

a) Was die Stipulation des Kaufpreises betrifft, so wollte die ältere Lehre für D. 19.1.25 Iul 54 dig annehmen, hier habe sich der Verkäufer selbst den Kaufpreis in Stipulationsform versprechen lassen; dementsprechend sollte die *exceptio*, die Iulian dem Käufer zubilligt, der an der Aberntung gehindert wird, eine an die ediktale *exceptio mercis non traditae* bloß angelehnte *exceptio in factum* gewesen sein. Die Jurisprudenz habe also, so die These, die ediktale *exceptio* auf den Fall übertragen, daß die Kaufpreisstipulation nicht gegenüber einem *argentarius*, sondern gegenüber einem beliebigen Verkäufer abgegeben worden sei[26]. Diese Annahme beruhte noch auf der älteren Ansicht hinsichtlich des Auktionsverkaufs durch den Argentarier, wonach die *emptio venditio* unmittelbar zwischen Ersteher und Argentarier zustandekommen sollte[27]; es hätte sich dann in diesem Verhältnis um eine novierende Stipulation des Kaufpreises durch den Verkäufer selbst gehandelt: dann hätte auch die Übertragung der *exceptio* in jedes beliebige Käufer-Verkäufer-Verhältnis vielleicht nicht ferngelegen. Nun gehen wir mit der heute ganz überwiegenden Lehre[28] davon aus, daß es bei der ediktalen *exceptio mercis non traditae* nicht darum ging, daß der selbst verkaufende *argentarius* sich den Kaufpreis promittieren ließ, sondern um eine Geldstipulation gegenüber dem *argentarius*, der gerade nicht selbst der Verkäufer ist, vielmehr den Kaufabschluß

---

[23] S. etwa die Gl. ord. ad h.l.
[24] S. etwa *Kaser* RömPrivatR I (2. Aufl. 1971) 541 bei N. 33.
[25] Vgl. Cato de agr. cult. 144.
[26] Etwa *Lenel* (o.N. 8) 504 N. 1 a.E.
[27] O.N. 9.
[28] O.N. 10.

nur vermittelt: Dann liegt es aber kaum nahe, daß man sich für eine so elementare Situation, wie es das stipulationsweise Kaufpreisversprechen gegenüber dem *venditor* im römischen Rechtsverkehr gewesen ist[29], auf eine ganz spezielle, auf eine Drei-Personen-Situation zugeschnittene, ediktale Einrede hätte beziehen sollen[30]. Dies wäre etwa so, als würde man im geltenden Recht das Zurückbehaltungsrecht bei gegenseitigen Verträgen dogmatisch aus der Rechtsfigur des Einwendungsdurchgriffs beim drittfinanzierten Kauf herleiten. Angesichts der Ausrichtung der *exceptio mercis non traditae* am Dreipersonenverhältnis mußte für das römische Recht, wenn man im Zweipersonenverhältnis zur Einrede der ausstehenden Gegenleistung hätte kommen wollen, die *exceptio doli* näher liegen[31]. Wenn nach D. 19.1.25 Iul 54 die Einrede, mit der Iulian dem Käufer wegen der verhinderten Aberntung helfen will, lautet: *„SI EA PECUNIA, QUA DE AGITUR, NON PRO EA RE PETITUR, QUAE VENIT NEQUE TRADITA EST"*, so handelt es sich um eine von der *exceptio doli* verschiedene *exceptio*, und deswegen hat auch die Annahme, daß D. 19.1.25 Iul 54 dig ursprünglich von einem Dreipersonenverhältnis unter Einschaltung des Argentariers gehandelt hat, die größere Plausibilität für sich.

b) Was die *actio venditi* betrifft, so ist, wie auch *Benöhr*[32] einräumt, kein Fall überliefert, in dem „die *actio venditi* abgewiesen wird, weil der Kläger seiner Verpflichtung nicht nachgekommen ist"[33]. Es ist nicht statthaft, wenn *Benöhr* trotz des Mangels eines quellenmäßigen Belegs annimmt, ein mit der *actio venditi* vorgehender Verkäufer wäre „vom *iudex*, gestützt auf die bona fides-Klausel", abgewiesen worden[34]. Für diese Unterstellung gibt *Benöhr* keine andere Begründung als den Verweis auf die *exceptio mercis non traditae* (die aber doch - wie gezeigt - eine juristisch ganz andere Funktion hatte) und auf die Retentionsbefugnis des unbezahlten Verkäufers[35]: Was die Retentionsbefugnis des unbezahlten

---

[29] Vgl. Cato De agri cult. 144.

[30] Außerdem sind gerade die noch nicht abgeernteten Agrarprodukte in Rom weithin im Wege öffentlicher Versteigerung abgesetzt worden; s. *Spruit* (o.N. 17) 158 u. öfter.

[31] Vgl. *Kaser* (o.N. 24) 541.

[32] O.N. 15, S. 95.

[33] D. 19.1.25 Iul 54 dig, worauf sich noch *Monier* für die Annahme einer Einrede gegen die *actio venditi* gestützt hatte (Manuel élémentaire de droit romain II - Les Obligations [5. Aufl. 1954] 150 N. 5), muß sich ausweislich der Inskription auf ein Problem des Stipulationsrechts beziehen, wie man es heute ja auch allgemein annimmt, s. *Lenel* Pal. ad h.l. Siehe zu D. 18.1.34.3 Paul 33 ad ed noch unten N. 152 f.; zu C. 8.44.5 s. noch unten V 2 a.

[34] O.N. 15, S. 95. Wie *Benöhr* auch *Kaser*: es habe „jeder Teil ... seine Leistung solange zurückbehalten [dürfen], bis ihm die Gegenleistung angeboten wird"; dazu habe es keiner eigenständigen *exceptio* bedurft, der Prätor habe vielmehr das Verlangen der Leistung ohne Angebot der Gegenleistung als ein Verlangen entgegen der *bona fides* ansehen und abweisen können, (o.N. 24) 530 mit N. 20. Zustimmend *Zimmermann* Law of Obligations (1990) 801 N. 133 mit Nachw. auch zur weiteren Dogmengeschichte.

[35] Ebenso argumentiert *Talamanca* Enciclopedia del Diritto (ED) 46 (1993) s.v. „Vendita/dir. rom", 374 f. N. 733: „Non vi sono, invece, attestazioni dirette per quanto ri-

Verkäufers betrifft, so steht erstens keineswegs fest, daß die Rechtsstellungen der Parteien bei der *emptio venditio* paritätisch ausgestaltet waren (in vielfältiger Hinsicht war dies ja gerade nicht der Fall[36]) und zweitens werden wir noch sehen, daß nach klassischem Recht eine Retentionsbefugnis dem Verkäufer keineswegs allgemein, sondern nur in bestimmten Fallkonstellationen zukam[37].

Schließlich sollte man bedenken, daß wir in der justinianischen Kodifikation das „Zurückbehaltungsrecht" des unbelieferten Käufers in allgemeiner Form gerade durch umgestaltete Fragmente ausgesprochen finden, die sich ursprünglich auf die ediktale *exceptio mercis non traditae* bezogen: Hätte die justinianische Gesetzgebung eindeutige Aussagen aus der klassischen Literatur vorgefunden, in der diese allgemeine Einrede anerkannt wird, hätte es wohl näher gelegen, diese zu verwerten, anstatt sich durch die Herauslösung der *exceptio mercis non traditae* aus dem Zusammenhang der Argentarier-Auktion zu behelfen.

c) Wir halten als Ergebnis fest: Das klassische römische Recht hat die Kaufpreisschuld, sei sie nun durch eine Stipulation auf eine strengrechtliche Grundlage gestellt[38] oder ohne Stipulation aufgrund der nach der *bona fides* zu beurteilenden *actio venditi* zu verfolgen, als eine vom Stand der Sachlieferung unabhängige Verpflichtung angesehen. Der Rechtsakt *emptio venditio* erzeugt, wo der Käufer nicht sogleich bar zahlt, für den Verkäufer einen von der Erfüllung seiner eigenen Verpflichtung unabhängigen Anspruch auf den Kaufpreis. Wir wollen dieses wesentliche Ergebnis noch im Kontext des klassischen Kaufrechts würdigen[39], sobald wir die Verteidigungsmöglichkeiten des unbezahlten Verkäufers gegen die Käuferklage untersucht haben.

---

guarda il venditore che richieda il prezzo, ma - oltre all'indubbio rilievo dell'esigenza di una disciplina non diseguale - testimonia al favore di un analogo trattamento il regime dell'*exceptio mercis non traditae* e dell'*exceptio redhibitionis*, che rientrano nel novero delle cosidette *exceptiones argentariae*, necessarie quando il prezzo venga richiesto in base ad una stipulatio nella quale era stata versata, se non novata, la relativa obbligazione del compratore".

36 S. noch unten bei N. 45.

37 Unten III 2, zusammenfassend s. S. 25 f.

38 Wenn man der Kaufpreisforderung *ex vendito* die ausstehende Sachleistung nicht hat entgegenhalten können, so wird man auch für die stipulierte Kaufpreisschuld dem Käufer bei ausstehender Verkäuferleistung nicht mit der *exceptio doli* geholfen haben; anders *Kaser* (o.N. 24) 541 bei N. 33: die von *Kaser* hierfür zitierten D. 19.1.25 und Gai. 4.126a passen - wie im Text gezeigt - nicht.

39 Unten IV.

III. Die Klage ex empto gegen den unbezahlten Verkäufer

1. Die Abweichung der Justinianischen Kodifikation vom Rechtszustand der frühen Kaiserzeit

Nach dem Bericht Varros konnte der Käufer wegen der ausstehenden Tradition der Kaufsache (*res nec mancipi*) gegen den Verkäufer erfolgreich die Klage *ex empto* erheben, obschon er den Kaufpreis noch nicht entrichtet hatte:

Varro De re rustica 2.2.6[40]

[...] *Nec non emtor potest ex emto vendito illum damnare, si non tradet, quamvis non solverit nummos, ut ille emtorem simili iudicio, si non reddit pretium.*

Der Rechtszustand nach justinianischem Recht ist der Darstellung Varros entgegengesetzt: Nach D. 19.1.13.8 Ulp 32 ad ed muß der Käufer, der *ex emptio* klagt, den Kaufpreis anbieten, andernfalls gelte: *nondum est actio*[41]. Was das klassische Recht betrifft, so steht Varro De re rust. 2.2.6 jeder Behauptung einer prozessualen Abhängigkeit der Verkäuferverurteilung von der Kaufpreiszahlung als rocher de bronze entgegen. Von vornherein kann es nur darum gehen, die Wandlung zwischen dem von Varro berichteten Rechtszustand und dem justinianischen Recht zeitlich einzuordnen. *Benöhr* hat die These vertreten, daß in Abkehr von dem bei Varro berichteten Rechtszustand die Entfaltung der *bona fides* noch in klassischer Zeit zur Anerkennung einer „Einrede des nichterfüllten Vertrages" geführt habe[42]. Die von *Benöhr* hierfür gebotene Beweisführung ist jedoch, wie zu zeigen sein wird, nicht stichhaltig[43]. Hiergegen wollen wir das Folgende darlegen: Die beiden durch die *emptio venditio* begründeten Klagen sind als voneinander unabhängig gehandhabt worden. Allerdings hat man dem Verkäufer in bestimmten Fallkonstellationen eine Befugnis zur *retentio* der Kaufsache zugebilligt. Dabei handelt es sich - im klassischen Recht - jedoch nicht um die Einrede des nichterfüllten Vertrages, sondern um eine einseitige, nur dem Verkäufer aufgrund seines Sachbesitzes zukommende Befugnis. Nachdem das Fehlen einer belegbaren

---

[40] Dazu *Benöhr* (o.N. 15) 20 ff.

[41] Zu der Stelle noch ausf. unten sub 2 c bb.

[42] Im Grundsatz ähnlich *Talamanca* (o.N. 35) 374 f.; jedoch mit Zweifeln daran, wie die römische Prozeßpraxis dies umgesetzt hat.

[43] Nur weil die mittelalterliche Doktrin auch beim Kauf von einer *exceptio pretii non numerati (non soluti, non recepti)* gesprochen hat (Nachw. bei *Cassin* [o.N. 4] 39), mag die an sich überflüssige Klarstellung angebracht sein, daß die *exceptio non numerata pecunia* im antiken römischen Recht ihre Funktion nicht beim Kauf hatte, sondern bei der beurkundeten Verpflichtung aus Darlehen und Stipulation: s. zuletzt ausf. *Litewski* SDHI 60 (1994) 405 ff.

käuferseitigen Zurückbehaltungsbefugnis festzustellen ist[44], verbietet es sich von vornherein, die Belege für dieses verkäuferseitige Retentionsrecht noch als Beweise für ein angeblich klassisches Synallagma in Anspruch zu nehmen, das doch notwendig paritätisch sein müßte.

Im Hinblick darauf, daß sich eine mangelnde Parität der Rechtsstellungen von Verkäufer und Käufer ergeben wird, weisen wir schon jetzt darauf hin, daß auch im übrigen die Rechtsstellungen von Verkäufer und Käufer im römischen Recht keineswegs spiegelbildlich ausgestaltet waren. Man denke etwa an das Erfordernis der *iusta causa* für den Eigentumserwerb, die für die Kaufsache in der *emptio venditio*, für den Kaufpreis in der *solutio* gesehen wird[45], man denke an die Gefahrtragung oder an die unterschiedlichen Verpflichtungen zur Verschaffung des *habere licere* an der Kaufsache einerseits, des Eigentums an den *nummi* andererseits.

Wenn wir die Ansicht begründen wollen, daß es eine „Einrede des nichterfüllten Vertrages" im klassischen römischen Recht nicht gegeben hat, dann bestreiten wir wohlgemerkt nicht bloß, daß es eine eigenständige *exceptio* gegeben hat, die man in die Formel der *actio empti* bzw. *venditi* eingesetzt hätte (dies wird, soweit wir sehen, auch gar nicht mehr behauptet). Wir bestreiten ebenso eine sogenannte inhärente *exceptio non adimpleti contractus* dergestalt, daß der Prätor für die Klageabweisung bei ausstehender Gegenleistung gesorgt hat, ohne eine besondere *exceptio* in die Formel einzufügen, weil die Klausel *ex fide bona* eine diesbezügliche *exceptio* überflüssig (und geradezu unzulässig) gemacht habe, wie es bei der *exceptio doli* im *bonae fidei iudicium* der Fall war[46]. Soweit wir uns im folgenden durchweg gegen die Annahme einer *exceptio non adimpleti contractus* wenden, ist stets auch und gerade die Inhärenz-Variante gemeint.

Da wir uns hier zu den Ergebnissen *Benöhrs* abzugrenzen haben (denen sich insbesondere *Talamanca* angeschlossen hat[47]), sei noch vorausgeschickt, was wir für die Weiterentwicklung des klassischen Rechts zeigen wollen[48]: Während es eine auf dem Paritätsgedanken beruhende Einrede des nichterfüllten Vertrages nicht gegeben hat, hat man in der Spätklassik begonnen, den Austauschcharakter des Kaufgeschäfts im Zivilprozeß auf andere Weise zu berücksichtigen: Es wurde bei der Erhebung einer der Klagen aus dem Kauf der Richter ermächtigt, den Kläger auch ohne Widerklage wegen der Gegenleistung zu verurteilen. War auf diese Weise der Austauschcharakter des Geschäfts noch in spätklassischer Zeit (prozeß-)rechtlich umgesetzt worden, so geht - wie wir zeigen wollen - die uns geläufige Rechtsform des „funktionellen Synallagmas", nämlich die Einrede des nichterfüllten Vertrages, erst auf eine Neuerung der justinianischen Kodifikationsgesetzgebung zurück[49].

---

[44] So ja auch *Benöhr* (o.N. 15) 95.
[45] Hierzu *Flume* (o.N. 2) 57.
[46] Zur „inhärenten" *exceptio* s. mit Nachw. *Kaser/Hackl* RömZivProzR (1996) 262 mit N. 37.
[47] O.N. 35.
[48] Unten sub V.
[49] Unten sub VI.

2. Die *variae causarum figurae* einer Verknüpfung der Käuferklage mit der Kaufpreiszahlung im klassischen Recht

a) Käuferklage eines dominus *aus dem vom* servus *abgeschlossenen Kauf*

Von Käuferklagen, die auf dem von einem Sklaven abgeschlossenen Kauf beruhen, handeln D. 21.1.57 pr Paul 5 quaest und D. 12.1.31.1 Paul 7 ad Plaut.

D. 21.1.57 pr Paul 5 quaest[50]

Si servus mancipium emit et dominus redhibitoria agat, non aliter ei venditor <pretium[51]> daturus est, quam si omnia praestiterit quae huic actioni continentur et quidem solida, non peculio tenus: nam et si ex empto dominus agat, nisi pretium totum solverit, nihil consequitur.

Ein Sklave ist von einem anderen Sklaven gekauft worden. Wenn dessen Eigentümer eine Fehlerhaftigkeit des gekauften Sklaven (Vikarsklaven) feststellt und aufgrund des von seinem Sklaven abgeschlossenen Kaufgeschäfts die *redhibitoria* erhebt, muß er alles leisten, was das Edikt dem wandelnden Käufer abverlangt, und kann sich hierbei nicht darauf berufen, daß seine Haftung auf das *peculium* beschränkt ist. Uns interessiert hier der zur Begründung dienende Beisatz: Auch wenn der Eigentümer *ex empto* klage, erreiche er nichts, wenn er nicht den ganzen Kaufpreis leiste. Aus dem Kauf, den ein Sklave abgeschlossen hat, erwächst die *actio empti* seinem *dominus*. Die Kaufpreisverpflichtung trifft an sich den Sklaven selbst, gegen den sie jedoch nicht durchsetzbar ist; kraft der sog. adjektizischen Klagen - in unserem Fall der *actio de peculio* - trifft den *dominus* eine Haftung für den Kaufpreis. Die *actio de peculio* ist freilich auf den Bestand des Pekuliums beschränkt (*dumtaxat de peculio*). Nach Paulus muß der *dominus*, der *ex empto* gegen den Verkäufer klagt, den vollen Kaufpreis leisten. Die Entscheidung ist juristisch u.E. zwingend: Der Verkäufer kann nicht die Kaufsache begehren und sich gleichzeitig auf die Beschränkung des Pekuliums berufen; andernfalls würde er sich durch die Haftungsbeschränkung auf Kosten des Verkäufers bereichern.

Nicht zu folgen ist *Benöhr*, der gemeint hat, Paulus berufe sich mit der Erklärung *nam - consequitur* „auf den Gedanken des Synallagmas bei der regelmäßigen Abwicklung des Kaufvertrages“[52]. Wenn die *actio empti*, die der *dominus* aufgrund des durch seinen Sklaven abgeschlossenen Kaufs erhebt, nach der Aussage des Paulus in ihrem Erfolg von der Kaufpreiszahlung abhängig gemacht wird, so

---

[50] Dazu *Benöhr* (o.N. 15) 68 mit Nachw.; *Buti* Studi sulla capacità patrimoniale dei „servi“ (1976) 103 f.; *Schmidt-Ott* Pauli Quaestiones (1993) 159 ff. (insg. zutr.).

[51] Bas.; Dig. Mil.; *Huschke* Zur Pandektenkritik (1875) 55.

[52] O.N. 15, S. 68. Ebenso *Lederle* Mortuus redhibetur (1983) 46 f.

ist dies keinesfalls die einfache Anwendung eines allgemeinen funktionellen Synallagmas zwischen Käufer- und Verkäuferanspruch: Ein glattes Gegenseitigkeitsverhältnis von *actio empti* und *actio venditi* besteht zwischen den Prozeßparteien *dominus* und *venditor* ja gerade nicht. Mit Sicherheit läßt sich dem Fragment nur entnehmen, daß es prozeßtechnisch offenbar keine Schwierigkeiten bereitete, den Erfolg der *actio empti* von der geschehenen Kaufpreiszahlung abhängig zu machen[53]. Wir halten weiterhin fest, daß man die erfolgte *solutio* des Kaufpreises und nicht etwa nur dessen Angebot verlangt hat.

Nichts anderes ergibt für unser Thema das vielbehandelte[54] Fragment

D. 12.1.31.1 Paul 7 ad Plaut

Servum tuum imprudens a fure bona fide emi: is ex peculio, quod ad te pertinebat, hominem paravit, qui mihi traditus est. Sabinus Cassius posse te mihi hominem condicere: sed si quid mihi abesset ex negotio quod is gessisset, invicem me tecum acturum. et hoc verum est: nam et Iulianus ait videndum, ne dominus integram ex empto actionem habeat, venditor autem condicere possit bonae fidei emptori. quod ad peculiares nummos attinet, si exstant, vindicare eos dominus potest, sed actione de peculio tenetur venditori, ut pretium solvat: si consumpti sint, actio de peculio evanescit. sed adicere debuit Iulianus non aliter domino servi venditorem ex empto teneri, quam si ei pretium solidum et quaecumque, si cum libero contraxisset, deberentur, dominus servi praestaret. idem dici debet, si bonae fidei possessori solvissem, si tamen actiones, quas adversus eum habeam, praestare domino paratus sim.

Wir steuern gleich die uns interessierende Passage an: *Ego* hat gutgläubig einen dem *Tu* gestohlenen Sklaven gekauft. Dieser kauft mit Mitteln aus seinem Pekulium (das im Eigentum des bestohlenen *Tu* verblieben ist) einen *homo* von einem *venditor*, der den *homo* dem *Ego* tradiert. Nach dem Bericht über die Lösung von Sabinus und Cassius, die unmittelbar zwischen *Tu* und *Ego* abwickeln wollen, schließt sich Paulus den Ausführungen Iulians an[55]: Es sei zu prüfen, ob nicht dem *dominus* (=*Tu*) mangels Erfüllung noch die *actio ex empto* gegen den Verkäufer zustehe. Der Verkäufer hat sich ja durch das mit dem Sklaven abgeschlossene Pekuliargeschäft dem *dominus* verpflichtet; von dieser Verpflichtung kann ihn die Übergabe an den *Ego* als den nur scheinbaren Eigentümer des Sklaven und daher auch nur scheinbaren Gläubiger nicht befreien. Dementsprechend könne die seitens des Verkäufers fehlgegangene Leistung des *homo* kondiziert werden. Was die zur Kaufpreiszahlung benützten Münzen aus dem Pekulium betrifft, so könne der

[53] Das *nihil consequitur* läßt nicht erkennen, mit welcher Rechtstechnik man die Erfolglosigkeit der Käuferklage im Fall unterlassener Kaufpreiszahlung bewerkstelligt hat.

[54] *Benöhr* (o.N. 15) 66 mit umf. Nachweisen; dazu *d'Ors* IURA 25 (1974) 1 ff.; *Buti* (o.N. 50) 58 ff.

[55] S. auch D. 19.1.24.1 Iul 15 dig.

dominus (*Tu*) diese - soweit vorhanden - beim Verkäufer des *homo* vindizieren; zugleich hafte jener aber diesem mit der *actio de peculio* auf Kaufpreiszahlung: bei Verbrauch der *nummi* erlösche dieser Anspruch. Dem fügt Paulus in belehrender Ergänzung Iulians hinzu: Damit der Eigentümer den Sklavenverkäufer *ex empto* in Anspruch nehmen kann, muß er diesem nicht bloß den ganzen Kaufpreis leisten, sondern auch *quaecumque, si cum libero contraxisset, deberentur* praestieren. Man nimmt an, mit diesem Zusatz seien Nebenleistungen des Käufers, Zinsen etwa oder Aufwendungsersatz für einen Transport, gemeint[56]. Nur dann, so soll der Leser folgern, wenn die verbrauchten *nummi* auch diesen zusätzlichen Betrag abdecken, sei der *venditor* hinsichtlich seines Anspruchs *ex vendito* befriedigt und dementsprechend die *actio de peculio* erloschen.

Für unser Thema ergibt sich nichts, was über D. 21.2.57 pr Paul 5 quaest hinausgehen würde: Die Klage *ex empto*, wenn sie gestützt ist auf den von einem *servus* abgeschlossenen Kauf, kann nur mit Erfolg durchgesetzt werden, wenn der klagende *dominus* die (volle) Gegenleistung erbringt; der beklagte Verkäufer muß sich hinsichtlich der Verfolgung des Kaufpreises (und dazugehörender Nebenleistungen) also nicht auf die beschränkte *actio de peculio* verweisen lassen. Einen Beleg für ein allgemeines Synallagma in der Verfolgung der Klage *ex empto* bietet D. 12.1.31.1 Paul 17 ad Plaut ebensowenig wie D. 21.1.57 pr Paul 5 quaest. Nicht um eine allgemeine Abhängigkeit der Klage *ex empto* von der erfolgten Kaufpreiszahlung ging es Paulus in beiden Stellen, sondern darum, daß der *dominus* des Käufers, wenn er die Sachlieferung mittels der *actio empti* verfolgt, den Verkäufer nicht auf die Verfolgung des Kaufpreisanspruchs in einem Gegenprozeß verweisen soll, in dem er für die Kaufpreiszahlung nur mit dem begrenzten Pekulium einsteht.

Übrigens finden wir einen entsprechenden Schutz desjenigen, der mit einem Sklaven (oder Haussohn) kontrahiert hat und infolgedessen zwar selbst verpflichtet, aber ohne uneingeschränkte gegenläufige Klagemöglichkeit ist, auch bei der *societas*: hier wird durch Aufrechnung geholfen[57]. Der Kontrahent des Sklaven wird also ganz wie beim Kauf bei einem Vertrag geschützt, den wir nicht als „synallagmatisch" ansehen, und dies bestätigt, daß es in derartigen Fällen auch im Bereich des Kaufs nicht um das Synallagma geht.

b) Käuferklage des pupillus *aufgrund eines* negotium claudicans

Der *pupillus*, der *sine tutoris auctoritate* eine Sache gekauft hat, kann vom Verkäufer nicht verklagt werden, aber seinerseits den Verkäufer verklagen: *negotium*

[56] *Benöhr* (o.N. 15) 67 N. 35.

[57] D. 16.2.9 pr Paul 32 ad ed: *Si cum filio familias aut servo contracto sit societas et agat dominus vel pater, solidum per compensationem servamus, quamvis, si ageremus, dumtaxat de peculio praestaretur.*

claudicans[58]. Wenn der *pupillus* klageweise gegen den Verkäufer vorgeht, kann dieser die Kaufsache zurückbehalten. Dies ergibt sich aus D. 18.5.7.1 Paul 5 quaest[59], wo Paulus (nach dem Fall eines Doppelkaufs zunächst ohne, dann mit der *auctoritas tutoris*[60]) die Möglichkeit des *pupillus* behandelt, ohne Mitwirkung seines Tutors eine Aufhebungsvereinbarung zu treffen:

D. 18.5.7.1 Paul 5 quaest[61]

[...] *Idem potest quaeri, si sine tutoris auctoritate pactus fuerit, ut discedatur ab emptione: an proinde sit, atque si ab initio sine tutoris auctoritate emisset, ut scilicet ipse non teneatur, sed agente eo retentiones competant* [...][62].

Bei D. 18.5.7.1 Paul 5 quaest handelt es sich entgegen *Talamanca*[63] und *Benöhr*[64] nicht um einen Beleg für ein allgemeines Synallagma. Vielmehr gibt das *negotium claudicans* den besonderen Sachgrund für die Retentionsbefugnis des Verkäufers: Da der Verkäufer seinerseits keine Klagemöglichkeit gegen den *pupillus* hat, würde sich der *pupillus* zu Lasten des Verkäufers bereichern können, wenn man nicht sicherstellt, daß der Verkäufer, der wegen der ausstehenden Tradition verklagt und zu verurteilen ist, schon in diesem Verfahren den Kaufpreis erhält. Hierzu wird dem Verkäufer die *retentio* zugebilligt. Die *retentio* ersetzt gleichsam dem Verkäufer die mangelnde eigene Klagemöglichkeit. Daß es sich bei dieser *retentio* nicht um eine „allgemeine“ Einrede des nichterfüllten Vertrages handelt, ergibt sich auch daraus, daß entsprechende Belege für Klagen, die sich gegen den *pupillus* richten, fehlen[65], wie überhaupt die Erwähnung der *retentio* zugunsten des Vertragspartners des *pupillus* auch in unserem Text überflüssig wäre, wenn jeder *actio empti* stets eine (inhärente) *exceptio non adimpleti contractus* hätte entgegengesetzt werden können. Wenn *Bürge* es als ein allgemeines Charakteristikum der *retentio* ausgemacht hat, daß die Retentionsbefugnis den Eintritt einer Bereicherung des Klägers verhindert, für deren späteren Ausgleich

---

[58] Dazu *Kaser* (o.N. 24) 276 N. 13 m.w.N. Schon für sich genommen beweist das *negotium claudicans* die prinzipielle Unabhängigkeit der beiden aus dem Kauf resultierenden *actiones*.

[59] Dazu *Benöhr* (o.N. 15) 64 ff.; *Bürge* (o.N. 10) 199 ff.; beide m.w.N.

[60] *Si pupilli persona intervenit, qui ante sine tutoris auctoritate, deinde tutore auctore emit, quamvis venditor iam ei obligatus fuit, tamen quia pupillus non tenebatur, renovata venditio efficit, ut invicem obligati sint: quod si ante tutoris auctoritas intervenerit, deinde sine tutore auctore emit, nihil actum est posteriore emptione.*

[61] Zu den Paulusquästionen allgemein jetzt *Schmidt-Ott* (o.N. 50).

[62] Der Text fährt fort: *Sed nec illud sine ratione dicetur, quoniam initio recte emptio sit contracta, vix bonae fidei convenire eo pacto stari, quod alteri captiosum sit, et maxime, si iusto errore sit deceptus.*

[63] O.N. 35, S. 375.

[64] O.N. 15, S. 65. Richtig dagegen *Bürge* (o.N. 59), der „den Gedanken an die Durchsetzung eines zweiseitigen Vertrages“ hier fernhalten möchte.

[65] *Benöhr* (o.N. 15) 65.

dem Beklagten ein eigenständiger Aktionenschutz nicht zur Verfügung steht[66], so trifft dies auch für D. 18.5.7.1 Paul 5 quaest zu. Da die von Paulus erwähnte Entscheidung von juristischer Selbstverständlichkeit ist, halten wir die Verdächtigungen bezüglich des Passus *ut scilicet - competant*[67] nicht für überzeugend.

c) Käufermehrheit kraft Erbgangs

Es folgen mit D. 21.1.31.8 Ulp 1 ad ed aed cur und D. 19.1.13.9 Ulp 32 ad ed zwei Fragmente, in denen eine Befugnis des Verkäufers zur Zurückbehaltung der Kaufsache *pignoris nomine* ausgesprochen ist. Es wird sich zeigen, daß es hierbei ursprünglich um denselben, sehr spezifischen Zusammenhang ging, der uns auch noch in D. 18.1.78.2 Lab 4 post a Iav epit begegnet.

aa) D. 21.1.31.7-8 Ulp 1 ad ed aed cur ist Teil der zusammenhängenden Passage D. 21.1.31.5-9. Es geht darum, wie es sich auf die Redhibition beim Sklavenkauf auswirkt, wenn der Käufer stirbt und mehrere Erben berufen sind. Zu Beginn zitiert Ulpian Pomponius, demzufolge die Zustimmung aller Miterben *ad redhibendum* erforderlich sei; damit werde für den Verkäufer die Gefahr ausgeschlossen, daß er von einem Miterben auf Wandlung, von einem anderen aber auf Minderung in Anspruch genommen wird (§ 5)[68]. Nach erfolgter Rückgabe des Sklaven (oder wenn dessen Tod die Rückgabe gegenstandslos gemacht hat) könne aber jeder Miterbe die *redhibitio* für seinen Anteil klageweise geltend machen; auf Früchte und Akzessionen haften die Miterben dem Verkäufer jedoch nur *pro parte*, außer im Fall einer Unteilbarkeit wie bei dem *partus ancillae* (§ 6). Wir unterteilen die nächsten beiden Paragraphen wie folgt:

D. 21.1.31.7-8 Ulp 1 ad ed aed cur

(7) (a) *Marcellus quoque scribit, si servus communis servum emerit et sit in causa redhibitionis, unum ex dominis pro parte sua redhibere servum non posse:* (b) *non magis, inquit, quam cum emptori plures heredes exstiterunt nec omnes ad redhibendum consentiunt.*

(8) (a) *Idem Marcellus ait non posse alterum ex dominis consequi actione ex empto, ut sibi pro parte venditor tradat, si pro portione pretium dabit:* (b) *et hoc in emptoribus servari oportere ait:* (c) *nam venditor pignoris loco quod vendidit retinet, quoad emptor satisfaciat.*

---

[66] *Bürge* Retentio im römischen Sachen- und Obligationenrecht (1979).

[67] Vgl. Ind. Itp. sowie *Monier* (o.N. 33) 129 N. 3; *Nardi* Studi sulla ritenzione in diritto romano I (1947) 248 f. Auch der Plural *retentiones* gibt keinen Anlaß zur Verdächtigung, s. *Benöhr* (o.N. 15) 65 N. 21.

[68] Vgl. § 467 BGB.

Beide Paragraphen sind - vielleicht mit Ausnahme des Schlusses von § 8 *nam - fin.* (c) - eine zusammengehörende Wiedergabe aus den Digesta des Marcellus[69]. Es handelt sich um parallele Ausführungen zum Sklavenkauf durch einen *servus communis* - jeweils (a) - und zur Beerbung des Käufers durch mehrere Erben - jeweils (b) -, wobei es in § 7 um das *iudicium redhibendi* geht, in § 8 dagegen um die Erhebung der *actio empti*:

§ 7a: Für den Kauf eines Sklaven durch einen *servus communis* habe Marcellus entschieden, daß die berechtigten Miteigentümer den Sklaven nicht *pro parte* redhibieren können.

§ 7b: Es folgt ein Vergleich mit einer von mehreren Käufererben begehrten *redhibitio*: auch diese können die Redhibition nur einvernehmlich betreiben (also nicht *pro parte*). Dieser Satz bestätigt die Ansicht des Pomponius in der Frage, um die es Ulpian geht.

§ 8a: Es könne einer der Miteigentümer auch nicht verlangen, daß ihm *ex empto* der Verkäufer gegen Zahlung des auf ihn entfallenden Kaufpreisanteils den gekauften Sklaven *pro parte* „tradiert“[70]. Warum die Erörterung hier von der Redhibitionsfrage (§ 7) zur *actio empti* wechselt (§ 8), hat jüngst *Éva Jakab* erklären können[71]: Die Wandlung kann sowohl durch ädilizisches *iudicium redhibitionis* als auch mittels der *actio empti*[72] angestrebt werden. Daher mußte sich, nachdem Ulpian/Pomponius zunächst von der Personenmehrheit hinsichtlich des *iudicium redhibendi* gehandelt haben, die Frage stellen, wie sich denn die Mehrheit der Käufererben auf die Möglichkeit auswirkt, die *actio empti* mit dem Ziel der Redhibition anzustellen. Die Beantwortung dieser (im Text nicht ausgesprochenen[73]) Frage wird vorbereitet mit dem Fall, daß Miteigentümer eines *servus communis* die *actio empti* wegen ausstehender Leistung des Kaufsklaven erheben (§ 8a). Hierzu muß man wissen, daß beim Kauf durch einen *servus communis* die Berechtigung, *ex empto* zu klagen, den Miteigentümern *pro parte* zusteht. Was die Verfolgung der Kaufpreisforderung gegen die Miteigentümer mittels der *actio de peculio* betrifft, haben die römischen Juristen angenommen, daß jeder der Miteigentümer mit der *actio de peculio* auf die ganze Schuld belangt werden kann, sofern das *peculium* den Miteigentümern gemeinschaftlich gehört[74,75]. (Er kann

---

[69] Vgl. *Lenel* Pal. I Sp. 600.

[70] Hier wird ursprünglich von der Manzipation eines Bruchteils die Rede gewesen sein, also etwa: [*tradat*] <*mancipio servum det*>, *Kerr Wylie* Solidarity (1923) 304; ebenso *Nardi* (o.N. 67) 263 f.; *Benöhr* (o.N. 15) 29 N. 16.

[71] Praedicere und Cavere beim Marktkauf (1997) 269 f.

[72] D. 19.1.11.2 Ulp 32 ad ed: *Redhibitionem quoque contineri empti iudicio, et Labeo et Sabinus putant, et nos probamus.*

[73] Da die Unterscheidung von *iudicium redhibitionis* und *actio empti* im Kontext des justinianischen Rechts gegenstandslos ist, müssen wir damit rechnen, daß man den Text um Einzelheiten gekürzt und nur eine Aussage stehen gelassen hat, die auch unabhängig von dieser Unterscheidung Sinn macht; s. noch unten im Text bei N. 89.

[74] D. 15.1.27.8 Gai 9 ad ed prov; dazu u. zur Sache s. *Bretone* Servus communis (1958) 170 ff.; vgl. auch für die Sklavenstipulation D. 45.3.37.2 Pomp 3 ad Quint Muc; sowie D. 15.1.51 Scaev 2 quaest: *quod enim ... universum peculium computandum.*

dann Regreß bei seinen Miteigentümern nehmen[76]). Bei Gaius finden wir als Begründung: *est enim iniquum in plures adversarios distringi eum, qui cum uno contraxerit*, D. 15.1.27.8 Gai 9 ad ed prov. Es soll der Gläubiger, der „beim Kontrahieren mit der gewaltfreien Person das Gesamtpekulium im Auge hat ... Billigkeits halber nicht genötigt werden ..., seine Forderung nur pro portione gegen jeden am Pekulium Berechtigten geltend zu machen“[77]. Dasselbe gilt bei der Institoria[78,79].

§ 8b und § 8c: Gehen wir nun zu demjenigen Fall über, in dem nach Marcellus dasselbe zu beachten sein soll wie beim Kauf durch den *servus communis*. Dabei ist freilich nicht an den Fall zu denken, daß schon beim Vertragsschluß auf der Käuferseite eine Mehrheit von Personen gestanden hat[80]. U.E. kann es für Marcellus (wie für Ulpian) nur wieder um die nachträgliche, durch Erbgang eingetretene Käufermehrheit gegangen sein, die ja das Leitthema der ganzen Erörterung ist[81]. Die Entscheidung des Marcellus (*et hoc in emptoribus servari oportet*) ist vor dem Hintergrund der Rechtslage zu erfassen, die sich für das Kaufverhältnis infolge der Ersetzung des Käufers durch die Erbenmehrheit ergibt[82]: Die einzelnen

---

[75] Anders also bei der Bestellung von *peculia separata,* von der unser Text aber nicht ausgegangen sein wird; vgl. zu Separatpekulien etwa D. 15.1.15 Ulp 29 ad ed, D. 15.1.16 Iul 12 ad dig (i.f.), D. 45.3.1.2 Iul 52 dig.

[76] *Actio communi dividundo:* D. 10.3.8.4 Paul 23 ad ed; zu denken ist auch an die *actio pro socio.* Zu deren Verhältnis s. jetzt *Drosdowski* (1998).

[77] *Karlowa* (o.N. 9) 1148.

[78] D. 14.3.13.2 Ulp 28 ad ed.

[79] Für unser eigenes Thema ergibt sich aus dem Passus (§ 8 a) nichts Neues. Denn auch bei einem Kauf durch einen *servus communis* muß das gelten, was wir bereits für den Kauf durch einen Sklaven in D. 21.1.57 pr Paul 5 quaest und D. 12.1.31.1 Paul 7 ad Plaut gefunden hatten: Die Verfolgung der *actio empti*, die auf dem Kaufgeschäft des *servus* beruht, erfordert die Leistung des Kaufpreises durch den klagenden *dominus*; diese Abhängigkeit hat jedoch in der Beschränkung der durchsetzbaren Kaufpreisforderung auf den Wert des Pekuliums einen juristischen Sachgrund, der mit einem allgemeinen Synallagma von Verkäufer- und Käuferleistung nichts zu tun hat.

[80] Zu Unrecht hat namentlich *Kerr Wylie* unseren Passus des Fragments unter diesem Gesichtspunkt zu erfassen gesucht, Solidarity (1923) 304. Keine sachliche Änderung ergibt sich, wenn man *pluribus* vor oder nach *emptoribus* ergänzt; so *Mommsen* ad h.l.; *Huschke* (o.N. 51) 47.

[81] Zu unserer Annahme, daß der Text durchgängig bei der Thematik „Käufererben und *iudicium redhibitionis/actio empti*“ geblieben ist, paßt auch, daß diese Thematik noch in § 9 zwanglos mit der Frage fortgeführt wird, wie sich eine bei einem Miterben eingetretene Verschlechterung des Sklaven auf die Wandlung und das Verhältnis der Miterben auswirkt. Der Bezug auf den Fall der Käufererben ist in § 8 u.E. unabweisbar auch ohne die Annahme, daß anstelle von *emptoribus* die Worte *emptoris heredibus* gestanden haben, wie dies *Beseler*, TR 8 (1928) 303, *Nardi* (o.N. 67) 263 und *Benöhr* (o.N. 15) 29 N. 20, vermuten; ähnlich *Wacke* Index 3 (1972) 471: *emptor<is hered>ibus*. Freilich läge eine derartige Textveränderung im Sinne einer justinianischen Tendenz zur Verallgemeinerung, die wir wiederholt festzustellen haben; s. noch unten VI 1.

[82] S. *Kaser* (o.N. 24) 727 ff.

Erben des Käufers sind hinsichtlich des Kaufpreises nur zu einer ihrem Erbteil entsprechenden Quote verpflichtet (*nomina ipso iure divisa*). Soweit die dem Erblasser geschuldete Leistung teilbar ist, kann nach demselben Grundsatz jeder Erbe die Leistung der Kaufsache zu einer seinem Erbteil entsprechenden Quote verlangen. Da der Verkäufer Eigentumsbruchteile am Kaufsklaven durch Manzipation übertragen kann, ist hier auch seine Leistung an sich teilbar[83]. Nach dem Tod des Käufers könnte also jeder Miterbe des Käufers vom Verkäufer die Übertragung eines Bruchteils am Kaufsklaven verlangen, während der Verkäufer jeden Miterben auf den entsprechenden Kaufpreisanteil belangen kann; die wechselseitig verfügbaren *actiones* sind, wenn wir bei unserem bisherigen Ergebnis bleiben, voneinander unabhängig. Die Entscheidung des Marcellus bringt nun eine Korrektur dieser Rechtslage: Es soll der einzelne Miterbe gerade nicht berechtigt sein, vom Verkäufer eine Bruchteilsübertragung zu verlangen (ebenso, wie ein Miteigentümer des *servus communis* nicht auf Bruchteilsübertragung klagen kann). Mit dem *et hoc in emptoribus servari oportet* ist also die Unteilbarkeit der Verkäuferverpflichtung ausgesprochen. Daß der Verkäufer nicht einzelne Eigentumsbruchteile übertragen muß, leuchtet juristisch ein, weil er sich andernfalls auf eine Miteigentümergemeinschaft mit dem/den zuerst klagenden Miterben einlassen müßte; da man die/den übrigen Miterben nicht zur Abnahme des verbleibenden Miteigentumsanteils zwingen kann, könnte dem Verkäufer schließlich nichts anderes übrig bleiben, als die *actio communi dividundo* zu erheben: einen solchen Verlauf wollen die Juristen verhindern.

Wenn Marcellus und Ulpian angenommen haben, daß es sich bei der Leistung des Sklavenverkäufers um eine unteilbare Leistung handelt, dann ist jeder Miterbe berechtigt, diese Leistung *in solidum* einzuklagen (wodurch er nur die Klagemöglichkeit auch zu Lasten seiner Miterben konsumiert). Da aber der Verkäufer eine Teilung seines Kaufpreisanspruchs hat hinnehmen müssen, ist sicherzustellen, daß er - auf seine Leistung *in solidum* in Anspruch genommen - auch den ganzen Kaufpreis erhält. Dabei trifft die Einordnung der Verkäuferbefugnis als *retentio* die Sache überaus genau: Wie bereits erwähnt, ist für die *retentio*, so wie sie sich als Rechtsbehelf in die Zivilrechtsordnung auf der Grundlage des Formularprozesses einfügt, charakteristisch, daß jemand ein Begehren durchsetzen kann, für das ihm eine selbständige prozessuale Klagemöglichkeit fehlt[84]; als Musterbeispiel gilt die Zurückbehaltung der vindizierten Sache durch den Besitzer bis zum Ersatz seiner Impensen. Auch in D. 21.1.31.8 darf der Verkäufer seine Leistung von etwas abhängig machen, was er von sich aus klageweise nicht verlangen kann: Er selbst könnte jeden Erben nur auf dessen Kaufpreisanteil verklagen, da für die Kaufpreisschuld gilt *nomina ipso iure divisa*.

Was die Begründung *nam venditor pignoris loco quod vendidit retinet, quoad emptor satisfaciat* betrifft (§ 8c), so hat schon *Wacke* dargelegt, daß mit diesem Verweis auf das Pfandrecht die Unteilbarkeit der *causa venditionis* unterstützt

---

[83] Für die Teilbarkeit der Verpflichtung zum *servum dare* vgl. nur D. 45.1.54 pr Iul 22 dig.
[84] O.N. 66.

wird: *pignoris causa indivisa est*[85]. Wie der Pfandgläubiger nicht gezwungen ist, gegen Begleichung nur eines Teils der Schuld das Pfand im ganzen oder auch nur Bruchteile seines Pfandrechts aufzugeben, soll auch der Verkäufer nicht gezwungen werden, die Kaufsache bruchteilsweise an einzelne Miterben zu übereignen, von denen er jeweils nur einen Bruchteil des Kaufpreises verlangen kann. Zu Unrecht ist der Schluß von D. 21.1.31.8 Ulp 1 ad ed aed cur *nam - fin.* wiederholt als Interpolation verdächtigt worden[86]. Für diese Verdächtigung gibt es u.E. keinen durchschlagenden Grund[87].

Mit Recht hat bereits *Bürge* darauf hingewiesen, daß die Fallgestaltungen, in denen die römischen Juristen eine Retentionsbefugnis anerkennen, sich von der Problematik des synallagmatischen Vollzugs unterscheiden[88]. Auch in D. 21.1.31.8 geht es bei der Retentionsbefugnis des Verkäufers um etwas anderes als um eine synallagmatische Verknüpfung von Verkäufer- und Käuferverpflichtung im Prozeß. Nach der durch den Tod des Käufers eingetretenen Teilung der Kaufpreisverpflichtung könnte es sich bei dem sogenannten funktionellen Synallagma ja nur darum handeln, daß die Klage auf die Übertragung eines Eigentumsbruchteils von der Zahlung des vom jeweils klagenden Miterben geschuldeten Kaufpreisteils abhängig gemacht würde: Ulpian geht es aber gerade darum, daß der Verkäufer seine Leistung nur erbringen muß, wenn er etwas erhält, wozu jeder einzelne Miterbe ihm gegenüber rechtlich nicht verpflichtet ist, worauf also der Verkäufer selbständig nicht würde klagen können.

Obschon es für unsere These nicht darauf ankommt, sei noch auf die Schwierigkeit eingegangen, daß dem Käufer die Befugnis zur *retentio* zugebilligt wird *quoad emptor satisfaciat.* Für nicht überzeugend halten wir die Abhilfe durch *Benöhr*, *satisfacere* bedeute hier „leisten"[89]. Wenn wir annehmen, daß die Erörterung bei Marcellus und Ulpian ursprünglich auf die Frage abzielte, wie die Miterben mittels der *actio empti* zur Redhibition kommen können, so mag es sich im Ursprungstext auch um die Sicherstellung der Sklavenrückgewähr gehandelt haben. Bei dem *iudicium redhibendi* kann nämlich dem Käufer die Leistung einer Sicherheit dafür auferlegt werden, daß er den Sklaven zurückgibt, falls ihm das *pretium* (zusammen mit den *accessiones*, auf welche die *redhibitio* außerdem gerichtet ist) innerhalb einer bestimmten Frist geleistet wird[90]: Der Käufer ist an sich für die Rückgewähr vorleistungspflichtig[91]; da aber die Restitution des Kaufpreises unsicher sein kann, mag sich der *iudex* damit begnügen, dem Käufer für die Sklavenrückgewähr eine Kaution aufzuerlegen. All dies wird man ebenso beachtet haben, wenn die Redhibition mit der *actio empti* begehrt wird. Es mag sein, daß die justinianische Redaktion einen Gedankenschritt gestrichen hat, nämlich die Anwendung der für die *actio empti* zunächst allgemein ausge-

---

85 S. nur D. 21.2.65 Pap 8 quaest und dazu ausf. *Ankum* in: *Manuel J. Peláez* (Hrsg.) Historia del derecho privado trabajos en homenaje a Ferran Valls i Taberner 10 (Barcelona 1989) 2785 ff.; das weitere Material bei *Wacke* (o.N. 81) 471 f.

86 S. Ind. Itp., dazu *Nardi* (o.N. 67) 263.

87 So auch *Bürge* (o.N. 66) 188.

88 O.N. 66, S. 186 ff.

89 O.N. 15, S. 30.

90 D. 21.1.26 Gai 1 ad ed aed cur; s. auch *Karlowa* (o.N. 9) 1298.

91 Etwa D. 21.1.25.10 Ulp 1 ad ed aed cur; D. 21.1.29 pr Ulp 1 ad ed aed cur.

sprochenen Unteilbarkeit auf den Fall ihrer Erhebung zum Zweck der *redhibitio.* Ulpian hätte dann durch den von Marcellus entlehnten Passus klargestellt, daß dieselbe Regelung, die von Pomponius für das *iudicium redhibitionis* überliefert war (§ 5 i.f.), auch für die *actio empti* und für die Sicherstellung der Sklavenrückgewähr gilt: Die Käufererben können nicht unter Sicherstellung der Rückgewähr *pro parte* einzeln auf anteilige Rückzahlung des Kaufpreises klagen; vielmehr muß jeder von ihnen, der eine auf *redhibitio* zielende *actio empti* erhebt, Sicherheit für die Rückgewähr in voller Höhe leisten[92].

bb) D. 19.1.13.8 Ulp 32 ad ed

Offerri pretium ab emptore debet, cum ex empto agitur, et ideo etsi pretii partem offerat, nondum est ex empto actio: venditor enim quasi pignus retinere potest eam rem quam vendidit.

Die auf den ersten Blick so schlichte Stelle ist nicht ohne Problematik. Anlaß zu quellenkritischen Bedenken sind sprachlich der Subjektwechsel von *pretium offerri* zu (*emptor*) *offerat* und sachlich der Umstand, daß die Gewährung eines Retentionsrechts - das man prozeßtechnisch mit einer (hier: inhärenten) *exceptio* zu verwirklichen pflegte[93] - nicht recht zu der Aussage paßt: *nondum est actio*[94]. Weiterhin ist verwunderlich, daß von der Unzulänglichkeit eines Teilangebots gehandelt wird: Wenn es um die allgemeine Berechtigung des Verkäufers gehen sollte, die Kaufsache nicht anders als gegen Kaufpreiszahlung herzugeben, sollte man erwarten, daß dies zunächst für den Fall einer gänzlich ausbleibenden Kaufpreiszahlung ausgesprochen wird. Schließlich fällt auf, daß nur hier die Offerte des Kaufpreises (und zwar des vollständigen Kaufpreises) ausschlaggebend sein soll - also nicht dessen tatsächliche Zahlung und auch nicht irgendeine Sicherheitsleistung.

Wir haben bislang gesehen, daß eine *retentio* für den Verkäufer nicht als regelmäßige „synallagmatische“ Vertragsbefugnis gewährt wird, sondern dort, wo

---

[92] *Benöhr* hat erwogen, es habe anstelle des *quod vendidit* ursprünglich *mancipium* oder *hominem* gestanden (o.N. 15) 29 N. 16. U.E. liegt die Annahme näher, diejenige Leistung, die der Verkäufer bis zur Sicherheitsleistung zurückbehalten dürfe, sei ursprünglich die, die ihm aufgrund der Redhibition abverlangt wird, also etwa *pretium accessionesque*, vgl. D. 21.1.29.2 Ulp 1 ad ed aed cur. Wir bezweifeln damit nicht die Echtheit des im Digestentext enthaltenen Gedankenganges, sondern vermuten nur, daß dieser um eine Übertragung noch auf den Fall der Redhibitionsklage *ex empto* gekürzt sein könnte, aus welchem Zusammenhang dann die Sicherheitsleistung stehen geblieben wäre.

[93] *Kaser/Hackl* (o.N. 46) 262 N. 39 m.w.N.; *Nardi* Enciclopedia del Diritto (ED) s.v. „ritenzione/dir.rom.“ 1364 ff. (1989) = Scr. Min. I (1991) 743 ff.

[94] In der weiteren Geschichte der *exceptio non adimpleti contractus* hat man sich vor allem auf D. 19.1.13.8 bezogen, um die Ansicht zu begründen, daß die Verteidigung mit dem Umstand einer noch ausstehenden Gegenleistung nicht einredeweise erfolge, sondern ein Bestreiten schon des Klagegrundes sei; so etwa *Keller* JahrbGemR 4 (1860) 343; die Gegenauffassung, die am Einredecharakter unserer *exceptio* festhalten wollte, hat die Redeweise bei Ulpian als eine untechnische dargestellt, so etwa *Heerwart* AcP 7 (1833) 344 ff.

spezifische rechtliche Gründe die Möglichkeit des Verkäufers einschränken oder beseitigen, wegen des Kaufpreises gegen den Käufer zu klagen. Wir werden noch erklären, daß es wegen des Prinzips der Geldkondemnation für den Verkäufer ansonsten auch sinnlos war, die Sache im Prozeß der *actio empti* - von dem D. 19.1.13.8 Ulp 32 ad ed ja handelt - zurückzubehalten. Wir vermuten also - einen stringenten Beweis gibt es nicht -, daß es sich auch für Ulpian ursprünglich um eine besondere Fallkonstellation gehandelt hat, in der für den Verkäufer die Klagemöglichkeit *ex vendito* eingeschränkt war.

Paul Krüger[95] hat vorgeschlagen, man solle *ab emptoris herede vel ab ipso* an die Stelle von *ab emptore* setzen. Grundlage hierfür ist die Passage von Patzes Tipoukeitos (19.8.13)[96], die den §§ 8 und 9[97] des Digestentextes entspricht[98]. Im Sinne von *Krügers* Konjektur mag es sein, daß Ulpian ursprünglich von der Stellung eines Käufererben gehandelt hat[99], und dann könnte die Aussage dieselbe gewesen sein wie in D. 21.1.31.8 Ulp 1 ad ed aed cur: Der Verkäufer muß nicht an einen Miterben einen Bruchteil leisten, sondern kann die Kaufsache[100] insgesamt zurückbehalten, um den klagenden Miterben zu einer vollständigen Kaufpreiszahlung zu veranlassen, zu welcher der Miterbe (*nomina ipso iure divisa*) nicht verpflichtet ist. Hierfür sprechen auch zwei Anhaltspunkte in der Digestenüberlieferung: Die Begründung *venditor quasi pignus retinere potest eam rem quam vendi-*

---

[95] Dig. ad h.l.

[96] Dazu *Hunger/Pieler* Die hochsprachl. profane Lit. der Byzantiner II (1978) 462; *Burgmann* in: Oxford Dictionary of Byzantium III (1991) s.v. „T.“; *Wenger* Quellen (1953) 713.

[97] D. 19.1.13.9 Ulp 32 ad ed: *Unde quaeritur, si pars sit pretii soluta et res tradita postea evicta sit, utrum eius rei consequetur pretium integrum ex empto agens an vero quod numeravit? et puto magis id quod numeravit propter doli exceptionem.*

[98] *Krüger* hat sich auf die Basiliken bezogen, nachdem *Heimbach* (II 290) diese Passage aus Patzes Tipoukeitos zur Rekonstruktion von B. 19.8.13 benutzt hatte (nicht so bei *Scheltema*):
Καὶ περὶ κληρονόμου τοῦ ἀγοραστοῦ μὴ διδόντος ὁλόκληρον τὸ τίμημα ἢ καὶ αὐτοῦ τοῦ ἀγοραστοῦ ἢ μέρους δοϑ(έν)τος παραδοϑ(ῇ) αὐτῷ τὸ πράγμα καὶ ἐνικηϑ(ῇ), πότε οὐ δύναται κινεῖν ὁ ἀγοραστὴς ἤτοι πρὸ τῆς καταβολ(ῆς) τοῦ τιμήματ(ος) κατὰ τοῦ πράτου. καὶ πῶς ὅλον τὸ τίμημα οὐ δύναται ζητεῖν, ἀλλὰ τὸ μέρος, ὃ κατέβα(λε), τοῦ πράγματ(ος), ὡς εἴρηται, ἐνικηϑ(έν)τ(ος).
Und darüber [handeln die Basiliken], daß [wörtl.: wann], wenn der Erbe des Käufers oder auch der Käufer selbst den Kaufpreis im ganzen nicht hergibt oder [nur] einen Teil gibt und die Sache ihm übergeben und [dann] evinziert wird, der Käufer vor der Bezahlung des Preises nicht gegen den Verkäufer klagen kann. Und daß er nicht den ganzen Preis fordern kann, sondern [nur] den Teil, den er bezahlt hatte, wenn die Sache, wie gesagt, evinziert worden ist. Die Stelle hat mir dankenswerterweise *Th. Rüfner* erschlossen.

[99] Möglicherweise war in der Überlieferungsgeschichte, die der Abfassung des Tipoukeitos voranging, die Verbindung von *heres* mit einer *pars pretii* noch erhalten geblieben.

[100] Es dürfte bei Ulpian, da § 9 von der *auctoritas*-Haftung gehandelt haben muß, um eine *res mancipi* gegangen sein.

dit ist dieselbe wie in D. 21.1.31.8 Ulp 1 ad ed aed cur und wiederum geht es um die Unzulänglichkeit einer Teilzahlung[101].

Deutlicher noch als in D. 21.1.31.8 Ulp 1 ad ed aed cur wird in D. 19.1.13.8 Ulp 32 ad ed aber auch, daß im Kontext des justinianischen Rechts eine weiterreichende, nämlich für das Kaufrechtsverhältnis schlechthin geltende Aussage getroffen werden soll. In beiden Texten ist eine allgemeine Aussage entstanden über die Befugnis des Verkäufers, den Kaufgegenstand *pignoris loco* zurückzubehalten. Der Ursprung der Teilleistungsmöglichkeit, die von Ulpian abgewehrt wird, nämlich die durch Erbgang eingetretene Teilung der Kaufpreisverpflichtung, ist unterdrückt. Wir treffen also auf denselben Befund wie hinsichtlich der Kaufpreisklage bei nichterbrachter Verkäuferleistung (D. 44.4.5.4 Paul 71 ad ed, D. 19.1.25 Iul 54 dig): Dort wie hier hat man eine partikulare Aussage umgestaltet und aus ihrem konkreten Kontext gelöst, um zu einer allgemeinen Abhängigkeit der Klage von der Erbringung der jeweiligen Gegenleistung zu kommen.

cc) Den Fall, daß durch den Tod des Käufers eine Mehrheit von Erben an dessen Stelle getreten ist, behandelt auch:

D. 18.1.78.2 Lab 4 post a Iav epit

Qui fundum ea lege emerat, ut soluta pecunia traderetur ei possessio, duobus heredibus relictis decessit: si unus omnem pecuniam solverit, partem familiae herciscundae iudicio servabit: nec, si partem solvat, ex empto cum venditore aget, quoniam ita contractum aes alienum dividi non potuit.

Für den Verkauf eines Landgutes ist als *lex contractus* vereinbart, daß die Einweisung nur nach Zahlung des Kaufpreises erfolgen soll. Obschon der einzelne Miterbe dem Verkäufer nur auf einen Teil des Kaufpreises verpflichtet ist (*nomina ipso iure divisa*), muß er im Hinblick auf die *lex contractus* das Ganze zahlen und kann dann mit der *actio familiae herciscundae* vom anderen Erben Aufwendungsersatz verlangen. Die konkrete *lex contractus* gebietet, daß es auch nach dem Erbfall bei der Vorleistungspflicht hinsichtlich des Kaufpreises bleibt. Damit erzwingt sie die Unteilbarkeit des Kaufpreises. Die Problematik ist dieselbe, die in D. 21.1.31.8 Ulp 1 ad ed aed cur und - vermutlich - in D. 19.1.13.8 Ulp 32 ad ed von Ulpian behandelt worden ist. Nur löst sich die Problematik hier ohne den Rückgriff auf die pfandrechtsähnliche Unteilbarkeit der Verkäuferleistung, weil schon nach der *lex contractus* der Verkäufer nur nach Zahlung des vollständigen Kaufpreises leisten muß.

Ob bereits Labeo und Javolen - wie Marcellus und Ulpian - auch ohne jene *lex contractus* durch die Annahme der Unteilbarkeit der Verkäuferleistung zu dem-

---

[101] Eine andere Erklärung könnte darin liegen, daß bei einer *emptio venditio* über eine *res mancipi* die Erhebung der *actio empti* wegen ausstehender Manzipation - wenn denn eine solche Klagemöglichkeit bestanden haben sollte - das Angebot des Kaufgeldes voraussetzte; s. noch unten bei N. 122.

selben Ergebnis gekommen wären, können wir nicht sagen. Als Beleg für ein allgemeines Synallagma der beiden aus dem Kauf resultierenden Verpflichtungen scheidet D. 18.1.78.2 Lab 4 post a Iav epit jedenfalls aus, wie auch *Benöhr* eingeräumt hat[102].

d) D. 18.4.22 Scaev 2 resp zum Erbschaftskauf

Hereditatis venditae pretium pro parte accepit reliquum emptore non solvente: quaesitum est, an corpora hereditaria pignoris nomine teneantur. Respondi nihil proponi cur non teneantur.

Es geht in D. 18.4.22 darum, ob dem Erbschaftsverkäufer, der erst einen Teil des Kaufpreises erhalten hat, die Einzelgegenstände der Erbschaft *pignoris nomine* zur Verfügung stehen, wenn der Käufer ihm den Rest des Kaufpreises schuldig bleibt. Die Bejahung dieser Befugnis hinsichtlich der *corpora herdeditaria* ist in der Sache angezweifelt worden; als Texteingriff hat man die Einschiebung des *non* vermutet: Cervidius Scaevola soll also gerade die entgegengesetzte Entscheidung getroffen haben[103]; die Stelle würde dann von vornherein als Beleg für das Synallagma, aber auch als Beleg für eine Retentionsbefugnis des Erbschaftsverkäufers ausfallen. *Lenel* hat angenommen, daß der Text gekürzt ist[104]. Die Responsa, denen unser Fragment entnommen ist, gelten seit langem als eine nachklassische Auszugsschrift; zahlreiche Passagen sind zugleich durch die Digesta Scaevolas überliefert, wobei die Fassung der Responsen durchweg gekürzt ist[105]. Am meisten hat deswegen die Annahme *Lenels* für sich, daß auch unsere Passage nur eine Teilaussage aus einem umfangreicheren Responsum zu einem entsprechend komplizierteren Fall darstellt[106]. Geht man - entgegen *Paul Krüger* und *Nardi* - davon aus, daß die Entscheidung des Cervidius Scaevola auch hier im Grundsatz so gelautet hat, wie durch den Responsumsrest in den Digesten überliefert[107], so wird die vorliegende Entscheidung in den Besonderheiten des Erbschaftskaufs oder des von Scaevola begutachteten Falles einen spezifischen Grund

---

[102] O.N. 15, S. 24.

[103] *P. Krüger* Dig. ad h.l.; dazu weitere Nachw. im Ind. Itp.; besonders ausführlich *Nardi* (o.N. 67) 256 ff. *Krüger* hat sich für seine Konjektur auf den unserer Stelle entsprechenden Basilikentext in der Edition *Heimbachs* bezogen (II 277): Danach soll die Befugnis des Verkäufers zur Zurückbehaltung *pignoris nomine* davon abhängen, daß eine Vorleistungspflicht des Käufers vereinbart ist. Im Tipoukeitos, aus dem die Passage stammt (19.4.20), ist die Aussage freilich weniger klar. S. noch N. 98 a.E.

[104] Pal. II Sp. 293 N. 2.

[105] S. *Schulz* in: Symbolae Friburgenses in honorem O. Lenel (1935) 143 ff.; ders., Geschichte d. röm. Rechtswissenschaft (1961) 294 f.

[106] *Fritz Schulz*: „Soweit uns ausschließlich der Text der Responsa vorliegt, sind wir von der Fassung des Urtextes und der Urausgabe fast ausnahmslos weit entfernt, eine formelle Rekonstruktion des Urtextes ist ausgeschlossen und darf nicht versucht werden“, in: Symbolae Friburgenses (o.N. 105) 226.

[107] So allgemein für die Responsa *Schulz* (o.N. 106).

gehabt haben. Beim Erbschaftskauf besteht die Besonderheit, daß Käufer und Verkäufer im Hinblick auf den komplexen Vermögensinbegriff, um den es geht, eine Vielzahl weiterer Verpflichtungen übernehmen (und regelmäßig noch durch Stipulationen sichern). Es mag dazu kommen, daß der Käufer der Restkaufpreisforderung entgegensetzt, er habe vom Verkäufer noch etwas zu verlangen, etwa das *pretium* für von diesem verkaufte Erbschaftssachen, den Betrag eingezogener Forderungen o.ä. Wenn der Verkäufer aus diesem Grund die Kaufpreisforderung klageweise nicht mehr in voller Höhe gegen den Käufer durchzusetzen vermag, läge es nahe, daß er Erbschaftsgegenstände zurückbehält, um den Eingang des vollständigen Kaufpreises sicherzustellen. Wir haben ja gesehen (und werden darauf zurückkommen), daß die römischen Juristen den Verkäufer für berechtigt hielten, die Kaufsache zu retinieren, wenn er aus rechtlichen Gründen gehindert war, wegen des Kaufpreises *ex vendito* gegen den Käufer zu klagen. Nirgends erscheint aber eine solche Befugnis zur *retentio* als die verkäuferseitige Hälfte einer synallagmatischen Einrede des nichterfüllten Vertrages. Gleichviel, was hinter D. 18.4.22 Scaev 2 resp stecken mag, keinesfalls bringt die Stelle den Beweis für eine Einrede des nichterfüllten Vertrages im Sinne der Lehre vom funktionellen Synallagma. Im Kontext der justinianischen Kodifikation läßt sich das Fragment freilich als weiterer Beleg für die verkäuferseitige „Einrede des nichterfüllten Vertrages“ lesen.

3. Das begrenzte Bedürfnis für eine Retention der Kaufsache im Zivilprozeß aufgrund des Prinzips der Geldkondemnation

a) Fassen wir das bisherige Ergebnis zusammen: Wir sind angetreten mit der durch Varro belegten Unabhängigkeit der Käuferklage von der Kaufpreiszahlung (de re rustica 2.6.6). Keiner der untersuchten Klassikertexte hat ergeben, daß man noch in der Entwicklung der klassischen Zeit von diesem Rechtszustand im grundsätzlichen abgegangen wäre. Soweit die klassischen Juristen in Einzelfällen bei der *actio empti* sichergestellt haben, daß der Verkäufer den Kaufpreis erhält, hat dies je einen besonderen Sachgrund: In D. 21.1.57 pr Paul 5 quaest und in D. 12.1.31.1 Paul 7 ad Plaut soll vermieden werden, daß der *dominus* die *actio empti* wahrnimmt, die durch einen von seinem Sklaven abgeschlossenen Kauf begründet ist, dem Verkäufer aber den Kaufpreis verkürzt, weil er, mit der *actio de peculio* beklagt, nur *dumtaxat de peculio* haftet[108]. Beim *negotium claudicans* soll vermieden werden, daß der kaufende *pupillus* erfolgreich *ex empto* den Verkäufer belangt, dem seinerseits keine Klagemöglichkeit gegen den *pupillus* zusteht, D. 18.5.7.1 Paul 5 quaest. In D. 21.1.31.8 Ulp 1 ad ed aed cur und - möglicherweise - in D. 19.1.13.8 Ulp 32 ad ed soll bei Ersetzung des Käufers durch eine Erben-

[108] Entsprechendes gilt, wie gezeigt, beim Kauf durch einen *servus communis*, wenn dessen Miteigentümer *ex empto* vorgehen: Hier kommt hinzu, daß dem Verkäufer, der auf die Befriedigung aus dem Gesamtpekulium rechnen kann, eine *pro rata*-Verfolgung des Kaufpreises erspart bleibt. Jeder klagende Miteigentümer muß also den ganzen Kaufpreis aufbringen; D. 21.1.31.8 Ulp 1 ad ed aed.

mehrheit sichergestellt werden, daß der Verkäufer keinem der klagenden Miterben leisten muß, ohne daß ihm der ganze Kaufpreis gezahlt wird, den er selbst bei jedem Miterben nur zu einem Anteil würde verfolgen können[109]. Wenn der Verkäufer die Kaufsache retinieren darf, um sich gegen eine Beschränkung des Kaufpreisanspruchs auf den Wert des Pekuliums oder gegen eine Teilung der Kaufpreisverpflichtung auf mehrere Erben zu schützen, dann ist in diesen besonderen Fällen eine Verwendung des Sachbesitzes zu Sicherungszwecken anerkannt. Von Ulpian wird diese Sicherungsfunktion des Sachbesitzes als *quasi pignus* eingeordnet, D. 21.1.31.8 Ulp 1 ad ed aed cur und D. 19.1.13.8 Ulp 32 ad ed, ebenso von Cervidius Scaevola in D. 18.4.22 (2 resp)[110].

Überblicken wir die Anwendungen des verkäuferseitigen Retentionsrechts, so finden wir den Verkäufer in seinem Anspruch auf den Kaufpreis, soweit es eine gegen ihn gerichtete Käuferklage betrifft[111], nur in sehr bestimmten Situationen geschützt. Auffällig ist das Fehlen eines Schutzes gerade in derjenigen Situation, in welcher wir heute den Hauptanwendungsfall der *exceptio non adimpleti contractus* sehen: Für das klageweise Begehren der Verkäuferleistung trotz ausstehender Kaufpreiszahlung fehlt nicht bloß ein Beleg im Fallmaterial der Rechtsliteratur: Wir wissen aufgrund von Varro 2.2.6 im Gegenteil positiv, daß der Verkäufer wegen der ausstehenden Sachübergabe selbst bei nicht gezahltem Kaufpreis *ex empto* belangt werden kann. Da man eine Zurückbehaltung der Kaufsache zum Zweck der Sicherung der Kaufpreiszahlung in den durchgenommenen Sonderfällen gebilligt hat, ist kaum anzunehmen, daß man dem Verkäufer diesen Behelf nicht auch bei einer wegen ausstehender Sachlieferung erhobenen Käuferklage zugebilligt hätte, wenn es für ihn nur irgendwie von Belang gewesen wäre. Wir

---

[109] Von der Beweisführung für eine angebliche (inhärente) *exceptio non adimpleti contractus* bleibt übrig D. 26.7.56 Scaev 4 dig: *Tutor rerum et animalium pupilli venditionem fecit, sed quaedam animalia emptoribus pretium non solventibus retinuit et apud se habuit* [...]. Die Stelle erbringt keinen Beweis für eine (notwendig prozeßrechtliche) *exceptio non adimpleti contractus* des Verkäufers (so aber *Talamanca*, o.N. 35, 374 N. 733, und offenbar auch *Benöhr*, o.N. 15, 32 bei N. 42: „erweist jedenfalls das funktionelle Synallagma"): Im Text ist nicht davon die Rede, daß der Käufer den verkaufenden Tutor mit der *actio empti* belangt hat. Es kann sich also einfach darum handeln, daß der Verkäufer bei ausbleibender Zahlung natürlicherweise von der Tradition der Kaufsache abgesehen hat. Wenn man annehmen wollte, der Tutor sei wegen der ausstehenden Übergabe der Tiere verklagt worden, hätte er eine Verurteilung in die *litis aestimatio* erlitten; daß er die Tiere „retiniert" hat, würde dann nur bedeuten, daß er auch im Prozeß die Tiere nicht ausgeliefert hat. Es mochte sich dann die Frage gestellt haben, wie ein Verkäufer, der selbst nicht Eigentümer der Kaufsache ist und *ex empto* die Verurteilung in die *litis aestimatio* erleidet, hinsichtlich dieser Sache steht, ob er deren Früchte erwirbt und ob sein Erbe die Sache selbst ersitzen kann.

[110] Man nimmt an, daß eine regelrechte Pfandbefugnis damit nicht gemeint ist; *Benöhr* (o.N. 15) 44; *Wacke* Index 3 (1972) 472; *Bürge* (o.N. 66) 188. Es könnte ja im wesentlichen auch nur um die Verkaufsbefugnis gehen, die der *venditor* als Eigentümer aber gar nicht benötigt.

[111] Zum Schutz gegen eine außerprozessuale Wegnahme der Kaufsache durch den Käufer s. noch sogleich c.

müssen also folgern, daß man bei der Erhebung der Käuferklage wegen ausstehender Sachlieferung ein Schutzbedürfnis des unbezahlten Verkäufers gar nicht gesehen hat. Die Ursache hierfür liegt im Zusammenhang unserer Problematik mit dem Grundsatz der *pecuniaria condemnatio*[112]. Der *ex empto* klagende Käufer erwirkt ja von vornherein ein Urteil nur auf Geldleistung. Was sollte dem Verkäufer, der dazu verurteilt wird, dem Käufer für die ausgebliebene Vertragserfüllung die *litis aestimatio* zu zahlen, die Befugnis nutzen, die Kaufsache zurückzubehalten? Aber auch die Vorstellung, man habe im Verlauf des Prozesses den Käufer dazu anhalten müssen, zunächst den Kaufpreis zu zahlen, bevor er eine Verurteilung des Verkäufers auf die *litis aestimatio* herbeiführen kann, ist u.E. nicht lebensnah: Denn der Verkäufer kann sich, sofern ihm der Kaufpreis noch nicht gezahlt wurde, durch Aufrechnung von der Geldleistungspflicht befreien.

Wir müssen hier nicht auf die Besonderheiten des römischen Kompensationsrechts eingehen. Ungeachtet der zahlreichen Streitfragen dürfte feststehen, daß sich ein *ex empto* verurteilter Verkäufer aufgrund eines offenen Kaufpreisanspruchs jedenfalls der Vollstrekkung entziehen konnte, sei es, daß er bereits im *bonae fidei iudicium* aufrechnen konnte (obschon die sich gegenüberstehenden Ansprüche in diesem Stadium noch nicht gleichartig sind, die Gleichartigkeit erst mit der Verurteilung eintritt)[113], sei es, daß die Aufrechnungsmöglichkeit mittels der *exceptio doli* spätestens gegenüber der *actio iudicati* bestand. Man nimmt an, daß bereits der klassische Formularprozeß die letztgenannte Möglichkeit gekannt hat[114], obwohl sichere Belege erst für die spätklassische Zeit und das Kognitionsverfahren vorliegen[115]. Wir weisen nur hin auf die weiteren Streitfragen, ob bei anerkannter Aufrechnungsmöglichkeit Raum nur für eine Klagabweisung oder auch für eine Verurteilung des Beklagten zur Zahlung des verbleibenden Saldos bestand[116], und ob die *exceptio doli* möglicherweise nur zu einem Aufschub der Vollstreckung führte, bis auch die Gegenforderung ausgeurteilt war[117].

Im Hinblick auf diese Aufrechnungsmöglichkeit wird dem Käufer, der den Verkäufer nicht bezahlt hat, ihn nicht bezahlen will oder kann, regelmäßig schon

---

112 Dazu ausf. und mit umf. Nachw.: *Pennitz* Der „Enteignungsfall" im römischen Recht der Republik u. d. Prinzipats (1991) 249 ff.

113 Mit einer solchen Aufrechnungsmöglichkeit rechnen aufgrund von Gai. 4.61-62: *Solazzi* La compensazione nel diritto romano (2. Aufl. 1950) 6; *Kaser* (o.N. 24) 644 f.; *Rozwadowski* BIDR 81 (1978) 71 ff.; s. auch *Kaser/Hackl* (o.N. 46) 262 f.

114 *Medicus* SZ 81 (1964) 263. Über den Kreis der *bonae fidei iudicia* hinaus wurde die Aufrechnungsmöglichkeit bekanntlich allgemein zugelassen (vielleicht nur bestätigt?) durch ein Reskript Marc Aurels, was auch auf die *actio iudicati* zu beziehen gewesen sein wird.

115 *Medicus*, (o.N. 114) 262, nennt D. 16.2.16.1 Pap 3 quaest; D. 16.2.17 Pap 1 resp, D. 49.8.1.4 Macer 2 apell und C. 4.31.2 (Caracalla o. J.). *Solazzi* (o.N. 113) 139 f. meint sogar, daß die *compensatio* vermittels *exceptio doli* im Formularprozeß auf die *actio iudicati* beschränkt war. Skeptisch *La Rosa* L'«actio iudicati» nel diritto romano classico (1963) 119 ff. Nach *La Rosa* kann man nicht „essere sicuri della generale ammissione" (123) des Prinzips, daß eine Aufrechnung mit Hilfe der *exceptio doli* bei der *actio iudicati* möglich war. S. auch *Kaser/Hackl* (o.N. 46) 385 f.

116 Vgl. *Kaser, Medicus* und *Rozwadowski,* jew. a.a.O.

117 Vgl. *Kaser* (o.N. 24) 646 N. 27 mit Verweis auf D. 49.8.1.4 und *Appleton* Histoire de la compensation en droit romain (1895) 264 ff.

der Anreiz gefehlt haben, *ex empto* vorzugehen. Ob der Käufer, wenn er günstig gekauft hat, infolge der Aufrechnung - also ohne Einsatz des Kaufpreises - erreichen konnte, daß ihm ein positiver Saldo als „Geschäftsgewinn" zugesprochen wird, ist eine Frage, die in den Quellen nicht behandelt ist. Es geht deshalb nicht an, wenn *Benöhr* diesen Fall zum Anlaß für die Spekulation nimmt, der Iudex habe die an sich mögliche Aufrechnung der in Geld umgesetzten Verkäuferschuld mit dem Kaufpreis prinzipiell und stets verhindert[118].

Man sollte auch nicht einwenden, daß der beklagte Verkäufer durch den Zivilprozeß und die drohende Verurteilung in die *litis aestimatio* doch angehalten wird, die Kaufsache dem Käufer freiwillig auszuliefern, wie es ihm auch nach der *litis contestatio* möglich gewesen sein wird: Soweit es um *res nec mancipi* geht, wird der tradierende Verkäufer geschützt, indem er sein Eigentum erst bei Erhalt des Kaufpreises verliert[119]: Mag also der Verkäufer auf die Klage des Käufers hin die Kaufsache freiwillig übergeben - solange der Käufer den Kaufpreis nicht bezahlt, bleibt dem Verkäufer die Möglichkeit erhalten, die Sache mittels der Vindikation zurückzuverlangen. Die Kaufsache, die *res nec mancipi* ist, dient dem Verkäufer also auch nach der Tradition grundsätzlich noch als Sicherungsmittel für den ausstehenden Kaufpreis. Wenn die *emptio venditio* über eine *res mancipi* abgeschlossen wird, und es tradiert der unbezahlte Verkäufer die Kaufsache, so halten wir es für wahrscheinlich, daß dem Käufer die Stellung des bonitarischen Eigentümers erst nach erfolgter Kaufpreiszahlung zukam, daß also die *exceptio rei venditae et traditae* gegenüber dem Verkäufer die Kaufpreiszahlung voraussetzte[120]. Nimmt man für den Verkauf einer *emptio venditio* über eine *res mancipi* an, mittels der *actio empti* habe der Käufer sein Interesse daran verfolgen können, daß ihm die Sache nicht bloß tradiert, sondern durch regelrechte Manzipation (alternativ vielleicht durch *in iure cessio*) übereignet wird[121], so dürfte man bei der diesbezüglichen Erhebung der *actio empti* doch verlangt haben, daß der Käufer den zum Vollzug der Manzipation erforderlichen Kaufpreis bereithält[122], da bei

---

[118] O.N. 15, S. 35.

[119] Wir gehen hier von der Klassizität der in IJ 2.1.41 überlieferten Regel aus; s. dazu *Zimmermann* Law of Obligations (1990) 272 ff. u. Zit.; außerdem die Beiträge von *Pugliese*, *Fuentesca* und *Burdese* in: *L. Vacca* (Hrsg.) Vendita e trasferimento della proprietà nella prospettiva storico-comparatistica I (1991) 25 ff., 73 ff., 119 ff.; dazu *Gallo* Index 24 (1996) 93 ff.; *Johnston* in: The Roman Law Tradition (1994) 182 ff.; s. auch *Bürge* SZ 99 (1982) 151.

[120] Wir folgen insofern *Ankum/van Gessel-de Roo/Pool* SZ 107 (1990) 190 ff. m.w.N. Die Frage ist streitig.

[121] Bekanntlich umstr.; für eine Pflicht zur Manzipation s. etwa *Pugliese* (soeben N. 119) 34 ff.; *Cannata* in: *L. Vacca* (Hrsg.) Vendita e trasferimento della proprietà nella prospettiva storico-comparatistica II (1991) 426; *Bussmann* L'Obligation de délivrance du vendeur en droit romain classique (1933) 97 f.; anders *Arangio-Ruiz* Compravendita I (rist. 1956) 149 ff.

[122] Es wäre möglich, daß sich das *pretium offerre*, von dem (nur) in D. 19.1.13.8 Ulp 32 ad ed die Rede ist, daraus erklärt, daß Ulpian vom Verkauf einer *res mancipi* gehandelt hat, wie es ohnehin anzunehmen ist; s. oben N. 100.

der Manzipation die Abwicklung „Zug um Zug“ in der Mechanik des Geschäfts verwirklicht wird. Wie immer man es beim Konsensualkauf über *res mancipi* gehalten hat, wird also der Käufer ohne Bezahlung (oder einvernehmliche Sicherstellung) des Kaufpreises auch hier keine Position erworben haben, mit der er sich gegen den Verkäufer hätte durchsetzen können.

Was die Geltendmachung der Gegenseitigkeit im Prozeß betrifft, so entsteht auf Seiten des beklagten Verkäufers allerdings ein Interesse an der Einbringung der Gegenleistung, sobald die gegen ihn gerichtete Verurteilung die Möglichkeit eröffnet, ihm im Vollstreckungswege die Sache selbst abzunehmen: Die Zurückbehaltung der eigenen Leistung als Mittel zur Sicherung und Durchsetzung des eigenen Anspruchs hat im Zivilprozeß eine juristische Funktion, wo Verurteilung und Vollstreckung auf die zwangsweise Abnahme des geschuldeten Leistungsgegenstandes hinauslaufen, dort also, wo gegen den Beklagten die Naturalvollstrekkung möglich ist. Wir werden sehen, daß etwa gleichzeitig mit dem Vordringen des Vollstreckungszwangs zur Naturalerfüllung (*praecise cogi*) auch Prozeßregeln eingeführt werden, die gewährleisten sollen, daß man eine Verurteilung oder Vollstreckung nur dann erduldet, wenn man wenigstens eine gleichzeitige Verurteilung auch des Klägers erhält[123].

b) Wenn wir das Fehlen eines „Zurückbehaltungsrechts“ in dem Verfahren der *actio empti* damit erklären, daß unter dem Prinzip der *pecuniaria condemnatio* eine Zurückbehaltung der Sache durch den verklagten Verkäufer juristisch sinnlos wäre, so mag zum Vergleich auf die prozessuale Abwicklung der Redhibition verwiesen werden:

D. 21.1.26 Gai 1 ad ed aed cur

Videamus tamen, ne iniquum sit emptorem compelli dimittere corpus et ad actionem iudicati mitti, si interdum nihil praestatur propter inopiam venditoris, potiusque res ita ordinanda sit, ut emptor caveat, si intra certum tempus pecunia sibi soluta sit, se mancipium restituturum.

Bei der Wandlung ist die Rückgabe der Kaufsache nicht Gegenstand einer Käuferverurteilung, sondern Verurteilungsvoraussetzung für die Redhibitionsklage. Hierfür gilt der Grundsatz der *condemnatio pecuniaria* nicht. Es wird vielmehr die Rückgabe der Kaufsache als *corpus* verlangt[124]. Weil es um den Rückerhalt der Kaufsache als *corpus* geht, stellt sich das Problem, daß der Käufer die Kaufsache nur aus der Hand geben will, wenn ihm der Kaufpreis zurückgezahlt ist, und daß umgekehrt der Verkäufer den Kaufpreis nicht zurückzahlen will, ohne daß ihm die Kaufsache restituiert ist. Als echt römisch kann man die Lösung bezeichnen, die

---

[123] Dazu unten V.

[124] Im Hinblick auf die *actiones arbitrariae* spricht *Hackl* davon, es sei ein mittelbarer Zwang zur Naturalleistung ausgeübt worden; ebenso verhält es sich - nur mit umgekehrten Parteirollen - auch bei der *actio redhibitoria*; zutr. *Kaser/Hackl* (o. N. 46) 335 ff.

Gaius ins Auge faßt, um die Problematik der Vorleistung aufgrund des preiszugebenden *corpus* zu lösen: Es wird die Vorleistungspflicht des auf Redhibition klagenden Käufers auf die Abgabe einer *cautio* abgemildert, durch welche der Verkäufer Sicherheit für die Rückgewähr des Sklaven erhält. Aufgrund der *cautio* kann man dem Verkäufer die Rückzahlung des Kaufpreises abverlangen, ohne daß dies mit den Gefahren einer Vorleistung verbunden wäre. Erhält der Käufer vom verurteilten, aber zahlungsunfähigen Verkäufer den Kaufpreis nicht zurück, so bleibt ihm der Kaufsklave.

In instruktivem Gegensatz zu D. 21.1.26 Gai 1 ad ed aed cur finden wir in den durchgesehenen Stellen, in denen das justinianische Recht die Abhängigkeit der Käuferklage von der Kaufpreiszahlung in verallgemeinerter Form ausspricht, nichts dazu, auf welche prozeßtechnische Weise diese Abhängigkeit bewerkstelligt werden soll (*pronuntiatio* wie bei den Arbiträrklagen; *cautiones*?). In keiner der in Betracht kommenden Stellen[125] wird das Problem auch nur annähernd so deutlich erfaßt, ist die technisch-juristische Lösung auch nur annähernd so weit entwickelt wie bei Gaius D. 21.1.26 hinsichtlich der Sklavenrückgewähr, die man dem wandelnden Käufer *in natura* abverlangt. Nach unseren bisherigen Ergebnissen dürfen wir annehmen, daß sich in der klassischen Literatur für den Fall, daß der Verkäufer *ex empto* wegen der ausstehenden Sachleistung verklagt wird, zu dieser Problematik nichts fand, weil hier ein Zwang zum *dimittere corpus* nicht entstehen konnte.

c) Für unsere Annahme, daß unter dem Prinzip der *condemnatio pecuniaria* eine prozessuale Befugnis, die Sache selbst zurückzubehalten, juristisch ohne Sinn gewesen wäre, finden wir schließlich eine weitere Unterstützung in

D. 47.2.14.1 Ulp 29 ad Sab[126]

[...] *Et Iulianus libro vicensimo tertio digestorum scribit: si emptor rem, cuius custodiam venditorem praestare oportebat, soluto pretio subripuerit, furti actione non tenetur. plane si antequam pecuniam solveret, rem subtraxerit, furti actione teneri, perinde ac si pignus subtraxisset.*

Der Käufer, der dem Verkäufer die Kaufsache wegnimmt, haftet dem Verkäufer mit der *actio furti*, wenn der Kaufpreis noch unbezahlt ist. Mit dieser Entscheidung Iulians wird deutlich einer Sicherungsfunktion des Sachbesitzes für die Kaufpreisforderung Rechnung getragen. Wir halten es für ausgeschlossen, daß

---

125 D. 21.1.57 pr Paul 5 quaest, D. 12.1.31.1 Paul 7 ad Plaut, D. 21.1.31.8 Ulp 1 ad ed aed cur, D. 18.1.78.2 Lab 4 post a Iav epit, D. 19.1.13.8 Ulp 38 ad ed, D. 18.4.22 Scaev 2 resp.

126 Zu der - im Hinblick auf die Aktivlegitimation der *actio furti* vielbehandelten - Stelle s. aus der Sicht unseres Themas *Benöhr* (o.N. 15) 41 f. m.w.N.; seither insb. *MacCormack* SZ 89 (1972) 189 f.; *Kaser* SZ 96 (1979) 189; *Ankum* BIDR 90 (1987) 185; *Voci* SDHI 56 (1990) 67.

man einerseits bei einer außerprozessualen Wegnahme der Sache den Verlust des Sachbesitzes und seiner Sicherungsfunktion beachtet und durch die Gewährung der Diebstahlsklage sanktioniert hat, andererseits aber dem unbezahlten Verkäufer eine prozessuale Sachwegnahme zugemutet und ihn so im Zivilprozeß um die Sicherungsfunktion gebracht haben sollte, die der Sachbesitz hinsichtlich der Kaufpreisforderung bedeutet. Wenn wir in den Quellen keinen Beleg dafür finden, daß man im klassischen Zivilprozeß auf einen Erhalt der Sicherungsfunktion des Sachbesitzes hingewirkt hätte, dann einfach deswegen, weil der klassische Formularprozeß mit dem Prinzip der *condemnatio pecuniaria* den Sachbesitz des beklagten Verkäufers gar nicht bedroht. Für die Juristen der klassischen Zeit stellt überhaupt nur die außerprozessuale, eigenmächtige körperliche Wegnahme der Kaufsache durch den Käufer dasjenige Problem dar, das wir - an die Möglichkeit der Naturalexekution gewöhnt - als ein Problem des Zivilprozesses ansehen.

4. Die Einseitigkeit der auf den Besitz an der Kaufsache gegründeten Retentionsbefugnis im Unterschied zur notwendigen Beidseitigkeit einer Einrede des nichterfüllten Vertrages aufgrund des Synallagma-Gedankens

Das klassische römische Recht erkennt zugunsten des Verkäufers die Sicherungsfunktion an, die der Sachbesitz für die Kaufpreisforderung hat. Diese Sicherungsfunktion des Sachbesitzes für die Kaufpreisforderung ist aber im Zivilprozeß grundsätzlich nicht von Belang, solange die Erhebung der *actio empti* nur zur Geldverurteilung und nicht zum Sachverlust führt. Nur ausnahmsweise wird die Sicherungsfunktion des Sachbesitzes im Zivilprozeß bemüht, um den Eingang des vollständigen Kaufpreises sicherzustellen, wenn nämlich der Verkäufer im Gegenprozeß eine Verurteilung des Käufers lediglich mit der Beschränkung *dumtaxat de peculio* erlangen könnte[127], wenn er beim *negotium claudicans* ganz ohne Klagemöglichkeit wegen des Kaufpreises ist[128] oder wenn er die Kaufpreisforderung in Bruchteile aufgespalten in einer Mehrzahl von Gegenprozessen gegen die Erben des Käufers verfolgen müßte[129]. In all diesen Fällen ist der Verkäufer durch die Beschränkung auf die Geldkondemnation, verbunden mit der Möglichkeit der Aufrechnung, nicht hinreichend geschützt, weil ihm gegen den Kläger kein durchsetzbarer eigener Anspruch in (voller) Höhe des Kaufpreises zusteht[130].

---

[127] S. oben im Text bei N. 50 ff. zu D. 21.1.57 pr Paul 5 quaest und D. 12.1.31.1 Paul 7 Plaut.

[128] S. oben im Text bei N. 58 zu D. 18.5.7.1 Paul 5 quaest.

[129] S. oben im Text bei N. 68 ff. zu D. 21.1.31.8 Ulp 1 ad ed aed cur und D. 19.1.13.8 Ulp 32 ad ed.

[130] Welche Konstellation den ursprünglichen Fall D. 18.4.22 Scaev 2 resp bildet, können wir nicht mehr sagen, doch mag es darum gegangen sein, daß der Erbschaftsverkäufer bei einer auf den Kaufpreis gerichteten Klage wegen Gegenforderungen, wie sie dem Erbschaftskäufer regelmäßig noch zukommen, nicht den vollen Betrag würde durchsetzen können; s. oben 2 d.

In aufschlußreichem Gegensatz zu dieser Quellenlage, die den Zivilprozeß betrifft, steht die Überlieferung zum Fall einer außerprozessualen Wegnahme der Kaufsache durch den Käufer: Hier wird die Sicherungsfunktion, die der Sachbesitz für den Kaufpreisanspruch hat, zum Anlaß genommen, dem noch unbezahlten Verkäufer die *actio furti* gegen den Käufer zuzusprechen[131]. Einheitlich wird die Sicherungsfunktion, die dem Sachbesitz für die Kaufpreisforderung zukommt, durch einen Vergleich mit dem Pfandrecht erfaßt: Die Kaufsache steht im Hinblick auf die Kaufpreisforderung *pignoris loco*[132], man behandelt sie als *quasi pignus*[133]. An der Klassizität dieser Figur brauchen wir nicht zu zweifeln. Es mag freilich sein, daß man erst in der Hochklassik begonnen hat, die Sicherungsfunktion, die der Besitz der Kaufsache für die Kaufpreisforderung hat, in eine prozessuale Retentionsbefugnis umzusetzen; diese ist ja namentlich mit Ulpian[134] und Paulus[135], aber wohl auch schon mit Iulian[136] und Cervidius Scaevola[137] verbunden; ältere Belege fehlen. Angesichts des fragmentarischen Charakters unserer Überlieferung ist eine sichere Zuordnung der prozessualen Retentionsbefugnis zur Hoch- oder Spätklassik jedoch nicht möglich.

Für uns ist wesentlich, daß die wiederholt anerkannte Möglichkeit des Verkäufers, den Sachbesitz gegebenenfalls zur Sicherung der Kaufpreisforderung zu benützen, nichts mit der Figur des Synallagmas zu tun hat: Der Rückführung des verkäuferseitigen Retentionsrechts auf den Synallagma-Gedanken steht schon entgegen, daß dieses Retentionsrecht im klassischen Zivilprozeß nur in Sonderfällen wirksam wurde, nicht jedoch bei der gewöhnlichen, auf die ausstehende Sachlieferung gestützten Klage *ex empto* - wie es aber zu erwarten wäre, wenn es sich um den allgemeinen Synallagma-Gedanken handeln würde. Insbesondere dient dem beklagten Verkäufer das Retentionsrecht, so wie wir es angetroffen haben, ausgerechnet dort zur Durchsetzung eines Begehrens nach vollständiger Kaufpreiszahlung, wo er diese vom jeweiligen Kläger gar nicht verlangen kann, so daß das gesicherte Begehren geradezu außerhalb des postulierten „Gegenseitigkeitsverhältnisses" der Prozeßparteien steht. Schließlich und vor allem fehlt die für das Synallagma charakteristische Parität der Befugnisse beider Vertragsparteien, da eine entsprechende Befugnis des Käufers nicht belegt ist und - wie wir sogleich darlegen wollen - auch nicht ergänzt werden darf.

Nicht aufgrund des Gedankens, daß jede Vertragspartei wegen ausgebliebener Gegenleistung zur Verweigerung der von ihr geschuldeten Leistung berechtigt ist, besteht die Retentionsmöglichkeit des Verkäufers, sondern zugrunde liegt die natürliche Möglichkeit des Verkäufers, den Besitz der Kaufsache zu verwenden, um den Eingang der Kaufpreisforderung sicherzustellen: Der Verkäufer gibt die

---

131 D. 47.2.14.1 Ulp 29 ad Sab.
132 D. 21.1.31.8 Ulp 1 ad ed aed cur, D. 18.4.22 Scaev 2 resp: „pignoris nomine".
133 D. 19.1.13.8 Ulp 32 ad ed; ähnl. D. 47.2.14.1 Ulp 29 ad Sab.
134 D. 21.1.31.8, D. 19.1.13.8, D. 47.2.14.1.
135 D. 21.1.57 pr, D. 12.1.31.1, D. 18.5.7.1.
136 Hinweis in D. 47.2.14.1.
137 D. 18.4.22.

Kaufsache im außerprozessualen Vollzug einfach nicht her, solange er den Kaufpreis nicht erhalten hat. Diese Sicherungsfunktion des Sachbesitzes, wie sie natürlicherweise vor- und außerprozessual gegeben ist, kommt dem Verkäufer auch im Zivilprozeß zugute, wenn andernfalls der Eingang des vollständigen Kaufpreises ungesichert bliebe: Die faktische Zurückbehaltungsmöglichkeit, die der Sachbesitz verleiht, setzt sich kraft der Anerkennung durch den Prätor im Prozeß als Rechtsbefugnis fort[138]. Damit entspricht die *retentio*, zu welcher der Verkäufer berechtigt ist, ganz dem Institut der *retentio*, wie es im römischen Recht ausgebildet ist. Die *retentio* des römischen Rechts ist kein „Leistungsverweigerungsrecht", mit dem eine Leistungspflicht bis zur Erfüllung eines gegenläufigen Anspruchs zu suspendieren wäre[139]. Die *retentio* als Rechtsbehelf nimmt ihren Ausgang stets von der faktischen Innehabung einer Sache, die der Inhaber herausgeben soll, aber außerprozessual nur herausgeben würde, sofern ihm ein Ausgleichsbegehren erfüllt wird: Fehlt dem Inhaber für dieses Ausgleichsbegehren ein eigenständiges Klagerecht, so gewährt man ihm, wenn er auf Herausgabe verklagt wird, die prozessuale *retentio* und ersetzt damit für den Prozeß das Druckmittel, über das der Inhaber zuvor mit seinem Sachbesitz verfügt hat[140]. Diese Funktion erfüllt auch die *retentio*, wie sie für den Verkäufer belegt ist: Sie wird dort gewährt, wo dem Verkäufer eine gegenläufige Klagemöglichkeit auf den Kaufpreis gar nicht oder nur eingeschränkt zur Verfügung steht, weil der Käufer ein Skla-

---

[138] Zur prozeßrechtlichen Verwirklichung der *retentio*, die bei einem *iudicium bonae fidei* ohne Einfügung einer *exceptio (doli)* in die Formel möglich gewesen sein wird, s. *Kaser/Hackl* (o.N. 46) 262; *Nardi* ED (o.N. 93) 1364 ff.

[139] Im modernen Sinne etwa von § 273 BGB.

[140] Die *retentio* kommt grundsätzlich nur hinsichtlich solcher Leistungen vor, die in einer Sachherausgabe bestehen, so etwa vor allem gegenüber der *rei vindicatio* und der *hereditatis petitio* (wegen Verwendungen), oder hinsichtlich hinterlegter (etwa C. 5.3.19.1) oder verpfändeter Sachen (als *retentio Gordiana*; dazu *Schanbacher* SZ 114 [1997] 233 ff.). Auch bei der *retentio* zur Sicherung des Erbschaftsviertels, das die *lex Falcidia* dem Erben garantiert (etwa Gai. 2.254), handelt es sich im Grundsatz darum, daß sich der Erbe durch den Zurückbehalt von Erbschaftsgegenständen sichern kann. Entsprechendes gilt für die *retentiones* im Dotalrecht. In den beiden letztgenannten Fällen können die *retentiones* im Einzelfall freilich auch gegenüber Ansprüchen wirksam werden, die nicht auf die Leistung einer Sache, sondern auf die Erfüllung einer Geld- oder Gattungsschuld gerichtet sind. Dies ist aber eine begreifliche Erweiterung: Sobald gegen eine *actio*, mit der eine Sachleistung verfolgt wird, eine prozessuale *retentio* einmal anerkannt ist, wird man diese Retentionsbefugnis auch beibehalten, wenn dieselbe *actio* nicht wegen einer Sachleistung, sondern etwa wegen einer Geld- oder Gattungsleistung erhoben wird, wobei freilich die *retentio* den Charakter einer Abzugsbefugnis annimmt, also nicht mehr eigentliche „Zurückbehaltung" ist. Jedenfalls - und darauf kommt es für uns an - finden wir die *retentio* nur bei solchen *actiones*, die auf die Herausgabe einer Sache zumindest gerichtet sein können (und darin wohl auch ihre erste und hauptsächliche Anwendung finden). Wie es also keine *retentio* etwa gegenüber der *condictio* gibt (Kaufpreisstipulation!), so auch nicht gegenüber der *actio venditi* - wohl aber eben gegenüber der *actio empti*.

ve[141] bzw. ein *pupillus*[142] ist oder weil an die Stelle des Käufers eine Mehrheit von Erben getreten ist[143]. Sichere Belege für ein Retentionsrecht des Verkäufers, das unabhängig von einer derartigen Einschränkung seiner Klagemöglichkeit *ex vendito* gewährt worden wäre, liegen nicht vor[144]. Die *retentio* der Kaufsache gründet sich nicht auf eine Konnexität der Verpflichtung des Verkäufers und seiner Berechtigung, sondern auf den Besitz der Kaufsache. Dies zeigt sich besonders deutlich am Fall des Erbschaftskaufs (D. 18.4.22 Scaev 2 resp[145]): Obschon hier der Kaufgegenstand die *hereditas* ist, werden als Gegenstand für die Verkäufersicherung die *corpora hereditaria* in Betracht gezogen - nur diese kann man (im Gegensatz zur unkörperlichen *hereditas*) *pignoris nomine* zurückbehalten[146]. Wenn *Nardi*[147] die verkäuferseitige *exceptio non adimpleti contractus* in Antithese zur *retentio* gebracht und daher alle Stellen, die man traditionell für die *exceptio non adimpleti contractus* in Anspruch nimmt, für seine Lehre von der *retentio* ausgeschaltet hat, meinen wir im Gegenteil, daß die im römischen Recht vorfindbare Verkäuferbefugnis, die man in anachronistischem Sprachgebrauch als *exceptio non adimpleti contractus* bezeichnet, gerade ein gewöhnlicher Fall der *retentio* gewesen ist. Überhaupt erst mit der hier entwickelten Ansicht werden also die Texte, die von einer *retentio* der Kaufsache durch den Verkäufer sprechen, beim Wort genommen.

Wir können nun darauf zurückkommen, daß *Benöhr* und ebenso *Talamanca* das Retentionsrecht des Verkäufers anführen, um unter Berufung auf den Paritätsgedanken die Ansicht zu rechtfertigen, das römische Recht habe dem unbelieferten Käufer bei Beachtung der *bona fides* die Abwehr der Kaufpreisklage ermöglicht. Die Richtigkeit dieser Folgerung ist entscheidend, weil es für die *Benöhr*sche Ansicht einen Quellenbeleg eingestandenermaßen nicht gibt. Schon der Umstand, daß die verkäuferseitige Befugnis in D. 21.1.31.8 Ulp 1 ad ed aed cur, D. 18.5.7.1 Paul 5 quaest und in D. 19.1.13.8 Ulp 32 ad ed ausdrücklich als *retentio* bezeichnet ist[148], muß nun einer Inanspruchnahme dieser Stellen für eine angebliche paritätische Zurückbehaltungsbefugnis des Käufers entgegenstehen: Nur der Verkäufer, nicht aber der Käufer schuldet die Lieferung einer Sache, auch nur beim Verkäufer besteht daher die Möglichkeit einer *retentio*. Eine Zurückbehaltung des Kaufpreises kann es nicht in demselben Sinne geben wie eine Zurückbehaltung der Kaufsache, weil der Rechtsakt *emptio venditio* hinsichtlich des Kauf-

---

[141] D. 21.1.57 pr Paul 5 quaest, D. 12.1.31.1 Paul 7 ad Plaut.

[142] D. 18.5.7.1 Paul 5 quaest.

[143] D. 21.1.31.8 Ulp 1 ad ed aed cur.

[144] D. 19.1.13.8 Ulp 1 ad ed aed cur und D.18.4.22 Scaev 2 resp müssen wegen offensichtlicher Kürzungen als unsicher gelten.

[145] Oben 2 d.

[146] Was die Sicherungsproblematik betrifft, wird auch im übrigen auf den Besitz oder das *corpus* abgestellt: Auf den Besitz in D. 47.2.14.1 Ulp 29 ad Sab (oben 3 c) sowie in D. 19.1.50 Lab 4 post a Iav epit (unten IV 2 c) und auf das *corpus* in D. 21.1.26 Gai 1 ad ed aed cur (oben 3 b).

[147] O.N. 67, ähnl. aber auch *Bürge* (o.N. 66) 186 ff.

[148] Zum Sprachgebrauch s. *Bürge* (o.N. 66) 223 ff.

preises nicht auf bestimmte Münzen gerichtet ist, das *pretium* im Kaufvertrag vielmehr als Summe festgelegt ist. Auch die Ansehung der Kaufsache als *quasi pignus*, mit der die Retentionsbefugnis bei Ulpian[149] und Cervidius Scaevola[150] erfaßt wird, muß unbedingt der Schlußfolgerung entgegenstehen, man könne eine entsprechende Befugnis aus Paritätsgründen auch für den Käufer vermuten: Die Leistung, die der Käufer schuldet, ist nicht in einem pfandfähigen Gegenstand verkörpert. Schließlich wird dem Verkäufer die *retentio* nur dort gewährt, wo ihm ein uneingeschränktes eigenes Klagerecht auf den Kaufpreis fehlt; das Retentionsrecht ist also gar nicht Ausdruck eines allgemeinen Synallagmas. Nach alledem verbietet es sich, das verkäuferseitige Retentionsrecht zu einem einheitlichen Institut der synallagmatischen „Einrede des nichterfüllten Vertrages" zu ergänzen, indem man eine paritätische Käuferbefugnis unterstellt. Eine zur Retention der Kaufsache paritätische Befugnis des Käufers bestand in Wirklichkeit nicht. Insofern entspricht die Einseitigkeit der auf den Sachbesitz gegründeten Retentionsbefugnis, die wir ausschließlich auf der Seite des Verkäufers finden, aber auch nur der unterschiedlichen Verpflichtung von Verkäufer und Käufer, die für die *emptio venditio* festzustellen ist[151].

Wir bestreiten wohlgemerkt nicht, daß der Prätor die Klage des Verkäufers wegen des Kaufpreises von der Leistung der Kaufsache hätte abhängig machen können[152]. Es würde sich dann aber nicht um eine *retentio* handeln[153] und deswegen

---

[149] D. 21.1.31.8 (1 ad ed aed cur); D. 19.1.13.8 (32 ad ed).

[150] D. 18.4.22 (2 resp).

[151] Dazu, daß die Rechtsstellungen von Verkäufer und Käufer in vielfältiger Hinsicht nicht spiegelbildlich ausgestaltet sind, s. oben bei N. 45 und nochmals unten im Text bei N. 160.

[152] Daß dies möglich war, zeigt positiv D. 18.1.34.3 Paul 33 ad ed; dazu, mit umfängl. Nachw., *Benöhr* (o.N. 15) 68 f. Hier heißt es für den Verkauf einer *res furtiva*: [...] *si emptor solus scit, non obligabitur venditor nec tamen ex vendito quicquam consequitur, nisi ultro quod convenerit praestet* [...]. Der Verkäufer haftet nicht, wenn der Käufer sich eine Sache hat verkaufen lassen, von deren Furtivität zwar er, aber nicht der Verkäufer Kenntnis hatte. Die Klagemöglichkeit des Verkäufers *ex vendito* ist an sich gegeben, erfordert aber, daß der Verkäufer die Kaufsache (wohl nach Bereinigung des Diebstahls) freiwillig (*ultro*) leistet. Hier geht es nicht darum, die Erfüllung zweier Verpflichtungen durch eine Einredebefugnis miteinander zu verknüpfen. Vielmehr macht Paulus in D. 18.1.34.3 (33 ad ed) die Verkäuferklage auf den Kaufpreis von der Erbringung der Verkäuferleistung abhängig, weil dem Käufer als *emptor sciens* eine selbständige Klagemöglichkeit gegen den arglosen Verkäufer überhaupt nicht zusteht. Man kann darin ein Gegenstück zu den Entscheidungen sehen, in denen Paulus die Käuferklage von der Kaufpreiszahlung abhängig gemacht hat, wo dem Verkäufer eine uneingeschränkte Klagemöglichkeit auf den Kaufpreis fehlt, weil sein Kontrahent ein Sklave oder ein *pupillus* ist; zu D. 12.1.31.1 Paul 17 ad Plaut und D. 21.1.57 pr Paul 7 quaest s. oben III 2 a, zu D. 18.5.7.1 Paul 5 quaest s.o. III 2 b. Ein allgemeines Synallagma liegt den Lösungen des Paulus nicht zugrunde. Es hätte Paulus in D. 18.1.34.3 das Erfordernis einer freiwilligen Leistung auch nicht aussprechen müssen, wenn jede Klagemöglichkeit beim Kauf aufgrund einer *exceptio non adimpleti contractus* von vornherein nur einen Austausch hätte erzwingen können, und so widerstreitet D. 18.1.34.3 Paul 33 ad ed nochmals der

kann die auf Verkäuferseite wiederholt - u.E. aber nur ausnahmsweise, aus je besonderem Sachgrund - anerkannte *retentio* keinesfalls als ebensogut käuferseitiger Rechtsbehelf angesehen werden.

Nehmen wir den Befund ernst, wonach wir es beim Kauf nicht mit einer stets verfügbaren, wechselseitig gewährten (inhärenten) *exceptio non adimpleti contractus* zu tun haben, und daß die verkäuferseitige *retentio* auf den Besitz an der Kaufsache gegründet ist, wird erklärlich, warum wir die angebliche „Einrede des nichterfüllten Vertrages" im römischen Recht (auch) bei keinem anderen der heute sogenannten gegenseitigen Verträge finden: Eine *retentio*, durch die sich ein herausgabepflichtiger Vertragsteil den Eingang der in Geld bestehenden Gegenleistung sichern könnte, kommt nirgends in vergleichbarer Weise in Betracht wie bei der *emptio venditio* für den Verkäufer. Würde es sich darum handeln, daß die Beachtung der *bona fides* den Richter zwangsläufig dazu führt, im Prozeß auf den Eingang der Gegenleistung hinzuwirken, müßte dies in Rom bei allen „gegenseitigen" Verträgen, die mit einem *iudicium bonae fidei* durchgesetzt werden, geschehen sein. Davon fehlt aber jede Spur. Die Mutmaßung *Benöhrs*, insbesondere bei der *locatio conductio* habe man bei jeder Klage die Nichterbringung der Gegenleistung einwenden können[154], ist nicht bloß - wie *Benöhr* selbst einräumt - ohne Fundierung in den Quellen, sie beruht auch - als Spekulation - auf den falschen Prämissen.

IV. Zum Verhältnis von Käufer- und Verkäuferleistung im klassischen römischen Recht

Nach klassischem Recht besteht zwischen den Verpflichtungen von Käufer und Verkäufer keine Verbindung nach Art des sogenannten funktionellen Synallagmas. Vielmehr können der Käufer und - grundsätzlich auch - der Verkäufer aufgrund der sie treffenden Vertragspflicht verurteilt werden, ohne Rücksicht darauf, ob sie die Gegenleistung bereits erhalten haben. Dabei wird jedoch dem Verkäufer zugebilligt, daß er den Sachbesitz benutzen darf, um auf die Zahlung des vollständigen Kaufpreises hinzuwirken. Nur spielt diese Befugnis gerade bei der gewöhnlichen Käuferklage wegen unterbliebener Übergabe grundsätzlich keine Rolle, weil die Käuferklage den Sachbesitz gar nicht berührt. Kurz gefaßt: Der Käufer kann ohne Erbringung des Kaufpreises eine (Geld-)Verurteilung des Verkäufers *ex empto* erreichen (wogegen der Verkäufer aber aufrechnen darf); die Kaufsache als *corpus* erhält der Käufer immer nur aufgrund freiwilliger Leistung des Verkäufers, die dieser daher auch stets von der Zahlung des Kaufpreises abhängig machen kann. Der Verkäufer hingegen kann schon vor der Tradition der Kaufsache und unabhängig von dieser eine Verurteilung des Käufers in den Kaufpreis errei-

---

Annahme, es habe das klassische Kaufrecht den Synallagma-Gedanken mittels einer allgemeinen „Einrede des nichterfüllten Vertrages" verwirklicht.

[153] So ist auch in D. 18.1.34.3 Paul 33 ad ed (vorige N.) nicht von einer *retentio* die Rede.

[154] O.N. 15, S. 14, 100 f.

chen. Das klassische römische Recht zeichnet sich damit durch einen - für das neuzeitliche Rechtsdenken - verblüffenden Mangel an Parität aus. Versuchen wir diese mangelnde Parität im Kontext des klassischen römischen Rechts zu erfassen.

1. Die sofortige und unbedingte Zahlungspflicht des Käufers als „Gegenleistung" für die Sachzuordnung durch den Rechtsakt *emptio venditio*

a) Die Unabhängigkeit der Kaufpreisforderung von der Sachleistung, wie sie sich für das römische Recht ergeben hat, ist nicht als regelrechte Vorleistungspflicht des Käufers im modernen Sinne einzuordnen. Die Figur der Vorleistungspflicht ist bezogen auf das moderne Verständnis des verpflichtenden Vertrages; man fragt sich dann, in welchem zeitlichen Verhältnis die Erfüllung der beiden gegenseitigen Pflichten erfolgen soll. Das moderne Verständnis des verpflichtenden Kaufvertrags paßt jedoch nicht für die römischen Kaufakte. Bei der *mancipatio* wird der Kauf durch die Vornahme vollzogen; es entstehen keine Verpflichtungen zur Erbringung der zum Vollzug gehörenden Leistungen. Für den Rechtsakt der *emptio venditio* ist zu beachten, daß hinsichtlich der Kaufsache, also - wenn man so will - hinsichtlich der Verkäuferleistung, bereits der perfekte Abschluß der *emptio venditio* Rechtswirkungen zeitigt: „Bis zur Erfüllung haftet der Verkäufer dem Käufer für *custodia*, gerade so, als habe er die Sache nurmehr vom Käufer geliehen[155], dem Käufer gebühren alle bis zur Übergabe gezogenen Früchte[156], er hat andererseits die zum Erhalt der Kaufsache erforderlichen Aufwendungen zu tragen[157]"[158]. Läßt ein Verkäufer den verkauften Sklaven frei, haftet er dem Käufer nicht bloß auf Schadensersatz, sondern wie ein *negotiorum gestor* auf Herausgabe dessen, was er selbst durch diese Freilassung erlangt, beispielsweise die Patronatsrechte oder einen etwaigen Erbschaftserwerb nach dem Tod des *libertus*[159], geradeso, als habe er wirksam einen fremden, nämlich dem Käufer gehörenden Sklaven freigelassen. Nur noch für das Verhältnis zu Dritten - nicht jedoch für die Zuordnung der Sache zwischen den Parteien des Kaufs - kommt es darauf an, daß der Käufer das Eigentum an der Kaufsache erwirbt. Was das Verhältnis von Verkäufer und Käufer betrifft, so bestimmt der Rechtsakt *emptio venditio* selbst, „daß die Kaufsache dem Käufer gehören soll."[160]

Diese sofortige Neuzuordnung der Kaufsache, wie sie Inhalt und - zwischen den Parteien - auch Wirkung der *emptio venditio* ist, ist es dann auch, wofür der

---

[155] D. 18.6.3 Paul 5 ad Sab.

[156] FragVat 2 Pap 3 resp; dazu *Knütel* (unten N. 180).

[157] Etwa D. 19.1.13.22 Ulp 32 ad ed.

[158] *Ernst* SZ 99 (1982) 243.

[159] D. 19.1.23 Iul 13 dig u. dazu *J.G. Wolf* TR 45 (1977) 1 ff.

[160] *Flume* (o.N. 2) 112; *Ernst* (o.N. 158); *Weyand* TR 51 (1983) 225 ff. im Anschluß an *J.G. Wolf* (o.N. 159) 1 ff.; *Zimmermann* (o.N. 119) 239 ff.; *Cardilli* L'Obbligazione di „praestare" e la responsabilità contrattuuale in diritto romano (1995) 336 N. 47 u. passim; *Martin Bauer* Periculum emptoris (1998) § 2 VI.

Verkäufer - ebenfalls sofort - entweder das bare Kaufgeld oder aber eine Forderung auf den Kaufpreis erhält. Wenn der Verkäufer sich bei der Vereinbarung des Sachverkaufs anstelle von barem Kaufgeld mit der Möglichkeit begnügt, die Kaufpreisforderung mittels einer sogleich begründeten Verbalobligation oder *ex vendito* zu verfolgen, so wird mit der Klage auf den Kaufpreis - auch wenn die Kaufsache noch nicht tradiert ist - keine Vorleistung des Käufers erzwungen, sondern es erhält der Verkäufer mit dieser Klage das, was er an sich schon im Gegenzug für die durch den Abschluß der *emptio venditio* erfolgte Sachzuordnung - und also ebenfalls sogleich beim Vertragsschluß - hätte beanspruchen können. Ein Ersatz für bares Kaufgeld ist die Klagemöglichkeit *ex vendito* ja nur dann, wenn sie liquide - und d.h. auch ohne Rücksicht auf das Ausstehen von Teilen der Verkäuferleistung - durchsetzbar ist.

b) Dabei entspricht die Unabhängigkeit der Kaufpreisschuld vom Stand der Sachauslieferung ganz dem Inhalt des Vertragskonsenses: Daß der Verkäufer eine feste Geldsumme erhalten soll, ist im Vertragstenor der römischen *emptio venditio* ebenso unmittelbar bestimmt, wie unmittelbar im Vertragstenor festgehalten wird, daß die Kaufsache vom Käufer erworben ist[161]. Die Festlegung der als Kaufpreis geschuldeten Geldsumme ist *essentiale negotii* des Rechtsakts *emptio venditio.* Demgegenüber gehört die Traditionspflicht nicht bereits zum aktstypischen Inhalt des Kaufvertrags: Der Vertragstenor der *emptio venditio* bestimmt nicht unmittelbar, daß der Verkäufer die Kaufsache zu tradieren hat[162]. Da der Kaufvertrag hinsichtlich der Traditionspflicht keine unmittelbare Festlegung trifft, kann die unmittelbar im Vertrag getroffene Bestimmung, der Verkäufer solle die als Kaufpreis vereinbarte Geldsumme erhalten, auch keine Einschränkung dahingehend erleiden, daß der Verkäufer diese Geldsumme nur erhalten soll, wenn die Kaufsache tradiert oder offeriert ist[163].

Nachdem bereits der Rechtsakt *emptio venditio* bestimmt, daß die Kaufsache dem Käufer gehören soll, ist die ausstehende Tradition nurmehr ein Teil dessen, was der Käufer aufgrund der *emptio venditio* und der mit ihr erfolgten Neuzuordnung der Kaufsache verlangen kann. Ebenso mag der Käufer noch die Herausgabe von Früchten oder eine Schadensersatzleistung wegen unzureichender Bewachung verlangen können - kein diesbezüglicher Anspruch würde den Käufer berechtigen, die Kaufpreiszahlung zurückzubehalten. Wenn es die römischen Juristen für den Fall einer noch ausstehenden Sachübergabe genauso gehalten haben, so ist ihnen die Übergabe der Kaufsache nicht mehr als einer von u.U. mehreren Akten, durch

---

[161] Der Vertragstenor der *emptio venditio* erklärt, daß die Kaufsache für einen bestimmten Geldbetrag gekauft ist. Also etwa: *[EMPTOR] EMIT EQUUM NIGRUM DRACHMIS MMDCC* (vgl. PSI VI 729 = FIRA III No. 136 S. 436 f.). Nach Varro, de re rust. 2.2.5, fragt der Käufer mit Bezug auf die Kaufsachen: *TANTI SUNT MI EMPTAE?*

[162] Man vergleiche den (o.N. 161) angegebenen Vertragstenor mit dem des modernen Kaufs: „[Der Verkäufer] verpflichtet sich, die Kaufsache zu übergeben und zu übereignen; [der Käufer] verpflichtet sich, den Kaufpreis zu zahlen."

[163] Was wir für den aktstypischen Vertragstenor ausführen, steht selbstverständlich unter dem Vorbehalt, daß abweichende Vereinbarungen möglich waren.

welche der Neuzuordnung, die mit dem Abschluß der *emptio venditio* bereits erfolgt ist, zwischen den Parteien Rechnung getragen wird.

c) Wir sehen das Austauschverhältnis bei der *emptio venditio* also zwischen der Neuzuordnung der Sache zum Käufer einerseits und der sofortigen Barzahlung oder unbedingten Verpflichtung zur Kaufpreiszahlung andererseits: Beides erfolgt unmittelbar mit dem Abschluß der *emptio venditio*. Wenn die Kaufsache dann nicht sogleich bei Vertragsschluß übergeben wird, bedeutet dies kein regelrechtes Hinausschieben der Verkäuferleistung, da ja trotz der ausstehenden Tradition die Neuzuordnung der Sache zum Käufer erfolgt ist. Demgegenüber handelt es sich um eine regelrechte Nachleistungsvereinbarung, wenn für den Kaufpreis ein *dies pretii solvendi* vereinbart wird. So finden wir rechtsliterarische Überlegungen dazu, wie sich die Vereinbarung eines *dies pretii solvendi* auf die zwischenzeitliche Stellung der Vertragsparteien auswirkt[164]: Im instruktiven Gegensatz hierzu gibt die ausstehende Tradition keinen Anlaß für eine abweichende Erfassung des Geschäfts; offenbar haben die römischen Juristen in dem Umstand, daß die Kaufsache nicht schon bei Vertragsschluß tradiert wird, kein atypisches Vor- und Nachleistungsverhältnis gesehen.

Weil mit dem Abschluß des Rechtsakts *emptio venditio* eine unmittelbare Zuordnung der Kaufsache zum Käufer erfolgt, mag es fraglich gewesen sein, ob man eine *emptio venditio* als Pränumerationskauf abschließen konnte, bei dem der Käufer den Kaufpreis vorleistet, um erst später die Verkäuferleistung zu erhalten[165]: Damit eine Geldzahlung als „Kaufpreiszahlung", also zur Solution von einer Kaufpreisschuld erfolgen kann, scheint der Abschluß der *emptio venditio* erforderlich, die aber ihrerseits bereits die Neuzuordnung der Kaufsache zum Käufer bewirkt. Möglicherweise ist dies der Hintergrund für die Antinomie von D. 12.4.16 Cels 3 dig und D. 19.5.5.1 Paul 5[166]. Celsus hätte dann das Geschäft, es betrifft bei ihm eine *res mancipi*[167], nur als Innominatvereinbarung für möglich gehalten, wonach der zukünftige Veräußerer einen Geldbetrag erhält und hierfür dem Erwerber den Sklaven übereignen soll; wogegen Paulus, der allerdings nicht spezifisch von einer *res mancipi* spricht, der Ansicht ist: *Et si quidem pecuniam dem, ut rem accipiam, emptio et venditio est.*

---

164 S. nur FragVat 11 und 14 - 16, alles Pap 3 resp.

165 Die Ungleichbehandlung von Pränumerationskauf und Kreditkauf hat *Wilhelm Endemann* bemerkt und herausgestellt: „Den [römischen] Juristen war Hingabe der Waare, um eine vorerst kreditierte Geldsumme zu erwerben, eine geläufige und daher besonderer doktrineller Konstruktion würdige Erscheinung, dagegen Hingabe von Geld, um erst demnächst andere Sachen zu empfangen, ein keineswegs in gleicher Weise zu berücksichtigendes, ungewöhnliches, keineswegs analoger Konstruktion bedürftiges Vorkommnis", Studien i.d. romanisch-kanonistischen Wirthschafts- und Rechtslehre II (1883) 80.

166 Dazu zuletzt ausf. *Schmidt-Ott* (o.N. 50) 219 ff.

167 Ein reiner Manzipationskauf jedenfalls ist als Pränumerationskauf undenkbar.

d) Wenn wir annehmen, die *actiones empti* und *venditi* seien von der Erbringung der klägerischen Leistung unabhängig gewesen, wenn wir also vom Fehlen eines funktionellen Synallagmas in Form einer prozessualen (sei es auch inhärenten) *exceptio* ausgehen, so behaupten wir natürlich nicht, daß die römischen Juristen den elementaren Austauschcharakter des Kaufvertrages verkannt oder ignoriert hätten. Man kann vielmehr sagen, daß für die römischen Juristen die Aufgabe darin bestanden hat, den Austauschcharakter des Kaufs gerade in der Handhabung von zwei Kaufklagen zu wahren, die nicht von der Erbringung der Gegenleistung abhingen.

2. Die Sachleistungsunabhängigkeit der Kaufpreisklage im Kontext des weiteren Kaufrechts

Wir wollen noch dartun, daß die Unabhängigkeit der Kaufpreisklage vom Stand der Sachlieferung mit zahlreichen Einzelheiten des klassischen römischen Kaufrechts im Einklang steht, die damit ihrerseits geeignet sind, unser Ergebnis zu unterstützen.

a) Die Unabhängigkeit der Kaufpreisklage von der Sachleistung des Verkäufers paßt hervorragend zum *periculum emptoris*[168]: Wenn die Durchsetzung der *actio venditi* von der Erfüllung des Lieferanspruchs schlechthin unabhängig ist, so kann der Untergang der Kaufsache auf die *actio venditi* keinen Einfluß mehr haben. Da man nach einem unverschuldeten Untergang der Kaufsache nicht mehr sagen kann, daß *venditorem aliquid dare facere oportet ex fide bona*, die *actio empti* also nicht mehr erhoben werden kann, ergibt sich das *periculum emptoris* einfach aus der Unabhängigkeit der beiden aus dem Kauf entspringenden Klagen.

b) Sodann stimmt die Unabhängigkeit der Kaufpreisklage von der Sachlieferung mit dem Fehlen eines Rechts zur Vertragsauflösung bei Nichterfüllung überein[169]: Der Käufer kann, wenn ihm die Kaufsache nicht geliefert wird, nicht vom Vertrag abgehen und einen etwa bereits gezahlten Kaufpreis zurückverlangen. Wenn der Käufer auf das Ausbleiben der Sachlieferung nur mit der *ex empto*-Klage auf das Interesse reagieren, aber nicht einen gezahlten Kaufpreis zurückfordern kann, dann paßt hierzu, daß auch der aufgrund der *emptio venditio* erst noch geschuldete Kaufpreis vom Käufer ohne Rücksicht darauf erbracht werden muß, ob ihm die Kaufsache bereits tradiert ist.

c) Unser Ergebnis ist auch gut geeignet, die Aussagen von D. 19.1.50 Lab 4 post a Iav epit zu sichern, gegen die eine Vielzahl von Interpolationsverdächti-

---

[168] S. dazu *Ernst* (o.N. 158) 216 ff.; *Martin Bauer* (o.N. 160) mit umf. Nachw.

[169] *Fritz Schulz* hat das Fehlen eines Rücktrittsrechts bezeichnet als „iron rule of Roman law which the classical lawyers unflinchingly observed", Classical Roman Law (1951) 532.

gungen erhoben worden sind[170]. Es handelt sich um diejenige Stelle, an welche die auf dem Corpus Iuris aufbauende Dogmatik anzuknüpfen hatte, um für den „gegenseitigen Vertrag" zur notwendigen Beidseitigkeit einer Schuldbefreiung, also zum sogenannten „konditionellen Synallagma" zu kommen. Für das römische Kaufrecht handelt es sich freilich um eine exzeptionelle Fallkonstellation:

D. 19.1.50 Lab 4 post a Iav epit

Bona fides non patitur, ut, cum emptor alicuius legis beneficio pecuniam rei venditae debere desisset antequam res ei tradatur, venditor tradere compelletur et re sua careret. Possessione autem tradita futurum est, ut rem venditor aeque amitteret, utpote cum petenti eam rem petitor ei neque vendidisset neque tradidisset[171].

Der Käufer ist durch *beneficium legis* von der Verpflichtung zur Geldzahlung frei geworden[172]. Eine Käuferklage wegen ausstehender Sachlieferung soll nach Labeo abgewiesen werden. Wenn Labeo sich für die Abweisung der Klage auf die *bona fides* beruft, kommt darin zunächst zum Ausdruck, daß der Verkäufer grundsätzlich auch trotz ausstehenden Kaufpreises in die Sachleistung zu verurteilen wäre, wie es auch der Zeitgenosse Varro erklärt (de re rust. 2.2.6). Unabhängig von den Schwierigkeiten, die der zweite Satz bereitet, wird doch klar, daß dem Verkäufer, wenn er die Kaufsache bereits tradiert hat, nicht mehr geholfen werden kann. Eine Rückforderung scheitert, weil die Sache doch verkauft und tradiert ist; daran läßt sich im Hinblick auf die gesetzliche Außerkraftsetzung der Kaufpreisforderung nichts ändern: Bei der *rei vindicatio* ist mit der Berufung auf die *bona fides* nicht zu helfen, und auch der Tatbestand der *exceptio rei venditae et traditae* wird durch Außerkraftsetzung der Kaufpreisforderung ersichtlich nicht in Frage gestellt.

Die mangelnde Parität, die man zwischen der Befreiung des Verkäufers nach D. 19.1.50 Lab 4 post a Iav epit und der Nichtbefreiung des Käufers gemäß der allgemeinen Regel vom *periculum emptoris* festzustellen hat[173], entspricht ganz

---

170 Vgl. Nachw. im Ind. Itp.; dazu *Benöhr* (o.N. 15) 81 ff. m.w.N.; Nachw. der seitherigen Lit. bei *Sargenti* IURA 38 (1987) 38; *Gallo* Synallagma e conventio nel contratto I (1992) 215 N. 144, S. 217 ff.; *Cardilli* (o.N. 160) 337 mit N. 48, 49.

171 Jüngst will *Gallo* (vorige N., S. 215 N. 144) den Schlußsatz - mit Berufung auf *Bonfante*, *Collinet*, *Meylan* und zuletzt *Sargenti* (IURA 38 [1987] 38, dort in N. 22 w. Nachweise) - abweichend von *Mommsen* auf folgende Weise emendieren: *Possessione autem tradita futurum est, ut rem aeque amitteret, utpote cum petenti eam rem <emptor exceptionem opponere possit: si eam rem> neque vendidisset, neque tradidisset.*

172 Dazu, um welche gesetzliche Maßnahme es sich gehandelt haben könnte, s. *Benöhr* (o.N. 15) 82 f.

173 *Gallo* (o.N. 170) 217 u. passim will die mangelnde „Symmetrie" zwischen der Entscheidung Labeos und dem *periculum emptoris* so erklären: Das durch *beneficium* rechtlich gestörte Gleichgewicht könne wiederhergestellt werden, während der Sachuntergang

unserem bisherigen Ergebnis: Während der Käufer den Kaufpreis unabhängig vom Stand der Sachleistung schuldet, ist die Käuferklage zwar von der Zahlung des Kaufpreises unabhängig, soweit dem Verkäufer aufgrund des Grundsatzes der Geldkondemnation ein Verlust seiner Sache gar nicht droht: Wo der Verkäufer aber die Möglichkeit einbüßen würde, die Kaufpreisforderung gegen den Käufer durchzusetzen, soll er auch nicht *ex empto* wegen der Sachlieferung verurteilt werden. Insofern bedeutet der Besitz der Kaufsache für den Verkäufer eine Sicherheit, die er benützen kann, um die Erbringung des Kaufpreises durchsetzen. Die Erörterung Labeos mit ihrer Unterscheidung danach, ob der Verkäufer die Sache bereits übergeben hat, paßt sich also nahtlos in die von uns herausgearbeitete Rechtslage ein. Weil eine entsprechende „Befreiung" des Käufers bei einem „Freiwerden" des Verkäufers von der Pflicht zur Sachlieferung nicht eintritt, weil im Gegenteil der Wegfall der Kaufsache den Kaufpreisanspruch nicht berührt (*periculum emptoris*), kann D. 19.1.50 Lab 4 post a Iav epit als weiterer Beleg für eine nicht-paritätische Handhabung von Verkäufer- und Käuferleistung angesehen werden[174]. Abgesehen davon würde auch die Differenzierung Labeos danach, ob die Kaufsache schon tradiert war, nicht zu einer aus dem Synallagma begründeten Entscheidung passen, wohl aber paßt sie dazu, daß der zurückbehaltene Sachbesitz dem Verkäufer den Eingang des Kaufpreises zu sichern vermag. Wir halten also die Sachentscheidungen, die man trotz der offenbaren sprachlichen Mängel dem Digestentext von D. 19.1.50 zu entnehmen pflegt, für richtig überliefert.

d) Der Eingang des ausstehenden Kaufpreises, ist einmal der Rechtsakt *emptio venditio* kontrahiert, wird also in jeder möglichen Hinsicht sichergestellt. Es sei nur noch an die vielfältigen Vertragsgestaltungen erinnert, durch die sich ein Verkäufer, der die Kaufsache dem Käufer trotz ausstehenden Kaufpreises überlassen will, sichern kann: *lex commissoria*[175], bloß prekaristische Sachüberlassung[176], Überlassung der Kaufsache zunächst nur miethalber[177] oder Rückverpfändung des Kaufgrundstücks an den Verkäufer[178]. Für den Käufer, der den Kaufpreis zahlt, ohne daß ihm die Kaufsache schon übergeben ist, fehlen entsprechende Sicherungsmöglichkeiten, wie es aber angesichts des sachlichen Unterschieds von Käufer- und Verkäuferleistung auch nicht anders sein kann. Es bringt dem Käufer keine Abhilfe, wenn er den Kaufpreis nicht an den Verkäufer auszahlt, sondern

als irreversibel einer der Parteien zugewiesen werden müsse. Anders als *Gallo* (und gegen diesen) *Cardilli* (o.N. 160) 337: „Le due posizioni, d'aquirente e di venditore sono profondamente diverse e non interscambiabili ai fini della sinallagmaticità del rapporto, in quanto riflettono due diversi interessi, di cui la *fides bona* impone di tener conto in modo differenziato".

174 Anders aber - außer *Gallo* (vorherige N.) - u.a. auch *Talamanca* (o.N. 35) 376: „Si ha senza dubbio qui una - oggettiva - rilevanza del sinallagma funzionale, esplicitamente fondata sulla *bona fides* che regge il contratto".

175 Dazu zuletzt mit Lit. *Flume* (o.N. 2) 154 ff.

176 D. 43.26.20 Ulp 2 resp.

177 D. 18.6.17 Iav 7 ex Cass.

178 D. 27.9.1.4 Ulp 35 ad ed.

bei einem Dritten hinterlegt: Nach D. 46.3.39 Afr 8 quaest trägt der Käufer die (Leistungs-)Gefahr des hinterlegten Geldbetrages; er trägt aber gleichzeitig die Gefahr der *res empta*, auch wenn diese vom Verkäufer ebenfalls hinterlegt ist, da ja ein perfekter Kauf vorliegt. Es bleibt also dem Käufer nichts übrig: Er muß, kommt ihm der Verkäufer nicht entgegen, den Kaufpreis entrichten, wenn er die Sache tradiert haben will.

e) Vielleicht mag man es noch der vielfältigen Sorge um die Sicherstellung einer effektiven Kaufpreisleistung zurechnen, daß die unter Diokletian ergangenen Reskripte zur sogenannten *laesio enormis*[179] (einseitig nur) den Verkäufer schützen, dem ein Kaufpreis in Höhe von weniger der Hälfte des *iustum* bzw. *verum pretium* zukommt: ein gegenläufiger, sozusagen spiegelbildlicher Schutz des Käufers, der als Kaufpreis mehr als den doppelten Sachwert übernommen hat, fehlt.

3. Der Sachbesitz der Kaufsache als Druck- und Sicherungsmittel zur Durchsetzung der Kaufpreisforderung

Der Besitz der Kaufsache ermöglicht es dem Verkäufer, die Kaufsache im außerprozessualen Vollzug zurückzubehalten, bis er den Kaufpreis empfangen hat. Die Druck- und Sicherungsfunktion, die der Sachbesitz insoweit natürlicherweise wahrnehmen kann, wird - wo erforderlich - von den Juristen jedenfalls seit der Hochklassik für den Prozeß der *actio empti* in Form einer Rechtsbefugnis zur *retentio* anerkannt. Wo die Befugnis zur *retentio* anerkannt ist, braucht der Verkäufer - auch von Rechts wegen - die Kaufsache nur bei Eingang des Kaufpreises abzugeben. Übergibt der Verkäufer, der rechtlich nur zur Sachabgabe gegen Kaufpreiszahlung verpflichtet ist, die Kaufsache, obwohl er den Kaufpreis noch nicht empfangen hat, so erbringt er eine echte Vorleistung. Hierzu paßt es, daß dem Verkäufer, der die Kaufsache übergibt, eine Verzinsung des ausstehenden Kaufpreises vom Zeitpunkt der Sachübergabe zuerkannt wird[180]. Bezeichnenderweise finden wir diesen sogenannten „Nutzungszins" erst bei den Spätklassikern anerkannt[181], wie wir auch die Retentionsmöglichkeit des Verkäufers - als prozessuale Rechtsbefugnis - nicht früher als für die Hochklassik haben belegen können[182].

Nachdem die Kaufpreisklage vom Stand der Sachlieferung unabhängig war, war es an sich folgerichtig, diese Geldforderung mit dem Sachbesitz zu verknüpfen und dem Verkäufer die Sicherung in Form einer Retentionsbefugnis zu gewähren. Freilich mag man die Disparität dieser Rechtslage umso stärker empfunden haben, je mehr man dazu überging, die Pflicht zur Kaufpreiszahlung einerseits und die Pflicht zur Tradition andererseits als die „Hauptpflichten" beider

---

[179] C. 4.44.2 (a.285); C. 4 .44.8 (a.293); dazu *Zimmermann* (o.N. 119) 259 ff.; *Chr. Becker* Lehre von der laesio enormis etc. (1992).

[180] Dazu grundlegend *Knütel* SZ 105 (1988) 514 ff.

[181] D. 19.1.13.20 Ulp 32 ad ed; FragVat 2 Pap 3 resp.

[182] Oben bei N. 134 ff.

Parteien einander gegenüberzustellen[183]. Wenn wir annehmen, daß die Zubilligung des (einseitigen) Retentionsrechts frühestens der Hochklassik angehört[184], wird freilich auch gar kein langer Zeitraum mehr verstrichen sein, bis man für den Zivilprozeß zu jener paritätischen Lösung gefunden hat, die in der Ermächtigung des Richters zur Klägerverurteilung besteht; ihr wollen wir uns jetzt zuwenden.

V. Die Richterbefugnis zur Klägerverurteilung in Kaiserkonstitutionen bis Justinian

1. Die Befugnis des Richters zur Klägerverurteilung in C. 7.45.14 (Justinian)

Wir beginnen mit dem Endpunkt der Entwicklung, der deutlich macht, worum es geht. Durch eine Konstitution aus dem Jahre 529 oder 530 erkennt die justinianische Kanzlei dem Richter allgemein die Befugnis zu, den Kläger auch ohne förmliche Widerklage in jede beliebige von diesem geschuldete Leistung selbst dann zu verurteilen, wenn dem Richter die Zuständigkeit für den Gegenanspruch fehlen sollte[185]. Die Konstitution wurde in den Codex eingestellt als

C. 7.45.14 Justinian (a. 529/530)[186]

Cum Papinianus summi ingenii vir in quaestionibus suis rite disposuit non solum iudicem de absolutione rei iudicare, sed ipsum actorem, si e contrario obnoxius fuerit inventus, condemnare, huiusmodi sententiam non solum roborandam, sed etiam augendam esse sancimus, ut liceat iudici vel contra actorem ferre sententiam et aliquid eum daturum vel facturum pronuntiare, nulla ei opponenda exceptione, quod non competens iudex agentis esse cognoscitur. cuius enim in agendo observavit arbitrium, eum habere et contra se iudicem in eodem negotio non dedignetur.[187]

Da die Konstitution selbst den Ursprung dieser prozeßrechtlichen Regelung auf Papinian zurückführt, wollen wir sehen, inwieweit sich eine entsprechende Praxis in der Spät- oder Nachklassik belegen läßt, und anschließend diese Prozeßtechnik

[183] S. etwa D. 19.1.11.2 und D. 19.1.13.20, beide Ulp 32 ad ed: *in primis* werde vom Verkäufer die Tradition, vom Käufer der Kaufpreis geschuldet.

[184] Oben bei N. 134 ff.

[185] Vgl. insofern § 33 ZPO.

[186] Dazu *Arangio-Ruiz* Compravendita II (rist. 1956) 218 ff.; *Zilletti* Studi sul processo civile giustianeo (1965) 184 ff.; *Dieter Simon* Just. Zivilprozeß (1969) 132 N. 254.

[187] Nach Inkraftsetzung des Codex erging Nov. 96.2, die sich mit dem Zeitpunkt befaßt, bis zu dem eine Widerklage erhoben werden kann; dazu *Simon* vorige N.

zu unserem Thema in Bezug setzen. Dabei ist freilich zu beachten, daß eine in das Jahr 487 datierte Konstitution Zenos besagt, ein Richter dürfe den Kläger nicht ohne ausdrückliche Widerklage verurteilen, C. 7.51.5.1. Da die Konstitution Zenos eine allgemeine Feststellung trifft, kann sich die dem Papinian zugeschriebene Neuerung zunächst nur auf besondere Fälle beschränkt haben. Die Vermutung, daß es sich um gegenseitige Ansprüche aus ein und demselben Vertrag gehandelt haben wird, liegt nahe und soll für das folgende als Arbeitshypothese zugrunde gelegt werden.

2. Die Konstitutionen aus dem dritten Jahrhundert

a) Den frühesten Beleg bietet:

C. 8.44.5 Caracalla (a. 212)[188]

Ex praediis, quae mercata es, si aliqua a venditore obligata et necdum tibi tradita sunt, ex empto actione consequeris, ut ea a creditrice liberentur: id enim fiet, si adversus venditorem ex vendito actione pretium petentem doli exceptionem opposueris.

Die Grundstückskäuferin ist besorgt, weil der Verkäufer von den ihr verkauften Grundstücken einige zugunsten einer Gläubigerin verpfändet hat. Nach dem Eingangssatz hat die Käuferin einen Anspruch auf Beseitigung des vom Verkäufer bestellten Pfandrechts. Diese Aussage ist zunächst mit den Grundsätzen der Eviktionshaftung in Einklang zu bringen. Es kann sich nicht um den Umstand einer etwa bevorstehenden Eviktion handeln, weil dieser den Käufer allenfalls zur Verweigerung der Kaufpreiszahlung berechtigte (sogenannte *exceptio evictionis imminentis*[189]). Die entscheidende Besonderheit liegt hier vielmehr darin, daß der Verkäufer das Grundstück selbst mit dem Pfandrecht belastet hat, er diese Belastung kennen muß und ihm ein Gegenwert für die Beleihung zugeflossen sein wird. Hinsichtlich eines solchen, vom Verkäufer selbst bestellten Drittrechtes liegt es grundlegend anders als hinsichtlich der Drittrechte, deren Entstehung der Verkäufer „nicht zu vertreten" hat[190]. Wenn man ausweislich von C. 8.44.5 dem Käufer im Fall eines vom Verkäufer selbst bestellten Pfandrechts die Klage *ex empto* gegeben hat, so steht dies im Einklang mit der jedenfalls seit der Hochklassik anerkannten *ex empto*-Haftung des Verkäufers, der in Kenntnis einer Drittberechtigung verkauft[191].

---

[188] S. bereits *Benöhr* (o.N. 15) 59 ff.

[189] Zur *exceptio evictionis imminentis*, s. *Ernst* Rechtsmängelhaftung (1995) 60 ff.

[190] Auch in der weiteren Dogmengeschichte hat man die auf Verkäuferhandeln beruhenden Rechtsmängel besonders behandelt, s. zum sog. „fait personnel du vendeur" etwa *Rabel* Rhein. Zeitschr. Zivil- und ProzeßR 1 (1909) 187 = Ges. Aufsätze I (1965) 103.

[191] D. 19.1.30.1 Afr 8 quaest und dazu, auch m.w.N., *Ernst* (o.N. 189) 12 ff.; dort vor allem dazu, daß diese Haftung im *purgari dolo malo* einen eigenständigen Rechtsgrund findet.

Nach der Klarstellung dieser Verurteilungsmöglichkeit *ex empto* heißt es, dazu werde es kommen, wenn die anfragende Käuferin der auf Kaufpreiszahlung gerichteten Verkäuferklage die *exceptio doli* entgegenhalten werde[192]. Die Gewährung der *exceptio doli* am Schluß von C. 8.44.5 steht nicht zu unserem bisherigen Ergebnis in Widerspruch, demzufolge der Käufer trotz ausstehender Verkäuferleistung in den Kaufpreis verurteilt werden konnte: In C. 8.44.5 geht es nicht um die Verpflichtung des Verkäufers zur Übergabe, sondern um eine Verpflichtung zur Beseitigung des vom Verkäufer selbst bestellten Drittrechts. Die Forderung des Kaufpreises für ein Grundstück, das der Verkäufer selbst mit einem Drittrecht belastet hat, ist dolos: Das bedeutet nicht, daß auch die Forderung des Kaufpreises für ein Grundstück, dessen Übergabe noch ausstand, als dolos angesehen worden wäre.

Wenn man den Schlußsatz nicht als nachträgliche Ergänzung durch die justinianische Kodexredaktion abscheidet[193] - dazu sogleich -, dann ist in dieser Konstitution ausgesprochen, daß der klagende Verkäufer nicht bloß aufgrund der *exceptio doli* mit seiner Klage abgewiesen wird, sondern vielmehr im Gegenzug verurteilt wird. Aufgrund von C. 7.45.14 hat *Partsch* angenommen, diese Befugnis zur Klägerverurteilung in C. 8.44.5 (wie auch in C. 4.49.8 und C. 8.44.24.1, dazu unten b und c) sei eine justinianische Interpolation. Denn wenn die Befugnis zur Klägerverurteilung erst durch justinianisches Reformgesetz eingeführt sei, müsse sie früher unbekannt gewesen sein[194]. Nun besagt aber die justinianische Konstitution selbst, daß die Befugnis zur Klägerverurteilung schon auf Papinian zurückgeht. Die gesetzliche Neuerung besteht darin, daß der Befugnis zur Klägerverurteilung eine mangelnde Zuständigkeit für die entsprechende Klage nicht mehr entgegenstehen soll (und vielleicht in einer Erweiterung auf alle gegen den Kläger gerichteten Ansprüche unabhängig von ihrer Konnexität). Die Angabe aus C. 7.45.14, daß die Anerkennung der Richterbefugnis zur Klägerverurteilung auf Papinian zurückgeht, paßt zeitlich gut zu unserer Konstitution, die am 17. Sept. 212, im letzten Lebensjahr Papinians ergangen ist und also jedenfalls nach dem Zeitraum, in dem Papinian als *magister libellorum* Gelegenheit gehabt hat, diese Neuerung selbst einzuführen (nach *Honoré* 194 bis 202[195]). Und warum auch

[192] Nur die Handschrift M (Montpellier H 82) aus dem 12. Jahrhundert hat anstelle von *id enim*: *idem enim* und auch dies nur von zweiter Hand. Mit diesem vereinzelten Textzeugen will es *Paul Krüger* halten (kl. Codex-Ausg.). Danach würde es sich freilich um getrennte Bescheide einesteils für die Erhebung der *actio empti* und anderenteils um die Verteidigung gegen die erhobene *actio venditi* handeln; eine Klägerverurteilung wäre dann nicht ausgesprochen. Es ist aber kaum anzunehmen, daß ausgerechnet M^b eine gegenüber der Vielzahl anderer Textzeugen bessere Überlieferung bietet, zumal das *idem* auch inhaltlich nicht genau zutreffen würde (Klageabweisung und Verurteilung: *idem*?).

[193] Vgl. Ind. Itp. ad h.l. sowie *Partsch* Das Dogma des Synallagma im römischen und byzantinischen Rechte, in: Aus nachgelassenen und kleineren verstreuten Schriften (1931) 30; *Biondi* Iudicia bonae fidei I, in: AnnPal 7 (1918) 16 f.; *Haymann* SZ 41 (1920) 56; *Nardi* (o.N. 67) 253.

[194] *Partsch* (o.N. 193) 30. Gegen *Partsch* bereits *Levy* SZ 52 (1932) 520.

[195] Emperors and Lawyers (2nd. ed. 1994) 73, 77 ff.

sollte eine solche Neuerung nicht auf denjenigen Juristen zurückgehen, der sich als großer Innovator auf der Grundlage der klassischen Tradition erwiesen hat?[196] Es mag aber sein, daß sich Papinian und C. 8.44.5 auf eine *cognitio extra ordinem* bezogen haben.

b) Ging es in C. 8.44.5 um den Fall, daß der Käufer vom Verkäufer die Beseitigung eines vertragswidrig bestellten Pfandrechts verlangt, so bringt die diokletianische Konstitution C. 4.49.8, abgesetzt unter Hermogenian[197], die Möglichkeit, den auf Übergabe klagenden Käufer in den Kaufpreis zu verurteilen:

C. 4.49.8 Diocletian/Max. (a. 293)

Si pater tuus venum portionem suam dedit nec induxit in vacuam possessionem praedii, ius omne penes se eum retinuisse certum est. neque enim velut traditionis factae vectigal exsolutum, si simulatum factum intercessit, veritatem mutare potuit.

(1) *Quapropter aditus praeses provinciae, si animadverterit in vacuam possessionem neque patrem tuum neque successores eius emptorem vel heredes ipsius quocumque loco factos induxisse, non dubitabit nihil esse translatum pronuntiare. et si te ex empto ad inducendum in vacuam possessionem perspexerit conveniri, aestimabit, an pretium sit exsolutum: ac si reppererit non esse satis pretio factum, hoc restitui tibi providebit.*

Der Vater des Anfragenden hat einen Anteil an einem Grundstück übertragen, ohne dem Erwerber die *vacua possessio* eingeräumt zu haben. Es sei sicher, so die Kanzlei, daß die Berechtigung noch zurückbehalten sei: Tradition als Voraussetzung des Eigentumsübergangs. Hierbei komme es nicht darauf an, ob eine an sich den Eigentümer treffende Steuer schon vom Käufer bezahlt ist, sondern ob die Übergabe tatsächlich erfolgt ist. Es mag darum gegangen sein, ob der Käufer den Sohn des Verkäufers kraft des schon erworbenen Eigentums von dem Grundstück vertreiben darf. § 1 stellt klar, daß der Anfragende unter den im Principium genannten Voraussetzugen vom *praeses provinciae* eine Festellung erwirken kann, daß noch nichts übertragen sei. Und wenn der Käufer mittels der *actio empti* die Übertragung der *vacua possessio* verlange, werde der *praeses provinciae* prüfen, ob der Kaufpreis gezahlt sei; falls nicht (wenigstens) Sicherheit für den Kaufpreis

---

[196] Der große Jurist wird charakterisiert durch das immer wieder glückende Zusammenspiel von überlegener Beherrschung der Tradition mit dem Mut zur schöpferischen, aber auf die Erneuerung eines stimmigen Rechtsganzen zielenden Invention. Nie fehlt seinen Arbeiten das Signum der Größe: der Wille, Gültiges zu setzen, und dem entspricht die Autorität, die das Werk entfaltet. S. zu Papinian zuletzt *Knütel* Collatio Iuris Romani (= Fs. Ankum, 1995) 193 ff., *Ankum* Sem. Complutenses 1 (1990) 33, dt. Fassung in: Orbis Iuris Romani 2 (Brünn 1996) 13; und ders. in: Estudios de Historia del Derecho Europeo, Homenaje al prof. G. M. Díez 1 (Madrid 1994) 43. S. auch, mit Nachw. der älteren Lit., *Giuffrè* Aufstieg und Niedergang der römischen Welt II/15 (1976) 659.

[197] S. *Honoré* (o.N. 195) 163 ff., 177 ff.

geleistet sei, werde der *praeses* dafür sorgen, daß der Kaufpreis dem anfragenden Erben gezahlt werde. Es ist u.E. auszuschließen, daß es sich hierbei nur um ein mittelbares Hinwirken auf die Zahlung des Kaufpreises handelt, wie es durch die Drohung mit einer Klageabweisung für den Fall der nichterbrachten Gegenleistung erfolgen würde: Dann hätte dem Sohn des Verkäufers nur in Aussicht gestellt werden dürfen, daß entweder die Klage abgewiesen oder er nur nach eingegangem Kaufpreis verurteilt wird, nicht aber der unbedingte Eingang des Kaufpreises.

Wenn *Partsch* seinen Interpolationsverdacht auch hinsichtlich C. 4.49.8 erhoben hat, so können die formalen Indizien, aufgrund deren *Partsch* den Schlußteil der Konstitution als spätere Beifügung hat ausscheiden wollen[198], durch die neueren Stiluntersuchungen *Honorés* als widerlegt gelten[199]. Gehen wir mit *Honoré* davon aus, daß Hermogenian für unsere Konstitution verantwortlich ist[200], paßt dies vielmehr gut mit der Information aus C. 7.45.14 zusammen, wonach die richterliche Verurteilungsbefugnis gegenüber dem Kläger eine papinianische Neuerung gewesen sein soll: Für Hermogenian gilt eine enge Anlehnung an Papinian als charakteristisch[201]. Im übrigen verweisen wir auf unsere Ausführungen zu C. 8.44.5. Später wollen wir noch auf den besonders signifikanten Umstand zurückkommen, daß es sich um die Klage gegen den Verkäufer handelt, bei der man unter dem Prinzip der Geldkondemnation einer Verurteilung auch bei ausstehendem Kaufpreis ungerührt entgegengesehen hatte: Es ist nämlich davon auszugehen, daß man zur Zeit Diokletians mit einer Verkäuferverurteilung auch die Naturalvollstreckung betreiben konnte - und dies macht es dringend, daß man dem Verkäufer im Zusammenhang mit der hinzunehmenden Verurteilung zu seinem Kaufpreis verhilft[202]. Gerade für einen Fall wie den von C. 4.49.8 wird also ein unmittelbares juristisches Bedürfnis für die Käuferverurteilung bestanden haben.

c) Aus der diokletianischen Kanzlei unter Hermogenian stammt noch eine weitere Konstitution, in der ebenfalls die in C. 4.49.8.1 ausgesprochene Möglichkeit einer Klägerverurteilung zu erkennen ist:

C. 8.44.24 Diocletian/Max. (a. 294)

Si post perfectam venditionem ante pretium numeratum rei venumdatae mota fuerit quaestio vel mancipia venumdata proclament in libertatem, cum in ipso limine contractus immineat evictio, emptorem, si satis ei non offeratur, ad totius vel residui pretii solutionem non compelli iuris auctoritate monstratur.

---

198 O.N. 193, S. 30 N. 62.

199 So hat *Honoré* gerade die Hinweise auf richterliche Ermittlungen mit unpersönlichen Wendungen wie *quod si* (o.a.) *iudex/praeses reppererit* als ein Stilcharakteristikum Hermogenians aufgedeckt, (o.N. 195) 174 bei und mit N. 446.

200 S. die vorherige N.

201 *Liebs* SZ 100 (1983) 505 mit Nachw. in N. 149; s. schon ders., Kl. Pauly II (1967) Sp. 1083.

202 S. unten 3 a.E.

(1) *Unde cum parte pretii numerata, domus quam emisti tibi velut pignoris iure obligatae ne ad emptionem accederes, denuntiatum ab aliquo proponas, iudex tibi quae ex emptione veniunt praestari providebit.*

Nach § 1 wird der Käufer auf einen Restkaufpreis in Anspruch genommen, den er für ein Hausgrundstück schuldet, von dem sich herausgestellt hat, das es einem Dritten verpfändet ist. Der Judex werde dafür Sorge tragen, daß dem Käufer *quae ex emptione veniunt* praestiert werden. Dabei handelt es sich darum, daß der Verkäufer zur Verteidigung des Käufers angehalten wird, wie sich aus der Paralleüberlieferung in D. 21.2.74.2 Herm 2 epit ergibt[203]. Was die Verdächtigung auch dieser Konstitution durch *Partsch* betrifft, so sehen wir die in Rede stehende Richterbefugnis aufgrund von C. 4.49.8 (a. 293) für die diokletianische Kanzlei als erwiesen an, und damit spricht nichts gegen die wiederholte Bekräftigung dieser Befugnis im folgenden Jahr.

3. Die Richterbefugnis zur Klägerverurteilung und das sogenannte funktionelle Synallagma

Setzen wir die richterliche Befugnis zur Klägerverurteilung zu unserem Thema in Beziehung. Mit der dem Richter zugebilligten Befugnis hat man eine Gleichwertigkeit der Rechtsstellung beider Parteien insoweit gewahrt, als der Kläger, soweit er seine eigene Leistung noch nicht erbracht hat, eine Verurteilung in demselben Prozeß hinnehmen muß. Dabei war der zuerst Verurteilte noch weiter geschützt, indem durch Kaiserkonstitutionen bestimmt war, daß eine Vollstreckung erst nach dem Urteil über den anderen Anspruch verlangt werden konnte[204]. Es konnte also nicht vollstreckt werden, bis sich die beiden Judikatsansprüche gegenüberstanden, was bei beidseitiger Geldverurteilung die Kompensation der Judikatsansprüche erlaubte[205].

Mit der Richterbefugnis zur Klägerverurteilung wird das wechselseitige Verpflichtetsein der Parteien des Kaufvertrages, also das sogenannte funktionelle Synallagma prozeßrechtlich verwirklicht[206]. Insbesondere handelt es sich um eine wirklich paritätische Regelung, die sowohl dem Käufer (C. 8.44.5/a. 212 und C. 8.44.24/a. 294) als auch dem Verkäufer (C. 4.49.8/a. 293) zugute kommen kann. Die prozessuale Ermächtigung des Richters zur Klägerverurteilung ist jedoch als Rechtstechnik ein aliud gegenüber der einseitigen Retentionsbefugnis (nur) des Verkäufers, wie sie in besonderen Konstellationen von den Klassikern anerkannt worden war. Keinesfalls dürfen daher die Konstitutionen mit denjenigen Äuße-

---

[203] S. *Ernst* (o.N. 189) 67 ff.; dort auch ausf. zu der Konstitution im übrigen.

[204] Zu entnehmen aus D. 49.8.1.4 Mac 2 de app. Man wird der *actio iudicati* die *exceptio doli* entgegengesetzt haben.

[205] Ausf. *Kaser/Hackl* (o.N. 46) 344 N. 4.

[206] Nach *Partsch*, (o.N. 193) 30 f., ist man mit der Verurteilung des Klägers aus dem Gegenanspruch des Beklagten „praktisch zu ähnlichen Resultaten gelangt, wie nachher die gemeinrechtliche Praxis zum Urteil auf Erfüllung Zug um Zug“.

rungen der Juristen, die in besonderen Fallkonstellationen die Verurteilung von der Erbringung der Gegenleistung abhängig gemacht hatten[207], als Belege für ein vermeintlich einheitliches Konzept des funktionellen Synallagmas zusammengezogen werden, wie *Benöhr* dies getan hat[208]. Die Ermächtigung des Richters zur Klägerverurteilung, die in der Tat die Wechselseitigkeit der Parteiverpflichtungen verwirklicht, belegt vielmehr - ganz im Gegensatz zur These *Benöhrs* - die grundsätzliche inhaltliche Unabhängigkeit jeder der beiden *actiones* von der Erbringung der „Gegenleistung". Die Verurteilung auch des Klägers erweist sich ja gerade dann als dringend, wenn der Beklagte eine Klageabweisung wegen der ausstehenden Gegenleistung nicht erreichen kann, wie wir es für das klassische römische Recht annehmen. Die Richterbefugnis zur Verurteilung des Klägers in die Gegenleistung bestärkt uns in der Annahme, daß eine allgemeine Abhängigkeit der Verurteilung von der Erbringung oder dem Angebot der Gegenleistung aufgrund von beidseitig verfügbaren Exzeptionen nicht anerkannt gewesen ist[209].

Daß man prozeßrechtlich angesetzt und Anspruch wie Gegenanspruch zur Entscheidung in demselben Prozeß geführt hat, ist dabei eine behutsame, aber durchaus wirkungsvolle Weiterentwicklung des Rechtszustandes, die u.E. gut zu den Fähigkeiten der spätklassischen Zeit paßt: Ohne die inhaltliche Unabhängigkeit der beiden durch den Kauf begründeten *actiones* in Frage zu stellen, wird doch deren Wechselseitigkeit so berücksichtigt, daß die Gefahren einer Verurteilung nur der einen Partei vollkommen gebannt sind[210].

Wir hatten das Fehlen einer Zurückbehaltungsbefugnis hinsichtlich der Kaufsache als *corpus* im Prozeß der *actio empti* mit dem Grundsatz der Geldkondemnation in Verbindung gebracht[211]. Man darf daher annehmen, daß mit der Lockerung des Grundsatzes der notwendigen Geldkondemnation auch ein Bedürfnis entstanden sein wird, eine einseitige Verurteilung nur des Verkäufers nicht mehr zuzulassen, die nunmehr für diesen auf eine Sachwegnahme hinausläuft. Frühestens für das klassische Kognitionsverfahren, mit dem die Entwicklung zur Naturalvoll-

---

[207] Oben II und III.

[208] O.N. 15, S. 33 u. öfter.

[209] Ein springender Punkt bei der Anerkennung der richterlichen Verurteilungsbefugnis gegenüber dem aus gegenseitigem Vertrag vorgehenden Kläger liegt in der möglicherweise fehlenden Zuständigkeit des Richters für die Verurteilung in den Gegenanspruch. So ist in C. 7.45.14 die Pointe ja gerade die, daß der Verurteilungsbefugnis gegenüber dem Kläger die mangelnde Zuständigkeit des Richters nicht entgegenstehen soll. Wenn die Gegenseitigkeit prozessual dergestalt verwirklicht worden wäre, daß der Kläger bei der Strafe der Klageabweisung zur Erbringung der Gegenleistung im Prozeß angehalten worden wäre (vgl. die Darstellung bei *Benöhr* [o.N. 15] 34 ff.), hätte man dann nicht dem Kläger die Möglichkeit belassen müssen, diese Einrede durch die Replik zu entkräften, der Richter sei unzuständig, ein abweichender Erfüllungsort (oder auch eine noch hinausgeschobene Erfüllungszeit) vereinbart? Hiervon fehlen aber alle Spuren.

[210] S. zur Charakterisierung Papinians als dem angegebenen Urheber dieser Neuerung oben N. 196.

[211] Oben III 3.

streckung anhebt[212], dürfen wir damit rechnen, daß die Frage einer Zurückbehaltung der Kaufsache wegen ausstehender Kaufpreiszahlung als Prozeßproblem aufgekommen ist. Juristisch drängend mag die Frage geworden sein, als der Formularprozeß dem Kognitionsverfahren angeglichen wird und schließlich das Kognitionsverfahren den Formularprozeß ganz verdrängt, also auch die zuvor im Formularprozeß verfolgten Streitigkeiten absorbiert und die Naturalvollstreckung allgemein verfügbar macht. Man sieht dies als eine Entwicklung der nachklassischen Zeit an, die unter Diokletian im wesentlichen abgeschlossen wird[213]. Im späten dritten Jahrhundert jedenfalls kann der Spiegler der sogenannten Paulussentenzen schreiben (PS 1.13a.4[214]): *Si id quod emptum est neque tradatur neque mancipetur, venditor cogi potest, ut tradat aut mancipet*[215]. Mit dieser Entwicklung steht unser Befund, was die Richterermächtigung zur Klägerverurteilung betrifft, in einem schönen Einklang. Insbesondere für C. 4.49.8 (a. 293) läßt sich als Ratio der Konstitution vermuten, daß dem Verkäufer der durch Naturalexekution drohende Verlust der Kaufsache nicht ohne irgendeine Sicherstellung hinsichtlich des Kaufpreises zugemutet werden soll: Es geht nämlich um eine Käuferklage *ad inducendum in vacuam possessionem*, und könnte diese nur auf eine Geldkondemnation hinauslaufen, so wäre die Besorgnis des Verkäufererben unbegreiflich oder durch einen Hinweis auf die Möglichkeit der Aufrechnung auszuräumen.

VI. Das Recht der Justinianischen Kodifikation

Weitgehend haben wir das Recht der justinianischen Kodifikation bereits im Durchgang durch das Quellenmaterial klären können und fassen nun zusammen.

1. Dem Verkäufer gibt die justinianische Kodifikation die Befugnis, die Kaufsache zurückzubehalten. Hierfür hat man Aussagen der klassischen Rechtsliteratur, die sich nur auf bestimmte Fallkonstellationen bezogen hatten, verallgemeinert[216].

Diese Ausweitung der verkäuferseitigen Befugnis, den Sachbesitz zur Sicherung der Kaufpreisforderung zu benützen, liegt als Entwicklung auf der Linie des klassischen Rechts. Bereits im klassischen Recht war anerkannt worden, daß der Sachbesitz eine Sicherungsfunktion für die Kaufpreisforderung hat. Es war nur diese Sicherungsfunktion bei einer einfachen Klage des Käufers *ex empto* nicht von Belang, weil diese Klage unter dem Prinzip der *condemnatio pecuniaria* nicht

---

212 Schon das klassische Kognitionsverfahren war nicht mehr durch den Grundsatz der Geldkondemnation beschränkt: *Kaser/Hackl* (o.N. 46) 495 mit N. 12, 512 mit N. 14.

213 Einzelheiten bei *Kaser/Hackl* (o.N. 46) 517 ff.

214 In der Palingenesie von *Liebs* = PS 1.22.21, SZ 113 (1996) 145 mit SZ 112 (1995) 151 ff.; sowie ders., Röm. Jurisprudenz in Africa (1993).

215 Zum justinianischen Recht s. noch unten N. 217

216 D. 21.1.31.8, D. 19.1.13.8, D. 21.1.57, D. 12.1.31.1.

zum Verlust des Sachbesitzes führen kann und eine Zurückbehaltung der Sache gegenüber einer Geldverurteilung nichts bewirkt. Die Zulassung der Naturalvollstreckung, wie sie auch das justinianische Recht anerkannte[217], hatte die juristisch u.E. unausweichliche Konsequenz, daß man die Sicherungsfunktion des Sachbesitzes auch bei der gewöhnlichen Käuferklage berücksichtigte. Und doch hat die Sicherung des Verkäufers im justinianischen Kontext einen gegenüber dem klassischen Recht grundlegend gewandelten Rechtsgrund, indem es sich nun nicht mehr um eine einseitige Sicherstellung des Kaufpreises durch den Sachbesitz handelt, sondern um die eine Hälfte einer auf Gegenseitigkeit angelegten Vertragsbefugnis.

2. Sehen wir uns die andere Hälfte dieser Vertragsbefugnis an, so finden wir eine einschneidende Neuerung: Dem Käufer gibt das justinianische Recht die Möglichkeit zur exzeptionsweisen Abwehr der Kaufpreisklage, solange ihm die Kaufsache nicht tradiert ist[218]. Diese Käuferbefugnis zur Kaufpreiszurückbehaltung bei ausstehender Sachübergabe beruht darauf, daß man diejenigen Stellen, die von einem Schutz des Käufers speziell gegen den *argentarius* handeln, absichtsvoll verallgemeinert und von ihrem Bezug auf die strengrechtliche Verpflichtung des Käufers gereinigt hat: In D. 44.4.5.4 Paul 71 ad ed und in D. 19.1.25 Iul 54 dig sind - wie auch in anderem Material - alle Nennungen des *argentarius* beseitigt worden. Mit Recht meint *Spruit*, es sei den Kompilatoren um Belege dafür gegangen, daß bei (heute sogenannten) synallagmatischen Verträgen die wechselseitigen Ansprüche in ihrer Funktion aneinander gebunden seien[219].

Daß man dem Käufer eine paritätische Einrede der nicht erfolgten Sachlieferung zuerkannt hat, stellt sich als tiefgreifende Rechtsänderung gegenüber dem klassischen Rechtszustand dar. Vor allem führt die eingeführte Abhängigkeit der Kaufpreisforderung von der erfolgten Sachübergabe zu jenem notorischen Spannungsverhältnis, das im justinianischen Recht zwischen der käuferseitigen Zurückbehaltungsbefugnis und der beibehaltenen Regel vom *periculum emptoris* besteht: Nach der Regel vom *periculum emptoris* muß ja der Käufer zahlen - und dies, obschon er bei ausbleibender Sachlieferung den Kaufpreis soll verweigern dürfen? Bezeichnenderweise hat man sich für die Angriffe auf das *periculum emptoris* gerade immer auch auf die wechselseitige Abhängigkeit der Vertragspflichten im Vollzug berufen, wie sie im justinianischen Recht neben dem *periculum emptoris* ausgesprochen ist[220]. Soweit man in der Handhabung des Corpus Iuris beide Regelungen respektieren wollte, hat man sich über diese Unstimmig-

---

[217] IJ.4.6.32; es sind bloß in der Rechtsliteratur, die man für die Digesten verwertet hat, vielfältige Spuren des Grundsatzes notwendiger Geldkondemnation stehengeblieben; s. *Kaser* RömPrivatR II (2. Aufl. 1975) 344 mit N. 7. Von den Schwierigkeiten, welche die Widersprüchlichkeit des justinianischen Rechts in der Frage des *praecise cogi* dem mittelalterlichen gelehrten Recht bereitet hat, handelt *T. Repgen* Vertragstreue u. Erfüllungszwang in der mittelalterlichen Rechtswissenschaft (1994).

[218] D. 19.1.25, D. 44.4.5.4.

[219] O.N. 17, S. 165.

[220] Etwa *Haymann* (o.N. 193) 50 ff.

keit hinweggeholfen durch Überlegungen wie diejenige, durch den Sachuntergang erlösche die Obligation des Verkäufers, so daß auch die *exceptio non adimpleti contractus* entfalle[221]: juristisch auf erste Sicht einleuchtend, aber für das klassische römische Recht ohne jeden Anhalt in den Quellen. Nicht wenige - von *Cujaz*[222] bis *Haymann*[223] - haben eine mittels Interpolation durchgeführte, grundlegende Änderung des justinianischen Rechts gegenüber dem klassischen Recht, nämlich die Ersetzung eines ursprünglichen *periculum venditoris* durch das *periculum emptoris*, vermutet. U.E. ist tatsächlich eine erhebliche Rechtsänderung erfolgt: Diese Rechtsänderung betrifft allerdings nicht das *periculum rei venditae*, sondern die Abhängigkeit der Kaufpreisklage von der erfolgten Sachleistung, die das justinianische Gesetzgebungswerk entgegen dem klassischen römischen Recht eingeführt hat.

Ebenso schlecht verträgt sich im justinianischen Recht die wechselseitige „Einrede des nichterfüllten Kaufvertrages“ mit dem Fehlen eines Rücktrittsrechts wegen Nichterfüllung: Der Vertrag bleibt unausgeführt, denn der Gegner des nichterfüllenden Teils kann zwar dauerhaft die eigene Inanspruchnahme abwehren, er kann sich von diesem Vertrag aber nicht lösen. Man sieht: So gut die Unabhängigkeit von Käufer- und Verkäuferklagen zum römischen Kaufrecht im übrigen paßt, so wenig harmoniert die wechselseitige Einredebefugnis mit dem justinianischen Kaufrecht, das ansonsten ja weithin unverändert die Texte zum klassischen Rechtszustand übernimmt.

3. Weil die justinianische Kodifikation die wechselseitige Abhängigkeit von Verkäufer- und Käuferleistung durch Verwertung der *exceptio mercis non traditae* und des verkäuferseitigen Retentionsrechts durchgeführt hat, ergibt sich für das justinianische Recht ein Synallagma auf der Ebene des Leistungsaustauschs, nicht jedoch auf der Ebene des Inhalts der Obligationen (wobei eine nur leichte Unsicherheit aufgrund von D. 19.1.13.8 bestehen kann[224]). Diese Festlegung sollte für die ganze weitere Geschichte bestimmend bleiben. Die in der Moderne immer wieder auftretende Vorstellung, wonach bereits der Inhalt der wechselseitigen Ansprüche durch die Verpflichtung zur Erfüllung des Gegenanspruchs beschränkt sein soll[225], entspricht nicht dem justinianischen Recht. Vielmehr wird hier die Leistung erst in ihrer Erbringung von der Gegenleistung abhängig gemacht. Für das justinianische Recht (aber auch erst für dieses) stimmt die Zusammenfassung des römischen Rechts durch *Windscheid*: „Die richtige Formel ist nicht: jeder Kontrahent ist nur verpflichtet, zur Leistung gegen Gegenleistung, sondern die

---

221 Etwa *Vangerow* Pandekten III (7. Aufl. 1876) 212.

222 Ad Africanum Tractatus VIII, ad D. 19.2.33.

223 SZ 41 (1920) 64.

224 Hier heißt es ja: *nondum est actio*, und dies leistet - sobald man materiellrechtlich denkt - der Annahme Vorschub, ein Anspruch auf Leistung entstehe erst durch die Erbringung der Gegenleistung.

225 *Jacobus de Ravanis* (bei *Cassin*, o.N. 4, 55 f. mit Nachw.); *Keller* (o.N. 94); *Larenz* Lehrbuch d. Schuldrechts I (14. Aufl. 1987) 203 ff.; ausf. *Herbert Roth* Einrede d. Bürgerlichen Rechts (1988) 173 ff. mit umf. Nachw.

richtige Formel ist: jeder Kontrahent ist nur dann verpflichtet seine Verbindlichkeit aus dem Vertrage zu erfüllen, wenn auch der andere Kontrahent sie erfüllt."[226]

4. *Josef Partsch* hat die These aufgestellt, daß sich (erst) die byzantinischen Juristen an einem abstrakten Dogma vom Synallagma orientiert haben[227]. Dabei hat *Partsch* versucht, eine konsequente Überarbeitung des römischen Obligationenrechts im Sinne der Lehre von der *ultro citroque obligatio* nachzuweisen. Die Sachfragen, an die *Partsch* sich für seine Beweisführung gehalten hat, waren die Unmöglichkeitslehre, der Verkauf der *res furtiva* und der sogenannte Geschäftsirrtum. Unsere Frage des Vertragsvollzugs hat er nicht aufgegriffen[228]. Wir wollen hier zu der These von *Partsch* Stellung nehmen, begrenzt und bezogen nur auf die hier untersuchte Frage des Vertragsvollzugs. Insoweit hat sich ergeben, daß der Synallagma-Gedanke entgegen *Partsch* nicht einseitig der byzantinischen Rechtswissenschaft zuzuordnen ist. Vielmehr war schon das klassische römische Recht zu der Figur des wechselseitigen Verpflichtetseins gekommen[229], und die Richterbefugnis zur Klägerverurteilung, die man - entgegen *Partsch* - als eine noch spätklassische Neuerung gelten zu lassen hat, bringt eine rechtliche, und zwar prozeßrechtliche Umsetzung dieses Vertragsverständnisses. Gerade der Umstand, daß es sich bei der Zulassung der Klägerverurteilung um eine Neuerung des späten zweiten oder frühen dritten Jahrhunderts handelt, zeigt uns, daß die Vorstellung, die durch die *emptio venditio* begründeten Verpflichtungen stünden in ihrer Erfüllung in einem „synallagmatischen" Zusammenhang, dem Rechtsakt *emptio venditio* nicht von vornherein innewohnt; erst durch geschickte Weiterentwicklung des Prozeßrechts konnte die auch von der Spätklassik beibehaltene Unabhängigkeit der *ex empto* und *ex vendito* begündeten Klagen zugunsten einer Wechselbezüglichkeit gleichsam neutralisiert werden. Auch wenn man seit der Spätklassik die Wechselseitigkeit der Verpflichtungen in dieser Weise beachtet hat, behielt doch, weil man prozeßrechtlich ansetzte, der Rechtsakt *emptio venditio* seinen ursprünglichen, nicht-synallagmatischen Charakter, wie er in einer Vielzahl von Einzelregelungen - von der Gefahrtragung bis zum Nutzungszins - Ausdruck gefunden hatte.

Was die byzantinische Rechtswissenschaft aufgrund dieser Vorgaben geleistet hat, war die Umsetzung des - vorgefundenen - Gedankens wechselseitigen Ver-

---

[226] Pandektenrecht II § 321 N. 2 (9. Aufl. 1906) 320; ähnl. auch *Pernice* Labeo I (1873) 460.

[227] O.N. 193, S. 3 ff. Dort auch S. 8 ff. zur Geschichte des Begriffs συνάλλαγμα (dazu ebenfalls *Benöhr* [o.N. 15] 8 ff.). Nach *Partsch* sind im justinianischen Sinne „synallagmatisch" alle zweiseitig verpflichtenden Verträge, also nicht Stipulation, *pacta dotalia* oder Darlehen. Kritisch zu *Partsch* s. bereits *Levy* SZ 52 (1932) 514 ff. Bei *Benöhr* vermißt man eine direkte Auseinandersetzung mit der These von *Partsch* und der Kritik *Levys*.

[228] S. nur die knappen Bemerkungen (o.N. 193) 31 f.

[229] So heißt es bekanntlich bei Gaius, es sei der Kauf ein *contractus*, durch den *alter alteri obligatur in id, quod alterum alteri ex bono et aequo praestare oportet*, Gai. 3.137.

pflichtetseins gerade in die uns heute geläufige Rechtstechnik, wonach jede einzelne Verurteilung von der Erbringung oder dem Angebot der „Gegenleistung" abhängig ist. Damit wird, anders als bei der bloß prozessualen Verknüpfung der beiden aus dem Kauf resultierenden Klagen, der Rechtsakt *emptio venditio* inhaltlich am Modell eines wechselseitig (nur) verpflichtenden Rechtsgeschäfts ausgerichtet[230]. Insoweit ist die justinianische Gesetzgebung über das von ihr vorgefundene Material deutlich hinausgegangen. Freilich blieb diese Umgestaltung eine Halbheit, weil zahlreiche Regelungen übernommen wurden, zu denen die römischen Juristen nur aufgrund des nicht-synallagmatischen Charakters der *emptio venditio* gekommen waren.

Es war also der Gedanke der Wechselseitigkeit der Vertragspflichten als solcher in dem Material, über das die justinianische Kodifikation verfügte, bereits mit Deutlichkeit ausgeprägt. Die verschiedenen Institute des klassischen Rechts freilich, die man bei der justinianischen Gesetzgebung verwendet hat, um die Wechselseitigkeit der Vertragsansprüche nun gerade in die rechtliche Form einer jeden Vertragsanspruch beschränkenden Zurückbehaltungsbefugnis umzusetzen (also die auf die Auktion zugeschnittene *exceptio mercis non traditae* des Edikts und die Retentionsbefugnis des Verkäufers), hatten ursprünglich nichts mit der Figur einer prinzipiellen wechselseitigen Abhängigkeit der Vertragspflichten zu tun gehabt: Nicht einmal als Vorläufer eines Synallagma-Gedankens kann man sie ansehen.

5. Die Befugnisse, die das justinianische Recht den Vertragsparteien des Kaufs wegen der ausstehenden Gegenleistung gibt, sind nicht vollkommen paritätisch ausgestaltet. Dies hat seinen Grund darin, daß man Aussagen aus verschiedenen Sachzusammenhängen extrahiert und verallgemeinert hat, bei denen auch die jeweilige Beklagtenbefugnis eine etwas andere Gestalt gehabt hatte. Indem man die käuferseitige Befugnis aus der ediktalen, gegen die strengrechtliche Argentarier-Klage gerichteten *exceptio mercis non traditae* gewann, ergab sich - außer dem klaren Charakter als einer Einrede -, daß diese *exceptio* erst durch die vollzogene Tradition (und nicht schon durch ein Traditionsangebot) ausgeräumt wird[231]. Die Verkäuferbefugnis zur Sachzurückbehaltung hingegen erweist sich bei näherem Hinsehen als mehrdeutig: Den unterschiedlichen Sachzusammenhängen entsprechend finden sich nämlich unterschiedliche Aussagen dazu, was der Käufer zur Beendigung dieses Zurückbehaltungsrechts zu tun hat. Nach D. 21.1.31.8 soll der Käufer Sicherheit leisten[232], nach D. 19.1.13.8 soll er den Kaufpreis anbieten und nach D. 21.1.57 und D. 12.1.13.1 scheint die tatsächliche Zahlung erforderlich zu

---

[230] Eine Wandlung des Kaufverständnisses derart, daß die Zuordnungswirkung des Kaufakts gegenüber der Erzeugung wechselseitiger Ansprüche zurücktritt, ist in der justinianischen Kodifikation auch sonst zu beobachten. Sie zeigt sich etwa in der unrömischen Erstreckung der *emptio venditio* auf das Gattungsgeschäft; s. *Ernst* SZ 114 (1997) 343 f. und bereits *Flume* Eigenschaftsirrtum u. Kauf (1948) 62 f., 69.

[231] Zum Sachgrund oben im Text nach N. 13.

[232] Zum wahrscheinlichen Sachgrund oben bei N. 90.

sein. Auch fehlt hinsichtlich des verkäuferseitigen Zurückbehaltungsrechts eine eindeutige Festlegung dazu, ob es sich - wie beim Zurückbehaltungsrecht des Käufers - um eine Berechtigung nach der Art einer *exceptio* handelt. Vielmehr besagt D. 19.1.13.8, daß in Ermangelung eines Kaufpreisangebots *nondum est actio*[233]. Sobald man daran geht, aus den einzelnen Stellen einen allgemeinen Beklagtenschutz zu abstrahieren, muß die Zweifelsfrage entstehen, ob dieser Schutz den Charakter einer Einrede hat.

Als der bedenklichste Mangel des justinianischen Rechts erscheint uns der Widerspruch, wonach der Verkäufer tradiert haben muß, der Käufer den Kaufpreis aber bloß anbieten muß, wie es jedenfalls D. 19.1.13.8 als der am besten plazierte und deutlichste Ausspruch besagt. Es ergibt sich dann, wie man in der Pandektistik des neunzehnten Jahrhunderts[234] und dann auch in der romanistischen Forschung[235] bemerkt hat, eine regelrechte Vorleistungspflicht des Verkäufers - dies nach unseren Ergebnissen im schroffen Gegensatz zum klassischen Recht. Im klassischen Recht verhielt es sich in dieser Frage ja gerade entgegengesetzt, konnte doch der Verkäufer vom Käufer ohne Rücksicht auf die noch ausstehende Sachübergabe die Kaufpreiszahlung verlangen. Diese Vorleistungspflicht des Verkäufers im justinianischen Recht bedeutet sogar eine schärfere Disparität als die Unabhängigkeit der Kaufpreisschuld vom Stand der Sachlieferung im klassischen Recht: Im klassischen Recht entsprach ja dem Umstand, daß der Käufer trotz ausstehender *traditio* den Kaufpreis sogleich schuldet, die unmittelbare rechtliche Neuzuordnung der Sache zum Käufer.

Bei der späteren Umsetzung der justinianischen Kodifikation in die Prozeßpraxis mußte sich schließlich das Fehlen einer Regelung für die prozeßtechnische Abwicklung bemerkbar machen. Die justinianische Kodifikation konnte zwar durch Verallgemeinerung spezieller Fälle das Synallagma bei gerichtlicher Anspruchsverfolgung im grundsätzlichen postulieren - es lag jedoch außerhalb ihrer Methode, dieses Postulat durch die Aufstellung einer zweckdienlichen Prozeßtechnik zu verwirklichen. Als Hauptschwierigkeit sollte später die Frage hervortreten, wie es überhaupt noch zum Vollzug des Kaufvertrages kommen soll, wenn einerseits der Käufer erst zahlen muß, sobald ihm die Sache übergeben ist, andererseits aber der Verkäufer die Sache bis zur Bezahlung oder dem Zahlungsangebot zurückbehalten darf.

---

233 Ähnlich D. 12.1.31.1 Paul 7 ad ed: *nihil consequitur*.

234 *Dernburg* Geschichte u. Theorie der Compensation (1968) 66 ff.; *W. Endemann* Deutsches HandelsR (1876) 506 N. 14. Wenn mit D. 19.1.25 die Kaufpreisklage die erfolgte (nicht bloß angebotene) Tradition erfordert, so handelt es sich um eine u.E. ungewollte Disparität erst des justinianischen Rechts. Wir können uns daher nicht *W. Endemann* anschließen, der hierin ein Charakteristikum des römischen Kaufrechts hat sehen wollen (a.a.O. sowie ZHR 4 [1861] 74 ff.): Nach *W. Endemann* hätten die Römer dem Kauf die Funktion beigemessen, durch effektive Hingabe der Kaufsache das Kaufgeld oder die Forderung auf den Kaufpreis zu erwerben.

235 *Pernice* (o.N. 226) 457 ff.; *Grosso* Il sistema romano die contratti (3. ed. 1963) 218 f. mit N. 4.

All diese Mängel und Unebenheiten beruhen darauf, daß man das Synallagma im justinianischen Recht durch Umgestaltung von Material aussprach, dem der synallagmatische Gedanke noch vollkommen fremd war. Deswegen ist die Regelung, die sich nach der Methode der Kompilatoren für das Synallagma im Vollzug ergab, auch nur eine sehr unvollkommene Verwirklichung des auf die *par condicio* der Kontrahenten zielenden Rechtsgedankens. Die Mängel der justinianischen Kodifikation sollten hervortreten, sobald die mittelalterliche Rechtswissenschaft den Versuch unternahm, in der Systematisierung des justinianischen Gesetzes streng paritätische Befugnisse von Verkäufer und Käufer zu begründen und in prozeßpraktisch handhabbare Regeln zu entfalten[236].

6. Unkoordiniert neben der wechselseitigen Zurückbehaltungsbefugnis steht im justinianischen Gesetzgebungswerk noch die prozeßrechtliche Ermächtigung des Richters, bei Erhebung eines Anspruchs aus dem Vertrag selbst ohne ausdrückliche Widerklage auch den Kläger zu verurteilen[237]. Die nunmehr zweifache Möglichkeit, der Gegenseitigkeit im Zivilprozeß Rechnung zu tragen - durch Abwehr der Klage wegen ausstehender Gegenleistung und durch gleichzeitige Klägerverurteilung in die Gegenleistung - stellt eine Redundanz dar. So hat die „eigenthümliche Wendung", die Justinian dem Recht der Widerklage gegeben hat, wie *Savigny* feststellt, „in die neuere Praxis niemals Eingang gefunden"[238].

Hauptstellen

[236] Dazu *Ernst* Festschrift Martin Heckel (1999).
[237] C. 7.45.14 und die anderen oben V behandelten Konstitutionen; dazu Nov. 96.2.
[238] System d. heutigen röm. Rechts 6 (1847) 334.

Der Grundsatz der Vermögenserhaltung im Stiftungsrecht

Rainer Hüttemann

I. Einführung

Alle Stiftungsgesetze der Länder enthalten die Vorschrift, daß das Stiftungsvermögen "in seinem Bestand zu erhalten" ist.[1] Diese Regel gilt als "wichtiger und charakteristischer stiftungsrechtlicher Grundsatz",[2] nach anderer Meinung sogar als "wichtigster Grundsatz für die Verwaltung des Stiftungsvermögens".[3] Ungeachtet dieser überragenden Bedeutung finden sich aber in den Landesstiftungsgesetzen keine weiteren Aussagen darüber, was Vermögenserhaltung im Stiftungsrecht genau meint. Eine solche Inhaltsbestimmung wäre aber schon deshalb angebracht, weil der gesetzliche Begriff der Vermögenserhaltung keineswegs eindeutig ist. Denn Erhaltung des Stiftungsvermögens "in seinem Bestand" kann man sowohl gegenständlich als auch wertmäßig verstehen. So könnte man annehmen, die Stiftungsorgane seien zur Erhaltung der vom Stifter übertragenen Vermögensgegenstände in Natur verpflichtet. Dies würde z.B. bedeuten, daß Vermögensumschichtungen grundsätzlich unzulässig wären, weil sie die konkrete Zusammensetzung des Vermögens verändern.[4] Der Stiftungsvorstand dürfte also weder den stif-

---

[1] § 7 Abs.2 S.1 Stiftungsgesetz Baden-Württemberg (StiftG BW); Art.10 Abs.1 S.1 Stiftungsgesetz Bayern (StiftG Bay); § 3 Abs.3 S.1 StiftG Stiftungsgesetz Berlin (StiftG Berl); § 9 Abs.1 S.1 Stiftungsgesetz Brandenburg (StiftG Brand); § 6 Abs.1 S.1 Stiftungsgesetz Bremen (Brem);§ 7 Abs.1 S.1 Ausführungsgesetz zum BGB Hamburg (AGBGB Hamb); § 6 Abs.1 S.2 Stiftungsgesetz Hessen (StiftG Hess); § 9 Abs.1 S.1 Stiftungsgesetz Mecklenburg-Vorpommern (StiftG MV); § 6 Abs.1 S.1 Stiftungsgesetz Niedersachsen (StiftG Nds); § 7 Abs.1 S.1 Stiftungsgesetz Nordrhein-Westfalen (StiftG NW); § 14 Abs.1 Stiftungsgesetz Rheinland-Pfalz (StiftG RP); § 6 Abs.1 S.1 Stiftungsgesetz Saarland (StiftG Saar); § 4 Abs.2 S.1 Stiftungsgesetz Schleswig-Holstein (StiftG SchH); § 14 Abs.1 S.1 Stiftungsgesetz DDR (StiftG DDR).

[2] *Pohley*, KommStiftG Bay, 2.Aufl., 1996, Art.10 Anm.1.

[3] *Ebersbach*, Handbuch des deutschen Stiftungsrechts, 1972, I-8.1, S.115.

[4] In diese Richtung weist § 14 Abs.1 StiftG RP: "Das Stiftungsvermögen ist tunlichst in seinem Bestand und seiner Zusammensetzung ungeschmälert zu erhalten."

tungseigenen Grundbesitz gegen Wertpapiere, noch ein einzelnes Stiftungsgrundstück gegen ein anderes Grundstück eintauschen. Derartige Umschichtungen bedürften vielmehr als Ausnahme von der Regel immer einer besonderen Rechtfertigung durch den Stifterwillen. Reduziert man dagegen das Gebot der Vermögenserhaltung auf eine bloße Erhaltung des Vermögens "dem Werte nach",[5] so wären Vermögensumschichtungen als solche unbedenklich, solange an die Stelle des ausscheidenden Vermögensgegenstandes ein wertgleiches Surrogat tritt und somit eine Wertminderung ausgeschlossen ist. Ein solches wertmäßiges Verständnis der Vermögenserhaltung führt aber nicht nur zu einer weiten Dispositionsbefugnis der Stiftungsorgane, sondern auch zu dem Problem, welcher Wertbegriff maßgebend sein soll. Eine "Werterhaltung" ist nur möglich, wenn Klarheit über die Bewertungsgrundsätze besteht.[6] So könnte man Werterhaltung in Anlehnung an die kapitalgesellschaftsrechtlichen Grundsätze als Erhaltung eines nominalen Reinvermögens verstehen, das entsprechend den handelsrechtlichen Buchführungsgrundsätzen ermittelt wird. Das Gebot der Vermögenserhaltung würde sich dann darin erschöpfen, daß der Wert des Grundstockvermögens der Stiftung - entsprechend dem "Grundkapital" im Gesellschaftsrecht - über die gesamte Lebensdauer nominal erhalten bleibt. "Werterhaltung" kann schließlich auch auf die Ertragskraft des Vermögens bezogen werden: Entscheidend wäre nicht der Zeit- oder Buchwert des Vermögens, sondern der laufende Ertrag. Vermögenserhaltung würde dann bedeuten, daß die jährlichen Erträge - nominal oder real - ungefähr konstant bleiben. Minderungen in der Ertragskraft des Vermögens - z.B. durch Inflation - müßten dann durch vermögensumschichtende Maßnahmen oder Admassierungen ausgeglichen werden.[7] Die vorstehenden Überlegungen zeigen, daß sich - je nach Verständnis des Grundsatzes der Vermögenserhaltung - ganz verschiedene rechtliche Vorgaben für die Stiftungsorgane und die Stiftungsaufsicht ergeben.

II. Der Regelungsgehalt des Vermögenserhaltungsprinzips

Für die Frage nach dem Inhalt des Vermögenserhaltungsprinzips ist zu überlegen, inwieweit die verschiedenen "Vermögenserhaltungskonzepte" den rechtlichen

---

[5] Vgl. etwa *Kronke*, Stiftungstypus und Unternehmensträgerstiftung, 1988, S.94: "keine Veränderungssperre, sondern nur Sicherung des wirtschaftlichen Wertes".

[6] Unklar hinsichtlich des Wertbegriffs etwa die Gesetzesbegründung zu § 7 StiftG NW, LT-Drs.8/830, S.23: Das Vermögen müsse "in seinem Wert und damit in seiner Ertragskraft erhalten werden."

[7] Für Vermögenserhaltung als "Kaufkrafterhaltung" eingehend *Carstensen*, Vermögensverwaltung, Vermögenserhaltung und Rechnungslegung gemeinnütziger Stiftungen, 1994, S.42 ff.

Grundstrukturen des Stiftungsrechts und den Vorschriften des positiven Rechts in den Landesstiftungsgesetzen entsprechen.

1. Vermögenserhaltung als bloße Substanzerhaltung

Versteht man Vermögenserhaltung als bloße Substanzerhaltung, so beschränkt sich die Pflicht der Stiftungsorgane darauf, die vom Stifter übertragenen einzelnen Sachen und Rechte auf Dauer zu erhalten. Der Grundsatz der Vermögenserhaltung hätte dann die Funktion einer bloßen Veränderungssperre: Die Stiftungsorgane dürften keine Bestandteile des Stiftungsvermögens verbrauchen, weggeben oder mit anderen Vermögen vermischen, ebenso wären auch alle anderen Eingriffe in den Bestand des Stiftungsvermögens untersagt. Eine solche Reduzierung der Erhaltungspflicht hätte aber auch umgekehrt zur Folge, daß eine aktive Pflicht der Stiftungsorgane zur ordnungsgemäßen Bewirtschaftung des Vermögens nicht zu begründen wäre. Bereits diese Konsequenz zeigt, daß ein solches auf die Erhaltung der Substanz beschränktes Vermögenserhaltungskonzept den Vorgaben des Stiftungsrechts nicht entspricht: Wenn das geltende Recht die Genehmigungsfähigkeit einer Stiftung vom Vorhandensein eines für die Erfüllung der Stiftungszwecke ausreichenden Vermögens abhängig macht, dann ist damit nicht nur das Vorhandensein von vermögenswerten Sachen und Rechten gefordert, sondern eine ausreichende Mittelausstattung.[8] Das Vermögen soll entweder mittelbar über seine ertragbringende Anlage oder unmittelbar als Zweckverwirklichungsvermögen die Verwirklichung der Stiftungszwecke gewährleisten. Versteht man die Erhaltungspflicht als dauerhafte Sicherung dieser bei Errichtung vom Stifter übertragenen Mittelausstattung, dann darf sie nicht auf eine bloße Substanzerhaltung verkürzt werden, sondern muß eine Pflicht zur aktiven Bewirtschaftung - z.B. zur ertragbringenden Anlage von Stiftungsgeldern, zum laufenden Betrieb eines vom Stifter übertragenen landwirtschaftlichen Gutes, zur Fortführung der Anstaltsbetriebe – umfassen. Denn nur so ist gewährleistet, daß die Stiftung dauerhaft über die zur Zweckerfüllung notwendigen Mittel verfügt. Einzelne Stiftungsgesetze sprechen dies ausdrücklich im Zusammenhang mit der Vermögenserhaltungspflicht aus,[9] bei den anderen Stiftungsgesetzen wird eine entsprechende Pflicht aus dem Gebot der

[8] Vgl. nur *Staudinger-Rawert*, BGB, 13.Aufl., 1995, Vorbem zu §§ 80 ff BGB Rz.15: Anders als mitgliedschaftlich strukturierte Personenverbände bedarf ein "institutionalisierter Zweck wie die Stiftung notwendig geeigneter Mittel, die seine Durchführung gewährleisten."

[9] Vgl. etwa § 7 Abs.1 StiftG BW: "Die Stiftung ist nach den Gesetzen, dem Stiftungsgeschäft und der Stiftungssatzung sparsam und wirtschaftlich zu verwalten". Ebenso § 8 Abs.3 S.1 StiftG MV; § 6 Abs.3 S.1 StiftG Nds; § 5 Abs.1 S.2 StiftG Saar; § 14 Abs.1 S.1 StiftG DDR. Vgl. auch § 7 S.3 AGBGB Hamb: "Überschüsse sind sicher und ertragbringend anzulegen". Ebenso Art.13 StiftG Bay: "Stiftungsgelder sind nach den Grundsätzen einer sicheren und wirtschaftlichen Vermögensverwaltung anzulegen."

Vermögenserhaltung abgeleitet.[10] Gegen eine Beschränkung des Grundsatzes der Vermögenserhaltung auf eine bloße Erhaltung der Sachsubstanz im Sinne einer Veränderungssperre sprechen ferner auch die Regelungen in den Landesstiftungsgesetzen, die Vermögensumschichtungen ausdrücklich zulassen. So setzt etwa Art.10 Abs.2 StiftG Bay die Möglichkeit der Veräußerung von Bestandteilen des Stiftungsvermögens inzidenter voraus. Das StiftG RP fordert zwar in § 14 Abs.1, daß das "Stiftungsvermögen tunlichst in seinem Bestand und in seiner Zusammensetzung ungeschmälert zu erhalten ist", was zumindest dem Wortlaut nach als Veränderungssperre verstanden werden könnte. § 14 Abs.3 StiftG RP erklärt aber Vermögensumschichtungen "nach den Regeln ordentlicher Wirtschaftsführung" für zulässig. Und in der Gesetzesbegründung zu § 7 StiftG NW heißt es, daß dem Gebot der Vermögenserhaltung "eine Vermögensumschichtung im Rahmen des Stiftungszwecks" nicht entgegenstehe.[11]

2. Vermögenserhaltung als nominale Werterhaltung

Steht somit fest, daß eine auf die bloße Erhaltung der Substanz beschränkte Auslegung des Vermögenserhaltungsgrundsatzes dem Gesetz nicht entspricht, ist zu überlegen, ob Vermögenserhaltung im Stiftungsrecht rein wertmäßig zu verstehen ist. Insbesondere im stiftungsrechtlichen Schrifttum findet sich vielfach der Satz, "Bestandserhaltung bedeutet Werterhaltung".[12] Auch in der Begründung zu § 7 StiftG NW ist vom Gebot der Werterhaltung die Rede.[13] Der Hinweis auf die wertmäßige Dimension der Vermögenserhaltung dient dabei vor allem als Rechtfertigung für die Zulässigkeit von Vermögensumschichtungen. Wie z.B. der bereits erwähnte Art.10 Abs.2 StiftG Bay zeige, schließe der Grundsatz der Vermögenserhaltung keineswegs jede Änderung der Zusammensetzung des Grundstockvermögens aus, sondern treffe nur Vorsorge, daß der "wirtschaftliche Wert des Grundstockvermögens erhalten bleibt".[14] Danach soll dem Gebot der Vermögenserhaltung offenbar schon dann genügt sein, wenn an die Stelle des ausscheidenden Gegenstandes ein wertgleiches Surrogat tritt. Damit wäre der Grundsatz der Vermögenserhaltung auf eine bloße nominale Werterhaltung gerichtet: Es reicht aus,

---

[10] Vgl. *Pohley* (Fn.2), Art.10 StiftG Bay Anm.2.1: "... die Verwaltung der Stiftung hat nicht nur jede Schädigung zu unterlassen ..., sondern darüber hinaus alles zu tun, was nach wirtschaftlichen Grundsätzen zur Erhaltung und ertragbringenden Nutzung des Vermögensbestandes getan werden kann."

[11] Vgl. Gesetzesbegründung (Fn.6), S.23.

[12] *Von Rotberg*, KommStiftG BW, 1980, § 6 Anm.2b; *Pohley* (Fn.2), Art.10 StiftG Bay Anm.2.1; *Rösner*, KommStiftG Hess, 1967, § 6; *Siegmund-Schultze*, KommStiftG Nds, 4.Aufl., 1994, § 6 Anm.1; *Voll/Störle*, KommStiftG Bay, 2.Aufl., 1979, Art.10 Anm.1; *Kronke* (Fn.5), S.94.

[13] Vgl. Gesetzesbegründung (Fn.6), S.23.

[14] *Voll/Störle* (Fn.12), Art.10 Anm.1.

daß der Wert des Stiftungsvermögens ungeschmälert erhalten bleibt. Soweit eine Stiftung nach handelsrechtlichen Grundsätzen bilanziert, wäre das Gebot der Vermögenserhaltung folglich schon dann erfüllt, wenn das Reinvermögen das Eigenkapital der Stiftung - das Stiftungsvermögen - nicht unterschreitet.[15]

Diesem Verständnis des Vermögenserhaltungsgebots ist nicht zu folgen. Denn auch bei dieser Auslegung ist eine dauerhafte Erhaltung der vom Stifter übertragenen Mittelausstattung nicht gewährleistet. Für die Frage, ob ausreichende Mittel für die Verwirklichung der Stiftungszwecke zur Verfügung stehen, ist eine rein am (Zeit- oder Buch-)Wert des Vermögens orientierte Betrachtung ganz ungeeignet. So ist etwa die Feststellung, daß der landwirtschaftliche Besitz einer Stiftung auf Grund gestiegener Bodenpreise einen Wertzuwachs erfahren hat, für die Leistungskraft der Stiftung solange ohne Bedeutung, wie an eine Veräußerung des Grundbesitzes nicht gedacht ist. Und selbst dann wäre ein entsprechender Veräußerungsgewinn nicht zeitnah zu verwenden, sondern dem Vermögen zuzuführen.[16] Für die Mittelausstattung einer Stiftung ist also nicht der Kapitalwert des Stiftungsvermögens, sondern ausschließlich seine Ertragskraft bzw. seine Nutzbarkeit als Anstaltsvermögen von Belang. Es ist daher nicht nur terminologisch mißverständlich, sondern auch sachlich irreführend, wenn es in der Gesetzesbegründung zu § 7 Abs.1 StiftG NW heißt, das Stiftungsvermögen müsse "in seinem Wert und damit seiner Ertragskraft erhalten werden".[17] Beides sind grundverschiedene Zielsetzungen, wenn man den Wert eines Vermögens nach seinem Tauschwert und die Ertragskraft nach der konkreten Zwecksetzung bestimmt. Geht man davon aus, daß das Stiftungsvermögen gerade nicht zur Veräußerung, sondern zur Nutzung bestimmt ist, dann kann es bei der Erhaltung des Vermögens "in seinem Wert" nicht auf den Tauschwert, sondern nur auf die Ertragskraft ankommen. Nichts anderes läßt sich auch aus den einschränkenden Regelungen über Vermögensumschichtungen in Art.10 Abs.2 StiftG Bay und in § 14 Abs.3 StiftG RP ableiten: Würde das Gesetz nur eine nominelle Werterhaltung fordern, wären diese Regelungen überflüssig, weil dann jede Art von werterhaltender Vermögensumschichtung zulässig sein müßte.[18] Das Gesetz verlangt aber in Art.10 Abs.2 BayStiftG, daß rentierende Bestandteile durch andere rentierende zu ersetzen sind, d.h. es fordert eine Erhaltung der Ertragskraft des Vermögens.[19] Und § 14 Abs.3 StiftG RP läßt Vermö-

---

[15] Zum Stiftungskapital als Gegenposten des Grundstockvermögens vgl. etwa *Orth*, Handbuch des Stiftungsrechts, 1987, § 37 Rz.152. Zur Rechnungslegung bei Stiftungen allgemein vgl. den Entwurf einer Verlautbarung des HFA: Zur Rechnungslegung und Prüfung von Stiftungen, WPg 1997, 712 ff.

[16] Vgl. Art.10 Abs.2 StiftG Bay.

[17] Gesetzesbegründung (Fn.6), S.23.

[18] Unklar etwa *Ebersbach* (Fn.3), I-8.1, der ausführt, Veränderungen des Vermögensbestandes seien nicht "schlechthin unzulässig"; solche Veränderungen dürften nur "den Wert des Grundstockvermögens nicht mindern."

[19] Richtig *Voll/Störle* (Fn.12), Art.10 StiftG Bay Anm.1.

gensumschichtungen nur nach den "Regeln ordentlicher Wirtschaftsführung" zu, wenn sie der Sicherung oder Steigerung der Stiftungsleistung, d.h. der Ertragskraft des Vermögens, dienlich sind.

Eine Beschränkung der stiftungsrechtlichen Vermögenserhaltung auf eine bloße nominale Werterhaltung läßt sich auch nicht mit Erwägungen des Gläubigerschutzes rechtfertigen. In diese Richtung könnte der Hinweis verstanden werden, der Vermögenserhaltungsgrundsatz diene der "Rechtssicherheit im allgemeinen Rechtsverkehr".[20] Jeder Versuch, die stiftungsrechtliche Vermögenserhaltung in eine Parallele zum Kapitalerhaltungsprinzip im Gesellschaftsrecht zu setzen,[21] muß scheitern, weil das Stiftungsrecht kein gesetzlich vorgeschriebenes Mindestkapital im Interesse des Gläubigerschutzes kennt. Soweit die Genehmigung der Stiftung nach den Landesstiftungsgesetzen den Nachweis eines ausreichenden Vermögens voraussetzt, erfolgt dies ausschließlich im Interesse einer nachhaltigen Verwirklichung des Stiftungszwecks. Daher kommt es auch für die Genehmigungsfähigkeit einer Stiftung in Hinsicht auf die Vermögensausstattung nicht darauf an, ob das Stiftungsvermögen zur Befriedigung etwaiger Gläubiger der Stiftung ausreichend ist, sondern ob es auf Grund seiner Ertragskraft zur nachhaltigen Verwirklichung der Stiftungszwecke ausreichend erscheint.[22] Der Gedanke des Gläubigerschutzes wird im Rahmen der Genehmigungsfähigkeit einer Stiftung nur bei sog. Unternehmensträgerstiftungen relevant, deren Zulässigkeit im geltenden Recht in Hinsicht auf eine Analogie zu den §§ 21, 22 BGB bekanntlich umstritten ist.[23]

Die Parallele zum gesellschaftsrechtlichen Kapitalschutz überzeugt auch deshalb nicht, weil das Stiftungsrecht keine den kapitalgesellschaftsrechtlichen Vorschriften vergleichbare Regelungen über die Aufbringung und Erhaltung dieses

---

[20] So *Rösner* (Fn.12), § 6 StiftG Hess.

[21] In diese Richtung *MünchKomm-Reuter*, BGB, 3.Aufl., 1993, § 80 BGB Rz.7: "... die Zuwendung an die Stiftung ist Geschäftsgrundlage der Genehmigung, nicht anders, als die Aufbringung des Stammkapitals bei der Errichtung der GmbH Geschäftsgrundlage der Eintragung in das Handelsregister ist."

[22] Statt aller nur Begründung zu § 4 StiftG NW (Fn.6), S.20: Es seien Stiftungen zu verhindern, "deren Vermögen die Erfüllung des Stiftungszwecks auf die Dauer nicht zuläßt."

[23] Vgl. zur analogen Anwendung der §§ 21, 22 BGB bei der Genehmigung von Unternehmensträgerstiftungen die eingehenden Überlegungen bei *MünchKomm-Reuter* (Fn.21), Vor § 80 BGB Rz.24 ff, sowie bei *Staudinger-Rawert*, (Fn.8), Vorbem §§ 80 ff BGB Rz.83 ff mit Nachweisen zum Meinungsstand und zur abweichenden h.L. Zur Genehmigungsfähigkeit der Unternehmensträgerstiftung siehe auch *Flume*, Allgemeiner Teil des Bürgerlichen Rechts, Bd.I/2, Die juristische Person, 1983, S.133 Fn.146; *Karsten Schmidt*, Gesellschaftsrecht, 3.Aufl., 1997, S.183 f.

Kapitals kennt.[24] Der Grundsatz der Vermögenserhaltung und die anderen Regelungen der Stiftungsgesetze über die Verwendung der Erträge für Stiftungszwecke und die Einschränkungen einer Admassierung sollen nicht den Stiftungsgläubigern ein festes Mindestkapital im Sinne eines bestimmten bilanziellen Reinvermögens sichern, sondern ausschließlich die nachhaltige Erfüllung der Stiftungszwecke gewährleisten. Wollte man den Grundsatz der Vermögenserhaltung im kapitalgesellschaftsrechtlichen Sinne verstehen, so hätte dies nicht nur zur Folge, daß alle Stiftungen zur Bilanzierung verpflichtet sein müßten.[25] Vermögenserhaltung hieße dann nur noch, daß ein bestimmtes Stiftungseigenkapital auf der Passivseite nominal erhalten bleibt. Dies hätte einschneidende Folgen für die Abgrenzung zwischen dem zu erhaltenden Vermögen und den zeitnah zu verwendenden Erträgen: So könnten z.B. realisierte stille Reserven aus Vermögensumschichtungen grundsätzlich als Ertrag zeitnah für die Stiftungszwecke verwendet werden und bilanziell ermittelte Vermögensverluste - z.B. auf Grund von Abschreibungen oder Kursverlusten bei Wertpapieren etc. - hätten eine absolute Ausschüttungssperre zur Folge. Sie wären aus zeitnah zu verwendenden Erträgen auszugleichen, wenn das Stiftungskapital unterschritten wird. Ein solches Vermögenserhaltungskonzept ist de lege lata nicht zu begründen, wie ein Blick auf die Regelungen der Landesstiftungsgesetze über die Vermögenserhaltung zeigt. So besteht nach allen Landesstiftungsgesetzen bei Vermögensverlusten gerade kein Ausschüttungsverbot, sondern nur ein Admassierungsrecht.[26] Und ebenso ist z.B. die Bestimmung des Art.10 Abs.2 BayStiftG, wonach "veräußerte Bestandteile des rentierenden Vermögens durch Erwerb anderer rentierender Vermögenswerte zu ersetzen" sind, mit dem Gedanken eines bloßen Kapitalschutzes entsprechend §§ 30, 31 GmbHG bzw. § 57 AktG nicht in Einklang zu bringen. Vermögenserhaltung im Stiftungsrecht und Kapitalschutz im Gesellschaftsrecht sind vielmehr wesensfremd.

3. Vermögenserhaltung als Kaufkrafterhaltung des Vermögens

Die Einsicht, daß eine nominale Werterhaltung den Verhältnissen des Stiftungsrechts nicht entspricht, führt zu der Frage, ob Bestandserhaltung im Stiftungsrecht als Erhaltung der realen Ertragskraft des Vermögens zu verstehen ist. Carstensen[27] ist der Ansicht, Vermögenserhaltung im Sinne der Landesstiftungsgesetze müsse

---

[24] Auch § 82 BGB, der den Stifter zur Übertragung der zugesicherten Vermögensausstattung verpflichtet, dient nicht dem Gläubigerschutz, sondern der Sicherung der zur Erfüllung der Stiftungszwecke erforderlichen Mittel.

[25] Die Stiftungsgesetze treffen dazu unterschiedliche Regelungen, vgl. dazu die Nachweise im IdW-Entwurf Rechnungslegung und Prüfung von Stiftungen, (Fn.15), 714.

[26] Vgl. etwa § 8 Abs.2 S.1 b StiftG NW: "Erträge und Zuwendungen können dem Stiftungsvermögen zugeführt werden, soweit dies zur Erhaltung des Stiftungsvermögens in seinem Werte angezeigt ist."

[27] *Carstensen* (Fn.7), S.43 ff.

als "reale Vermögenserhaltung" i.S. einer "Kaufkrafterhaltung" ausgelegt werden. Kaufkrafterhaltung des Vermögens soll nach Carstensen bedeuten, "daß am Ende einer Periode dieselbe Stiftungsleistung erbracht werden kann wie am Anfang der Periode."[28] Auch Flämig[29] interpretiert das stiftungsrechtliche Vermögenserhaltungsprinzip mit Hinweis auf das in einzelnen Stiftungsgesetzen gebrauchte Wort "ungeschmälert" als Gebot der (realen) Substanzerhaltung.[30] Beide berufen sich insbesondere auf die Begründungen einzelner Landesstiftungsgesetze, wo eine Erhaltung des "wirtschaftlichen Werts" bzw. der "Ertragskraft" gefordert wird.[31]

So richtig auch der Hinweis von Carstensen und Flämig ist, daß insbesondere bei sog. Hauptgeldstiftungen mit festverzinslichem Wertpapiervermögen im Interesse einer real gleichbleibenden Stiftungsleistung ein laufender Ausgleich für Inflationsverluste vorgenommen werden müsse, so wenig läßt sich aus dem Vermögenserhaltungsprinzip eine eindeutige Verpflichtung zur Kaufkrafterhaltung ableiten. Zunächst begegnet die Annahme einer solchen Pflicht schon deshalb Bedenken, weil sie eine Abkehr vom allgemeinen Nominalwertprinzip bedeuten würde.[32] Hätte der Gesetzgeber eine entsprechende "Kaufkrafterhaltungspflicht" als allgemeines stiftungsrechtliches Prinzip einführen wollen, hätte es nahegelegen, diese Ausnahme im Gesetz auch als solche hervorzuheben. Dies gilt umso mehr, als eine solche "Kaufkrafterhaltungspflicht" - wie Carstensen selbst einräumt[33] - schwierige Probleme der "Operationalisierung" aufwirft. So bedürfte es für die Bemessung der erforderlichen Rücklagen zur Erhaltung eines konstanten realen Ausschüttungsvolumens entweder ständiger Bewertungen der zu erwartenden Zukunftserträge oder anderer Hilfsgrößen.[34] Schon diese praktischen Umsetzungsprobleme sprechen gegen die Annahme, der Gesetzgeber habe mit dem Prinzip der Vermögenserhaltung eine strikte "Kaufkrafterhaltung" angeordnet. Auch in den Gesetzesmaterialien finden sich dazu keine entsprechenden Anhaltspunkte.[35]

Vor allem aber würde eine solche strikte gesetzliche Pflicht zur realen Vermögenserhaltung - wie Carstensen ausdrücklich feststellt[36] - die Stiftungsorgane zu entsprechenden Admassierungen zum Ausgleich von Inflationsverlusten und ggfs.

---

[28] Vgl. *Carstensen* (Fn.7), S.45.

[29] *Flämig*, Die Erhaltung der Leistungskraft von gemeinnützigen Stiftungen, 1984.

[30] *Flämig* (Fn.29), S.20 mit Fn.16, 18.

[31] Vgl. *Carstensen* (Fn.7), S.44 Fn.6; *Flämig* (Fn.29), a.a.O.

[32] Zur allgemeinen Geltung des Nominalwertprinzips vgl. etwa BVerfG v. 19.12.1978 BVerfGE 50, 57 ff, 92; BGH v. 28.5.1973 BGHZ 61, 31 ff, 38.

[33] *Carstensen* (Fn.7), S.148 f.

[34] Vgl. dazu die Überlegungen bei *Carstensen* (Fn.7), S.167 ff; aus ökonomischer Sicht auch *Wagner/Walz*, Zweckerfüllung gemeinnütziger Stiftungen, 1997, S.53 ff.

[35] So auch der Befund bei *Wagner/Walz* (Fn.34), S.79 ff.

[36] *Carstensen* (Fn.7), S.44 f, 79 f.

auch zu Vermögensumschichtungen zwingen, soweit diese notwendig sind, um die Kaufkraft des Stiftungsvermögens zu erhalten. Diese Konsequenz steht aber in offensichtlichem Widerspruch zu den Regelungen der Landesstiftungsgesetze, die nur die Möglichkeit von Admassierungen[37] bzw. von Vermögensumschichtungen unter bestimmten Voraussetzungen[38] vorsehen. Derartige Regelungen wären ganz überflüssig, wenn bereits aus dem Grundsatz der Vermögenserhaltung eine entsprechende Pflicht zu Admassierungen und Vermögensumschichtungen folgen würde.[39] Dieser systematische Widerspruch läßt sich - entgegen Carstensen[40] - auch nicht einfach dadurch auflösen, daß man die Thesaurierung von Erträgen unter das Gebot der (zeitnahen) Verwendung der Erträge "für die Stiftungszwecke" subsumiert.[41] Denn auf diese Weise wird die vom Stiftungsgesetzgeber bewußt gezogene Grenze zwischen Vermögenserhaltung und Ertragsverwendung mißachtet. Die Landesstiftungsgesetze ordnen die Problematik von Admassierungen zum Ausgleich von Wertverlusten einheitlich der Ebene der Ertragsverwendung zu.

Die Einordnung der Rücklagenbildung als Problem der Ertragsverwendung ist nicht nur de lege lata eindeutig und deshalb zu respektieren, sie ist auch sachlich zutreffend. Denn bei der Frage, ob und inwieweit zur Sicherung der zukünftigen Stiftungsleistung Erträge thesauriert werden sollen, geht es nicht um "Vermögenserhaltung", sondern darum, ob man auf gegenwärtige Zweckverwirklichungsmaßnahmen zugunsten künftiger Aktivitäten verzichtet.[42] Wer diese Grundfrage der zeitlichen Verteilung der Stiftungsleistung als Problem der Vermögenserhaltung behandelt,[43] verkennt die Zweck-Mittel-Relation zwischen Stiftungszweck und Stiftungsvermögen.[44] Das Vermögen wird nicht "um seiner selbst willen" erhalten, sondern die Bildung von Leistungserhaltungsrücklagen ist nur das Mittel, um eine im Zeitablauf real gleichbleibende Stiftungsleistung zu ermöglichen. Dabei ist von grundsätzlicher Bedeutung, daß die Thesaurierung von Erträgen eine Einschränkung der gegenwärtig möglichen Stiftungsarbeit zur Folge hat. Bei der Entscheidung über eine Admassierung sind also gegenwärtige und zukünftige Stiftungsleistung gegeneinander abzuwägen. Dieses Abwägungsproblem wird einseitig im Interesse zukünftiger Stiftungsleistung gelöst, wenn man mit Carstensen ein striktes "Wertausgleichsgebot" statuiert. Demgegenüber gehen die Landesstiftungsgesetze zu Recht davon aus, daß Admassierungsfragen im Wege der Abwägung auf

---

[37] Vgl. etwa § 8 Abs.2 S.1 b StiftG NW: Erträge "können" dem Vermögen zugeführt werden, um einen Wertverlust auszugleichen.

[38] Vgl. z.B. Art.10 Abs.2 StiftG Bay.

[39] Ebenso *Wagner/Walz* (Fn.34), S.84 f.

[40] *Carstensen* (Fn.7), S.50 ff.

[41] Ablehnend auch *Wagner/Walz* (Fn.34), S.82; *Staudinger-Rawert* (Fn.8), Vorbem zu §§ 80 ff BGB Rz.18.

[42] Dazu eingehend unten IV.

[43] So aber *Carstensen* (Fn.7), S.43 ff.

[44] Gegen *Carstensen* auch *Staudinger-Rawert* (Fn.8), Vorbem §§ 80 ff BGB Rz.18.

der Ebene der Ertragsverwendung zu lösen sind: Die Zuführung von Erträgen zum Vermögen zur Erhaltung des Wertes bzw. der zukünftigen Ertragskraft ist nur "zulässig", nicht aber zwingend. Eine Pflicht zur strikten Kaufkrafterhaltung ist damit - entgegen Carstensen - dem Gesetz nicht zu entnehmen.

4. Vermögenserhaltung als Bindung der Stiftungsorgane an die wirtschaftliche Bestimmung des Stiftungsvermögens

In den bisherigen Überlegungen ist deutlich geworden, daß weder eine bloße Substanz- noch eine reine Werterhaltung dem Sinn des stiftungsrechtlichen Vermögenserhaltungsgrundsatzes entspricht. Denn wenn man das Vermögenserhaltungsgebot als Sicherung der vom Stifter übertragenen Mittelausstattung versteht, dann geht es nicht bloße Erhaltung der Substanz oder ihres Wertes, sondern um die Bindung der Stiftungsorgane an die wirtschaftliche Bestimmung des Stiftungsvermögens. Die vom Stifter gewollte Mittelausstattung ist dauerhaft gewährleistet, wenn die Stiftungsorgane die vom Stifter übertragene Vermögensausstattung ihrer Bestimmung entsprechend einsetzen: Der vom Stifter als Ertragsquelle zugewendete landwirtschaftliche Besitz ist entsprechend der vorgegebenen Nutzung ertragbringend zu bewirtschaften, das vom Stifter gegebene Geld ist verzinslich anzulegen, die vom Stifter als Anstaltsvermögen übertragene Immobilie ist entsprechend zu nutzen. Nur eine solche Bindung an die Bestimmung des Stiftungsvermögens - ähnlich der eines Nießbrauchers (§ 1036 Abs.2 BGB)[45] - ist geeignet, der Stiftung dauerhaft die Nutzungen und Gebrauchsvorteile zu verschaffen, der sie zur Verwirklichung ihrer Zwecke bedarf.

Versteht man den Grundsatz der Vermögenserhaltung, wie er in den Landesstiftungsgesetzen verankert ist, als Bindung der Stiftungsorgane an die wirtschaftliche Bestimmung des Stiftungsvermögens, dann ergibt sich des weiteren, daß sich der konkrete Inhalt des Vermögenserhaltungsgebots ausschließlich nach dem privatautonomen Widmungsakt des Stifters bestimmt. Denn es ist der Stifter, der im Stiftungsgeschäft festlegt, welche Vermögensgegenstände der Stiftung "als Vermögen" übertragen werden.[46] Wenn es aber in der Entscheidungsbefugnis des Stifters liegt, welche Zuwendungen "als Vermögen" dauerhaft zu erhalten sind, dann kann es auch nur der Stifter selbst sein, der die Art und Weise bestimmt, wie die der Stiftung zugewendeten Vermögensgegenstände "als Vermögen" einzuset-

---

[45] Zur wirtschaftlichen Bestimmung als Kernbegriff des Nießbrauchsrechts grundlegend *Schön*, Der Nießbrauch an Sachen, 1992.

[46] Siehe auch *Ebersbach* (Fn.3), I-6.13, S.82: "Mit der Spezifikation des Vermögensgrundstocks bestimmt der Stifter die Vermögenswerte, durch deren Benutzung oder aus deren Erträgen der Stiftungszweck zu realisieren ist."

zen sind.[47] Die dauerhafte Widmung von Vermögenswerten als Stiftungsvermögen wird damit zum entscheidenden Anknüpfungspunkt für das Verständnis des Vermögenserhaltungsprinzips. Die Regelung der Vermögensausstattung, wie sie der Stifter im Stiftungsgeschäft oder dem gesonderten Zuwendungsakt getroffen hat, bindet die Stiftungsorgane und die Stiftungsaufsicht ebenso, wie sie auch an die Regelung der Stiftungszwecke und die Art ihrer Verwirklichung sowie die Regelung der Stiftungsorganisation gebunden sind.[48]

Erkennt man, daß die Vermögenserhaltungspflicht ihre Konkretisierung im privatautonomen Widmungsakt des Stifters findet, dann ist auch klar, daß es kein einheitliches übergeordnetes "Vermögenserhaltungskonzept" geben kann: Alle Versuche, den Grundsatz der Vermögenserhaltung, wie er in den Landesstiftungsgesetzen in allgemeiner Form geregelt ist, auf ein bestimmtes Erhaltungskonzept zurückzuführen, müssen scheitern, weil sie der individuellen Regelungsbefugnis des Stifters widerstreiten. Es ist grundsätzlich der Stifter, der durch die konkrete Vermögensausstattung die maßgebenden Leitlinien der Vermögenserhaltung regelt. Dabei erschöpft sich der Widmungsakt eben nicht in der Regelung, daß bestimmte Gegenstände "als Vermögen" zu erhalten sind. Kein Stifter widmet Vermögen "irgendwie". Das Vermögen wird vielmehr mit einer bestimmten wirtschaftlichen Bestimmung übertragen, wie es bei der Stiftung einzusetzen ist: Das zugewendete landwirtschaftliche Gut soll seiner bisherigen Nutzung entsprechend fortgeführt werden und sein Reinertrag für die Stiftungszwecke verwendet werden; die übertragenen Mietwohnungen sollen weiter vermietet werden und ihre Erträge zur Finanzierung der laufenden Stiftungsarbeit dienen; der zugewendete Geldbetrag soll in langfristigen Wertpapieren angelegt und aus den Zinsen die Stipendien bezahlt werden; die private Kunstsammlung soll als Grundstock für ein zu errichtendes Museum verwendet werden und so unmittelbar den kulturellen Stiftungszwecken dienen. In allen diesen Fällen beschränkt sich der Widmungsakt nicht darauf, die Erhaltung "als Vermögen" anzuordnen, sondern der Stifter bestimmt vor allem die Art und Weise, in der die übertragenen Vermögensgegenstände bei der Stiftung eingesetzt werden sollen. Dem Stifter geht es nicht nur darum, daß ein bestimmter Kapitalwert erhalten oder der Verbrauch dieser Gegenstände ausgeschlossen wird, sondern sein Wille ist darauf gerichtet, daß die übertragenen Sachen und Rechte bei der Stiftung in der vom Stifter bestimmten Weise zur Erzielung von Nutzungen und Gebrauchsvorteilen verwendet werden.

---

[47] Im Fall der Zustiftung durch einen Dritten wäre dementsprechend die Widmung des zustiftenden Dritten maßgebend.

[48] Vgl. allgemein zur Bindung der Stiftung an den Stifterwillen *Staudinger-Rawert* (Fn.8), § 85 BGB Rz.1 ff; *MünchKomm-Reuter* (Fn.21), § 85 BGB Rz.1 ff; siehe auch etwa § 2 StiftG Nds: "Bei der Anwendung dieses Gesetzes ist der Stifterwille in erster Linie maßgebend".

Diese wirtschaftliche Bestimmung des Stifters, wie das Vermögen bei der Stiftung nutzbringend einzusetzen ist, erlaubt eine sachrichtige Konkretisierung des Vermögenserhaltungsprinzips, wie sich beispielhaft an der Problematik von Vermögensumschichtungen zeigen läßt. Wer den Grundsatz der Vermögenserhaltung rein wertmäßig versteht, müßte jede Vermögensumschichtung, die den Wert bzw. die Ertragskraft des Stiftungsvermögens nicht vermindert, für zulässig halten.[49] Die Stiftungsorgane hätten demnach das Recht, z.B. die vom Stifter übertragene Unternehmensbeteiligung zu veräußern und den Erlös in Wertpapieren anzulegen, wenn diese in der Zukunft etwa einen gleich hohen Ertrag versprechen. Im Schrifttum findet sich dazu allerdings der Vorbehalt, es müsse im Einzelfall geprüft werden, ob einer solchen Vermögensumschichtung der Stifterwillen entgegenstehe.[50] Damit wird aber der Sinn und Zweck der Vermögenserhaltung verkannt: Es geht nicht an, das Gebot der Vermögenserhaltung zunächst rein positivistisch in der einen oder anderen Weise auszulegen, um sodann das gefundene Ergebnis unter den Vorbehalt eines entgegenstehenden Stifterwillens zu stellen. Vielmehr ist für die Auslegung des Vermögenserhaltungsprinzips von vornherein allein bei der konkreten Widmung des Vermögens durch den Stifter anzusetzen. Vermögensumschichtungen sind damit nur dann zulässig, wenn sie vom ausdrücklichen oder mutmaßlichen Stifterwillen gedeckt sind. Dies läßt sich wiederum nur nach der konkreten wirtschaftlichen Bestimmung der übertragenen Sachen und Rechte entscheiden. Dabei ist grundsätzlich davon auszugehen, daß das Stiftungsvermögen nicht "zur Veräußerung", sondern zu einem bestimmten nutzbringenden Gebrauch bestimmt ist. Ist der Stiftung z.B. ein landwirtschaftliches Gut übertragen, dann geht der Stifterwille dahin, daß die Stiftung das Gut seiner bisherigen Bestimmung gemäß weiterführt und nur die Erträge aus dem "bestimmungsgemäßen Gebrauch" ziehen darf. Eine Veräußerung des Landgutes im Ganzen ist damit - solange eine Fortführung tatsächlich möglich und wirtschaftlich sinnvoll ist - ausgeschlossen. Nicht ausgeschlossen ist aber die Möglichkeit, im Rahmen der ordnungsmäßigen Verwaltung des Landgutes einzelne Bestandteile zu veräußern und dafür andere hinzuzuerwerben. Versteht man Vermögenserhaltung als Bindung der Stiftung an die wirtschaftliche Bestimmung des übertragenen Vermögens, so ist klar, daß Vermögensumschichtungen zulässig und ggfs. auch geboten sind, soweit sie sich im Rahmen einer ordnungsgemäßen Bewirtschaftung des

---

[49] So wohl *von Rotberg* (Fn.12), § 7 StiftG BW Anm.2b; *Ebersbach* (Fn.3), I-8.1, S.116; *Rösner* (Fn.12), § 6 StiftG Hess; *Kronke* (Fn.5), S.94; vgl. auch Gesetzesbegründung zu § 7 StiftG NW (Fn.6), wonach Vermögensumschichtungen im Rahmen des Stiftungszwecks dem Gebot der "Werterhaltung" nicht entgegenstehen.

[50] Vgl. zur Zulässigkeit von Vermögensumschichtungen deutlich *Siegmund/Schultze* (Fn.12), § 6 StiftG Nds Anm.1: "Hierbei ist aber besonders darauf zu achten, daß diesen Vorgängen nicht der Stifterwille entgegensteht. Deshalb empfiehlt es sich, daß der Stifter in der Satzung bestimmt, ob die zu Anfang vorhandenen Vermögensgegenstände austauschbar sind."

Landgutes bewegen.[51] Besteht das Stiftungsvermögen aus einem umfangreichen Grundbesitz mit Mietwohnungen, dann sind auch Veräußerungen einzelner Grundstücke im Rahmen einer ordnungsgemäßen Vermögensverwaltung zulässig, um andere Grundstücke mit geeigneten Objekten zu erwerben, die nach ihrer Lage oder Beschaffenheit für die Nutzung als Mietwohnungen ebensogut oder besser geeignet sind.

Die These, daß es für die Art und Weise der Vermögenserhaltung auf den Widmungsakt des Stifters ankommt und Vermögensumschichtungen somit nur "im Rahmen der ordnungsgemäßen Verwaltung" des Vermögens entsprechend seiner wirtschaftlichen Bestimmung zulässig sind, steht auch im Einklang mit den entsprechenden Regelungen der Landesstiftungsgesetze. So läßt sich etwa das Wiederanlagegebot des Art.10 Abs.2 BayStiftG, wonach der Erlös aus der Veräußerung rentierenden Vermögens bzw. von Grundstücken wieder in rentierenden Vermögen bzw. Grundstücke zu investieren ist, als Erhaltung des Vermögens entsprechend seiner wirtschaftlichen Bestimmung deuten. Und § 14 Abs.3 StiftG RP verweist ausdrücklich für die Zulässigkeit von Vermögensumschichtungen auf die "Regeln ordentlicher Wirtschaftsführung". Solche Regeln lassen sich aber immer nur auf der Grundlage einer konkreten Bestimmung des Vermögens feststellen: Hat der Stifter der Stiftung ein umfangreiches Wertpapiervermögen übertragen, so bestimmt sich das zulässige Maß an Vermögensumschichtungen nach den Regeln einer "ordentlichen Vermögensverwaltung" für privaten Wertpapierbesitz. Der Stiftungsvorstand darf somit zwar nicht das Wertpapiervermögen in Grundbesitz umschichten; hingegen wäre eine laufende Anpassung des Wertpapierbestandes zur Sicherung einer angemessenen Rendite bei vertretbarem Risiko erlaubt und sogar geboten.[52]

Der Auffassung, daß die Art und Weise der Vermögenserhaltung durch die wirtschaftliche Bestimmung des Vermögens seitens des Stifters vorgegeben wird und damit in der privatautonomen Entscheidungsfreiheit des Stifters liegt, stehen

---

[51] Vgl. aus dem Recht des Nießbrauchs die Regelung des § 1048 Abs.1 S.1 BGB betreffend die Verfügungsbefugnis des Nießbrauchers. Danach kann der Nießbraucher bei einem Nießbrauch an einem Grundstück mit Inventar "über die einzelnen Stücke des Inventars innerhalb der Grenzen einer ordnungsmäßigen Wirtschaft verfügen". Zur entsprechenden Anwendung des § 1048 Abs.1 S.1 BGB beim Nießbrauch an einem Sachinbegriff bzw. beim Unternehmensnießbrauch nur *Staudinger-Frank*, BGB, 13.Aufl., 1994, § 1048 BGB Rz.2.

[52] Nach KG v. 6.7.1970 (Stiftungen in der Rechtsprechung III, S.35 ff) kann "der Verkauf von Wertpapieren zwecks Umschichtung des Vermögens entsprechend der wirtschaftlichen Lage" als Maßnahme "ordnungsgemäßer Verwaltung sogar geboten sein." Zur Vermögensverwaltung bei Kapitalvermögen instruktiv *Carstensen* (Fn.7), S.233 ff. Siehe auch Art.13 StiftG Bay: "Stiftungsgelder sind nach den Grundsätzen einer sicheren und wirtschaftlichen Vermögensverwaltung anzulegen."

auch keine übergeordneten Gesichtspunkte entgegen. Die alleinige Geltung des Stifterwillens ist im Rahmen des geltenden Konzessionssystems bei der Stiftungserrichtung ganz unbedenklich.[53] Denn auch wenn man die Bestimmung des Stifters über die Verwendung der zugewendeten Vermögenswerte durch die Stiftung anerkennt, können die Aufsichtsbehörden der Stiftungserrichtung doch die Genehmigung verweigern, wenn auf Grund der konkreten wirtschaftlichen Bestimmung des Vermögens mangels hinreichender Erträge die nachhaltige Erfüllung der Stiftungszwecke nicht gesichert erscheint.[54]

Will z.B. der Stifter seiner Stiftung als einzige Ertragsquelle eine Unternehmensbeteiligung übertragen, die in der Vergangenheit nur geringe und sehr stark schwankende Dividenden hervorgebracht hat, so kann die Stiftungsaufsicht die Genehmigung versagen, wenn die zu erwartenden Erträge zur Verwirklichung der Stiftungszwecke nicht ausreichend erscheinen. Denn bei Zuwendung ertraglosen bzw. nicht ausreichend ertragbringenden Vermögens unter dem Ausschluß einer Veräußerung oder Vermögensumschichtung fehlt es an einer zweckentsprechenden Vermögensausstattung. Hier müßte der Stifter also, um die Genehmigungsfähigkeit sicherzustellen, die Beteiligung veräußern und den Erlös als Stiftungskapital zur Verfügung stellen, wenn dessen Anlage in Wertpapieren etc. ausreichende Erträge verspricht. Das gleiche Problem ergibt sich bei Anstaltsstiftungen, wenn der Stifter zwar entsprechendes Zweckverwirklichungsvermögen - z.B. eine Kunstsammlung nebst Ausstellungsräumen - zuwendet, aber keine ausreichende finanzielle Vorsorge für den laufenden Betrieb des Museums in Form eines zusätzlichen rentierenden Vermögens getroffen hat.[55]

---

[53] Wer - wie es der Entwurf eines "Gesetzes zur Förderung des Stiftungswesens" der Fraktion Bündnis 90/Die Grünen v. 1.12.1997 BT-Drs.13/9320 vorsieht - vom Konzessionssystem auf ein System der Normativbestimmungen übergehen will, muß die Prüfung der ausreichenden Vermögensausstattung den Registergerichten übertragen. In diesem Fall bedarf es dann auch eindeutiger "Normativbestimmungen" darüber, wie eine Vermögensausstattung beschaffen sein muß, damit die Stiftung genehmigungsfähig ist. So gesehen, ist der vorgelegte Entwurf unvollständig, weil er zwar in der Stiftungssatzung Regelungen über die "Vermögensausstattung der Stiftung" fordert, aber weder konkrete Angaben über die gesetzlich vorgeschriebene Größe und Art des Vermögens noch eine Verpflichtung des Stifters zu einer "angemessenen Mittelausstattung" enthält. In der Begründung findet sich dazu nur der Satz, es werde davon ausgegangen, daß die Registergerichte einen "großzügigen Maßstab" anlegen.

[54] Vgl. § 5 StiftG Bay: "Die Genehmigung darf nur erteilt werden, wenn die nachhaltige Verwirklichung des Stiftungszwecks aus dem Ertrag des Stiftungsvermögens gesichert erscheint." Siehe auch § 4 Abs.1 Nr.b StiftG NW: "Die Genehmigung ist zu versagen, ... wenn die dauernde und nachhaltige Erfüllung des Stiftungszwecks nicht gewährleistet ist."

[55] Zur Notwendigkeit einer zusätzlichen Kapitalausstattung bei Anstaltsstiftungen nur *Seifart*, Handbuch (Fn.15), § 10 Rz.27.

Wie die vorstehenden Beispiele zeigen, erweist sich die privatautonome Regelung der Vermögenserhaltung durch den Stifter vor dem Hintergrund der Genehmigungsbedürftigkeit als stiftungsrechtlich unbedenklich. Sie ist darüber hinaus sogar eine notwendige Voraussetzung für die sachrichtige Prüfung der Genehmigungsfähigkeit einer Stiftung. Denn nur wenn die Vermögensausstattung in den wichtigsten Punkten hinreichend konkretisiert ist, kann die Stiftungsaufsicht ein Urteil über die Genehmigungsfähigkeit der Stiftung treffen. Ohne eine solche Bestimmung seitens des Stifters könnte die Stiftungsaufsicht nicht feststellen, ob die Stiftung über hinreichende Mittel zur nachhaltigen Erfüllung der Stiftungszwecke verfügt.

Ebenso bedarf es für die laufende Stiftungsarbeit einer hinreichend konkreten rechtlichen Vorgabe für die laufende Verwaltung des Stiftungsvermögens durch die Stiftungsorgane. Die Notwendigkeit solcher Vorgaben ergibt sich daraus, daß es in der Stiftung an einem "korporativen" Element fehlt.[56] Die Stiftungsorgane sind zu einer autonomen Willensbildung nicht berufen. Ihre Aufgabe besteht vielmehr darin, den vorgegebenen Stifterwillen in der laufenden Stiftungsarbeit umzusetzen.[57] Insoweit bedarf es - auch und gerade im Bereich der Vermögensverwaltung - einer hinreichend konkreten Vorgabe seitens des Stifters, in welcher Weise die "als Vermögen" übertragenen Gegenstände einzusetzen und damit zu erhalten sind. Diese Voraussetzung ist erfüllt, wenn man hinsichtlich der Art und Weise der Vermögenserhaltung und Vermögensverwaltung an die wirtschaftliche Bestimmung des Stiftungsvermögens anknüpft, wie sie im Stiftungsgeschäft und der konkret gewählten Vermögensausstattung zum Ausdruck kommt. Demgegenüber ist ein rein wertmäßiges Verständnis des Vermögenserhaltungsgebots nicht geeignet, die Dispositionsfreiheit der Stiftungsorgane hinreichend einzuschränken. Denn dann stände es den Stiftungsorganen grundsätzlich frei, das Stiftungsvermögen beliebig umzuschichten bzw. die Verwendungszwecke des Stiftungsvermögens zu verändern. Dies würde nicht nur eine Intensivierung der Stiftungsaufsicht erforderlich machen,[58] sondern vor allem in unzulässiger Weise den Vorrang des Stifterwillens einschränken.

---

[56] Vgl. *Flume* (Fn.23), S.131: "Der Unterschied zwischen der körperschaftlichen juristischen Person und der Stiftung als juristischer Person besteht nur darin, daß die körperschaftliche juristische Person als Wirkungseinheit auf die Mitglieder bezogen ist, die autonom über die Wirkungseinheit bestimmen, während die als Stiftung verfaßte Wirkungseinheit keine Mitglieder und damit kein Organ hat, das autonom für die Wirkungseinheit zu handeln befugt ist."

[57] Zur Notwendigkeit der Festlegung der "identitätsbestimmenden Grundentscheidungen" durch den Stifter *Staudinger-Rawert* (Fn.8), § 85 BGB Rz.1 ff; *MünchKomm-Reuter* (Fn.21), § 85 BGB Rz.5.

[58] Einige Stiftungsgesetze enthalten für vermögensumschichtende Maßnahmen ausdrückliche Genehmigungsvorbehalte (vgl. z.B. § 31 Abs.1 Nr.2, 3, 4 StiftG Bay, § 21 Abs.1 Nr.1 StiftG NW) bzw. Anzeigepflichten (§ 13 Abs.1 S.1 StiftG BW) vor.

5. Zwischenergebnis

Als Zwischenergebnis der bisherigen Überlegungen kann festgehalten werden, daß Vermögenserhaltung im Stiftungsrecht weder bloße Substanz-, noch reine Werterhaltung meint. Das Gebot der Vermögenserhaltung, wie es in den Landesstiftungsgesetzen geregelt ist, bindet vielmehr die Stiftungsorgane an die wirtschaftliche Bestimmung des Stiftungsvermögens, die der Stifter im Stiftungsgeschäft vorgegeben hat. Indem der Stifter festlegt, welche Vermögensgegenstände er mit welcher wirtschaftlichen Bestimmung der Stiftung "als Vermögen" zuwendet, bestimmt er zugleich die Leitlinien der Vermögenserhaltung. Die Art und Weise der Vermögenserhaltung richtet sich folglich nach dem Stifterwillen und der von ihm vorgegebenen Vermögensausstattung. Auch alle Folgefragen - Abgrenzung von Ertrags- und Vermögenssphäre, Zulässigkeit von Vermögensumschichtungen, Instandhaltungspflichten etc. - sind auf der Grundlage der konkreten wirtschaftlichen Bestimmung des Vermögens zu beantworten. Es gibt also kein "einheitliches" Vermögenserhaltungskonzept, sondern es ist für jede Stiftung zu prüfen, welche Bestimmung des Vermögens sich aus dem Stiftungsgeschäft ergibt.

III. Vermögenserhaltung und wirtschaftliche Bestimmung

In den bisherigen Überlegungen ist gezeigt worden, daß der Grundsatz der Vermögenserhaltung an die privatautonome Widmung des Vermögens durch den Stifter anknüpft. Ausgangspunkt bei der Anwendung der entsprechenden Regelungen der Landesstiftungsgesetze über die Vermögenserhaltung ist also die konkrete Bestimmung des Stifters, für welchen Zweck die übertragenen Vermögensgegenstände bei der Stiftung eingesetzt werden sollen.

1. Die wirtschaftliche Bestimmung des Stiftungsvermögens

Die wirtschaftliche Bestimmung des Stiftungsvermögens ist terminologisch und sachlich von den Stiftungszwecken zu trennen. Hat ein Stifter z.B. Grundbesitz übertragen, dann kann die wirtschaftliche Bestimmung auf eine Nutzung des Grundbesitzes durch Vermietung gerichtet sein, um auf diese Weise Erträge für die Erfüllung der Stiftungszwecke zu erwirtschaften. Denkbar ist auch, daß der Stifter sogleich die Veräußerung und Anlage des Erlöses in Wertpapieren anordnet. Der Grundbesitz kann aber auch vom Stifter mit der Bestimmung zugewendet werden, daß die Stiftung den Grundbesitz als Anstaltsvermögen nutzen soll. Der übergeordnete Stiftungszweck - z.B. Altenfürsorge - bleibt von der wirtschaftlichen Bestimmung des Vermögens ganz unberührt.[59]

Welche wirtschaftliche Bestimmung der Stifter für den Einsatz des Grundstockvermögens bei der Stiftung bestimmt hat, ist - soweit das Stiftungsgeschäft keine ausdrücklichen Vorgaben enthält - durch Auslegung (§§ 133, 2084 BGB) zu ermitteln. Vorrangiger Auslegungsgesichtspunkt ist dabei die bisherige wirtschaftliche Bestimmung der übertragenen Vermögenswerte. Denn es kann vermutet werden, daß der Stifter bei seinen Überlegungen über die Mittelausstattung der Stiftung die bisherige Nutzung des Vermögens zugrundelegt. Wer z.B. eine Gesellschaftsbeteiligung zuwendet, will seiner Stiftung gerade kein Geld- oder Wertpapiervermögen übertragen, sondern eine Beteiligung an unternehmerischem Einkommen. Besteht das Stiftungsvermögen aus umfangreichem Grundbesitz, so ist davon auszugehen, daß der Stifter seiner Stiftung die Erträge zuwenden will, die sich bei Fortführung der bisherigen Bewirtschaftung erzielen lassen. Aus der vom Stifter gewählten Vermögensausstattung lassen sich also Rückschlüsse darauf ziehen, auf welche Weise das Vermögen bei der Stiftung zu erhalten ist: Dem Stifter geht es nicht um bloße Werterhaltung oder bloße Erhaltung der Sachsubstanz, sondern allein um eine Bindung der Stiftung an eine bestimmte Nutzungsart, die der Stiftung nach dem Willen des Stifters auf Dauer die erforderlichen Mittel sichern soll.

Je nach Art der Vermögensausstattung sind somit unterschiedliche Bestimmungen denkbar: Wendet der Stifter bestimmte Vermögensgegenstände zu (Grundbesitz, Gesellschaftsbeteiligungen, Wertpapiere etc.), so ist im Zweifel die bisherige Bestimmung maßgebend. Ist eine Geldsumme Gegenstand des Zuwendungsgeschäfts, dann ist vorrangig zu prüfen, ob der Stifter eine besondere Bestimmung über die Verwendung - z.B. zur Anschaffung von Anstaltsvermögen oder zur Art und Weise der Anlage - getroffen hat. Soweit es an einer solchen Bestimmung fehlt, bleibt es bei der allgemeinen Bestimmung für Stiftungsgelder: Sie sind - wie es etwa in Art.13 StiftG Bay bestimmt ist - nach den Grundsätzen einer "sicheren und wirtschaftlichen Vermögensverwaltung anzulegen".[60] Hier reduziert sich der Grundsatz der Vermögenserhaltung also auf eine bloße nominale Werterhaltung, d.h. es ist das als Vermögen übertragene Kapital zu erhalten.

---

[59] Vgl. auch KG v. 4.2.1972 (Stiftungen in der Rechtsprechung II, S.68 ff) betreffend die Einbringung des Stiftungsunternehmens in eine KG. Eine derartige Vermögensanlage bedeute "keine Änderung des Stiftungszwecks".

[60] Vgl. auch § 7 S.3 AGBGB Hamb: "Überschüsse sind sicher und ertragbringend anzulegen."

2. Änderung oder Anpassung der wirtschaftlichen Bestimmung

Die Feststellung, daß die Stiftungsorgane an die wirtschaftliche Bestimmung des Stiftungsvermögens seitens des Stifters gebunden sind, führt zu der Frage, unter welchen Voraussetzungen diese Bindung Änderungen unterliegt. Diese Frage liegt umso näher, weil Stiftungen auf eine gewisse Dauer angelegt sind und sich die tatsächlichen Verhältnisse im Wandel der Zeiten grundlegend ändern können. So kann z.B. die Ertragskraft des übertragenen landwirtschaftlichen Gutes zurückgehen oder - bei einer Anstaltsstiftung - das Anstaltsvermögen überflüssig werden, weil sich die Art und Weise der Zweckverwirklichung geändert hat. In diesen Fällen muß die Bestimmung des Stifters den veränderten Verhältnissen angepaßt werden, weil die Fortführung eines ertraglosen Betriebes ebensowenig eine sinnvolle Nutzung des Stiftungsvermögens darstellt wie die Vorhaltung von Anstaltsvermögen, das für die konkrete Art der Zweckverwirklichungstätigkeit nicht mehr benötigt wird. Dies bedeutet, daß die Stiftungsorgane berechtigt sein müssen, unter bestimmten Umständen von der bisherigen wirtschaftlichen Bestimmung abzuweichen. Dabei ist aber stets vorrangig zu ermitteln, ob in der geplanten Maßnahme wirklich eine Abweichung von der bisherigen wirtschaftlichen Bestimmung liegt bzw. ob der Stifter den Stiftungsorganen von vornherein bestimmte Dispositionsfreiheiten eingeräumt hat: So ist z.B. bei der Wiederanlage von auslaufendem Wertpapierbesitz zu überlegen, welcher Entscheidungsspielraum den Stiftungsorganen bei der Entscheidung über die neuen Wertpapiere im Rahmen der Bestimmung "rentierende Anlage der Stiftungsgelder" gewährt ist. Dagegen wäre den Stiftungsorganen eine willkürliche Umschichtung des Wertpapierbestandes in Grundbesitz o.ä. untersagt, weil damit die Struktur des Vermögens und der Ertragskraft verändert würde.

Eine nachträgliche Anpassung oder Änderung der wirtschaftlichen Bestimmung unterliegt nicht den Anforderungen an eine Änderung der Stiftungszwecke. Wie bereits dargelegt, ist die Bestimmung des Stiftungsvermögens terminologisch und inhaltlich von den Stiftungszwecken zu trennen.[61] Für eine nachträgliche Anpassung oder Änderung der wirtschaftlichen Bestimmung des Vermögens ist es deshalb notwendig, aber auch hinreichend, daß sich die tatsächlichen Verhältnisse derart verändert haben, daß ein Festhalten an der bisherigen Art der Nutzung dem mutmaßlichen Stifterwillen nicht mehr entsprechen dürfte. Nicht ausreichend ist also, daß die vom Stifter vorgegebene Vermögensausstattung nach Einschätzung der Stiftungsorgane "unzweckmäßig" geworden ist.[62] Auch die bloße Aussicht auf höhere Renditen vermag eine Vermögensumschichtung noch nicht zu rechtferti-

---

[61] Vgl. dazu oben III 1.

[62] Siehe etwa den rechtsvergleichenden Hinweis von *Kronke* (Fn.5), S.92 auf den englischen Charities Act 1960, wonach die Gerichte auf Antrag des trustee die Vermögensverwaltungsvorschriften der terms of trust schon bei "Unzweckmäßigkeit" abändern können.

gen, denn es ist vorrangig Sache des Stifters, die nach seiner Meinung "angemessene" Vermögensausstattung unter Berücksichtigung der voraussichtlichen langfristigen Entwicklung von Rendite und Risiko festzulegen. Ein Änderungsbedarf ist also nur dann gegeben, wenn die vom Stifter gewählte Vermögensausstattung durch eine Änderung der tatsächlichen Verhältnisse gegenstandslos oder anpassungsbedürftig wird. Dies wäre z.B. anzunehmen, wenn die Ertragskraft des Vermögens in der bisherigen Zusammensetzung nachhaltig und dauerhaft zurückgeht oder - bei Anstaltsvermögen - der Bedarf für die bisherige Nutzungsform auf Dauer weggefallen ist. Es ist dann unter Beachtung des mutmaßlichen Stifterwillens eine andere Anlage bzw. Nutzung festzulegen, wobei die grundsätzliche Bestimmung des Stifters - z.B. Beteiligung an unternehmerischem Einkommen oder langfristige Kapitalanlage; Nutzung des Stiftungsvermögens als Ertragsquelle oder als Anstaltsvermögen - möglichst erhalten bleibt. Soweit eine wirtschaftliche Umgestaltung des Vermögens nicht ausreicht, sind die vorhandenen Vermögenswerte zu Geld zu machen und der Erlös nach den "Grundsätzen einer sicheren und wirtschaftlichen Vermögensverwaltung anzulegen."[63] An die Stelle einer gegenstandsbezogenen Betrachtung tritt dann ein reine nominale Werterhaltung.

Eine Änderung bzw. Anpassung der wirtschaftlichen Bestimmung wird auch regelmäßig vorliegen, wenn wesentliche Teile des Stiftungsvermögens auf eine Gesellschaft ausgegliedert werden. Denn die Änderung der Rechtsstruktur dürfte zumeist so erhebliche Auswirkungen auf die Mittelausstattung haben, daß zumindest unter diesem Gesichtspunkt den Stiftungsorganen eine "freie" Entscheidung versagt ist.[64] So macht es z.B. für die Entnahmefähigkeit von Gewinnen einen Unterschied, ob die Stiftung das vom Stifter übertragene Vermögen selbst hält oder in eine Gesellschaft ausgliedert.[65] Ebenso hat eine Ausgliederung von Anstaltsvermögen weitgehende Konsequenzen für die weitere Nutzungsbefugnis der Stiftung. Es bedarf daher besonderer Gründe, die eine entsprechende Umstrukturierung des vorhandenen Vermögens rechtfertigen.

---

[63] Vgl. allgemein zur Anlage von Stiftungsgeldern Art.13 StiftG Bay.

[64] A.A. aber offenbar KG v. 4.2.1972 (Fn.59), das allgemein feststellt, "das Gesetz verbietet die Anlegung des Gesellschaftsvermögens in einer Kommanditbeteiligung nicht". Die Stiftung sei weiterhin "Trägerin ihres Vermögens". In dem Fall ging es aber allein um die Auswirkungen der Einbringung auf die Rechtsstellung eines zukünftigen Vorstandes.

[65] A.A. wohl KG v. 4.2.1972 (Fn.59). In dem entschiedenen Fall hatte eine Stiftung ein Unternehmen als Kommanditeinlage in eine neugegründete GmbH & Co KG eingebracht. Nach Ansicht des KG war es unschädlich, daß der Gewinnanspruch der Stiftung nunmehr der Rücksichtnahme auf die "Liquidität der Gesellschaft" unterworfen war, deren Beurteilung "im Ermessen der persönlich haftenden Gesellschafterin gestellt war".

3. Abgrenzung von Ertrags- und Vermögenssphäre

Die Einsicht, daß Vermögenserhaltung die Bindung der Stiftung an die wirtschaftliche Bestimmung des Stiftungsvermögens bedeutet, ist von auch von Bedeutung für die richtige Abgrenzung zwischen Ertrags- und Vermögenssphäre. In den meisten Stiftungsgesetzen findet sich der Satz, daß der Ertrag des Stiftungsvermögens für die Stiftungszwecke zu verwenden ist.[66] Hinsichtlich der Frage, was als "Ertrag" des Stiftungsvermögens anzusehen ist, verweist die stiftungsrechtliche Literatur auf die §§ 99, 100 BGB.[67] Dabei ergibt sich aber das Problem, daß nach § 99 Abs.1 BGB die Erzeugnisse einer Sache grundsätzlich als Früchte derselben anzusehen sind und zwar unabhängig davon, ob die Trennung der Erzeugnisse der wirtschaftlichen Bestimmung der Muttersache entspricht.[68] Für den Schulfall des Kahlschlags wegen Windbruchs oder Schädlingsbefall wäre also anzunehmen, daß der Erlös aus dem Verkauf des Schlagholzes als "Ertrag" der zeitnahen Verwendungspflicht unterliegen würde. Diese Konsequenz wird im stiftungsrechtlichen Schrifttum mit Recht abgelehnt. Der Erlös aus dem Kahlschlag gehöre zum Grundstockvermögen, "soweit der Erlös den früheren bei ordnungsgemäßer Bewirtschaftung anfallenden Ertrag übersteigt".[69] Eine dogmatische Begründung dafür findet sich aber nicht. Richtigerweise wird man den Verweis auf die §§ 99, 100 BGB dahin ergänzen müssen, daß die Stiftung, was die Abgrenzung von Ertrags- und Vermögenssphäre anbetrifft, kraft des Widmungsaktes des Stifters nur ein eingeschränktes Recht zur zeitnahen Verwendung der Früchte hat. Ihr stehen - ähnlich einem Nießbraucher[70] - die Früchte des Stiftungsvermögens nur im Rahmen der vom Stifter eingeräumten Nutzungsbefugnis zu. Analog § 99 Abs.2 BGB ist die Stiftung, was die zeitnahe Verwendung anbetrifft, allgemein auf die Erträge beschränkt, "welche das Recht seiner Bestimmung gemäß gewährt".[71] Für den Schulfall des Kahlschlags bedeutet dies, daß der zeitnahen Verwendung als Ertrag nur solche Erzeugnisse unterliegen, die als "bestimmungsgemäßer Ertrag" anzusehen sind.

Aus der Beschränkung der zeitnah zu verwendenden Erträge auf den "bestimmungsgemäßen Ertrag" ergibt sich etwa, daß Veräußerungsgewinne aus Vermögensumschichtungen grundsätzlich nicht zu den zeitnah zu verwendenden

---

[66] Vgl. etwa Art.12 StiftG Bay; § 6 Abs.2 S.1 StiftG Nds; § 8 Abs.1 StiftG NW; § 15 Abs.1 StiftG RP; § 6 Abs.2 StiftG Saar; § 4 Abs.3 S.1 StiftG SchH.

[67] Vgl. etwa *Voll/Störle* (Fn.12), Art.12 StiftG Bay Anm.1; *Ebersbach* (Fn.3), I-8.2, S.116; *Seifart*, Handbuch (Fn.15), § 10 Rz.70.

[68] Ungenau z.B. *Ebersbach* (Fn.3), I-8.2, S.116: "alle Früchte und Nutzungen ..., die Sachen und Rechte ihrer Bestimmung gemäß gewähren."

[69] *Voll/Störle* (Fn.12), Art.10 StiftG Bay Anm.1.

[70] Vgl. dazu *Schön* (Fn.45), S.65 f.

[71] Zur Beschränkung des Fruchtbegriffs vgl. etwa *MünchKomm-Holch*, (Fn.21), § 99 BGB Rz.15

Erträgen des Stiftungsvermögens zählen,[72] weil die Veräußerung nicht der wirtschaftlichen Bestimmung des Stiftungsvermögens entspricht.[73] Mehr- oder Mindererlöse aus einer Veräußerung von Teilen des Stiftungsvermögens im Rahmen von Vermögensumschichtungen fallen somit in die Vermögenssphäre.[74] Gleiches gilt für Kapitalgewinne aus Ab- und Aufwertungen.[75] Ist die Stiftung an einer Gesellschaft beteiligt, stellt sich die Frage, welche Bedeutung die Entnahmefähigkeit von Gewinnen für die Abgrenzung von Ertrag und Vermögen hat. So könnte man annehmen, daß - ähnlich der Lage beim Nießbrauch am Gesellschaftsanteil[76] - grundsätzlich nur die entnahmefähigen Gewinnanteile und Dividenden als Ertrag des Gesellschaftsanteils anzusehen sind. Diese Abgrenzung ist aber zweifelhaft, wenn man bedenkt, daß die Stiftung als Gesellschafterin selbst über die freie Rücklagenbildung bzw. die Aufnahme satzungsmäßiger Rücklagenklauseln mitentscheidet. Eine Beschränkung der zeitnah zu verwendenden Erträge auf den entnahmefähigen Gewinn ist deshalb nur soweit gerechtfertigt, wie es sich um gesetzliche Rücklagen handelt oder die Stiftung als Minderheitsgesellschafterin die Entscheidungen der Mitgesellschafter "hinnehmen" muß. Soweit aber die Stiftung als Mehrheits- oder Alleingesellschafterin einen beherrschenden Einfluß auf die Thesaurierungspolitik im Beteiligungsunternehmen hat, kann man die Höhe des Ertrages nicht in das Belieben der Stiftungsorgane stellen. Es sollte daher zunächst der ganze Gewinn ohne Rücksicht auf die Einstellung von Teilen in satzungsmäßige oder freie Rücklagen der zeitnahen Verwendungspflicht unterworfen werden mit der Folge, daß die konkrete Thesaurierungspolitik unter dem Gesichtspunkt der "Instandhaltungspflicht" einer sachlichen Rechtfertigung durch den Finanzbedarf des Beteiligungsunternehmens bedarf. Davon unabhängig kann der Stifter in der Stiftungssatzung bestimmte Thesaurierungsquoten vorsehen, die als Admassierungsgebote die Ertragsverwendungspflicht einschränken.[77] Aus der Beschränkung der zeitnah zu verwendenden Erträge auf den bestimmungsgemäßen Ertrag ergibt sich schließlich auch, daß Bezugsrechte bei Gesellschaftsbeteiligungen ebenfalls zum Vermögen gehören.[78]

---

[72] Vgl. nur *Pohley* (Fn.2), Art.10 StiftG Bay Anm.2.3.

[73] Anders wäre es z.B. dann, wenn das Stiftungsvermögen in einem Wertpapierdepot besteht, das nach dem Willen des Stifters entsprechend einer gewerblichen Tätigkeit laufend umgeschichtet werden soll. Hier gehören nach der konkreten wirtschaftlichen Bestimmung auch die Gewinne aus den Umschichtungen zum "Ertrag".

[74] Vgl. nur *Soergel-Neuhoff*, BGB, 12.Aufl., 1988, Vor § 80 BGB Rz.15; *Ebersbach* (Fn.3), I-8.1, S.115; *Pohley*, (Fn.2), Art.12 StiftG Bay Anm.1.1.

[75] *Voll/Störle* (Fn.12), Art.12 StiftG Bay Anm.1.

[76] Vgl. nur BGH v. 20.4.1972 BGHZ 58, 316 ff, 321; *Soergel-Stürner*, BGB, 12.Aufl., 1989, § 1068 BGB Rz.7g, 8; *Staub-Ulmer*, HGB, 4.Aufl., 1988, § 105 HGB Rz.121; Scholz/Winter, GmbHG, 8.Aufl., 1993, § 15 GmbHG Rz.190; weitere Nachweise bei *Schön*, ZHR 158 (1994), 229 ff, 240 Fn.48.

[77] Vgl. zur Admassierung unten IV.

[78] Zum Bezugsrecht beim Nießbrauch an einem KG-Anteil BGH v. 20.4.1972 (Fn.76), 319.

4. Bewirtschaftungs-, Instandhaltungs- und Erneuerungspflichten

Versteht man den Grundsatz der Vermögenserhaltung als Bindung der Stiftung an die wirtschaftliche Bestimmung des Stiftungsvermögens, so ist auch eine sachgerechte Konkretisierung der Bewirtschaftungs-, Instandhaltungs- und Erneuerungspflichten möglich. Im stiftungsrechtlichen Schrifttum wird aus dem Grundsatz der Vermögenserhaltung gefolgert, die Verwaltung der Stiftung habe "alles zu tun, was nach wirtschaftlichen Grundsätzen zur Erhaltung und ertragbringenden Nutzung des Vermögensbestandes getan werden könne".[79] Diese Vorgabe ist aber zu unbestimmt, insbesondere dann, wenn man den Grundsatz der Vermögenserhaltung auf ein abstraktes Werterhaltungsgebot verkürzt. Hier ist nicht mehr erkennbar, welche Maßnahmen die Stiftungsorgane zur "Werterhaltung" treffen müssen und - vor allem - in welchem Umfang solche Maßnahmen aus den laufenden Stiftungserträgen zu finanzieren sind. Wer vom Standpunkt der Werterhaltung ausgeht, gelangt zwangsläufig zu sehr weitgehenden Vermögenserhaltungspflichten. So ist etwa Carstensen der Auffassung, "jeder Vermögensverlust" sei auszugleichen.[80] Dies gelte gleichermaßen für Verluste durch äußere Schadensereignisse, Wertverluste durch die Abnutzung des Sachvermögens oder Kursverluste bei Wertpapieren.[81]

Geht man von der Bindung der Stiftung an die wirtschaftliche Bestimmung des Stiftungsvermögens aus, so ist zunächst aus dem Grundsatz der Vermögenserhaltung eine positive Pflicht zum bestimmungsgemäßen Einsatz des Stiftungsvermögens abzuleiten.[82] Das vom Stifter übertragene Vermögen ist entsprechend seinen Vorgaben einzusetzen - z.B. als laufende Ertragsquelle oder als Anstaltsvermögen - und zu erhalten. Ferner ergibt sich im Sinne eines Gleichlaufs von Nutzungsbefugnis und Lastentragung, daß die Stiftung aus den laufenden Stiftungserträgen zu allen Instandhaltungsmaßnahmen verpflichtet ist, die im Rahmen der gewöhnlichen Unterhaltung der Sache anfallen.[83] Zum gewöhnlichen Erhaltungsaufwand zählen etwa die regelmäßige Wiederaufforstung von Waldbesitz[84] und die laufenden Instandhaltungskosten des Stiftungsbesitzes[85]. Ferner muß im Rahmen ordnungsmäßiger Wirtschaft für abgehende Wirtschaftsgüter Ersatz beschafft werden.[86] Soweit - entgegen den Grundsätzen einer ordnungsmäßigen Wirtschaft - Übermaßfrüchte gezogen worden sind, ist der Erlös daraus dem Vermögen zuzuführen, wobei sich aus der Bindung an die wirtschaftliche Bestimmung im Regel-

---

[79] So *Pohley* (Fn.2), Art.10 StiftG Bay Anm.2.1.

[80] *Carstensen* (Fn.7), S.45.

[81] *Carstensen* (Fn.7), S.44 f.

[82] Vgl. oben II 4.

[83] Entsprechend der Lage beim Nießbrauch, vgl. § 1041 S.2 BGB.

[84] Zur Bewirtschaftung von Stiftungswaldungen vgl. *Pohley* (Fn.2), Art.10 StiftG Bay Anm.2.2.

[85] *Pohley* (Fn.2), Art.12 StiftG Bay Anm.1.1.

[86] Vgl. aus dem Nießbrauchsrecht § 1048 Abs.1 S.2 BGB.

fall eine Pflicht zur Reinvestition ergibt. Im Schulfall des Kahlschlags wegen Windbruch wären also die Erlöse zur Wiederaufforstung einzusetzen.[87] Schließlich hat die Stiftung die öffentlichen Lasten zu tragen,[88] soweit diese nicht - entsprechend § 1047 BGB - "als auf den Stammwert gelegt" anzusehen sind. Alle diese Aufwendungen sind aus dem bestimmungsgemäßen Ertrag des Stiftungsvermögens zu bestreiten und mindern daher den zeitnah zu verwendenden "Reinertrag".[89] Für periodisch wiederkehrende Erneuerungsmaßnahmen oder konkret absehbaren Erhaltungsaufwand können im Rahmen ordnungsgemäßer Verwaltung auch Rücklagen gebildet werden.[90]

Im Zusammenhang mit der Pflicht zur Instandhaltung des Vermögens ist auch die Frage zu behandeln, in welchem Umfang eine Stiftung mit eigenen Wirtschaftsbetrieben bzw. Beteiligungen verpflichtet ist, einen Teil des Betriebsgewinnes zu reinvestieren bzw. in freie Rücklagen einzustellen. Auch hier ist der Gesichtspunkt der "Werterhaltung" nicht ausreichend, sondern es geht um die Erhaltung des Unternehmens in seiner wirtschaftlichen Bestimmung. Andererseits kann die Rücklagenbildung auch nicht in das Belieben der Stiftungsorgane gestellt werden, wenn ungehinderte Admassierungen im Bereich der Wirtschaftsbetriebe oder der Beteiligungsunternehmen verhindert werden sollen. Die freie Rücklagenbildung bedarf daher einer Kontrolle anhand eines objektiven Maßstabs. Danach ist es notwendig, aber auch hinreichend, daß die Gewinnthesaurierung nach der konkreten Geschäftspolitik wirtschaftlich begründet ist.[91] Dabei darf kein zu enger Maßstab angelegt werden, wenn verhindert werden soll, daß die Geschäftspolitik im Unternehmen nicht durch zu restriktive Eigenfinanzierungsmöglichkeiten behindert wird. Bei Beteiligungsgesellschaften greift diese Beschränkung aber - wie

---

[87] Unklar *Voll/Störle* (Fn.12), Art.12 StiftG Bay Anm.1: Erlös "gehört zum Grundstockvermögen".

[88] Seifert, Handbuch (Fn.15), § 10 Rz.71; *Pohley* (Fn.2), Art.12 StiftG Bay Anm.1.1.

[89] Zur Einschränkung der zeitnahen Verwendungspflicht durch den Aufwand zur Instandhaltung des Stiftungsbesitzes vgl. nur *Pohley* (Fn.2), Art.12 StiftG Bay Anm.1.1; *Voll/Störle* (Fn.12), Art.12 StiftG Bay Anm.5; *Seifart*, Handbuch (Fn.15), § 10 Rz.71. Siehe auch § 27 Ausführungs-Verordnung zum StiftG Bay: "Neben den Ausgaben auf den Stiftungszweck sind aus dem Stiftungsertrag auch die notwendigen Kosten der Verwaltung, ferner die öffentlichen Lasten und der Aufwand für die Instandhaltung des Stiftungsbesitzes und für die rechtlichen Verpflichtungen zu decken."

[90] *Siegmund/Schultze* (Fn.12), § 6 StiftG Nds Anm.1; *Seifart*, Handbuch (Fn.15), § 10 Rz.71.

[91] Vgl. dazu - aus dem Steuerrecht - die Regelung über die Rücklagenbildung bei Organgesellschaften in § 14 Nr.5 KStG. Diese Regelung wird von der Finanzverwaltung (siehe Anwendungserlaß zur AO Rz.4 zu § 55 AO) auch für die Abgrenzung gemeinnützigkeitsrechtlich zulässiger Rücklagenbildung in wirtschaftlichen Geschäftsbetrieben entsprechend herangezogen.

bereits erwähnt[92] - nur dann ein, wenn die Stiftung mehrheitlich beteiligt ist und damit entscheidenden Einfluß auf die Rücklagenbildung hat.

Die vorstehenden Überlegungen zeigen die Grenzen auf, in denen Stiftungen kraft des Vermögenserhaltungsprinzips Instandhaltungs- und Erneuerungspflichten auferlegt sind, die zugleich den laufenden "Reinertrag" des Stiftungsvermögens mindern. Was alle darüber hinausgehenden, "außergewöhnlichen" Erhaltungs- und Erneuerungspflichten anbetrifft, so ist zum einen zu überlegen, ob auch insoweit eine Pflicht zur Vornahme entsprechender Maßnahmen besteht. Zum anderen ist - soweit z.B. die Stiftungsorgane von sich aus solche Maßnahmen treffen - zu prüfen, ob die daraus entstehenden Aufwendungen auch aus dem Vermögen bestritten werden können. Dabei ist - entgegen der These vom "Werterhaltungsgebot" - zunächst festzustellen, daß eine unbegrenzte Erhaltungspflicht nicht besteht. Die Annahme, daß die Stiftung unter dem Gesichtspunkt der Vermögenserhaltung aus laufenden Erträgen z.B. Kursverluste des Wertpapierbesitzes oder Vermögensverluste durch Schadensereignisse auszugleichen hat, würde bedeuten, daß für die zeitnahe Erfüllung der Stiftungszwecke über einen längeren Zeitraum keine oder nur entsprechend geringere Erträge zur Verfügung ständen. Ein solcher Vorrang der Vermögenserhaltung gegenüber der zeitnahen Verwirklichung der Stiftungszwecke läßt sich - anders als eine Verpflichtung zu laufenden Erhaltungsmaßnahmen - aus der Widmung des Stiftungsvermögens durch den Stifter nicht ableiten. Im Regelfall wird es deshalb zunächst bei der Verminderung des Stiftungsvermögens und einer entsprechend verminderten Stiftungsaktivität bleiben müssen. Auch die Stiftungsgesetze gehen - soweit sie die Problematik der Rücklagenbildung zum Ausgleich von Vermögensverlusten ausdrücklich ansprechen - nicht von einer strikten Ausgleichspflicht aus, sondern sehen nur die Möglichkeit entsprechender Admassierungen vor.[93] Es liegt also im pflichtgemessen Ermessen der Stiftungsorgane, ob sie im Interesse eines teilweisen oder vollständigen Ausgleichs von Vermögensverlusten die gegenwärtigen Stiftungsaktivitäten einschränken. Nur dann, wenn der Verlust so erheblich ist, daß "die Erträge zur nachhaltigen Verwirklichung der Stiftungszwecke nicht mehr ausreichen", sollen - so etwa § 15 Abs.3 StiftG RP - die Erträge dem Vermögen zugeführt werden, "sofern in absehbarer Zeit das vergrößerte Stiftungsvermögen zu dauernden und nachhaltigen Leistungen für den Stiftungszweck imstande ist." Dieses absolute Admassierungsgebot ist aber keine Konsequenz des Vermögenserhaltungsgrundsatzes im Sinne einer Er-

---

[92] Oben III 3.

[93] Vgl. etwa § 15 Abs.2 StiftG RP: "Zum Ausgleich von Vermögensverlusten können die Erträge auch der Vermögensmasse zugeführt werden." Ähnlich § 8 Abs.2 S.1 b StiftG NW: "Erträge können dem Vermögen zugeführt werden, soweit dies zur Erhaltung des Stiftungsvermögens in seinem Wert angezeigt ist." Siehe auch § 10 Abs.2 S.1 b StiftG Brand; § 7 Abs.3 S.3 StiftG Brem; § 10 Abs.2 S.1 c StiftG MV; § 6 Abs.2 S.2 StiftG Nds; § 6 Abs.2 S.2 StiftG Saar; § 4 Abs.3 S.2 StiftG SchH.

haltung der wirtschaftlichen Bestimmung. Vielmehr geht es um die Sicherung des weiteren Bestandes der Stiftung.[94]

Soweit sich die Stiftungsorgane für bestimmte "außergewöhnliche" Instandhaltungs- und Erneuerungsmaßnahmen entscheiden, bleibt zu überlegen, ob und inwieweit unter Wahrung der wirtschaftlichen Bestimmung des Vermögens zur Finanzierung solcher Maßnahmen in das restliche Stiftungsvermögen eingegriffen werden kann. Für die Zulässigkeit solcher Eingriffe spricht, daß auf diese Weise auch größere Instandhaltungs- und Erneuerungsmaßnahmen vorgenommen werden können, die insgesamt die Ertragskraft steigern und damit den Stiftungszwecken dienen.[95] Des weiteren stellt sich die Frage, ob das Stiftungsvermögen als Sicherheit für eine Kreditaufnahme eingesetzt werden kann. Grundsätzlich ist anzunehmen, daß z.B. die Verwendung eines Grundstücks als Kreditsicherheit ebensowenig zu seiner wirtschaftlichen Bestimmung gehört wie seine Veräußerung. Vielmehr führt der Einsatz des Grundbesitzes als Sicherheit zu einer Gefährdung des Stiftungsvermögens und damit der weiteren Nutzung desselben. Andererseits ist zu bedenken, daß in den Fällen außergewöhnlicher Instandhaltungs- und Erneuerungsmaßnahmen eine solche erweiterte Eingriffsbefugnis der Stiftung auch im Interesse des Stifters liegt, der Stiftung die weitere Nutzung des Vermögens auf Dauer zu ermöglichen.[96]

Fraglich ist schließlich auch, ob die Stiftung alle öffentlichen Lasten aus den laufenden Erträgen zu bestreiten hat oder ob insoweit nach der Art der Abgaben zu differenzieren ist. Während gewöhnliche laufende öffentliche Lasten, z.B. Grundsteuern, aus den Erträgen des Stiftungsvermögens zu begleichen sind, wird für einmalige Abgaben, die - entsprechend § 1047 BGB - "auf den Stammwert gelegt" sind, z.B. Anlieger- und Erschließungsgebühren, anders zu entscheiden sein.[97] Solche Aufwendungen sind der Vermögenssphäre zuzurechnen, weil sie mit einer

---

[94] Dazu unten IV 3 c.

[95] Vgl. § 60 Ausführungs-Verordnung zu Art.31 Abs.1 Nr.2 StiftG Bay: "Es kann genehmigt werden, daß der Erlös aus der Veräußerung von Vermögenwerten dazu verwendet wird, um andere stiftungseigene Besitzwerte zu erhalten, zerstörte Objekte wieder aufzubauen, um Stiftungsgebäude, -anlagen oder -einrichtungen zu erweitern oder zu verbessern oder um außerordentliche Schulden zu tilgen, wenn der gleiche Erfolg nicht auch dadurch erreicht werden kann, daß tragbare langfristige Rückzahlungsdarlehen aufgenommen oder kurzfristige Schulden in langfristige Rückzahlungsdarlehen umgewandelt werden."

[96] Vgl. dazu aus dem Nießbrauchsrecht auch § 1043 BGB; zur Verwendung des "Kapitalwertes" der Sache als Sicherheit durch den Nießbraucher ausführlich *Schön* (Fn.45), S.137 ff.

[97] Vgl. zur Auslegung des § 1047 BGB etwa *Staudinger-Frank* (Fn.51), § 1047 BGB Rz.11; *MünchKomm-Petzold*, BGB, 3.Aufl, 1997, § 1047 BGB Rz.14; eingehend *Schön* (Fn.45), S.169 ff.

entsprechenden Wertsteigerung des Vermögens - z.B. durch die Erschließungsmaßnahme - korrespondieren.[98] Ebenso ist die Erbersatzsteuer bei Familienstiftungen zu beurteilen: Die Erbersatzsteuer wird auf das Vermögen der Stiftung erhoben[99] und deshalb muß ihre Bezahlung "aus" dem Stiftungsvermögen stiftungsrechtlich zulässig sein.[100]

IV. Verbrauch von Vermögen und Admassierung von Erträgen als Mittel zur Verteilung der Stiftungsleistung über die Zeit

1. Das Sachproblem

Versteht man den Grundsatz der Vermögenserhaltung als Bindung der Stiftung an die wirtschaftliche Bestimmung des Stiftungsvermögens, dann läßt sich dem Vermögenserhaltungsprinzip keine Aussage darüber entnehmen, wie sich das Stiftungsvermögen seinem Wert bzw. seiner Ertragskraft nach über die Zeit entwikkeln soll. Denn mit der Verpflichtung der Stiftungsorgane zur Bewirtschaftung des Stiftungsvermögens entsprechend der Vorgabe des Stifters ist nur die Art und Weise der Vermögenserhaltung vorgegeben. Ob die jährlichen Erträge aus der ordnungsgemäßen Bewirtschaftung des Stiftungsvermögens über die Zeit betrachtet nominal oder real konstant bleiben, zurückgehen oder anwachsen, hängt entscheidend von der Art der Vermögensausstattung - z.B. festverzinsliches Wertpapiervermögen oder Beteiligung an unternehmerischem Einkommen - und der Entwicklung der äußeren wirtschaftlichen Verhältnisse ab. Noch weniger läßt sich sagen, ob die laufenden Erträge des Stiftungsvermögens ausreichen werden, um der Stiftung über die Zeit ihres Bestehens hinweg immer eine - in realen Größen gemessen - gleichbleibende Stiftungsleistung zu ermöglichen. Denn sowohl der laufende Ertrag des ordnungsgemäß bewirtschafteten Vermögens als auch der laufende Bedarf für die Erfüllung der Stiftungszwecke sind keine konstanten Größen, sondern unterliegen im Zeitablauf regelmäßig mehr oder weniger großen Veränderungen.

---

[98] So *Schön* (Fn.45), S.173.

[99] § 1 Abs.1 Nr.4 ErbStG: "Der Erbschaftsteuer (Schenkungsteuer) unterliegen ... das Vermögen einer Stiftung ...". Siehe auch *Meincke*, ErbSt, 10.Aufl, § 1 ErbSt Rz.20.

[100] Daran dürfte sich angesichts der Höhe der finanziellen Belastung und des Belastungszwecks auch dann nichts ändern, wenn die Stiftung nach § 24 ErbStG von der Möglichkeit einer Verrentung der Erbersatzsteuer Gebrauch macht.

Soweit z.B. die Ausgaben für die Erfüllung der Stiftungszwecke auf Grund der allgemeinen Preisentwicklung ständig steigen, bedarf es auch nominal ständig wachsender Erträge, wenn die Stiftung nicht gezwungen sein soll, ihre Aktivitäten in der Zukunft real immer mehr einzuschränken. Solche in der Zukunft wachsenden Erträge sind aber - wenn man von der Möglichkeit der Ergänzung des Vermögens durch Zustiftungen bzw. Veräußerungsgewinne aus Vermögensumschichtungen einmal absieht - häufig nur möglich, wenn man auf gegenwärtige Zweckverfolgungsmaßnahmen verzichtet und einen Teil der Erträge laufend dem Stiftungsvermögen zuführt, um einen "Zerfall der Leistungskraft"[101] zu verhindern. Steigen etwa die Kosten für die Stiftungsarbeit auf Grund von Preissteigerungen nominal an, so müssen folglich Preissteigerungsrücklagen gebildet werden, wenn die Erträge des Stiftungsvermögens - z.B. bei Wertpapierbesitz - Inflationsverlusten unterliegen. In der betriebswirtschaftlichen Literatur haben Carstensen und Wagner entsprechende Berechnungen vorgelegt, was den notwendigen Umfang solcher Rücklagen angeht.[102] Danach hätten Stiftungen mit festverzinslichem Kapitalvermögen in den zurückliegenden Jahrzehnten etwa die Hälfte des Nominalertrages dem Vermögen zuführen müssen, um eine real gleichbleibende Stiftungsleistung zu gewährleisten.[103] Dies bedeutet umgekehrt, daß auch von Anfang der Rücklagenbildung an nur noch die Hälfte der Zinserträge für zeitnahe Zweckverwirklichungsmaßnahmen zur Verfügung steht.

Strebt der Stifter sogar ein dauerhaftes reales Wachstum der Stiftungsleistung an, bedarf es über den Inflationsausgleich hinaus weiterer Admassierungen zu Lasten der gegenwärtigen Zweckverfolgung, wenn die reale Wachstumsrate der Vermögenserträge hinter der angestrebten Wachstumsrate der Stiftungsleistung zurückbleibt. Ein Stifter, der entsprechende Admassierungen im Stiftungsgeschäft anordnet, verzichtet also im Interesse einer größeren zukünftigen Fördertätigkeit auf mögliche gegenwärtige Zweckverfolgungsmaßnahmen. Für ihn hat die zukünftige Stiftungsleistung Vorrang vor der Verwirklichung der Stiftungszwecke in der Gegenwart. Diese "Zukunftspräferenz" ist umso größer, je höher die Thesaurierungsquote ist.

Umgekehrt ist auch der Fall denkbar, daß der Stifter die Lebensdauer seiner Stiftung von vornherein auf einen bestimmten Zeitraum beschränkt oder - weil es ihm vor allem um gegenwärtige Aktivitäten geht - eine in der Zukunft real abnehmende Stiftungsleistung bestimmt. Dann wäre es möglich, über die Verwendung der laufenden Erträge hinaus auch einen fortlaufenden Verbrauch des Stiftungs-

---

[101] So die schlagwortartige Beschreibung des Problems im Titel der Arbeit von *Flämig*, Der Zerfall der Leistungskraft von Wissenschaftsstiftungen in: Deutsches Stiftungswesen 1966-1976, S.195 ff.

[102] Vgl. *Carstensen* (Fn.7), S.167 ff; *Wagner/Walz* (Fn.34), 53 ff.

Vgl. *Carstensen* (Fn.7), S.175; *Wagner/Walz* (Fn.34), S.57.

vermögens anzuordnen (sog. Verbrauchsstiftung). Dies hätte zur Folge, daß während der begrenzten Lebensdauer der Stiftung noch mehr Mittel für gegenwärtige Stiftungsaktivitäten zur Verfügung stehen. Hier hat also für den Stifter - anders als bei der Admassierung - die gegenwartsnahe Verwirklichung der Stiftungszwecke Vorrang vor der zukünftigen Stiftungsarbeit.

2. Die Regelung der "Zeitstruktur" der Stiftung - Gesetzliche Vorgaben und Stifterfreiheit

Die vorstehenden Überlegungen verdeutlichen das Problem, um das es bei einem Verbrauch von Stiftungsvermögen bzw. einer Admassierung von Erträgen geht. Es handelt sich um Abweichungen von der durch die wirtschaftliche Bestimmung des Vermögens vorgegebenen Abgrenzung von Vermögens- und Ertragssphäre im Interesse einer anderen Verteilung der Stiftungsleistung in der Zeit: Verminderungen oder Vermehrungen des Stiftungsvermögens haben den Effekt, die "Zeitstruktur"[104] der Stiftungsleistung zu verändern. Soweit das Stiftungsvermögen teilweise für gegenwärtige Zweckverfolgungsmaßnahmen verbraucht wird, geht dies zu Lasten des zukünftigen Ertrags und damit der zukünftigen Stiftungsarbeit. Umgekehrt können die Erträge, die dem Stiftungsvermögen zugeführt werden, nicht für gegenwärtige Zweckverfolgungsmaßnahmen eingesetzt werden, erhöhen aber die Ertragskraft in der Zukunft, so daß dann eine verstärkte Stiftungsleistung möglich ist. Solche Veränderungen des Stiftungsvermögens sind nicht "Selbstzweck", sondern sie sind nur das Mittel, um eine bestimmte Zeitstruktur der Förderaktivitäten zu ermöglichen. Bestimmt ein Stifter laufende Admassierungen zum Vermögen, dann geht es ihm nicht um eine bloße Vermögensmehrung, sondern um ein ständiges reales Wachstum der Stiftungsleistung. Ordnet der Stifter einen Verbrauch des Stiftungsvermögens an, so entscheidet er sich für eine in der Zeit real abnehmende oder zeitlich begrenzte Stiftungsleistung. Und ebenso dient die Bildung von sog. Leistungserhaltungsrücklagen zum Ausgleich der laufenden Preissteigerung nicht einer "Vermögenserhaltung",[105] sondern ausschließlich der Sicherung ausreichender Erträge für eine über die Zeit real konstante Stiftungsleistung.

a) Zeitstruktur und Stifterwille

Ebenso wie die Stiftungszwecke durch den Stifter so bestimmt formuliert werden müssen, daß die Stiftungsorgane einen eindeutigen und abgrenzbaren Auftrag

---

[104] Zum Problem der Rücklagenbildung als Frage der "Zeitstruktur" der Förderpolitik vgl. aus ökonomischer Sicht *Wagner/Walz* (Fn.34), S.17 ff, 22 ff.

[105] Anders *Carstensen* (Fn.7), S.43 ff.

erhalten,[106] muß auch die Zeitstruktur der Stiftungstätigkeit durch den Stifter hinreichend bestimmt sein. Denn die Stiftung hat keine Mitglieder und damit kein Organ, das "autonom für die Wirkungseinheit zu handeln befugt ist".[107] Die Entscheidungen der Stiftungsorgane sind stets nur "Vollzug des Stifterwillens"[108] und daher muß der Stifter selbst die notwendigen und "identitätsbestimmenden"[109] Bestandteile der Stiftungsverfassung festlegen. Dazu zählt aber nicht nur der Zweck, sondern auch die zeitliche Dimension seiner Verwirklichung: Es gibt keine richtige oder falsche Entwicklung der Stiftungstätigkeit in der Zeit und daher bedarf es einer Vorgabe des Stifters, ob mit der Zweckverwirklichung jetzt oder erst in Zukunft begonnen werden soll, ob und wann die Stiftung enden soll bzw. ob der Umfang der Stiftungsarbeit mit der Zeit wachsen oder abnehmen soll.

b) Stiftungsrechtliche Grenzen der Zeitstruktur

Vom Standpunkt des Stiftungsrechts obliegt es grundsätzlich dem Stifter, über die Zeitstruktur der Stiftung zu entscheiden. Auch aus den Regelungen der Landesstiftungsgesetze folgt nichts anderes. So findet sich in verschiedenen Stiftungsgesetzen im Zusammenhang mit dem Vermögenserhaltungsprinzip ein ausdrücklicher Vorbehalt zugunsten abweichender Bestimmungen des Stifters oder der Stiftungssatzung.[110] Das Gesetz läßt damit die Möglichkeit von Verbrauchsstiftungen im Grundsatz zu.[111] Umgekehrt sind Admassierungen grundsätzlich zulässig, wenn sie durch den Stifter angeordnet bzw. in der Stiftungssatzung vorgesehen sind.[112] Die Stifterfreiheit bei der Bestimmung der Zeitstruktur wird im geltenden Recht nur durch die Genehmigungsvoraussetzungen eingeschränkt, die sich aus dem Stiftungsbegriff ergeben. So erfordert das Rechtsinstitut der Stiftung nach allgemeiner Ansicht, daß die mit der Stiftung verfolgten Zwecke von einer gewissen "Dauer" sind.[113] Dieses Moment der Dauerhaftigkeit ist einschlägig, was den Fall der Verbrauchsstiftung anbetrifft. Mit dem Instrument der Spende oder dem Sammelvermögen stellt das geltende Recht für einmalige und sehr kurzfristige Zielset-

---

[106] Vgl. *Staudinger-Rawert* (FN.8), § 85 BGB Rz.9; *MünchKomm-Reuter* (Fn.21), § 85 BGB Rz.5.

[107] *Flume* (Fn.23), S.131.

[108] *Rittner*, Die werdende juristische Person, 1973, S. 235.

[109] Zum Begriff der "identitätsbestimmenden Grundentscheidungen" *MünchKomm-Reuter* (Fn.21), § 85 BGB Rz.1.

[110] Vgl. etwa § 7 Abs.1 S.1 StiftG NW: "Das Stiftungsvermögen ist, soweit die Satzung nichts Abweichendes bestimmt, ungeschmälert zu erhalten."

[111] Aus dem Schrifttum nur *Seifart*, Handbuch (Fn.15), § 10 Rz.84; *Carstensen* (Fn.7), S.55 f; zur Zulässigkeit einer Stiftung auf Zeit vgl. *Ebersbach* (Fn.3), I 6.12, S.81; *Staudinger-Coing*, BGB, 12.Aufl., 1980, § 80 BGB Rz.7; *Soergel-Neuhoff* (Fn.74), § 80 BGB Rz.13.

[112] Vgl. nur § 8 Abs.2 S.1 c: "Erträge und Zuwendungen können dem Stiftungsvermögen zugeführt werden, soweit es die Satzung vorsieht."

[113] Vgl. nur *Seifart*, Handbuch (Fn.15), § 1 Rz.10.

zungen geeignete Instrumente zur Verfügung, so daß es der Rechtsform der Stiftung nicht bedarf.[114]

Die stiftungsrechtlichen Grenzen von Admassierungsklauseln sind hingegen durch das Verbot der sog. Selbstzweckstiftung vorgegeben. Nach h.L. ist eine Stiftung nicht genehmigungsfähig, deren Zweck sich auf die Verwaltung des Vermögens beschränkt und die somit keinen fremdnützigen, "außerhalb der Stiftung als Institution liegenden Zweck"[115] verfolgt. Dieser Fall liegt aber nicht nur dann vor, wenn die Satzung ausdrücklich die Verwaltung des Vermögens zum Zweck erhebt. Auch die Anordnung einer vollständigen oder nahezu vollständigen dauerhaften Thesaurierung der Erträge muß zur Versagung der Genehmigung führen, weil es in der Sache keinen Unterschied macht, ob die Satzung Ausschüttungen für einen fremdnützigen Zweck untersagt oder - nur umgekehrt formuliert - ein vollständiges Admassierungsgebot enthält. Sieht man von dem Extremfall der "Selbstzweckstiftung" ab, bestehen aber stiftungsrechtlich gegen Admassierungsgebote des Stifters zur Regelung der Zeitstruktur keine Bedenken. Der Stifter kann z.B. im Interesse eines dauerhaften realen Wachstums der Stiftung anordnen, daß nur die Hälfte der laufenden Erträge zeitnah für die Stiftungszwecke verwendet werden sollen. Ebenso ist es stiftungsrechtlich unproblematisch, wenn zunächst über zehn oder zwanzig Jahre überhaupt keine Ausschüttungen vorgenommen werden, um auf diese Weise einen gewissen Vermögensstock zu bilden, dessen Erträge in der Folgezeit fortlaufend zeitnah zu verwenden sind.

c) "Dauernde und nachhaltige Erfüllung der Stiftungszwecke" als mutmaßlicher Stifterwille

Hat der Stifter im Stiftungsgeschäft oder in der Stiftungssatzung ausdrückliche Regelungen zur Zeitstruktur der Stiftung getroffen, haben die Stiftungsorgane eine ausreichende Grundlage für ihre Entscheidungen über den Verbrauch von Stiftungsvermögen bzw. die Admassierung von Erträgen. Fraglich ist, welche Grundsätze gelten, wenn der Stifter - wie es dem Regelfall entsprechen dürfte - keine besonderen Aussagen zur Entwicklung der Stiftungstätigkeit in der Zeit gemacht

---

[114] Mit Recht stellt *MünchKomm-Reuter* (Fn.21), Vor § 80 BGB Rz.12, dazu fest, das Merkmal der Dauerhaftigkeit betreffe - entgegen verbreiteter Ansicht - nicht die "Beständigkeit des Stiftungszwecks" im Wechsel der Verhältnisse, sondern die "Erforderlichkeit einer rechtlichen Verselbständigung der Zweckverfolgung".

[115] So die Definition bei *Soergel-Neuhoff* (Fn.74), Vor § 80 BGB Rz.70. *Neuhoff* verweist insoweit auf § 87 BGB, der einen "außerhalb der Stiftung als Institution liegenden Zweck" voraussetze, weil anderenfalls eine Unmöglichkeit der Zweckerfüllung nicht denkbar wäre. Zur Genehmigungsfähigkeit der Selbstzweckstiftung vgl. ablehnend auch *Flume* (Fn.23), S.133 Fn.146; *Karsten Schmidt* (Fn.23), § 7 II 1 b; *Staudinger-Rawert* (Fn.8), Vorbem zu §§ 80 ff Rz.9 mit weiteren Nachweisen. Für die Genehmigungsfähigkeit etwa *Hof*, Handbuch (Fn.15), § 8 Rz.57.

hat. In diesem Fall ist die Stiftungsverfassung nach den §§ 133, 2084 BGB auszulegen und der mutmaßliche Wille des Stifters zu erforschen, wie er Gegenstand des Genehmigungsverfahrens gewesen ist.[116] Dabei lassen sich folgende Auslegungsgesichtspunkte heranziehen: Ist die Lebensdauer der Stiftung nicht auf eine bestimmte Zeit begrenzt, ist zu vermuten, daß der Stifter im Rahmen des durch die Vermögensausstattung Möglichen die Stiftung auf "Dauer" angelegt hat. Eine Auflösung der Stiftung kommt demnach erst im Fall einer nachträglichen Unmöglichkeit der Zweckerfüllung (§ 87 BGB) in Betracht. Für die Stiftungsorgane ergibt sich daraus die Aufgabe, bei allen ihren Maßnahmen eine "dauerhafte" Zweckverwirklichung zu gewährleisten. Diese Auslegung findet eine Bestätigung in den Regelungen verschiedener Landesstiftungsgesetze, wonach die Verwaltung "der dauernden und nachhaltigen Erfüllung des Stiftungszwecks" dient.[117] Die Stiftungsorgane sind damit auch zur Sicherung der zukünftigen Stiftungsarbeit verpflichtet.

An die Feststellung, daß der Stifter im Zweifel eine "dauerhafte", zeitlich unbegrenzte Zweckverwirklichung anstrebt, schließt sich die weitere Frage an, wie sich die Stiftungsleistung über die Zeit entwickeln soll. Soweit der Stifter bei der satzungsmäßigen Festlegung der Zwecke und ihrer Verwirklichung keine näheren Angaben getroffen hat, ist zu überlegen, ob die Stiftungsorgane im Zweifel eine über die ganze Zeit real konstante Stiftungsleistung anstreben müssen. Wer - wie insbesondere Carstensen[118] - insoweit den Grundsatz der Vermögenserhaltung heranzieht und diesen als "Kaufkrafterhaltung" versteht, wird die Frage zwangsläufig bejahen müssen. Indes ist "Kaufkrafterhaltung" weder im Grundsatz der Vermögenserhaltung niedergelegt, noch gibt es ein gesetzliches Gebot, daß Stiftungen während ihres Bestehens eine real konstante Stiftungsleistung erbringen müßten. Auch die Annahme, daß sich ein "typischer" Stifter eine konstante Zweckerfüllung wünscht, ist keineswegs zwingend.[119] Richtigerweise kann es bei der Frage, wie sich die Stiftungstätigkeit in der Zeit entwickeln soll, nicht um abstrakte Vorgaben gehen. Dies gilt umso mehr, als der Stifter im Zeitpunkt der Errichtung der Stiftung die zukünftige Einnahmen- und Ausgabenentwicklung nur sehr begrenzt vorhersehen kann. Die Planung der zukünftigen Stiftungstätigkeit ist vielmehr ein ständiges Abwägungsproblem, das von den Stiftungsorganen immer

---

[116] Vgl. allgemein *Staudinger-Rawert* (Fn.8), § 85 BGB Rz.3; *MünchKomm-Reuter* (Fn.21), § 85 BGB Rz.4; *Hof*, Handbuch (Fn.15), § 7 Rz.8.

[117] So § 7 Abs.1 S.2 StiftG BW; § 6 Abs.1 S.2 StiftG Brem;§ 8 Abs.1 StiftG MV; § 14 Abs.1 S.2 StiftG DDR; vgl. auch § 5 StiftG Hess: "Die Stiftungsorgane haben die Stiftung so zu verwalten, daß eine Verwirklichung des Stiftungszwecks unter Berücksichtigung des erkennbaren oder mutmaßlichen Willens des Stifters auf die Dauer nachhaltig gewährleistet erscheint." Ebenso § 8 Abs.1 S.2 StiftG Brand; § 13 Abs.1 StiftG RP; § 4 Abs.1 StiftG SchH.

[118] Vgl. *Carstensen* (Fn.7), S.43 ff.

[119] Differenzierend auch *Wagner/Walz* (Fn.34), S.86 f.

wieder neu unter Berücksichtigung des Bedarfs für Zweckerfüllungsmaßnahmen und der vorhandenen Ertragskraft des Vermögens gelöst werden muß. So kann es in Phasen steigenden Bedarfs für Stiftungsprojekte geboten sein und dem Willen des Stifters entsprechen, die Stiftungsleistung unter Verzicht auf an sich erforderliche Leistungserhaltungsrücklagen für einen längeren Zeitraum über das Niveau der Vergangenheit anzuheben, um danach auf ein geringeres Leistungsniveau zurückzugehen. Umgekehrt kann die Erwartung neuer Betätigungsfelder in der Zukunft genügender Anlaß sein, die gegenwärtige Stiftungstätigkeit auf den bisherigen Gebieten einzuschränken und zusätzliche Thesaurierungen vorzunehmen. Eine real konstante Stiftungsleistung ist also nur solange eine sinnvolle Plangröße, wie auch der Bedarf für Stiftungsleistungen voraussichtlich über lange Zeit hinweg ungefähr konstant bleibt. Auch die Landesstiftungsgesetze beschränken sich darauf, die Stiftungsorgane auf eine "nachhaltige" Erfüllung der Stiftungszwecke zu verpflichten.[120] Eine "nachhaltige" Erfüllung der Stiftungszwecke erfordert aber, daß die tatsächliche Entwicklung des Bedarf für Stiftungsleistung zu berücksichtigen ist. Daraus läßt sich der Schluß ziehen, daß sich die zeitliche Verteilung der Stiftungsleistung vorrangig nach der Entwicklung der tatsächlichen Verhältnisse und nicht nach abstrakten Plangrößen richten soll.

d) Einschränkung der Admassierungsmöglichkeiten durch die Gemeinnützigkeit

Schließlich ist noch auf einen weiteren, praktisch sehr wichtigen Auslegungsgesichtspunkt hinzuweisen. Ist die Stiftung nach ihrer Satzung als gemeinnützige Stiftung im Sinne des Steuerrechts errichtet, ergibt sich das Problem, daß das steuerliche Gemeinnützigkeitsrecht eigene Regelungen über die Grenzen zulässiger Rücklagenbildung kennt. Nach § 58 Nr.7 a AO dürfen gemeinnützige Körperschaften höchstens ein Viertel des Überschusses der Einnahmen über die Unkosten aus Vermögensverwaltung in eine freie Rücklage einstellen. Das Steuerrecht macht nun den Gemeinnützigkeitsstatus einer Körperschaft davon abhängig, daß die gesetzlichen Voraussetzungen der Gemeinnützigkeit - und somit als Ausprägung des Grundsatzes der Selbstlosigkeit auch die Begrenzung der Rücklagenbildung[121] - in die Satzung der Körperschaft aufgenommen werden (§§ 59, 60 AO). Des weiteren muß die tatsächliche Geschäftsführung nach § 63 AO während des Veranlagungszeitraums, für den Steuervergünstigungen wegen Gemeinnützigkeit beansprucht werden, den Voraussetzungen der §§ 52 ff AO entsprechen. Der Stifter, der eine gemeinnützige Stiftung im Sinne der §§ 52 ff AO errichten will, ist also gehalten, die entsprechenden Voraussetzungen in der Stiftungssatzung zu veran-

---

[120] Vgl. die Nachweise oben in Fn.117

[121] § 58 Nr.7 AO ist nach der Systematik des Gesetzes eine Ausnahme vom Gebot der zeitnahen Mittelverwendung, wie es sich nach § 55 Abs.1 S.1 Nr.1 AO aus dem Grundsatz der Selbstlosigkeit ergibt.

kern. Damit wird die steuerliche Gemeinnützigkeit Teil des Stifterwillens. Für die Stiftungsorgane und die Stiftungsaufsicht bedeutet dies, daß sie bereits kraft Stiftungsrecht zur Einhaltung der gemeinnützigkeitsrechtlichen Vorgaben verpflichtet sind. Es ist also nicht das Stiftungsrecht, das das Steuerrecht dominiert,[122] sondern es ist - wenn die Gemeinnützigkeit der Stiftung dem Willen des Stifters entspricht - das Steuerrecht, das den Handlungsrahmen der Stiftungsorgane und der Stiftungsaufsicht einschränkt.

Für die Problematik der Admassierung ergibt sich daraus, daß die Stiftungsorgane nur in steuerlich zulässigem Umfang freie Rücklagen bilden dürfen und auch die Stiftungsaufsicht grundsätzlich keine Admassierungen vorschreiben darf, die zum Verlust der Gemeinnützigkeit führen würden.[123] Denn derartige Admassierungen wären - wenn Stifterwille und Stiftungssatzung auf den Tatbestand der steuerlichen Gemeinnützigkeit gerichtet sind - als schlicht satzungswidrig zu qualifizieren. Soweit die Stiftungssatzung einerseits auf die Gemeinnützigkeit verweist, andererseits ausdrücklich weitergehende Admassierungsgebote enthält, ist sie in diesem Punkt widersprüchlich. Hier ist durch Auslegung zu ermitteln, welche Regelung Vorrang haben soll. Angesichts der weitreichenden steuerlichen Folgen, die sich im Gründungsstadium und bei der laufenden Besteuerung aus der Anerkennung der Gemeinnützigkeit ergeben, wird im Zweifel immer die Annahme berechtigt sein, daß die Erhaltung der Gemeinnützigkeit Vorrang vor den Admassierungsgeboten hat. Hier wäre dann eine entsprechende Anpassung der Satzung anzustreben.

3. Die Verwirklichung der "Zeitstruktur" durch die Stiftungsorgane - Einzelfragen

a) Satzungsmäßige Vorgaben

Was die tatsächliche Verwirklichung der "Zeitstruktur" durch die Stiftungsorgane anbetrifft, so ergeben sich keine Probleme, wenn der Stifter konkrete Vorgaben über den Verbrauch von Vermögen oder die Admassierung von Erträgen im Stiftungsgeschäft getroffen hat. Für die Stiftungsorgane sind die Bestimmungen des Stifters bindend und damit haben sie nur zu prüfen, ob die vom Stifter angeordneten Voraussetzungen für einen Verbrauch bzw. eine Thesaurierung im Einzelfall

[122] So aber *Carstensen* (Fn.7), S.157.

[123] Eine Ausnahme soll nach *Pohley* (Fn.2), Art.26 StiftG Bay Anm.4 allerdings dann gelten, wenn der vorübergehende Verlust der Gemeinnützigkeit für die Stiftung unschädlich sei, weil es auf Grund entsprechender Freibeträge ohnehin nicht zu einer Steuerpflicht komme.

vorliegen. In den meisten Landesstiftungsgesetzen wird ausdrücklich die Möglichkeit entsprechender satzungsmäßiger Verbrauchs-[124] bzw. Admassierungsklauseln[125] hervorgehoben. Hier bedarf es auch keiner weiteren Abwägung seitens der Stiftungsorgane, vielmehr bestimmen sich Umfang und Dauer dieser Maßnahmen unmittelbar nach den satzungsmäßigen Vorgaben.

Satzungsmäßige Bestimmungen über einen Verbrauch des Vermögens sind etwa in dem Fall denkbar, daß die Arbeit einer Stiftung vorrangig oder ausschließlich aus später eingehenden öffentlichen Zuschüssen oder den Erträgen aus erwarteten privaten Zustiftungen finanziert werden soll. Die Anfangsvermögensausstattung hat dann nur die Funktion einer Anschubfinanzierung, mit der die Zeit überbrückt werden soll, bis die erwarteten Zuschüsse und Zustiftungen eingehen. Hier bietet es sich an, die anfängliche Kapitalausstattung eher gering festzusetzen und zur Erhöhung der jährlichen Mittel einen teilweisen Verbrauch des Kapitals bis zu dem Zeitpunkt anzuordnen, in dem die erwarteten öffentlichen Zuschüsse und privaten Zustiftungen eingehen. Eine Verbrauchsstiftung kommt auch in Betracht, wenn der Stifter von vornherein nur ein zeitlich begrenztes Vorhaben verwirklichen will. Wird etwa zugunsten bestimmter Katastrophenopfer in der Rechtsform der Stiftung ein Fonds eingerichtet, mit dem der Wiederaufbau einer zerstörten Region unterstützt werden soll, kann die Lebensdauer dieser Stiftung auf die Zeit des Wiederaufbaus beschränkt werden.[126] Hier wäre es unnötig, den Erhalt des Stiftungsvermögen für einen längeren Zeitraum anzuordnen, wenn die Stiftung nach erfolgreicher Beendigung der Arbeit aufgehoben werden soll. Statt dann das Vermögen auf andere Einrichtungen zu übertragen (Vermögensanfall nach § 88 BGB), kann man auch bestimmen, daß es linear oder progressiv über den vorgesehenen Zeitraum abgeschmolzen wird und so - unter Berücksichtigung der laufend abnehmenden Erträge - eine zeitlich begrenzte, aber real konstante Stiftungsleistung möglich ist.

Soll die Stiftungsleistung über die Zeit real wachsen, bedarf es hingegen satzungsmäßiger Admassierungsklauseln. Eine solche Admassierung kann auch in der Weise bestimmt werden, daß die an einem Unternehmen mehrheitlich als Gesellschafterin beteiligte Stiftung regelmäßig einen bestimmten Teil des Gesellschaftsgewinns in freie Rücklagen einstellen muß, auch wenn keine konkreten

---

[124] § 7 Abs.2 S.1 StiftG BW; § 3 Abs.3 S.2 StiftG Berl; § 9 Abs.1 S.2 StiftG Brand; § 7 S.4 AGBGB Hamb; § 6 Abs.1 S.2 StiftG Hess; § 6 Abs.1 S.2 StiftG Nds; § 7 Abs.1 S.2 StiftG NW; § 6 Abs.1 S.2 StiftG Saar; § 4 Abs.2 S.1 StiftG SchH; § 14 Abs.2 S.1 StiftG DDR.

[125] § 10 Abs.2 S.1 c StiftG Brand; § 7 Abs.3 S.2 StiftG Brem; § 10 Abs.2 S.1 a StiftG MV; § 6 Abs.2 S.2 StiftG Nds; § 8 Abs.2 S.1 c StiftG NW; § 6 Abs.2 S.2 StiftG Saar; § 4 Abs.3 S.2 StiftG SchH.

[126] Zur Zulässigkeit zeitlich beschränkter Stiftungen vgl. unten IV 2 b.

betriebswirtschaftlichen Gründe für eine solche Thesaurierung vorliegen.[127] Als satzungsmäßige Admassierungsklausel wäre auch eine Klausel zu behandeln, durch die die Stiftung verpflichtet wird, Rücklagen für eine Teilnahme an zukünftigen Kapitalerhöhungen zu bilden.[128] Denn auch hier werden Erträge, die anderenfalls für die Stiftungszwecke verwendet worden wären, dauerhaft dem Vermögen zugeführt.

Verbrauchs- und Admassierungsgebote sind also nur zwei Seiten desselben Problems, nämlich der Regelung der Stiftungstätigkeit im Zeitablauf durch den Stifter. Sie lassen sich auch verbinden, wenn ein veränderlicher Wachstumspfad angestrebt wird. So kann der Stifter etwa eine Ansammlungsphase zu Beginn festlegen, in der umfangreiche Thesaurierungen vorgenommen werden sollen, der sich dann eine bestimmte Phase real konstanter Stiftungsleistung anschließt, um sodann in eine Verbrauchsphase überzugehen. Umgekehrt kann auch mit einer Verbrauchsphase begonnen werden, um einen vermehrten Mittelbedarf in der Anfangsphase abzudecken. Wenn dann später die Ausgaben der Stiftung wieder zurückgehen, können die Vermögensverluste durch längere Admassierungen wieder ausgeglichen werden, um sodann eine dauerhaft konstante Stiftungsleistung auf höherem finanziellen Niveau - ggfs. unter Bildung von Kaufkraftrücklagen - zu ermöglichen.

Satzungsmäßige Verbrauchs- bzw. Admassierungsgebote können im Zeitablauf auf Grund geänderter Verhältnisse einer Änderung oder Anpassung unterliegen. Dies ist z.B. dann anzunehmen, wenn sich der Bedarf der Stiftung derart geändert hat, daß nicht mehr angenommen werden kann, der Stifter hätte auch unter diesen geänderten Umständen an seiner Regelung festgehalten. So ist z.B. bei einer Verbrauchsklausel zu prüfen, ob sie nicht einen entsprechenden aktuellen Mittelbedarf für Zweckverwirklichungsmaßnahmen voraussetzt. Und umgekehrt kann eine Admassierungsklausel vorübergehend nicht anwendbar sein, wenn eine weit überdurchschnittliche Ertragslage besteht. Die Notwendigkeit weiterer Admassierungen kann sogar u.U. dauerhaft entfallen, wenn der Mittelbedarf der Stiftung kontinuierlich rückläufig ist.

---

[127] Vgl. auch die Gesetzesbegründung zu § 8 Abs.2 StiftG NW (Fn.6), S.23, wo es im Zusammenhang mit der Zulässigkeit satzungsmäßiger Admassierungsgebote u.a. heißt: "Gedacht ist dabei in erster Linie an Unternehmensstiftungen, denen es darauf ankommt, durch Zuführung des angesammelten Kapitals das Unternehmen wettbewerbsfähig zu erhalten."

[128] Dies wäre die stiftungsrechtliche Entsprechung zu der gemeinnützigkeitsrechtlichen Ausnahmeregel des § 58 Nr.7 b AO.

b) Dauernde und nachhaltige Erfüllung der Stiftungszwecke

Soweit es - wie im Regelfall - an konkreten Vorgaben des Stifters über einen Verbrauch des Vermögens oder eine Admassierung von Erträgen fehlt, obliegt es den Stiftungsorganen, die zeitliche Verteilung der Stiftungsarbeit - wie sie sich aus dem mutmaßlichen Stifterwillen ergibt - umzusetzen. Ausgangspunkt ist dabei die oben dargelegte Vermutung, daß der Stifter - wenn nichts Abweichendes bestimmt ist - eine "dauerhafte", d.h. zeitlich unbegrenzte Stiftungsarbeit anstrebt. Des weiteren ist davon auszugehen, daß die Stiftungsorgane zur "nachhaltigen" Erfüllung der Stiftungszwecke verpflichtet sind. Damit ist nicht unbedingt eine gleichbleibende, sondern vorrangig eine am Bedarf für Stiftungsleistungen orientierte Entwicklung der Stiftungsaktivitäten über die Zeit gemeint.

aa) Gesetzliche Regelungen

Bei der Umsetzung dieser Zielvorgaben sind folgende Regelungen der Stiftungsgesetze zu beachten: Zum einen enthalten eine Reihe von Landesstiftungsgesetzen den ausdrücklichen Hinweis, daß ein Verbrauch von Stiftungsvermögen zulässig ist, "wenn der Stifterwille nicht anders zu verwirklichen ist und der Bestand der Stiftung auf angemessene Zeit gewährleistet ist".[129] Somit ist es den Stiftungsorganen im Einzelfall erlaubt, auch Teile des Stiftungsvermögens zur Erfüllung der Stiftungszwecke zu verbrauchen. Umgekehrt gestatten die meisten Stiftungsgesetze ausdrücklich, daß Erträge dem Stiftungsvermögen zugeführt werden, wenn dies zum Ausgleich von "Vermögens-" bzw. "Wertverlusten"[130] oder "zur Sicherung der Ertragskraft"[131] erforderlich ist. Damit sind Admassierungen zur Steigerung der zukünftigen Stiftungsleistung möglich.

Für die Anwendung dieser Regelungen bedarf es zunächst einer Bestimmung dessen, was die Stiftungsgesetze unter einem Verbrauch des Vermögens bzw. einer Zuführung von Erträgen zum Vermögen verstehen. Gemeint sind nur solche Abgänge vom bzw. Zugänge zum Vermögen, die nicht der Finanzierung konkreter Fördermaßnahmen dienen, sondern ganz allgemein die Leistungskraft des Stiftungsvermögens in der Zeit verändern. Dies ergibt sich aus der Systematik der Stiftungsgesetze: Es geht um Ausnahmen von den Geboten der "Vermögenserhaltung" bzw. der "zeitnahen Ertragsverwendung". Soweit Stiftungsvermögen verbraucht wird, liegt darin eine Abweichung von der wirtschaftlichen Bestim-

---

[129] Vgl. § 7 Abs.2 StiftG BW; § 9 Abs.1 S.2 StiftG Brand; § 7 Abs.1 S.2 StiftG Brem;§ 6 StiftG Hess; § 9 Abs.1 S.2 StiftG MV; § 6 Abs.1 S.1 StiftG Nds; § 7 Abs.1 S.2 StiftG NW; § 6 Abs.1 S.2 StiftG Saar; § 4 Abs.2 S.1 StiftG SchH; § 14 Abs.2 S.1 StiftG DDR.

[130] So § 10 Abs.2 S.1 b Brand; § 7 Abs.3 S.3 StiftG Brem; § 10 Abs.2 S.1 c StiftG MV; § 6 Abs.2 S.2 StiftG Nds; § 8 Abs.2 S.1 b StiftG NW; § 15 Abs.2 StiftG RP.

[131] § 6 Abs.2 S.2 StiftG Saar; § 4 Abs.3 S.2 StiftG SchH.

mung. Ebenso bedeutet eine Zuführung der Erträge zum Vermögen eine Durchbrechung des Prinzips der "zeitnahen Mittelverwendung". Nicht erfaßt sind demnach die Fälle, in denen eine Stiftung heute Erträge für konkrete zukünftige Projekte ansammelt,[132] bzw. umgekehrt heute einmalige höhere Ausgaben für Förderprojekte tätigt, die aus den Erträgen der kommenden Jahre finanziert werden sollen.[133] Diese Vorgänge haben keine Veränderungen des Vermögens zum Inhalt, sondern betreffen nur die vorgezogene oder herausgeschobene Verwendung der Erträge. Sie unterfallen mithin nicht den besonderen Vorbehalten, die in den Stiftungsgesetzen für einen Verbrauch bzw. eine Admassierung vorgesehen sind.[134]

Die gesetzlichen Regelungen über einen Verbrauch und eine Admassierung betreffen danach zum einen den Fall, daß Stiftungsvermögen für die Erfüllung der Stiftungszwecke verbraucht wird, ohne daß ein Ausgleich aus den Erträgen der Folgejahre vorgesehen und gesichert ist. Zum anderen geht es darum, daß Erträge zur Stärkung der allgemeinen Ertragskraft des Stiftungsvermögens dem Vermögen zugeführt werden. Fraglich ist nun, nach welchen Abwägungsgrundsätzen die Stiftungsorgane über einen Verbrauch des Vermögens bzw. eine Zuführung von Erträgen zum Vermögen zu entscheiden haben.

bb) Verbrauch von Stiftungsvermögen

Was den Verbrauch von Stiftungsvermögen anbetrifft, so gilt folgendes: Jeder Verbrauch von Stiftungsvermögen bedeutet einen Vorrang der gegenwärtigen Zweckverfolgung vor zukünftigen Fördermaßnahmen. Ein solcher Verbrauch ist mit der Zielvorgabe "dauernde und nachhaltige" Zweckerfüllung vereinbar, wenn der Stiftungszweck und die vom Stifter gewollte Art seiner Verwirklichung eine entsprechende Zeitstruktur aufweist. Ist absehbar, daß sich die Stiftungszwecke im Zeitablauf ganz oder teilweise erledigen und ist auch nicht anzunehmen, daß der Stifter eine Erweiterung oder Änderung der Stiftungszwecke bzw. einen ungeschmälerten Übergang des Vermögens bei Auflösung auf den Anfallsberechtigten gewollt hat, so ist die gesetzliche Voraussetzung für einen Verbrauch des Stiftungsvermögens erfüllt: Der "gegenwartsnahe" Stiftungszweck läßt sich dann "anders nicht verwirklichen". Das Gleiche gilt für solche Zwecke, deren Verwirklichung einmalige große Ausgaben erfordern, die überhaupt nur unter Rückgriff auf das Vermögen finanziert werden können. In jedem Fall muß aber gesichert

---

[132] Vgl. *Voll/Störle* (Fn.12), Art.12 Anm.5: Keine Admassierung, sondern nur ein "zeitliches Hinausschieben der Verwendung der Stiftungsmittel".

[133] *Seifart*, Handbuch (Fn.15), § 10 Rz.85: "relativ häufig und unproblematisch".

[134] Diese Differenzierung entspricht der Gesetzeslage im Gemeinnützigkeitsrecht, vgl. § 58 Nr.6 AO betreffend projektbezogene "gebundene Rücklagen" einerseits und § 58 Nr.7 a und b AO betreffend "freie Rücklagen" andererseits.

sein, daß der Bestand der Stiftung zumindest für eine "angemessene Dauer" gewährleistet ist.[135]

Ein Verbrauch von Stiftungsvermögen ist des weiteren dann angezeigt, wenn das Vermögen der Stiftung durch Verluste derart gemindert ist, daß eine "dauerhafte" Erfüllung der Stiftungszwecke - auch bei längerer Admassierung[136] - nicht mehr möglich ist. In diesem Fall kommt ein Verbrauch des Restvermögens in Betracht, um zumindest für einen gewissen Zeitraum eine weitere Erfüllung der Stiftungszwecke zu gewährleisten. Man denke etwa an den Fall einer Stipendienstiftung, die durch Kursverluste an der Börse den wesentlichen Teil ihres Vermögens verloren hat. Reichen die Erträge des Restvermögens zum Aufbau eines dauerhaft leistungsfähigen Vermögens nicht mehr aus, dann kann mit einem Verbrauch des Vermögens erreicht werden, daß noch für einen längeren Zeitraum Stipendien gewährt werden.[137]

cc) Admassierungen

Auch bei der Entscheidung über Admassierungen bedarf es einer sorgfältigen Abwägung zwischen gegenwärtiger und zukünftiger Stiftungsleistung. Umfang und Dauer der Admassierung hängen davon ab, in welchem Maße eine Einschränkung der gegenwärtigen Stiftungsarbeit im Interesse langfristiger Kontinuitätserwägungen gerechtfertigt erscheint. Mit Recht stellt Seifart dazu fest: "Wo im Einzelfall die Grenze zwischen aktueller Zweckerfüllung und dauerhafter Vermögenserhaltung zu ziehen ist, bedarf sorgfältiger Abwägung und Entscheidung der Stiftungsorgane."[138] Dabei ist - ausgehend vom Gebot der "dauernden und nachhaltigen Erfüllung der Stiftungszwecke" - die voraussichtliche zukünftige Entwicklung des Bedarfs für Stiftungsleistungen und der Erträge zu berücksichtigen. Admassierungen scheiden grundsätzlich aus, wenn die Stiftungsleistung über die Zeit ungefähr konstant sein soll und die Erträge des Stiftungsvermögens ebenfalls voraussichtlich real gleich hoch sein werden.

Demgegenüber ist eine Zuführung von Erträgen zum Stiftungsvermögen zum einen dann gerechtfertigt, wenn die konkreten Stiftungszwecke ihrer Art nach vorrangig in der Zukunft verwirklicht werden sollen. Lassen sich z.B. die Stiftungszwecke in der Zukunft nur noch mit einer real vermehrten Stiftungsleistung effektiv verwirklichen, dann erfordert eine "dauernde und nachhaltige" Erfüllung des Stiftungszwecks, daß die Ertragskraft des Stiftungsvermögens durch entsprechende Admassierungen dem in der Zukunft gesteigerten Bedarf angepaßt wird.

---

[135] Vgl. zur Dauerhaftigkeit oben IV 2 b.

[136] Zur Admassierung als Mittel der Verhinderung der Auflösung vgl. unten IV 3 c.

[137] Vgl. auch *Seifart*, Handbuch (Fn.15), § 10 Rz.85.

[138] *Seifart*, Handbuch (Fn.15), § 10 Rz.77; ders., BB 1987, 1889, 1894.

Der zweite Fall, in dem eine Admassierung nach den Stiftungsgesetzen möglich und durch das Ziel einer "dauernden und nachhaltigen" Erfüllung der Stiftungszwecke geboten ist, betrifft die Ertragsseite. Wird die Entwicklung der Erträge auf Grund von fortlaufenden Inflationsverlusten voraussichtlich hinter der Entwicklung des Bedarfs für Stiftungsleistungen zurückbleiben, würde ohne Admassierung eine Verschiebung der Zeitstruktur eintreten. Es ständen in der Zukunft real immer weniger Mittel zur Verwirklichung der Stiftungszwecke zur Verfügung. Dem kann nur begegnet werden, indem im Interesse einer annähernd gleichen Förderleistung über die Zeit die gegenwärtige Stiftungsarbeit reduziert und ein Teil der gegenwärtigen Erträge als "Kaufkrafterhaltungsrücklage" dem Vermögen zugeführt wird. Unter diesen Umständen folgt somit aus dem Ziel einer "dauernden und nachhaltigen" Erfüllung der Stiftungszwecke ein Admassierungsgebot.[139] Sind solche dauerhaften Kaufkraftverluste bereits bei Gründung der Stiftung absehbar, müßten bereits von Beginn an entsprechende Admassierungen vorgenommen werden. Unterliegt der reale Ertrag - z.B. wegen wechselnder Inflationsraten - starken Schwankungen, so bedarf die Admassierungspolitik einer ständigen Anpassung.[140] Bei gemeinnützigen Stiftungen sind schließlich die steuerlichen Grenzen der Rücklagenbildung zu beachten.[141]

Ist das Stiftungsvermögen durch einmalige Vorgänge - Schadensfälle, Krieg, Konkurs der Beteiligungsgesellschaft - erheblich gemindert, sind Admassierungen zum Wiederaufbau eines Vermögens grundsätzlich zulässig und im Interesse einer "dauernden und nachhaltigen Erfüllung der Stiftungszwecke" auch an sich geboten. Ein solcher Ausgleich von Vermögensverlusten ist aber nur in gewissen Grenzen möglich: Wer der Wiederherstellung des ursprünglichen Leistungsniveaus in der Zukunft den unbedingten Vorrang einräumt, müßte über längere Zeiträume auf gegenwärtige Stiftungsaktivitäten ganz verzichten und alle Erträge dem Vermögen zuführen. Dies ist aber mit dem Ziel einer "nachhaltigen" Erfüllung der Stiftungszwecke nicht zu vereinbaren, weil es bei einem konstanten Bedarf für Förderaktivitäten keinen Grund gibt, einfach die gegenwärtige Zweckverfolgung zugunsten zukünftiger Fördermaßnahmen einzustellen. Daher kommt regelmäßig nur eine langfristige Anpassung in Form einer teilweisen Zuführung von Erträgen in Betracht.[142]

---

139 So auch *Wagner/Walz* (Fn.34), S.90; andere Begründung bei *Carstensen* (Fn.7), S.43 ff, der dies als Problem der Vermögenserhaltung qualifiziert. Dagegen bereits oben II 3.

140 Instruktiv dazu die Übersichten über die tatsächliche Entwicklung in den letzten drei Jahrzehnten bei *Carstensen* (Fn.7), S.167 ff.

141 Vgl. § 58 Nr.7 a und b AO.

142 Im Ergebnis einschränkend auch *Wagner/Walz* (Fn.34), S.90 f.

c) Erhaltung der Stiftung

Die Sicherung der langfristigen Stiftungsarbeit ist schließlich dann vorrangig, wenn es um den Bestand der Stiftung als solcher geht: Droht ohne Admassierung die Auflösung der Stiftung wegen Vermögensverlusts (§ 87 BGB), dann bleibt nur der Weg der Admassierung, wenn diese geeignet ist, in absehbarer Zeit die Leistungskraft der Stiftung wiederherzustellen. Hier ist für eine Abwägung seitens der Stiftungsorgane kein Raum mehr, sondern es greift eine absolute Ausschüttungssperre. Verschiedene Stiftungsgesetze enthalten daher ein ausdrückliches Admassierungsgebot für den Fall, daß die Stiftungserträge und Zuwendungen zur Erfüllung des Stiftungszwecks überhaupt nicht mehr ausreichen.[143] Dann - so etwa § 8 Abs.3 StiftG NW - "sollen" die Erträge dem Stiftungsvermögen zugeführt werden, "sofern erwartet werden kann, daß aus den Erträgen des vergrößerten Stiftungsvermögens in absehbarer Zeit der Stiftungszweck nachhaltig erfüllt werden kann."[144]

---

[143] Abweichend davon unterscheidet das StiftG Bay nicht zwischen "können" und "sollen", sondern gewährt der Stiftungsaufsicht in Art.26 ein Eingriffsrecht: "Ist das Vermögen einer Stiftung so erheblich geschwächt, daß die nachhaltige Erfüllung des Stiftungszwecks beeinträchtigt ist, so kann die Stiftungsaufsichtsbehörde anordnen, daß der Ertrag des Stiftungsvermögens ganz oder teilweise so lange anzusammeln ist, bis die Stiftung wieder leistungsfähig geworden ist."

[144] Ebenso § 10 Abs.3 StiftG Brand; § 7 Abs.4 StiftG Brem; § 10 Abs.3 StiftG MV; § 15 Abs.3 StiftG RP.

Studien zur Geschichte des Textes der glossa ordinaria

Horst Heinrich Jakobs

Vorbemerkung

Als vor Jahresfrist die Frage zu einer Entscheidung gebracht werden mußte, wie der 90. Geburtstag von Werner Flume in akademisch gehöriger Weise zu feiern sei, was die Schüler aus diesem Anlaß ins Werk zu setzen hätten, war die auf bestimmte Weise geäußerte Meinung des - *similibus deficientibus* - zu Rate gezogenen Jubilars: keine Festschrift! Mit einer Festschrift und also mit einem Geburtstag an die Öffentlichkeit zu treten, geziemt sich, wenn ein Gelehrter 70 Jahre alt wird - nicht früher und nicht später, und wenn es auch in der kurzen Geschichte des Festschriftwesens schon einige Beispiele gibt, daß einer ersten noch eine zweite Festschrift folgt, so sind diese Beispiele doch nicht von einer Art, die im Falle von Werner Flume nachzuahmen sich empfehlen könnte. 90 Jahre sind, wenn nach dem 70. Geburtstag und noch durch das ganze neunte Jahrzehnt hindurch die Arbeit nicht nur ihren Fortgang genommen, sondern auch zu Resultaten geführt hat, von denen manch 60jähriger schon nur noch träumen kann - 90 Jahre sind in einem solchen Fall erheblich mehr als 70. Eine Festschrift zum 90. Geburtstag dürfte daher durch die Zahl und die Qualität der in ihr vereinten Arbeiten doch gewiß nicht hinter dem zurückbleiben, was vor 20 Jahren zustandezubringen möglich gewesen ist. Dies zu erreichen werde - so war die Meinung des Jubilars - sehr schwer sein. Es ist praktisch unmöglich, und also kann, da für wissenschaftliche Publikationen die Devise: '*aut Caesar aut nihil*' das Ideal sein muß, die Antwort auf jene Frage nur sein: nicht noch eine weitere Festschrift!

Der Verfasser der hier folgenden Abhandlung, für den im Verhältnis des Schülers zu seinem akademischen Lehrer gilt, was in Rom im Verhältnis der Sklaven und Kinder zu ihrem *pater familias* gegolten hat, war daher vor nunmehr einem guten Jahr für sich allein zu dem Entschluß gekommen, ein Stück seiner gegenwärtigen Arbeit in der dieser nächststehenden Zeitschrift zu publizieren und seinem *dominus* oder *pater familias* zu widmen, um so am 12.9.1998 vor diesem nicht mit leeren Händen dazustehen. Bei dem mir nächststehenden Herausgeber dieser Zeitschrift, bei Werner Flumes Nachfolger auf dessen Bonner Lehrstuhl für römisches Recht Rolf Knütel fand dieser Plan Beifall; es war dieses Procedere abgesprochen, als von den weniger folgsamen Schülern, die es besser zu wissen meinen und nach dem Tode von Brigitte Knobbe-Keuk in der älteren Generation der *familia* die *maior pars* sind, die Idee einer Gabe zum Fest des 90. Geburtstags wieder aufgebracht wurde - *et ut plerumque fit, maior pars meliorem vincit.* Eduard Picker und Jan Wilhelm sind m.a.W. die wahren Herausgeber dieser Festgabe, zu der einen Beitrag zu leisten mich in eine nicht geringe Verlegenheit gebracht hat. Die an die Redaktion der Savigny-Zeitschrift abgelieferte Arbeit zu vindizieren, schien mir verkehrt, den Jubilar mit einer Arbeit in dieser Zeitschrift zu ehren, richtig. Eine andere in Angriff genommene Arbeit wollte nicht gelingen. Warum also nicht die vorhandene Arbeit fortsetzen und so dem Beweis, der in ihr zu führen unternommen war, durch weitere Exempel ein womöglich festeres Fundament zu geben versuchen? Die hier folgende Abhandlung ist die in der Savigny-Zeitschrift (Rom. Abt. Bd.115) erscheinende Arbeit in einer ergänzten und, was insbesondere die Einleitung angeht, überarbeiteten Fassung. Der Titel ist ein anderer, weil zu den zwei Exempeln nun noch drei weitere hinzugenommen sind und so die *materia* nicht mehr nur die „Kumulierung von possessorischer und petitorischer Klage" ist.

Mit den nun insgesamt 5 Exempeln geht es um die Geschichte nicht der Wirkung, sondern der Entstehung des Textes der *glossa ordinaria.* Die Untersuchung bleibt auch in ihrer erweiterten Fassung eine rein literarhistorische, und man könnte daher fragen, was eine Arbeit dieser Ausrichtung mit Werner Flume zu tun hat, wie sie das Interesse eines Mannes zu finden hoffen kann, dem in seiner Arbeit, ob diese sich nun auf das heutige bürgerliche Recht, das Gesellschafts- oder Steuerrecht oder auf das römische Recht bezieht, die Hauptsache war und ist, was als Recht anzunehmen richtig ist. Die Frage, was die Literargeschichte in einer Festgabe für Werner Flume zu suchen hat, könnte stellen, wer nicht wüßte, daß von allen lebenden Juristen, denen Jurisprudenz mit der Klärung der Rechtsfrage - und dies auch durchaus zu Recht - gleichbedeutend ist, Werner Flume (um hier ein auf F.A. Mann bezogenes Wort zu gebrauchen) '*is the learnest of them all'*. Das gelehrte Quellenstudium, die philologisch strenge Kritik im Dienst der Klärung der Rechtsfrage ist das, was seine Arbeit kennzeichnet, was sie mit derjenigen des eigenen Lehrers Fritz Schulz verbindet, was sie aus dem in diesem Jahrhundert Gewöhnlichen heraushebt. Dieser mit dem praktischen verbundene geschichtliche Sinn hat ihn dazu gebracht, in den für das heutige Recht zu klärenden Sachfragen, wie es im Vorwort zu der 1. Auflage des Rechtsgeschäfts heißt, "ständigen Umgang mit den Juristen des 19. Jahrhunderts und insbesondere den Verfassern des BGB" zu pflegen, hinter das Gesetz und bis auf dessen Quellen zurückzugehen, mithin den Bruch zu heilen, den die Kodifikation des bürgerlichen Rechts in die für jedes Recht lebensnotwendige Kontinuität: in das allmähliche, „unsichtbare" Fortschreiten seiner Entwicklung gebracht hat. Man ist und wird Schüler Werner Flumes durch das Streben, diesem seinem Beispiel zu folgen.

Das Fortschreiten des Rechts auf die Weise, die Savigny die „unsichtbare" genannt hat, ist auf dem europäischen Kontinent durch drei Kodifikationen - in jeweils unterschiedlichem Maße - gestört worden: durch die neuzeitlichen Gesetzbücher, in denen das Recht nationalisiert worden ist, mittels derer die Staaten sich von einander abzuschließen versucht haben; durch die spätantike justinianische Kodifikation, die durch die offene und mehr oder weniger perfekte Erhaltung des Rechts der römischen Juristen sich vor allen Kodifikationen auszeichnet; und durch die mittelalterliche Kodifikation, die wir die *glossa ordinaria* nennen und die wir zwar als Kompilation, aber doch als das Werk, als die Tat eines Mannes zu begreifen gewohnt sind. Diese Arbeit war - *sine imperio* ausgeführt - eine nur gelehrte Arbeit, aber sie war ihrer Wirkung nach doch Kodifikation, die buchstäblich alles auszuradieren bestrebt gewesen ist, was ihr in drei Generationen gelehrter Arbeit vorausgegangen war, und die den Blick der folgenden Generationen auf sich gezogen und von den Quellen: von den eigenen und denjenigen, denen sie als eine nur gelehrte Arbeit dienstbar war, abgelenkt hat.

Es geht in der folgenden Untersuchung, deren literargeschichtliche Absicht sogleich noch näher zu bezeichnen ist, darum, die Erforschung der Quellen dieser Kodifikation ein Stück voranzubringen, und es geht darum, mit einer auf diese Quellen gegründeten Kritik des in ihr vorhandenen Resultats einen Anfang zu machen.

I. Einleitung

Die Absicht dieser Untersuchung ist in literargeschichtlicher Hinsicht eine zweifache.

Es soll zum einen und zunächst gezeigt werden, daß entgegen der Überzeugung, die in der die Arbeit am römischen Recht betreffenden mediävistischen Forschung wohl die allgemeine ist, die Lectura des Odofredus die (legistische) *glossa ordinaria* nicht nur zur Kenntnis nimmt, sondern geradezu auf sie bezogen ist. Dies ist, auch wenn einzelne sachliche Übereinstimmungen der Lectura des Odofredus und der *glossa ordinaria* nicht unbemerkt geblieben sind[1], bislang nicht gesehen worden, weil Odofredus, obwohl seine Lectura in eine Zeit fallen muß, in der die *glossa ordinaria,* jedenfalls in der ersten Version ihres Textes, schon verbreitet gewesen sein wird, und obwohl auch derjenige, der als Verfasser der *glossa ordinaria* gilt, und Odofredus über etwa zwei Jahrzehnte hin in Bologna nebeneinander über dieselben *libri legales* gelesen haben[2] - dieser Bezug des

[1] *Tamassia*, Odofredo (1894, ristampa 1981, woraus hier zitiert wird), S. 37, N. 3, 8; 51 N. 4; 114 bei und in N. 1; 183f. - im Folgenden abgekürzt als *Tamassia.* Nur mit Namen und Bandzahl wird zitiert: *Savigny*, Geschichte des röm. Rechts im Mittelalter (2. Aufl. 1834-1851).

[2] Zum Beginn der Lehrtätigkeit des Odofredus, von *Savigny* V, S. 360 als "unbekannt" bezeichnet, s. die Untersuchung von *Tamassia*, S. 12-28, woraus *Lange*, Römisches Recht im Mittelalter, Bd. 1 (1997), S. 325 das Jahr 1234 entnommen haben wird. - Die Entstehung und Verbreitung (wie wegen des mittelalterlichen Bücherwesens statt Publikation wohl besser zu sagen ist) der *gl.ord.* in zeitlicher Hinsicht hat zuletzt untersucht *Soetermeer* in den: Trabajos en homanaje a Ferran Valls i Taberner [als Historia del derecho privado hrg. von *M. J. Pelácz* 1989], S. 2867-92 (Codex vor 1234 und Dig. vetus schon in der 1. Hälfte der 20'er Jahre des 13. Jahrhunderts); über den *stato della questione* informieren *Diurni* RSDI LXIV (1991) 356-62 (ohne 'conclusioni' und 'soluzioni' zu geben: 'lasciandoli ad altri') und nun *Lange*, S. 353-6; in der älteren Forschung ist (das Dig. vetus betreffend) wegweisend die Fußnote von *Seckel,* Distinctiones glossatorum (1911), S. 412 N. 2 - es ist nur nicht, wie Seckel es getan hat, von 1234 als Jahr der Vollendung "des Apparats" und von allen Hss, die den (1234 publizierten) Liber Extra zitieren, als "schlechte Überlieferung" zu sprechen, sondern aufgrund dessen, was *Feenstra* in: La critica del Testo, Atti del Secondo Congresso Internazionale della Società Italiana di Storia del Diritto, Vol. I (1971), S. 205-25 festgestellt hat, lebenslanges 'Basteln' des Accursius an einem in einer ersten Version vor 1234 vollendeten Texts anzunehmen: s. *van der Wouw*, Satura R. Feenstra (1985), S. 344-70, nicht berücksichtigt von *Lange*, der sich in dieser Frage an *Gualandi*, Atti del Convegno Internazionale di Studi Accursiani, Bologna 21-26 Ottobre 1963, Vol. II (1968), S. 459-92 und an die Geschichte von dem Examen (an dem Accursius und der 1235 gest. Jacobus Balduinus als Examinatoren beteiligt waren und in dem eine einzelne(!) Glosse des Accursius eine Rolle spielt) hält und der insofern nicht berücksichtigt *Meijers,* Etudes d'Histoire du Droit III (1959; das hier relevante Stück zuerst publ. TRG 14 (1936) 250-6), S. 33, wo ersichtlich ist, daß der Examinierte, sc. Guido de Cumis (*Lange*), identisch ist mit Guido de Guinis (S. 30) und wo vor allem wichtig ist, daß 'si l'on trouve dans un manuscrit des gloses de Guido, on

Odofredus auf die *glossa ordinaria* ist bislang nicht gesehen worden, weil Odofredus den Namen seines Kollegen so gut wie nie in den Mund zu nehmen scheint[3]. Wie sich hier zeigen wird, spricht Odofredus von der *glossa ordinaria* als *apparatus Jo(annis) et Az(onis)*, als *communis apparatus*, als von demjenigen, was seine Hörer in ihren Büchern haben *(quod in 'libris vestris' dicitur)*. Um den Bezug des Odofredus auf die *glossa ordinaria* zu erkennen, bedarf es allerdings i.d.R. einer Kritik des uns von der Lectura des Odofredus überlieferten Textes, der n.b. nicht den Vortrag selbst wiedergibt, sondern eine Nachschrift von diesem ist[4], und es bedarf hinsichtlich des Textes der *glossa ordinaria* häufig einer Ermittlung und Angabe derjenigen Stücke, die in diesem Text *additiones* zu einer Version sind, die die ursprüngliche zu sein scheint. Aus diesem Grund, aus einem weiteren sogleich noch zu nennenden, aber auch um eine bequeme Kontrolle der hier zu unternehmenden Exegese zu ermöglichen, sind die Texte der *glossa ordinaria* und der Lectura des Odofredus, der jeweiligen Exegese vorangestellt, hier nebeneinander abgedruckt und vollständig (der Text des Odofredus mit geringfügigen durch [......] bezeichneten Auslassungen) mitgeteilt.

Die Bezeichnung der *glossa ordinaria* als *apparatus Joannis et Azonis* (oder wie im Text des Odofredus an unzähligen Stellen einfach als *jo et az*[5]) wirft, wenn sie als gewiß anzunehmen ist, eine Frage auf, die weit schwieriger zu beantworten ist als die Frage des Verhältnisses des Odofredus zur *glossa ordinaria:* Wie kann das, was uns die Glosse des Accursius ist, für Odofredus und seine Hörer ein von

---

peut être sur d'avoir un manuscrit avec la première version de l'apparatus d'Accurse' (S. 35), s. hier u. N. 13.

3 Zum (fehlenden) Bezug des Odofredus auf die *glossa ordinaria* s. *Savigny* V, S. 359: ".... daß er (sc. Odofredus) als Nebenbuhler den Accursius wenig anführt, ist leicht begreiflich" (mit der Ausnahme von der Regel in N. g), ferner S. 298 N. f.; *Tamassia*, S. 39, der über *Savigny* insofern hinausgeht, als er 'reciproca animosità' vermutet und meint, Accursius sei noch weniger 'cavalleresco' als Odofredus gewesen 'non citandolo (was auf eine von *Savigny* V, S. 286 N. c aufgespürte Bemerkung von *Cinus* bezogen ist), mentre questi, in un sol (!) luogo, ma apertamente, ramenta l'Accursio ....'; *Soetermeer* [vor. N.], S. 2889: 'on sait que Odofrède n'a pas ... l'habitude de discuter les gloses de son rival'; *Lange*, dessen vor. N. zit. Buch allerdings nicht eigentlich zur mediävistischen Forschung zu rechnen ist, weil es nur über diese (und nicht etwa über das "röm. Recht im Mittelalter"!) informiert, folgt S. 326 *Tamassia* (ohne dessen Spitze gegen Accursius): "... nur natürlich, daß zwischen beiden (!) .... Rivalität .... die Zahl der wechselseitigen (!) Zitate gering".

4 Die Behauptung von *Weimar*, daß die Nachschrift eine "genaue" sei (in: Handbuch der Quellen und Literatur der neueren europäischen Privatrechtsgeschichte [hrsg. von *Coing*], Bd I (1973), S. 176), ist durch den Zusatz: 'streckenweise' einzuschränken.

5 Die Beobachtung von *Tamassia*, S. 31 N. 1, daß 'Jo et Az sono le sigle che più frequentemente s'incontrano nel Codice, con minor frequenza nel Digesto', ist hinsichtlich der Frequenz in der Lectura super Digesto veteri nicht richtig, hinsichtlich der Lecturae zu den beiden *libri extraordinarii* unpassend und erfaßt insbes. auch nicht die Eigenart, daß von *jo et az* die Rede zu sein scheint nicht als von zwei Autoren mehrerer Bücher, sondern als von den beiden Autoren eines Buchs.

Johannes und Azo geschriebener Apparat sein? Es ist die zweite Absicht dieser Untersuchung, diese Frage nicht etwa zu beantworten, nicht einmal eine Vermutung in dieser Richtung aufzustellen, sondern nur als eine der Untersuchung bedürftige Frage zu etablieren. Zu diesem Zweck, sc. um das Verhältnis oder, um dies schärfer zu sagen, die Art und Weise der Abhängigkeit der *glossa ordinaria* von der Arbeit Azos sowie von derjenigen des Johannes (Bassianus) deutlich zu machen und die Möglichkeit zu demonstrieren, daß die *glossa ordinaria* nur eine Fortführung, eine bald mehr, bald weniger gründliche Redaktion dessen ist, was als Azos *magnus apparatus (*im folgenden *m.ap.)* bezeichnet zu werden pflegt[6], wird hier neben den Text der *glossa ordinaria* (im folgenden *gl.ord.*) derjenige dieses *m.ap.* und daneben, wenn und soweit für die Exegese erforderlich, Azos Codexsumme (zu C 2,55) und Lectura (zu C 3,32,13) gestellt, und es sind alle Texte so angeordnet, wie - von links nach rechts voranschreitend - ihr zeitliches Verhältnis sein könnte (und, was Azos *m.ap.*, die *gl.ord.* und Odofredus betrifft, gewiß auch ist[7]).

Um dem Bezug der Redeweise des Odofredus vom *apparatus Jo.et Az.* auf die *gl.ord.* eine gewissermaßen feste Grundlage zu geben, ist an den Anfang der Untersuchung dasjenige gestellt, was zu D 4,8,7 pr. der *m.ap.* und die *gl.ord.* haben, was dazu Odofredus sagt und was eben diesen Bezug von *jo et az* auf die *gl.ord.* dort auf eine ganz unzweifelhafte Weise ergibt. In Hinsicht auf die äußerste Vorsicht, die in der literargeschichtlichen Forschung das von Savigny gewiesene, von Seckel in Wort und Tat eingeschärfte Gesetz zu sein hat und das die Zurückhal-

[6] Im Hinblick darauf so bezeichnet wird, daß Azo nach dem Bericht des Odofredus (in der Lectura zu D 12,6,60 Dig. vetus II f. 44r) jedenfalls zum Dig. vetus auch und zunächst *minores apparatus* geschrieben haben soll. Die Frage, ob diese *minores apparatus* ein (identifizierbarer) *minor apparatus* sind (s. *Savigny* V, S. 12-3, *Weimar* [o. N. 4], S. 173; Ius Commune II, S. 71, N. 94, 95 sowie Satura R. Feenstra (1985), S. 377f.) wird hier nur gestreift, s. u. N. 83, auch der *apparatus* - Begriff nicht thematisiert. Es ist insofern nur zu bemerken und für das Folgende in der Erinnerung zu behalten, daß *apparatus*, da das Schreiben von Glossen überhaupt *apparatus facere* genannt wird (so Tancred an der von *Savigny* III, S. 558 N. a zit. Stelle), auch die Bezeichnung für eine einzelne Glosse sein kann.

[7] Im Verhältnis von *gl.ord.* und Odofredus gewiß auch dann, wenn aus dessen Lectura der Apparat der *gl.ord.* ergänzt worden ist, wofür bislang ein gewisses Indiz nur die Bemerkung von Cinus (bei *Savigny* V, S. 286 N. c, s. hierzu auch *Feenstra* [o. N. 2], S. 211f.) ist. Auch wenn dies nicht auszuschließen ist, jedenfalls grundsätzlich ist Odofredus (zeitlich) der *gl.ord.* nach-, eben als "Theoretiker nach Accursius" (*Savigny* V, §§ 116, 117) einzuordnen und die andere Einordnung durch *Lange* [o. N. 2], der Odofredus (in § 39) dem Accursius (in § 40) voranstellt, literarhistorisch nur als grundlos zu bezeichnen und nur aus der Absicht verständlich, die Arbeit des Accursius als den "krönenden Abschluß einer großen Zeit" (*Lange*, S. 449, was, wie S. 367 ersichtlich ist, die Sicht *Astutis* ist) in Erscheinung treten zu lassen, so daß *Lange*, S. 336 auch nur das Grabmal des Accursius abbildet (und zu einer Kirche stellt, bei der man es vergeblich suchen wird, s. *J. Burckhard*, Der Cicerone, 2. T. (1898), S. 295 oder, des Grabmals von Odofredus wegen, besser vor Ort, d.i. in Bologna S. Francesco).

tung des Urteils gebietet, solange nicht die Quellen erschlossen sind, ist vorweg noch zu bemerken, daß das zu den hier erfaßten Stellen mit einer gewissen Bestimmtheit ausgesprochene Resultat der Exegese, selbst was das Verhältnis des Odofredus zur *gl.ord.* betrifft, nicht ohne weiteres verallgemeinert werden darf. Die *gl.ord.* besteht zu den *libri legales* im ganzen, wie Seckel gezählt hat, aus 96940 einzelnen Glossen[8], und es geht hier nur um zehn Glossen des Apparats zum Digestum vetus und um eine weitere, die eine Codexstelle betrifft. Ob das, was sich hier zeigt, für das Ganze oder auch nur für den Apparat zum Digestum vetus repräsentativ ist, ob und inwieweit des Odofredus Sicht der *gl.ord.*: ihres Verhältnisses zu Johannes und Azo und ihrer Qualität begründet ist, bedarf einer Untersuchung, die ebenso langwierig wie auch, was den Text des Odofredus betrifft und hier in Hinsicht auf den bislang unvorsichtigen Umgang mit diesem sich hoffentlich ergeben wird, schwierig ist.[9] Bevor über die *gl.ord.*, über die Qualität der in ihr vorliegenden Arbeit ein begründetes Urteil zu fällen ist,[10] bleibt noch viel zu tun.

Der Text des Odofredus ist der Ausgabe Lyon 1550/1552 entnommen und wegen der schlechten, in diesem Text gemachten Erfahrungen, was die *Lectura super*

---

[8] Die Zahl ist von *Genzmer* in seiner 'Die justinianische Kodifikation und die Glossatoren' genannten Bestandsaufnahme von der die Glossatoren betr. Forschung (Atti del Congresso Internazionale di Diritto Romano (Bologna e Roma 17-27 Aprile 1933), Bologna, Vol. I, 1934) S. 391 N. 208 mit der Angabe, wie *Seckel* die Zahl ermittelt hat, aus dessen handschriftlichem Nachlaß veröffentlicht worden.

[9] Die Unzuverlässigkeit des Odofredus hat namentlich *Kantorowicz* wiederholt behauptet: s. Über die Entstehung der Digestenvulgata (1910), S. 127 ("Gefasel"); Studies in the Glossators of Roman Law (1938), S. 196 (betr. den Untergang der Rechtsschule in Rom, Ravenna u.s.w.): '.. the testimony of the notorious prattler ... worthless', s. aber auch S. 167 sowie an den weiteren im Index gen. Stellen, ferner auch A Medieval Grammarian on the Sources of Law, in: Rechtshistorische Schriften (1970), S. 109 f.; sowie vor allem Studies, S. 168: 'Odofredus or rather his reportator'!; *Genzmer* [o. N. 8], S. 364: "der an sich unzuverlässige Postglossator (!) Odofredus"; S. 385, N.184: "seine (sc. des Odofredus) Unzuverlässigkeit ist bekannt", so daß *Radding*, SZ 110 (Rom. Abt. 1993) 534 (in Hinsicht auf des Odofredus Bericht von dem Anfang der glossatorischen Arbeit) hat meinen können: 'His account has been proven wrong on virtually every detail where it can be checked'. Daß ich selbst (Lucrum ex negotiatione (1993), S. 67, N. 22) Odofredus als "Schwätzer" bezeichnet habe (mit *Kantorowicz'* prattler vielleicht im Unterbewußtsein), tut mir des abfälligen Klangs dieses Wortes wegen leid - er war, wie ich nun, nachdem ich mit ihm besser bekannt zu sein meine, sagen muß, ein begnadeter Schwätzer.

[10] Dem wegen unzulänglicher Kenntnis der voraccursischen Glossen als vorläufig ("nicht erschöpfend") bezeichneten Urteil von *Savigny* V, S. 284-94 stellt nun *Lange* [o. N. 2], S. 366f. eine "ausgewogenere und bessere (günstigere?) Beurteilung" entgegen, obwohl seines Erachtens "eine exakte Sonderung der älteren Glossen von originär Accursischen .... nicht möglich (ist)" (S.360) und ihm selbst auch mehr als "eine Wiedergabe des Meinungsstandes und der pro und contra sprechenden Argumente nicht möglich war" (so im Vorwort).

Digesto veteri betrifft, anhand von mss Florenz (Bibl. Nazionale Centrale Cl XXIX 27 Gr. Formati 39 - hier F), Kassel (Landesbibliothek 2 Ms iur. 3 - hier K), Nürnberg (Stadtbibliothek Cent. II. 78 - hier N) kontrolliert.[11] - Der Text der *gl.ord.* ist, mit Rücksicht namentlich auf Landsbergs Warnung[12], derjenige von UB Bonn Inc 690; was hier in ihm in eckige Klammern gesetzt ist, sind *additiones* zu dem Text, wie er in mss Leiden (Bibl. der Rijksuniv. BPL 6 C), Douai (Bibl. municipale 575), Basel (UB C I 4), Bibl. Apostolica Vaticana Vat. lat. 2511, München (Bay. Staatsbibl. Clm 28176), Florenz (Bibl. Medicea Laurenziana Aquisti e Doni 417), Bernkastel-Kues (Cusanusstift 284 und 280 - hier als Kues 1 und 2 bezeichnet) vorhanden ist. Dieser Text scheint, aus hier nicht im einzelnen darzulegenden Gründen, die ursprüngliche Version der *gl.ord.* zu sein.[13] Wegen der *additiones* sind berücksichtigt: mss BAV Pal lat 739 und 735, Patetta 219, Vat. lat. 1413, Tübingen (UB Mc 293), Bamberg (Bay. Staatsbibl. jur. 13), Florenz (BML Redi 181, Edili 65 und Acquisti e Doni 158.1), Kues (283 und 281 - hier Kues 3 und 4) - im ganzen eine so geringe Zahl von Hss, daß die Aussage zu den acht erstgenannten Hss gewiß mit einem Fragezeichen zu versehen, also ein Text gemeint ist, der die erste Version sein könnte.- Der Text von Azos Codexsumme ist der Ausgabe Basel 1572, der Text aus dessen Lectura der Ausgabe Paris 1577 entnommen.[14] Was Azos Glossen: dessen sog. *m.ap.* betrifft, so ist die Glosse zu C 3,32,13 aus ms Bamberg (Bay. Staatsbibl. jur. 21) abgeschrieben;

[11] Wo die Kontrolle wegen der Unvollständigkeit der Hss nicht möglich war, ist dies bei den einzelnen Stellen angegeben. Zum Verhältnis der hier benutzten gedr. Ausgabe zu F, N und K und zum Verhältnis dieser Hss zueinander ist auf Grund der wenigen hier verglichenen Stellen keine Aussage zu machen.

[12] "daß je mehr sich die Drucke von 1500 nach der neueren Zeit entfernen, desto mehr Zusätze und Fehler in der Glosse auftreten", s. Die Glosse des Accursius (1883), S. 78.

[13] Sofern richtig ist, was *Meijers* [o. N. 2 a.E.] angenommen und wogegen auch *Feenstra* [o. N. 2], S. 222, indem er als 'thèse de Meijers' nur 'l'existence d'une veritable seconde version de la Glose' verneint, sich nicht ausgesprochen hat: ms Leiden hat als *additiones* zum Text der *gl.ord.* '*de gloses de Guido*', und mit diesem Leidener Text stimmt - von in reinen Schreibfehlern bestehenden und insoweit hier nicht nachgewiesenen Textvarianten abgesehen - derjenige der anderen hier genannten Hss überein. Alle befolgen auch noch die ältere Methode der Verbindung der Glossen mit der Litera (die *Dolezalek*, Verzeichnis der juristischen Handschriften zum römischen Recht bis 1600 (1972), Bd. III, S. 14 'P' genannt hat), und keine ist auf die Weise geschrieben, die den jüngeren Hss das meßbuchartige Aussehen gibt, was, auch wenn das Alter der Schrift nicht das Alter des Texts ergibt, für die Bestimmung dieses Alters doch auch nicht gleichgültig ist. In Hinsicht auf das, was *Soetermeer*, De Pecia in juridische Handschriften (1990) gezeigt hat (daß nämlich derselbe Codex aus *peciae* abgeschrieben sein kann, die einen unterschiedlichen Entwicklungsstand des Texts der *gl.ord.* haben), ist allerdings nicht ohne weiteres anzunehmen, daß die gen. 8 Hss überall, d.h. außer an den hier benutzten Stellen den Text der 1. Version haben.

[14] S. zum Text der Lectura *Savigny* V, S. 20 ("der gedruckte Text an manchen Stellen bis zur Unverständlichkeit fehlerhaft"); *Weimar* [o. N. 4], S. 180 ("offenbar recht genaue" Nachschrift). Hss, an denen sich der im hier mitgeteilten Stück gelegentlich anstößige Text hätte kontrollieren lassen, sind auch heute noch nicht bekannt.

eine breitere handschriftliche Grundlage ist aus einem Grund, der in der Exegese sich zeigen wird, erforderlich. Hingegen wird für den azonischen Apparat zum Dig. vetus die handschriftliche Grundlage hinreichend sein: berücksichtigt sind mss Bamberg (jur. 11 - hier B), Stockholm (Kon. Bibl. B 680 - hier S), Gent (Bibl. d. Rijksuniv. 23 - hier G), München (Bay. Staatsbibl. Clm 3887 und 14028 - hier M1 bzw. M2), BAV Vat. lat. 1408, 2512, Borghese 225 sowie die drei Hss in der Bibl. Nat. Paris (lat 4451=P1, 4459=P2, 4463=P3).[15] Wegen der vorazonischen Glossen sind diese selben Hss (soweit nicht in ihnen wie in B, M2 und den drei Pariser Handschriften der azonische Apparat der älteste Bestand ist[16]), ferner Padua (Bibl. Univ. 941), London (Br. Museum Royal 11 C III) sowie (mit einem nur vorazonischen Glossenbestand) BAV Vat. lat. 1405, 1406, Turin (Bibl. Naz. II 14), Paris (Bibl. Nat. lat 4450) und Trier (Stadtbibl. 838/1634) herangezogen.[17] Auf den Nachweis der Varianten des Textes sowie auf die Angabe der Fundstelle

---

[15] Benutzt ist von der Stockholmer Hs nur ein Mikrofilm, von allen anderen Hss kenne ich auch das Original. Insgesamt sind somit von den Hss, die es von dem azonischen *m.ap.* geben könnte (das sind nach *Schrage,* Utrumque ius (1992), S. 58 "mindestens 14"), 11 berücksichtigt. Aufgrund der Angaben von *Dolezalek* [o. N. 13], Bd. III (zu Azo), wo auch bloße Fragmente des *m.ap.* erfaßt sind (Leiden, Modena!), wird aber auch (einschl. Borghese 225, s. zu dieser Hs u. N. 59) von nur 11 Hss, die den Apparat einigermaßen vollständig haben, zu sprechen sein.

[16] Die Angabe von *Dolezalek* [o. N. 13], Bd. II zu M2 ist mir nicht verständlich.

[17] Daß ms Trier, wie seit *Savigny* V, S. 15 angenommen wird (s. *Dolezalek* [o. N. 13], Bd III), Azos *m.ap.* hat, ist unrichtig. Die Hs hat einen im ganzen vorazonischen Apparat, in dem auch keine azonischen *minores apparatus* ersichtlich sind. Der Irrtum *Savignys* beruht wohl darauf, daß auf f. 1r die Glosse. *si omnes scirent etc.* steht, die *Savigny* als Erkennungszeichen für Azos *m.ap.* bezeichnet hat, tatsächlich aber nur eine in den *m.ap.* rezipierte *antiqua glosa* ist, wie in ms Vat. lat. 1408 und London ersichtlich ist, *Caprioli,* Annali Storia di Diritto V-VI (1961-2) 356 bemerkt hat und auch in Trier selbst, sc. an der Sigle des Martinus i. f. dieser Glosse sich sehen läßt. Ob es sich um eine Glosse des Martinus oder des Irnerius (das dieser Glosse in ms London (BM Royal 11. C. III) vorangestellte y ist entgegen *Kantorowicz* Studies [o. N. 10], S. 52 N. 7a kein Einfügungszeichen!) handelt, sei dahingestellt, ebenso wie die Frage, was von einer Glossenkompilation zu halten ist, die - wie die *gl.ord.* - diese wie ein Programm für die glossatorische Wissenschaft klingende Glosse nicht rezipiert hat. *Savignys* Irrtum, der wegen dessen Handschriftenkenntnis und Gründlichkeit kaum begreiflich ist, erkläre ich mir wie folgt: Die *gl. si omnes scirent etc.* hat *Savigny* V, S. 627 abgeschrieben aus ms P1 und verglichen mit ms P2. Beides kann nur 1804/5 in Paris geschehen, und dort wird er auch zu der Annahme gekommen sein, es lasse sich der azonische *m.ap.* an dieser Glosse - als einer Einleitung - erkennen. *Savignys* Rückreise von Paris ging über Metz und Koblenz (s. die Briefe vom 24. 9. 1805 bei *Stoll,* Der junge Savigny, 1927, S.261f.) und also über Trier, wo er die Gelegenheit, den Bestand der "öffentlichen Bibliothek" zu sichten, nicht versäumt haben wird - mit ihm und ihm (wie in Paris) assistierend, von ihm also instruiert, *Jacob Grimm.* Daß *Savigny* von dieser Hs eine eigene Anschauung gehabt hat, halte ich für ausgeschlossen, daß er den in solchen Fällen sonst üblichen Hinweis auf das Fehlen eigener Anschauung unterlassen hat, für begreiflich daraus, daß er neben seinem 'Assistenten' gesessen hat.

(folio, pagina), die der Benutzer der Hss kaum braucht und die für jeden anderen kein Interesse hat, ist i.d.R. verzichtet.[18]

In den wiedergegebenen Texten ist überall eine den heutigen Regeln folgende Interpunktion eingefügt und der Text gelegentlich durch Einfügung eines Absatzes unterteilt. Die Abbreviaturen sind außer in den Allegationen (wegen der diesen beigegebenen modernen Zitierweise) aufgelöst. Im übrigen aber ist - außer im Text der *gl.ord.* - die mittelalterliche Schreibweise (außer u für v und c für t, jedoch einschließlich der Bezeichnung der Digesten als ff.) beibehalten.

II. Apparatus Joannis et Azonis

1. D 4,8,7 pr.

In dem Ulpian-Fragment D 4,8,7 pr., dessen Behandlung in Azos *m.ap.*, in der *gl.ord.* und bei Odofredus aus dem hier genannten Grund zunächst mitgeteilt wird, geht es darum, daß *arbiter* auch ein *libertinus* sein kann und daß es, um *arbiter* sein zu können, auch nicht darauf ankommt, *integrae famae quis sit ... an ignominiosus:*

m.ap.	**gl.ord.**	**Odofredus f. 193 r**
	libertinus	
supra de transactibus. cum hi § nihil (D 2,15,8,7)	nec quo ad alia refert, ut supra de transac. l. cum hi § nihil (D 2,15,8,7) et Codex de postulando l. ii (C 2,6,2) et supra de assesso. l. ii (D 1,22,2). maxime hodie ut in aut. etc.	[sit] quia ingenuus et libertinus potest postulare. C de postulando l. ii (C 2,6,2) et supra de assessoribus l. ii (D 1,22,2).
ignominiosus in hoc differt a iudice, ut infra de iudiciis l. cum	*ignominiosus* i. infamis. Et sic nota infamem arbitrum esse	[ignominiosus] nam esse arbitrum est onus. unde infamis potest esse arbi-

[18] Von der Regel, die Varianten des Textes nicht nachzuweisen, ist eine Ausnahme gemacht bei der Lectura des Odofredus, soweit die Varianten für den hier zu führenden Beweis erheblich sein könnten oder eine dem Verständnis des Textes dienende Emendation ergeben.

pretor (D 5,1,12)	posse, ut hic; item procuratorem, ut insti. de excep. § fi (I 4,13,11); secus in iudice, ut infra de iudiciis l. cum praetor § ii (D 5,1,12,2) et C de dig. l. ii (C 12,1,2); item secus in assessore, ut supra de assess. l. ii i. f. (D 1,22,2); item secus in advocato, ut supra de postu. l. i § hoc edicto (D 3,1,1,8 i.f.). Sed an excommunicatus possit esse arbiter? Respondeo quod non propter legem Dei ... Item secum partes ... Item excommunicatus non potest esse arbiter ... est servus diaboli ...	ter. et ideo non potest esse iudex, quia esse iudex est honor, C de dignitatibus l. neque (C 12,1,2) et infra de iudiciis l. cum pretor (D 5,1,12). Similiter non potest esse advocatus, supra de postulando l. i § removet et § ait (D 3,1,1,6 und 8). potest esse procurator, instit. de excep. in fine. (I 4,13,11). sed numquid excommunicatus poterit esse arbiter? do. Azo et Jo tangunt hanc questionem et non solvunt. videtur quod sic ... l. contra videtur quod non. ...

Die Differenz der *gl.ord.* zu Azos *m.ap.* besteht zunächst darin, daß dasjenige, was das eine im *m.ap.* hier allegierte Fragment D 2,15,8,7 demjenigen sagt, der es nachschlägt, die *gl.ord.* in dem Bestreben, die Allegationen zu erläutern und in Glossen umzuformulieren[19], so leserfreundlich ist auszusprechen und mit noch zwei weiteren Stellen zu belegen: Ob jemand *ingenuus* oder *libertinus* ist, soll außer für die Qualifikation als *arbiter* auch in anderer Hinsicht ohne Belang sein. Bei Odofredus fehlt das Allegat, das der *m.ap.* hat, und auch diese zu dem bloßen Allegat in der *gl.ord.* gegebene Erklärung: *nec - refert*. Aber ohne diese Erklärung voranzustellen, ist die zu der Litera: *(libertinus) sit*[20] gegebene *expositio: quia ingenuus etc.* ohne die Aussage, die dieser *quia*-Satz begründen will. Es ist

[19] Das vollständige Verschwinden der Allegationen (als ein von den Glossen in äußerlich sichtbarer Weise abgesetzter Teil des Apparats) in der *gl.ord.*, so daß deren Apparat sich äußerlich den Schein eines *aliud* zu allen älteren Apparaten einschließlich noch des azonischen gibt, ist hier nicht weiter zu belegen und auch nur zu fragen, ob insoweit nicht ein Zusammenhang mit der neuen Methode der Hss-Vervielfältigung besteht, zu der die gründlichste Arbeit nun ist *Soetermeer* in dem o. N. 13 zit. Buch (das schon wegen der Einsicht, die es in das spätmittelalterl. Bücherwesen vermittelt, eine Übersetzung auch ins Deutsche mehr als verdient - eine ital. Übers. ist erschienen 1997 u.d.T. Utrumque ius in peciis: aspetti della produzione libraria a Bologna tra Due e Trecento).

[20] Das *sit* in der Lectura des Odofredus (die sich hier in dem Abschnitt befindet, der *expositio literae* heißt) kann nur das *sit* sein, dem in der Litera des Digestentexts *libertinus* vorangeht.- Von Litera ist n.b. hier und im folgenden, dem glossatorischen Sprachgebrauch (s. *Savigny* III, S. 460 N. a) gemäß, immer und nur die Rede zur Bezeichnung des Texts einer *lex* (Digesten, Codex usw.).

m.a.W. der Text des Odofredus überhaupt nur im Zusammenhang mit der *gl.ord.*, und d. h. in einem Auditorium verständlich, das diese vor Augen hat.

Vom *m.ap.* unterscheidet sich die *gl.ord.* desweiteren dadurch, daß diese zu *ignominiosus* das Synonym *infamis* notiert und sich dann nicht mit dem Hinweis begnügt, daß, wer *infamis* ist, nicht von der schiedsrichterlichen, wohl aber von der richterlichen Tätigkeit ausgeschlossen ist. Es wird vielmehr auch dieses Thema auf die schulmeisterliche Weise *quo ad alia* und also mit einer gewissen Vollständigkeit behandelt: hinsichtlich des *procurator*, des *adsessor*, des *advocatus*, und es wird auch das Thema: *ignominiosus/infamis* dann *quo ad alia,* sc. hinsichtlich des *excommunicatus* behandelt. Dasselbe in einer etwas anderen Reihenfolge und auch in den Allegaten nicht ganz identisch unternimmt auch Odofredus und behauptet, daß die Frage, ob Exkommunication von der Tätigkeit des *arbiter* ausschließe, *do. Azo et Jo* nur aufwerfen, aber nicht beantworten. Die Behauptung ist ohne jede Grundlage im (azonischen) *m.ap.* Sie ist zutreffend für die *gl. ord.* in derjenigen Gestalt ihres Textes, die als die wohl ursprüngliche in den für diese 1. Textstufe hier angeführten Hss sowie auch noch in BAV Pal. lat. 739 vorliegt: die *gl. ignominiosus* endet hier überall in der Tat mit der Frage: *an excommunicatus possit esse arbiter.* Alles weitere, sc. die Verneinung dieser Frage und die Ausführung der (hier nicht mehr zu betrachtenden) Argumente für diese Verneinung sind erst später zu diesem ursprünglichen Text hinzugekommen.[21] Sie gehören mithin zu einer *additio*, über deren Zeit und Autor hier nichts zu sagen ist. Von *az et jo* redet somit Odofredus jedenfalls hier bei D 4,8,7 in Hinsicht auf die *gl.ord.* - in Hinsicht auf eine solche, in der es diese *additio* noch nicht gegeben hat und deren Text demjenigen des *m.ap.* zeitlich am nächsten steht.

2. D 2,11,5

Azo, m.ap.	**gl.ord.**	**Odofredus f.59v**[a]
Item si duo rei	*item si duo rei promittendi*	
si socii sint, non distinguo, an prius rem vel	hic cave secundum Jo, quia, si socii sunt, non	Or signori! circa legem istam est insistendum et

[21] Und zwar, wie es scheint, zunächst nur die Verneinung und erst relativ spät und sukzessive auch deren Gründe: s. die bloße Verneinung, sc. *respondeo quod non* in mss Patetta f. 53v, BML Redi 181 f. 32r, Edili 65 f. 55v, Kues 4 f. 80r, Vat. lat. 1413 f. 77v (hier mit der Sigle *ac* i.f. und jedenfalls insoweit *additio*); die Verneinung im Apparat und der 1. Grund als *additio* ms Bamberg 13 f. 69r; die Verneinung und der Anfang des 1. Grundes (bis: *dei*) als *additio* in ms Pal. lat. 735 f. 65v; Verneinung und der erste Grund im ganzen als *additio* Kues 3 (*quasi amicus* statt: *ut ethnicus*), Tübingen (hier mit der Sigle *ac* i.f.) - dies sind sämtlich Hss, in denen sonst, namentlich in der hier u. S. 135-7 wiedergegebenen *gl.* zu D 5,1,37 der Text des Apparats jedenfalls über seine 1. Stufe hinaus ist, namentlich in Kues 4 alle *additiones* in den Apparat integriert sind.

penam exegerit. in non sociis distinguo, ar. infra de pet. hr. nec ullam § item si quis dolo (D 5,3,13,14) et infra de solut. Stichum § dolo. (D 46,3,95,9)

et ego indistincte dico me non repelli, quodcumque prius petam, quia diverse sunt cause, ex quibus conveniuntur, et diverse sunt persone et res, ut dixi supra de eo per quem factum est, l. ult. (D 2,10,3). sed in reali actione illa distinctio obtinet et preterea ibi ad idem agitur et de damno eiusdem rei, quod ergo hic obtinet, quando duo rei debendi socii sunt.

distinguo, an prius rem vel poenam exegerit, nisi nunc plus sit in re quam in poena. vel contra in poena, quia tunc, quod plus est, consequitur, ut infra de act. emp. praedia (D 19,1,28) et infra pro socio. si quis a socio (D 17,2,41). sed in non sociis distinguo, ut si primo peto rem, non agam ad poenam. secus contra, ut infra de pe. he. § item si quis dolo (D 5,3,13,14) et infra de sol. Stichum aut Pamphilum § dolo (D 46,3,95,9).

advertatis ea, que dicam vobis propter quandam glosam Joannis hic scriptam. et ut vos videatis illud, quod hic scriptum est, bene scriptum est. [......] Or! glosavit hic[b] Joannes sive Nicolaus furiosus, qui notavit post eum super verbo: item si duo rei promittendi[c], hic cave secundum Joannem[d], q.d. distingue: si sunt duo rei promittendi et sunt socii [....] Or! ita scripsit hic Joannes sive Nicolaus furiosus post eum et eandem glosam habetis hic scriptam de verbo ad verbum in communi apparatu hic scripto[e].

sed, Signori, istud non videtur mihi bene dictum. [...] et ideo, qui habent magnum apparatum domini Azonis, videbunt bene, quod dominus Azo non erravit circa articulum istum. sed illi, qui non habent apparatum[f] ipsius, bene referunt, quod erravit, ut Jo et ille, qui scripsit hic glosas, quas habetis in libris vestris, ut dicit dominus Azo.

[a] Der Text dieser Kolumne ist verglichen mit F und K, der Text von N beginnt erst mit der Lectura zu D 3,5,8.

[b] hic] *om.F, K.*

[c] super-promittendi] *om. F, K.*

[d] *post* Joannem *ins. F, K*: et ita incipit glosa sua.

[e] de - scripto] *om. F, K.*

[f] apparatum *usque ad* Azo *om. F, K.*

Das Verhältnis der *gl.ord.* zum *m.ap.* besteht hier darin, daß dasjenige, was in der Glosse dieses Apparates an deren Anfang (bis *§ dolo*) steht, die *gl.ord.* in nur breiterer Ausführung referiert und daß ferner von der Glosse des *m.ap.* das Stück: *et ego - fin* in der *gl.ord.* vollständig fehlt. In diesem Stück erklärt der hier redende *ego,* und dies ist ohne Frage Azo, daß er der zuvor bezeichneten *distinctio* (ob die *duo rei promittendi* als *socii* oder jeder für sich promittiert haben) nicht folge, ausgenommen nur den Fall einer *actio realis.* Diese azonische Distanzierung von der *distinctio* , mit der die Glosse des *m.ap.* beginnt, ist in der *gl.ord.* nicht erfaßt: Diese erklärt das, was sie ausführt, für eine *distinctio secundum Joannem*[22], und sie sagt nichts davon, daß es über diese *distinctio* zwischen Johannes und Azo einen Dissens gegeben hat. Dies kann darin seinen Grund haben, daß Accursius die Ansicht Azos für verkehrt gehalten, also das ihm nicht Zusagende aus dem *m.ap.* weggelassen hat, was für einen Kompilator gewiß ein merkwürdiges Verfahren wäre. Es kann sich aber auch um eine bloße Nachlässigkeit in der Redaktion handeln, was hier deswegen nicht auszuschließen ist, weil beinahe in der Hälfte der Hss des *m.ap.* diese Glosse mit *§ dolo* und also eben da endet, wo ihr genuin azonisches Stück beginnt.[23] Wie auch immer aber dieser Fall liegen mag: ob Accursius hier etwas unterschlagen oder vergessen hat, es handelt sich so oder so um einen Fall, über den Odofredus, wenn es ihm um eine Erläuterung der *gl.ord.* zu tun gewesen ist, nicht schweigend hinweggegangen sein kann.

---

[22] Ir(nerius), der hier anstelle des Johannes in jüngeren Ausg. der *gl.ord.* (z.B. Lyon 1551, 1557, Venedig 1592) steht, gehört sicher nicht hierhin; verkehrt ist in denselben Ausg. auch das vorletzte Allegat in dieser Glosse: (*infra de pet. her.*) *l. etiam si* (statt: *l. nec ullam*).

[23] Den Text, wie hier mitgeteilt, haben Vat. lat. 1408, G, B, S, P3 (hier mit dem Text einer anderen Glosse verquickt), hingegen nur den Anfang (bis *§ dolo*) M1, M2, Vat. lat. 2512, P1. (in P2 fehlt hier ein Stück des *m.ap.*). Für das Fehlen des azonischen Stücks ist (falls nicht Absicht im Spiel ist) plausibel wohl nur die Erklärung, daß die *gl.ord.* zu dieser l. 5 D 2,11 bereits geschrieben war, bevor Azo zu der Distinktion des Johannes sein *et ego indistincte etc.* hinzugefügt hat, was allerdings heißt, daß Azo noch an seinem Apparat gearbeitet hat, als von der *gl.ord.* jedenfalls schon Teile geschrieben waren. Dies ist aber doch auch sicher anzunehmen, wenn Azo, wie *Savigny* (V, S. 7f.) angenommen hat, erst ca. 1230 gestorben ist; es ist anzunehmen möglich aber auch, wenn Azos Todesjahr in die Zeit kurz nach 1220 fällt (s. hierzu *Lange* [o. N. 2], S. 258f.): Die *gl.ord.*, und zwar schon in der ersten Version ihres Textes kennt zwar, wie aus der *gl. consentientes* zu D 5,1,1 ersichtlich ist, die *constitutio* Friedrichs II von 1220 (das ganze auf sie bezügliche Stück fehlt in den Hss mit dem Text der 1. Version nur - und allerdings - in Vat. lat. 2511!), aber daraus ist doch gewiß nicht zu schließen, daß mit der Arbeit erst nach 1220 begonnen worden ist, s. auch *Soetermeer* [o. N. 2], S. 2879, der eine B E E N D I G U N G der Arbeit in der 1. Hälfte des 2. Jahrzehnts des 13. Jahrhunderts annimmt.- Bemerkenswert ist schließlich noch, daß das Vorhandensein zweier Versionen des *m.ap.* in den Hss hier doch gewiß nicht aus einer "Nachlässigkeit der Abschreiber" oder späterer "Verstümmelung" sich erklären läßt, so daß die gegenteilige Annahme *Savignys* (V, S. 13) nicht ohne weiteres akzeptabel ist, s. auch noch hier u. S. 145-8.

Im Text des Odofredus geht es zunächst um die Glosse, die sich inhaltlich mit demjenigen deckt, was am Anfang der Glosse des *m.ap.* kurz gesagt und in der *gl.ord.* breit referiert ist.[24] Es wird sodann zu der in dieser Glosse vertretenen Ansicht gesagt, es sei diese verkehrt; die richtige Ansicht stehe in Azos *m.ap.* Wäre dessen Bestand hier überall derselbe, so wäre schon hiermit so viel jedenfalls klar, daß die von Odofredus zunächst behandelte Glosse n i c h t diejenige des *m.ap.* ist. Da es diesen Apparat aber auch in einer Version gibt, die - von der unterschiedlichen Breite der Ausführung abgesehen - mit der *gl.ord.* übereinstimmt, bedarf es zur Identifikation der von Odofredus zunächst behandelten Glosse noch eines Indizes, das womöglich den *m.ap.* in seinen beiden Versionen als den Bezug des Odofredus ausschließt: es soll sich um eine Glosse des Johannes handeln, was im *m.ap.* (in seinen beiden Versionen) nicht gesagt ist, aber Odofredus wie dem Verfasser der *gl.ord.* aus anderer Quelle bekannt sein kann; die Glosse soll *super verbo: item si duo etc.* stehen, was sowohl im *m.ap.* wie in der *gl.ord.* der Fall ist; in dieser, nicht aber in jenem Apparat, nicht also bei Azo (und bei diesem in keiner der beiden Versionen seines Apparats) beginnt diese Glosse mit den Worten: *hic cave secundum Joannem.* Odofredus erläutert seinen Hörern, wie dieses *hic cave* zu lesen sei, daß es nämlich heiße, es sei hier zu unterscheiden (*quod dicit distinguere*), und bevor er dies sagt: zwischen jene Worte und deren Erläuterung eingeschaltet, steht in der handschriftlichen Überlieferung seiner Lectura: *et ita incipit glosa sua.* Wenn Odofredus dies nicht gesagt haben sollte, dann hat derjenige, der dies hier eingefügt hat, doch gewußt, von welcher Glosse Odofredus hier spricht, und er hat gemeint, es müsse darauf zur Identifikation dieser Glosse noch besonders hingewiesen werden. Gesagt wird von dieser Glosse, die *secundum Joannem* geschrieben ist, sie sei *sua.* Daß schon Johannes seine Glosse mit *hic cave* eingeleitet hat, ist sicher möglich; aber Johannes selbst kann diesen Worten nicht hinzugefügt haben: *secundum Joannem*, und wenn sein Reportator, wenn Nicolaus furiosus das getan hat, so geht es doch nicht um *sua*, nicht um dessen Glosse. Derjenige, um dessen Glosse es hier geht, ist daher, weil es weder Azo noch Johannes (geschweige denn dessen Reportator Nicolaus) ist, ein Dritter.

Im Text des Odofredus ist von dieser Glosse des Johannes ein drittes Mal die Rede, nachdem das, was sie sagt, ausgeführt ist, und bevor dann (mit *sed, Signori, istud etc.* eingeleitet) erklärt wird, es sei die Distinktion des Johannes verkehrt, es sei richtig, was in Azos *m.ap.* stehe.[25] An dieser dritten Stelle wird von dieser Glosse gesagt, sie stehe wortwörtlich *in communi apparatu hic scripto.*[26] Geht es

---

[24] Ersichtlich ist dies im Text des Odofredus in dem davon hier nicht mitgeteilten Stück nach: *et sunt socii.*

[25] Ausgeführt ist dies in dem hier ebenfalls nicht mitgeteilten Stück nach: *bene dictum.*

[26] Daß dieses Stück nur die gedr. Ausg. hat, kann wieder heißen, daß es eine Einfügung des Reportators ist, dem das voranstehende *hic* nicht genügend gewesen ist, der dann auch hier aber doch wieder gewußt hat, von welchem Apparat Odofredus redet und der auch gemeint haben muß, es sei dieser Apparat so, sc. als *communis* gemeinverständlich bezeichnet, s. hierzu noch die folgende N.

Odofredus, wie schon durch das Bisherige doch so gut wie sicher ist, um das, was in der *gl.ord. hic* (sc. zu dieser l. 5 D 11,8) geschrieben ist, dann heißt das Buch, das wir die *gl.ord.* nennen, hier: an dieser Stelle der Lectura des Odofredus, *communis apparatus*.[27] Dann geht es Odofredus um eine Glosse desjenigen, der uns als der Verfasser dieses Apparats erscheint, der in diesem Apparat die Glossen geschrieben hat. Dann geht es ihm - Odofredus - darum, seine Hörer darauf hinzuweisen, daß in diesem Apparat etwas fehlt, was in ihn nach Meinung des Odofredus hineingehört und was seine Hörer in ihm als vorhanden erwarten. Und gerade dies ist dann ganz offensichtlich auch das Thema des Odofredus, nachdem er die von ihm für richtig gehaltene Ansicht Azos ausgeführt hat: 'Wer von Euch, Signori, den *m.ap.* (und d.h. Azos Glosse einschließlich des zweiten, mit *et ego* beginnenden Stücks) hat, wird dort sehen, daß es nicht Azo ist, der sich über das richtige Verständnis dieses *articulum* im Irrtum befindet und Euch, Signori, auffordert, hier das Versprechen der *socii* und der *non socii* zu unterscheiden. Dies tut hier derjenige, der zu *hic cave* hinzugefügt hat: *secundum Joannem* - jener, der die Glossen schreibt, die Ihr in Euren Büchern habt[28], und der diese Glossen schreibt *ut dicit Azo* - der Verfasser des *communis apparatus* schreibt seine Glossen so, wie Azo sie gesagt: ihm vorgegeben hat; er tritt mit dem Anspruch auf, die Glossen Azos zu schreiben und ihnen lediglich eine andere Form zu geben, sie besser zu ordnen, sie nur zu redigieren. Er verkauft Euch, Signori, diesen *communis apparatus*: *vestrae glosae ordinariae* als die Glossen Azos, sodaß Ihr der Meinung seid, Ihr hättet in diesem Apparat dasjenige in besserer Form, was Azo in der Sache für richtig gehalten hat. In aller Regel ist dies auch so, und es ist eben deswegen auch von dem, was Ihr in Euren Büchern habt, in der Regel als von dem *apparatus jo et az* zu reden. Aber dies ist doch nicht überall so, und ich, Odofredus, sage Euch, wann es nicht so ist; in meiner Lectura wird nichts weggelassen. Hier, in meiner Vorlesung, könnt Ihr hören, wo in der *gl.ord.* etwas nicht so ist, wie es sich für den *apparatus jo et az* gehört.'

Die Sucht des Odofredus, mit dem zu renommieren, was er in seiner Vorlesung sagt, ist noch in diesem letzten Stück: *et ideo - Azo,* auch wenn man die diesem hier beigegebenen interpretatorischen Zugaben beiseite läßt, nicht zu übersehen. Auch dies ist, wie Savigny[29] zu der Stelle gesagt hat, an der Odofredus moniert, daß die nur kompilierten Glossen als die Glossen des Kompilators bezeichnet

---

[27] S. dieselbe Bezeichnung für einen von Azos *m.ap.* zu unterscheidenden Apparat auch f. 96va (zu D 2,15,9) sowie f. 52vb (D 2,8,11): es wird auch ohne den hier nur sehr umständlich zu führenden Beweis behauptet werden dürfen, daß auch an diesen beiden Stellen die *gl.ord.* in Bezug genommen ist, also *communis apparatus* eine jedenfalls in der Lectura des Odofredus gebräuchliche Bezeichnung für die *gl.ord.* ist. In der Lectura zu D 2,15,9 ist zuvor (f. 96rb) auch geradezu von den *glose vestre ordinarie* die Rede, siehe auch die *glosa nostra ordinaria* f. 89ra sowie, ohne das Possessivpronomen, f. 11vb.

[28] Es heißt: *jo et ille, qui scripsit etc.*, was ich - außer als eine Verkürzung für: *jo et az i.e. ille etc.* nicht erklären kann. Zu den *libri vestri* s. noch die Stelle hier u. S. 148-9.

[29] V, S.290 f.

würden[30], gewiß nicht 'frei von Übertreibung.' Aber Odofredus hätte so, wie er redet, doch nicht reden können, wenn das, was er sagt, für seine Hörer keine Berechtigung gehabt hätte. Und es ist ja auch, was auf eine übertriebene Weise gesagt wird, außer in den Ohren derjenigen, die das Richtige nicht hören wollen, nicht falsch. Es ist nicht falsch, weil es *pro domo* gesagt ist.

Unsere Stelle ist bemerkenswert schließlich noch dadurch, daß ihr - für den hier zu führenden Beweis der Abhängigkeit der *gl.ord.* von Azos *m.ap.*- wichtigstes Stück in den beiden Hss, in denen wir den Text der gedruckten Ausgabe der Lectura des Odofredus überprüfen können, verstümmelt ist: *illi, qui non habent* steht, wie in der gedruckten Ausgabe, auch in diesen Hss, in denen mit diesen Worten der Satz abbricht. Es scheint also dasjenige, was dort fehlt und worin dem Accursius jeder substantielle Anteil an der *gl.ord.* abgesprochen wird, demjenigen anstößig gewesen zu sein, dem diese Verstümmelung zuzurechnen ist. Wer immer dies auch gewesen sein mag, es könnte derselbe Mann mit Gründlichkeit zu Werke gegangen sein und alle ähnlichen Stellen in der Lectura des Odofredus zu beseitigen unternommen haben und dies nicht überall so unzulänglich wie hier. Ist also nicht diesem Mann zuzurechnen, daß der Bezug des Odofredus auf die *gl.ord.* in dem, was uns von dessen Lectura überliefert ist, bislang nicht gesehen worden ist?

---

[30] Zu D 1,2,2 (Dig. vetus I f. 10ra): *ut sue glosse dicantur eius qui compilavit.* Daß dies *pro compilatoribus* gesagt ist, kann als Ironie unterstellt werden.

3. D 4,7,3,5

Azo Summa C 2,55,6 - 7

Et nota, quod ille, in cuius fraudem facta est alienatio, de iure communi et directo potest convenire possessorem, et de iure communi et directo et utiliter potest convenire alienantem principali actione, ut vel consequatur vel exigat quanti in litem iuraverit vel interesse vel rei extimationem. Item de iure speciali habet hanc restitutoriam actionem ratione expensarum et consimilium, de quibus dictum est. nec est haec superflua propter illas, nam et minor restitui potest, licet de iure communi posset convenire tutorem, ut ff (!) si tutor vel curator interve. l. etiam (C 2,24,3). Cessat autem hec actio, si is, qui alienavit, eandem rem receperit [........] Item cessat, si is, qui alienavit dolo malo, paratus sit utile iudicium pati, perinde ac si possideret, ut ff. eod. l. iii § ult (D 47,3,5), quod intelligo, quando omnino eandem causam se promittit prestaturum, puta promittit se restiturum, si vicero, sub maxima poena. Alioquin si diceret: rem non restituam, quia nec habeo, sed quanti intererit tua vel quanti in litem iuraveris, prestabo, secus esset. nam et si hoc non offerret, teneretur tamen ad idem, cum utili rei vendicatione (quia dolo desiit possidere) conveniri posset, ut dictum est.

m.ap.

ar de pet. her. sed et si lege § quid tamen si is qui (D 5,3,25,17 c.m.)

competit / paratus
hoc intelligo, quando omnino eandem causam et conditionem promisit se prestaturum, qui alienavit, ac si possideret. verbi gratia dicit: ego promitto me restiturum rem, si viceris, et hoc sub pena mille solidorum; alioquin si diceret: rem non restituam, quia nec habeo, sed quanti intererit tua vel quanti in litem iuraveris, prestabo, secus esset. nam et si hoc non offerret, teneretur tamen ad idem.

pati
nam parcitur sponte confitenti, ut C de his qui se deferunt (C 10,13,1) et infra aut. ut litigantes iurent. coll IX § si quis autem (Nov 124,2) et C de plus pet. (3,10,3) et infra de iure iurando. eum qui (D 12,2,30) et infra aut. que est C de no. nu. pe. contra qui propriam (post C 4,30,5) et C ad l. jul. ma. l. plt. § ult. (9,8,5,7)

edicto / actionem
sed nonne semper pati cogitur, ergo semper deficiet hec actio, cum dolus pro possessione sit. respondeo: si paratus est, deficit. secus si non esset paratus, quia si paratus est, relevat me a probatione, cum ego tenerer probare ipsum desisse dolo possidere.

actionem
sc. ad interesse.

gl.ord.

ex hoc edicto

sc. ad interesse.

sed nonne semper pati cogitur quis utile iudicium, quod in eum datur, qui dolo desiit possidere? respondeo sic, ut infra de peti. here. sed et si le. § proinde (D 5,3,25,8) et infra de re. iu. l. parem (D 50,17,150). et sic triplex habeo auxilium: unum directum contra possessorem, ut C e. l. i. (C 2,54,1) aliud utile, de quo hic dicit, et hec duo de iure communi. aliud in factum ex hoc edicto. et sic videtur, quod hoc edictum sit superfluum, cum semper habeat utilem in rem. respondeo: non est, nisi quando se offert, ut hic. et hoc ideo, quia me exonerat probatione, quia oportebat me probare, quod dolo desierit possidere, nunc non. Item relevat me in expensis, quas eram facturus in eundo ad aliam provinciam; sed et si non relevaret, tamen unum per aliud non debet tolli, et quia ambo de equitate dantur et quia, licet detur restitutio minori contra alium, non ideo denegatur actio tutele contra tutorem, ut C si tu. vel cu. l. etiam (C 2,24,3).

Item intellige hic, quando eandem causam omnino et conditionem promiserit se prestaturum, qui alienavit ac si possideret, verbi gratia dicit: ego promitto me restituturum rem, si viceris, et hoc sub pena mille solidorum; alias si diceret: rem non restituam, quia nec habeo, sed quanti intererit tua vel quanti in litem iuraveris, prestabo: secus esset. nam et si hoc non offert, tenetur tamen ad idem.

Item nota hic, quod parcitur sponte confitenti, sic C de his qui se defe. l. i. lib. X (C 10,13,1) et Auth. ut li. iu. col. IX (Nov 124).

Odofredus f. 191v

or signori. si bene intelligatis modum ponendi casum et exemplum, vos magnam glosam Joannis et Azonis hic scriptam tribus verbis intelligetis et scietis eam ampliare et diminuere. et § iste ponit talem casum ut dixi.

or Signori! perveniamus ad alia: videtur quod iste § non possit stare. ubi sum petiturus a te rem et tu dolose alienas in alium hominem alterius fori, tria sunt auxilia prodita, quod possum agere: directa rei vendicatio contra illum, in quem alienasti, cum habeat facultatem rei restituende, infra de rei vendi. l. offi. in fi. (D 6,1,9). vel volo agere contra te alienantem ad rem utili rei vendicatione, quia dolo desiit[a] possidere, nam dolus pro possessore[b] habetur. habeo etiam triplex auxilium, quia si volo[c] convenire actione in factum ex hoc edicto ad interesse, mihi licet, C e. l. prima. in fi. (C 2,54,1) et supra e. l. § ex quibus (D 4,7,3,4). cum ergo sit mea electio, quo auxilio vellem agere, quare ergo proditur in factum actio? si sis paratus subire iudicium in eadem causa ac si possideres, quia si velles subire iudicium, possem te convenire utili rei vendicatione, quia dolo desiisti possidere. ad istud dicetis: ubi alienas causa mutandi iudicii, conveniam te rei vendicatione utili. sed tunc ad quid condemnareris mihi? quanti in litem iuravero, infra de rei ven. l. qui restituere (D 6,1,68). unde non consulitur in re ipsa sed in estimatione. unde invitus carebo re mea, quod non debet esse, infra re. amo. l. nec enim (D 25,2,9?). si paratus es subire iudicium et rem restituere ac si non alienasses, ego assequar idem, quod si non alienasses: et ita invitus non carebo re mea. amplius non est hic cantandum[d]; vel potestis dicere, ut dixit Jo. et az.: ubi dolo desiisti possidere nec offers te paratum subire iudicium ac si possideres, adhuc durat nequitia tua, non videris purgare dolum, teneris actione in factum ex hoc edicto; sed ubi paratus es subire iudicium, ac si possideres, hic dolum precogitatum purgas. unde oblatio est hic causa, per quam videris dolum purgare,

Odofredus *(Forts.)*

quod cessat hec actio. et ita parcitur hic se offerenti: quia habemus in legibus nostris, quod, si delinquentes offerunt se, eis parcitur, C de his qui sponte se of[e]. l. i. et supra de do. l. eleganter § si dolo (D 4,3,7,9). tunc si agerem utili rei vendicatione, quia dolo desiisti possidere, non esses obligatus rem restituere sub certa pena, condemnaberis mihi in quantum in litem iurarem, infra de in lit. iur. l. videam. (D 12,3,4). sed ubi obligas te sub certa pena, non est locus taxationi. unde si offers, desiit mea interesse et cessabit hec actio.

[a] desiisti *scr.cum N, K.*
[b] possessione *scr.cum N, K.*
[c] volo]te *ins.cum N, K.*
[d] tractandum *scr.?*
[e] de his qui se deferunt (C 10,13) *scr. cum K.*

Die vier Glossen, die der *m.ap.* zu D 4,7,3,5 hat, stehen in den für die Ermittlung dieses Apparats hier herangezogenen Hss überall (mit einer noch zu bezeichnenden Einschränkung) in derselben Reihenfolge, in der sie hier wiedergegeben sind.[31] Es geht also zunächst um die Erläuterung zu demjenigen, was in der Litera mit: *paratus sit utile iudicium pati perinde ac si possideret* gesagt wird: Die Denegation der Klage *ex hoc edicto* (*sc. de alienatione iudicii mutandi causa facta*) findet statt im Falle der Bereitschaft des Beklagten, sich der wegen doloser Besitzaufgabe *utiliter* begründeten Vindikation zu unterwerfen, und diese Bereitschaft soll - so die Erläuterung - nur dann anzunehmen sein, wenn derjenige, der sich der ihm drohenden Vindikation durch eine die Rechtsverfolgung erschwerende Veräußerung der Sache entzogen hatte, diese selbst (und nicht nur deren auf die eine oder andere Weise zu bestimmenden Wert) zu restituieren verspricht (im folgenden *gl.* 1). Es geht sodann - mit dem Bezug teils auf die Litera: *pati*, teils auf *adversus quem*[32] - um die Sentenz, daß gegen denjenigen Nachsicht geübt wird, der freien Willens geständig ist, sowie um die Kollektion derjenigen Stellen, in denen diese Sentenz - außer hier in D 4,7,3,5 - einen Ausdruck findet (*gl.* 2). Es

[31] Gemeint ist nicht eine räumliche Reihenfolge, die es in den Hss auch noch des *m.ap.* nicht gibt, vielmehr eine Leistung erst der *gl.ord.* ist. Gemeint ist die Reihenfolge, die sich daraus ergibt, daß zwischen den Worten der Litera und den Glossen ein Bezug hergestellt ist, indem das zu dem einzelnen Wort gesetzte Zeichen bei der Glosse wiederholt wird - die Reihenfolge folgt also sozusagen aus der Litera, die Ordnung ist durch diese gegeben (wegen der Bedeutung, in der das Wort Litera auch hier verwandt ist, ist an das o. N. 20 i.f. Gesagte zu erinnern).

[32] *adversus quem* als Bezug in P2, P3; noch anders Vat. lat. 2512 (*competit*); sonst *pati*.

folgen schließlich, meist in der hier eingehaltenen, teils in umgekehrter Reihenfolge, die beiden Glossen, von denen die eine (hier *gl.* 4) als Gegenstand der Klage aus dem die *alienatio iudicii mutandi causa* betreffenden Edikt das Interesse des Klägers bezeichnet und die andere (*gl.* 3) die Frage stellt und mit einer Distinktion beantwortet, ob nicht diese Klage immer zu denegieren, ob sie nicht also überhaupt ein überflüssiger Rechtsbehelf ist, weil derjenige, gegen den sie gegeben werden könnte, sich des Besitzes der Sache dolos entäußert haben muß und sich folglich auch nie der im dolosen Besitzverlust begründeten *rei vindicatio utilis* entziehen kann. Die *gl.* 3 steht teils zu der Litera: *iudicium*, teils steht sie, wie auch überall die *gl.* 4, zu: *actionem*[33], und auf eben dieses letzte Wort des Fragments ist auch die eine Glosse bezogen, die hier die *gl.ord.* hat.

Diese eine Glosse (die hier durch Einfügung von drei Absätzen in vier Teile zerlegt ist) beginnt mit der hier sog. *gl.* 4 des *m.ap.*; sie schließt hieran aus dem *m.ap.* dessen *gl.* 3 (mit einer noch näher zu betrachtenden Erweiterung) und somit die Behandlung der Frage an, ob nicht die Klage aus dem die *alienatio iudicii etc.* betreffenden Edikt *semper deficiet*: ob also dieses Edikt nicht überhaupt überflüssig ist. Es folgen, nachdem diese Frage beantwortet und die sozusagen praktische Relevanz der *actio* aus diesem Edikt bezeichnet ist, die Glossen 1 und 2 des *m.ap.* in jeweils nahezu wortgleicher Fassung. Die *gl.ord.* ist somit hier (von der Erweiterung in der *gl.* 3 abgesehen) nur der - in eine andere Ordnung gebrachte - *m.ap.*[34] Es ist in ihr, um den Charakter dieser Überarbeitung des *m.ap.* noch genauer zu bezeichnen, das Kennzeichen der älteren Glosse, daß die einzelnen Aussagen keinen unmittelbaren Zusammenhang haben, vielmehr jede einzelne Aussage auf ein einzelnes Wort, eine einzelne Aussage der *lex* bezogen und der Zusammenhang somit allein in den *leges* ist und durch sie besteht - diese wirklich lemmatische Art des Kommentars ist hier um der besseren Anordnung der einzelnen Aussagen willen aufgegeben zu Gunsten eines an das Ende der *lex* gestellten, die Einzelaussagen in einen unmittelbaren Zusammenhang bringenden Traktats - so dürftig dieser hier mit *item* - *item* hergestellte Zusammenhang auch ist.

Was die *magna glosa* betrifft, von der Odofredus als von einer Glosse *Joannis et Azonis* redet, so kann sie keine andere als diese, die vier Einzelheiten des *m.ap.* zusammenfassende Glosse sein: allein sie ist *magna* zu nennen, und *Joannes et Azo* ist somit auch hier, wenn sich aus dem weiteren nichts anderes ergibt, die Bezeichnung der *gl.ord.* Es muß dann aber auch in demjenigen, was Odofredus -

---

[33] Wo *actionem* das Bezugswort für beide Glossen ist, wie in Vat. lat. 1408, 2512, G, B, S, M2, ist in S durch die dort den Bezugszeichen beigefügten Buchstaben deutlich, daß die *gl.* 4 der *gl.* 3 voransteht, und so, den Bezugszeichen nach zu urteilen, auch in B und M2. Diese andere Reihenfolge übernimmt die *gl.ord.*, s. das hier im Text folgende.

[34] Diese andere Ordnung könnte durch den offenbar unklaren Bezug der vier Glossen des *m.ap.* veranlaßt sein. Es ist dies aber nicht der einzige Fall, in dem die *gl.ord.* in eine Glosse zusammenzieht, was der *m.ap.* auf mehrere Glossen (zu derselben *lex*) verteilt hat, so daß zu fragen ist, ob dies nicht eine in der Bearbeitung des *m.ap.*, aus der die *gl.ord.* hervorgegangen ist, befolgte Regel ist.

auf *magnam glosam hic scriptam* bezogen - sagt: *tribus verbis intelligetis etc.* ein Urteil über ihre - der *gl.ord.* - Qualität enthalten sein: 'Ihr werdet diese Glosse *tribus verbis* verstehen, sofern ihr den *modus ponendi casum et exemplum* versteht' - dies ist eine Variation zu der Erklärung, mit der Odofredus fast stereotyp zu den einzelnen *leges*, sofern diese im Rufe stehen, schwierig zu sein, seine Lectura eröffnet[35]: die Glosse erweckt hier durch ihren Umfang, ihre Weitläufigkeit den Eindruck einer Schwierigkeit dieser *lex,* die, wenn man nur deren Sache, ihren *casus* erfaßt hat, sich mit wenigen Worten ausräumen läßt: 'Laßt Euch, Signori, auch hier nicht von dem *casus legis* ablenken und von demjenigen beeindrucken, der viele Worte macht, wo wenige genügen'. Das im Text des Odofredus nun folgende: *scietis eam ampliare et diminuere* kann nicht alles sein, was Odofredus hier gesagt hat. Dieser Satz, in dem *eam* nur die *magna glosa*, also die *gl.ord.* sein kann und somit diese das Subjekt sein muß, ist nicht einmal vollständig: Es fehlt in diesem Satz das, was diese *magna glosa ordinaria* erweitert und verringert, ausweitet und verkürzt, zu dem Prädikat also das (Akkusativ)objekt. Der Reportator des Odofredus kann sich dieses *scietis etc.* nicht ausgedacht, und er muß also von dem, was Odofredus gesagt hat, etwas weggelassen haben, was ihm zu weitläufig und nebensächlich war. Worum es in diesem zum Verständnis des *ampliare et diminuere* erforderlichen, also fehlenden Stück Odofredus gegangen sein wird, läßt sich wenigstens vermuten, wenn man das Ausmaß, in dem die *gl.ord.* eine Überarbeitung des *m.ap.* ist, und die Qualität dieser Überarbeitung über das dazu hier Gesagte hinaus genauer in Betracht zieht.

Während die *gl.* 1 und 2 des *m.ap.* fast wortgleich in der *gl.ord.* erhalten sind und deren erstes Stück (*sc. ad interesse*) mit der *gl.* 4 des *m.ap.* überhaupt identisch ist, hat die *gl.* 3 des *m.ap.* in der *gl.ord.* eine Erweiterung erfahren dergestalt, daß sie nun nicht weniger als das Dreifache ihres ursprünglichen Umfangs hat: 133 (die Allegationen nicht mitgerechnet) statt 41 Worte. Es sind viele Worte hinzugekommen, aber diese sind doch zu der Substanz des *m.ap.* nur Zutaten, so daß zu dem *ampliare* des Odofredus das passende Objekt auch der *m.ap.* ist: Zu dessen Anfang *sed nonne semper pati cogitur* ist mit *quis* ein Subjekt und mit *utile iudicium* das Objekt ergänzt sowie dieses *iudicium* mit *quod - possidere* näher bezeichnet - was alles der *m.ap.* wegläßt und was auch für denjenigen wegbleiben kann, der die Glosse wirklich *adiuncta litera*: als deren Fortsetzung liest und der zu dem *utile iudicium ... perinde ac si possideret* auch nicht die Belehrung braucht, daß dies das aufgrund dolosen Besitzverlusts gegebene *iudicium* ist.

---

35 S. dazu als ein Beispiel den Anfang der Lectura zu D 3,5,14 (15) f. 135 vb: *Signori! lex ista consuevit valde difficilis reputari. in veritate tamen lex ista non est multum difficilis, si vos intelligatis casum et summariam expositionem literae istius legis et sequentis. verumtamen glose hic scripte reddunt eam valde difficilem, qui(a) nimis obscure et intricate posite sunt. et dominus Joannes sive Nicolaus furiosus, qui scripsit post eum, videtur, quod non bene intellexisset legem istam, vel studiose hoc fecerunt. et idem dico de domino Azone, quia si iurasset ad sancta dei evangelia obscurius non potuisset commentare legem istam, quam fecerit in apparatu suo magno.*

Es folgt in der *gl.ord.* nun ein Einschub in den *m.ap.*, dem die Beobachtung zugrunde liegt, daß dieser Apparat drei Fragen stellt, von denen die zweite die Bejahung der ersten voraussetzt, daß aber nur die zweite Frage beantwortet, also die bejahende Antwort auf die erste stillschweigend vorausgesetzt wird. Diesen Defekt des *m.ap.* (oder doch eher: dessen Art, dasjenige unausgesprochen zu lassen, was der kundige Leser sich selbst denken kann) repariert die *gl.ord.*, indem sie nun die erste Frage ausdrücklich bejaht und mit den passenden Allegaten versieht und indem sie hieran, und dies zur weiteren Vorbereitung der 2. (im *m.ap.* allein ausgeführten) Frage die Feststellung anschließt, daß ich, wenn der Besitzer meiner Sache diese dolos veräußert hat, ein *triplex auxilium* habe, daß mir also nicht weniger als drei Rechtsbehelfe zur Verfügung stehen: zu den beiden Klagen *de iure communi* gegen den Besitzer und den dolosen Veräußerer auch noch die *actio ex hoc edicto* - und wozu eigentlich auch noch diese? Die *gl.ord.* stellt diese Frage nicht exakt so, wie sie von Azo im *m.ap.* gestellt wird; sie bezieht diese Frage nicht, wie es dort geschieht, strikt auf die Aussage der Litera, daß die Klage *ex hoc edicto* zu denegieren sei, wenn der dolose Veräußerer das *utile iudicium* auf sich zu nehmen bereit sei: er muß dieses *iudicium* (so ist der gedankliche Ansatz im *m.ap.*) doch immer auf sich nehmen, und muß also (so ist doch die durch die Litera sich aufdrängende Frage) die Klage aus diesem Edikt nicht auch immer ausfallen (*deficere*)? Diese aus der Litera herausgesponnene Art, die Frage zu formulieren, ist in die *gl.ord.* nicht übernommen (und insofern also könnte man sagen, daß der *m.ap.* in ihr verkürzt sei!). Sie ist ersetzt durch die Form, die in der Codexsumme a. A. des daraus hier mitgeteilten Textes, nachdem dort die dem Eigentümer der veräußerten Sache zur Verfügung stehenden Rechtsbehelfe aufgezählt sind, die Aussage hat: *propter illas (actiones) haec (sc. actio de iure speciali) nec est superflua.* Die *gl.ord.* wechselt mithin, nachdem sie zu der 1. Frage des *m.ap.* die in diesem nicht ausgesprochene Antwort gegeben hat, in den Text der Summe über; sie entlehnt dieser anderen azonischen Arbeit die Zusammenstellung der drei dem Eigentümer zustehenden Rechtsbehelfe, die sie in eine verkürzte Form bringt und mit dem schlagwortartigen *triplex auxilium* sozusagen überschreibt, und sie kehrt danach in den *m.ap.* zurück, indem sie dessen Frage: *nonne ... semper deficiet hec actio?*- in Anlehnung an die Aussage der Summe: *nec est haec superflua* - in die Form bringt: es scheine, daß dieses Edikt *sit superflua.* Die dazu gegebene *responsio* ist in anderer und gewiß nicht besserer Form (*non est!*) diejenige des *m.ap.*, indem schon in die Anwort hineingezogen ist, es sei zu distinguieren (*nisi quando se offert* - statt wie in der Summe: die *actio* sei nicht überflüssig, aber sie zessiere doch, wenn der Besitzer, der veräußert habe, *paratus sit etc.*). Es folgt sodann - wie im *m.ap.* - als Grund dafür, daß die Klage aus dem Edikt im Falle der Bereitschaft zur Restitution der Sache überflüssig sei, der in der Summe fehlende Hinweis auf die in diesem Fall stattfindende Entlastung von dem im *utile iudicium* zu führenden Beweis des *dolus*, und dies folgt auch fast gerade so wie im *m.ap.* (*exonerare* statt *relevare, oportere* statt *tenere!*). Diesem einen Grund des *m.ap.* werden dann schließlich noch drei weitere hinzugefügt, von denen der erste und der dritte aus der Summe genommen sind und somit der zweite: *quia ambo de equitate dantur*, ein eigener Einfall zu sein scheint.

Von diesem doch gewiß schwachen Einfall[36] abgesehen, ist somit auch in diesem Teil der *magna glosa* des *gl.ord.* genannten Apparats die gesamte Substanz azonisch: der Text der *gl.* 3 des *m.ap.* teils paraphrasiert, teils angereichert aus der Summe, und eben dies scheint daher auch Odofredus seinen Hörern hier demonstriert (und sein Reportator weggelassen) zu haben: 'Wenn Ihr, Signori, zu der *magna glosa,* die *in libris vestris hic scriptum est* und die ihres Umfangs wegen Euch beeindrucken wird, Azos *m.ap.* und dessen Summe heranzieht, wenn Ihr diese drei Texte miteinander vergleicht, dann werdet Ihr wissen, daß die *gl.ord.* nicht so groß ist, wie sie zu sein scheint, daß sie zwar den *m.ap.* erweitert, daß sie aber auch noch dasjenige, was sie an Substanz mehr als dieser Apparat hat, aus der Summe nimmt und daß sie zum Zwecke der Einfügung von Teilen der Summe in den *m.ap.* - sei es diesen, sei es das aus der Summe Genommene - verkürzt.'

Dem Reportator des Odofredus wird diese textkritische: den Text der *gl.ord.* in seine azonischen Quellen verfolgende Einleitung in die bei dieser *lex* zu verhandelnde Sache von so geringem Interesse gewesen sein, daß er sie nur in einer fast bis zur Unkenntlichkeit verstümmelten Weise hat wiedergeben können. Ihm war diese Sache wichtiger als deren Herkunft, und er beeilt sich daher, zur Sache zu kommen: Die Sache, um die es in § *iste* (oder doch wohl eher: *iste* §) geht, ist zunächst deren *casus,* von dem in dieser Lectura schon die Rede war (*ponit talem casum ut dixi*[37]), und doch vielleicht nicht erst, nachdem dies gesagt ist, sondern schon vor diesem Hinweis auf den bereits bezeichneten *casus,* könnte Odofredus gesagt haben: *Or Signori, perveniamus ad alia* - kommen wir nach der Geschichte des Textes dieser *magna glosa* zu etwas anderem, nämlich zu der in ihr verhandelten Sache. Denn was bei Odofredus nun folgt, ist jedenfalls die Sache, um die es in dieser *magna glosa* (nach der Angabe des Interesses als des Gegenstands der Klage aus dem Edikt) zunächst (im *m.ap.* hingegen erst in dritter Position - *gl.* 3) geht, daß es nämlich den Anschein habe, *quod iste § non possit stare,* daß *tria auxilia sunt prodita,* was so weder im *m.ap.* noch in der Summe steht, in der *gl.ord.* aber doch ähnlich (*triplex auxilium*!) gesagt ist und was daher für den Bezug des Odofredus auf die *gl.ord.* noch ein zusätzliches Indiz liefert[38]. Es wird daher, trotz Fehlens aller weiteren schlüssigen Indizien, um dieselbe Glosse und nicht um den *m.ap.* auch dort gehen, wo Odofredus, nachdem er eine von allen (azonischen) *rationes* der *gl.ord.* verschiedene und also offenbar eigene Erklärung gegeben und die Sache dieser *lex* damit für hinreichend behandelt erklärt hat[39], nun die Konzession macht: *vel potestis dicere ut dixit Jo et az.* Was dazu folgt, ist

[36] Daß beide Klagen *de equitate* gewährt werden, ist doch gewiß kein Grund, um nicht eine für überflüssig zu halten.

[37] Das Stück, in dem dies gesagt ist, d.i. (gemäß der Regel, daß der Erläuterung einer *lex* die Bezeichnung ihres *casus* voransteht) der Anfang dieser Lectura, ist hier nicht mitgeteilt.

[38] S. dieses *triplex auxilium* auch bei Odofredus wenig später, wo *tertium auxilium* doch gewiß richtig wäre und *triplex auxilium* daher umso bemerkenswerter ist.

[39] *amplius non est tractandum! - cantandum,* wie auch die Hss lesen, ist gewiß möglich, aber doch wohl selbst für Odofredus zu albern.

nur schwer auf die Reihe zu bringen. Aber es wird, auch ohne dazu hier noch einen Versuch zu machen, soviel jedenfalls evident sein, daß es um die Thematik der *gl. 1* und *2* des *m.ap.* und also um dasjenige geht, was in der *gl.ord.* an das Ende ihrer *magna glosa* gestellt ist: Hiervon kann man zu guter Letzt bei dieser *lex* auch noch handeln, scheint Odofredus (mit *vel potestis etc.*) sagen zu wollen, und so ist auch noch dieser Schluß ein gewisses Indiz dafür, daß Odofredus, wenn er *jo et az* sagt, sich auf die *gl.ord.* bezieht.

4. D 21,2,1

m.ap./gl.ord.[40]

pars

parte ergo evicta res videtur evinci, cum *rei appellatione et [pars*[a] *contineatur, ut*[b] *infra de verb. signific. l. appellatione rei* (D 50,16,72)]. Sed contra *infra eo. si dictum § in stipulatione* (D 21,2,56,2), que est *contra.* ubi dicit, parte hominis evicta, non videri hominem evictum et ideo non posse agi, nisi nominatim fuerit promissum. Solutio: *speciale in homine secundum jo(b). secus in equis et ceteris individuis et secus in fundo,* ut hic et[c] arg. *supra de edil. edic. l. iustissime* (D 21,1,44 pr). *Vel dic idem in homine quod in ceteris individuis,* ut patet infra eo. l. nave (D 21,2,36). *aliud* autem *in fundo,* ut hic secundum m. nam quelibet (quia parte) pars *fundi (evicta) fundus est (evictus), ut infra de le. infra l. plane. § fi* (D 30,34,15).[Sed[d] hoc non valet, quia in illa l. nave nec tota nec pars est evicta, sed tabula. et sic dicitur pars fundi fun-

Odofredus f. 140v[p]

Or signori! dicitur in lege ista: si totus fundus venditus evincatur, agitur de evictione; si pars, pro parte evicta agitur de evictione. et ita nota [...]

Or signori! ad legem istam opponitur et videtur, quod si pars fundi evincatur, quod non possit agi de evictione, quia lex dicit: si vendis mihi hominem et quidam vendicat a me partem hominis, non teneris de evictione, nisi nominatim promisisses mihi, ut infra e. l. si dictum § in stipulatione duple (D 21,2,56,2). [...]

Et ad solutionem huius contrarii et ut plene liqueat articulus iste ita consuevit distinguere et advertatis hanc distinctionem, quia do. Jo. et azo satis intricate et obscure et breviter hic eam scripserunt, ego tamen nihil ommittam de antiquis nec de novis scriptis et planius et latius eam subiiciam quam ipsi faciant et sic: cum quis emit - *aut* universitatem in-

[40] Diese Kolumne gibt, in den Text der *gl.ord.* integriert, Azos *m.ap.* in der Weise wieder, daß aus dem Kursiven die buchstäbliche Übereinstimmung der *gl.ord.* mit dem *m.ap.* ersichtlich ist; die in die *gl.ord.* nicht übernommenen Worte stehen in den runden Klammern. Von der Regel, beide Apparate nebeneinandergestellt mitzuteilen, bin ich hier abgegangen wegen der weitgehenden Übereinstimmung beider Apparate und zu dem Zweck, auf eine direktere Weise sichtbar zu machen, w i e die *gl.ord.* über den *m.ap.* hinausgeht. Abgesehen ist in der Wiedergabe des *m.ap.* davon, daß dessen Bestand zu D 21,2,1 in den Hss kein gleichförmiger ist, s. hierzu u. S. 131 ff; zum Verständnis des kritischen Apparats s. u. N. 42.

dus; sed tabula non est navis et sic prima placet.]

[*emptor*[e]
ignorans. alias secus, nisi stipulatus esset vel nisi i. stipu., ut C e. si fundum mihi (? C 8,44,27 fundum sciens) et C communia de. leg. l. fi. in fi. (C 6,43,3,4)]

evicte
qualitate non inspecta, quae inspici non potest propter loci incertitudinem; in casu tamen et hic *(et tunc etiam) potest haberi ratio bonitatis ut si certe partis pro diviso quam assignat petitor in fundo pro indiviso petat, quotam partem* [pro indiviso. secus si pro diviso[f]].

portio
sc.[fuerit] evicta. et responsio incipit, pro bonitate etc.

regressus
sic et in actione ex empto re non tradita, ut *supra de ac. empt. si serv(um) mihi.*[§ fi.[g]] (D 19,1,4,1) Nota ergo rationem meliorationis in actione ex stipulatu et ex[h] empto, quae datur pro evictione heredi. Et sic est *contra infra e. l. ex mille. § i fi*[i] (D 21,2,64,1), ubi dicit rationem[j] non habendam in actione ex stipulatu. *Solutio: bonitatis, quae tempore venditionis erat, etiam in actione ex stipulatu habetur ratio, ut* hic et *infra l. bonitatis* (D 21,2,13) et supra ti. j. l. pe. § fi[k].(D 21,1,?,?) sed *bonitatis (autem) contingentis post*[l] *habetur ratio in actione ex empto, non* autem *in actione ex stipulatu, ut (ibi)* in l. contraria, *ut infra e. l. venditor hominis (D 21,2,8) et l. si cum venditor. § fi. (D 21,2,66,3) et supra de ac. emp. Titius* (D 18,1,81), nisi specialiter pro sequenti corpoream, que obinet nomen iuris, puta si emit hereditatem vel bonorum possessionem vel peculium - *aut* quis emit universitatem corpoream, que non obinet nomen iuris sed facti, puta si emit gregem vel armentum - *aut* quis emit rem singularem et tunc aut individuum ut corpus, quod uno spiritu et una elementatione continetur, ut puta fundum vel hominem vel vaccam - *aut* totum integrale, quod consistit in pluribus inter se coherentibus, ut puta domum, armarium et navem. *in primo casu* [....] et tunc refert *aut* tota evincitur *aut* res singularis: si tota [....], si evincitur res singularis et tunc refert, quia aut promittitur evictio pro rebus singulariis et tunc agitur de evictione, ut hic in fine. alias non tenetur de evictione et est ratio: aut illa res singularis, que evincitur, erat hereditatis aut non erat hereditatis [....] *in secundo casu*, id est cum quis emit universitatem corpoream, que si obtinet nomen iuris sed facti [....] *in tertio casu*, id est cum quis emit rem singularem, que uno spiritu vel una elementatione continetur [....] si autem quis emit rem singularem et corpoream(!), puta si emo a te actionem, quam habes contra titium [....] sed quid si in re empta evincitur aliquid ius, id est servitus fundi vel res, que fundo accedebat. si servitus evincitur et tunc refert aut evincitur servitus personalis, ut ususfructus, aut realis. si evincitur servitus personalis ut ususfructus [....] *in quarto casu*, id est cum quis emit rem singularem, que consistit ex pluribus inter se coherentibus [....].

incremento fuerit promissum, ut infra e. l. sed et si quid. in prin. (D 21,2,15 pr.)

Ultimo[m] no. quod rerum alias universitatis iuris, de quibus dic ut infra e. l. servi (D 21,2,5). alias corporum, ut domus et grex et tunc ex empto, non de dupla singulari re evicta, ut infra e. l. nave (D 21,2,36) et sic etiam infra de usuca. eum qui. (D 41,3,23), alias uno spiritu, ut hic. item evincitur aut personalis aut realis servitus. de prima dic ut infra e.l. sed si quid § i (D 21,2,15,1), quia pars rei est, ut infra de leg.ii.cum filius § omnes (D 31,76,2[n]) in aliis servitutibus dic ut infra e.quod ad servitutes (75). in corporali singulari dic ut infra e.l.antepe.§ fi (D 21,2,74,3)

estimabitur[o]
concludit ergo estimationem etc.

[a] pars - rei *om. 2511, in margine ad.* pars - signific.
[b] ut - rei *om. Ln; totum ut hic relatum 739, 1413.*
[c] et *om. 2511, 739, 1413.*
[d] Sed - placet *def. Ln, 2511, 739; in ap. sic 1413.*
[e] *tota glosa def. Ln, 2511, 739; in ap. sic 1413, ubi def.* nisi vel.
[f] pro - diviso *def. Ln, 2511, 739; 1413 ins. propriam glosam (ad lit.* pro indiviso): secus si pro diviso.
[g] § fi *om. Ln; sic 739.*
[h] ex stipulatu et *om 2511, Ln (hic cum add. in margine ad* empto: vel actione ex stipulatu).
[i] *2511*§ i; *Ln, 739 om.* § i/fi; *1413 sic.*
[j] meliorationis rationem *scr. cum 2511.*
[k] et - fin *om. Ln, 2511, 739; 1413 sic.*
[l] *Ln, 2511, 739, 1413:* postea.
[m] ultimo- fin. *def. Ln, 2511,739* (*hic cum add. in margine:* hic deficit additio, que incipit: ultimo nota quod rerum etc.). *1413 sic in ap.*
[n] *§ 2 incipit* dominus!
[o] *vide infra N. 41.*
[p] zur Kontrolle des Textes dieser Kolumne s. u. N. 47.

Wie aus der hier in den Text der *gl.ord.* integrierten Wiedergabe des *m.ap.* mit nicht allzu großer Mühe zu ersehen sein wird und wie darum auch kaum einer Erläuterung bedarf, ist das Verhältnis dieser beiden Apparate zueinander auch hier so, daß der eine, sc. die *gl.ord.,* lediglich die Fortführung des anderen ist.[41] In substantieller Hinsicht ist - von dem mit *ultimo nota* beginnenden Schluß der *gl.regressus* (die eine *additio* zur ersten Version des Texts der *gl.ord.* ist) zunächst abgesehen - in der *gl.ord.* so gut wie nichts, was nicht auch der *m.ap.* hat. Es ist nur alles mit mehr Worten und hier alles auch in kaum veränderter Anordnung gesagt und so dem Leser verständlicher gemacht, was schon der *m.ap.* hat. Dies gilt für die *gl.ord.* noch in der Fassung, die *cum grano salis* die endgültige ist, und dies ist geradezu evident, wenn man von dieser Fassung alles dasjenige sich als fehlend denkt, was zu der ursprünglichen Version eine (hier durch die eckigen Klammern kenntlich gemachte) *additio* ist.[42] Wo also der *m.ap.* sich begnügt mit der Allegation, sei es einer die einzelne Aussage dieser *lex* bestätigenden oder ergänzenden (D 19,1,41 a. A. der *gl.regressus*), sei es einer zu ihr konträren Stelle (D 21,2,56,2 in der *gl.pars,* D 21,1,64, 1 in der *gl.regressus*) und so den Leser dieses Apparats zwingt, die allegierte Stelle nachzuschlagen und deren hier relevante Aussage selbst herauszufinden, nimmt die *gl.ord.* ihm diese Mühe ab, gibt an, um welche Aussage der allegierten Stelle es geht und fördert so die vor allem aus den die Litera paraphrasierenden Darstellungen der Summen resultierende Tendenz der Verdrängung der Litera, der *lex* durch diejenige Arbeit, die nur deren Medium ist. - Wo der *m.ap.* eine *infra* stehende, also in der Legalordnung noch folgende Konträrstelle allegiert und zu dem so bezeichneten *contrarium* keine *solutio* gibt, so daß der Leser *infra,* sc. im Apparat zu der Konträrstelle, die *solutio* aufsuchen muß (so in der *gl. pars* die *solutio* zu dem durch D 21,2,56,2 bezeichneten *contrarium*), bleibt in der *gl.ord.* diese *solutio infra* weg und wird hier dem Allegat dieser Konträrstelle angefügt, so daß das bloße Allegat der Konträrstelle

---

[41] Die *gl.ord.* hat zu D 21,2,1 außer den hier wiedergegebenen 6 Glossen noch eine weitere zu *aestimabitur.* Sie ist wie die andere Glosse zu diesem Wort ohne Vorlage im *m.ap.* zu dieser *lex,* steht aber wohl im Zusammenhang mit dem, was dieser Apparat zu D 21,2,64 (der *l. ex mille*) hat, was zu klären hier zu aufwendig ist. In der *gl.ord.* ist diese *gl. aestimabitur* eine *additio,* die offenbar erst relativ spät in den Apparat integriert worden ist. Sie ist aus diesem zweifachen Grund hier außer Betracht gelassen.

[42] Der Text der 1. Version ist hier, die Varianten in den Fußnoten nachgewiesen, derjenige in mss Leiden (Ln) und Vat. lat. 2511. Er ist hier nur verglichen mit mss Basel, Douai, Florenz BML Acquisti e Doni 417, Kues 1 und 2; die Differenzen sind durchweg Abschreibfehler (zu einer Besonderheit von Douai s. hier u. N. 60), sodaß ich auf den Nachweis verzichtet habe. Die *additiones* sind so bezeichnet, wie sie in BAV Pal. lat. 739 und Vat. lat. 1413 (verglichen sind insoweit ferner K3, K4, Tübingen, Bamberg) ersichtlich sind. Diese Beschränkung des Nachweises beruht auf der Beobachtung, daß eine in 739 als solche ersichtliche *additio* in 1413 mit einer gewissen Regelmäßigkeit in den Apparat integriert ist (was hier durch *in ap(paratu)* bezeichnet ist) und daß in 1413 der Text des Apparats zudem Stücke hat, die auch als *additio* in 739 noch fehlen (s. zu diesen beiden Hss auch *Soetermeer* [o. N. 13], S. 269f.). Es scheint mir mit m.a.W. so zu sein, daß der Text von 1413 um jedenfalls eine Stufe weiter ist als derjenige von 739.

im *m.ap.* nun eine Glosse geworden ist.[43] - Wo die *solutio* eine zweifache ist, indem wie hier in der *gl. pars* der *solutio secundum Joannem* im *m.ap.* noch eine andere Auflösung des *contrarium* ohne Bezeichnung von deren Autor hinzugefügt ist und man nur vermuten kann, daß der Kontrahent des Johannes doch wohl Martinus sein wird, nennt die *gl.ord.* diesen Autor beim Namen[44], allegiert dazu eine Stelle, die für diese *solutio* eine Stütze sein könnte und führt dann schließlich, und dies in einer *additio*, aus, daß und warum diese Stelle die Ansicht des Martinus aber doch nicht stützen könne, also *prima* (sc. *responsio*) *placet*, d.h. die - von Azo übernommene - *solutio Joannis* doch die richtige ist. - Hinsichtlich der *gl.(ord.) evicte* ist bemerkenswert, daß anstelle dieser einen Glosse der *m.ap.* deren zwei hat, und zwar in der Weise, daß der in der *gl.ord.* zweite (mit *in casu tamen* bzw. im *m.ap.* mit *et tunc etiam* beginnende) Teil als eine besondere Glosse zu der Litera *pro indiviso* dem ersten Teil: *qualitate - incertitudinem* (dessen Bezug auch im *m.ap.* die Litera *evicte* ist) voransteht.[45] Die *gl.ord.* kehrt diese Reihenfolge um: sie fügt der Aussage zu *evicte* (sc. *qualitate etc.*) das *potest haberi etc.* an, gibt also zuerst die Regel und dann die Ausnahme, macht dieses Regel-Ausnahme-Verhältnis mittels Ersetzung der - im *m.ap.* die Litera *pro indiviso* fortsetzenden - Einleitung: *et tunc etiam* durch: *in casu tamen et* so deutlich wie nur möglich, und sie verdient sich so gewiß das Prädikat, eine *ordinaria glossa* zu sein.

Eine gewisse Erweiterung der Substanz des *m.ap.* hat die *gl.ord.* in den beiden Glossen zu *emptor* und *portio*[46], und dasselbe ist auch von dem Schluß der *gl. regressus* (in deren ursprünglicher Version) zu sagen, wo zu der Aussage des *m.ap.*, daß eine nach Kaufabschluß eintretende Verbesserung der Kaufsache in der bei Eviktion verfallenden *actio ex stipulatu* außer Betracht bleibe, die Einschränkung hinzugefügt wird, es sei dies anders, wenn der Stipulationsakt etwas anderes bestimme. Es ist dies eine substantielle Ergänzung des *m.ap.*, die an Trivialität diejenige der beiden Glossen zu *emptor* und *portio* noch übertrifft.

Über die Substanz des *m.ap.* geht in einer nicht nur trivialen Weise die *gl.ord.* erst in der mit *ultimo nota* eingeleiteten *additio* zu der *gl.regressus* hinaus. Es handelt sich bei dieser *additio*, wie durch das zweimal wiederkehrende *alias* evident ist, um eine *distinctio*. Mit einer solchen und, was den Inhalt betrifft, offenbar auch mit derselben *distinctio* beschließt auch Odofredus seine Lectura zu dieser *lex* (s. hier nach dem in den Text des Odofredus eingefügten Absatz).[47] Er mahnt

---

[43] Zur Veränderung der bloßen Allegate in Glossen s. bereits o. N. 19.

[44] Es ist also auch nicht etwa so, daß die Kompilation der Ansicht des Johannes und des Martinus eine Leistung erst der *gl.ord.* ist. Diese Kompilation lag im *m.ap.* bereits vor, sie wird in der *gl.ord.* nur redigiert: sprachlich verändert und (s. das im Text Folgende) ergänzt.

[45] Was auch hier nicht im räumlichen Sinne zu verstehen ist: s.o. N. 31

[46] Von denen die erste eine wohl nicht allzu frühe *additio* ist.

[47] In dem vorangehenden, hier nicht wiedergegebenen Text des Odofredus geht es zu dem *contrarium* zwischen D 21,2,1 und eod. 56,2 um die beiden in der *gl. pars* des *m.ap.* und

die Aufmerksamkeit seiner Hörer wegen dieser *distinctio* an, weil *jo et az* sie höchst verworren: sowohl obskur als auch (zu) kurz *hic scripserunt*. Dies kann sich, da es zu dieser *lex* im *m.ap* überhaupt keine *distinctio* gibt, nicht auf diesen Apparat beziehen. Ist es auf die *gl.ord.* bezogen, also *hic* auf die Position dieser *distinctio* am Ende dessen, was zu dieser *lex* in diesem Apparat behandelt ist, dann heißt dieser Apparat hier abermals *jo et az*. Dieser Bezug ist dadurch jedenfalls indiziert, daß das, was Odofredus über die Qualität der von *jo et az* geschriebenen *distinctio* sagt, bezüglich der *distinctio*, wie sie die *gl.ord.* in dieser *additio* hat, nicht einmal eine Übertreibung ist. Denn man kann doch wirklich nur ahnen, daß es (mit *quod rerum*) darum gehen soll, hinsichtlich der im Evictionsfall gegebenen Klagen *ex empto* und aus der *stipulatio duplae* nach der Art des Kaufgegenstandes zu unterscheiden, nämlich danach, ob gekauft ist eine *universitas iuris* oder eine *universitas corporum*, was durch die dazu gegebenen Beispiele plausibel ist und wenigstens vermuten läßt, daß die *universitas iuris* von unkörperlicher Beschaffenheit sein muß. Von welcher Beschaffenheit aber der zu dem dritten *alias* folgende mit *uno spiritu* bezeichnete Kaufgegenstand sein könnte, ist so dunkel wie der gedankliche Zusammenhang dieser drei Kaufgegenstände mit der nun folgenden Eviction einer Personal- oder Realservitut. Der letzte Satz nennt dann offenbar noch einen vierten Kaufgegenstand: die körperliche Einzelsache, so daß nun klar ist, daß es sich bei allen drei zuvor genannten Kaufgegenständen um Sachgesamtheiten handeln soll, und so daß man sich noch fragt, was dann gelten soll, wenn eine unkörperliche *res singularis* verkauft ist.

Was diese in ihrer Aussage und dem Gang ihres Gedankens kaum nachvollziehbare *additio* tatsächlich ist und woher diese substantielle Erweiterung des *m.ap.* in der *gl.ord.* stammt, ist in Azos Codexsumme ersichtlich, wo in dem *de evictionibus* handelnden Titel (8,45) in dessen §§ 8 und 9 zu der Frage: *de quibus rebus agitur de evictione*? unterschieden wird danach, ob Gegenstand des Kaufs ist: (1) eine *universitas iuris ut hereditas vel peculium* - (2) eine *universitas corporea, que ex pluribus inter se coherentibus constat ut grex* - (3) eine *res singularis*

der *gl.ord.* angegebenen *solutiones*, ohne daß ein Bezug auf diesen oder jenen Apparat ersichtlich ist. Den nach dem Absatz folgenden Text, um den es hier und im weiteren geht, hat allein die gedr. Ausgabe: N hat zu D 21,2,1 nur den Anfang (nach *puta si vendidisti* ist eine bis in die Lectura zu D 21,2,11 pr. reichende Lücke). K endet bereits mit der Lectura zu D 20,4,3. F ist von der gedr. Ausg. hier derart verschieden, daß es sich nur um die Nachschrift entweder eines anderen Reportators oder einer anderen Vorlesung (die Odofredus gewiß immer wieder gehalten hat) handeln kann. Der Anfang des Stücks, das dem hier relevanten Text der gedr. Ausg. entspricht, lautet: *et ad solutionem huius contrarii distinguo: cum quis vendit aut rem singularem aut universitatem. Item cum vendit rem singularem aut corporalem aut incorporalem....* Es fehlt also alles zur Qualität der *distinctio*, die *jo et az hic scripserunt*, also das Stück: *et ut plene- faciant et sic*. Daß das, was dazu die gedr. Ausg. hat, nicht den Vortrag des Odofredus wiedergibt, ist allein wegen dieser einen Hs nicht annehmbar - so fragwürdig auch die Gewißheit ist, mit der *Tamassia*, S. 42-3 gemeint hat: 'L' edizione di Lione..... deve aver avuto a base i migliori e più completi ms. del Codice e delle Pandette'.

und hinsichtlich dieser, ob sie ist *(a)* ein *totum integrale, ut domus* oder (b) eine *res, que (ut homo, fundus) uno spiritu i.e. una elementatione contineatur*, in welchem Fall es nicht darauf ankommen soll, *sive evincatur pars pro indiviso sive pro diviso*, was dann in den Fall fortgedacht wird, *si non rei pars, sed in rem servitus evincatur: si quidem personalis ... si predialis* - sowie schließlich (4) eine *res singularis et incorporalis.* Von dieser hier nur in ihrer Grundstruktur referierten *distinctio* ist die *additio* am Ende der *gl.regressus* nicht etwa eine verkürzte Fassung zu nennen, sondern nur zu bezeichnen als der mißlungene Versuch oder, vielleicht besser gesagt, als der flüchtig: *et obscure et breviter* skizzierte Entwurf zu einer Wiedergabe dieser *distinctio.* Sie gehört offenbar nicht zu den späten *additiones*, da sie in ms Vat. lat. 1413 bereits in den Apparat integriert und in ms Pal. lat. 739 immerhin als fehlend bereits notiert ist, und es ist daher etwas verwunderlich, daß ihre Mangelhaftigkeit in den späteren Revisionen des Textes der 1. Version unbemerkt geblieben, nicht einmal das in der Bezeichnung des § (*omnes* statt *dominus*) falsche Zitat von D 31,76,2 berichtigt worden ist. Doch folgt hieraus nicht mehr als die Frage, ob es im Verhältnis zu den frühen Revisionen, deren *additiones* in einem Text auf der Entwicklungsstufe von ms Vat. lat. 1413 bereits in den Apparat integriert sind, und den späteren einen qualitativen Unterschied geben könnte.

Was den Bezug des Odofredus auf die *gl.ord.* und also deren Bezeichnung als *apparatus jo et az* betrifft, so ist dafür ein nicht geringes Indiz die hier getroffene Feststellung, daß das, was Odofredus von der *distinctio,* die *jo et az hic scripserunt,* sagt, für die in der *gl.ord.* eben (sc. i.f. der *gl. regressus*) hier vorhandene *distinctio* zutreffend ist. Es ist dies ein hinreichendes Indiz allerdings nur dann, wenn auszuschließen ist, daß Odofredus so, wie er redet, von der anderen hier als Bezug noch möglichen *distinctio*, sc. von derjenigen der azonischen Summe, nicht geredet hat. Dies ist aber doch wohl auszuschließen, zum einen dadurch, daß die *distinctio*, die er seinen Hörern als *planius et latius* ankündigt und dann vorträgt, in schlechterer Ausführung doch gar nichts anderes als die *distinctio* ist, die in der azonischen Summe steht.[48] Diese ist weder intrikat noch obskur und doch auch

[48] Alle vier *casus* des Odofredus hat auch die azonische *distinctio*, nur in anderer und perfekter Anordnung: der Fall 3b der azon. *distinctio* (*homo/ fundus* als Kaufgegenstand) steht bei Odofredus als *tertius casus*, der Fall 3a (*domus*) als *quartus casus*, was nicht nur eine Umkehrung der Reihenfolge, sondern auch, weil im Fall des Kaufs einer *domus* dasselbe wie im Fall 2 (Kauf eines *grex*) gelten soll, sicher keine Verbesserung ist. Völlig deplaziert steht bei Odofredus der Fall des Kaufs einer *res singularis et incorporalis*: nachdem zum *tertius casus* (Fall 3b bei Azo) der Fall der Eviction von Teilen einer einheitlichen Sache erledigt ist, wird - wegen des dann folgenden Exempels: *puta... actionem* - gewiß zu lesen sein: *si ...emit rem singularem et incorpoream.* In dieser Position zerstört dieser hier ohnehin nicht passende Fall den bei Azo trefflichen Zusammenhang der Eviction von Teilen einer einheitlichen Sache mit der dann folgenden Eviction eines mit dem gekauften Grundstück verbundenen Rechts aus einer Servitut. Da Odofredus gewiß Azos Summe benutzt hat, ist jedenfalls diese Differenz seiner *distinctio* zu der azonischen in seiner Lectura unbegreiflich. Sie ist nur plausibel aus dem Fehler des Re-

nicht eigentlich kürzer zu nennen als das, was Odofredus ausführt, so daß dieser, wenn er sich hier auf die azonische *distinctio* bezogen hätte, seinen Hörern etwas gesagt hätte, von dem er selbst wußte, daß es falsch ist. Man kann Odofredus gewiß einen 'prattler'[49] nennen, also einen Mann, in dessen Rede nicht alles für bare Münze zu nehmen ist; man kann von ihm sagen, er sei das Muster eines Professors, der keine Gelegenheit versäumt, den eigenen Vortrag anzupreisen und sich selbst zu loben, und der zu diesem Zweck in der Arbeit der anderen auf jede Wunde den Finger legt. Aber daß er Anstoß nimmt, wo kein Anstoß zu nehmen ist, daß er seine Hörer wissentlich in die Irre führt, dafür fehlt jeder Beweis, und dafür ist mit dieser Stelle der Beweis auch nicht zu führen. Denn in dem Text, den wir von seiner Lectura haben, ist doch noch zu spüren, daß Odofredus hier außer von der *distinctio*, die er selbst ausführen will, nicht von nur noch einer weiteren gesprochen hat: die *distinctio* bei *jo et az* ist *intricate* etc. geschrieben, *ego tamen* - ich jedoch, so heißt es dann weiter, werde nichts auslassen, was in den *antiquis et novis scriptis* steht[50] - 'ich referiere Euch, Signori, diese *distinctio planius et latius* als *jo et az;* ich kenne, da ich mich in den *antiquis et novis scriptis* auskenne, die Quelle dieser *distinctio* und weiß diese besser wiederzugeben, als sie in *libris vestris* steht.' *Advertatis hanc distinctionem*, wie er zunächst sagt, wird daher auch den Sinn haben: 'Ihr dürft nicht meinen, die Distinction, um die es nun geht, stehe in Euren Büchern und es sei daher nicht so wichtig, hier aufzupassen; in Euren Büchern steht der *apparatus jo et az*, aber wenn Ihr wissen wollt, was Azo wirklich gesagt hat, dann bin ich Euer Mann, dann dürft Ihr Euch nicht begnügen mit jenem, der in Euren Büchern die Glossen schreibt und von dem Ihr meint, er schreibe diese *ut dicit Azo*.'[51] Daß Odofredus von zwei Distinktionen (oder, besser gesagt, von zwei Versionen einer *distinctio*) redet: von der azonischen in der Summe und von dem, was *jo et az* daraus gemacht haben, dafür ist schließlich noch ein Indiz das *consuevit* am Anfang dieses Stücks. Emendiert man wegen des dazu fehlenden Subjekts in *consuevi*, dann ergibt sich der verkehrte Sinn, daß *jo et az* das schreiben, was er - Odofredus - in seiner Vorlesung sagt. Läßt man *consuevit* stehen, dann bedarf es der Einfügung eines - von Odofredus - verschiede-

---

portators, der die in seiner Nachschrift sog. Fälle 3 und 4 nicht als die beiden Varianten des dritten Falls (*res singularis et corporalis*) erfaßt hat und der, weil Odofredus gem. der azonischen Vorlage von nur vier Fällen gesprochen hat, den Fall der *res singularis et incorporalis* nicht anders als bei den Servituten unterzubringen gewußt hat.

[49] S. o. N. 9.

[50] Eine fast gleiche Erklärung s. zu D 19,5,5, f. 122vb: *non ommittam aliqua de his, que inscripta sunt per antiquos vel modernos* - dies und unser Text sagen auf eine andere Weise dasselbe, was in dem von *Savigny* entdeckten Prooemium zu einer Dig.vetus- Vorlesung heißt: *Legam etiam omnes glossas, quod ante tempora mea non fiebat* (*Savigny* III, S. 511 N. d). Der Autor dieser Vorrede mag ein anderer als Odofredus sein, s. *Soetermeer* [o. N. 2], S. 2887-9. Da er aber doch dasselbe sagt wie Odofredus an den beiden hier angeführten Stellen, ist dessen angebliche 'habitude de ne pas discuter les gloses de son rival Accurse' (*Soetermeer*) nicht dadurch plausibel, daß es gar nicht Odofredus ist, der in jenem Prooemium seinen Hörern erklärt, ihnen alle Glossen erläutern zu wollen.

[51] S. hierzu o. S. 114.

nen Subjekts, und kein anderer als Azo kommt dafür in Frage. Mit Azo als Subjekt zu *consuevit* aber sagt unser Text, es gehe nun um eine Distinktion Azos, die *jo et az intricate etc.* geschrieben haben und die er - Odofredus - *planius et latius* ausführen werde. Es ist dann in diesem Text exakt das gesagt, was eben so, wie es gesagt ist, stimmt.

Zu der hier in den Text der *gl.ord.* integrierten Wiedergabe des *m.ap.* bleibt in Hinsicht auf das Ausmaß der Identität dieses Apparats und der *gl.ord.* noch nachzutragen, daß in den für den *m.ap.* hier benutzten Hss[52] der Glossenbestand zu D 21,2,1 kein gleichförmiger ist und die vorhandenen Verschiedenheiten hier sich jedenfalls nicht vollständig aus der "Nachlässigkeit der Abschreiber" oder aus einer "nachträglichen Verstümmelung" der Hss erklären lassen.[53] Die Verschiedenheit betrifft zum einen die in der *gl.ord.* am Anfang der *gl. pars* ersichtliche *gl. rei appellatione - rei* (im folgenden *gl.* 1) und des weiteren von der *gl.(ord.) evicte* deren 1. Teil (sc. *qualitate - incertitudinem*), der, wie bereits bemerkt, im *m.ap.* eine eigene Glosse (mit demselben Bezugswort) ist (im folgenden *gl.* 2).

Die *gl.* 2, die dadurch merkwürdig ist, daß sie nie mit der im *m.ap.* nur selten ausgelassenen Sigle des Azo versehen ist,[54] fehlt in diesem Apparat überhaupt in G(ent), S(tockholm) sowie in den beiden vatikanischen Hss Vat. lat. 1408 und B(orghese) 225. Jede dieser vier Hss hat in ihrem vorazonischen Glossenbestand,

---

[52] Das sind alle hier o. in der Einleitung genannten außer P2, wo nach f. 200v (D 21,1,23,2) eine bis in das 22. Buch der Dig. reichende Lücke ist.

[53] Wie das *Savigny* (s. o. N. 23 i.f.) für alle Verschiedenheiten in den Hss des *m.ap.* angenommen hat.

[54] Eine in der Eigenart dieser Hs begründete Ausnahme ist P3. Unter den Hss des *m.ap.* ist diese Hs in mehrfacher Hinsicht ein Unikum: die Glossen zu jeder *lex* sind in einem Block geschrieben, dessen Text mit dem Anfangswort der *lex* beginnt; der Bezug der einzelnen Glossen zur Litera wird hergestellt nicht mittels des sonst üblichen Verfahrens (sc. aus Punkt- Strich- Kombinationen bestehenden Zeichen), sondern - wie in den jüngeren Hss der *gl.ord.* - durch Wiederholung und Unterstreichung des Bezugsworts. Die Handschrift hat, in dieser Weise angeordnet, den (vollständigen?) *m.ap.* und dazu, worauf es hier ankommt, Stücke, an deren Ende die Hugolinus-Sigle steht. Diese Stücke stehen häufig am Schluß des Blocks, aber auch zwischen den Azo-Glossen, und immer (oder doch i.d.R.) da, wo an ein azonisches Stück eine Hugolinus-Glosse angefügt ist, steht die Sigle Azos: zu unserer *lex* steht am Anfang des Blocks die azonische Glosse *regressus* mit Azos Sigle i.f.; es folgt mit dem Bezugswort *tota res* eine Hugolinus-Glosse, dann die azonischen Glossen zu *pars* (d.i. die hier sogenannte *gl.* 1), *indiviso, evicte* (hier *gl.* 2) sowie schließlich mit *regressus* als Bezug wieder eine Hugolinus-Glosse. Vor dieser und also i.f. unserer *gl.* 2 steht die Azo-Sigle! Der Apparat, den diese Hs hat, ist aber, wie das zuvor Gesagte ergibt, ein aus dem Hugolinus- Apparat angereicherter *m.ap.*, gewissermaßen eine Kompilation aus diesen beiden Apparaten, und die Siglen haben hier die besondere Funktion, die beiden Bestandteile des Apparats voneinander zu trennen. Daß zu unserer *gl.* 2 die Sigle Azos steht (und, wie schon hier zu bemerken ist, zu der *gl.* 1 *pars* fehlt), kann daher für das, was hier im folgenden zu demonstrieren versucht wird, außer Betracht bleiben.

dem der *m.ap.* beigeschrieben ist, eine gleichlautende Glosse, in B 225 als Rand-, in den beiden anderen Hss als eine interlineare Glosse, an deren Anfang 1408 (und n. b. vor dem Einfügungszeichen!) die Sigle des Irnerius (y) steht. Von den anderen wegen des *m.ap.* hier benutzten Hss hat zu diesem Apparat einen vorazonischen Glossenbestand noch die hier als M1 bezeichnete Münchner Hs, und in dieser ist die *gl.* 2 in identischer Fassung zweifach vorhanden: in dem alten Bestand und dort mit der Sigle y am Schluß sowie im *m.ap.* (d.h. von der Hand, die diesen schreibt) und hier mit der dem Einfügungszeichen voranstehenden Sigle y sowie einem weiteren y, dem noch drei (?) schwer lesbare Buchstaben (vat? at?- vacat?) folgen, am Schluß. Es kann aufgrund dieses Befundes kaum zweifelhaft sein, daß der Autor dieser *gl.* 2 Irnerius ist, und es steht jedenfalls außer Frage, daß sie eine *antiqua glosa* ist.[55] In den Hss des *m.ap.*, in denen dieser hier der älteste Bestand ist, d. i. in P1, Vat. lat. 2512, M2, B ist dies nicht ersichtlich: die *gl.* 2 erscheint hier als Bestandteil des *m.ap.*, und nur der Umstand, daß zu ihr Azos Sigle fehlt, kann den bedenklichen Leser vor die Frage stellen, ob er es mit der Nachlässigkeit eines Abschreibers oder mit einer in den *m.ap.* rezipierten älteren Glosse zu tun hat.

Einen ähnlichen Befund ergeben die Hss für die *gl.* 1: sie fehlt im *m.ap.* ganz in B 225 und ist - wie auch die *gl.* 2 - hier vorhanden in dem alten Glossenbestand mit der Sigle des Martinus. Sie ist in G, S und in M1 doppelt: in dem alten Bestand (in G und S interlinear) ohne Sigle, im *m.ap.* von G und M1 mit der Sigle des Martinus. Mit dieser selben Sigle steht diese Glosse auch im *m.ap.* (d.h. von der Hand, die diesen Apparat schreibt) in B, M2 sowie 2512, und nur in S, P1 und in 1408 ist an ihren Schluß die Sigle Azos gesetzt- lediglich 1408 (weil dieselbe Glosse hier nicht wie in S auch in dem alten Bestand vorhanden ist) und P1 vermitteln den verkehrten Eindruck, daß eine Azo-Glosse sei, was tatsächlich nur eine in den *m.ap.* rezipierte Martinus-Glosse ist.[56]

Die Verschiedenheit des *m.ap.* in den Hss hinsichtlich dieser beiden Glossen betrifft, wie aus dem vorstehenden Befund sich ergibt, die Offenlegung des Verhältnisses dieses Apparats zu der *antiqua glosa.* Es ist die Ausnahme und darum doch wohl eine Nachlässigkeit des Abschreibers, daß das, was tatsächlich eine *antiqua glosa* ist, als eine Glosse Azos bezeichnet wird.[57] Die Qualität der Glosse als einer alten ist in der Regel ersichtlich, und dies nur auf eine mehr oder weniger deutliche Weise, indem die im alten Bestand vorhandene Glosse im *m.ap.* wiederholt wird; indem die zu der Glosse des alten Bestands fehlende Sigle nun im *m.ap.* gesetzt wird; indem die Sigle, wo es keinen alten Bestand gibt, fortgeführt wird

---

[55] S. auch Vat. lat. 1405, London, Padua, wo sie ohne Sigle jeweils interlinear steht.

[56] Jeweils ohne Sigle steht sie interlinear in Padua und Vat.lat. 1405; in Trier, London (hier wohl im Hugolinus- Apparat) auf dem Rand.

[57] Das Versehen des Abschreibers ist daraus erklärlich, daß die Sigle des Martinus (d.i. *m*) und diejenige Azos (*az*) wegen der mittelalterlichen Schreibweise des *m* leicht zu verwechseln sind und auch, wie immer wieder zu beobachten ist, verwechselt werden.

oder doch wenigstens eine Bezeichnung der rezipierten Glosse mit der Sigle Azos unterbleibt. Es ist wohl die Ausnahme, und es wird hier insoweit eher Bequemlichkeit als Nachlässigkeit des Abschreibers sein, daß eine in den *m.ap.* rezipierte Glosse, wenn sie im alten Bestand vorhanden ist, im *m.ap.* nicht wiederholt ist (*gl.* 2 in 1408, G, S). In der Regel wird sie wiederholt, und dies ist anders nur in B 225. Denn was i.ü. die Ausnahme zu sein scheint, daß nämlich eine in den *m.ap.* rezipierte alte Glosse in diesem Apparat nicht wiederholt wird, ist hier, sofern es sich um eine im alten Bestand d i e s e r Hs vorhandene Glosse handelt, die Regel.[58] Es nimmt hierdurch, wie auch noch in anderer Hinsicht, diese Hs unter den Hss des *m.ap.* eine Ausnahmestellung ein, wegen der ihr für die Genese des Textes des *m.ap.* eine besondere Bedeutung zukommt.[59]

In der *gl.ord.* ist lediglich hinsichtlich der *solutio* zu dem zwischen dieser *lex* und D 21,1,56,2 angenommenen *contrarium* offengelegt, daß der Ansicht des Johannes eine *antiqua glosa* entgegen steht. Aber gerade hierdurch, daß zu der neueren Ansicht des Johannes die *antiqua opinio* des Martinus angeführt ist, entsteht der Eindruck, daß alles andere aus ein- und derselben Feder stammt. Wenn die *gl.ord.* nur die Fortführung des *m.ap.* ist, so ist nicht verwunderlich, daß die Herkunft der gesamten Substanz von Azo nicht offengelegt ist.[60] Aber von dieser

---

[58] Nachdem ich im Vergleich von 1408 und 2512 einerseits und B 225 andererseits den unterschiedlichen Bestand des *m.ap.* in einer Reihe von Fällen bemerkt hatte, war meine erste Vermutung, daß B 225 eine frühere Version des *m.ap.* habe. Tatsächlich ist der Bestand unterschiedlich aber nur bei solchen Glossen, die B 225 in dem alten Bestand schon hat. Dies ist aber so regelmäßig der Fall, daß Willkür oder Bequemlichkeit des Abschreibers wohl auszuschließen ist.

[59] Die Ausnahmestellung besteht in der anderen Hinsicht darin, daß zum *m.ap.* in einer breiten Schicht *additiones* geschrieben sind, die teils den *m.ap.* regelrecht (und meist *secundum Azonem*) fortschreiben und sich gelegentlich auf das stützen, was Azo *in scola/cathedra* (f. 100v, 111r) gesagt habe, teils handelt es sich um *additiones*, deren Charakter eine nicht selten umfängliche Kompilation insbesondere aus der *antiqua glosa* ist, so z.B. zu D 18,1,9, wo zudem ein *commentum* des Johannes extrahiert ist. Der Autor dieser *additiones*, der die Sigle ./. benutzt, kennt den *liber Azonis* (f.190v) und weiß, was Azo *interrogatus* respondiert hat (f. 177v, s.a. f. 99v : *Azo repondit mihi querenti*). Die gesamte Randglosse, einschließlich dieser *additiones* ist in dieser Hs bis f. 88v (D 9,2) fast vollständig ausradiert. Auf den ersten Blättern ist begonnen, die *gl.ord.* einzutragen. Wem es um die Geschichte der Wirkung des Textes der *gl.ord.* geht und wer zur Veranschaulichung dieser Wirkung ein Exempel braucht, wird kaum ein besseres als diese Hs finden.

[60] Dies ist, was die hier benutzten Hss mit der 1. Version der *gl.ord.* betrifft, scheinbar anders in ms Douai: Der Text ist dort derjenige dieser 1. Version; die Sigle des Accursius steht i.f. fast jeder Glosse, gelegentlich aber, und so mit f. 238v beginnend und dann fortlaufend bis f. 249r, zu fast jeder Glosse die Sigle Azos; wo hier das *ac* des Accursius überhaupt noch steht, ist häufig dieser Sigle diejenige Azos (*az*) hinzugefügt und das *ac* unterpunktiert oder sonst korrigiert; demgemäß hat der Apparat zu D 21,2,1 f. 240v zu der *gl. pars* die Sigle Azos, ebenso zu *evicte* und *portio*; i.f. der *gl. regressus* aber steht *ac* (unkorrigiert), zu der Glosse, die die 1. Version zu *aestimatio* hat, stehen beide

Substanz: von den fünf Glossen, die den *m.ap.* fortschreiben, sind zwei aus den *scriptis antiquis* in diesen neueren Apparat rezipiert, und dies ist in dessen neuester Bearbeitung: *in glosis nostris ordinariis* nicht mehr sichtbar: Es ist die Geschichtlichkeit der Substanz der *gl.ord.* in ihrem Text nicht mehr zu erkennen; es ist mithin in ihr perfiziert, was in den Hss des *m.ap.*, wo dieser nicht Zutat zu einem alten Bestand ist, sich erst anbahnt. Der *gl.ord.* ist hiermit ihre Qualität als Kompilation, in der die in der Schule der Glossatoren geleistete Arbeit konserviert ist, nicht streitig zu machen. Aber sie ist doch nur eine Kompilation, die von ihren Quellen, wie Seckel[61] gesagt hat, nur ein „überaus lückenhaftes und unzuverlässiges Bild“ vermittelt, wozu der folgende Abschnitt noch einen weiteren, eigenartigen Beleg ergeben wird.

5. D 5,1,37 - C 3,32,13

Azo Lectura (super C 3,32,13)

Et voluerunt quidam dicere, quod, cum agitur pro possessione recuperanda vel adipiscenda, simul intentari possit iudicium proprietatis. secus si de retinenda: quia tunc idem esset sibi contrarius, cum rei vindicatio non detur possidenti, ut instit. de action. (I 4,6) in prin. adversario enim parit possessio in rem actionem. quare contenderet se possidere et non possidere, quae absurditas non admittitur, ut notavi infra de furt. l. i. (C 6,2,1). et quod intentari possit rei vindicatio, cum agitur de possessione recuperanda, probatur ff. de vi et vi arm. cum fundum. § ultim. (D 43,16,18,1). nos contra dicimus, quia sive agatur de recuperanda possessione sive retinenda sive adipiscenda, prius debet iudicari de possessione quam de proprietate. et pro nobis facit l. ista, cum loquitur generaliter de possessione et infra de interdictis l. incerti. (C 8,1,3) et ff. de iudic. si de vi (D 5,1,37). et infra quorum bonorum l. ultim. (C 8,2,3) nec obstat l. de vi et vi arm. (D 43,16,18,1), quia quod ibi dicit: pendente iudicio, subaudi: et deserto, omisso enim iudicio rei vindicationis poterit ad

m.ap.

C 3,32,13 - ordinarii
proprietatis
queritur an de possessione et proprietate simul libellum quis concipere possit. quidem (!) distinguunt, an rei vendicationem velit intendere cum interdicto uti possidetis, et tunc nullo modo admittatur, quia se ipse contrarius est, si quidem intendendo interdictum uti possidetis se possidere dicit, intendendo rei vendicationem dicit alium possidere ideoque repellitur, ut ff qn. appel. sit l. i. (!) § sed si alius (D 49,4,2,1). sed contra hoc videtur, quod est in ff de acquir. poss. l. naturaliter § nichil (D 41,2,12, 1). potest tamen dici aliter. secus si intendit interdictum recuperande possessionis. eam intelligendam quam sonet, ut probatur aperte ff de vi et vi ar. l. cum fundum § ult. (D 43,16,18,1). sed est contra ff de iudiciis. si de vi et pos. (D 5,1,37), in (?) de possessione indistincte primo est tractandum vel de proprietate, si velit actor alteri eorum renuntiare. sed simul super utroque iudex eum non admittet, ut ar. infra quorum bonorum l. ult. et infra de edic. divi adriani tol. quamvis

---

Siglen. Allein schon hieraus, daß im *m.ap.* nicht vorhandene Glossen Azos Sigle haben, zu der in ihrer Substanz azonischen Glosse *regressus* aber die Sigle des Accursius steht, geht hervor, daß der Verwendung der azonischen Sigle und deren Dominanz in diesem Stück wie auch in den anderen, gleichartigen Stücken dieser Hs keine Aussage über die Herkunft zu entnehmen sein wird.

[61] S. in *Genzmers* Nachruf auf *Emil Seckel* SZ 46 (RomA 1926), 216 (239).

gl.ord.

D 5,1,37

si de vi

Pone casum in quolibet genere interdictorum, sive retinende possessionis, sive recuperande, sive adipiscende [cum unus contra alium petitorio, alter vel idem possessorio agere velit], que genera invenies per exempla insti. de interdic. § sequens (I 4,15,2), ut semper primo agatur de vi, id est de violenta possessione, quam de possessione, id est de proprietate. [Et dicitur violenta possessio, quia cuilibet possessioni, propter quam intentatur interdictum, inest aliqua vis]. et secundum hoc non obstat C. de ap. l. i. (C 7,62,1), cum ibi dicat de possessione primo queri quam de crimine violentie. [sic intellige infra[a] (?) ad le. Iul. de vi. si quis (C 9, 12, 7?)]. sic et alias ponitur possessio pro dominio, ut C. de do. inter virum et uxo. l. si quidem (C 5,16,13) et infra de verb. signi. l. interdum (D 50,16,78), et hoc secundum Io. et Azo. [Item contra infra ad. leg. Iul. de vi l. qui cetu. § ulti. (D 48,6,5,1?). Solutio: illa secundum ista]. Tu vero ponas tantum in interdictis retinende possessionis, in quibus etiam admittitur vis turbativa ut ibi precedat questio possessionis [sive unus contra unum sive vicissim inter se, ita quod alter petitorio, alter possessorio agere velit.] Quid autem si volo agere petitorio tantum, cum possum possessorio? Respondeo non intromittit se lex nisi consulendo, ut infra de rei vend. l. is qui. (D 6,1,24). numquid ergo

Odofredus f. 205r[a]

Super legem istam formabo quandam questionem, quam, si bene intellexeritis, nihil remanebit intactum. et si haberetis apparatum Azo. et Joan., tunc melius haberetis quam sit hic notatum. similiter istam materiam tetigit C de rei vend. l. ordinarii (C 3,32,13) dominus Jo. in commento suo ff. de acqui. pos. l. exitus (D 41,2,3) optime examinavit.

unde quero super l. ista, an in uno eodemque libello possit simul et semel proponi petitorium et possessorium iudicium? in questione ista fuit opinio. dixerunt dominus Mar. et Pla. distinguendum: triplex est possessorium. est adipiscende de novo quorum bonorum et quorum legatorum, ut institu. de interdic. § adipiscende (I 4,15,3). est interdictum possessorium recuperande possessionis ut in interdicto unde vi, infra de vi et vi arma. l. i. § deijcitur (D 43,16,9). est possessorium retinende ut uti possidetis in rebus immobilibus utrobi immobilibus[b], insti. de interdi. § retinende (I 4,15,4) [....]

igitur patet ex premissis, quod possessorium adipiscende possessionis quorum bonorum et recuperande possessionis interdictum unde vi simul et semel cum petitorio potest proponi. sed possessorium retinende possessionis non imo de tali interlocutoria prius cognoscendum, ut hic secundum eos. si queritur, que sit ratio huius divisionis, est talis.[...] sed ubi proponitur interdictum uti possidetis vel utrobi et petitorium, ideo

Azo Lectura (super C 3,32,13) *(Forts..)*

interdictum transire. et dicitur pendere, quia cum renuntiavit actor, reus poterit postulare, ut absolvatur. et sic poterit pronuntiari, ut per authen. qui semel. nec obstat. l. de acquirend. possess. naturaliter § nihil (D 41,2,12,1). dicit enim, quod ei, qui coepit rem vendicare, non denegatur interdictum uti possidetis. sed intellige, quod non denegatur interdictum ei, qui coepit rem vendicare, subaudi: et erit renuntiatum questioni de proprietate. vel non facias vim in eo, quod dicit: coepit rem vendicare, quod intelligendum est, quod pronuntiatum esset de eo, et tunc non denegatur ei intra annum interdictum. et sic glossaverunt ibi antiqui. unde non debent admirari de expositione, quam facimus respondendo l. de vi et vi arm. (D 43,16,18,1). prius ergo debet possessorium iudicium intentari quam petitorium. nec tamen reus dicere poterit: age primo petitorio vel possessorio, quia in re sua quilibet arbiter vel arbitrator existit. poterit ergo agere quocunque velit. sed si utrumque proponat, iudex dicit ei: frater, elige iudicium possessorium et post intentabis petitorium. [.....]

m.ap *(Forts.)*

(C 8,2,3 et 6,33,2). item quid si possessor non in possessione, sed in proprietate potiorem esse dicit. non instituet possessionem, ut ff de re. iudi. l. in condempna § ult (D 50,17,173,3?). sed illa forte regula in petitorio, non possessorio iudicio locum habet. vel distingue, an possessor in promptu habeat probationes, ut scriptum est ff ad exhibendum l. iii § ibidem (D 10,4,3,13).

C 8,1,3 - incerti
agitur
hic repete quod diximus supra de rei ven. l. ordinarii (C 3,32,13).

D 5,1,37 - si de vi
possessione
i. e. dominio, ut C de donat. int. virum et uxorem. si quidem (C 5,16,13).
infra ad legem iul. de vi publ. qui cetum § i (D 48,6,5,1).
infra de vi et vi armata. cum fundus § ult. (D 43,16,18,1).
C de appell. l. i (C 7,62,1). ibi proprie accipitur possessio. hic improprie.

gl. ord. *(Forts.)*

in eodem libello potest utrumque simul peti [ab eodem]? Io. et Azo quod non, ut hic et C. de interdi. 1. incerti et C. de rei vend. ordinarii (C. 8, 1, 3 et 3, 32, 13) Item ut C. quo. bono.l. fin. (C 3,32,13) C. de edi. divi Adri. tol. l ii. (C 6,32,2) Tu vero dic distinguendo, ut in interdictis recuperande, et adipiscende possessionis possit utrumque, scilicet petitorium per rei vendicationem et possessorium in eodem libello proponi. si vero retinende, tunc non, quia sibi contrarius videtur, cum agendo in rem diceret alium possidere, ut C. de alienatione iudicii mutandi causa facta l. i. (C 2,54,1). sed agendo interdicto dicit se in possessione tuendum et sic se excludit, ut infra quando app. sit. l. ii. §. sed si alius (D 49,4,2,1). Nec obstat, quod est infra de acquir. posses. l. naturaliter §. nihil (D 41,2,12) [ubi etiam retinendae videtur simul proponi cum petitorio], quia ibi ignorans se possidere petitorium proposuit [cui postea renuntiat, cum possessorio agit]. Et probatur hec opinio, [quod petitorium et possessorium simul possint proponi] iure legum, ut infra de vi et vi arma. l. cum fundum. § fina (D 43,16,18,1) et iure canonum, ut extra de causa poss. et proprie. pastoralis (c. 5 X 2,12). Nec obstant leges predicte pro Io., quia prime tres loquuntur in possessoriis retinende possessionis, quando vicissim agebant. Item aliae due non obstant, quia sic separatim voluit agere actor. [Vel loquitur lex ista, cum criminalis de vi instituatur accusatio. sic enim pone infra ad legem Iuliam de vi publ. l. qui cetu § ultimo (D 48,6,5,2), ubi de vi prius, quia sic vult actor, ut C. de fal. damus. et l. seq (C 9,22,23 et 24)]. Item non obstat, quod lex predicta incerti dicit, quod actionibus est agendum ad ipsam possessionem, quae non possunt dari pro possessione retinenda, ut infra uti pos. l. i. § interdictum (D 43,17,1,6), ut sic iam l. illa incerti necessario loquatur de possessione adipiscenda vel recuperanda, quia dicta lex uti pos. excludit alias actiones dari pro possessione retinenda, ut triticaria vel indebiti; non autem actionem in factum, que

Odofredus *(Forts.)*

simul et semel moveri non possunt, quia actor esset sibi contrarius. nam dum movet possessorium retinendae possessionis, dicit se possidere. dum proponit petitorium, quia possessio subiicit aliquem rei vendicationi, dicit adversarium possidere, quia rei vendicatio non datur possidenti, institu. de actio. § i (I 4,6,1). allegans contraria non auditur, C. de codicil. l. fi. (C 6,36,8,2), infra quando app. sit l.ii § sed si alius (D 49,4,2,1).

Dominis Jo. et Az. et Ja. visum est contrarium, et in foro seculari numquam vidi in dubium revocari a prudentibus, quia possessorium sive adipiscendi possessionis quorum bonorum, vel recuperande ut unde vi, vel retinende possessionis ut interdictum uti possidetis simul et semel cum petitorio non potest moveri. hic est ordo iuris, ut sciamus, quis primo possessor, quis petitor, C. de rei vend. l. ordinarii (C 3,32,13), infra de acqui. pos. l. exitus (D 41,2,3). preterea omnes leges videntur concordare, quod possessorium cum petitorium non potest intendi, sed primo possessorium finiatur, C. si. re. l. iii (C 3,39,3), C de inter. l. certi.[c], C. eo. l. nulli. (?) et l. ista videtur velle cum sua sorore, ut patet ex prima lectura. non obstant leges allegate pro opinione domini Mar.et Plac. statim lex illa quorum leg.l..i.§ qui autem[d] ubi dicitur, quod heres potest experiri quorum[e] leg. et petitione hereditatis, quia § ille non ponit regulam, sed instantiam regule et ponit casum specialem, qui ad consequentiam non debet trahi.[...] non obstat infra de vi et vi armata l. cum fundum § eum qui (D 43,16,18,1). debet ita exponi eum: qui cepit vendicare pendente iudicio rei vendicationis, cui actor renuntiaverat, posset agere interdicto unde vi. unde ibi renuntiavit actor liti i. e. rei vendicationi, mox obtuli[f] libellum in possessorio. hic antequam iudex absolveret reum, pendet iudicium, unde iudex cogendus est absolvere, quia de qua re ect., infra e. l. de qua re (D 5,1,74 pr.) et postquam liti ect., C de pac. l. postquam (C 2,3,4). unde sicut non egissem rei vendicatione, possem agere interdicto unde vi, ita si egi rei vendicatione[g], possum

gl. ord *(Forts.)*

datur loco quorumlibet interdictorum. et de talibus actionibus dicit predicta l.incerti, ut insti. de interdi. § fina. (I 4,15,8) [Vel ibi vicissim. alii quod simul cognoscitur, sed possessorium ante deciditur]. Item quero...

C 3,32,13
iudice
ne dividatur continentia cause: ut supra de iudi. nulli (C 3,1,10). sed numquid in eodem libello poterit causa possessionis et proprietatis intentari: Ioan. et Azo indistincte dicunt, quod non, et sic indistincte loquitur hec lex. tu dic distinguendum inter ea, quae sunt retinendae possessionis et alia, quae diximus ff de iud. si de vi. (D 5,1,37) et sic loquitur haec lex in interdictis retinendae possessionis. vel hic ab uno unum, ab alio aliud proponitur.

Odofredus *(Forts..)*

movere interdictum recuperande possessionis. et hoc est, quod dicit: eum, quem fundum cepit vendicare, tamen rei vendicationi renuntiavit. or signori! ista opinio Jo. et Az. et Jac. est vera iure nostro. bene verum est, quod dominus papa Innocentius iii sicut dominus extraxit se in parte et approbavit antiquorum opinionem et voluit dicere, quod civiles sanctiones dicebant hic, et posuit illum textum cum fundum § eum qui extra de causa pos. et proprie. c. pastoralis (c. 5 X 2,12). sed non crederem domino pape nisi in spiritualibus. sed in his, que sunt iuris rationalis, non crederem ei.

bene verum est, si placeret vobis, causa uberioris doctrine scire plures responsiones. videtur iure nostro probabiliter dici ita et est contra omnes opinio[h]: aut movetur possessorium et petitorium ab una eademque parte aut ab uno possessorium, ab alio petitorium. si ab una eademque parte movetur possessorium et petitorium, potest moveri simul et semel [....] si autem unus movet possessorium, alter petitorium, puta possessorium moveo adipiscende possessionis, tu dicis: non debeo restituere possessionem, quia res mea est, quia heres sum, quia bonorum possessor sum, hic dico ita: haec est regula, si quis movet possessorium et econtra petitorium, si non est incontinenti paratus ostendere de iure suo, qui movet petitorium, primo cognoscetur de possessorio, C.quorum bo.l.fina. et C. edi. di. adri. tol. l. quamvis (C 8,2,3, et 6,33,2) [...]

[a] Der Text dieser Kolumne, der auch hier derjenige der gedr. Ausg. ist, ist verglichen mit F und K (in N fehlt zwischen f. 60 und 61, beginnend mit dem Schluß der Lectura zu D 5,1,28, 4 alles bis zum Anfang der Lectura zu D 5,1,67). Als Ergebnis des Vergleichs ist bemerkenswert, daß F und K auch hier den gleichen Text wie die gedr. Ausg. haben, die Zahl der Schreibfehler in F allerdings weit größer ist als in K.

[b] in mobilibus *scr. cum F, K.*

[c] incerti *scr. cum F, K* - C. 8,1,3.

[d] quorum - autem] quod legatorum l.i § quia autem (D 48,3,1,4) *scr?*

[e] quod *scr.?*

[f] obtulisti *K*, obtulit *scr.*

[g] vendicatione] *et renuntio vendicationi ins. cum K.*

[h] opiniones *F, K.*

Hätten wir den *apparatus Azonis et Joannis,* so hätten wir - nach des Odofredus Behauptung im 2. Satz des hier mitgeteilten Stücks seiner Lectura super D 5,1,37 - zu der Frage, ob die petitorische mit der possessorischen Klage kumuliert werden kann, eine Erörterung, die besser wäre, als sie *hic* notiert ist. Dieses *hic* muß das sein, was den Hörern des Odofredus vor Augen ist, was jedenfalls die meisten von ihnen tatsächlich haben. Dies ist, wenn dem Konjunktiv *haberetis* als einer *lectio difficilis* nicht zu mißtrauen ist, nicht der *apparatus Azo. et Joan.*, und also ist - entweder, sofern nämlich dieser Apparat die *glossa ordinaria* ist, diese nicht dasjenige, was den Hörern des Odofredus vorliegt, - oder aber es ist, sofern nämlich das *hic* des Odofredus auch hier auf die *gl.ord.* bezogen ist, diese hier n i c h t der *apparatus Azo. et Joan.*

Die erste Alternative anzunehmen ist mit der Schwierigkeit verbunden zu erklären, auf was denn, wenn nicht auf die *glossa ordinaria* als dem *apparatus Azo. et Joan.* das *hic* des Odofredus bezogen sein soll, was dem Auditorium des Odofredus so vertraut soll sein können, daß Odofredus von ihm als *hic* reden kann.[62] Ist hingegen der Bezug dieses *hic* die *gl.ord.* und somit die andere Alternative anzunehmen, so liegt die Schwierigkeit in dem hier bisher geführten Beweis, daß *jo et az* für Odofredus die *gl.ord.* ist und *Azo. et Joan.* hier nun ein *apparatus* sein soll, der zu der *gl.ord.* kontrastiert wird und der also als ein von der *gl.ord.* verschiedener Apparat vorausgesetzt wird. Diese Schwierigkeit ist eine verschiedene, je nachdem das *haberetis* - regelwidrig oder regelgerecht - als Konjunktiv *potentialis* oder *irrealis* angenommen wird, ob m.a.W. Odofredus von dem *apparatus Azo. et Joan.* als einem wirklich existierenden (und nur bei seinen Hörern nicht vorhandenen) Apparat redet, oder aber von einem solchen, in dem, wenn er von *az et jo* wäre (oder: wenn es ihn von *azo. et joan.* gäbe), das zum Verständnis dieser *lex* Notwendige besser ausgeführt sein würde, als es in der *gl.ord.* ausgeführt ist. Nur dies zweite kann von Odofredus, wenn er den Konjunktiv Imperfekt regelgerecht zu benutzen gewußt hat, gemeint sein, und wir haben dann, wenn es so ist, von ihm in diesem *si haberetis apparatum Azonis et Joannis* die Aussage, daß die *gl.ord.* zu dieser *lex* den Mangel hat, nicht der - oder ein - *apparatus jo et az* zu sein, und daß aus diesem Grund sie hier schlechter ist, als sie es dort zu sein pflegt, wo sie nur die von Johannes begonnene und von Azo weitergeführte Arbeit fortsetzt. Wir haben in diesem *si haberetis,* wenn wir es in dieser den Irrealis exakt nehmenden Weise zu verstehen haben, das polemisch zugespitzte Urteil des Odofredus über die Qualität der *gl.ord.*, wo deren Substanz nicht der *m.ap.*, nicht die Arbeit von Johannes und Azo ist.

---

[62] *Hic* als eine Tafel im Hörsaal des Odofredus ist nicht völlig ausgeschlossen: Die Existenz und Benutzung einer solchen ergibt sich aus dessen Lectura zu D 6,2,11,2 (Dig. vetus I f. 247r*)*, und auch die *paries* in der Lectura zu D 6,1,23,3, auf die *de carbone* die *ultramontani pingunt limacem in vituperium italicorum et (italici?) scorpiones in vituperium ultramontanorum* (Dig. Vetus I f. 238v), ist vielleicht nicht irgendeine Wand, sondern diese Hörsaaltafel. Aber Odofredus wird auf diese Tafel nicht etwas geschrieben haben (schreiben lassen), wovon er sagt, *melius* wäre es anders - es sei denn, dies wäre etwas, was seine Hörer jedenfalls kennen müssen.

Es kommt, um dieses Verständnis der Aussage des Odofredus als eine Kritik der *gl.ord.* als das zutreffende annehmen zu können, somit vor allem darauf an, die Identifikation des *hic* im Text des Odofredus als die *gl.ord.* außer Frage zu stellen: es ist zunächst zu beweisen, daß dieses *hic* auf etwas anderes als auf die *gl.ord.* nicht bezogen sein kann. Es kommt, wenn dies demonstriert ist, sodann desweiteren noch darauf an, daß dasjenige, was die *gl.ord.* zu dieser *lex* (D 5,1,37) hat, nicht *az et jo* ist, was für den zu führenden Beweis, wie ein selbst flüchtiger Vergleich der hier voranstehenden Texte zeigt, die geringere Schwierigkeit sein wird.

Von dem, was *hic notatum* ist (und schlechter sein soll, als es der - oder ein - *apparatus Azonis et Joannis* wäre), wird in dem Satz, der in unserer Überlieferung der Lectura des Odofredus sich anschließt, gesagt, es sei dies *similis* zu etwas, was bei der *l. ordinarii* in dem die *rei vindicatio* betreffenden Codextitel (C 3,32,13) behandelt werde. Da zu der (aktivischen) Aussage *tetigit* ein Subjekt nicht genannt und ein passendes Subjekt auch aus dem, was vorangeht, sich jedenfalls nicht ohne weiteres ergibt (das Subjekt des *quam*-Satzes kommt dafür so wenig in Frage wie die Hörer des Odofredus, die im vorangehenden Hauptsatz das Subjekt sind), bedarf der Text des Odofredus jedenfalls einer ihn emendierenden Ergänzung: es ist entweder in den *similiter*-Satz ein Subjekt einzufügen, oder aber es ist anzunehmen, daß von dem Vortrag des Odofredus nach *notatum* und vor *similiter* etwas fehlt, daß also dazwischen Odofredus etwas gesagt hat, woraus sich für das Verbum des folgenden Satzes das Subjekt ergibt.

a) glossa ordinaria

Das Objekt dieses Satzes: *istam materiam*, also die *hic* und bei der allegierten Codexstelle verhandelte Sache, sc. die Frage, ob die petitorische mit der possessorischen Klage kumuliert werden kann, wird bei der Codexstelle behandelt sowohl von Azo (in der hier unter *m.ap.* als erstes mitgeteilten Glosse) als auch in der *gl.ord.* in deren hier (i.f. der Kolumne *gl.ord.*) wiedergegebenen *gl. iudice.* Diese zweite Glosse ist, wie ohne weiteres ersichtlich sein wird, von dem, was die *gl.ord.* zu D 5,1,37 (als *gl. si de vi*) hat, eine Kurzfassung: es wird beide Male zu der aufgeworfenen Frage zunächst die Ansicht von Azo und Johannes referiert und dieser Ansicht sodann als die richtige die *distinctio* der Interdikte entgegengesetzt, ob diese nämlich auf Wiedererlangung entzogenen oder auf Verteidigung gestörten Besitzes gerichtet sind. Es wird zu der Codexstelle also dieselbe Materie zweifellos *similiter*: dort nur kürzer und mit Verweisung auf die hier erfolgte ausführlichere Erörterung behandelt. Was also *hic,* sc. in der *gl.ord.* zu D 5,1,37 (oder von deren Verfasser) notiert ist, davon hat diese (sc. die *gl.ord.* oder deren Verfasser) *similiter* gehandelt bei der allegierten Codexstelle?

In dieser Weise: mit Bezug sowohl des *hic* wie des *tetigit* auf die *gl.ord.* oder deren Verfasser, ist der Text des Odofredus plausibel und sogar formal fast einwandfrei, indem den Hörern des Odofredus, wenn ihnen das *hic* in dessen Vortrag als die *gl.ord.* selbstverständlich war, zu dem folgenden *tetigit* das Subjekt nicht zweifelhaft gewesen sein kann. Das Bedenkliche dieser einfachen (und für den hier in erster Linie zu führenden Beweis genügenden) Lesart ist der Zusammenhang, in dem diese beiden Aussagen: *notatum sit - tetigit* stehen, daß nämlich davor von dem (oder einem) *apparatus Azon. et Joan.* gesagt wird, er würde der bessere sein, und daß danach die Stelle angegeben wird, an der Johannes *istam materiam* auf besonders treffliche Weise untersucht hat.[63] Wäre sowohl dieses *hic* als auch die Erörterung dieser Materie bei der Codexstelle auf die *gl.ord.* bezogen, dann hätte Odofredus diejenige Stelle, an der *istam materiam* Azo erörtert hat, seinen Hörern nicht bezeichnet: 'Und wo, *domine'* - so hätten diese ihn gefragt oder fragend angesehen - 'können wir das, was auch Azo *melius* gesagt hat, als es *hic notatum* ist, denn nun bei diesem finden?' Zu der Behauptung, ein *apparatus Azonis et Joannis* würde *melius* sein, gehört m.a.W. jedenfalls dann, wenn diese Behauptung bezüglich des Johannes mit der Fundstelle belegt wird, der Beleg auch für die Ansicht Azos. Dies ergibt als Subjekt zu *tetigit* Azo, also die Glosse aus dessen *m.ap.* zu C 3,32,13 als die Fundstelle, und dies ergibt in Hinsicht auf den Text des Odofredus, so wie dieser überliefert ist (wenn also in ihm hier nicht ein Stück des Vortrags fehlt), daß dasjenige, was *hic notatum* ist, *similiter* sein muß mit dieser Glosse.

b) Azos Lectura und Glosse zu C 3,32,13

Diese (azonische) Glosse des *m.ap.* beginnt mit der Ansicht der (n.b. namentlich nicht genannten) *quidam*, daß hinsichtlich der Möglichkeit, die petitorische mit der possessorischen (Interdikts-) Klage zu verbinden, das *uti possidetis* genannte, auf Abwehr einer Störung des beim Kläger vorhandenen Besitzes gerichtete Interdikt von dem auf eine Wiedereinräumung entzogenen Besitzes intendierenden Interdikt zu unterscheiden sei. Zu dieser *distinctio* wird zunächst, was den Ausschluß der Kumulierung des *interdictum uti possidetis* mit der *rei vindicatio* betrifft, ein (nicht so genanntes) *argumentum* auf D 49,4,2,1 gestützt und als dazu scheinbar widersprechend D 41,2,12,1 allegiert, sowie dann (und dies nach zwei

[63] Um was es sich bei diesem *commentum* handelt, ist hier nicht zu sagen, namentlich nicht, ob die von Odofredus hier wie an vielen anderen Stellen genannten *commenta* des Johannes zu demjenigen gehören, wovon Odofredus einigermaßen stereotyp sagt, daß es *Nicolaus furiosus scripsit post eum* (s. außer der Stelle hier o. S. 111 Dig. vetus I f. 5v zu D 1,1,1pr., 14r zu D 1,3,29, 156r zu D 4,2,14,13), daß dieser *omnia in scholis notabat post eum,* Dig. vetus I f. 96v (so daß alle *commenta* des Johannes *reportationes* wären?). Die *materia* des Verhältnisses von possessorischer und petitorischer Rechtsverfolgung ist eine der *dissensiones dominorum* der gewöhnlich dem Hugolinus zugeschriebenen *Collectio* § 169 (ed. *Haenel* (1834), S. 386-90), wo von Johannes keine Rede ist, sondern von *Ot. et Azo.* Die *materia* einschließlich ihrer legistischen Erörterung wird eingehend behandelt ferner in der *gl. expressum* zu c. 2 X *de causa possessionis etc.* 2, 12 sowie *gl. Quod de recuperanda* c. 5 X 2,12, und hier wie bei Odofredus und in der *gl.ord.* zu unseren *leges* ist keine Rede von *Ot(to Papiensis)*, überall nur von *dominus Jo.*, so daß das *Ot.* in *Haenels* Edition wohl ein Fragezeichen verdient.

schwer einzuordnenden Stücken: *potest - aliter/eam - sonet*) f ü r die Möglichkeit einer Kumulierung der *rei vindicatio* mit einem *interdictum recuperandae possessionis* als diejenige Stelle,die für diese Möglichkeit offenkundig (*aperte*!) beweisend sei, D 43,16,18,1 angeführt. Als *contra* zu dieser *l. cum fundum § ult.* und also als conträr zu der auf diese - das Interdikt *de vi et vi armata* betreffende - Stelle gestützten Ansicht, daß für ein *interdictum,* wenn es *recuperandae possessionis* ist, etwas anderes als für das *interdictum uti possidetis* gelte, wird schließlich D 5,1,37 allegiert: wie auch immer die beiden Buchstaben nach der Allegation dieser Stelle zu lesen sein mögen[64] oder der Text hier zu ergänzen sein mag, es wird diese Stelle von Azo jedenfalls dahin verstanden, daß *de possessione*, sc. über die das Possessorium begehrende Klage *indistincte*: um welches Interdikt es sich auch handeln mag, zunächst zu verhandeln sei und *de proprietate*, sc. über die *rei vindicatio*, nur dann, wenn der das petitorische und das possessorische *iudicium* begehrende Kläger die possessorische *intentio* zurücknimmt (*alteri eorum* sc. *interdictorum renuntiavit*). Es werden sodann noch für diese - eine Distinktion der Interdikte zurückweisende - Ansicht die beiden Codexstellen 8,2,3 und 6,33,2 als unterstützend allegiert, und weder hieraus noch aus der *quaestio* am Schluß dieser Glosse (*item quid si etc.*) und aus deren Beantwortung[65] ist ersichtlich, wie an der *l. cum fundum § ult.* (und d.i. n.b. diejenige Stelle, die für die Möglichkeit der Kumulierung der *rei vindicatio* mit einem Interdikt, das *recuperandae possessionis* ist, *aperte* beweisend sein soll), vorbei zu kommen sein kann. Es ist kein Zweifel, daß Azo der von ihm an 2. Stelle angeführten, auf D 5,1,37 gestützten Meinung den Vorzug geben will. Es ist dies, ohne daß es ausdrücklich gesagt wäre, daraus ersichtlich, daß er von der distinguierenden Ansicht, die er voranstellt, sagt, sie werde von *quidam* vertreten, was sehr ungewöhnlich wäre, wenn es um eine Ansicht ginge, die er selbst für die richtige hielte.[66] Es ist also klar, daß die azonische Glosse zu lesen ist: 'es gibt zwar einige, die meinen, es sei zu distinguieren ... aber gegen sie ist das, was in D 5,1,37 gesagt ist, daß nämlich *indistincte* ... usw., und hierfür spricht auch, was in C 8,2,3 und 6,33,2 gesagt ist'. Aber hiermit ist nicht gesagt, auf welche Weise das bezeichnete *contrarium* von D 43,16,18,1 (der *l. cum fundum § ult.*) und D 5,1,37 zugunsten dieser *l. de vi* auf-

[64] Über diesen beiden Buchstaben steht in ms Bamberg ein waagerechter Strich, so daß es sich um eine Abbreviatur zu handeln scheint, die mit *inde* (gebräuchlicher: *unde*) aufzulösen sein wird.

[65] Worum es hier geht, läßt sich nicht sagen, ohne die als erste allegierte Stelle zu verifizieren: im Titel *de re iudicata* gibt es weder in den Digesten (42,1) noch im Codex (7,53) eine *l. in condemnatione*, auch keinen Paragraphen mit diesem Anfang. In den (wie auch zu lesen sein könnte) *de re(i) u(en)di(catione)* handelnden Titeln ist der Befund ebenfalls negativ. Liest *man de re(gulis) iuris*, so ergibt sich, worauf *Wolfgang Rüfner*, dem ich für mancherlei Hilfe bei der Korrektur zu danken habe, aufmerksam macht: D 50,17,173,3.

[66] Auch *Hugolinus* in seiner Darstellung dieser *dissensio dominorum* (o. N. 63) folgt nicht der Ansicht, von der er sagt, daß *quidam* sie vertreten, s. bei *Haenel*, S. 389: *Novissimorum tamen sententia verior est.*

lösbar sein kann: welches Verständnis der erstgenannten Stelle dieser ihre - als *aperte* bezeichnete - Beweiskraft soll entziehen können.

Hierauf können sich beziehen (und beziehen sich, wie allerdings nur aus der sogleich noch näher in Betracht zu ziehenden Lectura Azos zu C 3,32,13 verständlich ist, in gewisser Weise in der Tat) die beiden Stücke dieser Glosse, die hier soeben als schwer einzuordnen bezeichnet worden sind. Es wird - bezogen darauf, daß zu der Unmöglichkeit, die *rei vindicatio* mit dem *interdictum uti possidetis* zu kumulieren, *contra videtur* dasjenige, was in D 41,2,12,1 steht - es wird, bezogen auf diese von dem *interdictum uti possidetis* handelnde Stelle, gesagt, es könne auch (etwas) anderes gesagt werden (so daß d i e s e s *contrarium* sich auflösen lasse). Nimmt man zu diesem Stück: *potest tamen dici aliter* das 2. Stück, das da, wo es steht, mit seinem beziehungslosen a.c.i., ganz unpassend ist, hinzu und liest man: ... *dici aliter eam intelligendam quam sonet*, also: es kann jedoch gesagt werden, daß diese *lex* (*eam*=D 41,2,12,1) anders zu verstehen ist, als sie klingt, so hat man wenigstens eine Erklärung Azos, daß trotz der Aussage in D 41,2,12,1 eine Kumulierung von *rei vindicatio* und *interdictum uti possidetis* ausgeschlossen ist. Man hat damit nicht die Erklärung, welches andere Verständnis dieser *lex* dieses *contrarium* auflöst, und man hat damit ferner auch nicht die entsprechende Erklärung bzgl. der das *interdictum de vi et vi armata* betreffenden *l. cum fundum § ult.* (D 41,16,18,1) und des zwischen dieser und D 5,1,37 angenommenen *contrarium*. Da aber die Aussage von jener *lex* (D 41,2,12,1) inhaltlich gleich derjenigen in dieser *l. cum fundum § ult.* ist (nach Erhebung der petitorischen Klage - *pendente rei vindicatione / coepit rem vindicare* - kann noch das jeweilige Interdikt begehrt werden), bleibt für den die Sache selbst weiter denkenden Leser jedenfalls nicht zweifelhaft, daß die eine wie die andere *lex* entgegen ihrem Wortlaut (*aliter ... quam sonet*) auf eine Weise sich verstehen läßt, die sowohl zu dem einen als auch zu dem anderen *contrarium* die *solutio* ergibt. Die beiden Stücke: *potest - aliter* und *eam - sonet*, von denen das eine bei jener *lex* (D 41,2,12,1) und das andere bei dieser (*l. cum fundum § ult.*) steht, gehören somit zusammen sowohl zu der einen als auch zu der anderen - wie aus der Lectura zu derselben Codexstelle desselben Azo ersichtlich ist:

Es geht in dieser Lectura - wie in der Glosse zu dieser Stelle - zunächst um die Ansicht der *quidam*. Es wird zu deren *distinctio*, in deren Darstellung das *interdictum uti possidetis* nur in der hier relevanten Abstraktion erscheint, daß nämlich mit ihm *de possessione retinenda* geklagt wird[67], die *l. cum fundum § ult.* als der Beleg allegiert. Es folgt, ohne daß die für die Ansicht der *quidam* aus D 41,2,12,1 folgende Schwierigkeit erwähnt ist, die Gegenansicht und deren Fundierung in D 5,1,37.[68] Nachdem so das *contrarium* bezeichnet ist, geht es nun und bis zum Schluß um dessen *solutio*. In dieser wird zunächst zu der Stelle, die zu D 5,1,37 die *contra*-Stelle ist, also zu D 43,16,18,1: der *l. cum fundum § ult.*, dasjenige

[67] So daß auch das andere eine Besitzstörung abwehrende Interdikt, sc. *utrubi* erfaßt ist.

[68] Fundiert ferner in C 8,1,3, wo in der Sache dasselbe wie in D 5,1,37 gesagt ist.

Verständnis ausgeführt, das dieses *contrarium* auflöst. Es soll nämlich zu *pendente iudicio* hinzuzudenken sein: *et deserto*; dem Kläger soll also die Interdiktsklage dann zur Verfügung stehen, wenn er von der Vindikation Abstand genommen hat (*renuntiavit*). Und es wird dasselbe Verständnis dann zu D 41,2,12,1 ausgeführt[69], so daß auch diese Stelle der Ansicht nicht entgegenstehe (*nec obstat*), die D 5,1,37 auf alle Interdikte bezieht - der Ansicht mithin, die sich gegen die *distinctio* der *quidam* erklärt. Es werden diese *quidam*, weil sie, um für das *interdictum de retinenda possessione* den Ausschluß der Kumulierung annehmen zu können, ein Verständnis von D 41,2,12,1 annehmen müssen, das auf diese ihre (ein *interdictum de recuperanda possessione* betreffende) Belegstelle übertragbar ist - ein Verständnis, das m.a.W. für diese *l. cum fundum § ult.* ebenso gelten kann, gleichsam mit ihrer eigenen Waffe geschlagen: *non debent admirari de expositione quam facimus respondendo l. de vi et vi arm.* - warum soll, so lautet m.a.W. dieses Argument, für diese Stelle nicht gelten, was für jene gerade auch nach Meinung der *quidam* doch jedenfalls gelten muß!

Von der Glosse Azos zu C 3,32,13 unterscheidet sich mithin dessen Lectura zu dieser Stelle dadurch, daß sie nicht nur ein das *contrarium* von D 5,1,37 und 43,16,18,1 auflösendes Verständnis dieser Stelle sowie von D 41,2,12,1 als möglich behauptet (*potest dici*), sondern daß sie auch ausführt, welches Verständnis dieser beiden *leges* dies leisten kann. Es wird sich deswegen nicht sagen lassen, ob der Text der Lectura der jüngere oder der ältere ist, ob also die Glosse in eine kürzere Form zu bringen versucht, was in der Lectura breiter und - in der Bezeichnung namentlich auch der verschiedenen Interdikte - lehrhafter vorhanden war[70], oder ob umgekehrt die Glosse ein erster Versuch ist, *istam materiam* darzustellen - ein Versuch, dessen Unzulänglichkeit dann in der Lectura behoben ist. Zu sagen ist nur und hier auch genügend, daß Azo *istam materiam* hier und dort *similiter tetigit* - hier in der Glosse nur weniger vollendet, für das Verständnis weit schwieriger als dort.

Ist in der Lectura des Odofredus das Subjekt zu *tetigit* Azo und also dessen Glosse zu C 3,32,13 als die *istam materiam* betreffende Erörterung in Bezug genommen, dann kann somit auch die Behandlung derselben *materia* in Azos Lectura als *similis* bezeichnet sein. Aber es kann diese Lectura doch nicht das sein, was *hic notatum est.* Denn wie soll Odofredus in seiner Lectura zu n.b. D 5,1,37 Azos Lectura zu C 3,32,13 als *hic notatum* bezeichnen können?[71] Wie soll diese Lectura schlechter sein können, als es ein *apparatus Azonis et Joannis* wäre? Von der

---

[69] Und noch um ein anderes, das die *antiqui hic glossaverunt*, ergänzt. Diese Ansicht wird diejenige sein, von der Hugolinus (o. N. 63, *Haenel*, S. 388) sagt, daß Martinus sie *ibi* (sc. zu D 41,2,12,1) *scripsit.*

[70] Daß Azo in seiner Glosse dieselbe *expositio* der *contra*-Stelle D 43,16,18,1 im Sinn hat, ist wegen des folgenden: *si ... velit renuntiare* wohl nicht zweifelhaft.

[71] Daher kommt auch nicht in Frage, was hier bislang stillschweigend als ausgeschlossen angenommen ist, daß nämlich *Azo tetigit istam materiam in sua lectura super C 3,32,13* und daß *hic notatum est glosa Azonis ad illam l. ordinarii.*

Lectura Azos zu C 3,32,13 kann man gewiß sagen, sie sei *melius* als dessen Glosse zu dieser Stelle - wie soll also ein *apparatus*, eine Glosse zu D 5,1,37, besser als diese Lectura sein?

c) Der azonische apparatus *zu D 5,1,37*

Der Bestand des (azonischen) *m.ap.* zu D 5,1,37, der als das, was *hic notatum sit,* zu prüfen bleibt und der, um *hic notatum* sein zu können, *similis* zu der (azonischen) Glosse zu C 3,32,13 sein müßte, ist im Anschluß an diese Glosse hier (in der Kolumne *m.ap.*) so mitgeteilt, wie er in mss Vat. lat. 1408, M2 und M1 vorhanden ist[72] - in dieser letzten Hs mit der Besonderheit, daß die 2. Codexstelle (C 7,62,1) in einer Allegationskette steht, die insgesamt von älterer Hand als derjenigen des *m.ap.* geschrieben ist. Es kann dahinstehen, ob aus dieser Besonderheit, daß nämlich nicht, wie es in solchen Fällen wohl die Regel, jedenfalls häufig ist, diese Stelle im azonischen Apparat von der Hand, die diesen schreibt, wiederholt ist[73] - ob daraus sich erklären läßt, daß in ms Bamberg (wo der *m.ap.* n.b. der älteste Bestand ist) und in gewissem Maße auch in ms Vat. lat. 2512 diese Stelle einschließlich ihres azonischen Zusatzes: *ibi - improprie* überhaupt fehlt.[74] Der azonische Apparat ist in diesen beiden zuletzt genannten Hss, indem er nur aus der kurzen Notiz zu *possessione i. e. dominio* mit dem Allegat von C 5,16,13 sowie den beiden Digestenallegaten, sc. der Parallelstelle D 48,6,5,1[75] und der *contra*-Stelle D 43,16,18,1 besteht, noch dürftiger als in den drei erstgenannten Hss. Er fehlt wohl vollständig in S, wo in einer Allegationskette (von einer Hand, die wohl nicht diejenige ist, die hier den *m.ap.* schreibt[76]) nur die beiden Codex- und Digestenallegate vorkommen, und es ist daher - ganz gleichgültig, welche Hs

---

72 ebenso in P1, P2 (wo nur die Notiz zu *possessione: i.dominio* etc fehlt); P3 hat auch hier die o. N. 54 beschriebene Besonderheit, daß dem azonischen Apparat, in dem nur das Allegat D 48,6,5,1 fehlt, Hugolinus-Glossen hinzugefügt sind. Die dort zu D 5,1,37 dann noch folgende Azo-Glosse gehört zu l. 38 D 5,1.

73 Wiederholt oder wenigstens mit der Sigle Azos versehen, um die Rezeption der Stelle in den *m.ap.* zu kennzeichnen.

74 In Vat. lat. 2512 steht die Stelle, als *contra* gekennzeichnet, in einer alten Allegationskette und ebenso auch in Trier, Vat. lat. 1405 und Gent (wo der hier im allgemeinen vorhandene azonische *m.ap.* pp. 109-130 und so auch p. 111 zu D 5,1,37 fehlt). Die Stelle ist also aus der *antiqua glosa* in den *m.ap.* rezipiert, die Rezeption allerdings nicht überall vollzogen, und dieser Mangel an "Gleichförmigkeit" ist auch von einer Art, daß von einer "Nachlässigkeit der Abschreiber" zu reden (s. *Savigny* V, S. 13), auch hier bedenklich ist.

75 Das dort zit. kaiserliche Rescript wird dasselbe wie das in D 5,1,37 zitierte sein, so daß entweder hier Pius (statt Hadrian) oder dort Hadrian (statt Pius) zu lesen sein wird (s. aber auch *Mommsen* ahl). Im Text des Odofredus (hier nach der N. c) wird daher auch mit der *soror* von *lex ista* (D 5,1,37) diese *l. qui cetu* gemeint und daher auch anzunehmen sein, daß Odofredus hier etwas gesagt hat, woraus diese Bezeichnung von D 48,6,5 als *soror* von D 5,1,37 seinen Hörern plausibel war.

76 Was ich, da ich diese Hs nur im Mikrofilm kenne, zu entscheiden nicht wage.

man hat - zu sagen, daß der azonische Apparat hier (sc. zu D 5,1,37) gewiß nicht *magnus* ist. Man kann - und dies je nachdem, welche Hs man hat - mit mehr oder weniger Berechtigung, mit einer gewissen Übertreibung sagen, daß es hier einen *m.ap.* gar nicht gibt, und man kann so auch sagen, daß, wenn es ihn *hic* gäbe, sc. wenn Azo das, was er in seiner Lectura und *similiter* auch in seiner Glosse zu C 3,32,13 ausgeführt hat, auch hier ausgeführt hätte - daß dann das, was *hic* ausgeführt (*notatum*) ist, *melius* wäre, als es ist.

Der azonische Apparat, ob man ihn hier - zu D 5,1,37 - nun *magnus* nennen kann oder nicht, ist darum aber doch ebenfalls als das *hic*, auf das Odofredus sich bezieht, gewiß auszuschließen. Denn es werden zu D 5,1,37 zwar die Parellel- und die *contra*-Stelle angeführt, aber doch eine *solutio* zu diesem *contrarium* nicht einmal angedeutet; die *contra*-Stelle wird meist nicht einmal als eine solche bezeichnet[77], und es wird auch nicht etwa, was doch das Minimum in einem ausgeführten Apparat ist, auf die bei C 3,32,13 unternommene *solutio* verwiesen: es wird nicht einmal diese *lex (sc.ordinarii)* allegiert![78] Es wird überhaupt nur der Bezug von D 5,1,37 auf das Thema: Kumulierung der petitorischen mit der possessorischen Klage hergestellt. Dieser Bezug ist der Litera dieser Stelle, die zunächst *de vi et de possessione* handelt und die - damit nicht kongruent - sodann sagt, es sei zunächst über die *vis* und danach über die *proprietas* (also nicht die *possessio*!) zu verhandeln und zu erkennen[79], jedenfalls nicht ohne weiteres zu entnehmen. Man muß in ihr die Litera: *possessio* - entgegen der technischen Bedeutung dieses Wortes u ıd entgegen C 7,62,1 (wo die *possessio* , über die *prius* zu erkennen (*pronuntiaı e*) ist, nur in der technischen Bedeutung des Wortes gemeint sein kann) - hier (sofern man das Wort nicht streichen kann) untechnisch verstehen, sc. als *proı rietas* oder *dominium*, also hier *improprie* und dort (in C 7,62,1) *proprie*, wie Azo zu der C ɔdexstelle und zur Auflösung des *contrarium* zwischen ihr und D 5,1,37 notiert u.ıd wie er auch mit seiner auf C 5,16,13 gestützten Worterklärung zu *possessione* sagt.[80] Auf diese Weise, daß nämlich *pos-*

---

[77] Nicht in Vat. lat. 1408, 2512, B; wohl aber in M1 und M2, wo das cc (=*contra*) ein Nachtrag sein könnte.

[78] Anders nur, aber hier auch eindeutig als eine *additio* zu dem *m.ap.* in B, wo den beiden azonischen Allegaten D 48,6,5,1 und 43,16,18,1 von anderer Hand vorangestellt sind C 3,32,13 und 8,1,3, und anders auch in P3, wo i.f. des Apparats zu D 5,1,37 mit der Sigle des Hugolinus (s. hierzu o. N. 72) hinzugefügt ist: *ut autem plene intellegas dic ut nota(vit, sc.*Azo? *notavi, sc.* Hugolinus?) C *de rei vend. ordinarii.* Die Unzulänglichkeit des azonischen Apparats zu D 5,1,37 ist offenbar nicht nur Odofredus aufgefallen.

[79] Callist. 5 cogn.: *Si de vi et possessione quaeratur, prius cognoscendum de vi quam de proprietate rei divus Hadrianus - verba graeca! - Graece rescripsit.*

[80] Und wie bei D 5,1,37 auch unsere neueren Übersetzer notieren: s. *Behrends/Knütel/Kupisch/Seiler-Harder)*, Corpus Iuris Civilis, Bd. 2 (1995); raffiniert-fragwürdig hingegen *Spruit/Feenstra/Bongenaar*, Corpus Iuris Civilis, Bd. 2 (1994): 'geweld en inbezitneming', d.i. *possessio* nicht als ein Zustand, sondern ein Vorgang. Ganz anders die Lesart, die bis zu Azo offenbar die herrschende war: *de vi, i. e. illata, et possessione, i. e. de re possessa proprietatis questione interveniente* - so, meist interline-

sessio hier den Sinn von Eigentum erhält, kann *vis* als *possessio* (im technischen Sinne) verstanden und die Litera: *de vi* - mit einer *antiqua* (und i.d.R. interlinearen) *glosa* zu dieser Stelle - als *de violenta possessione* oder *de possessione vi* (oder *per vim*) *ablata* gelesen werden[81], und es kann so dieser *lex* zu der Frage des Verhältnisses von possessorischer und petitorischer Rechtsverfolgung eine Entscheidung entnommen werden. In demjenigen, was wir seinen *m.ap.* nennen, stellt Azo in sachlicher Übereinstimmung mit der *antiqua glosa* diesen Bezug her und begnügt i.ü. sich damit, zu der Entscheidung des so verifizierten Falls ein *simile* und eine conträre Entscheidung zu allegieren. Diese conträre Entscheidung (in der *l. cum fundum § ult.* des Digestentitels *de vi et vi armata*) wird kaum erst von Azo in die Diskussion dieser Frage eingeführt worden sein.[82] Aber selbst wenn dem so wäre, ist doch sein Apparat, zumal im Vergleich zu dem der *gl.ord.*, hier nicht anders als *minor* zu nennen. Er scheint an dieser Stelle nicht, wie sonst jedenfalls in aller Regel, zu demjenigen fortgeführt zu sein, was Azos *m.ap.* heißt und, wie es nach allen hier bisher getroffenen Feststellungen den Anschein haben kann, dann in der *gl.ord.* weitergeführt ist. Dieser azonische Apparat läßt jedenfalls die Frage, ob die petitorische Klage nicht doch mit der possessorischen kumuliert werden kann (die dann mit einer *distinctio* beantwortet werden müßte) noch unentschieden[83], und in ihm ist deswegen auch nichts, was zu der azonischen Glosse

---

ar, mss Vat. lat. 1405 (mit d. Sigle des Martinus), 1406 (hier m.a.W.), Padua (hier teils radiert), Trier (auf d. Rand), Paris 4450, G. Der azonische *m.ap.* und so auch die *gl.ord.* nehmen von dieser Lesart keine Notiz.

[81] S, G, M2 (hier als *additio* zum *m.ap.*): *de violenta possessione*; Vat. lat. 1408, M1: *de possessione vi ablata vel de possessione i. de proprietate* (in 1408 steht zu dieser Randglosse die Sigle des Martinus, in B ist diese Glosse dem (azonischen) *m.ap.* beigeschrieben (und die Trivialität hinzugefügt: *et de possessione per vim ablata agitur per interdictum unde vi, de proprietate per rei vendicationem).* Über das Verhältnis dieser *antiqua glosa* zu der in der vor. N. angeführten, ist hier nichts zu sagen.

[82] Die Stelle fehlt allerdings in dem vorazonischen Bestand aller hier berücksichtigten Hss, außer in Stockholm, wo die Allegationskette, in der sie (nicht als *contra* bezeichnet) steht, als vorazonisch nicht sicher ist, s. o. N. 76; s. jedoch Hugolinus (o. N. 63), der, nachdem er die Möglichkeit der Kumulierung des *interdictum recuperandae et adipiscendae possessionis* mit der *rei vindicatio* als Ansicht der *quidam* bezeichnet hat, fortfährt: *et ad hoc probandum inducunt quod dicitur D de vi et vi armata, quum fundum § ult.* (*Haenel*, S. 387).

[83] Aus diesem Grund, wegen der (hier bezeichneten) Ungleichförmigkeit seines Bestands zu D 5,1,37 und vor allem wegen des überall fehlenden Hinweises auf die Glosse zu C 3,32,13 und die dort gegebene *solutio* ist wenigstens zu vermuten, daß dieses Stück des *m.ap.* (D 5,1,37) älter als diese Glosse zu C 3,32,13 ist, also vielleicht noch der Zeit angehört, als Azo - wie Odofredus sagt (s. o. N. 6) - nur *minores apparatus* geschrieben hat. Der sog. *minor apparatus* steckt also, wenn dies richtig ist, in dem *m.ap.*, und er ist deswegen auch überall, wo Azo weitergearbeitet hat, nicht mehr verifizierbar. Auch der *m.ap.* wird m.a.W. ein geschichtliches, allmählich gewachsenes Produkt sein (daß *Weimar*, Satura R. Feenstra (1985), S.377f. meint, den *minor apparatus* gefunden zu haben, ist mir bekannt).

oder gar zu der *Lectura* zur *l. ordinarii* C 3,32,13 als *similis* bezeichnet werden könnte.

d) Resultat - Odofredus' Lectura zu C 3,32,13

Aus diesem doppelten Grunde: weil nämlich das, was in der Arbeit Azos zu dessen Glosse zu C 3,32,13 *similis* ist, nicht *hic notatum* sein kann (s. den Abschn. b) und weil dessen Apparat zu D 5,1,37, der *hic notatum* sein könnte, zu jener Glosse nicht *similis* ist (s. Abschn. c) - deswegen ist, was den Text des Odofredus betrifft (und wenn n.b. in diesem zu *tetigit* Azo das Subjekt ist) die Annahme unausweichlich, daß vor *similiter* und nach *hic notatum sit* ein Stück der Lectura des Odofredus fehlt. Dieser muß hier diejenige Arbeit Azos genannt haben, die *similis* zu dem ist, was Azo bei C 3,32,13 *tetigit.* Wenn aber von diesen beiden Arbeiten Azos, also außer von seiner Glosse auch von der Lectura zu dieser Codexstelle die Rede war, dann kann von dessen sog. *m.ap.* hier zu D 5,1,37 nicht gut nicht die Rede gewesen sein. Von diesem Apparat, seinem Verhältnis zu jenen beiden anderen Arbeiten und dem, was hier *notatum* ist (und also ein Viertes sein muß), kann Odofredus aber nichts anderes gesagt haben als das,was hier bereits gesagt und angedeutet ist: Weil es zu D 5,1,37 einen Apparat, in dem die das Verhältnis von petitorischer und possessorischer Rechtsverfolgung betreffende *quaestio* von *az et jo* beantwortet ist, nicht gibt, ist das, was *hic notatum* ist, schlechter als es sonst wäre. Weil der *gl.ord.* ein *apparatus Azonis et Joannis* hier als zu bearbeitende Vorlage fehlte, weil die zu leistende Arbeit sich hier nicht auf die Veränderung der Form des von *jo et az* bereits Gesagten beschränken, also nicht nur Redaktion sein konnte, haben wir als *gl.ord.* - 'habt Ihr, Signori, *in libris vestris*[84] eine Behandlung dieser *quaestio*, vor der ich euch warnen muß: *caveatis vobis ne decipiant vos glose vestre, quas habetis ff de iudiciis l. si de vi et possessione, que non sunt glose Joannis et Azonis, sed sunt glose antiquorum* - so sagt Odofredus nicht hier bei D 5,1,37, vielmehr in seiner Lectura *super l. ordinarii* C 3,32,13, nachdem er dort zu der *questio, quam ... dominus Azo formavit hic,* die *distinctio mar(tini) et pla(centini) et aliorum antiquorum* ausgeführt und nachdem er vorweg auch noch bemerkt hat, daß diejenigen seiner Hörer, *qui habent apparatum domini Azonis, satis bene habent materiam istam, longe melius quam qui habent alium apparatum.*

Es ist evident, daß dieser in der Lectura Codicis von Odofredus sog. *alius apparatus* und die dort sog. *glose vestre* derselbe Apparat ist, auf den Odofredus in seiner Lectura zu D 5,1,37 mit *hic notatum* Bezug nimmt. Es kann dort und hier ein anderer Apparat als die *gl.ord.*: zu C 3,32,13 die *gl. iudice* und zu D 5,1,37 die *gl. si de vi*, nicht gemeint sein, und es wird die dort: in der Lectura Codicis ausgesprochene Warnung vor diesem Apparat auch aus dem, was hier zu D 5,1,37 von

[84] Die Redeweise von den *libris vestris* oder *nostris* (in der Lectura des Odofredus an unzähligen Stellen) und den Bezug dieser Redeweise auf die *gl.ord.* s. bereits hier o. S. 111/114.

dem *apparatus Azonis et Joannis* gesagt wird, sc. aus dem Irrealis, in dem hier von diesem Apparat als dem besseren die Rede ist, erst wirklich verständlich. Zu dem Hinweis, daß die *glose vestre*, also dasjenige, was zu D 5,1,37 in der *gl.ord. notatum* ist, nicht die *glose Joannis et Azonis* sind, wird sich nur veranlaßt sehen, wer es mit einem Publikum zu tun hat, das etwas anderes, also in der *gl.ord.* eben diese Glossen erwartet. Mit der Warnung vor diesem Apparat: dem *caveatis vobis* aber muß es um noch mehr als um den Hinweis auf diesen Mangel gehen. Denn darüber, daß sie in ihren Glossen: in dem Apparat, der als der gewöhnliche *ordinaria glossa* heißt, hier nicht den *apparatus Azonis et Joannis* haben, können die Hörer des Odofredus nicht leicht einer Täuschung unterliegen; insofern ist das *caveatis vobis* für sie eine an sich unnötige Warnung. Die *gl.ord.* läßt, und zwar auch schon in der ursprünglichen Version ihres Textes[85], weder einen Zweifel daran, daß zu der *quaestio: numquid ... in eodem libello etc.* der Ansicht von *Jo et Az* nicht zu folgen sei, noch fehlt in ihr die Angabe, was diese Ansicht besagt. Sie läßt hier also selbst keinen Zweifel daran, nicht ein *apparatus az et jo* zu sein, so daß ihr Mangel, den der Apparat, wenn er von Azo wie in der Lectura und Glosse zu C 3,32,13 ausgeführt wäre, nicht hätte, in der Sicht des Odofredus noch ein anderer sein muß.

Die *gl.ord.* beginnt, während Azo in der Lectura und Glosse zu C 3,32,13 und demgemäß dann auch Odofredus die Ansicht der *quidam* voranstellen, mit einer Darstellung dieser eine Distinktion der Interdikte zurückweisenden Ansicht - mit einer Darstellung, deren Text entlehnt ist - teils aus der azonischen Lectura, indem die Interdikte nicht bei ihrem Namen genannt, sondern abstrakt: ihrer *intentio* nach bezeichnet sind und über ihre *genera* ein Unterricht erteilt wird, teils aus dem Bestand des *m.ap.* zu D 5,1,37, aus dem die Worterklärung zu *possessione (ponitur possessio pro dominio)* einschließlich ihres Beleges in C 5,16,13 und das insoweit durch C 7,62,1 gegebene *contrarium* entnommen sind - ein Bestand, den der Verfasser der *gl.ord.* insoweit als ungenügend empfunden haben muß, als zu der Litera *de vi* Azo keine Erklärung gegeben hat: Wenn *possessione* den Sinn von *dominio / proprietate* hat, dann bleibt für *de vi* nur der Bezug auf die *possessio* übrig - so wird Azo gedacht, als zu trivial nicht gesagt haben und sagt die *gl.ord.*, indem sie den Bestand des *m.ap.* mit der *antiqua glosa*: i. e. *de violenta*

[85] Die *additiones* enthalten teils bloße Ergänzungen der Argumentation, teils betreffen sie die in der ersten Version noch gar nicht berührte Frage, ob es hinsichtlich des Verhältnisses von petitorischer und possessorischer Rechtsverfolgung darauf ankommt, ob vom Kläger petitorisch und possessorisch oder ob *vicissim*: von der einen Partei possessorisch und der anderen petitorisch geklagt wird. Um diese Frage geht es bei Odofredus mit der *responsio*, die er (im letzten Absatz des hier mitgeteilten Stücks) *causa uberioris doctrine* ausführt, und die eine *opinio contra omnes (contra omnes opiniones?)* sein soll - eine *opinio* der *gl.ord.* oder aber, und dies doch wohl eher, des Odofredus selbst, der zu ihr durch Hugolinus, sc. dessen in der Verteidigung der Ansicht Coelestins (s. u. N. 96) gemachte, auf D 5,1,37; C 3 (wie es statt 6 bei *Haenel*, S. 390 heißen muß), 33,2 und 8,2,3 bezogene Bemerkung: *ibi plures inter se agebant etc.* inspiriert worden sein könnte - so daß auf des Odofredus Lectura diese *additiones* der *gl.ord.* die Reaktion sein könnten.

possessione anreichert - und all dies *secundum jo et az*, all dies aber ohne einen genauen Beleg, ohne eine exakte Bezeichnung der Abhängigkeit von Azo, Johannes und der *antiqua glosa*. Wer daran keinen Anstoß nähme, weil etwa dem Schüler ein derartiger Umgang mit den Texten seines Lehrers nicht zu verdenken sei[86] oder weil gar dem mittelalterlichen Autor noch der urheberrechtliche Sinn gefehlt habe[87], denkt und empfindet anders als Odofredus, der dem Mittelalter angehört, der hier die Quellen wenigstens bezeichnet, aus denen die *gl.ord.* ihre Worte entlehnt, und der daran Anstoß nimmt, daß die Glossen, die nur kompiliert, die nur die Ausbeute aus fremder Arbeit sind, als Glossen des Kompilators bezeichnet werden.[88]

Die vollkommene Täuschung ihres Lesers aber unternimmt die *gl.ord.*, indem sie zu der Ansicht, es sei zu der Frage der Kumulierung von petitorischer und possessorischer Klage hinsichtlich der Interdikte zu distinguieren, die Angabe unterläßt, daß diese *distinctio* einer *glosa antiquorum* entnommen ist.[89] Wer an

---

[86] So *Seckel* in einem seiner nicht veröffentlichten Akad.-vorträge (s. davon die Kurzfassung in: Sitzungsberichte d. preußischen Akad. d. Wissenschaften (1918), Bd I, S.5) als Entgegnung auf den Vorwurf des Plagiats, den *d'Ablaing*, SZ 9 (Rom. Abt. 1888) 22-7 gegen Azo erhoben hat, weil dieser in seiner Codexsumme das Ausmaß seiner Abhängigkeit von der Codexsumme seines Lehrers Johannes nicht kenntlich gemacht habe; wie *Seckel* in dieser Frage, wie genau man es im Mittelalter mit dem Nachweis seiner Quellen genommen hat, *Genzmer* [o. N. 8], S. 410 (unter Berufung selbst auf die "handschriftlichen Notizen" seines Lehrers *Seckel* in N. 274) und nach *Genzmer* wohl alle Neueren mit mehr oder weniger exaktem Quellennachweis: *Weimar* [o. N. 4], S. 202 und, mit besonderer Verve, Satura R. Feenstra (1985), S. 386f.; *Lange* [o. N. 2], S. 220 sowie als ein Exempel aus der lexikographischen Literatur *Dorn* (in: *Kleinheyer/Schröder*, Deutsche und Europäische Juristen aus neun Jahrhunderten, 4. Aufl. (1996), zu 'Azo'), der mir *Genzmer* als seinen Gewährsmann bezeichnet hat.

[87] *Landsberg* [o. N. 12], S. 54 (in Bezug auf Accursius: "wenig ausgebildet damals noch das Gefühl literarischer Ehrlichkeit"); *Weimar* [o. N. 4], S. 202 (in Bezug auf Azo: "Plagiat ... eine Wertung, der unzulässigerweise moderne Vorstellungen vom Urheberrecht zugrunde liegen"). Es wäre förderlich, wenn dieses Argument von dem im Text zu der vor. N. genannten, da der Begriff des Plagiats doch ein anderer und weit älterer ist als derjenige des Urheberrechts, getrennt und wenn auch bedacht würde, ob derjenige, der seine Quelle nicht nachweist, nicht einfach nur den praktischen Sinn der Bequemlichkeit und Arroganz hat.

[88] S. o. bei und in N. 30.

[89] Die Grenze zu den *antiqui* ist bei Odofredus wie auch bei Hugolinus schon Johannes Bassianus als der erste unter den *moderni / novissimi*, s. Odofredus in der Lectura zu D 4,2,9,1 (Dig. vetus I f. 151r): *usque ad tempora domini Joannis varie fabule sunt scripti et dixerunt antiqui ...*, zu D 3,5,5,13 (11): *secundum Jo. et modernos* und in diesem (Johannes nicht mehr den *antiqui* zurechnenden) Sinn öfter; Hugolinus an der hier (o. N. 66) zit. Stelle - anders *Tamassia*, S.103: 'al di là di Azone; gli altri sono tutti moderni' (in der dafür angef. Stelle C 12,38(39),1 f. 75B ist zu lesen: *Joan. Azo et (ceteri!) moderni doctores*). Was in der Sicht des Hugolinus und des Odofredus die *antiqui* von den *moderni / novissimi* unterscheidet: die mit Johannes beginnende Modernität ausmacht, bedürfte der Untersuchung.

diesem Mangel keinen Anstoß nehmen würde, wer das *melius* des Odofredus als überspitzt und bloße - aus "Nebenbuhlerschaft" oder "Rivalität" geborene - Polemik beiseite schieben möchte und das *pereant qui ante nos nostra dixerunt* in einer Wissenschaft gelten ließe, der Gelehrsamkeit: der peinlich-genaue Quellennachweis das leitende Prinzip sein muß, wem die *onesta rigidità scientifica* des Odofredus[90] hier eine Übertreibung schiene, hätte hier jedenfalls zu bedenken, was das Fehlen der Quellenangabe hier bewirkt und möglich macht.

Indem von der *distinctio*, die als die richtige bezeichnet wird, nicht gesagt wird, daß sie eine *opinio antiquorum* ist, wird dem Leser, zumal einem solchen, der meint, es mit einer Kompilation von Glossen zu tun zu haben, die Information vorenthalten, daß diese *distinctio* Johannes und Azo bekannt gewesen ist, daß diese, jedenfalls Azo sich mit ihr auseinandergesetzt, ihre Beweise geprüft und aus dieser Prüfung ihre eigene Ansicht gewonnen haben. So ist es möglich, in der Begründung der scheinbar eigenen Ansicht selektiv zu verfahren und dasjenige zu übergehen, was in dieser Begründung die Hauptschwierigkeit ist. Die *gl.ord.*, nachdem sie zu der Antwort, die *Jo. et Azo* auf die Frage: *numquid ergo etc.* gegeben haben, deren fünf Belegstellen ausgeführt hat, nachdem sie das *argumentum* für einen Ausschluß der Kumulierung im Falle des *interdictum retinendae possessionis* wie Azo (in der *gl.* zu C 3,32,13) mit D 49,4,2,1 belegt (und berichtigt: l. ii statt i!) hat[91], gibt zu der Stelle, die insoweit *contra videtur*, eine *solutio*, die in der ersten Version ihres Texts: *quia - proposuit* keine und in einer *additio* dazu diejenige Azos (aus dessen Lectura) ist: *petitorium ... cui postea renuntiat*[92]. Sie erklärt sodann die andere Entscheidung, *quod petitorium et possessorium*

[90] *Tamassia*, S. 39 in Hinsicht auf 'il lusso eccessivo delle citazioni odofrediane', s. auch das Lob des Odofredus und die Spitze gegen den 'con assai meno scrupoli' verfahrenden Accursius S. 32. Die Mühe, die man sich gemacht hat, in der *gl.ord.* zu zählen, wer in dieser wie häufig zitiert wird, s. *Calasso*, Atti del Convegno Internazionale di Studi Accursiani, Bologna 21-26 Ottobre 1963, Vol. II (1968), S.493-509, wäre für eine Beurteilung der in der *gl.ord.* steckenden Arbeit eine brauchbare Vorarbeit, wenn anzunehmen wäre, daß alles, was ohne Zitat (Sigle) ist, dem Verfasser der *gl.ord.* zuzurechnen ist - was, wie sich hier gleich mehrfach zeigt, aber nicht der Fall ist.

[91] Sowie auch noch die Trivialität, daß derjenige, der auf Herausgabe *in rem* klagt, *diceret alium possidere*, mit C 2,54,1 belegt hat.

[92] Die *solutio*, die in der ursprünglichen Version des Textes die einzige war, ist dem Apparat des Johannes Teutonicus *in Compilationem tertiam* (sc. der Decretalen Innozenz' III - ed. K. *Pennington*, Tom. I, 1981) entlehnt: *quia illud* (so sagt der teuton. Johannes) *potest intelligi cum ignorabat se possidere (Pennington*, S. 205); sie ist wegen dieser ihrer Provenienz gewiß nicht plausibler, auch schon von Tancred (im Anschluß an Vincentius) verworfen worden, s. ms Vat. lat. 1377 (dazu *Kuttner*, Repertorium d. Kanonistik, (1936), S. 357) f. 193r; die *additio* mit der azonischen *solutio* s. als *additio* in mss München, BML Redi 181, Tübingen; in den Apparat integriert in: BAV Pal. lat. 735 und Patetta 219, BML Acquisti e Doni 158.1 und Edili 65, Kues 3 und 4; sie fehlt hingegen - auch als *additio*! - in allen anderen hier für den Text der *gl.ord.* herangezogenen Hss, was - den genauen Nachweis vorbehalten - dem Stand der Entwicklung dieses Texts in diesen Hss entspricht (wozu jedoch an das o. N. 13 i.f. Gesagte zu erinnern ist).

simul possit proponi, für bewiesen - zum einen in den *leges (probatur iure legum)* durch die *l. cum fundum § fi. (= ult.* D 43,16,18,1) und zum anderen *iure canonum* durch die allegierte Stelle im *Liber Extra*, und sie befaßt sich danach nur noch mit den *leges praedictae pro Joanni*, daß nämlich diese der *distinctio* nicht entgegenstünden, daß die drei zuerst genannten (also namentlich auch D 5,1,37!) nur die possessorischen Klagen *retinendae possessionis* beträfen u.s.w. Daß die *expositio* zu D 49,4,2,1, deren es bedarf, um diese Stelle als einen Beleg für die Möglichkeit einer Kumulierung der *rei vindicatio* mit einem *interdictum retinendae possessionis* auszuräumen, auf die *l. cum fundum § fi. / ult.* übertragbar ist, daß diese *expositio* nicht für die eine Stelle gelten und für die andere nicht gelten kann und daß eben damit Azo diese einzige Stelle in den *leges*, der die Möglichkeit einer Kumulierung entnommen werden kann, ausgeräumt, daß er die Entscheidung in D 5,1,37 für *indistincte* getroffen verstanden hat - diese Schwierigkeit für die Begründung der scheinbar eigenen Ansicht wird unterschlagen. Es wird stattdessen das *ius canonum* bemüht - als ob durch das, was in diesem entschieden ist, eine *dissensio* über das, was in den *leges* ist, geschlichtet werden könnte - als könne der Papst durch eine Decretale entscheiden, als könne von oben herab entschieden werden, was *iure legum* nur Anspruch auf Geltung hat, wenn es eine Ansicht ist, die der Litera und der *ratio* gemäß, die durch Gelehrsamkeit und Wissenschaft gefunden ist.[93]

Es ist Odofredus, der in dieser Weise den auf das *ius canonum* gestützten Beweisgrund der *gl.ord.* angreift, der, nachdem er den Meinungsstand referiert und (mit *or Signori!* seine Hörer anredend) die *opinio Joannis et Azonis et Jacobi (Balduini)* als die *iure nostro* zutreffende bezeichnet hat, diesen Beweisgrund geradezu an den Pranger stellt (und dessen Bezug auf die *gl.ord.* nicht zuletzt auch hierin sichtbar wird). Er macht sich lustig über einen Papst, der ein Gesetzgeber ist und *sicut dominus extraxit se in parte (fecit se glossatorem legum*, wie Odofredus in seiner *Lectura Codicis* zu C [illegible],32,13 sagt) *et approbavit antiquorum opinionem et voluit dicere, quod civiles sanctiones* (*sc.* die *leges*) *dicebant hic, et posuit illum textum cum fundum § cum qui* (d. i. *§ ult. / fi*) *extra etc.* (*sc.* in die in den *Liber Extra* aufgenommene *Decretale*)[94]. Die *gl.ord.* - so haben wir dies zu

---

[93] *Servare legem et rationes* sagt Odofredus zur Bezeichnung dessen, was die auf die Quellen des röm. Rechts ausgerichtete Arbeit (vor dem *ius longobardorum)* auszeichnet: *.... ut non habeat locum longobardorum ius, in civitate ista facimus iurare ita potestatem: servare leges et rationes ... cum longobarda non est lex nec ratio, sed est quoddam ius, quod faciebant reges per se.* Nicht was die germanischen Könige (oder der Papst als der andere in jener Gegenwart tätige Gesetzgeber) entschieden haben, nicht deren Dezisionen, sondern die geschichtlich gegebene Litera ist *lex*, und das *salvare legem*, das auch den Langobardisten das Prinzip war, heißt darum in Bologna: in einer Schule, die in einem Lehrer der *artes* ihren Gründer sah, *salvare literam*, s. Odofredus zu D 50,16,9 (Dig. novum f. 172v) und hierzu auch *Tamassia*, S. 63.

[94] Nämlich in c. 5 X 2,12: ... *cum legali sit provisione statutum eum, qui fundum vendicaverit, ab eo, cum quo interdicto unde vi potuit experiri, pendente iudicio interdictum*

lesen - stützt die *distinctio*, von der sie verschweigt, daß sie eine *opinio antiquorum* ist, außer auf eine Stelle in unseren *leges*, auf eine Stelle im *Liber Extra*, die aber doch nur das wiederholt, was in jener Stelle steht, so daß ihr zweiter Beweisgrund auch nur der erste und nur so stark oder schwach wie dieser ist. Sie stützt sich auf eine *Decretale*, die der Papst, weil er die *opinio antiquorum* für richtig hielt, *fecit ... sicut faciunt domini* und in der doch *non est ... alia ratio, nisi pro ratione voluntas* - deren *ratio* mithin eine Willensentscheidung ist.[95] Die *gl.ord.* beruft sich auf einen Papst, einen Gesetzgeber, der, wenn es um das geht, was *iure nostro* gilt, was Recht ist, auch nur ein *dominus* sein kann, der sich zum *glossator legum* machen muß und dem keine *ratio* zur Verfügung steht, die der *ratio aliorum dominorum* überlegen wäre. Und mit dem Selbstbewußtsein, das den wahren Juristen in seinem Verhältnis zu den neueren Gesetzen auszeichnet, fügt Odofredus, den Spott auf die Spitze treibend, dem hinzu: *sed non crederem domino pape nisi in spiritualibus. sed in his (sc. quaestionibus) que sunt iuris rationalis, non crederem ei.*

Der Papst, von dem Odofredus bei D 5,1,37 und C 3,32,13 redet und den er, wo die *gl.ord.* nur sein Gesetz zitiert, auch beim Namen nennt, ist Innozenz III.[96] Ob dieser, wie behauptet worden ist, auf dem Stuhle Petri nach diesem der Größte war, wird hier mit der *in spiritualibus* gebotenen Zurückhaltung, unentschieden

---

posse nihilominus intentare - d. i. fast wortgleich die Litera der *'provisio legalis'* D 43,16,18,1.

[95] Zu dem zitierten Stück ist im Text des Odofredus der Zusammenhang: *et ista opinio est canonisata extra de causa pos. c. pastoral., quam decretalem dominus innocentius tertius fecit, et fecit ea(m) sicut faciunt domini. quia non verentur dicere nisi sicut placet eis, quia non est in illa decretali alia ratio nisi pro ratione voluntas et fecit se glossatorem legum...* (Lectura super Cod. I f. 170v). Der diesem Text hier oben gegebene Sinn setzt voraus, daß das Subjekt zu *verentur* (*sc.* des 1. *quia*-Satzes) nicht die zuvor genannten *domini*, sondern die Päpste sind, daß m.a.W. der Text den Vortrag des Odofredus verkürzt wiedergibt, was angesichts des Gestammels dieses Textes anzunehmen doch auch wohl zwingend ist.

[96] Nicht von diesem und nicht von dessen *Decretale* (c. 5 X 2,12), sondern nur von Coelestin (*sc.* III) spricht Hugolinus (o. N. 63), S. 389 und sagt, daß dessen Entscheidung in *quadam Decretali nova continetur* - gemeint sein kann nur, wie schon *Haenel*, a.a.O. N. tt angenommen hat, die *Decretale* aus dem Jahr 1195 (dieses Jahr bei *Haenel*, 1193 bei *Friedberg*, Quinque Compilationes Antiquae [1882], S. 72), die in Coll. II, Lib. 2, Tit. 6 die einzige und in c. 2 X 2,12 aufgenommen ist. Da die *Decretale* von Innozenz III, auf die sich die *gl.ord.* und Odofredus beziehen, aus 1202 ist und auch schon in Coll. III 2,5 c. 3 steht (woraus in ihrer ursprünglichen Version, indem in dieser *ex III* zitiert ist, auch die *gl.ord.* zitiert), hat es den Anschein, als schreibe Hugolinus hier vor 1209. Wie sich dies mit *Haenels* Annahme: *ut has dissensiones (dominorum) post annum 1216 et ante Gregorii IX collectionem (sc. 1234) conscriptas esse oporteat* (p. XXIII - wie *Haenel* nun *Lange* [o. N. 2], S. 149), vereinbaren läßt, ist hier nicht zu sagen, wie auch das sachliche Verhältnis der *Decretale* des Innozenz zu derjenigen seines Vorgängers (das in der - kanonistischen - Glosse zu der einen wie der anderen dunkel ist) unerörtert bleiben kann.

bleiben können.[97] Innozenz III war, wie es jedenfalls scheint und wovon sich in der Geschichte des Inquisitionsprozesses und deren Darstellung durch Biener vielleicht das beste Beispiel findet[98], auch noch in seiner Gesetzgebung ein großer Jurist. Er wird auch schon zur Zeit des Odofredus als Jurist einen großen Namen gehabt haben, und der Spott des Odofredus mag daher, was ihn betrifft, eine Anmaßung genannt werden können. Es geht aber um *glosas vestras*, um die *gl.ord.* Es geht in der Herabsetzung dieser (päpstlichen) Gesetzgebung um *nostrum ius* und um die Gestalt, die diesem in der *gl.ord.* gegeben ist. Den Hörern des Odofredus, der *legum cupida iuventus* im 2. Drittel des 13. Jahrhunderts kann nicht zweifelhaft gewesen sein, wer mit diesem Spott eigentlich getroffen werden soll, und so kann auch uns das Beispiel dieses Hinweises auf das, was in der *gl.ord. melius* wäre, wenn sich diese an ihre Vorlage gehalten hätte, eine Anleitung sein, eine Kritik des Textes der *gl.ord.*, eine Offenlegung der Quellen, aus denen diese geschöpft hat, eine Demonstration der Geschichtlichkeit auch dieser letzten Kodifikation vor der Nationalisierung und Zersplitterung des Rechts auf dem europäischen Kontinent zu unternehmen.

---

[97] Die Behauptung s. bei *Stubbs*, Select Charters, 9th ed. (1921), S. 264; sie steht einem Bischof, zumal einem anglikanischen, auch wenn er nicht als solcher schreibt, wohl an.

[98] Beiträge zu der Geschichte des Inquisitions-Prozesses und der Geschworenen-Gerichte (1827), S. 38-60.

Menschenwürde und Menschenleben

Zum Auseinanderdriften zweier fundamentaler Werte als Ausdruck moderner Tendenzen zur Relativierung des Menschen

Eduard Picker

A. Die Diskrepanz zwischen „Würde"-Verabsolutierung und Lebens-Relativierung

I. Der prinzipielle Konsens über die Unantastbarkeit der menschlichen Würde

1. Der Satz von der Unantastbarkeit der Würde des Menschen liegt als Bekenntnis auf aller Lippen. Als Grund-Satz, der den Text der Verfassung eröffnet, ist er von der Gesellschaft, die diese Verfassung bis zum Internalisierungsgrad eines sozialen Glaubensguts verinnerlicht hat, in allen Kreisen mental rezipiert - mag man ihn oft auch eigenartig positivistisch gebrauchen, so, als könnte ohne das Grundgesetz etwas anderes gelten. Die „Menschenwürde", darüber herrscht bei den Rechtsgenossen so gut wie fraglose Einigkeit, steht als oberstes Tabu außer Zweifel. Sie ist - sieht man ab von einzelnen störenden Stimmen, die sie respektlos als „Leerformel" qualifizieren[1] - nach geschlossenem Chor ein „oberster Wert"[2], ein

[1] So etwa *Hoerster*, JuS 1983, 93, 96; 1985, 743; ZRP 1988, 185, 186; s. auch *Denninger*, Staatsrecht, Bd. I, 1973, S. 25 ff.; vor der in einer Wertordnung denkenden Anwendung von Art. 1, die als Wert-, nicht mehr Rechtsfindung statt rationalen Erkennens voluntatives Wählen eröffnen würde, warnt *Badura*, JZ 1964, 340 ff.

„tragendes Konstitutionsprinzip“[3], sogar die „vielleicht oberste Leitidee“[4] sowie das „Fundament des Normengefüges unserer Verfassung“[5]. Und sie bildet damit - der sprachliche Kraftakt verrät die Emphase - den „zentralsten“ Wert[6] der geltenden Ordnung. Dementsprechend bestimmt man auch den Schutz dieses Guts: Die „Würde“ als die vom Substrat abgelöste „Idee“ des Menschen, als das Humanum schlechthin, ist nach der Verfassung, darüber hinaus aber auch nach heute selbstverständlicher Sicht jedem wertenden, damit relativierenden Zugriff entzogen[7]. Sie ist - anders als ihre Träger - ein Absolutum.

2. Diese eindrucksvolle Wertüberzeugung verhindert gewiß nicht, daß über Inhalt und Reichweite dieser zum Volksgut gewordenen Basisgröße oft handfester Streit und nicht selten überraschend grundsätzliche Kontroversen entstehen. Der Gewißheit über die Sakrosanktheit der „Würde“ entspricht nicht die über ihren Gehalt und dessen Konkretisierung! Im Gegenteil schlägt die Sicherheit über das Ausgangsaxiom offenbar schnell in Unsicherheit über dessen Reichweite um. Das zeigen vor zahlreichen anderen Indikatoren[8] namentlich zwei konträre Tendenzen, die plastisch belegen, wie sehr der axiomatischen Ruhe das Unbehagen bei der praktischen Umsetzung auf dem Fuß folgt:

Einerseits besteht eine breite Bereitschaft, auch im tagtäglichen Interessenkonflikt - etwa beim Streit um die ö-Tüpfelchen bei einer computergefertigten Rechnung[9] - die menschliche Würde als Argument zu bemühen. Man neigt hier dazu, einen großen Wert in kleiner Münze auszugeben und so für den Nahvorteil zu

---

[2] So u. ähnlich BVerfGE 5, 85, 204; 27, 1, 6; 30, 173, 193; 45, 187, 227; 54, 341, 357; 61, 126, 137; s. auch *Lorz*, Modernes Grund- u. Menschenrechtsverständnis u. die Philosophie der Freiheit Kants, 1993, S. 271 f.

[3] So BVerfGE 6, 32, 36; 45, 187, 227; 87, 209, 228; ähnlich etwa *Stern*, Das Staatsrecht der Bundesrepublik Deutschland, Bd. III/1, 1988, S. 18 f.

[4] So *Wertenbruch*, Grundgesetz und Menschenwürde, 1958, S. 33.

[5] So *Maihofer*, Menschenwürde im Rechtsstaat, in: Maihofer/Behrendt, Die Würde des Menschen - I, 1967, S. 8; ähnlich *Jarass*, in: Jarass/Pieroth, Grundgesetz, 4. Aufl., 1997, Art. 1 GG, Rn. 2: „wichtigste Wertentscheidung“; *Häberle*, in: Isensee/Kirchhof (Hrsg.), Handbuch des Staatsrechts der Bundesrepublik Deutschland, Bd. I, 1987, § 20, Rn. 56: „Staatsfundamentalnorm“; s. ferner *Horst Dreier*, in: ders. (Hrsg.), Grundgesetz-Kommentar, Bd. 1, 1996, Art. 1 GG, Rn. 32 m. w. Nachw.

[6] So *Wintrich*, Zur Problematik der Grundrechte, 1957, S. 14.

[7] S. Sachs/*Höfling*, Grundgesetz, 1996, Art. 1 GG, Rn. 23: für die insoweit exempl. Gentechnik. Ausführlich zur Entwicklung des Menschenwürdebegriffs *Enders*, Die Menschenwürde in der Verfassungsordnung, 1997, S. 25 ff., bes. S. 41 ff., 54 ff., zur Uneinschränkbarkeit S. 101 ff., 110; s. ferner etwa noch *Starck*, in: v. Mangoldt/Klein/Starck, GG, 3. Aufl., 1985, Art. 1 Abs. 1 GG, Rn. 20.

[8] S. dazu die Beispiele u. unter A II 1 b; B II 1, 2, 3; C III 2, 3.

[9] S. zu dem durch drei Instanzen getriebenen Streit um die richtige Schreibweise eines Namens VG Frankfurt, DVBl 1966, 383 f.; HessVGH, DÖV 1968, 356 f.; BVerwGE 31, 236, 237 f.; dazu etwa *Denninger* (o. Fn. 1), S. 13; s. Sachs/*Höfling* (o. Fn. 7), Art. 1 GG, Rn. 14 mit Fn. 47.

vernutzen[10]. Andererseits stellt man als Gegenbewegung zu solchen Minimierungstendenzen die Forderung auf, weitgehend auf die praktische Umsetzung der verfassungsrechtlichen Würdegarantie zu verzichten. Man ist in dieser Richtung also bestrebt, den absoluten Tabuschutz der menschlichen Würde dem Bereich „schwerer Beeinträchtigungen elementarer Persönlichkeitskomponenten" vorzubehalten oder, noch darüber hinaus, ihn für letzterhabene Emanationen des Humanum zu reservieren[11]. Das Gegeneinander einerseits von entschiedener alltagspraktischer Nutzung, die den konzessionslosen Unbedingtheitsanspruch der „Würde" durch Banalisierung verschleißt, andererseits von besorgter werttheoretischer Übersteigerung und Entrückung, die den auf diese Würde gegründeten Schutz des Menschen bis zur praktischen Irrelevanz beschränken[12], sind somit ein Charakteristikum der theoretischen Diskussionen wie der praktischen Handhabung dieses konstitutionellen Primärwerts. Und gerade sie machen dessen frappante Offenheit deutlich.

Auch die Menschenwürde genießt danach nur „als solche" die eingangs skizzierte fraglose Anerkennung als Absolutum. In ihrem Inhalt ist sie dagegen in hohem Maße ungeklärt und umstritten[13]. Dort, wo es um ihre konkrete Feststellung geht, zeigt sich deshalb eine vergleichbare Unsicherheit, wie wir sie auch gegenüber der Bewertung des menschlichen Lebens und also gegenüber dem Substrat der „Würde" noch feststellen werden. Und nicht zuletzt begründen diese Symptome moderner Werteperplexität den Verdacht, es erscheine die rigide Verabsolutierung des Schutzes der „Würde" einer auf Abwägung und Vermittlung

---

[10] Vor dieser naturgemäß primär in der Praxis geübten Haltung - s. dazu Text u. Nachw. der Vornote - warnte schon *Dürig*, in: Maunz/Dürig, Grundgesetz, Art. 1 GG, Rn. 29; s. ferner etwa *Graf Vitzthum*, JZ 1985, 201, 202; ZRP 1987, 33; Sachs/*Höfling* (o. Fn. 7), Art. 1 GG, Rn. 9; *Dreier* (o. Fn. 5), Art. 1 GG, Rn. 35 mit Fn. 75; s. auch BFH NJW 1990, 1871 f. zur Pfändung eines Farbfernsehgerätes; s. zum ganzen auch noch u. C I 2.

[11] S. dazu etwa Sachs/*Höfling* (o. Fn. 7), Art. 1 GG, Rn. 17 m. w. Nachw.; zu der mehr oder minder weit getriebenen Tendenz s. außer den in der Vornote Genannten etwa noch *Jarass* (o. Fn. 5), Art. 1 GG, Rn. 4 u. 10; *Graf Vitzthum*, MedR 1985, 249, 252; *Zippelius*, in: Dölzer/Vogel (Hrsg.), Bonner Kommentar zum Grundgesetz, Art. 1 Abs. 1 u. 2 GG, Rn. 16. Exemplarisch für diese Minimalisierung des Normgehaltes der Menschenwürde etwa *Lerche*, Verfassungsrechtl. Aspekte der Gentechnologie, in: Lukes/Scholz (Hrsg.), Rechtsfragen der Gentechnologie, 1986, S. 88 ff., bes. S. 101 u. 111; s. dazu auch noch Folgenote sowie noch u. unter C III 1, 2, 3.

[12] Das droht etwa, wenn z.B. *Forsthoff*, Der Staat 18 (1969), 524, die Menschenwürde als einen „allgemein-empirische(n)" Begriff versteht, unter den „nicht subsumiert werden kann"; s. ferner *Starck*, Gutachten A für den 56. DJT, 1986, S. A 14; *ders.*, (o. Fn. 7), Art. 1 Abs. 1 GG, Rn. 11 u. 20; Sachs/*Höfling* (o. Fn. 7), Art. 1 GG, Rn. 12; *Dreier* (o. Fn. 5), Art. 1 GG, Rn. 47 ff., 56 ff.

[13] Zu diesem Befund s. nur etwa Sachs/*Höfling* (o. Fn. 7), Art. 1 GG, Rn. 9; *Enders*, Menschenwürde (o. Fn. 7), S. 377 ff., bes. S. 388 ff.; auch *Löw*, in: Bastian (u. Fn. 29), S. 89 f.; *Cancik*, in: Funke (Hrsg.), Utopie u. Tradition, 1987, S. 75 f. (abgedruckt jetzt auch in *Cancik*, Antik-Modern, Beitr. zur röm. u. dt. Kulturgeschichte, 1998, S. 267 ff.); konkrete Belege im weiteren Text; s. auch noch u. bei Fn. 93.

angelegten rechtlichen Ordnung von vornherein nur deshalb erträglich, weil diese Unabgeklärtheit große interpretatorische Freiräume schafft. Denn gerade diese Entrückung eröffnet unterderhand doch wieder weite Wertungs- und Kompromißmöglichkeiten - und mit ihnen subkutan eben doch wieder jene „praktische Konkordanz", die man im Schutzbereich der Menschenwürde offiziell ausschließt[14].

3. Das alles mag relativierend wirken. Es ändert jedoch nichts an dem hier zunächst festzuhaltenden Ausgangsbefund, daß die menschliche Würde jedenfalls „als solche" und mithin abstrakt-generell im heutigen Recht und Rechtsbewußtsein zur „Unantastbarkeit" verabsolutiert ist. Denn alles Rätseln um ihren Inhalt beseitigt nicht die tief verwurzelte Wertüberzeugung, daß sie, wie immer auch konkretisiert, gegenüber allen Gegeninteressen Vorrang besitzt, daß sie deshalb keine Beschränkung erlaubt und namentlich keine Abwägung mit anderen Rechtsgütern zuläßt[15]. Und auch in der Rechts- und Sozialwirklichkeit, die durch diese ins kollektive Bewußtsein eingegangene Wertentscheidung geprägt, sogar direkt determiniert ist, bleibt es deshalb bei der gleichfalls schon angedeuteten Folge: Eine Beeinträchtigung, für die es dem Opfer gelingt, ihre Qualifikation als Verletzung seiner Menschenwürde zu sichern, findet die geschlossene und konzessionslose Verurteilung der Gesellschaft.

II. Der wachsende Dissens über die Sakrosanktheit des menschlichen Lebens

1. Die Grundtendenzen zum verfügenden Zugriff auf das menschliche Leben

a) Diese im Kern konsistente Werthaltung gegenüber der „Würde" des Menschen steht in deutlicher Disharmonie zu einer umsichgreifenden neuen Werthaltung gegenüber dem menschlichen Leben. Das gilt auch dann, wenn man, wie im Effekt die beschriebene Sicht, beide Güter aus heuristischen Gründen hermetisch gegeneinander abgrenzt, wenn man also auf die Prüfung verzichtet, ob die wachsende Relativierung und Diminuierung der Lebensinteressen nicht nach Maß und

---

[14] S. dazu nur etwa Sachs/*Höfling* (o. Fn. 7), Art. 1 GG, Rn. 10; *Enders*, Menschenwürde (o. Fn. 7), S. 101 ff.; wohl deshalb bleiben Bereiche wirklich absoluten Schutzes in der Gesamtkonzeption des Würdeschutzes eher theoretische Möglichkeiten. Zu Bemühungen, bestimmte Positionen durch Subsumtion unter Art. 1 Abs. 1 GG der Verfassungsänderung zu entziehen Sachs/*Höfling*, a.a.O., Art. 1 GG, Rn. 18 Fn. 65 mit Verweis auf BVerfGE 88, 203, 215 f. Für die Begrenzbarkeit der Würde einer Person durch die einer anderen *Starck* (o. Fn. 7), Art. 1 Abs. 1 GG, Rn. 21; weitergehend *Kloepfer*, Festgabe für BVerfG, Bd. II, 1976, S. 405, 412 f.

[15] S. zu dieser Auffassung - freilich bei Mitbeachtung des hiervor Gesagten - nur etwa Sachs/*Höfling* (o. Fn. 7), Art. 1 GG, Rn. 6, 10; *Graf Vitzthum*, MedR 1985, 249, 253.

Modus längst in den Bereich der „Würde"-Verletzung hineinreicht[16]. Und dieser Befund gilt deshalb auch dann, wenn man beachtet, daß diese Interessen, obwohl ihnen höchste Wertigkeit attestiert wird[17], nicht die besondere, konzessionslose Absolutheit der „Würde" besitzen[18]:

Die Disharmonie der heutigen Wertung erweist sich nach spontanem Judiz wie nach reflektierter Betrachtung. Denn trotz der - künstlich - unterstellten axiologischen Kluft zwischen Menschenwürde und Menschenleben bemißt man den Wertabstand greifbar zu groß, wenn man das erstere Gut gegen jede Abwägung von Gegeninteressen immunisiert, wenn man dagegen, wie sogleich an Beispielen zu belegen, den letzteren Wert selbst reinen Vermögens- oder gar Kommoditätsinteressen Dritter hintanstellt. Und trotz Anerkennung einer prinzipiellen Abwägbarkeit der Vitalbelange des Menschen widerstreitet eine solche Relativierung speziell auch der Bewertung des Lebens, wie diese in der Werthierarchie der tradierten kollektiven Moral gewachsen und in der gültigen rechtlichen Ordnung positiviert ist: Auch ihrem Eigenwert nach verlangen die Lebensinteressen aufgrund der geltenden axiologischen Ordnung, die sich aus sozialer Erfahrung und Richtigkeitsüberzeugung konstituiert, daß ihre Hintanstellung gegenüber konträren Interessen dritter Personen nur dann in Betracht kommt, wenn diese Gegenbelange ihrerseits echte Existenzbedingungen des Konkurrenten betreffen[19]. Sie schließen deshalb nach den etablierten Wertungs- und Rechtfertigungsstandards grundsätzlich aus, daß man sie nicht-vitalen fremden Interessen unterordnet und damit dienst- und verfügbar macht.

b) Die Tatsache gegenläufiger Entwicklungstendenzen und also das Faktum, daß trotz dieser normativen und axiologischen Lage die Versuchung und die Be-

---

[16] S. dazu exemplarisch *Lerche*, Gentechnologie (o. Fn. 11), S. 88 ff., bes. S. 109, wo es bezüglich des „Reichs der Humangenetik" u. ihrer Erscheinungen (s. S. 108) heißt, hier bestehe „sicherlich ein gesetzlicher Regelungsbedarf ...; aber die Verschiebung des Problems, so es nicht überhaupt mit praktischen Mitteln zum Verschwinden gebracht werden kann (!) ... auf das Gleis des Schutzes der Menschenwürde, diese Lösung ist keine". Denn - so die entscheidende Sorge - „andernfalls gäbe es nur das radikale Verbot jeglicher einschlägiger Praktiken ..."; s. ferner auch etwa *Dreier* (o. Fn. 5), Art. 1 GG, Rn. 47 ff., 48, 51, der Rn. 48 über die Banalität hinaus, daß die Verletzung der Würde des Menschen nicht mit der seines Lebens identisch sei, so lapidar wie fordernd feststellt: „Menschenwürdegarantie und Lebensschutz sind ... zu entkoppeln"; *Neumann*, ARSP, Beiheft N.F. 33, 1988, S. 139 ff.; *Denninger*, KJ 25 (1992), 285 ff.; *H. Hoffmann*, AöR 118 (1993), 376; *Spiekerkötter*, Verfassungsfragen der Humangenetik, 1989, S. 90; *Enders*, EuGRZ 1986, 242 ff., 252; näher dazu u. unter B II 2 u. C III.

[17] S. dazu nur etwa BVerfGE 39, 1, 42; 88, 203, 252.

[18] Das wird als wesentlicher Unterschied zu anderen Grundrechten betont etwa bei Sachs/-*Höfling* (o. Fn. 7), Art. 1 GG, Rn. 10 f.; *Spiekerkötter*, Menschenwürde als Verfassungsbegriff, 1990, S. 83; *Jarass* (o. Fn. 5), Art. 1 GG, Rn. 10; *Podlech*, in: Alternativkommentar zum Grundgesetz, 1984, Art. 1 Abs. 1 GG, Rn. 73.

[19] S. dazu schon *Picker*, Schadensersatz für das unerwünschte eigene Leben „Wrongful Life", 1995, S. 81 f.

reitschaft wachsen, das menschliche Leben in der genannten Weise zu relativieren, ist als allgemeine Erscheinung weithin bekannt. Sie ist konkret als eine Grundströmung der Epoche an wenigen Beispielen dingfest zu machen:

Eben diese Tendenz offenbart sich exemplarisch an der zur Zeit so breit wie engagiert diskutierten, später noch weiter zu verfolgenden Frage, ob den Eltern ein Anspruch auf Schadensersatz gewährt werden soll, wenn infolge eines ärztlichen Fehlers ein unerwünschtes Kind auf die Welt kommt[20]. Denn die Erörterung dieser Frage bedeutet, daß man das neue Leben abwägt gegen lebenskonträre Interessen der Eltern. Und ihre heute mehrheitliche Bejahung heißt, daß man die Existenz eines Menschen als einen nachteiligen, deshalb zumindest kompensatorisch durch Geld „wiedergutzumachenden" Zustand bewertet, juristisch also als einen „Schaden".

Was sich hier noch eher sublim, wenngleich sozialpsychologisch folgenträchtig bekundet, manifestiert sich handfester etwa in der notorischen Forderung nach einer Abtreibungsfreiheit, die weit über das Postulat nach Verzicht auf Strafe hinausreicht: Sie verlangt das volle Entscheidungsbelieben der Mutter. Sie demonstriert damit die Bereitschaft, die Lebensinteressen des Kindes der Lebensplanung der Eltern bis hin eben zu Kommoditätsinteressen unterzuordnen[21]. Und sie hat längst auch das pragmatisch-ökonomische Folgebegehren gezeitigt, das „Humanmaterial", das bei den Aborten zwangsläufig anfällt, „sinnvoll" zu medizinischen Zwecken zu nutzen[22].

In der Sache noch radikaler, in der Präsentation freilich derzeit noch moderater, bekundet sich diese Relativierungstendenz ferner etwa in der fast schleichend expandierten Bereitschaft, immer ungehemmter auch die weitere Frage zu diskutieren, ob nicht selbst das geborene Kind im wie auch immer dann definierten pathologischen Fall seinen Anspruch auf Sakrosanktheit verliere. Gerade diese

---

[20] S. dazu m. Nachw. u. unter B II 1.

[21] S. dazu etwa *Picker*, Wrongful Life (o. Fn. 19), S. 26 ff., bes. S. 92 ff., 95 ff. m. w. Nachw.

[22] S. dazu nur etwa den unlängst in der Tagespresse berichteten Aufruf des Göttinger Strafrechtlers u. Rechtsphilosophen *Schreiber* an die Neurochirurgen, die durch Abtreibungen „gewonnenen" Fötenzellen für therapeutische Zwecke nutzbar zu machen (s. Frankfurter Allgemeine Zeitung v. 28.1.1998, S. N2). Die Ermunterung („Fangen Sie an!") ging mit der Versicherung einher, es werde angesichts der statistisch zu erwartenden Abtreibungsquoten immer genug Zellenmaterial geben. Einen „Embryonenmarkt" „glaubt" *Schreiber* nicht befürchten zu müssen. - Gleichsam den Schritt zur Perfektion einer solchen Beschaffung menschlicher „Ersatzteillager" propagiert der neuerdings viel erörterte Plan des englischen Wissenschaftlers *J. Slack*, nach der ihm gelungenen Herstellung von Froschembryonen ohne Kopf, Rumpf u. Schwanz nunmehr entsprechende menschliche Embryonen zur Deckung des Bedarfs an Organen zu züchten (s. etwa Schwäbisches Tagblatt v. 21.10.1997, S. 1).

Bewegung soll uns im Folgenden noch weiter befassen[23]. Erwähnt sei vorab jedoch ein Geschehen, das offenkundig auf ihrer Linie liegt und das einen Etappensieg selbst schon auf der Ebene der Gesetzgebung darstellt: Die geplante Bioethik-Konvention der europäischen Staaten gibt auch den zur Einwilligung nicht fähigen Menschen, vor allem also das behinderte Kind und den abständig gewordenen Alten, grundsätzlich selbst zu Forschungen frei, die ausschließlich fremdnützig orientiert sind, die also nicht einmal intentionell den Nutzen des Opfers verfolgen[24].

Schließlich ist für die Gesamttendenz paradigmatisch auch die Hochkonjunktur, derer sich die Sterbehilfe erfreut - nach dem „offiziellen" Geschehen hierzulande noch theoretisch, anderwärts auch schon praktisch[25]: Auch deren Diskussion

---

23 S. sogleich u. unter A II 1 c u. 2.

24 S. Art. 17 Abs. 2 des Übereinkommens zum Schutz der Menschenrechte u. der Menschenwürde im Hinblick auf die Anwendung von Biologie u. Medizin des Europarats v. 4.4.1997; deutsche Übersetzung hrsg. v. Bundesministerium der Justiz, Februar 1998; zur Konvention s. etwa *Honnefelder, Mieth/Düwell, Winter, Höfling, Fuchs/Kobusch*, Universitas, September 1996, S. 836 ff.; *Bockenheimer-Lucius*, Ethik in der Medizin, 1995, S. 146 ff.; *Taupitz/Fröhlich*, VersR 1997, 911 ff.; *Höfling*, demnächst KritV 1998; aufschlußreich die dort berichtete Äußerung des Direktors der Klinik für Neurologie an der Berliner Charité, *Einhäupl*: „...Natürlich geht es hier nicht nur darum, komatösen Patienten Blut abzunehmen - so niedlich sehen wir die Dinge in der Tat nicht -, sondern es geht darum, mit komatösen Patienten klinische Studien durchzuführen, die theoretisch auch geeignet sind, das Leben eines komatösen Patienten zu verkürzen u. ihm Schaden zuzufügen. Das ist überhaupt keine Frage. Wer sich zur Durchführung von Experimenten an Patienten entschließt, muß sich auch darüber klar sein, daß so etwas nicht ausgeschlossen ist u. auch täglich passiert" (Wortprotokoll der 22. Sitzung des Ausschusses für Soziales des Abgeordnetenhauses von Berlin, 21.4.1997, S. 40; s. zur „Verwendung von Föten" (so *Singer*, Ethik (u. Fn. 29), S. 212) auch noch u. Fn. 37). - Die Konvention selbst wechselt in ihrem Sprachgebrauch zwischen den Begriffen „menschliches Lebewesen" und „Person" (s. Art. 1 f. u. Art. 5 ff.); dem Verdacht, damit könnten Differenzierungen beabsichtigt sein, wie sie uns u. bei u. in Fn. 34 f. beschäftigen werden, tritt das Bundesjustizministerium a.a.O., S. 12 entgegen. Zu beachten ist jedoch, daß es „Aufgabe des innerstaatlichen Rechts" sein soll, die Begriffe „zum Zwecke der Anwendung dieses Übereinkommens zu definieren" (so a.a.O.). Nicht zuletzt ist gerade für unser Thema bemerkenswert, daß sich der Minister veranlaßt sieht, a.a.O. zu betonen, die Konvention habe „ein spezifisch rechtliches Menschenbild", „dem utilitaristische oder biologistische Positionen ... nicht zugrunde liegen"; s. auch noch u. Fn. 273.

25 Zu aktuellen Diskussionen um die Sterbehilfe, längst ständiges Thema auch der Medien, s. etwa *Eser/Koch*, Materialien zur Sterbehilfe: eine internationale Dokumentation, 1991; *Wettstein*, Leben- und Sterbenkönnen: Gedanken zur Sterbebegleitung und zur Selbstbestimmung der Person, 2. Aufl., 1997; *Humphry/Wickett*, Das Recht auf den eigenen Tod u. eine menschenwürdige Sterbehilfe, 1987; *Dworkin*, Die Grenzen des Lebens, 1994, bes. S. 41 ff., 247 ff.; s. dazu noch u. in Fn. 28, 35 u. 146; *Kuhlmann*, Sterbehilfe, 1995; *Rest*, Sterbebegleitung statt Sterbehilfe: damit das Leben auch im Sterben lebenswert bleibt, 1997; DJT (Hrsg.), Recht auf den eigenen Tod?, Sitzungsbericht M zum 56. DJT, 1986; *Laufs*, NJW 1997, 1609, 1616; *Kutzer*, ZRP 1997, 117 f.; *Bade*, Der Arzt an den

und Handhabung setzt ein Zeichen der Zeit. Denn sie entspringt, wo man sie ernsthaft und zweckbezogen erörtert, nicht thanatomanischen Launen. Und sie macht dort, wo man den Pferdefuß der Kostenfrage enthüllt, auch nicht halt beim Eigeninteresse des Moribunden. Auch sie fragt in ihren vordersten Positionen längst schon danach, ob und wie lange altes und gebrechliches Leben sozial noch „tragbar“ sei und damit respektiert - und bezahlt! - werden müsse[26].

c) aa) Die zahlreichen, oft nur erst ansatzweisen und noch kaum reflektierten, häufig subkutanen und nicht selten verdeckten Erscheinungsformen dieser modernen Tendenzen zur Relativierung des Lebens sind hier nicht auch nur zu skizzieren[27]. Aus Raumgründen sei als exemplarisches Demonstrationsobjekt eine viel erörterte Schrift angeführt, die zusammen mit dem australischen Moralphilosophen Peter Singer als Mentor die Philosophin Helga Kuhse verfaßt hat und die unter der als Titel gewählten bezeichnenden Frage, „Muß dieses Kind am Leben bleiben?“, die Problematik des Lebensrechts schwerstgeschädigter Neugeborener als Thema erörtert[28].

Grenzen von Leben u. Recht: über die Erlaubtheit ärztlicher Sterbehilfe unter besonderer Berücksichtigung des § 216 StGB, 1988; *Verrel*, JZ 1996, 224 ff.; *Hoerster*, NJW 1986, 1786 ff.; *Jens/Küng*, Menschenwürdig sterben, mit Beiträgen von Niethammer u. Eser, 1995; *Spaemann/Fuchs*, Töten oder sterben lassen?, 1997; *Foot*, in: Leist (u. Fn. 28), S. 285 ff.; *Reichenbach*, das., S. 318 ff.; *Günther*, in: Das Recht vor der Herausforderung eines neuen Jahrhunderts: Erwartungen in Japan u. Deutschland, Tübinger Symposion 1996, mit eindrucksvollen Rechtstatsachen; s. dazu auch noch die Folgenote sowie noch u. Fn. 61 u. 98.

[26] Zu Recht werden diese Zusammenhänge betont etwa bei *Dörner*, Tödliches Mitleid, 3. Aufl., 1993, bes. S. 10 ff. mit einleuchtender Rückführung auf einen totalitären Effizienzgedanken, der freilich monistisch überspitzt wird (s. dazu u. Fn. 213); *Spaemann*, in: Stössel (Hrsg.), Tüchtig oder tot, 1991, bes. S. 144 ff.; *ders.*, in: Spaemann/Fuchs (o. Fn. 25), S. 12 ff.; s. auch das Zitat u. bei Fn. 200; *Fuchs*, das., S. 31 ff.; s. dazu auch noch u. unter B III 2 b bb (3) sowie in Fn. 28.

[27] Zum Phänomen wie zu seiner zunehmend besorgten Erfassung s. *Picker*, Wrongful Life (o. Fn. 19), S. 89 ff. m. w. Nachw.

[28] *Kuhse/Singer*, Muß dieses Kind am Leben bleiben? Das Problem schwerstgeschädigter Neugeborener, 1993; Originalausgabe Oxford, New York, Melbourne 1985; zur Person das., S. 311. Zur Lehre der Verf. s. ferner noch etwa die a.a.O., S. 250 genannten Vorläufer; *Kuhse*, in: Leist (Hrsg.), Um Leben und Tod, 1990, S. 75 ff., wo die Überlegungen in der These enden: „Auf dem Hintergrund unserer zunehmenden Kontrolle über Leben u. Tod wird die Position der Heiligkeit des Lebens zunehmend unplausibel - auch intuitiv.“ (so S. 102). Deshalb sei die „unkritische Aufrechterhaltung“ dieses Prinzips durch „rationale Diskussion u. Argumentation“ zu ersetzen, die „unausweichlich ... Kriterien der Lebensqualität einzuschließen“ habe (s. S. 103); *Kuhse*, in: Hegselmann/Merkel (s. Folgenote), S. 51 ff.; *Kuhse/Singer*, Analyse u. Kritik 1990, 119 ff.
Das Buch von Kuhse/Singer hat auch nach seiner Methode - s. dazu noch u. bei u. in Fn. 49 - längst Schule gemacht. Exemplarisch dafür etwa die so viel diskutierte - u. gefeierte - Schrift von *Dworkin* (o. Fn. 25), in der bei den Fragen nach der Berechtigung von Abtreibung, Infantizid u. Euthanasie zwar ständig die Autonomie der oder des Betroffenen als entscheidender Gesichtspunkt betont wird, in der jedoch - in der sogleich

bb) Diese Schrift ist gleichsam eine Fortsetzung oder genauer: eine konkrete Umsetzung von Singers bekannter „Praktischer Ethik“[29], die, weltweit diskutiert, in Deutschland in dem Rechtsphilosophen Norbert Hoerster ihren vernehmlichsten Herold besitzt[30] und die unlängst auch diesen Autor zu ähnlichen, Singer gewidmeten Reflexionen über Infantizid und „Früheuthanasie“ inspiriert hat[31].

---

am Werk von Kuhse u. Singer näher zu beschreibenden insinuierenden Weise - dann immer mehr auch die Belastungen für Dritte und die Kosten für die Gesellschaft in den Vordergrund treten, s. nur etwa für den einen wie den anderen Aspekt, damit für den fast unauffälligen Wechsel von Autonomie zu Heteronomie u. damit die allmähliche fremdorientierte Bestimmung des Lebens S. 41, 43, 103, 104, 120 ff., 123 ff., 136 ff. (die entscheidende Frage bei der Abtreibung sei: „Ist die menschliches Leben vergeudende Frustration eines biologischen Lebens dennoch manchmal gerechtfertigt, um die Frustration eines menschlichen Beitrags zu diesem oder (!) dem Leben eines anderen Menschen - u. damit eine andere Art von Vergeudung - zu vermeiden?“), 141 ff. (völlig selbstverständlicher Übergang zu Drittinteressen, der dann den Kriterien nach nahezu jede Entscheidung erlaubt), 260 ff. (z.T. mit fataler Außerachtlassung der Frage, ob ein früheres Einverständnis mit der Tötung bei schwerem Leiden auch noch dem aktuellen Willen entspricht), 295 ff. (s. dazu noch u. Fn. 98), 305 ff., 323 ff. (mit aufschlußreichem, fragend-appellativem Finale S. 324). - Nicht gestellt wird in der Arbeit die hier zu verfolgende Frage, ob nicht die bis in subjektivistische Feinsterwägungen getriebenen Erörterungen eines Tötungsrechts in einer davon real betroffenen Gesellschaft erhebliche Angstreaktionen auslösen würde. - Im übrigen bringt Dworkins „Frustrationstheorie“ m.E. keinen wirklichen Fortschritt: Sie „ökonomisiert“ gleichsam nur in philosophischer Darstellungsweise, was sonst in „Rechtspositionen“ oder „Interessen“ ausgedrückt wird. Damit läßt sie alle Probleme so offen wie bisher. Deutlich tritt das etwa bei der Frustrationsabwägung bei Mutter u. Kind in der Abtreibungsproblematik zutage (s.o.), die mangels jeglichen sicheren Maßstabs nahezu jede Entscheidung eröffnet.

[29] *Singer*, Praktische Ethik, 2. Aufl., 1994; Originalausgabe Cambridge, 1979. S. zu dieser Schrift im Zusammenhang mit den hier verfolgten Fragen, z.T. auch zu den analogen Arbeiten Hoersters, etwa *Bastian* (Hrsg.), Denken - Schreiben - Töten, 1990; *Lenzen*, Analyse u. Kritik 1990, 190 ff.; *J.-C. Wolf*, das., 219 ff. (s. das., 245 ff. auch noch *Singer* selbst); *Hegselmann/Merkel* (Hrsg.), Zur Debatte über Euthanasie, 1991; *Lohner*, in: Reiter/Keller (Hrsg.), § 218, Urteil u. Urteilsbildung, 1993, S. 293 ff.; *Weiß*, JR 1992, 182 ff.; 1993, 449 ff.; 1994, 315 ff.; 1995, 53 ff.; NJW 1996, 3064 f.; *Rhonheimer*, Absolute Herrschaft der Geborenen?, 1995; *Spaemann*, Communio 1990, bes. S. 110 ff.; *ders.*, in: Stössel (o. Fn. 26), S. 135 ff.; *ders.*, Personen, 1996, bes. S. 252 ff.; *Jantzen*, in: Stössel, a.a.O., S. 148 ff.; *Schöttler*, in: Hoffacker/Steinschulte/Fietz/Binsa (Hrsg.), Auf Leben u. Tod, 1985, S. 309; *Stürner*, JZ 1991, 505 ff.; *Tröndle*, Goldtammer's Archiv 1995, 249 ff.; *Hruschka*, JZ 1991, 507 ff.; *Hilgendorf*, MedR 1995, 396; NJW 1996, 758 ff.; NJW 1997, 3074 f.; *Picker*, Wrongful Life (o. Fn. 19), S. 87 ff. Fn. 177, 128.

[30] S. zu *Norbert Hoerster* aus der Vielzahl seiner einschlägigen Schriften etwa Abtreibung im säkularen Staat, 2. Aufl., 1995; Neugeborene u. das Recht auf Leben, 1995; JZ 1982, 265 ff.; JuS 1989, 172 ff. u. 1031 f.; 1991, 190 ff.; JZ 1991, 503 ff.; in: Sass (Hrsg.), Medizin u. Ethik, 1989, S. 287 ff.; NJW 1997, 773 ff.

[31] *Hoerster*, Neugeborene, a.a.O., Widmung S. 10; zu den Abweichungen von Singer im Folg.; zu Singer u. Kuhses Annäherung an ihn s. *Kuhse/Singer*, Kind (o. Fn. 28), S. 251 ff.

Als Derivat des Singer'schen „Präferenz-Utilitarismus"[32] teilt die Arbeit von Kuhse, wenn auch nicht immer klar deklariert, dessen grundsätzliche Thesen. Ihr liegt damit, vorweg in knappster Weise zusammengefaßt, das folgende Vorausverständnis zugrunde:

Bei bestimmter, durch Unentwickeltheit, Krankheit oder Altersdemenz qualifizierter Konstitution soll der Mensch ein „Lebensrecht" noch nicht oder nicht mehr besitzen[33]. Ein Recht auf Dasein und damit einen Anspruch auf uneingeschränkten Integritätsschutz sollen menschliche Wesen vielmehr nur dann beanspruchen können, wenn sie sich über das Anthropomorphe hinaus zu „Personen", d.h., zu „rationalen und selbstbewußten Wesen"[34] entwickelt, wenn sie sich also zu einer „distinkten Entität" ausgeformt haben, die mit selbst erlebbarer „Vergangenheit und Zukunft" begabt ist[35]. Die Maxime der Absolutheit und Sakrosanktheit allen menschlichen Lebens - ohnehin nach dieser Ansicht nur metaphysisch fundiert[36] - soll somit keine Gültigkeit mehr beanspruchen können. Entsprechend soll die Unantastbarkeitsgrenze erst jenseits und oberhalb des Merk-

---

[32] So Singers eigene Etikettierung, s. etwa Ethik (o. Fn. 29), schon S. 17 ff. u. insbes. dann S. 128 ff., 135 f., 168 ff., 200, 221 f., 249 ff.; zu Hoersters ständigen verbalen Distanzierungen vom Utilitarismus s. u. Fn. 102.

[33] S. *Singer*, a.a.O., bes. S. 177 ff., 218 ff. u. 244 ff. Die avantgardistische Zuspitzung der Singer'schen Thesen darf von vornherein nicht über den Verbreitungsgrad des ihm zugrundeliegenden Denkens täuschen. Exemplarisch - neben z.B. *Tooley*, in: Leist (o. Fn. 28), S. 157 ff.; - etwa California Medicine als das Official Journal of the California Medical Association, wo es nach einer mir vorliegenden Übersetzung im Editorial von Bd. 113 (1970), S. 67 ff. in Antithese zur „traditionellen westlichen Ethik" u.a. heißt, daß es „vielleicht ... am wichtigsten" sei, „eine ganz neue soziale Betonung auf etwas zu legen, das man Lebensqualität nennt, ein Etwas, das zum ersten Mal in der Menschheitsgeschichte durch den wissenschaftlichen u. technischen Fortschritt möglich" werde, u. in dem später gefordert wird: „Es ist für unseren Berufsstand nicht zu früh, die neue Ethik" - das ist die „der relativen statt absoluten Werte" - „zu prüfen u. sie als das anzuerkennen, was sie ist u. für die menschliche Gesellschaft bedeuten wird, u. sich darauf vorzubereiten, sie rational zu entwickeln u. anzuwenden, u. zwar zur Erfüllung u. Verbesserung der Menschheit, die künftig fast sicher eine biologisch orientierte Weltgesellschaft sein wird."

[34] S. *Singer*, a.a.O., S. 120, unter freilich noch überprüfungsbedürftiger Berufung auf John Locke.

[35] So *Singer*, a.a.O., S. 123; zu den wichtigsten Konsequenzen noch im späteren Text. - Exemplarisch dafür, wie weit die Distinktion zwischen „Mensch" u. „Person" anhand dieser Kriterien schon eingespielt, wie breit sie geradezu schon selbstverständlich ist, etwa *Dreier* (o. Fn. 5), Art. 1 GG, Rn. 50, nach dem - aus dem konkreten Kontext gelöst - „Ich-Bewußtsein, Vernunft, Fähigkeit zur Selbstbestimmung ... für die Menschenwürde konstitutiv" sein sollen; *Tooley*, in: Leist (o. Fn. 28), S. 160 ff.; *Hare*, das., S. 382; s. auch o. Fn. 24; *Dworkin* (o. Fn. 25), etwa S. 27 f.

[36] S. dazu etwa *Singer*, a.a.O., S. 27 f., 122 f., 223 f., 337 ff.; *Kuhse/Singer*, Kind (o. Fn. 28), S. 169 ff.; ebenso der Ausgangspunkt Hoersters, zuletzt wieder Neugeborene (o. Fn. 30), S. 11 f.

mals der Spezieszugehörigkeit festgelegt werden. Und in eben dem Maße, in dem dadurch der Lebensschutz des Menschen beschränkt wird, soll seine Verfügbarkeit ausgedehnt werden: Ein Individuum, das hinter den autonom gesetzten Qualitätsmaßstäben dieser Ethik zurückbleibt, kann ausgesondert oder kolonisiert, es kann namentlich also für andere Menschen und deren Interessen so gut wie uneingeschränkt geopfert oder eingesetzt werden[37].

cc) Anders als die noch aufzugreifende, vielfach bewußt auf Provokation angelegte „Praktische Ethik"[38] geht die hier zu erörternde Schrift freilich leiser und behutsamer vor. Sie zelebriert nicht den Tabubruch und instrumentalisiert nicht den Schock. Im Gegenteil versucht sie, Singers radikale Abkehr vom Jahrtausendaxiom der „Heiligkeit" des menschlichen Lebens gleichsam gleitend zu insinuieren: Sie bemüht sich, die konkrete Umsetzung dieser Abkehr beim Infantizid betont pragmatisch und argumentativ zu entwickeln. Und sie bleibt so darauf bedacht, das etablierte Sozialempfinden zu schonen, indem sie es nur erst allmählich, sich ständig sichernd und Schritt für Schritt vorfühlend zu beeinflussen sucht. Zwar ändert dieses Verfahren angesichts der letztlich verfochtenen Thesen nichts daran, daß das Werk zur Avantgarde einer modernen Euthanasie-Bewegung gehört. Zugleich aber wird es eben durch dieses Verfahren auch zu einem besonders instruktiven Beleg für Mittel und Ziele der hier verfolgten Tendenzen: Es demonstriert in plastischer Weise, *daß* und *wie* sich die erneute euthanasieorientierte Relativierung des Menschen zunächst nur unterschwellig als „Denkspiel" anbahnt, um sich dann über den verstohlenen Wunsch alsbald zum „Vernunftgebot" und schließlich zum offenen Postulat der Lebensqualität zu entwickeln. Kurz: Kuhse und Singer exerzieren zwischen zwei Buchdeckeln vor, was sich - in derselben witternden Vorgehensweise - nach den ersten Symptomen eines sozialmoralischen Umbruchs möglicherweise gesellschaftsweit zu entfalten beginnt.

[37] Konkret gestattet die „Praktische Ethik" deshalb in weitem, alle heute auch nur entfernt erwogenen Fälle überschreitendem Umfang die Vernichtung von Leben. U. in gleichfalls weit gezogenen Grenzen läßt sie folgerichtig auch medizinische Therapieversuche zu, die die derzeit h.M. noch durchgängig ablehnt: Sie verteidigt prämissenkonform etwa Versuche an menschlichen Embryonen u. verficht aus derselben Haltung heraus etwa die Verwendung von Fötenzellen zur Heilung lebender Menschen; zu diesen - hier nicht mehr prinzipiell zu verfolgenden - Postulaten s. *Singer*, a.a.O., etwa S. 178 ff., 203 ff., 212 ff.

[38] Das gilt etwa für so viel zitierte, auch in ihrem Kontext gelesen noch gewollt schockierende Äußerungen wie etwa die vom geringeren Lebenswert eines Neugeborenen als dem etwa eines Schweins; s. dazu Ethik (o. Fn. 29), 1. Aufl. 1979, S. 169 sowie, mit vollem Zitat, u. bei u. in Fn. 197.

2. Die literarische Wiederbelebung des „lebensunwerten Lebens"

a) Die Einstimmung auf einen Infantizid im Interesse des Kindes

Die beiden Autoren eröffnen die Frage der „Früheuthanasie" mit einer ebenso breiten wie minutiösen Beschreibung schwerster Leiden von behinderten Kindern. Die schreiende Not der berichteten Fälle, die bedrängende Aneinanderreihung immer neuer und grauenvollerer Situationen, die sich weit über zwei Drittel des Buches erstreckt[39], treiben den Leser unausweichlich dazu, die Frage aufzunehmen und mitzuerwägen, ob solchen Kindern ihr leidvolles Leben nicht erspart werden sollte. Sie zwingen ihn so, sich selbst bei heftigstem innerem Sträuben Schritt für Schritt auf ein Nachdenken darüber einzulassen, ob die Relativierbarkeit menschlichen Lebens nicht doch erlaubt, mehr noch: ob sie nicht sogar geboten sein könnte.

Dieser von den Autoren stimulierte gedankliche Bruch mit der intuitiven Sakrosanktheitsmaxime bleibt zunächst freilich spezifisch beschränkt. Darüber hinaus beruft er sich in dieser Beschränkung auf eine besondere Moralität: Die Problematik, die diesen Tabubruch anregt und mehr und mehr aufdrängt, die schließlich selbst prinzipielle Bedenken durch die Wucht der Tatsachen lähmt, ist die über viele Seiten der Schrift als ihr Gegenstand ausgegebene Frage, ob eine Sterbehilfe gewährt werden kann, die *streng altruistisch*, die nämlich *allein aus den Interessen des Betroffenen* motiviert ist. Das Thema, auf das der Leser eingestimmt wird und das ihm kein Entweichen erlaubt, ist folglich das jedem egoistischen Nützlichkeitsdenken entrückte rein humanitäre Problem, ob auch ein *eigenes* lebenskonträres Interesse des Menschen sein Lebensinteresse zu überwiegen vermag. Das dominante Empfinden, das dank dieser Einstimmung durch Schreckkasuistik die ethischen Reflexionen beeinflußt, ist kurz also das Gefühl des puren, völlig selbstlosen Mitleids.

b) Die allmähliche Ausrichtung auf Eltern- und Gesellschaftsinteressen

aa) Tatsächlich geht es den Autoren jedoch zumindest auch um ganz andere Zwecke: Gleich- wenn nicht vorrangig wichtig ist ihnen das weitere Ziel, den Infantizid auch aus *opferexternen* Belangen verständlich zu machen und schließlich zu legitimieren. Verfolgt wird also eine Gesamtkonzeption, die die Verneinung des Lebensrechts schwerstbehinderter Kinder auch aus lebenskonträren Interessen *Dritter* begründet. Damit aber ist das bestimmende Thema nicht mehr die ausschließlich selbstlose Hilfe zum Sterben. Treibendes Anliegen der Autoren ist jetzt die mentale Bodenbereitung für eine *fremdnützige* Euthanasie. Appelliert

---

[39] S. *Kuhse/Singer*, Kind (o. Fn. 28), namentlich die Passagen S. 27 ff., 53 ff., 75 ff., 105 ff., 188; s. dazu auch noch u. in Fn. 49.

wird folgerichtig nicht mehr nur an das selbstlose Mitleid des Lesers. Evoziert wird in dieser letzten, aber entscheidenden Phase mehr und mehr ein handfestes ökonomistisches und namentlich selbstbezogenes Denken: Die Belastung der Eltern und ihrer gesunden Nachkommenschaft durch das behinderte Kind sind die jetzt zunehmend aktivierten Aspekte. Und nicht mehr weit ist dann bald auch das gesellschaftspolitische Stichargument: Die Kosten der Allgemeinheit für die Erhaltung seines leidgezeichneten Lebens liefern schließlich den alles beherrschenden Topos, der die Wendung von einer altruistisch motivierten Euthanasie zu deren egoistisch fundierter Begründung als sachlich unumgänglich erweisen und deshalb als moralisch berechtigt darstellen soll.

bb) Diese Wendung zu einem völlig anderen Ziel zeigt alle Zeichen der hier verfolgten kautelaristisch schleichenden Vorgehensweise. Denn der mit Dritt- und Gesellschaftsinteressen begründete Infantizid, der anders als die streng altruistische Hilfe zum Sterben nicht die Aura hoher Moralität für sich hat, der im Gegenteil spontan tiefe intuitive Abneigung auslöst, wird von den Autoren erst spät und nur erst allmählich ins Spiel gebracht. Die prinzipielle Wendung des Themas erfolgt mit anderen Worten eher subkutan und gleichsam in homöopathischen Dosen:

Zwar klingen die Drittbelange gegen das Leben des Kindes auch schon vor ihrer zentralen Thematisierung gelegentlich an. So wird bisweilen wie nebenbei auf die Begrenztheit der medizinischen Ressourcen verwiesen, die dazu führe, daß jede Zuwendung an das behinderte Kind die Mittel für andere Patienten verkürze[40]. So wird ferner zunächst ganz beiläufig noch hier und da an das Schicksal der Familien mit behinderten Kindern erinnert und angedeutet, daß bei Abkehr von der Sakrosanktheitsmaxime ein gesundes Kind den Platz des kranken einnehmen könne[41]. Schließlich wird auch hier schon mit der tückisch deutungsoffenen Überschrifts-Frage, ob „alles menschliche Leben gleich wertvoll" sei[42], der spätere Austausch der Kindes- gegen kindesexterne Interessen in die Wege geleitet[43].

Offen benannt, nämlich klar auch nach dem bestimmenden Ziel formuliert, wird dieser Wechsel der leitenden Perspektive jedoch erst im letzten Drittel der Arbeit: Erst jetzt werden neben den „wahren Interessen schwerstgeschädigter Neugeborener" gleichsam offiziell „auch die Interessen der Eltern, der übrigen

---

[40] S. dazu *Kuhse/Singer*, a.a.O., etwa S. 53 ff., bes. S. 65 ff.

[41] S. dazu *Kuhse/Singer*, a.a.O., etwa S. 96 ff.; thematisiert wird das Ersetzbarkeits-Thema dann bes. S. 207 ff.; s. dazu auch *Singer*, Ethik (o. Fn. 29), S. 138 ff., 160 ff., 198 ff. mit dem für sich sprechenden Bergurlaubs-Beispiel, S. 201, 236 ff.

[42] So *Kuhse/Singer*, a.a.O., S. 47 ff. als Kapitelüberschrift.

[43] Dieselbe Offenheit findet sich ferner auch etwa bei der Bestimmung der entscheidenden Ziele, wenn *Kuhse/Singer*, a.a.O., etwa S. 24 in betonter Antithese zur „Nazi-'Philosophie'" formulieren, es gehe ihnen „um das Wohlergehen einzelner Menschen": Offensichtlich deckt das beide hier erörterten Interessenkategorien ab; wieder aber wird zunächst eine streng altruistische Blickrichtung suggeriert.

Familie oder der Gemeinschaft als ganzer" zum Thema gemacht[44]. Erst jetzt wird unverblümt die Alternative „Das Kind oder die Familie?" als die in Wirklichkeit relevante Frage gestellt[45], wird bis in die Details die „simple Wahrheit" verfolgt, daß häufig „das Überleben des behinderten Kindes ... gleichzeitig das Entstehen einer behinderten Familie" bedeute[46] und werden schließlich „die vorgeblichen(!) Interessen des behinderten Kindes"[47] dezidiert „dem besten Interesse seiner Eltern oder Geschwister" untergeordnet[48]. Erst jetzt also rückt - immer weiter durchmischt mit Mitleidsappellen zugunsten der leidenden Kinder[49] - die letztlich als entscheidend erachtete Problematik ins Zentrum: Ohne Schnörkel wird nunmehr plötzlich gefragt, „wieviel an Aufwendungen" für deren Betreuung „realistischerweise von einer Gemeinschaft erwartet werden kann"[50]. Und von Seite zu Seite steigern sich jetzt bis zum Monopolargument die Hinweise auf die untragbaren Kosten[51]. Schließlich gipfelt das alles in der beschwörenden Warnung, in Anbetracht der Ansprüche und des Bedarfs der Gesellschaft nicht „die begrenzten Ressourcen durch eine wachsende Anzahl schwerstgeschädigter Kinder noch weiter zu strapazieren"[52]. Erst im letzten Drittel der Abhandlung also und auch jetzt noch in dem präokkupierenden Darstellungsstil, der durch mitleiderregende Kasuistik

---

[44] S. *Kuhse/Singer*, a.a.O., S. 188 ff., 196 ff., 215 ff.; Zitat S. 188.

[45] S. die Kapitelüberschrift von *Kuhse/Singer*, a.a.O., S. 205 ff.

[46] So *Kuhse/Singer*, a.a.O., S. 196.

[47] So *Kuhse/Singer*, a.a.O., S. 206.

[48] So *Kuhse/Singer*, a.a.O., S. 205 mit näherer Darstellung dieser Interessen im weiteren Text.

[49] S. dazu *Kuhse/Singer*, a.a.O., S. 188 ff., 196 ff., 215 ff.; insbes. der zuletzt zit. Text bedient sich der eingangs genannten, vorsichtig insinuierenden Methode. Deren fatale historische Parallelen werden zu Recht - meist unter Hinweis auf den Spielfilm „Ich klage an" von 1942 - betont etwa von *Rost*, in: Bastian (o. Fn. 29), S. 37 ff., bes. S. 46 ff.; *Klee*, das., S. 135 ff.; *R. Spaemann*, das., S. 7 f.; *C. Spaemann*, in: R. Spaemann/Fuchs (o. Fn. 25), S. 7 ff. Erstaunlich blaß demgegenüber die Gegenkritik von *Hegselmann*, in: Hegselmann/Merkel (o. Fn. 29), S. 197 ff., der bei heftiger moralischer Verurteilung dieser - durchgängig ohne denunziatorische Untertöne gezogenen - Vergleiche keinerlei sachliche Argumente aufbietet, sondern - exemplarisch für die Argumentationsgüte - etwa meint, bei der Ermittlung „lebensunwerten Lebens" sei von den Nationalsozialisten aus der Perspektive der vermeintlichen Interessen einer arischen Volksgemeinschaft geurteilt worden, einen „derartigen Bezugspunkt" finde man jedoch bei Singer nicht (so S. 198). Daß bei solcher Verweigerung selbst der nächstliegenden Analogien von „arisch" auf eine wie immer sonst qualifizierte Gruppeneigenschaft, die Lebenswert u. Lebensselektionsrechte begründen soll, die hier verfolgte Beobachtung nicht nur nicht widerlegt, sondern gar nicht erst registriert wird, kann kaum verwundern; s. - bei aller Kritik an Singer - auch noch *Wittmann*, das., S. 267.

[50] So *Kuhse/Singer*, a.a.O., S. 219.

[51] S. dazu *Kuhse/Singer*, a.a.O., bes. S. 218 ff.

[52] So *Kuhse/Singer*, a.a.O., S. 227, dort zwar konkret auf die mangelnde Leistungsbereitschaft der Regierungen bezogen, ausweislich des vorangegangenen Textes aber (s. bes. S. 215 ff., 226 f.) wie o. im Text beschrieben gemünzt.

auf das längst nicht mehr kindesbezogene Infantizidprogramm einstimmt[53], wird dessen Fremd- und Sozialnützigkeit offen bekundet.

cc) Der ganze Umfang oder, wie sogleich noch zu zeigen, die Ausschließlichkeit dieser Orientierung an kindesexternen Interessen bleibt freilich selbst hier noch unaufgedeckt. Beides tritt erst zutage, wenn man sich der Suggestivwirkung der immer neu ausgemalten Miseren einen Augenblick lang entzieht:

Wird die zunächst angestrebte Rechtfertigung eines Infantizids, der sich allein aus den Interessen des betroffenen Kindes begründet, noch durchgängig mit emotionalen Mitteln geführt, so ist die plötzliche Wendung zu einer fremd- und konkret also eltern- und gesellschaftsnützigen Kindestötung auch rational vorbereitet: Ihr gedankliches Fundament ist eben die tragende These der „Praktischen Ethik", daß „Neugeborene kein Recht auf Leben besitzen"[54]. Und die Logik dieser Wendung zur Fremdnützigkeit folgt aus der bei solcher Lebensbewertung in der Tat nicht bestreitbaren Schlußfolgerung, daß es „folglich ... keinerlei Grundlage dafür (gibt), ihnen ein eigenes Interesse an ihrer Weiterexistenz zuzuschreiben"[55]. Denn soll der soeben zur Welt gekommene Mensch noch kein „Recht" zum Leben besitzen, so fehlt ihm in der Tat auch jedes objektiv relevante Interesse an einem ethischen oder rechtlichen Schutz dieses Lebens. Wiederum zwingend hat hier folglich jedes begründete lebenskonträre Interesse gegenüber dem Lebensinteresse den Vorrang. Und dieser Vorrang gilt dann notwendig auch, er ist, genau genommen, überhaupt nur denkbar zugunsten lebenskonträrer Belange von Dritten oder insgesamt von gesellschaftsbezogenen Interessen.

Immer mit dem Zwang der Logik ergibt sich damit aber auch weiter, daß bei der Abwägung der Lebens- und der lebenskonträren Interessen ein Interesse des Kindes *überhaupt nicht mehr* von Bedeutung sein kann. Denn mangels Lebensrechts und daraus folgenden Schutzinteresses sind beachtliche Gegenbelange auf seiner Seite von vornherein gar nicht denkbar. Vielmehr müssen unter dieser Prämisse die Belange „lebensberechtigter" Dritter per se immer vorrangig wenn nicht allein relevant sein. Zu Recht weisen deshalb die Autoren auch schon ihrerseits darauf hin, daß selbst dann, „wenn ein behindertes Kind ein gewisses Maß an Freude und Erfüllung erfahren und ein Leben führen kann, das nicht von Schmer-

---

53 S. dazu *Kuhse/Singer*, a.a.O., S. 196 ff.

54 So *Kuhse/Singer*, a.a.O., nach den einschlägigen Ausführungen gegen das Lebensrecht neugeborener Menschen (s. S. 160 ff.) S. 188 im Principium des 7. Kapitels, das sich mit der Frage befaßt, welche Interessen gegen das Kindesleben maßgeblich seien, u. das die hier verfolgte plötzliche Öffnung für lebenskonträre Drittinteressen vornimmt. Zur näheren Begründung und zum genaueren Inhalt dieser Thesen s. u. B III 2 b aa.

55 So *Kuhse/Singer*, a.a.O.; im dortigen Text wird dann weiter präzisiert, daß ein Interesse fehle, „das es uns zur moralischen Pflicht macht, Leben auf jeden Fall zu erhalten", eine Einschränkung, die gleichfalls an der im obigen Text verfolgten Unlogik krankt, die damit aber auch ihrerseits anschaulich zeigt, wie sehr man die Reichweite der eigenen Thesen verschleiert.

zen und Leiden beherrscht wird", dennoch die Verlängerung seines Lebens mit „dem besten Interesse seiner Eltern oder Geschwister" unvereinbar sein könne. Und folgerichtig votieren sie - immer in ihrer vorsichtig insinuierenden und einseitig leidensbetonenden Darstellungsweise[56] - ausdrücklich gegen das Leben des Kindes: Trotz ihres eigenen Urteils, es sei hier die Erhaltung des Lebens „doch offenbar im besten Interesse der künftigen Person" zu bejahen, entscheiden sie gegen diese Erhaltung und für den Schutz von Eltern, Geschwistern und insgesamt der Gesellschaft, weil diese vor den Belastungen durch den gebrechlichen Menschen bewahrt werden sollen[57].

c) Die Nichtaufdeckung der Potentiale der neuen Euthanasie-Bewegung

Wird das weitergehende Ziel einer Kindestötung auch im fremden Interesse zwar spät, dann aber eben doch noch enthüllt, so gilt das nicht mehr für die letzten möglichen Folgerungen, die die Prämissen eröffnen: Unaufgedeckt bleibt - bewußt oder nicht - das *Potential* dieser Lehre. Nicht mehr verfolgt werden ihre jederzeit möglichen Extensionen und damit die wahre Reichweite ihrer Thesen. Bei voller Stringenz oder richtiger wohl: bei Verzicht auf taktisch-"politische" Kompromisse[58] wären aber auch diese Folgen näher deutlich zu machen und wären gerade sie als die logisch zwingenden Konsequenzen der Ausgangsentscheidung zu deklarieren:

Die Autoren hätten die tiefere, axiologische Fundamentierung und mit ihr dann die Folge klarlegen müssen, daß nach dieser ihrer grundsätzlichen Bewertung des menschlichen Lebens so wenig wie das behindert geborene Kind auch das *gesunde* Neugeborene ein Recht auf Leben und damit ein beachtliches Schutzinteresse besitze. Sie hätten deshalb als logisches Endergebnis aufdecken müssen, daß ihre Infantizidkonzeption nach Begründung und Finalität keineswegs nur das schwerstbehinderte Leben oder überhaupt nur behinderte Kinder erfaßt, sondern

---

[56] Dieser Stil tritt gerade auch hier deutlich zutage, wenn *Kuhse/Singer*, a.a.O., S. 206 f. im Zusammenhang mit ihrem exemplarischen Bericht „vom Leben der rötelngeschädigten Barbara" etwa betonen, „von den Freuden, die Barbara möglicherweise manchmal in der Lage war zu erleben, müssen wir die häufigen Anfälle u. Wutausbrüche abziehen", u. „Barbaras Schwester hätte sich mit gutem Recht fragen können, warum Barbaras angebliche Interessen zählten, ihre eigenen aber nicht". Gegenaspekte wie die, daß selbst die gesündesten Menschen Zeiten negativer Befindlichkeiten durchleben u. daß - namentlich in Familien - die Zurückstellung eigener „Interessen" zugunsten des hilfsbedürftigen Mitglieds individuell wie sozial vielleicht doch auch positive Folgen auslösen kann, bleiben hier wie sonst unerwähnt.

[57] S. *Kuhse/Singer*, a.a.O., S. 205 ff.; Zitate S. 205.

[58] Diese Deutung liegt deshalb näher, weil Singer in seiner „praktischen Ethik" die hier verfolgte Weiterung immer wieder durchblicken läßt; beachte dazu namentlich die durch Singers „Totalansichts-" u. „Ersetzbarkeitsthesen" (s. o. Fn. 41) eröffneten Erweiterungsmöglichkeiten.

grundsätzlich jeden neugeborenen Menschen[59]. Und immer bei folgerichtigem Weiterdenken und schonungslos offener Deklaration aller Folgen hatten sie schließlich offenzulegen, daß die theoretische Begründung ihrer Euthanasiekonzeption selbst diese Fälle noch weit überschießt: Bei striktem Verzicht auf jeglichen Opportunismus hätte man mit der ganzen Wahrheit herausrücken müssen, daß diese Konzeption über die Gruppe der Kinder hinaus auch den *erwachsenen* Menschen erfaßt, sobald er hinter den selbst definierten Status einer „Person" zurückfällt. Aufzudecken war also konsequenter-, aber auch redlicherweise, daß die in der Schrift ausdrücklich nur für „schwerstgeschädigte Neugeborene" postulierte Verengung der Zone des Menschseins als universale Euthanasiekonzeption nach Anlage, Potential und an anderer Stelle auch deutlich gemachter Absicht nicht minder Kranke und Alte erfaßt, daß sie als Tötungsprogramm also *jeden* Menschen in seinen vitalen Belangen betrifft[60]. Und zu bekennen war folglich mit dieser Endkonsequenz, daß man erneut und in umfassender Weise für die Anerkennung und Eliminierung von „lebensunwertem Leben" plädiert[61].

---

[59] Eher wohl ungewollt wird das ferner auch bei den Autoren deutlich, wenn sie, freilich im Zusammenhang immer mit dem schwerstbehinderten Kind, formulieren, man solle „bei der Entscheidung, ob wir ein Kind am Leben halten oder nicht", die Interessen des Kindes, der Familie, des „nächsten Kindes" u. der Gemeinschaft als ganzer berücksichtigen (*Kuhse/Singer*, Kind (o. Fn. 28), S. 228): Dieser Maßstab erfaßt wieder jedes „störende" Kind. In seinem Hauptwerk läßt denn auch Singer, wie noch zu zeigen (s. u. etwa B III 2 b bb (2)), nicht den geringsten Zweifel daran, daß seine Thesen nicht nur behinderte Kinder erfassen, eine Beschränkung, die ja im übrigen auch unter dem Maßstab von „lebenswert" oder „-unwert" nicht leicht durchführbar wäre; s. auch noch u. Fn. 148 u. 150.

[60] Diese Weiterung aufzuzeigen, ist ein Hauptthema der vorliegenden Abhandlung; s. hier nur erst etwa *Singer*, Ethik (o. Fn. 29), S. 181 ff., 218 ff., 232 ff.; *Hoerster*, etwa JuS 1989, 178; 1991, 191; Abtreibung (o. Fn. 30), S. 128 ff.

[61] So in der Tat auch den Worten nach, wenn freilich auch unmittelbar in anderem Zusammenhang, *Singer*, Ethik (o. Fn. 29), etwa S. 235, 241, wo es bezüglich der Annahme, es sei das Leben Behinderter „weniger lebenswert" als das Nichtbehinderter, heißt: „Wer leugnet, daß dies im Durchschnitt gesehen so ist, verkennt die Realität"; dabei darf die auch hier zunächst gewählte Perspektive des Leidensbetroffenen selbst wiederum nicht darüber täuschen - schon die Folgeseite bestätigt das! -, daß das Urteil auch aus der Perspektive Dritter gelten soll; s. auch noch etwa S. 273.

Hoerster meint in unbestreitbarer Konsequenz aus seinem schon dargelegten abstrakten Konzept der Lebensrelativierung, daß es „natürlich ... so etwas wie 'lebensunwertes' Leben" gebe u. daß nichts „Inhumanes" oder „Verwerfliches" darin zu sehen sei, „über das Leben eines bestimmten Menschen zu sagen, es sei 'nicht lebenswert'". Vielmehr erscheine „anstößig, ja empörend ... ein solches Urteil allein dann, wenn es - wie bei den Nazis - auf der Basis von Kriterien etwa der Rassenzugehörigkeit oder der sozialen Nützlichkeit gefällt wird". Deshalb dürfe allein entscheiden, in welchem Maße das Leben gerade für den Träger lebens- oder nicht lebenswert sei. Trotz dieser strengen u., wie gezeigt, zumindest partiell prämissenkonformen Versubjektivierung des Maßstabs schließt der Autor jedoch sogleich eine wesentliche Einschränkung an: Die Ausrichtung auf die „Ziele, Ideale u. Präferenzen" des Lebensträgers bedeute „freilich nicht, daß es nicht gewisse Lebensaspekte oder gewisse Lebenskomponenten gäbe, die nach einer *all-*

gemein geteilten, d. h. nach einer *inter*subjektiven Einschätzung den Lebenswert in hohem Maße zumindest *mit*bestimmen". Zu bejahen sei das etwa „für die Fallgruppe 'lebensunwertes Leben wegen unheilbarer Krankheit'". Denn gerade für diese Gruppe lasse sich „sehr gut rechtfertigen, ... im Interesse des Individuums eine *Ausnahme von dem allgemeinen Tötungsverbot zuzulassen*" (so *Hoerster*, ZRP 1988, 1, 3 f.; *ders.*, in: Sass (o. Fn. 30), S. 292 f.; Hervorheb. jew. i. O.). Mit dieser Kehrtwendung aber bewegt sich der Autor direkt zurück zu der eben verworfenen opferexternen u. kollektiv ausgerichteten Lebensbewertung. Denn mit ihr sind die Kriterien dieser Bewertung erneut, wenn nicht schon völlig verobjektiviert u. gesellschaftsbezogen begründet (so die Kritik *Lohners* (o. Fn. 29), S. 317 f.), so doch in spezifisch überindividueller Weise „standardisiert": Sie sind - wie besonders deutlich ihre Bezogenheit auf bestimmte „Gruppen" von Menschen belegt - eben gruppenspezifisch u. also ihrem Wesen nach kollektiv ausgerichtet. Konkreter noch und vor allem auch in ihrem Ziel präzisiert: Sie sind auf die Vorstellung von der Natürlichkeit, weil Naturgegebenheit „lebensunwerter" menschlicher „Gruppen" begründet. U. sie suchen diese Vorstellung von der Gewöhnlichkeit, geradezu Gesetzmäßigkeit des Verlustes der Lebensberechtigung solcher Gruppen im Bewußtsein der Gesellschaft zu implantieren als Basis einer neuen utilitaristischen Ethik. Schon diese Wendung von der subjektiven zur „intersubjektiven" Bewertung des Lebens gibt also die angebliche Orientierung an den Präferenzen des Opfers zumindest prinzipiell wieder auf. Das alles gilt vollends, wenn man weitere Grundannahmen dieser Lehre hinzunimmt. So ist der Schritt zu einer vollständig überindividuellen, allein noch nach kollektiven Zielen gesteuerten Unterscheidung zwischen lebenswertem u. -unwertem Leben getan, wenn man auch hier die von Hoerster in diesem Zusammenhang nicht mehr erwähnte These beachtet, daß das Lebensrecht eines Menschen an seine „Personalität" geknüpft werden müsse. Zugleich ist diese Verfügbarkeit des Menschen dann mit allen Weiterungen eröffnet. Denn in typischen u. damit in zahlreichen der in Betracht zu ziehenden Fällen leidender Menschen wären diese Voraussetzungen des Lebensschutzes nicht oder nicht sicher erfüllt. Es bliebe folglich als Hemmschwelle gegen die völlige Freigabe „minderen" Lebens allein noch das erörterte Angst-Argument. Mit ihm als letzter psychologischer Sperre ergäbe sich aber, wie u. unter B III 2 b u. c noch näher zu zeigen, zwangsläufig auch die Gesetzmäßigkeit einer immer weiter greifenden ökonomisch orientierten, damit fremdbestimmten Relativierung des Menschen: Würde den als „Nicht-Person" qualifizierten Menschen erst einmal die Lebensbefugnis aus den von Singer u. Hoerster verfolgten Motiven entzogen oder richtiger wohl, würde die Gesellschaft auch nur diese Möglichkeit mental akzeptieren, so würde diese Furcht vor den ferneren Folgen ihre hemmende Wirkung wohl bald schon verlieren. Es käme zu den oft beschworenen Effekten der Gewöhnung an Selektionen u. der Neigung zum greifbaren naheliegenden Vorteil, mithin zu dem, was der spontane Egoismus des Augenblicks anrät. Insgesamt wäre folglich nicht mehr lange verhindert, daß sich der vom Autor verfochtene wahre, aber eben überindividuell u. also gerade nicht an den Interessen des Opfers ausgerichtete Grund für die Versagung des Lebensschutzes gegenüber der „Nicht-Person" durchsetzt.

Daß das alles keine vage Spekulation oder gar Unterstellung bedeutet, läßt sich gerade bei den Autoren selbst jeweils dort nachlesen, wo sie glauben, Selektionsprogramme ohne Beunruhigung der Gesellschaft verfechten zu können: Hier wird von beiden das „lebensunwerte Leben" *ausschließlich objektiv bestimmt*! S. bei *Singer* etwa Ethik (o. Fn. 29), S. 218 ff., 232 ff.; bei *Hoerster* etwa JZ 1991, 504; Abtreibung (o. Fn. 30), S. 103 ff., 153 ff.; s. zu allem auch schon o. Fn. 28 u. 49 sowie noch u. unter B III 2 b cc

3. Die Zukunftsträchtigkeit der Tendenzen zur Lebensrelativierung

a) Solche Stimmen sind nicht mehr abzutun als verstiegene, deshalb zukunftslose Extrempositionen. Sie markieren zwar, wie schon erwähnt, in der Flut heutiger lebensrelativierender Ethikofferten eine vorderste Front. Sie haben jedoch als Vorkämpfer einer Bewegung, die einer in ihrer Werthaltung nicht mehr sicheren Zeit durch Tabubruch neue Perspektiven eröffnet, offensichtlich auch Aussicht auf wachsende Anhängerschaft und damit auf reale Gestaltungserfolge in der überschaubaren Zukunft. Das belegt schon die außergewöhnliche Aufmerksamkeit, die solchen Konzeptionen zuteil wird. Und das unterstreicht noch die Art und Weise, in der sich dieses Interesse kundtut. Geradezu garantiert aber erscheint die Erfolgsträchtigkeit dieser Lehren angesichts der Zeitgeistgerechtigkeit ihrer allgemeinen Prämissen und Ziele. Denn vollends sie verschaffen diesem Neo-Utilitarismus die Anziehungskraft eines rationalistischen Aufklärungsunternehmens, das gegen ein unwissenschaftliches, damit unaufgeklärtes und zudem unökonomisches metaphysisches Wertdenken ankämpft.

b) Zwar treffen Relativierungsthesen und Euthanasiepostulate wie die der exemplarisch berichteten Schrift derzeit noch weithin auf Vorbehalte und oft auf scharfe Kritik. Nicht selten verdichten sich diese Einwände sogar zu empörten Verdikten und Abwehrreaktionen mit Zügen von Autodafés[62]. Zugleich aber wird ihnen ein intensives und eben spezifisches Interesse zuteil:

---

mit Fn. 209, auch noch Fn. 277 sowie ständig im folg. Text. Beachtet man diese Zusammenhänge, so erweisen sich auch so bemühte semantische Übungen, wie sie bei aller Kritik exemplarisch etwa *Wittmann*, in: Hegselmann/Merkel (o. Fn. 29), bes. S. 268 f. vollzieht, als neben der Sache liegend; s. auch noch u. bei u. in Fn. 153.

[62] S. dazu etwa die Berichte von *Anstötz*, *Ursula Wolf*, *Hegselmann* u. *Kliemt*, in: Analyse u. Kritik 1990, 134 ff., 157 ff., 162 ff., 174 ff.; z.T. auch abgedruckt in *Hegselmann/Merkel* (o. Fn. 29); s. das., S. 327 ff. auch die „Erklärung deutscher Philosophen zur sog. 'Singer-Affäre'"; *Anstötz/Hegselmann/Kliemt* (Hrsg.), Peter Singer in Deutschland, 1995; *Bastian*, in: ders. (o. Fn. 29), S. 9 ff.; Der Spiegel v. 5.6.1989, S. 240 - 242; 21.8.1989, S. 171 - 176; s. ferner auch *Singer* selbst, etwa Ethik (o. Fn. 29), S. 425 ff.; *ders.*, in: Hegselmann/Merkel (o. Fn. 29), S. 312; *Kuhse/Singer*, Kind (o. Fn. 28), S. 9 ff.; erneut ausgeladen wurde Singer wegen der Befürchtung gewalttätiger Störungen von einem Kongreß über „Fundamentalismus u. Beliebigkeit in Wissenschaft u. Therapie", der Anfang Mai 1996 in Heidelberg stattfand, s. dazu etwa - z.T. auch als Beleg für das früher erwähnte, bei aller Abwehr starke Interesse - Frankfurter Allgemeine Zeitung v. 17.2.1996, S. 25; 4.4.1996, S. 33; 8.5.1996, S. 39; Lebenshilfe Zeitung, 16. Jg., April 1996, S. 1, 10; s. dazu näher noch u. unter B III 2 b bb (2) (b) (bb), bei Fn. 169.

Insgesamt trifft angesichts dieses Diskussionsstandes das Urteil, „die Debatte um die Thesen Peter Singers" falle in Deutschland „sehr heftig, sehr polemisch u. über weite Strecken ausgesprochen unsachlich" aus (so *Hegselmann*, in: *Hegselmann/Merkel* (o. Fn. 29), S. 198), weithin die Realitäten. Die Kontroverse ist also in der Tat „nicht gerade das Beispiel einer sachlichen u. vernünftigen Auseinandersetzung" (so *U. Wolf*, Analyse u. Kritik 1990, 149). Vielmehr indiziert bereits die Kritik, wie eingangs als ihr Charakteristikum angedeutet, einen gleichsam noch vorwissenschaftlichen Zustand: Statt präziser,

Wenn die Reaktionen nicht täuschen, so streift man die intuitiven Skrupel gegenüber dem Zugriff auf die eigene Gattung derzeit mehr und mehr ab. Statt dessen begegnet man den neuen Ethikentwürfen mit einem für Umbruchzeiten signifikanten Gemisch von schaudernder Abwehr und spekulativer Erwartung: Man beobachtet eine doppelwertige Haltung, die mit ihrer klammen, gleichsam sich windenden Neugier auf ein unterschwelliges Glücks- oder Heilshoffen hinweist. So beschränkt sich die Erörterung dieser Lehren tatsächlich schon seit langem nicht mehr auf esoterische Zirkel oder auch nur auf die Kreise der Fachwelt. Dank der Radikalität ihrer Thesen, nicht zuletzt dank deren Bedeutung für den modernen glaubenskriegartigen Abtreibungsstreit, schlägt ihnen vielmehr ein allgemeines, gleichsam volksweit entzündetes Interesse entgegen: Die Diskussion ihrer Argumente und Schlußfolgerungen gehört - mit der bedenklichen Neigung zur Vulgarisierung[63] - zum festen Bestandteil heutiger einschlägiger Ethikdebatten. Sie gehört zum Standard der Gegenwartsreflexionen über Eugenik wie Euthanasie, über den Schutz von ungeborenem wie über die Verkürzung von krankem oder gebrechlichem Leben. Und dieser Standard gilt - das vor allem macht die Breite der Rezeption offenbar - für alle Niveaustufen dieser Debatten: Latent oder offen, bewußt oder unbewußt beeinflußt oder beherrscht diese neue Doktrin die wissenschaftlich-professionellen Diskurse, wirkt sie darüber hinaus aber auch in die Alltagsdiskussionen der interessierten oder betroffenen „Laien“ hinein[64].

c) Diese breite Bereitschaft, sich auf Ethikentwürfe einzulassen, die die bislang gemeinsame Plattform universal verbindlicher Werte verlassen, wird offenbar

---

damit objektiv kontrollierbarer Argumente dominiert noch das Moralisieren. Und statt einer akribischen Prüfung, die mit der Basis der kritischen Doktrin deren Konsistenz überprüft, die namentlich die Kohärenz von Prämissen u. Folgerungen examiniert, überwiegt bislang noch die Neigung zur plakativen, propagandistischen Reaktion auf eine Philosophie, von der man den Umsturz fundamentaler Normen befürchtet. Dieser Stand der Kritik beeinflußt erkennbar auch den der Gegenkritiken (s. nur etwa das Eingeständnis von *U. Wolf*, a.a.O.): Die Tatsache, daß viele Gegner von Singer ihre Abwehr in der beschriebenen Weise auf spontan-intuitive oder plakativ-vordergründige Argumente beschränken, gibt seinen Verfechtern Gelegenheit, sich in Empörung über eine solche Diskussion zu ergehen u. nicht selten auch zu erschöpfen. Sie provoziert also auch das Gegenlager zu einer Form der Konfliktbehandlung, die sich weit vor der Berührung der sachlichen Fragen in den Vorfronten bloßer Polemik austobt. Kurz: Die grundsätzliche wissenschaftliche Auseinandersetzung mit der „Praktischen Ethik“ steht in Deutschland noch aus (s. auch noch u. Fn. 251).

[63] Zutreffend *Lohner*, in: Reiter/Keller (o. Fn. 29), S. 293.

[64] Das belegen die öffentlichen Reaktionen auf Singer, s. a. Fn. 62; aufschlußreich auch die durch die Tagespresse (s. etwa Schwäbisches Tagblatt v. 22.4.1998, S. 3) gehende Nachricht, daß in einer Klasse von 14 - 15 jährigen Gymnasiasten, denen als einzige Argumentationsgrundlage das o. referierte Buch von Kuhse u. Singer vorgelegt worden war, von 25 Klausuren 15 für eine schmerzfreie Tötung behinderter Kinder unmittelbar nach der Geburt votierten.

noch gesteigert durch deren erklärt „pragmatischen Ansatz“[65]: Ihr ausdrücklich und immer von neuem erhobener Anspruch, gewachsene Moraltraditionen und namentlich alle Konzepte, die durch den jüdisch-christlichen Glauben an die Gottgeschaffenheit und -ähnlichkeit des Menschen determiniert sind, als wissenschaftswidrig und sozialschädlich zu entlarven[66], verheißt die Befreiung von einem blickverstellenden Dogmatismus. Ihre Gegenprämisse, daß die „‘Unverfügbarkeit’ des menschlichen Lebens“ „kein dem Menschengeschlecht absolut vorgegebener Wert, sondern eine im Interesse menschlicher Individuen existierende soziale Errungenschaft“ sei[67], verspricht einen entspannenden Pragmatismus: Mit dem Programm der Überwindung einer auf Metaphysik und Aberglauben gegründeten traditionellen Moral, mit der Einübung einer endgültig aufgeklärten, schonungslos rationalen Einstellung gegenüber Mensch und Natur, wirbt sie für eine freie, nicht mehr durch Tabus behinderte Entfaltung und Nutzung des naturwissenschaftlichen Fortschritts. Und sie kommt so - über den Reiz des Progressiven hinaus - latenten Wünschen und verhohlenen Egoismen der Einzelnen wie der Gesellschaft entgegen. Vollends aber ihre Verheißung, daß sie der bislang offiziell perhorreszierten, faktisch oft angestrebten Instrumentalisierung des Menschen eine ethische Legitimierung gebe, verschafft diesen Lehren Anhängerschaft: Bei Adressaten, deren mentale Befindlichkeit durch ein Gemisch von diffusem Unbehagen und spekulativem Hoffen bestimmt ist, verleiht sie ihr die Doppelfunktion als Indikator und Katalysator eines moralischen Umbruchgeschehens.

III. Das Auseinanderdriften der Güterbewertung als Folge des Verlustes der Wertegewißheit

1. Die Wertungsinkonsistenz als allgemeiner Ausgangsbefund

Nach allem bestätigt sich der eingangs konkret-kasuistisch aufgezeigte Befund auch abstrakt-generell und also als eine konstitutionelle Inkonsistenz der heutigen Haltung gegenüber zwei fundamental bedeutsamen Werten: Anders als die „Würde“ des Menschen ist dessen Leben in den Gegenwartsdiskussionen auch schon der Theorie nach gefährdet. Beide Basispositionen driften folglich in der herrschenden Wertvorstellung immer mehr auseinander. Sie bewegen sich hier zu rigoroser Verabsolutierung, dort zu permissiver Relativierung. Die Folgerung liegt auf der Hand: In einer der Humanität und Zivilität verschriebenen Ordnung ist

[65] So für die als repräsentativ aufgeführte Lehre Singers *Hoerster*, NJW 1986, 1786, 1788; JZ 1991, 503; s. ferner *ders.*, Neugeborene (o. Fn. 30), S. 57 ff. mit dem Vorschlag für die „Praxis“, daß „das Recht auf Leben ... jedes geborene menschliche Individuum mit einem *Gesamtalter von mindestens 28 Wochen*“ erhält; Hervorheb. i. O.

[66] S. dazu etwa *Singer*, Ethik (o. Fn. 29), S. 27 f., 122 f., 223 f., 337 ff.; *Kuhse/Singer*, Kind (o. Fn. 28), S. 169 ff.; ebenso *Hoerster*, Neugeborene (o. Fn. 30), S. 11 f.

[67] So *Hoerster*, NJW 1986, 1786, 1788.

dieses Phänomen verwirrend und besorgniserregend. Es drängt als Zeichen der Widersprüchlichkeit ihrer Wertfundamente zur Suche nach den tieferen Gründen. Denn nur die genauere Diagnose, die diese Gründe erhellt, eröffnet der Therapie eine Chance. Nur sie kann damit verhindern, daß eine zunehmend entvitalisierte „Würde" den Menschen nicht mehr zu schützen vermag und daß mit dessen mangelndem Schutz schließlich auch die „Würde" ihr Substrat und damit ihre Bedeutung als höchstes Schutzgut verliert.

2. Der wissenschaftliche Fortschritt als individual- und sozialmoralische Verunsicherung

a) Die Wertunsicherheit als Konsequenz der Dialektik des Fortschritts

Diese tieferen Gründe sind freilich, stellt man auf die wohl wichtigste Ursache ab, erkennbar, und sie klangen schon an: Dem Auseinanderdriften der „Würde"- und der Lebensbewertung entspricht als Charakteristikum der modernen Gesellschaft eine auffällige Zwiespältigkeit in der Bewertung des wissenschaftlichen und speziell des medizinischen Fortschritts. Die axiologische Inkonsistenz reflektiert damit wohl allem voran eine tiefgehend ambivalente Haltung gegenüber dem seinerseits ambivalenten Geschehen, daß die wachsende Beherrschung des Lebens zu dessen wachsender Relativierung antreibt. Sie entspringt also offenkundig der auch sonst bekannten Gesetzmäßigkeit, daß die Dialektik des Fortschritts Wertunsicherheit und -zerrüttung begünstigt. Und sie hat hier, aus dieser Herkunft erklärt, in der Tat besonders greifbare Gründe:

Von jeher haben Wissenschaft und Technik zugleich gelockt und geängstigt. Ganz besonders aber weckt heute die moderne Medizin in der Gesellschaft zugleich Hoffnung und Furcht. Ihre ständig weiter verfeinerten Möglichkeiten zu geradezu zellengenauer Determinierung des Menschen zeitigen Verheißung und Schrecken in einem. Denn die völlig neue Handlungs-, fast Schöpfungsfreiheit, die sie eröffnen, ist, wie erwähnt, ambivalent. Der Entscheidungszwang, den sie damit begründen, ist deshalb so elementar wie beklemmend: Zwar sind die Naherfolge mit Händen zu greifen, und sie sind in ihrer Wohltätigkeit betörend. Immer mehr werden aber auch die Fern- und Endfolgen erkennbar oder zumindest erahnbar, die eine solche Verdrängung der Natur durch die Wissenschaft zeitigt. Und spätestens sie kündigen Verirrungen und Fehlentwicklungen an, die schnell in apokalyptische Dimensionen geraten. Deutlicher als gewöhnlich zeigt sich damit gerade an diesen vital bedeutsamen Sparten eben die genannte Dialektik des Fortschritts: Mehr als sonstige Innovationen führen sie Individuum und Gesellschaft in einen existentiellen moralischen Zwiespalt. Und mehr als anderes Menschenwerk treiben sie die überkommene Wertegemeinschaft durch Fortschrittseuphorie und Folgenphobie auseinander.

b) Die Untrennbarkeit von Vervollkommnung und Instrumentalisierung des Menschen als Grunderfahrung

aa) Wenige Überlegungen konkretisieren und akzentuieren dieses Dilemma: Mit zukunftsträchtigen Disziplinen wie etwa der Pränataldiagnostik oder der „Reproduktionsmedizin“ im weitesten Sinne, namentlich mit den Möglichkeiten der Therapie und der Manipulation der menschlichen Gene bringt sich die medizinische Wissenschaft mehr und mehr in die Lage, das Schicksal des Menschen durch Technik zu steuern. Mit dem Zugriff auf dessen molekulare Substanz macht sie die ersten entscheidenden Schritte, auf seine Erbanlagen Einfluß zu nehmen, sie gar neu zu formieren. Sie beginnt, angeborene Krankheiten und Gebrechen zu heilen oder völlig zu eliminieren und positive Eigenschaften der Nachkommenschaft bis hin zum gewünschten Geschlecht vorweg verfügbar und damit wählbar zu machen. Sie fängt an, seine Entstehung zu steuern, seine Konstitution zu bestimmen und so die Qualität und Dauer seines Lebens zu determinieren. Die betreffenden Wissenschaftssparten setzen kurz also die überkommenen Normen der Evolution außer Kraft. Sie schicken sich an zur neuen und autonomen Rekonstruktion der biologischen und mit ihr der geistigen Verfassung des Menschen.

bb) Konsequent formieren sich damit aber auch die Determinanten von „Geist“ und Tendenzen der Zeit: Solche Fähigkeiten und Fertigkeiten sind nicht als Gralsgut der Wissenschaften vor dem Zugriff der Gesellschaft zu sichern. Sie bleiben in einer emanzipierten Sozietät nicht in der Verfügungsgewalt ihrer Schöpfer. Im Gegenteil sehen sich diese alsbald zur praktischen Umsetzung ihrer Erkenntnis gezwungen. Denn als elementarer Fortschritt weckt dieses Können Wünsche und bald auch Optionen. Diese aber setzen sich ihrerseits bald in Ansprüche um, die ihre potentiellen Nutzer mit Nachdruck erheben: Was möglich ist, wird auch eingefordert. Was an Natur und Schöpfung korrigiert oder perfektioniert werden kann, wird reklamiert als Standard der Daseinsvorsorge, den die Gemeinschaft ihren Mitgliedern schuldet.

Mehr und mehr zum beherrschenden Ziel dieser gesellschaftlichen Wissenschaftsnutzung werden damit aber der Mensch und die Population, die qualitativ wie quantitativ der individuellen wie kollektiven Sinn- und Glücksvorstellung ihrer Epoche entsprechen und die sich den bevölkerungspolitischen Planungen der Gesellschaft einpassen lassen. Vom Traum eben zur realen Planvorgabe wird folglich der von Leid befreite, als Person perfekte und als Gesellschaftsmitglied erwünschte oder gar benötigte Mensch. Und zum zielkonformen, deshalb zunehmend akzeptierten und habitualisierten Mittel dieser Humansteuerung durch den Einzelnen wie die Gesellschaft werden Geburtensteuerung und Geborenenlenkung, also Selektion und Manipulation des Lebens von der Zeugung bis hin zum Tod: Die Menschenplanung des Individuums zielt ab auf das „Wunschkind“, bei dem Krankheit oder Infirmität weithin gebannt sind und dessen Plangemäßheit persönliche Unfreiheit seiner Eltern verhindert. Sie erstrebt die Nachkommenschaft, die den eigenen Lebensentwurf der Erzeuger nicht durchkreuzt oder stört, die sich ihm vielmehr nach Zahl, Qualität und Eigenschaften als ideelle oder gar materielle Bereicherung einpaßt. Die entsprechende Planung der Gesellschaft aber strebt als das kollektive Pendant die nach Zahl und Zustand optimale Bevölkerung an. Sie zielt auf die größtmöglich vitale und leistungsfähige Population. Und sie sucht deshalb die physische und mentale Qualität ihres Humanpotentials zu verbessern. Auch sie verfolgt also als Wunsch- und bald dann als Leitziel den plangerechten und mithin den möglichst vollkommenen Menschen.

cc) Diese Perspektiven und Zukunftsvisionen machen zugleich aber auch den Blick dafür frei, welche Gefahren aus dem Fortschritt als Kehrseite drohen. Sie zeigen mit wachsender Schärfe, daß jeder Erfolg in der Steuerbarkeit des menschlichen Lebens immer auch dessen Verfügbarkeit steigert. Und sie machen so immer bedrängender deutlich, daß die ungehemmte medizinisch-technische Determinierung des Lebens, die Steuerung seiner Entstehung, die Lenkung seines Verlaufs und die Entscheidung über sein Ende, eben dieses Leben als Höchstwert relativieren:

Die genannten individuellen und kollektiven Ziele und mit ihnen die beiderseits geforderten Mittel bezwecken hier wie dort die Abwehr des Kranken und Schwachen, die Selektion des Gesunden und Starken. Sie gebieten dem Einzelnen, der die Sicherung seiner persönlichen Lebensplanung verfolgt, den Eingriff in die genetische Disposition des eigenen Stammes als Akt individueller Humansteuerung. Und sie fordern von der Gesellschaft, die das physische und mentale Heil ihrer Mitglieder anstrebt, den Zugriff auf das Genreservoir als analogen Akt kollektiver Eugenik. Der persönliche Sinn- und Glücksgewinn als individuelles Motiv und die Sozialnützigkeit als kollektiver Beweggrund verlangen folglich beide den auf die *Eigeninteressen des Entscheidenden* zugeschnittenen Menschen: Dessen technische Rekonstruktion soll seine natürlichen Eigenschaften und Züge, soweit sie Eltern oder Gesellschaft unerwünscht sind, durch „passende" Attribute ersetzen. Sie soll mit „Wunschkind"-Produktion und zuchtorientierter Populationssteuerung individuelle Planungsinteressen und kollektive Bedarfsvorstellungen realisieren. Beide Programme entspringen damit einer „Moral", und beide fördern unvermeidlich Tendenzen, die mit dieser Selektions- und Manipulationsmöglichkeit die Stellung des menschlichen Lebens in der Werthierarchie und damit auch in der Schutzsystematik der geltenden Ordnung eben von Grund auf verändern.

c) Das Schwanken zwischen Hoffnung und Furcht als Reaktion von Individuum und Gesellschaft

Die wachsende Erfahrung dieser Dialektik des Fortschritts prägt zunehmend die Befindlichkeit von Individuum und Gesellschaft: Die immer aufdringlichere Zweischneidigkeit jeder Naturunterwerfung treibt beide immer weiter hinein in die genannte ambivalente Haltung. Sie intensiviert und habitualisiert das individual- und sozialpsychologische Schwanken zwischen Hoffnung und Furcht, zwischen Heilserwartung und Apokalypse. Weil man immer klarer erfaßt, zumindest erfühlt, daß der Wissenschafts- und Technikerfolg der Defatalisierung des menschlichen Seins individuell wie sozial neue und schwerere Fatalitäten begründet, verstrickt man sich in eine zunehmend widersprüchliche Haltung. Man drängt zwar unverändert süchtig auf den winkenden Fortschritt. Man befürchtet zugleich aber panisch die Folgen. Man setzt so in obsessivem Optimismus auf eine durch Wissenschaft und Technik gemeisterte Zukunft. Man empfindet deren Bedingungen aber zugleich als anonyme „strukturelle Gewalt“, als Ursache eines Zustands der Ausgeliefertheit und Hilflosigkeit, in dem man den Einzelnen wie die Gesellschaft bis ins Existentielle bedroht sieht. Mehr denn je - so ist diese Gefühlslegierung aus Euphorie und Phobie zusammenzufassen - berauscht man sich an dem Gedanken, der Mensch setze an, letzte Grundgesetze der Welt zu entschlüsseln. Mehr denn je aber befürchtet man auch eine prinzipiell neue, gleichsam nach-Hobbes'sche existentielle Gefährdung: Nach der Urerfahrung der Bedrohung durch seinesgleichen und nach der geschichtlichen Erfahrung seines Ausgesetztseins gegenüber dem eigenen Staat bedrängt den Zeitgenossen das derzeit noch diffuse Empfinden einer wachsenden Beherrschung und Kolonisierung des Menschen durch eine eigendynamische Technik.

3. Der Wechsel zwischen Relativierung und Verabsolutierung der Werte als Ausdruck des Schwankens zwischen Fortschrittseuphorie und Folgenphobie

a) Der Wertewechsel als kompensatorischer Legitimierungsversuch

aa) Zeiten solcher mentalen Unsicherheit und Zerrissenheit der Gesellschaft sind von jeher die Stunde von Sehern und Kündern. Diese predigen heute freilich kaum mehr noch Umkehr und Buße. Sie präsentieren der durchsäkularisierten Gesellschaft vornehmlich neue Ethikentwürfe: Die Popularisierung des Krisenempfindens zur kollektiven Grundgestimmtheit der Sozietät bereitet sozialpsychologisch den Boden, häuft gleichsam einen Gefühlshumus an, auf dem moralphilosophisch gefaßte Lösungs- und latent auch Erlösungsofferten sprießen und wuchern. Und wie schon gezeigt, gilt das auch und zuvörderst für Konzeptionen, die radikal mit überkommenen Wertvorstellungen und gewachsenen Überzeugungen brechen: Aporien schreien nach Umbruch. Bei aller Furcht vor dem Neuen, aller Angst vor seinen unabsehbaren Folgen wird deshalb solchen revolutionären Programmen doch immer auch jenes skizzierte Interesse zuteil, das aus Schockeffekten, Sensationsreiz und heimlicher Glücks- oder Heilserwartung entsteht und das nicht zuletzt genährt wird aus einer verstohlenen Spekulation: aus der Hoffnung auf Beschwichtigung des schlechten Gewissens gegenüber der fortschrittsbedingten Instrumentalisierung des Menschen.

bb) Dieses Bündel - und Bündnis! - disparater Motive, das die ohnehin schon bestehenden Vorbehalte gegenüber der tradierten Sakrosanktheitsmaxime verstärkt, erklärt jedoch nicht nur die wachsende Rezeptions- oder zumindest doch

Prüfungs- und Erwägungsbereitschaft gegenüber Tendenzen, die sich in die Richtung der als Avantgarde referierten Lehren bewegen. Gerade weil man die Abwehr von dieser Maxime immer zugleich mit Skrupeln und Unbehagen bis hin zum inneren Sträuben betreibt und weil man die Extrempostulate der neuen Doktrinen verbreitet noch mit Empörung verwirft, erklärt es darüber hinaus auch eine Erscheinung, die sich in einer eigenartigen, auf Ausgleich bedachten und im Kontrast bisweilen geradezu spirituell anmutenden Gegenbewegung manifestiert:

Wie eine Ober- und Unterströmung trifft und überlagert sich in der einschlägigen Diskussion das Bemühen, die zunehmend resolute Abkehr von den überlieferten obersten Werten dadurch zu mildern, daß man neue Grundwerte inauguriert oder schon etablierten Werten eine neue und höchste Dignität zuerkennt. Die wachsende Bereitschaft zum Bruch mit den hergebrachten Tabus verbündet sich also mit der gleichermaßen wachsenden Neigung, neue Tabuzonen zu errichten. Und auch dieses noch konkret zu belegende Bestreben, dem libertären, vielfach hedonistisch motivierten Ausbruch aus der bislang anerkannten Wertordnung durch strikte Unantastbarkeitspostulate für andere Güter wieder Grenzen zu setzen, entspringt der skizzierten Gemengelage widersprüchlicher Motivationen: Es beruhigt eben das Unbehagen und innere Sträuben gegen den Fortschritt und seine entschiedene Nutzung. Denn es sediert, sei es als Alibi oder wirklicher Ausgleich gedacht, als zeittypisches kompensatorisches Denken die rezidivierenden Skrupel, die die fortgetriebene Relativierung des Menschen erweckt.

cc) Danach erklärt erst diese ambivalente, durch Verunsicherung widersprüchliche Haltung den irritierenden Wechsel, der sich zwischen verblüffender Werterelativierung und jäher -verabsolutierung vollzieht. Sie erklärt dieses Vexierspiel freilich auch schlagend: Nicht in Amoralität oder übersteigertem Moralrigorismus, nicht in Verachtung oder Apotheose des Menschen als Alternativen sind die Ursachen dieser Lage zu suchen. Zu sehen sind sie im Gegenteil gerade in der *Verbindung* solcher Tendenzen: Sie sind zu erkennen in deren wahllos wechselndem Austausch, wie er seinerseits durch den Taumel zwischen Hoffnung und Furcht, mithin als Folge der Dialektik des Fortschritts bedingt oder doch provoziert ist. Nicht die Dominanz einer der Extrempositionen, sondern das Schwanken zwischen ihren konträren Programmen enthemmter Vorteilsverfolgung und tabuisierender Werteentrückung bewirkt und bestärkt also das beschriebene kompensatorische Denken. Und zutiefst ist es folglich die Unsicherheit aus dem Verlust der Wertegewißheit, die dazu treibt, daß man die Lizenz zur Antastung eines Guts alsbald durch die Proklamation der Unantastbarkeit eines anderen ausgleicht.

b) Die Ubiquität des kompensatorischen Legitimierungsbemühens

aa) Dieses Bemühen um einen sakrosanktheitsstiftenden Ausgleich für den tabueinreißenden Zugriff auf menschliches Leben ist ubiquitär. Und die Ubiquität dieser Kompensationsbeflissenheit zu erkennen, ist die Voraussetzung dafür, daß die individual- und sozialmentale Befindlichkeit der Zeit klar erfaßt wird. Denn vollends diese Allgegenwart einer steten, gleichsam äquilibristischen moralischen Ausgleichsbereitschaft belegt und erklärt die Realität der skizzierten Sedierungsmethoden. Und vollends sie erweist diese Haltung damit als ein symptomatisches allgemeines Zeitgeistgebaren.

bb) Aus der Fülle einschlägiger Phänomene sei hier nur ein einziges Beispiel genannt, das besonders drastisch den jähen Umschlag von egozentrischer Instrumentalisierung des Lebens zu feinfühligstem Mitempfinden belegt[68]:

Eine sich verbreitende Lehre, die wiederum in Singers „Praktischer Ethik" ihre schärfste, damit aber auch aufschlußreichste Ausformung findet und die uns auch im weiteren noch beschäftigen wird, verficht engagiert die Relativierung der Sakrosanktheit des Menschen; sie hält, wie gezeigt, bei mangelndem „Lebenswert" selbst den Infantizid für geboten[69]. Zugleich aber fordert sie ebenso engagiert etwa die Ächtung der Tötung von Schlachtvieh[70] oder der medizinischen Experimente mit Tieren[71]. Und entsprechend grundsätzlich verurteilt sie die herrschende anthropozentrische Sicht: Sie rügt mit allem moralischen Pathos, „menschliche Speziesisten" würden nicht wahrhaben wollen, „daß der Schmerz, den Schweine oder Mäuse verspüren, ebenso schlimm ist wie der von Menschen verspürte"[72].

cc) Solche Lehren demonstrieren zur Greifbarkeit den genannten Befund: Die Anteilnahme und der unbedingte Respekt, die man dem Leben von anthropologischem Rang vorenthält, werden wie zur Kompensation dieser Diminuierung des Menschen der subhumanen Kreatur zugewendet. Eine verödende Anthropozentrik, so scheint es, überträgt ihr Emotions- und Moralpotential in eine umfassende Biozentrik. Der oft bis zum Kult, nicht selten bis zur Blindwütigkeit und Kollek-

---

[68] Weitere Belege bieten etwa die bekannten Gegenprogramme zu einem radikalen wissenschaftshörigen Streben nach unbegrenzter Naturbeherrschung, die sich unter Beschwörung der „Heiligkeit" des Menschen dessen einseitig szientistischer Entschlüsselung widersetzen und die selbst die spektakulären Erfolge geheilter oder konstitutionell „verbesserter" Menschen nicht annehmen wollen zu dem Preis ihrer Manipulation; s. zu solchen Bewegungen nur etwa *Isensee*, DÖV 1983, 565 ff.; *Oppermann*, Max-Planck-Gesellschaft, Berichte u. Mitteilungen, Heft 1/95, S. 318 ff. - Zu dem ganz andersartigen, aber gleichfalls besonders drastischen Wertungswechsel, daß die höchstrichterliche Judikatur u. die h.M. in Fällen fahrlässig nicht verhinderter Geburt eines schwerstgeschädigten Kindes einen Schadensersatzanspruch zwar der Eltern bejahen, einen solchen des *Kindes* aber kategorisch verneinen, s. *Picker*, Wrongful Life (o. Fn. 19), bes. S. 26 ff., 71 ff.; neuestens *Laufs*, NJW 1998, 796 ff.; zur Bedeutung des Anspruchs der Eltern sogleich noch unter B II 1; zu weiteren Beispielen offenkundiger Werteverwirrung s. *Picker*, a.a.O., S. 88 Fn. 177, 90 f., 124 m. w. Nachw.

[69] S. o. unter A II 2.

[70] S. *Singer*, Ethik (o. Fn. 29), S. 90 ff.; allgemein zur Tötung von Tieren a.a.O., S. 172 ff.

[71] S. dazu *Singer*, Ethik (o. Fn. 29), bes. S. 94 ff.; das. auch die obigen Zitate; s. auch noch Fn. 73.

[72] So *Singer*, a.a.O., S. 86.

tivhysterie getriebene Schutz von Fauna und Flora, deren Entrückung selbst vor dem wissenschaftlich und speziell medizinisch begründeten Zugriff des Menschen, sind der plastische Ausdruck dieser Gefühls- und Wertschwankungen innerhalb der Gesellschaft: Das zeitspezifische Nebeneinander der Relativierung des Menschen und der Verabsolutierung des Tiers oder - wenn man zur Pointierung einmal so abkürzen darf - von Embryo-Indolenz und Froschlaich-Passion, ist die Populärform, in der sich die gespaltene Haltung bekundet. Und die exemplarisch genannten, heute vielgestaltigen Lehren, die unter dem Vorwurf des „Speziesismus" bei radikaler Abkehr von Anthropozentrik und menschenbezogenen Sankrosanktheitsmaximen das Programm der „Gleichheit für Tiere" verfechten[73], sind die wissenschaftliche Artikulierung dieser um sich greifenden neuen disparaten Biologie, die die kühle Taxierung des Menschen kompensatorisch zu legitimieren versucht durch die alterierte Entrückung von Tier und „Natur".

c) Das Auseinanderdriften von „Würde"- und Lebensbewertung als konkrete Erscheinung der allgemeinen Tendenzen

Hat man sich Klarheit verschafft über diese ubiquitäre, geradezu naturgesetzliche Erschütterung der Wertesicherheit, die die Dialektik namentlich des medizinischen Fortschritts mit ihrer Provokation von Hoffnung und Furcht in der Gesellschaft hervorruft, so ist nach allem die gesuchte Diagnose zu stellen:

Es ist dann nicht mehr nur spekulativ, wenn man auch die hier verfolgten Inkonsistenzen auf die zeittypische Labilität zurückführt, die die Gesellschaft gegenüber dem Perspektivengemisch von verlockenden Chancen und drohenden Gefahren bekundet. Denn was die zur schärferen Demonstration angeführten avantgardistischen Ethikentwürfe als ihren ambivalenten Beweggrund enthüllen, erweist sich dann auch hier als die eigenartig zwiespältige treibende Kraft: Das Motiv- und Gefühlskonglomerat, das ein Gemisch von Ent- und Retabuisierungswilligkeit schafft und das in den genannten Doktrinen, weil dort ins Extrem projiziert, evident wird, bestimmt nur verhaltener und verdeckter auch hier die axiolo-

---

[73] So die - mit Fragezeichen versehene, aber bejahte - Überschrift bei *Singer*, a.a.O., S. 82 ff. Zu aufschlußreichen weiteren Beispielen s. noch u. B III 2 b aa (3) (b) (cc) (ccc), bei u. in Fn. 147. Das spezielle Problem des „Speziesismus" ist hier i.ü. nicht weiter zu verfolgen. U. überflüssig hervorzuheben, daß sich die obige sozialpsychogrammatische Skizze nicht etwa gegen den Tierschutz richtet. Zur Frage der Gleichheit oder Ungleichheit von Tieren s. ferner noch etwa *Hoerster*, Abtreibung (o. Fn. 30), S. 57 ff., 86 ff.; *ders.*, JuS 1989, 1031 f.; s. auch die Zitate u. unter B III 2 b aa (2); s. ferner etwa *Tooley*, in: Leist (o. Fn. 28), S. 185 ff.; *Steigleder*, in: Wils (Hrsg.), Orientierung durch Ethik?, 1993, S. 95, 117 ff.; s. aber auch *Höffe*, ZRP 1993, 394 ff. - Beruhigend immerhin, daß man an der Fürsorge für das „Tierwesen" gelegentlich doch wieder auch den Menschen teilhaben läßt. So macht *Hoerster*, a.a.O., S. 95 Fn. 43 den einfühlsamen Vorschlag: „Auch die Rechtsordnung sollte dem Fötus - entsprechend wie dem Tier (vgl. §§ 1, 17, 18 Tierschutzgesetz) - generell einen Schutz vor Zufügung von Schmerzen *ohne vernünftigen* Grund gewähren." (!)

gische Haltung. Auch das Auseinanderdriften der juristischen und sozialen Bewertung, die einerseits der „Würde“, andererseits dem Leben des Menschen zuteil wird, findet also in diesem längst etablierten Wechselspiel von nutzenorientiertem Relativierungsbestreben und kompensatorischer Verabsolutierungsbereitschaft seine tiefere mentale Erklärung. Auch dieses Phänomen ist somit im Letzten Produkt und Ausdruck des dargestellten populationsweiten Schwankens zwischen Fortschrittseuphorie und Folgenphobie.

B. Die Entvitalisierung der „Würde“ als Entkräftung des Schutzes der Lebensgüter

I. Die Gefahr unberechenbarer Zugriffe auf den Menschen

Die Tatsache, daß das Epochensyndrom von Heilserwartung und Unheilsbefürchtung als latentes Motiv maßgeblich mitverantwortlich ist für das Auseinanderdriften auch der Bewertung von menschlicher Würde und menschlichem Leben, enthüllt die existentiellen Gefahren, die auch und gerade von dieser Divergenz drohen. Das folgt nach allem Gesagten aus einem einfachen Rückschluß:

Die Gemeinsamkeit der Ursachen bedingt die Vermutung auch gleicher Effekte. Sie legt deshalb die Annahme nahe, daß die konkrete axiologische Disparität über kurz oder lang die gleichen Folgewirkungen zeitigt wie die berichtete allgemeine, an den Extremlehren nur besonders greifbare widersprüchliche Haltung gegenüber den biologischen Gütern. Sie begründet damit auch hier die Prognose, es werde die noch unbewältigte Grunderfahrung, daß die Naturbeherrschung umschlägt zur Menschenbeherrschung, daß sie also zurückschlägt vom Objekt zum Subjekt, die gleiche Irritation erregen und damit die gleiche Reaktion provozieren. Namentlich die durchgängig konstatierten Versuche, eine mehr oder minder enthemmte Verzweckung des Menschen durch die Kreation neuer Sakrosanktheitsbereiche auszugleichen, das Bemühen, die Enttabuisierung durch Retabuisierungen wenn nicht zu legitimieren, so doch zumindest sozial „vermittelbar“ zu gestalten, und kurz also die beschriebene zeitspezifische Wechselhaltung aus robuster Zugriffsbereitschaft und sedierendem Kompensationsbestreben schaffen folglich auch hier die Gefahr eines nicht mehr berechenbaren Umgangs mit dem menschlichen Leben.

II. Die Aktualität der Gefahr

1. Die disparate Bewertung unerwünschter Nachkommenschaft

a) Diese Realität und vor allem auch die schon greifbare Aktualität solcher Folgen tritt an zahlreichen Symptomen zutage. Das mag als erstes repräsentatives Exempel das kurz schon erwähnte[74] Haftungsproblem bei „planwidriger" Nachkommenschaft demonstrieren. Es ist, wie ebenfalls schon betont, gewiß noch sublim. Es führt jedoch die Gefahr der drohenden Weiterungen plastisch vor Augen, und es belegt insbesondere auch das schon heute gängige Maß der Relativierung des Menschen:

In einem spektakulären Konflikt haben sich vor einiger Zeit das Bundesverfassungsgericht und der Bundesgerichtshof zu der weit über Juristenkreise hinaus diskutierten Frage geäußert, ob eine Haftung auf Schadensersatz für unerwünschtes neues Leben bejaht werden könne. Und in einer erneuten, das Aufsehen noch einmal steigernden Konfrontation haben unlängst auch die beiden Senate des Bundesverfassungsgerichts zu dieser Problematik Stellung genommen[75]. Die Gerichte und die Senate entschieden jeweils entgegengesetzt. Gleichwohl verbindet sie in der abstrakten Bewertung eine gemeinsame Haltung, die, soweit ersichtlich, bislang kaum herausgestellt wurde, die jedoch, einmal erkannt, auf eine so verblüffende wie alarmierende Inkonsistenz in der herrschenden Werthaltung hinweist.

b) aa) Der Bundesgerichtshof hatte in ständiger Judikatur anerkannt, daß ein Kind, das infolge eines Fehlverhaltens des Arztes gegen den Willen der Eltern zur Welt kommt, für diese einen Anspruch auf Schadensersatz begründe. Der Anspruch sollte „Wiedergutmachung" schaffen für das - wie die Richter gelegentlich formulierten - den Eltern „aufgezwungene" und nunmehr kostenträchtig zu alimentierende Kind[76]. Demgegenüber rügte der 2. Senat des Bundesverfassungsge-

---

[74] S. o. A II 1 b.

[75] Eingehend zu der gegenwärtig weltweit diskutierten Wrongful-birth- u. Wrongful-life-Problematik m. umfassenden Nachw. *Picker*, AcP 195 (1995), 483 ff., dort S. 496 ff. auch zu dem spektakulären ersten Konflikt zwischen dem 2. Senat des BVerfG u. dem BGH; *ders.*, Wrongful Life (o. Fn. 19), passim, mit rechtsvergleichenden Hinweisen S. 130 ff.; *ders.*, Schadenshaftung für unerwünschte Nachkommenschaft („Wrongful birth"), Schriften der Juristischen Studiengesellschaft Regensburg e.V., Heft 16, 1997, passim; zum erneuten Konflikt, nunmehr innerhalb der Senate des BVerfG, s. etwa Süddeutsche Zeitung v. 16.12.1997, S. 1; *Wiebel*, das., 15.1.1998, S. 9; *Picker*, Frankfurter Allgemeine Zeitung v. 7.1.1998, S. 12; *Laufs*, NJW 1998, 796 ff.; umfassend jetzt *Stürner*, JZ 1998, 317 ff.

[76] So BGHZ 86, 240, 248; s. zum Ursprungsfall LG Itzehoe FamRZ 1969, 90 f.; s. ferner etwa zur Sterilisation BGHZ 76, 249 ff.; 76, 259 ff.; BGH NJW 1981, 630 ff.; 2002 ff.; 1984, 2625 f.; zum Schwangerschaftsabbruch s. BGHZ 86, 240 ff.; 89, 95 ff.; 95, 199

richts, daß die „rechtliche Qualifikation des Daseins eines Kindes als Schadensquelle" die Menschenwürde verletze und deshalb mit Art. 1 Abs. 1 GG nicht zu vereinbaren sei. Die Rechtsprechung des BGH sei deshalb „der Überprüfung bedürftig"[77]. Dennoch bestätigte das höchste Zivilgericht bereits wenig später erneut und seitdem wiederholt seine derart getadelte Judikatur[78]. Und es findet sich nunmehr vom 1. Senat des Bundesverfassungsgerichts in dieser Ansicht bestätigt[79]. Der Bundesgerichtshof, dem die letztgenannten Richter in schlichter Repetition seiner Begründungen folgen, räumte zwar ausdrücklich ein, daß es sich „von Verfassungs wegen (Art. 1 GG) verbietet, die Existenz des Kindes als Schaden anzusehen". Denn ein Vergleich i.S. der schadensrechtlichen Differenzhypothese und also des Inhalts, „daß die Nichtexistenz des Kindes als positiver, seine Existenz hingegen als negativer Vermögensfaktor zu berücksichtigen wäre", müßte „sicherlich unter dem Blickpunkt der Würde des Menschen ... Bedenken begegnen"[80]. Er bestritt jedoch, daß die Anerkennung der von ihm verfochtenen Haftung des Arztes eine solche Qualifizierung des Kindes verlange. Denn - so seine ins Zentrum gestellte Begründung - nicht schon das Kind, sondern erst die durch sein Dasein entstandene Unterhaltspflicht der Eltern sei der durch den ärztlichen Kunstfehler verursachte und deshalb zu ersetzende Schaden[81].

bb) Die gedankliche, dogmatische und sachliche Verfehltheit dieser Replik ist wie die der weiteren in Rechtsprechung und Schrifttum vertretenen Argumente an anderer Stelle dargelegt worden[82]: Dort ist begründet, daß auch schon die Pflicht zu einer nur mittelbaren, kompensatorischen „Wiedergutmachung" für das nichtverhinderte Leben als eine Haftung, die einen explizit „unerwünschten" Menschen im Wortsinne „unschädlich" zu machen bestimmt ist, der geltenden Rechts-

---

ff.; BGH NJW 1985, 671 ff.; VersR 1985, 1068 ff.; 1986, 869 f.; 1988, 155 f.; zur fehlerhaften genetischen Beratung BGHZ 124, 128 ff.; weitere Nachw. bei *Lange*, Schadensersatz, 2. Aufl., 1990, S. 328 Fn. 161; zu einem neueren Fall *Picker*, Frankfurter Allgemeine Zeitung v. 26.1.1996, S. 39.

77 So BVerfGE 88, 203, 296, unter D V 6 der Gründe; zur abweichenden Meinung zweier Richter S. 338, 358.

78 S. BGHZ 124, 128 ff.; BGH NJW 1995, 1609 ff.; 2407 ff.; offengelassen in OLG Zweibrücken MedR 1997, 360 f. m. Anm. *Quass*.

79 S. BVerfG NJW 1998, 519 ff.; s. dazu jüngst *Laufs*, NJW 1998, 796 ff.; zum Streit über die Bedeutung der Haftungsfrage als „tragender Grund" für die Abtreibungsentscheidung des 2. Senats des BVerfG - s. o. Fn. 77 - s. *meine*, vom 1. Senat falsch angeführte, Stellungnahme in AcP 195 (1995), 522 sowie jetzt *Stürner*, JZ 1998, 319.

80 So BGHZ 124, 128, 140 f.; das Zitat davor a.a.O., S. 139; s. auch schon BGH NJW 1984, 2625 f.

81 Diese Dialektik hat der BGH von Anfang an praktiziert, s. etwa BGHZ 76, 249, 253; NJW 1984, 2625, 2626; BGHZ 124, 128, 138 ff.; s. dazu *Picker*, AcP 195 (1995), bes. S. 483, 503 ff.

82 S. dazu *Picker*, Wrongful Life (o. Fn. 19), S. 27 ff., bes. S. 31 ff.; *ders.*, AcP 195 (1995), 438, 503 ff.; jew. m. w. Nachw., dort S. 523 auch zu den ideellen u. psychosomatischen Folgen für das Kind, namentlich aber auch S. 535 ff. zu den sozialmentalen Konsequenzen für die Haltung der Gesellschaft.

und Wertordnung widerstreitet[83]. Hier gilt es, die Merkwürdigkeit einer Werthaltung deutlich zu machen, die die Senate beider Gerichte als *Gemeinsamkeit* teilen, die deshalb für *alle* Entscheidungen kennzeichnend ist und die auch die entsprechenden Lager in der Literatur als gemeinsamer Nenner verbindet:

Ausweislich ihrer Sprüche waren sich Bundesverfassungsgericht und Bundesgerichtshof darüber einig, daß eine Haftung des Arztes nicht in Betracht kommen könne, wenn die Bejahung eines Schadens bei den unfreiwilligen Eltern die *Menschenwürde* des Kindes verletze. Vielmehr sollten - so die weitere einverständliche Wertung - bei einer Kollision mit diesem Fundamentalgut alle Belange der Eltern zurücktreten müssen und also ohne Einschränkung unberücksichtigt bleiben: Die „Würde" des Kindes - darüber herrscht diskussionslos Konsens - durfte durch kein noch so vitales Gegeninteresse dritter Personen beeinträchtigt werden.

Gleichfalls ausweislich ihrer Sprüche und wiederum in frappantem Konsens sahen dagegen beide Gerichte keinerlei Anlaß, darüber hinaus noch zu prüfen, ob das Wiedergutmachungsbegehren der Eltern nicht mit *Lebensinteressen* des Kindes und darüber hinaus der gesamten Sozietät kollidiere: Beide dispensierten sich von der genaueren Untersuchung der Frage, ob es nicht individuell zu psychischen Schäden und generell zu physischen Gefährdungen komme, wenn Geburt und Existenz eines Menschen als Ursache eines „Schadens" qualifiziert und von den Gerichten entsprechend geahndet würden. Der 2. Senat des Bundesverfassungsgerichts ließ dieses weitere Bedenken außer Betracht, obwohl es eine zusätzliche Bestätigung seiner Auffassung bot. Der 1. Senat und der Bundesgerichtshof erwähnten es zwar, erwogen es aber nicht, sondern erledigten es, indem sie diskussionslos das Gegenteil als gesicherte Tatsache unterstellten[84].

cc) (1) Danach hat man es bei der Prüfung des ethisch wie rechtlich fundamentalen Problems der Haftung für nichtverhindertes neues Leben im Prinzip bei der Prüfung einer Verletzung der „Menschenwürde" belassen. Trotz entgegengesetzter Entscheidung stimmen die drei Senate in der Begründungsstrategie überein, daß sie auf eine genauere Abwägung auch biologischer Gegeninteressen bei den vom Schadensverdikt real oder potentiell betroffenen Menschen verzichten. Dieser Verzicht aber ist offensichtlich nicht als Kunstfehler zu erklären. Er beruht nicht auf Übersehen oder Verdrängung. Denn diese Folgen einer psychischen und physischen Gefährdung des real oder potentiell betroffenen Lebens liegen klar auf

[83] S. *Picker*, AcP 195 (1995), 483, 501 ff., 535 ff.; *ders.*, Wrongful Life (o. Fn. 19), S. 26 ff.; s. außer den dortigen Nachw. jetzt namentlich auch noch *Zimmermann*, JZ 1997, 131 f.; *Eichenhofer*, Die Sozialgerichtsbarkeit, 1997, 51 f.; *Laufs*, NJW 1998, 796 ff.; *Stürner*, JZ 1998, 317 ff.

[84] S. BVerfG NJW 1998, 519, 522; BGHZ 124, 128, 142 f.; s. namentlich auch schon BGHZ 76, 249, 255, wonach die Unterhaltsleistungen des haftenden Arztes sogar geeignet seien, „eine positive Einstellung der Eltern zu dem zusätzlichen Kind zu fördern"; so nunmehr auch ausdrücklich BVerfG, a.a.O.; dazu *Picker*, AcP 195 (1995), 483, 524 ff.

der Hand, und sie sind erkennbar auch den Gerichten nicht verborgen geblieben[85]. Daß die Qualifizierung eines Daseins auch nur als Ursache eines Schadens das Kind zum unerwünschten und deshalb zwangsweise fremdfinanzierten Kostgänger stempelt, daß sie es selber damit immer neuer seelischer Pein, seine Familie immer neuen sozialen Irritationen und die Gesellschaft insgesamt der Gefahr kollektiver Abstumpfung gegen Erwünschtheits- oder Nützlichkeitskontrollen des Menschen aussetzt, alles das liegt zutage und gilt bis zur Anerkennung von Jugendtraumen und kindlichen Schocks auch bei den Verfechtern einer „Wiedergutmachungspflicht" als Gemeingut[86]. Daß vor allem aber die Anerkennung einer solchen Haftung für nichtverhindertes neues Leben die haftungsbedrohte Ärzteschaft dazu anregt, schon bei leisesten Zweifeln an der „Plangemäßheit" des Kindes dessen Geburt zu verhindern, daß sie also die Pränatalmedizin über kurz oder lang zu einer lebensfeindlichen Einstellung treibt, das alles ist ebenfalls offenkundig, wurde auch wiederholt schon beschworen und hat deshalb gleichfalls als gerichtsnotorisch zu gelten[87].

(2) Wenn also dennoch beide Gerichte den Schutz solcher psychischen und physischen Interessen individueller Personen wie der Population insgesamt als möglichen Gegenbelang nicht oder nicht in präziser Abwägung prüfen, so geschieht das offenkundig nicht unbewußt. Und gleichfalls läßt sich danach weder als Zufall noch als Vergeßlichkeit deuten, wenn sie „Würde" und Lebensbelange des Menschen so scharf voneinander trennen, daß nicht mehr auch nur die Frage gestellt wird, ob hier nicht Art und Ausmaß der Lebensbedrohung Qualitäten erreichen, die auch schon den Tatbestand einer Verletzung der „Würde" erfüllen. Insgesamt bedeutet die am Fall praktizierte Wertung mithin nicht Panne, sondern Programm. Sie ist genauer die Umsetzung einer wie weit auch immer im konkreten Fall reflektierten gemeinsamen Wertvorstellung der Richter, die deren Verständnis von Gewicht und Zusammenhang der beiden auf seiten des Kindes berührten Güter verdeutlicht.

(3) Eben dieses Verständnis aber indiziert auch die eingangs erwähnte augenfällige Inkonsistenz. Denn gerade in ihrer Gewichtung dieser Güter wie in deren scharfer wechselseitiger Isolierung will diese Sicht schon der ersten intuitiven Wertung nicht stimmig erscheinen:

Gegenüber dem Schadloshaltungsinteresse der Eltern wird zwar die „Würde" des Kindes als höherrangig bewertet. Bei Bejahung ihrer Verletzung verneint man deshalb - wie der 2. Senat des Verfassungsgerichts - den Anspruch der Eltern.

---

[85] S. Vornote; ferner dazu etwa *A. Roth*, FuR 1993, 305, 307; *Picker*, Wrongful Life (o. Fn. 19), S. 35.

[86] So repräsentativ etwa *Heldrich*, JuS 1969, 455, 459; *Giesen*, JZ 1994, 286, 292; *Harrer*, Zivilrechtl. Haftung bei durchkreuzter Familienplanung, 1989, S. 22 ff.; s. dazu ferner *Picker*, AcP 195 (1995), 483, 524 ff. m. w. Nachw.

[87] S. nur etwa *Picker*, a.a.O., S. 483, 520 ff.; ausdrücklich, freilich ohne jede Begründung rein behauptend ablehnend dagegen BVerfG NJW 1998, 519, 522.

Dagegen werden nicht mehr auch die genannten Lebensinteressen als mögliche höherrangige Güter erwogen. Bei Verneinung einer „Würde"-Verletzung muß man deshalb - wie der 1. Senat und der Bundesgerichtshof - den Anspruch der Eltern bejahen. Eröffnet aber wird dieser freie Dezisionismus im Rahmen des Tatbestandsmerkmals der menschlichen Würde, indem man diese schon begrifflich scharf separiert von den Vitalbelangen des Menschen: Deren weitgehende Ausklammerung aus den Ingredienzen der „Würde" entsubstantiiert den Begriff dieses obersten Werts. Sie schafft damit ein entsprechend freies Entscheidungsbelieben. Und sie führt so, konkret am Fall angewandt, zu analogen praktischen Folgen: Die „Würde" des Menschen wird in der heutigen Rechtswirklichkeit verfassungsgetreu verabsolutiert. Ihr Schutz wird deshalb, immer der Verfassung entsprechend, ohne Abwägung gegen andere Güter gewährt, sobald die Subsumtion einer konkreten Verletzung unter diesen Begriff zur Überzeugung des Entscheidungsträgers geglückt ist. Die skizzierten psychischen und physischen Lebensinteressen des Menschen dagegen und also seine vitalen Belange werden weitreichend relativiert. Sie werden, ohne daß sie noch eine Kontrolle ihres Bezugs zur „Würde" erführen, dem Wunsch nach Freiheit der Lebensplanung untergeordnet; und sie werden hintangestellt selbst hinter widerstreitende Vermögensinteressen. Ihr Schutz tritt deshalb im Kollisionsfall selbst hinter affektiven und pekuniären Belangen Dritter zurück, wenn diese dem von der Prüfung der „Würde" entlasteten Richter als Standards moderner „Lebensqualität" oder als Bedingungen persönlicher Glücksverfolgung erscheinen.

c) Genauer analysiert stellt sich danach die heutige Lösung des intrikaten Problems einer Haftung für nicht verhindertes neues Leben als ein irritierendes Disparitätsindiz dar:

Sie zeigt, daß man sich mit der semantischen Abkoppelung der „Würde" von den individuellen wie überindividuellen Vitalbelangen die Möglichkeit schafft, das menschliche Leben in Abwägung zu den Interessen von Dritten zu werten, es mithin fremdnützig zu taxieren bis hin zur Qualifizierung als Grund eines Wiedergutmachungsanspruchs - bei Verzicht auf Euphemisierungen also bis hin zur Bewertung als Schaden[88]. Sie offenbart damit die Tendenz, trotz hocheingestimmter Beschwörung der Unantastbarkeit der Würde des Menschen zur robusten Antastung seiner Lebensinteressen überzugehen. Und sie indiziert so die wachsende Neigung, bei gesteigerter Pflege des menschlichen Nimbus zugleich die menschlichen Vitalbelange herabzustufen auf immer freier verfügbare Werte: Die Diskrepanz zwischen „Würde"-Verabsolutierung und Lebens-Relativierung, die die konkrete Untersuchung enthüllt, erweist sich, wenn die Zeichen nicht trügen, als Ausdruck einer sich verbreitenden allgemeinen Haltung in Recht und Gesellschaft. Sie demonstriert - immer nur erst sublim - die wiederholt genannte Gefahr,

[88] Zu dem heftig geführten Streit über die Berechtigung des Slogans „Kind als Schaden" s. *Picker*, a.a.O., S. 483, 502 f., 515 f.; s. etwa auch BGHZ 124, 128, 140.

daß in einer ihrer Maximen und Werte nicht mehr gewissen Gesellschaft die Behandlung des Menschen unberechenbar wird.

2. Die unschlüssige Haltung gegenüber forschungsbegründeten Integritätsbeeinträchtigungen

a) Keineswegs mehr sublim und deshalb als Beleg womöglich noch eindrucksvoller sind die heute heftig erörterten Fragen, ob und ab wann der forschungsbezogene Eingriff in die physische Integrität den Menschen in seiner „Würde" berührt. Dabei umfaßt der Disput ein Eingriffsprogramm, das sich erstreckt bis hin zu der feinfühlig so genannten „verbrauchenden Forschung", bis hin also zur denkbar intensivsten Nutzung des betreffenden Humanmaterials[89]. Vollends in diesem Bereich schwankt man zwischen Fortschrittsdrang und Folgenbedrängnis. Vollends hier wird deshalb erkennbar, in welchem Maße eine blutleere Deutung und doktrinäre Entrückung der „Würde" die vitalen Güter des Menschen gefährden.

b) Immer anders als die „Würde" sind die letzteren Güter auch hier wieder schon von Rechts wegen abwägbar gegen kollidierende fremde Belange[90]. Zugleich sind gerade sie der Zielpunkt des individuellen und sozialen Interesses, das sich auf die Lenkung und Nutzbarmachung des Menschen richtet. Damit aber sind sie unter der dargestellten Tendenz einer Zeit, die diesen lebensrelativierenden Zugriff zunehmend libertär und entschlossen betreibt, nicht nur in wachsendem Maße gefährdet. Wirklich gesicherten Schutz können sie unter einer solchen Werthaltung der Epoche überhaupt nur gewinnen, wenn sie ab einer bestimmten Qualität oder Schwere des Eingriffs an der kategorischen Sakrosanktheit der „Würde" partizipieren. Einen eigenen sakrosankten Bereich behalten sie also in dieser Lage nur dann, wenn die Deutung der „Würde"-Garantie interpretatorisch aus- und zurückstrahlt auf die Deutung von Grund und Umfang des Vitalgüterschutzes[91].

c) Umgekehrt gilt damit zugleich aber auch: Jede Entrückung der „Würde", die diese interpretatorische Rückwirkung abkappt, erweitert mit Zwangsläufigkeit den Freiraum zum lenkenden und nutzenden Zugriff auf den anderen Menschen. Denn eben weil unter den genannten Tendenzen dessen Lebensgüter oder Persönlich-

---

[89] S. zu diesen Bereichen, die namentlich auch den der sog. Fortpflanzungsmedizin umfassen, dabei speziell zur „verbrauchenden Forschung", mit entschiedener Ablehnung *Graf Vitzthum*, ARSP, Beiheft N.F. 33, 1988, S. 119, 137; *ders.*, MedR 1985, 249, 256; *ders.*, Universitas 1986, 810, 822 ff.; Sachs/*Höfling* (o. Fn. 7), Art. 1 GG, Rn. 21 f.; a.A. *Dreier* (o. Fn. 5), Art. 1 GG, Rn. 59.

[90] S. dazu o. bei u. in Fn. 7 u. 15.

[91] Zur theoretischen Anerkennung dieser schon durch den Verfassungsaufbau nahegelegten interpretatorischen Ausstrahlung von Art. 1 Abs. 1 GG s. nur etwa die Bemerkung bei *Graf Vitzthum*, ARSP (o. Fn. 89), S. 119, 125; *ders.*, Universitas 1986, 810, 816 ff.; s. demgegenüber aber auch o. bei u. in Fn. 16.

keitsrechte gerade nicht mehr als eigenständige absolute Sperren fungieren, entzieht man mit der begrifflichen Entrückung der „Würde" dem Opfer des Zugriffs auch noch das letzte als kategorische Grenze wirkende Schutzgut. Der sich einspielende kompensatorische „Deal", daß man gegen eine abkapselnde Idealisierung der Würde eine zunehmend „pragmatisch" legitimierte Lebensrelativierung zuläßt, schafft damit durch geistige Tabuisierung vitale Gefahren: Er unterwirft den Menschen, den man im „Menschlichen schlechthin"[92] für unantastbar erklärt, als konkretes Wesen aus Fleisch und Blut dem fremdbestimmten und fremdnützigen Eingriff.

3. Die Unerfaßtheit gentechnischer Eingriffe

a) Das besondere Gefahrpotential

Nur noch die Zuspitzung dieser Entwicklung schafft die Problematik des gentechnisch praktizierten Eingriffs, der therapeutische und - bei denkbar gleitenden Übergängen - mehr und mehr auch steuernde und „verbessernde" Zwecke verfolgt. Diese Problematik schafft freilich zugleich die bislang schärfste Zuspitzung auch der Gefahren. Denn nicht nur zeigt gerade auch hier die Strittigkeit der bezeichnend katalogartig abgehandelten Fragen, welche geringe semantische Sicherheit das Merkmal der „Würde" des Menschen liefert[93]. Vielmehr droht vor allem von dieser biowissenschaftlichen Sparte die soeben beschriebene Schutzentleerung. Und sie droht hier, mag auch vieles noch futuristisch anmuten, mit noch ungleich weiterreichenden Folgen. Damit ist zugleich aber auch die wiederholt erwähnte, auch im Weiteren zu verfolgende Konsequenz zu befürchten, daß eine Gegenbewegung versucht, der sich auflösenden tradierten Moral mit Gewalt letzte Reservate zu retten, daß die Gesellschaft sich also mehr und mehr spaltet und polarisiert, so daß schließlich die antagonistischen Lager wie Kreuzzügler aufeinanderprallen. Gerade von dieser hoffnungsvollsten Entwicklung droht mithin die verhängnisvolle Entartung, daß der technisch-naturwissenschaftliche Fortschritt zum Rückschritt in soziale Anomie und Zerrissenheit umschlägt.

b) Die mangelnde Unterscheidung von Therapie und Optimierung des Menschen in ihrer Abhängigkeit von der Beachtung der individualen Interessen

aa) Immer unter der Zeit-Tendenz, die den Menschen bei kompensatorischer „geistiger" Tabuisierung in seiner Physis mehr und mehr der Verfügung und Kolonisierung preisgibt, könnten über kurz oder lang selbst die Hemmnisse gegenüber der gattungsverändernden Einflußnahme abgebaut werden. Denn selbst -

---

[92] So, wie schon o. bei u. in Fn. 7 zit., Sachs/*Höfling* (o. Fn. 7), Art. 1 GG, Rn. 23.

[93] S. dazu o. bei u. in Fn. 13.

und gerade - über Eingriffe von einer Bedeutung, wie sie der Genmanipulation an menschlichen Keimzellen zukommt, könnte dann bald eine Definition der „Würde"-Verletzung entscheiden, die - weil von allen Vitalinteressen entkernt und damit von allen für das Individuum konstitutiven Elementen entleert - die Beachtung des konkreten lebenden Menschen und damit die der Belange des Betroffenen ausschließt. Schutzobjekt wären dann nicht mehr die einzelnen Individuen der Spezies „Mensch" mit ihren je eigenen individuellen Interessen. Zum Träger der Würde und zum Nutznießer ihrer Tabuisierungseffekte würde vielmehr die Spezies selbst und mithin die „Menschheit". Abstrakt fände der Mensch also nicht mehr auch und vor allem in der Existenzdimension seiner Individualität Beachtung und Berücksichtigung. Vielmehr würde er nur noch in der Komplementärdimension seiner Sozialität zur Kenntnis genommen[94]. Und konkret würde er so in Perfektion zum Objekt. Denn mangels individualer und also eigener Würde wäre ihm die letzte und entscheidende Schutzposition gegen gesellschaftliche Instrumentalisierung genommen. Er stände folglich zur mehr oder minder freien Verfügung dessen, was das wie immer auch festgelegte jeweilige „Menschheitsinteresse" zu erfordern behauptet.

bb) Gerade Eingriffe der hier erörterten Art machen diesen drohenden Fundamentalwandel deutlich, weil an klaren, auch sozial eingeübten Kriterien faßbar: So ließe sich über die Zulässigkeit etwa von kurativer und meliorativer Eugenik[95] entscheiden, ohne daß der Entscheidungsmaßstab noch die Frage erzwänge - oder richtiger: überhaupt nur erlaubte -, ob diese Eingriffe nach ihrem Primärzweck auf Heilungsinteressen des Betroffenen zielen oder auf Optimierungsinteressen externer Dritter. Denn mit dieser Ausblendung der Opferinteressen wäre das kardinale Entscheidungskriterium außer Geltung gesetzt, das die scharfe und eben auch sozial geläufige Trennung zwischen der Behandlung des Menschen als Selbstzweck oder aber als Mittel zu Fremdzwecken sichert und das so die Unterscheidung zwischen menschen-„würdiger' und -„unwürdiger" Behandlung rechtlich wie sozialmental garantiert: Unter einem Bewertungsmaßstab, der ausschließlich überindividuelle gesellschaftliche Interessen beachtet, läßt sich zwischen individuumsbezogener Therapie und gattungsorientierter Melioration nicht unterscheiden. Unter dem Aspekt der Populationsqualität sind vielmehr beide „Verbesserungen" als Gewinn zu bewerten!

Ein Unterschied, der dem tradierten Würdeverständnis und damit immer auch der sozial gefestigten Wertvorstellung entspricht, ist vielmehr nur dann - und dann aber auch als kategoriale Differenzierung - zu treffen, wenn der Entscheidungs-

---

[94] Gegen eine solche Nach- u. Unterordnung der einen Existenzdimension gegenüber der anderen zu Recht, freilich ohne nähere Konkretisierung der Folgen, *Graf Vitzthum*, ARSP (o. Fn. 89), S. 119, 137.

[95] S. zum Meinungsstand etwa *Graf Vitzthum*, a.a.O., S. 119, 137 f.; *ders.*, MedR 1985, 249, 256 f.; Sachs/*Höfling* (o. Fn. 7), Art. 1 GG, Rn. 23; ferner *Köbl*, Festschrift für Hubmann, 1985, S. 161, 171 ff., 177 ff.; *Starck*, Gutachten (o. Fn. 12), S. A 46 ff.

maßstab gerade auch und teleologisch primär auf die Interessen des Betroffenen abstellt. Denn unter dem Prüfungskriterium dieser *individuellen* Interessen erweisen sich individuumsbezogene Therapie und gesellschaftsbezogene Melioration als direkt antagonistisch: Von dieser Vorgabe aus stellt sich der streng patientorientierte Heileingriff als eine konsolidierende Maßnahme dar, die intentionell *die Identität des Betroffenen wahrt.* Dagegen bedeutet, immer unter diesem Gesichtspunkt, die gesellschaftsbezogene Optimierung einen innovatorischen Eingriff, der die Identität des Betroffenen zu *verändern* bestimmt ist. Sie schützt also nicht, sondern sie instrumentalisiert den konkret betroffenen Menschen. Und sie verändert ihn so, wie schon eingangs betont und später noch näher auszuführen, in Perfektion zum Objekt.

cc) Nur, aber auch immer bei Beachtung der individuellen Belange des Adressaten ist danach eine Unterscheidung zu treffen, die mit der Trennung zwischen Patientenheilung und Populationsoptimierung für die gesellschaftliche „Einstellung" gegenüber dem Menschen, damit für seine Behandlung und kurz also für die mentale Verfassung der Sozietät fundamentale Bedeutung besitzt. Denn immer, aber auch nur bei dieser individuumsbezogenen Sicht wird als entscheidender Unterschied zur Gegendoktrin offensichtlich, daß man dort die Differenzierung zwischen Therapie im Eigeninteresse und Optimierung im Fremdinteresse beseitigt und daß man so das auch im Sozialbewußtsein verwurzelte plastischste Kriterium aufgibt, das die Grenze zur Instrumentalisierung des Menschen markiert. Denn - so ist zusammenzufassen - der patientbezogene therapeutische Akt respektiert und erhält die leiblich-seelische Kontingenz des einzelnen Menschen. Dagegen entspringen populationsbezogene Optimierungsversuche dem gerade entgegengesetzten Bestreben, diese Kontingenz nicht zu akzeptieren, sondern durch Eigenkreationen zu überwinden. Nur das letztere, nicht auch das erstere Unternehmen macht sich kurz also an die Schöpfung des neuen Menschen. Nur ihm liegt eine Haltung zugrunde, die den „anderen" zum Objekt, die sich ihn, entschiedener noch, zum Untertan macht.

c) Die Konsequenz der Ungesteuertheit von Grundentscheidungen der Gesellschaft

Ein Entscheidungsmaßstab, der die Belange des Betroffenen aus seiner Werteskala ausschließt, und mit ihm eine „Würde"-Definition, die in dieser Weise entvitalisiert und damit mangels beachtlicher individualer Interessen auch entindividualisiert ist, vermögen danach schon anlagemäßig die entscheidenden Differenzierungskriterien nicht zu erfassen. Beide können folglich keine plausible und namentlich keine plausibel differenzierende Lösung entwickeln. Selbst die beliebte Formel von der Gefährdung des „Menschlichen schlechthin"[96] hilft hier

[96] S. zu dieser Formel, die bezeichnenderweise gerade im hier behandelten Bereich gern benutzt wird, nur etwa Sachs/*Höfling* (o. Fn. 7), Art. 1 GG, Rn. 23, schon o. bei u. in Fn. 7, 92.

nicht, eben weil man mit der Mißachtung der Individualität der Person die Realität des „Menschlichen“ nicht beachtet: Das Idol des nur noch als Träger von „Würde“ erfaßten Menschen hat keine Individualität und deshalb auch keine leidensfähige Physis und Psyche. Ihm ist folglich physisch und psychisch nichts anzuhaben. Gerade auch unter dem hier verfolgten Gesichtspunkt ergibt sich damit ein Fazit, das die vorangegangenen Befunde bestätigt: Ein von den Vitalgütern abgekoppelter Würdebegriff kann selbst Grundentscheidungen der Gesellschaft nicht steuern. Vielmehr liefert er den Entschluß zum Zugriff auf das menschliche Leben selbst in der prekärsten und folgenreichsten Wissenschaftssparte jener labilen Werthaltung aus, die zwischen libertär-utilitaristischer Nutzungsbereitschaft und jäher kompensatorischer Sakrosanktheitsbeschwörung unberechenbar hin- und herschwankt.

III. Die Folge zivilitätszerrüttender Unsicherheit

1. Die Wiederbelebung der soziobiologischen Urangst in der Gesellschaft

Die Folgen einer solchen Instabilität der Gesellschaft für die Sozialexistenz des einzelnen Mitglieds und damit für die Koexistenz der Population sind bis zu den Fernkonsequenzen mit Händen zu greifen:

Die unberechenbaren Wechsel zwischen dem tabueinreißenden Zugriff auf den Menschen und der jähen kompensatorischen Stiftung von neuen Sphären der Sakrosanktheit heben als bloße Sedierungsversuche die Bedrohung nicht auf. Sie schaffen deshalb kollektive Unsicherheit[97]. Mehr noch: Die zunehmend dominante Gemengelage aus kaltem Nutzenkalkül und überdeckender echauffierter Verteidigung anderer „heiliger“ Werte, die gespaltene Mentalität einer hedonistischen Glücksverfolgung bei fundamentalistischem Wertediktat weckt als sozialmoralische Anomie in der Sozietät Furcht und Angst. Sie erschüttert das Grundvertrauen in die Lebens- und Sicherheitsgarantie, die die staatlich verfaßte Gemeinschaft ihren Mitgliedern zusagt. Und sie erschüttert diese Gemeinschaft damit in ihrer Basis. Denn mit der Gefährdung des Grundvertrauens in die staatliche Existenzsicherung rüttelt die moderne Werthaltung an dem historischen Gesellschaftsvertrag, in dem das Individuum der friedens- und freiheitsfeindlichen Selbsthilfe

---

[97] S. zum Folgenden auch schon *Picker*, AcP 195 (1995), 483, 523 ff., 535 ff.; *ders.*, Wrongful Life (o. Fn. 19), S. 84 ff. mit Fn. 177, 94 f., 127 ff., dort auch dazu, daß selbst schon die sublime geistig-gedankliche Relativierung des Menschen, die ihn zunächst nur indirekt-theoretisch in seiner absoluten Werthaftigkeit in Frage stellt, in einer hochentwickelten u. dadurch hochsensibilisierten Gesellschaft über kurz oder lang die atavistische Furcht wieder aufbrechen läßt, die die friedens- u. freiheitsstiftende Unbefangenheit des Zusammenlebens wieder gefährdet. Zur Korrespondenz von privatem Gewaltverzicht u. staatlicher Schutzpflicht eindringlich *Isensee*, DÖV 1983, 565 ff.

abschwört, um als Gegenleistung die Schutzzusage des Kollektivs zu gewinnen. Sie wiederbelebt folglich jene soziobiologische Urangst der Menschen, der dieser Vertrag seine Entstehung verdankt und deren Überwindung konstitutiv ist für die Zivilität der Gesellschaft. Individuell wie kollektiv droht also von dieser Entwicklung, die Faktum und Maß des Schutzes des Menschen zu Zufallsergebnissen macht, ein mehr oder minder ausgeprägter Rückfall in den vorzivilen Naturzustand: Eine Gesellschaft, die ihren Mitgliedern nicht mehr die sichere Existenz garantiert, verliert ihre fundamentale Ordnungsfunktion. Eine Sozietät, die diese Elementarsicherung abhängig macht von den Unwägbarkeiten sozialer Stimmungen, Strömungen und Optionen, die sie damit im Letzten an eher vegetative Pietätsreaktionen der Mehrheit bindet, treibt den Einzelnen geradezu naturgesetzlich zurück in den status naturalis des Kriegszustands aller mit allen. Sie treibt ihn konkret in die von Angst und Argwohn bestimmte Selbstsicherung[98].

2. Neo-utilitaristische Ethikentwürfe als theoretische Bestätigung des Angstempirems

a) Die Beweisträchtigkeit neuerer utilitaristischer Lehren

aa) Entgegen offenbar verbreiteter Meinung ist diese Gefahr nicht durch „Aufklärung“ über die mangelnde „Heiligkeit“ des Menschenlebens zu bannen. Das beschriebene Wiederaufbrechen der Urangst mit seinen gesellschaftszerrüttenden Selbstschutzreaktionen und Regressionskonsequenzen ist nicht durch eine streng rationalistische Doktrin zu verhindern, die die metaphysisch begründete Vorstellung von der Absolutheit des Menschen zugunsten einer konsequent säkularen Relativierung seines Werts überwindet. Denn entgegen der Annahme solcher auf Enttabuisierung zielenden Lehren entspringen diese Reaktionen auf eine Abkehr von der Maxime der Sakrosanktheit jeder Person nicht zwingend und nicht überall einem im Transzendentalen verankerten „Bild“ vom Menschen. Und entgegen der eigenen Einschätzung dieser Lehren liefern sie selbst keine schlüssigen Gründe, die auch nur die Vermutung erlaubten, daß bei Verwirklichung ihrer Konzepte die Angst- und Regressionsphänomene ausbleiben könnten. Im Gegenteil legt spätestens die letzte und entscheidende Rechtfertigung ihrer weit getrie-

---

[98] Als eindrucksvoller empirischer Beleg können die sich mehrenden Berichte gelten, daß in Ländern, die, wie etwa Holland u. Australien, die aktive Sterbehilfe von Gesetzes wegen gestatten, die angstdiktierten Reaktionen der Menschen, namentlich deren Selbstschutzmaßnahmen sprunghaft ansteigen. - Generell zur Lage in Holland, zur dort zunehmenden Abkehr vom Willen des Patienten u. zur wachsenden Kluft in der Bewertung der Euthanasie bei Alten u. Jungen s. den eindrucksvollen Bericht von *Fuchs*, in: Spaemann/Fuchs (o. Fn. 25), S. 36 ff., bes. S. 50 f.; zur Lage in Australien s. etwa den Bericht von *Hanbold* in der Frankfurter Allgemeinen Zeitung v. 29.7.1996, S. 33; s. auch die von *Dworkin* (o. Fn. 25), S. 263 berichtete Entwicklung, daß „die alten Menschen im Land anfangen, die Ärzte als ihre Feinde zu betrachten“.

benen Postulate zur Relativierung des Lebens die Annahme nahe, daß gerade deren Verwirklichung die Gesetzmäßigkeiten dieser Phänomene bestätigen würde - mit allen zivilitätsbeendenden Folgen.

bb) Die klarste Bestätigung dieser These bieten auch hier die mehrfach angeführten neuen Ethikentwürfe, die als Avantgarde einer kompromißlos utilitaristischen Erfassung des Menschen dessen Relativierung bis hin zu elaborierten Tötungsprogrammen verfechten[99]. Denn mit solchen Konzepten provozieren sie nicht mehr nur subkutan, sondern offen und in drastischster Form die genannte existentielle Verunsicherung innerhalb der Gesellschaft. Die Angst- und Regressionsproblematik kommt folglich bei ihnen gleichsam schon anlagemäßig und mit theoretischem Konsequenzzwang zum Schwure. Damit stellen sie zugleich aber auch die Frage ihrer Lösung in der denkbar zugespitztesten Weise. Und in aller denkbaren Deutlichkeit enthüllen sie so auch die Qualität ihrer Antwort: Bis zur Evidenz wird bei ihnen erkennbar, ob sie diese Problematik überzeugend zu lösen vermögen. Denn bis zur Greifbarkeit wird mit dieser Zuspitzung prüfbar, ob sie einen plausiblen, sozial vermittelbaren und deshalb nach aller Prognose intellektuell wie psychologisch überzeugenden Grund dafür nennen, daß die Mitglieder der Gesellschaft trotz deren Abkehr von der Sakrosanktheit des Menschen keine existentielle Furcht oder Angst haben müssen.

cc) Konkret kann damit einmal mehr die „praktische Ethik" Singers und seiner Anhänger als Kronzeuge dienen. Denn wie gezeigt, kämpft diese Lehre in vorderster Front gegen die traditionelle, als „jüdisch-christlich" etikettierte und als irrational-metaphysisch kritisierte Verabsolutierung des Menschen[100]. Und wie gleichfalls gezeigt, verficht sie die derzeit wohl radikalste Verfügbarkeit des menschlichen Lebens als zwingendes Postulat einer streng rationalen Sozialphilosophie[101]. Vor allem sie ist daher gezwungen, um der Stimmigkeit ihrer Lehre willen den Verdacht auszuräumen, ihre Umsetzung in die Tat hätte Ängste und Regressionen zur Folge. Und mehr als andere Ethikentwürfe bietet sie damit in unserem Kontext den erhellenden Testfall. Deshalb, zugleich aber auch als eine Doktrin, die die aufgezeigten Tendenzen der Epoche gleichsam extrapoliert, die damit ans Licht rückt, was subkutan gärt, ist sie im Folgenden näher darzustellen und auf ihre Konsistenz hin zu prüfen: Die Aktualität der „praktischen Ethik" enthüllt die Potentialität der Tendenzen der Zeit.

---

[99] S. o. unter A II 2 u. B III 2.

[100] S. o. bei u. in Fn. 36; ferner *Singer*, Ethik (o. Fn. 29), S. 31 f., 130 ff., 134 ff.; *Hoerster*, Verteidigung des Rechtspositivismus, 1989, S. 26 ff.; s. ferner noch u. unter B III 2 b aa (2).

[101] S. o. unter A II 3 c; s. auch noch hiernach u. B III 2 b aa (1) u. (2).

b) Die „utilitaristische" Unschlüssigkeit der Lehren

aa) Die Verunsicherung der Gesellschaft als grundsätzlicher Einwand

(1) Der utilitaristische Ausgangspunkt der „praktischen Ethik" Peter Singers

(a) Nach authentischer, freilich nicht von allen Anhängern übernommener Klassifizierung[102] rechnet sich die „praktische Ethik" zum Spektrum der utilitaristischen Philosophien. Sie begreift sich jedoch als eine gegenüber dem „klassischen" Utilitarismus konsequentere und verfeinerte Spielart, die dessen Ansatz stringenter, aber auch auf breiterer Basis fort- und zuendezudenken behauptet. Zugleich tritt sie damit, wie kurz schon erwähnt, in erklärte Gegnerschaft zu allen nichtutilitaristischen, namentlich allen metaphysisch begründeten Ethikkonzepten. Mehr noch: Der Beweis der Vorzüge ihres „säkularen" Modells, insbesondere der seiner Überlegenheit bei der Lösung praktisch-ethischer Fragen, wie sie durch unser Thema gestellt sind, ist recht eigentlich ihre treibende Motivation[103]: Im Kern geht es ihr um die Aufdeckung „der Bedeutung von argumentierender Vernunft im Bereich der Ethik"[104], mithin um eine Aufklärungsarbeit und Lebensanleitung, die dem Rückfall in atavistische Angstreaktionen und Regressionstendenzen gerade entgegenzuwirken bestimmt ist.

So bekennt sich Singer gleich zu Beginn seiner Schrift zu „eine(r) utilitaristische(n) Position im weitesten Sinne"[105]. Diese soll sich jedoch von dem hergebrachten Verständnis in der Weise unterscheiden, daß das bei der Wahl zwischen Handlungsverläufen zu sichernde Ziel der „'beste(n) Konsequenzen' das bedeutet, was per saldo die Interessen der Betroffenen fördert, und nicht bloß das, was Lust vermehrt und Unlust verringert"[106]. Singer präzisiert diese Sicht im Weiteren dann als eine Version des „Präferenz-Utilitarismus": Eine Handlung werde von ihr „nach dem Grad" beurteilt, „in dem sie mit den Präferenzen der von den Handlungen oder ihren Konsequenzen betroffenen Wesen übereinstimmt". Konkreter

---

[102] So betont namentlich etwa Hoerster, nicht „Anhänger einer Form des Utilitarismus zu sein"; s. etwa *Hoerster*, JuS 1989, 174, 178 Fn. 23; Abtreibung, S. 12, 86 f., 134 f.; Analyse u. Kritik 1990, 226 ff., bes. S. 232, 240, 243; zuletzt wieder Neugeborene (o. Fn. 30), S. 130, 134. Da er jedoch die praktischen Resultate Singers so gut wie vollständig teilt u. da er sich namentlich auch bis hin zur Anerkennung seiner Inspiration durch diesen Autor immer wieder ausdrücklich zu dessen philosophischen Fundamenten u. ethischen Thesen bekennt, ändert dieser Vorbehalt nichts in der Sache. Entsprechende Äußerungen dürfen deshalb als aparte klassifikatorische Reserviertheit im Folgenden vernachlässigt werden; s. ferner auch noch die Zitate u. unter B III 2 b aa (2).

[103] S. *Singer*, Ethik (o. Fn. 29), S. 32.

[104] So *Singer*, a.a.O.

[105] A.a.O., S. 29; s. auch S. 32.

[106] A.a.O., S. 31.

werde also eine Handlung wie etwa die Tötung, „die der Präferenz irgendeines Wesens entgegensteht, ohne daß diese Präferenz durch entgegengesetzte Präferenzen ausgeglichen wird", als „moralisch falsch", weil eben präferenzvereitelnd qualifiziert[107].

(b) Damit sind, wie schon anklang und wie Singer selbst immer wieder hervorhebt, „idealistisch" konzipierte und also an nichtutilitaristischen Moralregeln orientierte Ethiken als theoretisch nicht verifizierbar und praktisch falsifizierbar verworfen[108]: Es gibt über das Ziel des genannten Interessenausgleichs hinaus keine vorgegebenen Normen und keine letztverbindlichen Werte. Selbst Ideale wie die Gerechtigkeit gelten nicht absolut[109]. Und namentlich auch dem Leben erkennt man nicht „Heiligkeit" und damit Unantastbarkeit zu. Auch und gerade in ihm sieht diese Ethik vielmehr ein utilitaristisch zu relativierendes Gut[110]: Generell ist „auch für den Präferenz-Utilitarismus ... das dem getöteten Wesen zugefügte Unrecht nur *ein* zu beachtender Faktor". Deshalb kann es „manchmal durch die Präferenzen von anderen aufgewogen werden". Es unterliegt also „utilitaristischer Kalkulation"[111]. Und speziell das menschliche Leben genießt angesichts dieser wenig gesicherten Respektierung nur deshalb und folglich auch nur insoweit einen stärkeren Schutz, als „für Präferenz-Utilitaristen ... die Tötung einer anderen Person in der Regel schlimmer (ist) als die Tötung eines anderen Wesens": Der Mensch kann deshalb eher auf Anerkennung und Verteidigung rechnen, „weil Personen in ihren Präferenzen sehr zukunftsorientiert sind", weil ihre Vernichtung also „normalerweise" bedeutet, „nicht nur eine, sondern eine Vielzahl der zentralsten und bedeutendsten Präferenzen, die ein Wesen haben kann, zu verletzen"[112].

(c) Nur noch die konsequente Fortführung dieser Relativierung des menschlichen Lebens zum präferenzabhängigen Wert ist damit dann zwangsläufig auch das Folgebekenntnis zur Relativität auch der menschlichen *Autonomie*. Denn in der Tat ist mit dieser Bewertung des Lebens als des vitalsten Belangs zugleich deren Anerkennung als „ein grundlegendes moralisches Prinzip oder überhaupt (als) ein gültiges Moralprinzip"[113] ausgeschlossen: Spricht man dem Leben die Unantastbarkeit ab, so ist auch die Autonomie nicht mehr zum sakrosankten Gut zu verabsolutieren. Das eine ist nun einmal für das andere schon aus biologischen Gründen als Substrat unverzichtbar. Denknotwendigerweise dürfen in der Tat also „Utilitaristen" dieser Provenienz „Autonomie nicht um ihrer selbst willen respek-

---

[107] A.a.O., S. 128 f.

[108] S. nur etwa a.a.O., S. 31 f., 130 ff., 134 ff. sowie die Nachw. in den Folgenoten; s. ferner die einschlägigen Hinweise im späteren Text.

[109] S. etwa a.a.O., S. 32.

[110] S. außer den sogleich folg. Texten u. Nachw. sowie den späteren Ausführungen nur etwa a.a.O., S. 31 f., 130 ff., 134 ff.; s. auch schon o. bei Fn. 99.

[111] So a.a.O., S. 130, Hervorheb. i.O.

[112] So a.a.O., S. 129; s. auch noch S. 134 ff.

[113] So a.a.O., S. 135.

tieren" und können sie folglich auf dieses Prinzip „den Akzent nicht so sehr ... legen" wie eine nichtutilitaristische Ethik. Tatsächlich müssen sie vielmehr „einräumen, daß der Wunsch nach dem Weiterleben von anderen Wünschen aufgewogen werden kann"[114], daß also - so der sachliche Gehalt dieser Wendung - menschliches Leben auch nicht-vitalen Interessen Dritter hintangestellt werden kann.

(2) Die prinzipielle Übereinstimmung der Lehre Norbert Hoersters

Den gleichen Ansatz und mit ihm die gleichen Grundkonsequenzen verficht auch Hoerster als der zweite Protagonist der „praktischen Ethik":

(a) Auch für diesen Autor gibt es „nicht ... die Möglichkeit der Begründung objektiv geltender überpositiver Maßstäbe richtigen Rechts"[115], eingeschlossen „selbst ein so fundamentales Verbot wie etwa das Verbot beliebigen Tötens"[116]. Auch für ihn sind deshalb „normative Maßstäbe, oberste Normen (des Rechts wie der Moral) ... nicht vom Menschen in einer metaphysischen Realität *vor*gefundene *Wahrheiten*, sondern vom Menschen *er*fundene oder geschaffene *Instrumente sozialen Zusammenlebens*", die „wie etwa das Tötungsverbot oder das Verbot, gegenseitige Versprechen oder Verträge zu brechen" - der Gruppe die Möglichkeit geben, „ein besseres Leben" zu führen, nämlich „wirkungsvoller ... als ohne solche Normen" ihre „jeweiligen Bedürfnisse und Interessen ... (zu) realisieren"[117]. Damit lautet auch hier das Grundbekenntnis, auf dem das Ethikkonzept insgesamt basiert: In einer säkularisierten Gesellschaft und also unter den Maximen religiöser und weltanschaulicher Neutralität lassen sich moralische und rechtliche Regeln nur zweckbegründet, speziell, wie an anderer Stelle betont wird, nur aus den Interessen der Beteiligten legitimieren[118]. Nur derart metaphysikbereinigt und durch das pragmatische Ziel der Interessenausgleichung relativiert, begründen sie auch nach dieser Ansicht in der Moderne plausible und praktikable Direktiven für das Zusammenleben der Menschen.

(b) Ohne weiteres folgen daraus die für uns entscheidenden Grundkonsequenzen, die denen von Singer entsprechen und die konkret für den Infantizid oben schon erwähnt worden sind[119]:

---

[114] So a.a.O.

[115] So *Hoerster*, Verteidigung (o. Fn. 100), S. 271.

[116] So a.a.O., S. 26.

[117] So a.a.O., S. 28; Hervorheb. i.O.

[118] S. der Sache nach schon a.a.O., bes. S. 28 ff.; ferner etwa ZRP 1988, 1 ff.; speziell zur Notwendigkeit einer präferenzutilitaristischen Begründung etwa ZRP 1988, bes. S. 3 f., dazu noch im späteren Text; s. zum Ganzen namentlich *Lohner*, in: Reiter/Keller (o. Fn. 29), bes. S. 310.

[119] S. o. unter A II 2 b, c.

(aa) Getreu der Prämisse, daß vorgegebene moralische oder überpositive rechtliche Normen nicht zu erkennen und deshalb nicht anzuerkennen seien, widerspricht auch Hoerster der Annahme absoluter unantastbarer Werte. Und auch bei ihm gilt dieser Widerspruch allem voran der Vorstellung von der Absolutheit und Sakrosanktheit des Lebens[120]: Es gebe, so lautet die Grundaussage, aus der alles weitere deduziert wird, abgesehen von explizit so genannten „pragmatischen Gründen"[121] keine „prinzipielle" Rechtfertigung, menschlichen Individuen einschließlich der Föten „*per se* ein Lebensrecht" zuzuerkennen[122]. Denn religiöse oder sonstige auf vorpositive Überzeugungen gegründete Gegenthesen seien in der säkularen Gesellschaft a priori nicht haltbar[123]. Das gelte namentlich auch für die Berufung auf eine „Würde" des Menschen, die latent oder offen christlich interpretiert ist[124]: Rationale Verbindlichkeit komme beiden Argumenten nicht zu. Unschlüssig bleibe ferner auch die Begründung, der Schutz der Gesellschaft verlange ein striktes Tötungsverbot. Denn gerade das Interesse der Gruppe erfordere keineswegs die unbedingte Erhaltung jedes einzelnen Mitglieds[125]. Und schließlich soll insbesondere auch die Zugehörigkeit zur menschlichen Gattung als solche noch keinen unbedingten Schutz des Lebens legitimieren. Vielmehr sei „die Anknüpfung eines Lebensrechts ... an die biologische Kategorie 'Mensch' nicht weniger als die Anknüpfung etwa an die biologische Kategorie 'Affe', 'Hund' oder 'Wirbeltier'" völlig willkürlich. Sie bedeute als einseitige Bevorzugung der eigenen Gattung - nicht anders als die einseitige Betonung biologischer Merkmale durch den Rassismus - einen dem moralischen Fortschritt widersprechenden „Speziesismus"[126].

(bb) Eine Rechtfertigung des Tötungsverbots läßt sich angesichts dieses Scheiterns aller metaphysischer Argumente auch für Hoerster ausschließlich zweckrational begründen, nämlich nur dann, „wenn man ohne Umweg von den realen Interessen menschlicher Individuen ausgeht"[127]. Denn „im Normalfall" hätten diese „ein starkes Interesse am Überleben". Zwar betreffe dieses Interesse nicht jedermann, sondern nur die eigene Person oder nahestehende Menschen. In dieser

---

[120] S. dazu namentlich etwa *Hoerster,* in: Sass (o. Fn. 30), S. 287, 290 f.; Abtreibung (o. Fn. 30), bes. S. 55 ff., 103 ff.; s. auch schon das Zitat aus Verteidigung (o. Fn. 100), S. 26 im unmittelbar vorangegangenen Text bei Fn. 116.

[121] S. dazu u. bei u. in Fn. 165 f. sowie auch Fn. 144.

[122] So etwa Abtreibung (o. Fn. 30), S. 56 f. u. ständig wieder; Neugeborene (o. Fn. 30), bes. S. 13 ff.

[123] S. dazu Abtreibung, a.a.O., bes. S. 14 ff., 114 ff.; das alles wie das Folg. wird immer wieder auch in zahlr. anderen Schriften Hoersters vertreten.

[124] S. dazu a.a.O., S. 121 ff.

[125] S. a.a.O., S. 16 ff.

[126] So a.a.O., S. 64 f.; s. auch schon *Singer*, Ethik (o. Fn. 29), S. 121: Die Bemühung der „'Einzigartigkeit des Menschen'" sei „eine biologische Trivialität, die ebenso wie auf den Menschen auch auf andere Lebewesen" - etwa das „Katzenindividuum" - zutreffen soll.

[127] So Abtreibung (o. Fn. 30), S. 19.

Ausrichtung aber sei es, „längerfristig betrachtet, normalerweise doch erheblich stärker" als der gelegentlich bestehende „Wunsch ..., einen anderen ungehindert zu töten". Da jedoch „nur ein *generelles* Tötungsverbot jedermanns Leben" schütze, sei also „ein solches Tötungsverbot tatsächlich von jedermanns Standpunkt aus, also *intersubjektiv* begründet"[128].

(cc) Im Ergebnis ist damit zugleich - so das weitere grundsätzliche Fazit des Autors - für „die sogenannte 'Unverfügbarkeit' des menschlichen Lebens" fern aller Metaphysik die Begründung gefunden: Diese ist „kein dem Menschengeschlecht absolut vorgegebener Wert". Vielmehr stellt sie „eine im Interesse menschlicher Individuen existierende soziale Einrichtung" dar. Ihr Schutz durch das Tötungsverbot ist folglich „nicht etwa einem Fremdinteresse Dritter" zu dienen bestimmt. Es dient vielmehr „einem Eigeninteresse, und zwar einem gewichtigen und anhaltenden Eigeninteresse" der durch das Verbot Geschützten. Es können deshalb „nur *besonders gravierende* entgegenstehende Interessen" den Vorrang gewinnen, solange das Tötungsverbot nicht „einem nur unbedeutenden oder gar keinem Eigeninteresse der Geschützten" als Schutzobjekt dient[129].

(c) Schließlich erfährt konsequenterweise die gleiche utilitaristische Rechtfertigung auch die menschliche *Autonomie*, so daß sich auch insoweit für Singer und Hoerster eine völlige Kongruenz ihrer Ausgangspunkte ergibt: Auch für dieses Gut wird als Prämisse betont, daß sich „die Legitimation des allgemeinen Tötungsverbotes" nur aus dem „weltanschauungsfreien, rationalen" Gesichtspunkt der „Lebens- und Überlebensinteressen menschlicher Individuen" ableiten lasse. Und auch hier wird daraus folgerichtig geschlossen, daß „so wenig wie die Unverfügbarkeit des Lebens ... das Selbstbestimmungsrecht des einzelnen eine a priori vorgegebene Größe" bedeute. Auch dieser vielfach als absolut deklarierte Wert müsse folglich „auf der Basis einer interessenorientierten Sichtweise erst begründet und in seinem Umfang bestimmt", er müsse kurz also erst in relativierender Abwägung festgelegt werden[130].

(3) Die Provokation von Angstreaktionen als unvermeidliche Folge der neo-utilitaristischen Lehren

(a) Die Ausgeliefertheit des Lebensrechts an die Entscheidungszuständigkeit fremder Instanzen

(aa) Gegenüber einer solchen Doktrin, die - „utilitaristisch" befreit von unverfügbaren letzten Wertvorgaben - über Tod oder Leben anderer Menschen befindet, gewinnt jedoch der hier verfolgte Gesichtspunkt des Angst- und Regressionsempi-

---

[128] So a.a.O., S. 20; Hervorheb. i.O.

[129] So a.a.O., S. 21 f.; Hervorheb. i.O.; s. auch S. 144; sachlich übereinstimmend in: Sass (o. Fn. 30), S. 291; NJW 1986, 1786, 1788.

[130] S. *Hoerster*, ZRP 1988, 1, 3 u. übereinstimmend in: Sass (o. Fn. 30), S. 291.

rems in besonderer Weise Gewicht. Er stellt, genauer, die Lehre auf ihre entscheidende Probe. Denn gerade hier begründet er den spezifischen und grundsätzlichen Einwand, der selbst die Anhänger dieser Philosophie davon abhält, ihre nützlichkeitsorientierte Relativierung des Lebens radikal und ohne Konzession zu verfechten: Gerade hier provoziert dieser Einwand jenes prinzipielle „indirekte Argument des klassischen Utilitarismus“[131], mit dem dessen Wortführer selber „ein Verbot, Menschen zu töten, aus dem *indirekten* Grund verteidigen, daß es das Glück der Menschen steigert, die andernfalls darüber beunruhigt sein müßten, möglicherweise getötet zu werden“[132]. Der Einwand der gesellschaftlichen Verunsicherung stellt folglich auch und vor allem der hier betrachteten Spielart dieser Philosophie die für ihre Schlüssigkeit entscheidende Frage, ob ihr vorgeblich verfeinerter Utilitarismus die erstrebten Glückserfolge wirklich erreicht oder ob er sie nicht viel eher verhindert.

(bb) Eine einfache, für jede Form des Utilitarismus aber zentrale Frage führt das auf Anhieb vor Augen: Unbestreitbar und unbestrittenermaßen[133] ist das von dieser Philosophie angestrebte größtmögliche Glück und Wohlbefinden der begünstigten Gruppe empfindlich gemindert, wenn es erkauft wird durch Unbehagen und Angst: Glücksgewinn ist zum Preis von existentieller Unsicherheit nicht zu erzielen! Unbestreitbar verfehlt deshalb eine utilitaristische Lehre ihr Ziel, wenn das einzelne Mitglied der ihrem Glück und Nutzen frönenden Gruppe gerade wegen der von ihr gelebten Philosophie ständig um die eigene Existenz bangen müßte. Mehr noch: Angesichts der unvermeidlichen Folge tiefer Beunruhigung und existentieller Ängste in der Gesellschaft muß ein solches Utilitarismus-Konzept schon nach seiner Anlage scheitern, wenn der Einzelne in Konsequenz der philosophiebegründeten Relativierung des Lebens auch seines eigenen Lebens nicht mehr sicher sein kann.

(cc) Eben diese Folge aber droht aus Doktrinen des hier erörterten Schlags. Und vor allen weiteren Konsequenzen zeigt das die spezifische Folge einer elementaren Ausgeliefertheit, die sich theoriekonform aus ihnen ergibt:

Von vornherein kann kaum zweifelhaft sein, daß eine wie auch immer begrenzte Preisgabe des menschlichen Lebens an fremde Entscheidungsinstanzen bei den Betroffenen Unbehagen und Angst wecken muß. Und es ist darüber hinaus auch kaum zu bezweifeln, daß es solche Reaktionen nicht ausschließt, wenn man den Opfern versichert, man treffe die Entscheidung grundsätzlich in Beachtung auch ihrer Interessen. Denn bereits das Bewußtsein, existentiell derart ausge-

---

[131] So *Singer*, Ethik (o. Fn. 29), S. 221; s. auch schon a.a.O., S. 124 f. u. dazu sogleich noch im Folg. in Text u. Fn.

[132] So *Singer*, a.a.O., S. 124 f.; Hervorheb. i. O.; „indirekt“ nennt Singer den Grund, „weil er sich nicht auf direktes Unrecht bezieht, das der getöteten Person zugefügt wird, sondern eher auf eine Konsequenz dieser Tötung für andere Leute“.

[133] S. z.B. *Hoerster*, JZ 1991, 503 f.; *Singer*, a.a.O., S. 244 ff.; näher zu ihren Vorstellungen im folg. Text.

liefert zu sein an die Sinn- und Glücksvorstellungen fremder Personen, widerstreitet in elementarer Weise dem intuitiven Sicherungsbedürfnis des Menschen. Es läuft damit allen vitalen Instinkten zuwider. Eine Moral- oder Rechtsgestaltung, die es erlaubt, daß Dritte nach ihrer je eigenen Wertvorstellung über Leben und Tod eines anderen, namentlich eines hilflos gewordenen Menschen entscheiden, steht deshalb schon ihrer Anlage nach mit der menschlichen Natur nicht in Einklang. Und umso stärker muß der Betroffene eine solche Abhängigkeit als fundamentale Verunsicherung und Bedrohung empfinden, je eigenwilliger und partikularer die Kriterien und Wertvorstellungen sind, zu denen sich die Entscheidungsträger bekennen.

(b) Die Willkürlichkeit der auf der Unterscheidung von „Personen" und „Nichtpersonen" beruhenden Entscheidungsgrundlage

(aa) Vollends aber muß dieses Gefühl der Verunsicherung und Bedrohung in der Population um sich greifen, wenn die maßgeblichen Kriterien der Entscheidung über Eintritt und Fortbestehen des Lebensrechts schon ihrer Anlage nach kein sachlich determiniertes Urteil erlauben. Und gerade auch diese Willkürlichkeit ist charakteristisch für eine Lehre wie die „praktische Ethik". Denn wie schon gezeigt, lassen ihre Apologeten die Zugehörigkeit zur Spezies „Mensch" für die Anerkennung der Sakrosanktheit allein nicht genügen. Sie fordern darüber hinaus die erwähnte „Person"-Qualität, weil diese „die einzige *empirisch feststellbare* Eigenschaft" sei, die mit der Konstituierung von „Personalität" die Entscheidung für oder gegen das Lebensrecht eines Menschen legitimiere[134]. Dieser gleichsam naturwissenschaftlich fundierte Versuch liefert jedoch keine rationale und nicht einmal eine palliative Begründung für die existentielle Auslieferung der Probanden. Er muß, wie eine einfache Überlegung beweist, geradezu apriorisch mißlingen und deshalb die Beunruhigung der Gesellschaft nur noch heftiger schüren:

Die behauptete Empirie erklärt - ihre Richtigkeit einmal angenommen - als bloße Diagnose bestimmter Gegebenheiten schlechterdings nichts für das Thema. Denn die Seinsqualität sagt als solche nichts über die Seinsberechtigung aus. Sie erzwingt deshalb, für sich genommen, keineswegs die daran geknüpfte Entscheidung. Sie läßt vielmehr andere und selbst entgegengesetzte Folgerungen nicht weniger zu. Es ist eben in der Tat „von vornherein ausgeschlossen, mit Hilfe einer 'empirisch feststellbaren Eigenschaft' ein Lebensrecht irgendeines beliebigen menschlichen Individuums zu begründen"[135]. Eine solche Rechtfertigung springt vielmehr bewußt oder unbewußt, jedenfalls unversehens und unbegründet vom

---

[134] So *Hoerster*, etwa JuS 1991, 191. Zum Nachfolgenden s. auch die z.T. in ähnliche Richtung zielenden Kritiken etwa von *Stürner*, JZ 1991, 505 ff.; *Hruschka*, JZ 1991, 507 ff.; *J.-C. Wolf*, Analyse u. Kritik 1990, 219 ff.; *Wittmann*, in: Hegselmann/Merkel (o. Fn. 29), S. 249 ff., 257 ff.; *Spaemann*, Personen (o. Fn. 29), S. 252 ff.; *Tröndle*, Goltdammer's Archiv 1995, bes. S. 252 ff.; *Rhonheimer* (o. Fn. 29), S. 11 ff.

[135] So *Hruschka*, JZ 1991, 507.

Sein zum Sollen[136]. Sie dividiert die biologische Existenz als den gemeinsamen Nenner von ungeborenem und geborenem Leben, von Gesunden und Kranken aufgrund von Kriterien auseinander, die faktisch zwar feststellbar sind, die aber moralisch oder rechtlich nichts determinieren. Sie trifft also die fundamentale Differenzierung, die ihrerseits über Leben und Tod entscheiden soll, in freier, subjektivistischer und voluntaristischer Wertung. Sie eröffnet sich folglich durch eine autokratische Selbstdefinition der zu fordernden Qualitäten eine nahezu uneingeschränkte, jedenfalls aber unberechenbare Entscheidungsbefugnis über den Lebenswert oder -unwert der beurteilten Menschen. D.h. - immer mit den genannten individual- und sozialpsycholgischen Folgen: Sie praktiziert bei der An- und Aberkennung des Lebensrechts bare Willkür.

(bb) Die praktischen Folgerungen bestätigen das:

Philosophiegemäß legitimiert ist nicht nur die so gut wie freie Vernichtung des ungeborenen Lebens. Grundsätzlich gerechtfertigt und allenfalls durch Klugheitsgebote begrenzt[137] ist unter einer solchen Doktrin in der Tat auch die postnatale Tötung des Kindes. Und legitimiert ist bei kompromißloser Umsetzung ihrer Theorie in die Praxis selbst die Erwachseneneuthanasie, namentlich die von mehr oder minder kranken oder abständigen älteren Menschen: Auch sie läßt sich allenfalls durch „pragmatische", freilich, wie noch zu zeigen sein wird, auch als solche nicht haltbare Konzessionen an das „Normalempfinden" begrenzen[138]. Eröffnet ist also mit dieser Ethik die Gesamtproblematik der Tötung von Menschen, mithin die der Euthanasie im umfassendsten Sinne. Denn wie ihre Verfechter auch selber ohne Bemänteln bekunden, weisen der ungeborene und der neugeborene Mensch die geforderten „Person"-Qualitäten zunächst noch nicht auf. Und wie sie ebenfalls selbst betonen, kann sie auch der völlig entwickelte Mensch durch Krankheit oder Alter wieder verlieren[139]. Immer der maximengemäßen Anlage nach muß also in der Tat „die Beendigung eines Lebens ... auch im Falle derer in Erwägung gezogen werden, die einmal Personen und fähig waren, zwischen Leben und Tod zu wählen, doch jetzt, durch Unfall oder hohes Alter, diese Fähigkeit für immer verloren" haben[140], die also zwar „etliche Jahre lang überleben" könnten, die dieses Weiterleben jedoch „im Koma oder bei schwächstem Bewußtsein" verbrächten[141]. Immer ist also nach dem Ausgangspunkt dieser Lehre zu prüfen, ob ein konkretes menschliches Leben durch Krankheit oder Infirmität

[136] Im gleichen Sinne wohl auch *Hruschka*, a.a.O.

[137] S. o. bei u. in Fn. 121.

[138] S. zu diesen gleichfalls schon mehrfach angeklungenen Weiterungen noch hiernach unter B III 2 b bb.

[139] S. außer den schon zitierten u. noch zu zitierenden Stellen, namentlich u. bei u. in Fn. 151, nur etwa *Singer*, Ethik (o. Fn. 29), S. 181 ff., 218 ff., 232 ff.; *Hoerster*, etwa JuS 1989, 172, 178; 1991, 190, 191; Abtreibung (o. Fn. 30), S. 128 ff.; JZ 1991, 503, 504.

[140] *Singer*, a.a.O., S. 244 ff., s. auch schon S. 230 sowie den noch folg. Text.

[141] So *Singer*, a.a.O., S. 244 f.

„lebensunwert" geworden ist[142]. Denn in allen genannten Fällen ist nach dem selbstgesetzten Beurteilungsmaßstab dieser Philosophie „keine Spur von Personalität (zu) erkennen"[143] und deshalb kein lebenswertes Leben zu sichern.

(cc) (aaa) Beständen noch Zweifel an diesem Vorabeinwand einer fundamentalen, doktrin-unabhängigen mangelnden Einsichtigkeit jeder Differenzierung, die nach lebensberechtigten „Personen" und lebensunberechtigen „Noch-nicht-" oder „Nicht-mehr-Personen" zu unterscheiden versucht, wäre das Angstargument als Einwand also noch nicht genügend begründet, so lieferten die erörterten Lehren selbst einen weiteren eindrucksvollen Beweis. Denn sie selbst demonstrieren - und bestreiten auch gar nicht! - ihre Unfähigkeit, in einer für die Praxis brauchbaren Schärfe die Kriterien und mit ihnen den Zeitpunkt zu definieren, in dem die „Person-Qualität" von dem Probanden erreicht und wieder eingebüßt wird. Sie selbst machen also mit der Unschärfe ihres Unterscheidungsgesichtspunkts die ganze Unberechenbarkeit ihres Selektionsprogramms offenbar und mit ihr die Lebensgefährlichkeit der ihm zugrundeliegenden Ethik. Nicht zuletzt aber geben gerade die Argumente, die die Unterscheidung zwischen „Personen" und „Nicht-Personen" fundieren und einsichtig machen sollen, eine Probe von der Argumentationsgüte dieser Begründung.

(bbb) So greift Hoerster gegenüber den offenbar naheliegenden Zweifeln an der Plausibilität dieser Differenzierung zur Methode des Desperaten: Er kehrt den Spieß einfach um. Denn entgegen der anthropologischen Grundprämisse seiner Philosophie, die auch dem Säugling, dem Geisteskranken oder dem abständigen Alten die „Personalität" aberkennt, zieht er für die Verneinung des Lebensrechts mit der Geburt eine willkürlich-formalistische Grenze[144]. Und er begründet diese offene Inkonsequenz mit der originellen Rechtfertigung, daß auch „der Dümmste" diese Grenze erkennen und einhalten könne[145]. Was hier als Konzession deklariert wird, ist freilich in Wahrheit eine Kapitulation dieser Lehre. Denn von vornherein muß es ihr die Überzeugungskraft nehmen, wenn schon sie selbst nicht den Mut hat, die von ihr aufgestellten Moral- und Rechtsdirektiven konsequent nach ihren eigenen Einsichten zu bestimmen, wenn sie selbst vielmehr vorzieht, sich am Erkenntnisstand eben des "Dümmsten" zu orientieren. Vor allem aber verweigert sie mit dieser befremdlichen Ausflucht die geschuldete Antwort. Denn von einer Philosophie, die über Leben und Tod entscheidet, ist billigerweise, ist genauer: lebensnotwendigerweise zu fordern, daß sie die Grenzbestimmung der *Klugen* mitteilt, derer nämlich, die nach aller Lebenserfahrung im Endeffekt die

---

[142] So etwa *Hoerster*, z.B. ZRP 1988, 1, 3; JZ 1991, 503, 504; s. auch etwa *Steigleder*, in: Wils (o. Fn. 73), bes. S. 117 ff.; s. ferner schon o. unter A II 2.

[143] So *Hoerster*, Abtreibung (o. Fn. 30), S. 141.

[144] S. dazu o. bei u. in Fn. 121, sowie u. bei u. in Fn. 165 f.; zu Singers Eingeständnis, daß es keine klare Zäsur gebe, s. Ethik (o. Fn. 29), etwa S. 181 ff., 222 f., 238, 243; s. ferner *Kuhse/Singer* (o. Fn. 28), S. 250 f.; zur Annäherung *Singers* an *Hoerster* in dieser Frage s. o. Fn. 31.

[145] So *Hoerster*, etwa JuS 1989, 178.

Entscheidungen treffen. Der erklärte Kleinmut hat also triftige Gründe, im Kern eben den eingangs genannten: Er entspringt der Erkenntnis, daß man die zur Grundthese erhobene Differenzierung zwischen Personen und Nicht-Personen in der Realität und mithin als Anweisung für die Praxis nicht auch nur annähernd festlegen kann. Und dieses fundamentale Manko wird auch nicht durch den unbestreitbaren Vorteil gemindert, daß Hoerster durch seine vorverlegte Zäsur das Leben aller der Menschen rettet, die einer intelligenteren Entscheidungsperson, die als solche an die Person-Qualitäten höhere Maßstäbe anlegen würde, unausweichlich zum Opfer fielen[146].

(ccc) In der Methode des Begründungsverzichts analog sucht auch Singer die Vagheit seiner Kriterien und damit die Zweifelhaftigkeit seiner Thesen durch Spontanargumente auszugleichen. Er setzt dazu - mit bemerkenswertem Einfluß auf die Abtreibungsdiskussionen in Deutschland[147] - auf die Suggestivwirkung

---

[146] Ein wiederum nicht unrepräsentatives Beispiel für die Qualität der Logik, mit der diese so nachdrücklich auf reine Rationalität bedachte Lehre operiert - u. über Menschenleben entscheidet! -, gibt Hoerster etwa mit der Begründung, daß die Abtreibung (u. theoretisch immer auch der Infantizid) auch kein zukünftig existierendes Überlebensinteresse der Opfer verletze, weil sie „bewirkt, daß es ein bestimmtes Überlebensinteresse *mit Sicherheit* überhaupt nicht geben wird" (so Abtreibung (o. Fn. 30), S. 100 f.; s. auch noch *Dworkin* (o. Fn. 25), S. 30 f.; s. gegen diese Argumentation namentlich auch *Tröndle*, Goltdammer's Archiv 1995, 253 ff.). Daß diese Aussichtslosigkeit auf ein Überlebensinteresse nicht etwa schon vorweg u. naturgegeben besteht, daß sie vielmehr gerade erst durch den Eingreifenden herbeigeführt wird (darauf weist zu Recht auch *Rhonheimer* (o. Fn. 29), S. 47 f. hin) u. daß sie gerade im Hinblick auf diesen ihren Erfolg bewertet werden soll, stört Hoerster nicht. Es beirrt ihn so wenig wie das greifbar Zirkuläre seiner Manipulation: Wenn man - wie es auch Hoerster in zumindest heuristischer Konzession an die Gegner tut - anerkennt, daß die ‚*Verletzung* eines - sei es gegenwärtig oder zukünftig(!) - *existierenden* Überlebensinteresses" möglich ist u. daß sie den ethischen u./oder rechtlichen Makel der Handlung begründet, so kann die Verletzungshandlung bei dem „zukünftig existierenden Überlebensinteresse" als Schutzgut offensichtlich nur in dessen Verhinderung bestehen. *Hoerster* entzieht sich diesem einfachen Schluß, weil er bei der Beurteilung des Ergebnisses - kein späteres Entstehen des Überlebensinteresses - die zu prüfende Tat der Verhinderung *als bereits geschehen* hinzudenkt - u. dann allerdings keine Tat, die noch etwas Negatives anrichten könnte, mehr feststellen kann. Die die gesamte Theorie in Frage stellende Denkungenauigkeit wiederholt sich, wenn es a.a.O., S. 101, weiter heißt: „Wer einen Fötus *als Fötus* tötet, *verletzt* gar kein (auch kein *mögliches*) künftiges Überlebensinteresse. Denn er bewirkt, daß es ein bestimmtes Überlebensinteresse *mit Sicherheit* überhaupt nicht geben wird". Wieder ist hier die Tat zum Erfolg schon hinzugedacht u. mithin das thema probandum in zirkulärer Weise erledigt. Denn das auch von *Hoerster* als diskutables Schutzgut anerkannte „mögliche künftige Interesse" wird eben nur deshalb „mit Sicherheit" nicht gegeben sein, weil die Tat, die doch gerade wegen dieser Folge bewertet werden soll, bereits als geschehen gedacht ist.

[147] S. zur Übernahme entspr. Beispiele in diese deutsche Diskussion die - freilich vorsichtig wägende - Argumentation etwa von *Geilen*, ZStW 103 (1991), 850; s. aber auch *Tröndle*, Goltdammer's Archiv 1995, 254 ff.

von Exempeln. Konkret führt er vor allem drei Beispiele an, die die für das Lebensrecht präjudizielle Differenzierung zwischen Personen und Noch-nicht-Personen bestätigen sollen und die sich namentlich auch gegen die verbreitete Potentialitätsargumentation richten, die ihrerseits auf die definitive genetische Determiniertheit schon des eben Gezeugten verweist[148]. Singer hält der traditionellen Betrachtung entgegen, daß es „nicht dasselbe" sei, „wenn man eine keimende Eichel aus der Erde zieht, ... als wenn man eine ehrfurchtgebietende Eiche fällt", daß „schlimmer" handele, „wer ein lebendes Huhn in kochendes Wasser wirft, ... als jemand, der dasselbe mit einem Ei macht", und daß Prinz Charles zwar „der potentielle König von England" sei, „aber ... nicht die Rechte eines Königs" besitze[149].

Tatsächlich retten jedoch auch diese fast tragikomischen Beispiele nichts: Auch sie kompensieren nicht die fehlende rationale Begründung durch einen plausiblen Gesichtspunkt. Im Gegenteil verflüchtigt sich selbst ihre Suggestivwirkung schon nach kurzer Betrachtung. Denn schon mit wenig Aufwand an Reflexion läßt sich die sachliche Rechtfertigung der Verschiedenbehandlung der Fälle klären. Mit dieser Klärung aber liegt dann zugleich auch zutage, daß jeder Vergleich mit den hier zu erörternden Fällen fern liegt, daß sie nämlich für die von Singer zu legitimierende Unterscheidung zwischen Personen und Nicht-Personen nicht das Geringste besagt, so daß die hier gefragte Rechtfertigung nach wie vor aussteht:

Die Eiche ist, ungeachtet ihrer möglichen immateriellen Bedeutung, schon als Sachwert gegenüber der Eichel das buchstäblich höherwertige Gut. Bei ihr hat sich der zeitliche Vorsprung umgesetzt in einen Vorsprung an marktrelevanten Faktoren, seien diese, wie etwa das Holz, körperliche Substanzen, seien sie, wie etwa die landschaftsverschönernde Wirkung, ideelle Effekte. Solange man also den Menschen nicht allein als Lieferanten von Fleisch oder Knochen bewertet und solange man ihn auch nicht daran mißt, was er an geistig Nutzbarem leistet, fehlt es schon am Vergleichsgegenstand. Dort dagegen, wo tatsächlich eine Gemeinsamkeit vorliegt, spricht der Vergleich nicht für, sondern gegen seinen Verfechter: Das als Schreckbeispiel angeführte Exempel widerlegt nicht, sondern bestätigt das von Singer bekämpfte Potentialitätsargument. Denn würden sich die Potentialitäten von Eiche und Eichel verändern, würde etwa die Eiche durch weiteren Zeitablauf morsch oder würde die Eichel aus besonderen Gründen zur knappen Ware, so würde sich ihre individuelle wie kollektive Bewertung alsbald bis zur entgegengesetzten Haltung verändern.

---

[148] S. dagegen *Singer*, Ethik (o. Fn. 29), etwa S. 138 ff., 163 ff., 198 ff., 236 ff., 243 f.; *Hoerster*, etwa Abtreibung (o. Fn. 30), S. 24 ff., 124 f.; s. auch noch u. Fn. 150.

[149] So - öfter dann wieder aufgegriffen - *Singer*, a.a.O., S. 199; zum letzteren Beispiel auch etwa *Rhonheimer* (o. Fn. 29), S. 66 ff.; *Lenzen*, Analyse u. Kritik 1990, 199; *Tröndle*, Goltdammer's Archiv 1995, 255 f.

Im Grundsatz dasselbe gilt für das zweite Beispiel von Singer: Auch hier ist der Grund der Verschiedenbehandlung klar zu benennen. Auch hier aber ist es ebenso klar, daß er nichts hergibt für das thema probandum: Das Ei wird kochtechnisch anders traktiert als das Huhn, weil es anders als dieses keine Schmerzen empfindet, weil aber beider gemeinsamer Zweck, zum Nutzen des Menschen eben im Kochtopf zu enden, auch beim Huhn auf schmerzfreie Weise erreicht werden kann. Die alleinige Maßgeblichkeit dieses Gesichtspunkts und mithin die eines Grundes, der außerhalb kannibalischer Kreise auf den Menschen nicht paßt, wird auch hier an der Abhängigkeit der Verschiedenbehandlung je von den konkreten Umständen deutlich: Der Hummer etwa, dessen vorherige Tötung der Gourmet bekanntlich verschmäht, wird vom Koch genau wie das Ei behandelt. Insgesamt ist also auch dieser Vergleich nicht etwa nur hinkend. Er ist schlechterdings ohne Bezug zu der entscheidenden Frage: Im Prinzip anders als bei der Entscheidung über das menschliche Lebensrecht geht es hier nicht um die Frage der Rechtfertigung seines Schutzes, sondern um die der Art und Weise einer als solcher unvermeidlichen Tötung.

Schließlich wird der greifbare Grund der Differenzierung und mit ihm seine Unübertragbarkeit auf die hier erörterten Fälle auch in dem dritten Beispiel verkannt oder aber verschwiegen. Denn offensichtlich sind die hier in Rede stehenden Rechte des Königs streng exklusiv. Gerade umgekehrt zu den Lebensrechten, die ohne Substanz- oder Wertverlust jedermann zuerkannt werden können, sind sie also nicht ohne Vereitelung ihrer Funktion dem König und dem Königssohn zugleich zuzuweisen. Die Besonderheit ihrer Ausschließlichkeit, mit der der Sinn solcher Rechtspositionen steht oder fällt und mit der sie sich von den Menschenrechten gerade prinzipiell unterscheiden, läßt danach von vornherein Komparationen nicht zu. Gerade auch dieser letzte Vergleichsfall macht deshalb durch seine Unvergleichbarkeit deutlich, wie es um die gesamte hier angeführte Begründung bestellt ist: Singer befaßt sich mit einem Einwand, den er ausdrücklich als „Hauptargument" anerkennt[150], in sachlich greifbar verfehlter, intellektuell befremdlich bescheidener und insgesamt also bemerkenswert dürftiger Weise.

(c) Die gesellschaftliche Verunsicherung als unvermeidliche Folge

Die so gut wie freie Verfügungsbefugnis gegenüber fremdem menschlichen Leben ist danach die makaber logische Konsequenz der Prämisse, es sei für das Lebensrecht eines Menschen unter dem Gesichtspunkt seiner „Personalität" und also seines geistigen Status zu differenzieren. Man muß jedoch, um die Bedeutung

---

[150] S. *Singer*, a.a.O., S. 198. Die weitere Argumentation a.a.O., S. 200 ff., die, kurz skizziert, den Schwangerschaftsabbruch als wertneutral zu erwägen versucht, weil anstelle des abgetriebenen i.d.R. eben ein anderes Kind zur Welt gebracht werde (s. dazu auch noch o. Fn. 59 u. 148), gibt den angeblich opferbezogenen Präferenz-Utilitarismus mit geradezu brutal zu nennender Nonchalance wieder auf u. bestätigt damit einmal mehr die hier verfolgte Grundkritik.

dieses Befundes ganz zu erkennen, den folgenden weiteren Aspekt mit beachten: Entgegen dem vorgegebenen Anspruch ist diese Differenzierung mit ihrer diametral entgegengesetzten Lebensbewertung nicht nur nicht „abgeleitet" und damit der logischen Prüfung verschlossen. Sie wird auch nicht durch das Rechtsempfinden gedeckt. Es macht folglich auch keine intuitive Rechts- oder Richtigkeitsüberzeugung den Mangel an rationalen Begründungen wett: Selbst das „Judiz" überbrückt hier nicht die Kluft zwischen Sein und Sollen. Im Gegenteil liefert die eingestandene Unfähigkeit der Doktrin, auch nur annähernd präzisierbar und damit auch nur entfernt praktizierbar die Kriterien und mit ihnen den Zeitpunkt zu nennen, in dem die hier buchstäblich lebensrettende „Person"-Qualität von dem Kandidaten erreicht ist, den klaren Beleg ihrer Willkürlichkeit. Und sie bestätigt damit zugleich als konzept- und also anlagemäßig bedingte Folge den hier entscheidenden Effekt dieser Lehre: Sie belegt die zwangsläufige elementare Verunsicherung einer Gesellschaft, deren Mitglieder in konsequenter Umsetzung einer solchen utilitaristischen Ethik ohne Ausnahme darum bangen müßten, daß die Gesellschaft ihre Lebensberechtigung anerkennt und daß sie diese Anerkennung weiter aufrechterhält.

bb) Die Unschlüssigkeit der Abwehr des Verunsicherungsarguments

(1) Die unterschiedliche Bewertung von Kindes- und Erwachsenentötung als Reaktion auf das Verunsicherungsargument

(a) Man hat, wie schon angedeutet, die zentrale Bedeutung dieses Einwands gesellschaftlicher Verunsicherung bei den Anhängern der „praktischen Ethik" erkannt. Und man hat darauf, wie gleichfalls mehrmals schon anklang, mit einer frappanten, geradezu selbstverleugnerischen Konzession reagiert: Man gibt die eigenen Grundtheoreme partiell wieder preis. Man nimmt folglich Brüche und Inkonsequenzen in Kauf, die das praktische Ziel dieser „praktischen" Ethik: die Beschränkung des Lebensrechts auf „Personen" und also auf „lebenswerte" Formen des Daseins, in beträchtlichem Ausmaß wieder verhindern. Und mehr noch: Eben um dem Angstargument von vornherein zu begegnen, arrangiert man sich mit einer nach der eigenen Werthaltung offenkundig widersinnigen Folge. Denn man versagt zwar dem zukunftsträchtigen und gesellschaftsnützlichen werdenden Leben mangels „Person"-Qualität die Lebensbefugnis. Man verweigert sie aber allen Maximen entgegen nicht auch dem zukunftslosen Dasein des endgültig seiner selbst unbewußt gewordenen Menschen. Man verfährt hier kurz also wenig „utilitaristisch".

(b) So steht zwar, wie gezeigt, für diese Doktrin außer Zweifel, daß auch der erwachsene Mensch etwa durch Unfall, Krankheit oder Alter seine „Person"-Qualität wieder einbüßen kann. Bei konsequenter Durchführung ihrer leitenden Wertung wäre deshalb für sie unbestrittenermaßen auch die Folgerung zwingend, daß sie mit dieser Qualität, die für den Schutz des Lebens bestimmend sein soll, die Berechtigung zum Leben verlieren: Mangels Selbstbewußtseins, Rationalität oder Autonomie wären auch bei ihnen „Erwägungen des Rechts auf Leben oder des Respekts vor der Autonomie ... nicht angebracht". Im Gegenteil würde mangels jeglicher Erlebnisfähigkeit dieser Menschen „ihr Leben keinen Wert an sich" beanspruchen können. Sie lebten, so Singers Fazit, „biologisch ..., aber nicht biographisch"[151].

Dennoch will die „praktische Ethik" solche geschädigten erwachsenen Menschen zumindest grundsätzlich wie Gesunde behandeln und also dem Sakrosanktheitsgebot unterstellen. Die Thesen, die sie zunächst für Embryo und Fötus entwickelt und dann prämissengemäß auf neugeborene Kinder erstreckt[152], sollen folglich nicht in einfacher Logik und „Biologik" auch auf den fertigen, aber hinfälligen Menschen ausgedehnt werden. Es soll somit die Spezies der ichunbewußten „Nicht-Personen" nicht ohne weiteres gleichgestellt werden mit der durch diese Schöpfung zugleich kreierten Subspezies der „Nicht-mehr-Personen". Vielmehr fühlt man sich bei der Frage der Tötungsbefugnis gegenüber Alten und Kranken zu der markanten Beschränkung gezwungen, daß zwar eine freiwillige Euthanasie, nicht dagegen auch eine unfreiwillige Tötung moralisch zulässig sei und deshalb rechtlich erlaubt werden könne[153].

(c) Damit gibt die „praktische Ethik" - wie eingangs erwähnt und im Folgenden zu beachten - im Bereich der Erwachseneneuthanasie ihre Idealmaxime weitgehend auf: Sie bricht mit ihrem Dogma vom Lebensberechtigungsmonopol der „Personen". Sie nimmt statt dessen in einem weiten und praktisch höchst relevanten Bereich von ihrem „Personalitätsprinzip" wieder Abstand. Grundsätzlich anders also als beim Schluß vom fehlenden Lebensrecht des ungeborenen Lebens auf das des geborenen Menschen stellt sich ihr die Frage der Tötungsbefugnis beim erwachsenen Menschen nicht nur als schlichtes Folgeproblem. Sie ist für sie

---

[151] Alle Zitate bei *Singer*, a.a.O., S. 245; s. i.ü. schon o. bei u. in Fn. 139 ff. sowie noch u. bei u. in Fn. 167.

[152] S. dazu schon o. A II 2 sowie *Singer*, a.a.O., S. 177 ff., 218 ff., 232 ff.; *Hoerster*, Abtreibung (o. Fn. 30), bes. S. 79 ff., 128 ff., letzteres immer mit der Maßgabe, daß der Infantizid alleine aus den genannten „pragmatischen" Gründen ausgeschlossen sein soll.

[153] S. zur grundsätzlichen Differenzierung zwischen freiwilliger u. nichtfreiwilliger Euthanasie *Singer*, a.a.O., S. 246 ff.; *Hoerster*, NJW 1986, 1786, 1789 ff. Nur anzudeuten ist hier, daß auch die angeblich freiwillige Euthanasie bei den Autoren keineswegs eine wirklich freiwillige bleibt: Ganz abgesehen von der Fragwürdigkeit der „Freiwilligkeit" im Stadium der betreffenden Menschen u. angesichts der Erwartungshaltung einer auf Kostensenkung bedachten Gesellschaft (s. dazu etwa *Spaemann*, in: Spaemann/Fuchs (o. Fn. 25), S. 19 ff.) gilt es zu beachten, daß man, wie sogleich im Folg. näher zu zeigen, diese Menschen, denen ja mangels „Personalität" gleichfalls kein Lebensrecht zustehen soll, ausschließlich zur Vermeidung einer Beunruhigung der Gesellschaft zu schonen bereit ist (s. auch schon o. bei u. in Fn. 131), daß dieser - rein objektiv u. opferextern bestimmte - Grund jedoch sogleich entfällt mit der Folge der Freigabe auch dieser Leben, wenn das Angstargument seine Wirkung verliert; s. auch schon o. bei u. in Fn. 61.

folglich nicht schon durch einen einfachen Analogieschluß erledigt. Vielmehr stellt sich ihr diese Frage als zentraler utilitaristischer Prüfstein - mit der beschriebenen Folge des praktischen Rückzugs aus einem theoretisch zentralen Bereich.

(2) Die Begründung der Abwehr des Verunsicherungsarguments

(a) Die Abwehr des Verunsicherungsarguments in der „praktischen Ethik" durch die Berufung auf Bentham

Der Grund für diese, wenn man so will: Halbierung der Effekte der eigenen Lehre liegt erklärtermaßen in dem zitierten „indirekten Grund" des klassischen Utilitarismus[154] und also eben in der Reaktion auf das Angstempirem. Denn obwohl die Gleichheit des Entwicklungsniveaus zur Gleichheit des Status als „Nicht-Person" führt, sollen sich die die „Nicht-Personen" betreffenden „Fälle allerdings von dem des behinderten Säuglings" „in einer Hinsicht" kategorial „unterscheiden"[155]. Und in der Berufung auf diesen Unterschied, den man als spezifisch utilitaristisch betrachtet und den man von Jeremy Bentham als Autorität übernimmt, gipfelt und erschöpft sich die Auseinandersetzung mit dem Einwand der Verunsicherung der Gesellschaft:

Die Tötung von ungeborenem und neugeborenem Leben - so heißt es bei Singer unter Zitat von Bentham, der „in dieser Hinsicht ... recht" haben soll[156] - könne „‘seiner Natur nach selbst der ängstlichsten Phantasie nicht die geringste Beunruhigung verschaffen’"[157]. Denn gegenüber dem betroffenen „Wesen" selbst, das nach der Einschätzung seiner Umwelt „keinen Begriff von seiner eigenen Zukunft hat", das vielmehr „unfähig ist, sich selbst als in der Zeit existierend zu begreifen", brauchten „wir nicht auf die Möglichkeit Rücksicht zu nehmen, daß es wegen der Verkürzung seiner künftigen Existenz beunruhigt sein könnte"[158]. Gegenüber der Bevölkerung aber gelte in der Sache dasselbe. Denn - so die wiederum bei Bentham entlehnte Begründung dieses weiteren und entscheidenden Schlusses - „diejenigen, die alt genug sind, sich der Tötung von behinderten Säuglingen bewußt zu sein", würden sich „notwendig außerhalb des Anwendungsbereiches einer derartigen Maßnahme befinden"[159]. Seien wir nämlich „einmal alt genug, um diese Vorgehensweise zu verstehen", so seien wir immer auch „bereits zu alt, um von ihr bedroht zu werden"[160].

---

[154] S. hiervor bei u. in Fn. 131.
[155] S. *Singer*, Ethik (o. Fn. 29), S. 245.
[156] So *Singer*, a.a.O., S. 221.
[157] So *Singer*, a.a.O., S. 221; ähnlich auch S. 245; zu der zitierten Stelle sowie der Lehre Benthams insgesamt u. unter B III 2 b bb (3) (a).
[158] So *Singer*, a.a.O., S. 125.
[159] So *Singer*, a.a.O., S. 246.
[160] So *Singer*, a.a.O., S. 221.

Demgegenüber lasse sich dasselbe „jedoch" - so der entscheidende Gegenschluß dieser Lehre - „nicht von der Sterbehilfe für diejenigen sagen, die einmal vernünftig und ihrer selbst bewußt waren"[161]. Vielmehr gewinne hier das genannte „indirekte Argument" gegen die Tötung von Menschen seine zentrale Bedeutung. Denn müßte auch der seiner selbst und seiner Zukunft bewußte Mensch „jeden Moment" damit rechnen, in seiner „künftigen Existenz verkürzt" zu werden[162], so würde das „zu Unsicherheit und Furcht unter denen führen ..., die, wenn nicht jetzt, so doch irgendwann einmal in ihren Anwendungsbereich fallen können". So könnten „ältere Menschen zum Beispiel, die wissen, daß nichtfreiwillige Euthanasie manchmal bei senilen älteren Patienten angewandt wird, die bettlägerig und leidend sind und nicht die Fähigkeit haben, den Tod zu akzeptieren oder zurückzuweisen, ... befürchten, daß jede Spritze oder Pille ihnen den Tod bringt". Zwar könne „diese ... Furcht ganz irrational sein". Es wäre indessen „schwierig, die Betreffenden vom Gegenteil zu überzeugen, insbesondere dann, wenn hohes Alter ihr Gedächtnis oder ihre Verstandeskraft wirklich beeinträchtigt hat"[163].

(b) Die Rezeption der Ablehnung des Verunsicherungsarguments in der deutschen Diskussion

Diese für die „praktische Ethik" tragende Widerlegung aller Angst- und Regressionsargumente erfreut sich in den einschlägigen Diskussionen in Deutschland offensichtlich hoher Eingängigkeit. Das belegen juristische, philosophische und pädagogische Kreise, wenn sie gerade diese Begründung selbst dort nicht zurückweisen oder auch nur überprüfen, wenn sie sie im Gegenteil auch dort übernehmen und weiterführen, wo sie der „praktischen Ethik" als solcher durchaus kritisch begegnen. Schon wenige Stimmen machen das deutlich:

(aa) Repräsentativ ist auch hier wieder allem voran die Lehre von Hoerster. Denn auch für diesen Apologeten Singers folgt ungeachtet seiner Vorbehalte in Einzelfragen[164] die Differenzierung zwischen den Lebensrechten von „Nicht-" und „Nicht-mehr-Personen" aus einem explizit als reine Zweckmäßigkeitsüberlegung bewerteten Grund, der gleichfalls dem von Bentham entwickelten Angstargument und seiner Beschränkung entlehnt ist:

So soll „aus *pragmatischen* Gründen auch all jenen geborenen menschlichen Wesen, die *keine* Personen sind, ein uneingeschränktes Lebensrecht" zuerkannt werden, weil die Zäsur der Geburt und mit ihr das Verbot jeder nichtfreiwilligen

[161] So *Singer*, a.a.O., S. 246.

[162] So *Singer*, a.a.O., S. 124; s. auch S. 245 f.

[163] So *Singer*, a.a.O., S. 246; Versuchen, diesem theoriebestimmenden Angstargument zu begegnen, etwa mit „einem Verfahren ..., das denjenigen, die die nicht freiwillige Euthanasie unter keinen Umständen wünschen, ermöglicht, ihre Weigerung schriftlich festzulegen" (so *Singer*, a.a.O.), mißt der Autor offensichtlich selbst keinen Wert bei.

[164] S. dazu schon o. B III 2 b aa (2) sowie hiernach in der Folgenote.

Euthanasie die „pragmatisch" sinnvollste Grenze biete[165]. Den tieferen Grund dieser Annahme aber sieht der Autor in der andernfalls drohenden, nicht zuletzt durch die „Erfahrungen der Nazizeit" empirisch begründeten[166] „Furcht, die ... absolut *jedermann* haben müßte", weil „jedermann ... etwa durch einen Verkehrsunfall seine Personalität ... verlieren" könnte[167]. Da aber die von Hoerster sonst abgelehnte[168], hier plötzlich mit Nachdruck praktizierte Berufung auf die Lebenserfahrung aus der jüngeren deutschen Geschichte in der Sache nichts anderes ist als die Reformulierung des Bentham'schen Angstarguments, findet auch hier die theoriewidrige Beschränkung der Tötungsbefugnis in der Abwehr der Verunsicherung der Gesellschaft ihre letzte und entscheidende Rechtfertigung: Auch hier liefert der Gesichtspunkt der Verhinderung von Unbehagen und Verunsicherung in der Gesellschaft die maßgebliche „pragmatische", „interessenorientierte" Begründung, die dem nicht- oder nicht-mehr-„personalen" Leben das Fortleben rettet.

(bb) Ein weiterer repräsentativer Beleg offenbart eine auffällig schlichte, geradezu populärwissenschaftliche Rezeption dieser Lehre. Gerade die Diskussionslosigkeit ihrer Übernahme aber führt hier die Intensität ihrer Internalisierung vor Augen:

1989 führte ein in Deutschland geplanter Vortrag von Singer über das Thema „Haben schwerstbehinderte neugeborene Kinder ein Recht auf Leben?" zu heftigen und anhaltenden Protesten, bei denen in vorderster Front Behindertenverbände und selbst sog. Krüppelinitiativen agierten[169]. Kern ihrer Kritik war der vielfach abgewandelte Einwand, sie selbst würden nicht existieren, hätte man die Singer'schen Lehren schon zur Zeit ihrer Geburt akzeptiert[170]. Diesem Argument gegenüber führte man nicht nur den sonderbaren Vorwurf ins Feld, die Behinderten verhielten sich gegenüber der drängenden Problematik von selektiver Abtreibung und Euthanasie „egozentrisch"[171], sie argumentierten „in dieser Frage vor-

---

[165] S. *Hoerster*, Abtreibung (o. Fn. 30), S. 55 Fn. 16, 128 ff. mit Überschrift S. 134, wo, wie stets, die Kindestötung als eine „pragmatische" Frage erörtert wird, ferner S. 142; s. etwa auch JuS 1989, 172, 178; s. auch die der Singer'schen Argumentation entsprechende Begründung in JZ 1991, 503, 504; ferner Neugeborene (o. Fn. 30), S. 22 ff., 25 ff., 49 ff., 57 ff.; s. auch schon o. bei u. in Fn. 121.

[166] S. *Hoerster*, Abtreibung (o. Fn. 30), S. 141.

[167] So *Hoerster*, JZ 1991, 503, 504; s. zum Zusammenhang auch schon o. Fn. 151.

[168] S. zu der von *Hoerster* sonst durchweg bestrittenen Möglichkeit von Rückschlüssen aus der Nazi-Zeit etwa ZRP 1988, 1, 3; in: Sass (o. Fn. 30), S. 287, 292 f.; NJW 1986, 1786, 1791; s. aber auch schon JZ 1991, 503, 504 sowie im Folg. u. B III 2 b bb (3) (b).

[169] S. dazu o. bei u. in Fn. 62, namentlich bei *Anstötz*, *Hegselmann*, jew. a.a.O. sowie u. Fn. 251.

[170] S. etwa *U. Wolf*, Analyse u. Kritik 1990, 149, 155; die Ausführungen finden sich - ebenso wie die im folg. Text - auch in: Hegselmann/Merkel (o. Fn. 29), hier S. 181 ff.

[171] So *U. Wolf*, a.a.O., bes. S. 157 u. passim.

eingenommen" und sähen „nur ihre eigene Perspektive"[172]. Man versuchte zugleich auch - wenn auch gedanklich kaum kohärent - der „konzertierten Revolte"[173] beruhigend zu begegnen, indem man die aufgebrachten Behinderten darauf hinwies, sie selbst würden von solchen Programmen doch nicht mehr erreicht: Das Argument, es bewirke ja auch die Gestattung der Abtreibung keine „nachträgliche Existenzbedrohung" für die geborenen Menschen[174], und namentlich das Gegenexempel, es würde etwa ein bevölkerungspolitisch motiviertes Verbot von mehr als zwei Kindern keineswegs „den bereits existierenden Drittgeborenen, Viertgeborenen u.s.w. das Lebensrecht" nehmen[175], sollte ihre Angst um das eigene Leben zerstreuen. Beide sollten ihnen handgreiflich machen, daß sie als eine Gruppe, „die bereits innerhalb des Lebens steht"[176], zwar abstrakt selektionsbetroffen, nicht aber mehr auch konkret in ihrem Dasein gefährdet sein würden. Das Bentham-Singer'sche Hauptargument wird hier also unmittelbar praktiziert. Und es wird im akuten Konflikt mit geradezu treuherziger Überzeugung verfochten - wenn auch, wie die Reaktionen bewiesen, ohne die erhoffte Sedierung der Adressaten, denen eine solche Beruhigung nicht einleuchten wollte.

(cc) Schließlich macht ein letzter exemplarischer Beleg offenbar, daß die gleiche Erscheinung auch für abstraktere philosophische Auseinandersetzungen kennzeichnend ist. Er beweist damit, daß sich die reflexionslose Selbstverständlichkeit, mit der man das Angstargument und seine überlieferte Restriktion akzeptiert, gleichsam auf allen Ebenen findet:

So wird betont, daß zwar „das Argument der Angstreduktion ... bei Singer deutlich im Vordergrund" stehe. Geprüft wird jedoch nicht dessen Tragfähigkeit und also seine Eignung als solche. Kritisiert wird vielmehr allein, daß Singer „den Argumenten möglicher Dammbrüche ... und der indirekten Auswirkungen ... verhältnismäßig wenig Gewicht" beimesse[177]. Ferner wird, gleichfalls im Einklang mit Singer, gesehen, daß „eine Tötung etwa von Altersdementen ... aus utilitaristischen Gründen schon deshalb unzulässig sein (muß), weil sie die potentiellen Betroffenen, lange bevor sie eventuell tatsächlich betroffen sind, massiv ängstigen kann". Gerügt wird auch hier aber nur, daß „diese Überlegung ... von Singer zwar berücksichtigt, ihre Konsequenz, die Unzulässigkeit einer 'nichtfreiwilligen' Euthanasie bei Alten, aber längst nicht entschieden genug gezogen" werde[178]. Die Kritik seiner Lehre richtet sich damit ausschließlich gegen die als

---

[172] So *U. Wolf*, a.a.O., 149, 157.
[173] So *Anstötz*, Analyse u. Kritik 1990, 131, 136; s. auch *ders.*, in: Hegselmann/Merkel (o. Fn. 29), S. 276 ff.
[174] So *U. Wolf*, Analyse u. Kritik 1990, 149, 155.
[175] So *U. Wolf*, a.a.O., 149, 155.
[176] So *U. Wolf*, a.a.O., 149, 157.
[177] So *Birnbacher*, in: Hegselmann/Merkel (o. Fn. 29), S. 25, 39 f.; Analyse u. Kritik 1990, 205, 211; s. auch *Hoerster*, Neugeborene (o. Fn. 30), S. 41 ff.
[178] So *Birnbacher*, a.a.O., S. 25, 40.

verfehlt betrachtete „Gewichtung"[179] der Gründe, die maßgebliche weitere Aspekte verdränge: Man meint, erst, aber gerade auch die Gesamtheit der Gegengründe gegen das Töten erlaube eine klare Entscheidung, und sie erlaube, entgegen Singer, „ein Tötungsverbot zumindest für die zentralen Fälle eines intuitiv bestehenden Tötungsverbots zu begründen", auch wenn es „schwerfallen" soll, „die Richtigkeit dieser Auffassung in voller Strenge zu demonstrieren"[180]. Man moniert schließlich etwa die Inkonsequenz, daß Singer es „so erscheinen (läßt), als sei für ihn nicht die Angstfähigkeit, sondern der Personenstatus der direkte und ausschlaggebende Grund für das Verbot, einen Menschen zu töten"[181]. Und insgesamt gibt man der Auseinandersetzung den Tenor, Singers Thesen seien nicht etwa gedanklich oder sachlich verfehlt, sie seien vielmehr allzu „rationalistisch" und deshalb gleichsam politisch verfrüht, sie würden nämlich „die emotionale Lernfähigkeit und die Bereitschaft zur rationalen Durchdringung sensitiver Fragen" innerhalb der Bevölkerung „überschätzen"[182].

Dagegen werden die hier verfolgte Begründung selbst und mit ihr die Begrenzung ihres Anwendungsfeldes für sich und als solche nicht in Zweifel gezogen. Im Gegenteil wird beiden ausdrücklich immanente Konsistenz attestiert. Falls man nämlich - so heißt es insoweit - der „praktischen Ethik" in „dieser Gewichtung" folge, sei „es nicht leicht, sich der Konsequenz von Singers Argumentation zu entziehen." Denn dann sei „kein utilitaristischer Grund ersichtlich, warum das menschliche Leben auch in denjenigen frühen Entwicklungsstadien zu schützen ist, in denen es noch nicht die Bewußtseinsfähigkeiten ausgebildet hat, um sich vor einer eventuellen Tötung ängstigen zu können." Wenn also - so die Schlußfolgerung im Einvernehmen mit Singer - „die Tötung eines menschlichen Embryos oder eines menschlichen Neugeborenen verboten ist, dann jedenfalls nicht deswegen, weil sie Angst auslöst". Vielmehr gelte - Singer und seine Deutung von Bentham sind also auch hier Wort für Wort rezipiert: „Alle, die von ihr wissen, sind nicht bedroht - zumindest (so wird man einschränken müssen) nicht *direkt* bedroht"[183].

---

[179] So *Birnbacher*, a.a.O.

[180] So *Birnbacher*, a.a.O., S. 25, 37, 41; s. dort S. 43 ff. auch die Kritik an Kuhse u. Singer, die sich der Sache nach darin erschöpft, beide hätten auf die Gefühle der nicht gleichermaßen tief reflektierenden Bevölkerung zu wenig Rücksicht genommen, also gleichsam zu unverblümt die Wahrheit gesagt. Immerhin werden hier die „indirekt" diskriminierenden Effekte der Selektion (so S. 45) nicht gänzlich übergangen.

[181] So *Birnbacher*, a.a.O., S. 25, 40.

[182] So *Birnbacher*, a.a.O., S. 25, 42 f.; das. auch die Zitate; s. auch o. in Fn. 180; zur entspr. Haltung s. ferner auch etwa *Hoerster*, Abtreibung (o. Fn. 30), S. 137.

[183] So *Birnbacher*, a.a.O., S. 25, 40, Hervorheb. i. O.; s. auch *U. Wolf*, Analyse u. Kritik 1990, 149, 157; ähnlich etwa *Kindl*, Philosoph. Bewertungsmöglichkeiten der Abtreibung, 1996, S. 178 ff., der zwar mögliche „fatale gesellschaftliche Folgen" (so S. 180 Fn. 8 in der Kritik am „Pragmatismus" Hoersters) offenbar sieht, sie aber glaubt verhindern zu können durch die Konzentration auf das „Phänomen Schwangerschaft", u. der alle noch zu berührenden Gewöhnungseffekte u. Ökonomisierungsgesetzlichkeiten außer

(c) Die Erledigung des Verunsicherungsarguments durch quasi-naturgesetzliche Argumente

Das Angst- und Regressionsempirem als „indirektes Argument des klassischen Utilitarismus" wird danach innerhalb und im Umfeld dieser progressiven Ethik zwar als Bedenken erkannt. Es wird jedoch nicht als der zentrale Einwand erörtert, mit dem die „praktische Ethik" steht oder fällt. Vielmehr begnügt man sich mit einer sozialpsychologischen Grundannahme, die ihrerseits nicht mehr sachlich begründet oder auch nur erneut überdacht wird:

Für Singer und die, die seine hier erörterten Thesen teilen, ist Bentham konstitutiv! Präziser: Man stützt sich auf das, was man ihm glaubt, entnehmen zu können. Alle Thesen der verfochtenen Ethik sind damit im Letzten utilitaristisch fundiert in dem spezifischen Sinne der angenommenen Bentham'schen Formel. Und allen ist diese Formel zugrundegelegt wie ein selbstverständlicher naturgesetzlicher Satz: Gemessen an seiner Bedeutung gerade für diese Doktrin und verglichen mit deren Breite und Bemühtheit in weit weniger bedeutsamen Fragen[184], wird er geradezu beiläufig und sporadisch behandelt. Denn wo überhaupt, wird er als Einwand mit einer Knappheit und Apodiktik erledigt, die zu dem sonstigen Argumentationsstil scharf kontrastiert. Insgesamt sind damit alle hier relevanten Thesen zu Abtreibung, Infantizid und Euthanasie im Kern auf eine lapidare Unterstellung gegründet. Und diese beruht, zusammengefaßt, auf der folgenden Kette von Hypothesen: Ihre erste Annahme geht davon aus, daß eine Tötungserlaubnis, die sich an Konstitution und Entwicklungsstand des Menschen orientiert, die also „lebensunwertes" Leben prinzipiell zu eliminieren befugt ist, zwar ein spontanes Schockempfinden der noch „unaufgeklärten" Gesellschaft auslöst, daß sie jedoch nicht mehr zur Beunruhigung führe, wenn man sie im utilitaristischen Sinne richtig begrenze. In diesem Sinne aber, so die weitere Hypothese, sei sie richtig begrenzt, wenn die Entscheidungsträger selbst und als solche von der Todesdrohung nicht mehr erfaßt werden könnten. Denn - so die entscheidende Schlußfolgerung: Die einmal Davongekommenen könnten nicht mehr beunruhigt oder verängstigt werden. Sie seien dank ihres Alters auf sicherem Boden. Die Erlaubnis zur Tötung bestimmter Menschen könne mithin, utilitaristisch gewendet, ihren Glücks- und Lustgewinn nicht mehr in der beschriebenen Weise vermindern.

Betracht läßt; zu Kindl s. näher etwa die Rezension von *Breuer*, Zeitschrift für Lebensrecht 1997, 66 ff.

[184] S. dazu als exempl. Belege nur etwa Passagen wie die o. unter B III 2 b aa (3) (b) (cc) (ccc) sowie u. unter B III 2 c erörterten.

(3) Die Untauglichkeit der Konzessionen zur Ausräumung des Verunsicherungsarguments

(a) Die Fragwürdigkeit der Berufung auf Bentham

Tatsächlich ist die Argumentation der „praktischen Ethik" und ihrer Gefolgschaft jedoch nicht schlüssig. Sie richtet deshalb gegen den zentralen Einwand der Verunsicherung der Gesellschaft nichts aus. Im Gegenteil zeigt schon ihre geradezu blinde Berufung auf Bentham, wie es um ihre Fundamente bestellt ist:

(aa) Der immer wieder zitierte Gewährsmann gibt für die Thesen Singers weit weniger her als seine Rezipienten ihm unterstellen. Denn zwar erörtert Bentham den Infantizid tatsächlich unter den „Cases in which there is no Alarm"[185], unter den Fallgestaltungen also, in denen keine Beunruhigung der Bevölkerung droht. Und in der Tat heißt es dann zur Begründung: „The offence is what is improperly called the death of an infant, who has ceased to be, before knowing what existence is, - a result of a nature not to give the slightest inquietude to the most timid imagination; and which can cause no regrets but to the very person who, through a sentiment of shame and pity, has refused to prolong a life begun under the auspices of misery"[186].

Die Einordnung und die gesamte Bewertung dieses Geschehens ist jedoch - das gilt es wohl zu beachten - bei Bentham auf eine spezifische Fragestellung bezogen. Und sie ist, wie auch in dem zitierten Text bereits anklingt, gemünzt auf eine ganz besondere faktische Konstellation: Dem Autor geht es um die Begründung, daß „infanticide ... ought not to be punished as a principal offence ...". Und er benutzt zur Demonstration den in der Tat allem Rechtsempfinden widersprechenden Fall, daß als Strafe „the barbarous infliction of an ignominious death" verhängt werden soll „upon a woman guided by despair, who, in hardening her heart against the softest instinct of nature, has harmed no one but herself"[187].

(bb) Entgegen den erörterten Lehren darf dieser Zusammenhang nicht unberücksichtigt bleiben. Denn führt man das Bentham'sche Argument auf diesen seinen genuinen Kontext zurück, so wird es verständlich oder doch nachvollziehbar gerade auch dann, wenn man sein sozialpsychologisches Diktum isoliert und für sich genommen für unrichtig hält. In der Tat kann nämlich ein solches Vergehen, das gerade auch Bentham weder rechtfertigt noch für straflos erklärt, das er vielmehr ausdrücklich mißbilligt[188], beim Vergleich der einschlägigen Taten

---

[185] S. *Jeremy Bentham*, The Theory of Legislation, Ausgabe Littleton, Colorado 1987, Kapitelüberschrift S. 264.

[186] So *Bentham*, a.a.O., S. 265.

[187] So *Bentham*, a.a.O.; s. zu der Stelle auch noch *Westermark*, Ursprung u. Entwicklung der Moralbegriffe, 1907, S. 605 Fn. 121.

[188] Bezüglich der Völker, die solche Infantizide praktizieren, heißt es bei *Bentham*, a.a.O., S. 264: „I do not justify these nations". Bezüglich der strafrechtlichen Bewertung heißt

schwerlich die Todesstrafe verdienen. Und tatsächlich kann das umso weniger gelten, als von ihm unbestreitbar keine Beunruhigung der Bevölkerung droht: Die Verzweiflungstat einer ratlosen Mutter gegenüber ihrem neugeborenen Kind stellt nicht das Lebensrecht des Menschen als solches in Frage. Sie ist Extremreaktion und Ausnahmehandlung. Gerade nicht aber ist sie konzeptionsgemäßer Vollzug einer Weltsicht, die sich berechtigt und in der Lage glaubt, zwischen lebenswerten und -unwerten Existenzen zu unterscheiden. Sie bedingt folglich schon nach der äußeren Tat, namentlich aber nach der für die Tat bestimmenden inneren Haltung des Täters keine Gefahr für andere Menschen[189].

(cc) Eben deshalb bietet aber auch der Bentham'sche Satz, wird er in seinem Kontext belassen, keine Grundlage für die Folgerungen, die die dargestellte Doktrin aus ihm zieht:

(aaa) Immer deshalb, weil der Extrem- und Ausnahmecharakter eines solchen Geschehens den dort praktizierten Infantizid zum Einzelfall macht, versagt die behauptete Parallele. Denn immer schon deshalb, weil die Tat den äußeren wie den psychischen Umständen nach für Opfer wie Täter jeweils einzigartigen Konstellationen entspringt, liefert ein solcher Vorgang keine Rechtfertigung für das Programm einer Tötungsaktion, die konzeptualisiert und gezielt ist, die gesellschaftlich getragen sein soll und die sich gegen ganze „Gattungen" als die Opfer richtet.

(bbb) Man muß darüber hinaus beachten, daß Bentham explizit und betont einen „case in which there is no alarm" ausschließlich dort unterstellt, wo die Tötung „with the consent of the parents" geschieht, weil „otherwise the alarm would be almost the same as if the sufferer were an adult"[190]. Und man muß sich demgegenüber in Erinnerung rufen, daß eine Ethik wie die hier diskutierte - häufiger gegenteiliger Beschwörung zum Trotz - solche Grenzen weder einhalten will noch einhalten kann, daß ihre ökonomistische Orientierung vielmehr auf ein gesellschaftsnützziges Selektieren hinausläuft[191]. Denn dann verbietet sich diesen Doktrinen vollends, nämlich schon dem Vergleichsfall nach jeder Rückgriff auf Bentham.

(ccc) Verzichtet man also auf Spekulationen über die weitere Frage, ob und wie weit vielleicht Bentham doch für seine Bewertung des Angstarguments abstrakt-generelle Gültigkeit reklamierte, hält man sich vielmehr an die authentische eigene Präsentation seiner Sicht, so bleibt es dabei: Die Tatsache, daß eine singuläre

es das.: „But it ought to be punished as an introduction to crimes and as furnishing a proof against the character of those who commit it."

[189] Zur entscheidenden Beobachtung der inneren Haltung für die hier verfolgten Bewertungsprobleme eingehend u. unter C I 3 u. II.

[190] *Bentham*, Theory (o. Fn. 185), S. 264.

[191] S. exemplarisch etwa *Singer*, Ethik (o. Fn. 29), z.B. S. 163 ff., 231, 237 ff.; *Hoerster*, JZ 1991, 503, 504; s. namentlich auch schon o. unter A II 2 b u. c.

Verzweiflungstat keine kollektiven Angst- und Regressionsreaktionen hervorruft, erlaubt nicht den Schluß, es bestehe die gleiche sozialpsychologische Irrelevanz auch bei der Eröffnung eines moralisch und rechtlich legitimierten, gesellschaftlich gelenkten Infantizids. Beide Fälle sind dann vielmehr prinzipiell unvergleichbar. Die vielberufene Autorität erweist sich folglich als schlechter Gewährsmann.

(b) Die Lebenswidrigkeit der Verneinung des Verunsicherungsempirems

Die Fragwürdigkeit der Berufung auf Bentham ist freilich nur ein erstes Indiz. Entscheidend sind die Verfehltheit und die sachliche Unrichtigkeit der Repliken, mit denen man dem Angstargument und damit dem zentralen Einwand gegen die eigene utilitaristische Lehre zu begegnen versucht. So kann es schon als apriorische Abwehr schwerlich verfangen, wenn man das Angst- und Regressionsargument, das man als zentrales Problem jeder utilitaristischen Ethik zwangsläufig selbst ins Zentrum gerückt hat[192], je dem konkreten Zusammenhang nach unvermittelt wieder für substanzlos erklärt: Ein Phänomen, das man selbst heftig bekämpft, läßt sich nicht nach Belieben wieder verleugnen. Dennoch will etwa Hoerster in scharfem Kontrast zu seiner Bekundung, die die Beunruhigungswirkung von Tötungsaktionen unter Hinweis auf die deutsche Geschichtserfahrung bejaht[193], an anderer Stelle plötzlich bestreiten, daß ein Konzept wie das der „praktischen Ethik" solche Ängste auslösen könne: Der gängigen entgegengesetzten Beschwörung einer Fortentwicklung der Lebensrelativierung vom ungeborenen zum geborenen Leben begegnet er mit dem Einwand, ihm sei „weder eine wissenschaftliche Arbeit noch irgendwelche Alltagserfahrung bekannt, die solche Ängste belegt"[194]. Das Problem des entscheidenden ersten Schrittes, der alsbald immer weitere, schließlich nicht mehr steuerbare Folgeschritte auslösen könnte, wird hier also als Phantasmagorie abgetan.

Die Replik liegt jedoch - auch als Versuch bloßer Abwiegelung - jenseits aller Lebenserfahrung. Sie liegt selbst jenseits des Bereichs der „Blauäugigkeit". Denn sie bestreitet jedermann greifbare und bewußte sozialpsychologische Fakten, mögen diese - was hier bedeutungslos bleibt! - ihrerseits ihre Berechtigung haben oder aber einem rein irrationalen Empfinden entspringen:

Die vermißte Bekundung der Angst vor den weiteren Schritten, die aus einer ersten, schon mit der Freigabe der Abtreibung eröffneten Relativierung des menschlichen Lebens drohen, ist der durchgängige Tenor nahezu aller themenbezogenen Stimmen. Die angeblich erfolglos gesuchte assoziative Verknüpfung, besser: die geradezu naturgesetzhafte Verbindung selbst schon von Abtreibung und Euthanasie, meist noch verlängert zum Stichwort der historischen Erfahrung aus dem Nationalsozialismus, durchzieht darüber hinaus auch die einschlägigen

---

[192] S. den Text hiervor sowie bei u. in Fn. 131 ff.

[193] S.o. bei u. in Fn. 168.

[194] So *Hoerster*, JZ 1991, 503 gegen *Stürner*, JZ 1990, 709 ff.

Entscheidungen der höchsten Gerichte[195]. Das Bewußtsein von den Folgegefahren ist danach ausweislich dieser Vielzahl von Diskussionen, die das Gespür für die Zusammenhänge belegen und die namentlich auch die Sorge vor ihrer Relativierung bekunden, ein allenthalben artikuliertes soziales Gemeingut. Es bildet in unserer Zeit - immer entgegen dem zitierten ignoranten Befund - eine tief prägende Alltagserfahrung aus den Erlebnissen der jüngsten Geschichte. Der Versuch, diese greifbaren Daten kurzerhand mit Nichtwissen zu bestreiten, geht deshalb über das bloß Naive hinaus. Er weckt von vornherein den Verdacht, daß man diese Bedenken als den grundsätzlichen Einwand verdrängt. Und er rechtfertigt so schon für sich die Vermutung, daß sie in der gesamten neuen Ethik nicht oder nicht hinreichend berücksichtigt wurden - schon das mit der theoretisch störenden Folge einer empfindlichen „utilitaristischen Lücke", zugleich aber auch mit der praktisch bedrängenden Konsequenz vorschneller Unwerturteile über andernfalls gerettetes Leben.

(c) Die Realitätswidrigkeit der Leugnung von Folgegefahren

Der prinzipielle Defekt dieser Abwehr des Angstarguments liegt freilich tiefer. Er reicht über die Fehleinschätzung der sozialpsychologischen Realitäten hinaus und wird zur entscheidenden Bruchstelle dadurch, daß er die Inkongruenz dieser Philosophie mit der Wirklichkeit insgesamt dekuvriert. Er entwertet damit auch das hiervor referierte Bemühen der Lehre, die theoretisch eröffnete Freigabe des menschlichen Lebens doch noch zum Zweck der „Vermittelbarkeit" gegenüber der Öffentlichkeit zu beschränken:

(aa) Die von Singer propagierte Verschonung der Menschen, die erst durch Unfall, Krankheit oder Alter ihre „Person"-Qualitäten wieder verlieren, ist ebenso wie die von Hoerster favorisierte pauschale Verschonung des geborenen Menschen nicht nur inkonsequent. Und sie ist ferner als Verteidigung einer Ethik, die

---

[195] S. nur etwa BGHZ 86, 240, 252; BVerfGE 39, 1, 36 ff., 67 f., 76 f., auf das auch *Stürner*, JZ 1991, 505 f. zu Recht verweist; s. ferner etwa *Dörner* (o. Fn. 26), S. 7 ff.; bemerkenswert in diesem Zusammenhang auch die generelle Rede von der Verunsicherung des Rechtsbewußtseins durch widersprüchliche rechtliche Bewertung, die in BVerfGE 88, 203, 278 zum Ausdruck kommt; s. dazu schon *Picker*, Wrongful Life (o. Fn. 19), bes. S. 84 ff. m. w. Nachw.; i.ü. berufen sich die schärfsten Ablehnungen der „praktischen Ethik" bezeichnenderweise auf die Parallelen zum Nationalsozialismus u. sucht die Verteidigung dieser Lehre gerade dieses Argument auszuräumen; s. aus der Unzahl der Belege nur etwa einerseits *Lohner*, in: Reiter/Keller (o. Fn. 29), S. 317 f. m. w. Nachw.; *Bastian*, in: ders. (o. Fn. 29), S. 13 f.; *Fengler*, das., S. 18 f.; *Dörner*, das., S. 24 f.; *Rost*, das., S. 38 ff.; *Begemann*, das., S. 106 ff.; *Badinter* (ehem. franz. Justizminister), RUP 1985, 196 f.; andererseits *Singer* selbst, Ethik (o. Fn. 29), S. 225, 272 ff.; *Leist*, in: ders. (o. Fn. 29), S. 42 ff.; *U. Wolf*, das., S. 193 ff.; *Foot*, das., S. 285 ff. (freilich sehr einschränkend, s. bes. S. 313); *Hegselmann/Merkel* (o. Fn. 29), Einleitung, S. 14; *Hegselmann*, das., S. 197 ff., 214 ff.; *Wittmann*, das., S. 265 ff.; s. nicht zuletzt auch das o. bei u. in Fn. 62 dargestellte Geschehen.

mit dem beschriebenen Wahrheitsanspruch daherkommt, nicht nur befremdlich opportunistisch. Solche Zugeständnisse sind allem voran zur Sicherung der mit ihnen erstrebten Ziele nicht tauglich: Sie können die sozialen Ängste vor Folgeschritten, die man als philosophiekonträre Durchkreuzung des erstrebten Glücks und Wohlbefindens der zu schützenden Menschen abwehren will, in Wahrheit nicht bannen. Das gilt schon deshalb, weil auch die „Nicht-mehr-Personen" nach dieser Doktrin kein wirkliches Recht zum Leben mehr haben, weil man sie vielmehr nur duldet, um nicht durch ihre Tötung Angst zu verbreiten. Denn schon die jedermann drohende Aussicht auf einen rechtlich derart ungesicherten Status wird eben diese Angst provozieren. Und sie wird - mit allen gesellschaftszerrüttenden Folgen - die „Noch-Personen" dazu bestimmen, den Schutz, den ihnen die Gesellschaft versagt, in den Zeiten noch ungebrochener Vitalität selber zu organisieren.

Wirkungslos bleiben die theoriewidrig-opportunistischen Konzessionen aber vor allem aus den folgenden Gründen: Zwar müssen die Mitglieder einer zu freier Abtreibung und selbst zu Infantizid bereiten Gesellschaft in der Tat die Rache von Embryo, Fötus und Säugling nicht fürchten. Wohl aber muß sie ständig die Furcht vor einer Entwicklung bedrängen, die als empirisch belegbare Gesetzmäßigkeit alle in der Diskussion lautgewordenen Warnungen und Bedenken bestimmt und die weithin schlechterdings das Grundthema der einschlägigen Arbeiten darstellt: Fürchten müssen, wie auch schon Bentham erkannte[196], die Mitglieder einer solchen Gesellschaft die *Mentalitätsdeformierung*, die von einer Sozialmoral ausgeht, die konzeptionell und erklärtermaßen eine allein durch „Nützlichkeit" legitimierte Tötungsfreiheit eröffnet. Und fürchten müssen sie weiter das schlichte *ökonomische Konsequenzdenken* einer Sozietät, die mental auf solche Lebensrelativierungen eingestimmt ist und die deshalb glaubt, moralisch zu deren Vollzug ermächtigt zu sein.

(bb) Vor allem diese beiden letzteren Konsequenzen durchkreuzen nicht nur die von den Autoren verfolgten utilitaristischen Ziele der Sicherung von Wohlbefinden und Glück. Sie widerlegen vor allem auch die hier verfolgten Einwände gegen das zentrale Argument der Verunsicherung der Gesellschaft. Denn gleichviel, wie weit sie heute schon - oder wieder - Realität sind: Beide sind in der Vergangenheit vielfach als Gesetzmäßigkeiten zutage getreten. Beide bestehen deshalb - worauf es unter dem Gesichtspunkt des Sicherheitsgefühls der Gesellschaft ausschließlich ankommt - nach aller Lebenserfahrung und Alltagsweisheit als Drohung auch in der Zukunft. Beide aber sind durch die gewählten Zäsuren, deren Dezisionismus die Willkür nur weiter anstacheln kann, nicht gebannt oder auch nur gemildert. Unverändert läßt sich vielmehr prognostizieren:

Eine Gesellschaft wird ihre Wertvorstellung vom menschlichen Leben von Grund auf verändern, sobald sie internalisiert und praktisch umgesetzt hat, daß etwa „das Leben eines Neugeborenen" - bei nur willkürlich zu schließender Be-

---

[196] S. *Bentham*, Theory (o. Fn. 185), S. 52 f.

grenzung nach oben! - „weniger Wert (hat) als das Leben eines Schweins, eines Hundes oder eines Schimpansen"[197]. Sie wird dann in ihrer Mehrheit, zumindest in ihren treibenden Kräften sehr bald auch nicht mehr dazu bereit sein, sich in verstärktem Solidaritätsdenken gegenüber dem erwachsenen Menschen und in verfeinerter Pflegeethik gegenüber dem alten zu üben[198]. Ihre Mitglieder werden im Gegenteil - gerade weil man ihren eigenen Nutzen und Glücksgewinn als das moralische und rechtliche Gemeinschaftsziel ausgibt - alsbald die ihnen greifbaren Vorteile als das vorgeblich ethisch Gebotene suchen. Sie werden sich folglich am nützlichen Naherfolg orientieren. Und sie werden über diesen für sie evidenten, damit sozialpsychologisch bestimmenden Vorteil die subtilen Fernfolgen einer wachsenden Lebensbedrohung in gleichem Maße aus dem Auge verlieren. Sie werden - immer der hier entscheidenden Wahrscheinlichkeit nach - mehr und mehr also auch den nicht erwünschten, mit ihrem Kriterienfundus leicht zu „entpersonalisierenden" Menschen in seinen Lebensrechten in Frage stellen. Und sie werden so jener schon oft als Bedrohung genannten platten Vulgärökonomie zu folgen bereit sein, die die greifbare Sozialnützigkeit zur Richtschnur erhebt und die damit gerade den fertigen, aber nicht mehr „nützlichen" Menschen in seinem Leben bedroht. Die ersten Anzeichen für diese Tendenz zur Entsolidarisierung der Jungen gegenüber den Alten sind längst manifest[199]. Und in der Tat „gehört schon ein hohes Maß an Naivität dazu, im Ernst an Zufall zu glauben, wenn ausgerechnet in diesem Augenblick und ausgerechnet in ... westlichen Industrieländern die Tötung kranker oder alter Menschen legalisiert oder deren Legalisierung gefordert und ernsthaft diskutiert wird"[200]: Demographisch ist nicht Überbevölkerung, sondern Überalterung das Problem dieser Staaten!

(cc) Zur Illustration dieser Lage gestatte man um der Kürze willen eine eben dem Alltagsdenken geläufige Drastik: Eine Gesellschaft, die einmal gelernt hat, ohne sozialmoralische Skrupel und ohne rechtliche Schranken per Abtreibung oder Infantizid den potentiellen Mozart oder Einstein zu töten, würde in Konsequenz einer nachvollziehbaren Ökonomie wohl nicht mehr lange bereit sein, den „unnützen", aber kostenträchtigen Kranken und Alten bedingungslos weiter zu alimentieren. Vielmehr würde sie in Vulgarisierung der ihr vermittelten Ethik gerade auch jenen kühl kalkulierenden „Pragmatismus", den man schon heute für den Umgang mit dem menschlichen Leben empfiehlt[201], ins ökonomisch Greifbare

---

[197] So *Singer*, Ethik, 1. Aufl., S. 169; diese Passage ist in der 2. Aufl., S. 219, nicht unerheblich abgewandelt u. abgeschwächt worden! S. auch schon o. Fn. 38.

[198] Als ein deutliches Indiz kann etwa die in der Tagespresse verbreitete Meldung dienen, daß trotz weiterer hoher Spendenfreudigkeit die Bereitschaft, für alte u. insbesondere alte kranke Menschen zu spenden, stark zurückgeht (s. etwa Schwäbisches Tagblatt v. 20.12.1995, S. 1).

[199] S. außer dem Hinweis hiervor nur etwa den o. Fn. 98 zit. Bericht von Fuchs.

[200] So *Spaemann*, in: Spaemann/Fuchs (o. Fn. 25), S. 13 f.; s. in diesem Zusammenhang namentlich auch *Dörner*, in: Bastian (o. Fn. 29), bes. S. 25 ff.; *ders.* (o. Fn. 26), bes. S. 21 ff.

[201] S. o. bei u. in Fn. 165.

und Platt-Nützliche wenden. Sie würde dann wohl alsbald aber auch zu der bewußtseins- und verhaltensprägenden Erkenntnis gelangen, daß der Mensch, rein ökonomistisch betrachtet, ab einer bestimmten Konstitution tatsächlich weniger Nutzen abwirft, daß er in der Tat also weniger „wert" ist als das zitierte Singer'sche Schwein.

cc) Zusammenfassung: Die Verunsicherung der Gesellschaft als Ergebnis der neo-utilitaristischen Lebensrelativierung

(1) Die Rechnung von Lehren wie der „praktischen Ethik" geht danach nicht auf. Ungeachtet zahlreicher weiterer Einwände und Bedenken gegen ihre Philosophie[202] liegt deshalb der wohl entscheidende Einwand entgegen anderen Kritiken nicht darin, daß sie sich zum Utilitarismus bekennen[203]. Ihnen ist deshalb zur Falsifizierung ihrer Doktrin auch nicht notwendig ein transzendental begründeter Lebensschutz entgegenzuhalten[204]. Der zentrale Defekt scheint uns vielmehr in einer *mangelnden Durchdachtheit* zu liegen:

Diese utilitaristische Lehre hält der utilitaristischen Probe nicht stand, mit der sie steht oder fällt. Denn sie verkennt, daß die abstrakt-qualitative Diskriminierung auch nur einer einzigen Gruppe von Menschen auf Dauer alle Menschen bedroht. Sie mißachtet damit, daß ihre „utilitaristische Kalkulation"[205] nicht aufgeht, weil sie ihr erklärtes Glücksziel gerade durch die propagierten Mittel der Glücksverfolgung durchkreuzt: Sie scheitert entgegen dem verbreiteten Lob ihrer gedanklichen Schärfe und Konsistenz[206], weil sie nicht sieht oder aber verdrängt, daß die zu Recht erstrebte Befreiung von der Furcht vor den Folgeschritten und damit von der Angst um das eigene Leben erst dann erreicht ist, wenn - immer in den Grenzen der tradierten Güterabwägung, die auch diese Lehre in ihrer Realität als fundamentale Wertmaßstäbe erkennt[207] - *keines* der Mitglieder der Gesellschaft in seinem Lebensrecht in Frage gestellt wird.

(2) Die Verwahrungen der erörterten Lehre und ihre für sich schon signifikanten, weil befremdlich konzessiven eigenen Begrenzungsversuche richten gegen diese Bedenken nichts aus. Denn das betonte Bemühen, die Verneinung des Lebensrechts auf das ungeborene oder doch auf das neugeborene Individuum zu

---

[202] S. die Nachw. o. Fn. 29.

[203] S. aber etwa *Lohner*, in: Reiter/Keller (o. Fn. 29), bes. S. 293, 298 ff., 308 f., s. freilich auch S. 300.

[204] S. dazu näher u. Fn. 275.

[205] S. zu dieser Wendung Singers o. Fn. 111.

[206] S. in diesem Sinne etwa, auch bei Kritik an Singer u. Hoerster, *Birnbacher*, in: Hegselmann/Merkel (o. Fn. 29), S. 25, 31 f. (Singer als Nachfahre Mills!); *Hegselmann*, das., S. 197, 219; *Wittmann*, das., S. 249; *U. Wolf*, Analyse u. Kritik 1990, 113, 150; *Lenzen*, das., 190; *Rost*, in: Bastian, Denken (o. Fn. 29), S. 65; *Lohner*, in: Reiter/Keller (o. Fn. 29), S. 293.

[207] S. dazu bes. *Lohner*, a.a.O., S. 315 ff.

beschränken, das gelegentliche Bekenntnis zum Schutz des fertigen Menschen widerlegen nicht, sondern bestätigen vielmehr durch ihre Inkonsistenz die beschriebenen Folgen und ihre Gesetzmäßigkeit:

Eine Lehre, die das Lebensrecht nicht bedingungslos an die Zugehörigkeit zur menschlichen Spezies knüpft, die vielmehr autokratisch bestimmte weitere, namentlich geistige Eigenschaften und Fähigkeiten verlangt, versucht nach ihrem eigenen Menschen- und Weltbild über Leben und Tod zu entscheiden. Eine Ethik, die, „um die Tötung einer Person (!) abzulehnen, den Akzent nicht so sehr auf die Autonomie legen" will „wie diejenigen, die die Respektierung der Autonomie für ein unabhängiges moralisches Prinzip halten"[208], übersieht oder nimmt bewußt nicht zur Kenntnis, daß es zwischen Autonomie und Heteronomie kein Tertium gibt. Sie verficht deshalb in Wahrheit eine *ausschließlich* heteronome, individuumsabgelöste und deshalb auch gegen den Willen des Individuums immunisierte Lebensbewertung. Sie bestimmt folglich den Lebenswert oder -unwert eines konkreten Menschen gerade nicht streng und allein nach der Abwägung seiner individuellen lebens- und lebenskonträren Interessen. Sie verweigert ihrer gedanklichen Anlage nach selbst nur die Mitbeachtung seines eigenen Willens, zu leben oder zu sterben. Statt dessen ermittelt sie den Entscheidungsgesichtspunkt allein nach opferexternen überindividuellen Wertkategorien: Sie ermittelt ihn in aller Regel nach der jeweils herrschenden Werthaltung der Gesellschaft. Oder aber sie konstatiert ihn - noch stärker opferentrückt - nach der jeweils dominanten Ideologie ihrer Zeit. Sie treibt folglich mit der autokratischen Festlegung von Kriterien der „Personalität" eines Menschen, die ihrerseits über den Schutz seines Lebens entscheiden, die Heteronomie ihrer Lebensbewertungen auf die Spitze: Sie reklamiert ein genuin eigenes und eigenbestimmtes Bewertungs- und dann auch Verfügungsrecht zugunsten der bereits als Person Approbierten. Und sie beurteilt nach diesem selbstgeschaffenen Maßstab den Kreis der Probanden, den sie sich mit der Annahme „lebensunwerten Lebens" *selbst erst erschafft*.

Kurz also gilt: Eine solche Doktrin entscheidet nach ausschließlich eigener Wertvorstellung und also in Selbstherrlichkeit über das Schicksal des Menschen. Sie macht sich - mag sie auch aus Gründen gesellschaftspolitischer Klugheit und Vorsicht einige „Nicht-mehr-Personen" vorerst noch theoriewidrig schonen - zum autokratischen Herrn über Leben und Tod[209]. Und sie hat damit, zusammengefaßt,

---

[208] So *Singer*, Ethik (o. Fn. 29), S. 135 (Hervorheb. von mir) ; s. dazu auch *Lohner*, a.a.O., S. 293, 297 ff.

[209] Dieser Widerspruch zu den eigenen fundamentalen Prämissen ergibt sich freilich nur dort, wo man sich zur Vermeidung von überdeutlichen Affinitäten zu heute allgemein verurteilten Selektionsstrategien zu den genannten Konzessionen verbiegt. Dort dagegen, wo nicht die Sorge vor solchen Reminiszenzen die Denkfreiheit lähmt, wo also kein Zwang zur Vorsicht die Autoren behelligt, findet ihre Doktrin schnell die innere Schlüssigkeit wieder: In diesen Passagen wird mit der aufgezeigten heteronomen Entscheidung über Wert oder Unwert von fremdem Leben konsequent praktiziert, was ihre Philosophie als eine weitere Wertmaxime verkündet: Hier macht man mit deren zitiertem zweitem

die hier erhebliche Folge, daß Ethiken dieser Art mit ihrer Provokation von Angst- und Regressionsreaktionen die Zivilität der Gesellschaft bis zur Zerrüttung gefährden.

(3) Insgesamt erhärtet sich damit der entscheidende Einwand gegen die Lehre, die als avantgardistische Ethik wohl am klarsten die Ziele und Möglichkeiten der eingangs genannten Zeittendenzen erhellt. Zugleich bestätigt sich mit diesen Befunden die Realität der hier verfolgten Zukunftsgefahren:

Eine Doktrin wie die „praktische Ethik" widerspricht schon ihren selbstgesetzten Prämissen. Sie ist deshalb nach Ziel und Begründung inkonsistent und mithin in sich selbst schon nicht folgerichtig. Denn zugespitzt ist ihr, wie dargelegt, entgegenzuhalten: Ihr Defekt liegt nicht oder nicht vorrangig darin, daß sie utilitaristisch argumentiert. Er ist primär in dem Manko zu sehen, daß sie gleichsam nicht „utilitaristisch" genug konzipiert ist, daß sie also als utilitaristische Lehre gerade „utilitaristisch" unschlüssig ist: Weil sie die Urangst der Menschen vor ihresgleichen nicht beseitigt, sondern im Gegenteil wieder erweckt und verschärft, fördert sie nicht, sondern vereitelt sie deren Streben nach Glück. Sie rechtfertigt damit den in unserem Kontext entscheidenden Einwand. Und sie liefert so das jüngste Beispiel für die buchstäbliche Lebensgefährlichkeit einer Philosophie, die sich nicht mit Ratschlägen für die Lebens*weise* der Menschen begnügt, die vielmehr darüber hinaus die Kompetenz reklamiert, deren Lebens*rechte* zu definieren: Die „praktische Ethik" bestätigt die Realität und die Aktualität der hier zu belegenden glücksvereitelnden Furcht, die jede Relativierung des Menschen hervorruft - gerade auch dann, wenn sie sich „ethisch" gewandet.

Fundamentaldogma ernst, daß „Utilitaristen", prinzipiell unter Einbeziehung der Präferenz-Utilitaristen, die Autonomie „nicht um ihrer selbst willen (respektieren)". Hier macht man also von dem Vorteil Gebrauch, daß die Anhänger dieser Philosophie, „um die Tötung einer Person abzulehnen, den Akzent nicht so sehr auf die Autonomie legen wie diejenigen, die die Respektierung der Autonomie für ein unabhängiges moralisches Prinzip halten". Kurz also: Hier bekennt man sich offen zu der überindividuell determinierten Selektion menschlichen Lebens; s. dazu auch schon o. Fn. 61, 153.

c) Exkurs: Singers Begründung moralischen Handelns als Bestätigung von Inkonsistenz und Zweckverfehlung der „praktischen Ethik"

aa) Die Antwort auf die Frage nach dem Grund moralischen Handelns

(1) Dieser Einwand der gedanklichen Inkonsistenz und der sachlichen Zweckwidrigkeit, der der „praktischen Ethik" ihre Basis entzieht, wird vollends außer Zweifel gestellt, und es werden die Ungeklärtheit und Offenheit dieser Lehre, die in wachsendem Maße die Ethikdebatten beeinflußt, gleichsam im Selbstzeugnis deutlich, wenn man zu den vorstehend erörterten Thesen noch Singers „Summa" hinzunimmt. Denn wenn möglich führt die als Epilog präsentierte Stellungnahme des Autors zum Grund von Moral noch eindringlicher als seine konkrete Programmatik vor Augen, welche Angstreaktionen zu gewärtigen wären, welche Zivilitätsregressionen damit eingeplant werden müßten und wie grundsätzlich also die erklärten eigenen utilitaristischen Ziele vereitelt würden, gewänne dieser Ethikentwurf als praktische Handlungsanweisung Realität: In dem Abschlußräsonnement, in dem Singers Überlegungen und Doktrinen gipfeln, gipfelt zugleich der Haupteinwand der bislang dargestellten Kritik.

(2) (a) Am Ende seiner Schrift und also nach Abschluß der so umfangreichen wie akribischen Prüfung, „wie wir in verschiedenen praktischen Angelegenheiten moralisch handeln sollten und welcher Mittel wir uns zur Erlangung unserer ethischen Ziele bedienen dürfen", kommt der Autor zu der „viel grundlegenderen Frage" seiner Thematik, „warum sollen wir überhaupt moralisch handeln?"[210]. Deren Erörterung aber stellt ihn schließlich vor die Endfrage aller Philosophie: „Hat das Leben einen Sinn?"[211]. Am Schluß seines Werks fragt Singer also nicht mehr nur nach dem „Wie" moralischen Handelns und menschlichen Lebens, sondern nach deren „Warum" und „Wozu". Hier untersucht er mit dem tieferen Grund die Finalität aller Ethikprogramme und folglich auch die seiner eigenen „praktischen Ethik".

(b) Im Kern referiert, lautet die nach Inhalt und Herleitung nicht leicht zu erfassende Antwort auf die erstere Frage nach dem Grund von Moral:

(aa) Ethisches Handeln läßt sich nicht identifizieren mit „vernünftigem" Handeln. Es läßt sich aus ihm deshalb auch nicht legitimieren[212]. Denn selbst „reiner Egoismus" als eine Haltung, die nicht als Prinzip universalisiert und deshalb auch nicht als ethische Maxime qualifiziert werden könnte, sei durchaus „von allen

[210] So *Singer*, Ethik (o. Fn. 29), S. 397.
[211] So *Singer*, a.a.O., S. 418.
[212] S. dazu *Singer*, a.a.O., bes. S. 398 ff.

rational Handelnden als eine rationale Handlungsgrundlage" akzeptierbar[213]. Dies gelte auch dann, wenn man nicht nur die momentanen, sondern primär die „langfristigen Interessen" des Handelnden[214] als Ansatzpunkt wähle. Und es soll sich daran selbst dann nichts ändern, wenn man das kantisch geprägte Ethikverständnis, das nur der Handlung um des rechten Tuns willen einen moralischen Wert zuerkenne, zugunsten eines breit motivierten Verhaltens verlasse: Unverändert bleibe es bei der Inkongruenz von Vernunft und Ethik, auch wenn man das Eigeninteresse des Handelnden an einer „erfüllten", weil durch die Betätigung von Wohlwollen und Mitgefühl gegenüber anderen Menschen von Schuldgefühlen befreiten „glücklichen Lebensführung" mit einbeziehe[215], auch wenn man sich also nicht durch „Kantische Vorgaben" davon abhalten lasse, „auch Gründe des Eigeninteresses an einem ethischen Leben zu erwägen"[216].

(bb) Der schlagende Beleg gegen diese lange abendländische Denktradition ist dabei für Singer ein Empirem, genauer: ein anthropologisches Phänomen, das ihm ein in der Ethik wohl eher unorthodoxes Beweisverfahren gestattet: Kronzeuge ist ihm der Psychopath, der sich selbst als glücklich bezeichnet[217]. Denn dessen „Existenz" stehe der Behauptung entgegen, „Wohlwollen, Mitgefühl und Schuldgefühle seien in jedem Menschen vorhanden". Sie schließe zumindest solange die

---

[213] So *Singer*, a.a.O., S. 404. Die befremdliche Disparatheit u. geradezu Zerrissenheit des gesamten Weltbildes von Singer zeigt sich hier einmal mehr auch an dem a.a.O. S. 405 folgenden Text u. seinen Beispielen: Dort wird - nach dem ganzen robusten, auf Selektion gerichteten Umgang mit dem Menschen im Ton des Bedauerns festgestellt, daß „leider ... kein Paradox" darin liege, „daß rational Handelnde versuchen können, einander gegenseitig zu hindern, das zu tun, wozu der andere zugegebenermaßen berechtigt ist", so etwa „zwei Geschäftsleute, die bei einem wichtigen Verkauf konkurrieren", „zwei Soldaten ..., die sich in der Schlacht begegnen, oder zwei Fußballspieler, die um den Ball kämpfen". Daß zahlreiche gesellschaftliche Subsyteme derart kompetitiv organisiert sein *müssen* u. daß das keineswegs negativ, sondern eben lebensnotwendig ist, wird - ähnlich wie bei der schon erwähnten Feinfühligkeit im Umgang mit Tieren - auch bei dieser bemerkenswerten Sensibilität außer Acht gelassen.
Im Prinzip diese Fehlsicht beeinträchtigt auch die Stellungnahmen gerade entgegengesetzter Sichtweisen; exemplarisch etwa *Dörner* (o. Fn. 26), wenn er, bes. S. 21 ff., inspiriert offenbar durch Horkheimer u. Adorno, die Relativierung des Menschen geradezu monistisch auf die Industrialisierung zurückführt, dabei deren historisch wie gegenwärtig buchstäblich lebensrettende Wirkungen mehr oder minder außer Betracht läßt u. so eben die entscheidende Aufgabe der Formierung unterschiedlich funktionierender Teilsysteme - nämlich hier kompetitiv, dort solidarisch gestalteter Bereiche -, die gerade erst durch ihr Zusammenwirken die Basis „menschenwürdiger" Gesellschaften schaffen, notwendigerweise verfehlt. Daß sich die konträren Weltsichten damit in ihren Kritiken u. Postulaten unversehens treffen, ist als Kuriosum nicht zuletzt ein Indiz der Fragwürdigkeit solcher Einseitigkeiten.

[214] So *Singer*, a.a.O., etwa S. 406 u. bes. S. 407 ff.

[215] So *Singer*, a.a.O., S. 411 ff.

[216] So *Singer*, a.a.O., S. 412.

[217] So *Singer*, a.a.O., S. 415 ff.

Annahme aus, „daß wir wirklich glücklich sind", wie „wir die Erregung und das Freiheitsgefühl nicht erlebt haben, die aus vollkommener Verantwortungslosigkeit entspringen ..."[218]. Das Dasein solcher Menschen verbiete folglich die These, es sei schon wegen der verbreiteten Neigung zu Wohlwollen, Mit- und Schuldgefühlen berechtigt, ethisches Handeln mit vernünftig-eigeninteressiertem Handeln in eins zu setzen[219].

(cc) Die Erfahrung des mit sich selbst zufriedenen Psychopathen treibt Singer dann freilich zu der schon angedeuteten weiteren Frage, ob nicht das Leben, „sofern ein religiöser Glaube fehlt, in der Tat sinnlos ist, nicht nur für den Psychopathen, sondern für uns alle?"[220]. Und diese Folgefrage veranlaßt ihn zu einer modifizierten Antwort. Denn zwar betont er als prinzipiellen „aus den besten verfügbaren Theorien"[221] deduzierten Befund, „das Leben *als ganzes* hat keinen Sinn"[222]. Gerade aus dem Vergleich des Psychopathen mit der „normaleren Person"[223] aber glaubt er dennoch einen Aspekt zu gewinnen, der zumindest ihm selbst das Verständnis dafür eröffne, „wo die Ethik für ein sinnvolles Leben wichtig wird"[224]:

Wie der Psychopath durch seine externe Egozentrik nur besonders anschaulich zeige, sei ein „'Paradox des Hedonismus'" in Rechnung zu stellen[225]. Danach erschienen uns die Vergnügungen, die wir allein uns selbst verschafften, alsbald „leer und schal"[226]. Wir würden deshalb, „falls unser Leben keinen anderen Sinn hat als unser eigenes Glück, ... wahrscheinlich bemerken, daß uns, sobald wir erlangt haben, was wir zum Glücklichsein zu brauchen meinen, das Glück selbst immer wieder entwischt"[227]. Zwar sei auch für diese Verallgemeinerung der empirische Beleg nicht zu erbringen. Doch passe es „zu unseren Alltagsbeobachtungen" und stehe „in Einklang mit unserer Natur als entwickelte, zielbewußte Wesen"[228]. Deshalb gelte es, „über den Psychopathen hinauszugelangen"[229]. Und es gelte, um das wirkliche Glück zu gewinnen, weiter, auch noch „klügere Egoisten" zu übertreffen, „die langfristige Lebenspläne haben, welche aber nur ihre eigenen Interessen betreffen"[230]. Hielten wir aber derart „nach einem Zweck Ausschau, der umfassender ist als unsere Interessen, nach etwas, das uns unser Leben als

[218] So *Singer*, a.a.O., S. 416.
[219] So *Singer*, a.a.O., S. 416 ff.
[220] So *Singer*, a.a.O., S. 418.
[221] So *Singer*, a.a.O., S. 418 f.
[222] So *Singer*, a.a.O., S. 418 (Hervorheb. i. O.).
[223] S. *Singer*, a.a.O., S. 419 ff.
[224] So *Singer*, a.a.O., S. 422.
[225] S. *Singer*, a.a.O., S. 419.
[226] So *Singer*, a.a.O., S. 419.
[227] So *Singer*, a.a.O., S. 419.
[228] So *Singer*, a.a.O., S. 419 f.
[229] So *Singer*, a.a.O., S. 420.
[230] So *Singer*, a.a.O., S. 420.

etwas sehen läßt, das eine Bedeutung besitzt, die jenseits der engen Grenzen unserer eigenen Bewußtseinszustände liegt, dann besteht eine naheliegende Lösung darin, den ethischen Standpunkt einzunehmen", also „über unseren persönlichen Standpunkt hinausgehend den eines unparteiischen Beobachters". Die „ethische Betrachtungsweise der Dinge" verhelfe uns somit dazu, „uns mit dem denkbar objektivsten Standpunkt zu identifizieren ..."[231].

(c) Sowenig freilich wie den Rechtfertigungen moralischen Handelns, die er vorher verwirft, mißt Singer auch seiner eigenen Deutung überindividuelle Gültigkeit bei. Auch seine These, daß anders als das Leben des Psychopathen „das Leben des normaleren Menschen ... Sinn (hat), weil es auf ein umfassendes Ziel hin gelebt wird"[232], daß jedoch eine wirkliche Sinngebung mehr verlange, nämlich eben eine Zielsetzung über die eigenen Interessen hinaus, bleibt für ihn mangels definitiver Beweisbarkeit „spekulativ"[233]: Man kann diese Sicht „akzeptieren", soweit sie „mit eigener Beobachtung oder Introspektion übereinstimmt"[234]. Ihre Übernahme und mithin selbst nur der partielle Zusammenhang von Vernunft und Ethik sind für ihn jedoch keineswegs zwingend: Die „Rationalität in dem weiten Sinne, der Selbstbewußtsein und Reflexion über das Wesen und den Zweck unserer eigenen Existenz einschließt, (kann) uns zu umfassenderen Interessen als der Qualität unserer eigenen Existenz drängen..."[235]. Dieser „Prozeß" ist jedoch „kein notwendiger, und diejenigen, die nicht daran teilnehmen - oder daran teilnehmen, ihm aber nicht bis zum ethischen Standpunkt folgen -, sind nicht unvernünftig oder im Irrtum"[236]. Deshalb könnten „andere Menschen ... im Briefmarkensammeln eine völlig angemessene Möglichkeit (sehen), ihrem Leben einen Sinn zu geben". Daran sei „nichts Unvernünftiges". Und wiederum aus demselben Grund biete der „ethische Standpunkt" nur denen, die „sich ihrer Situation in der Welt bewußt werden und über ihre Ziele mehr nachdenken", einen „Sinn und Zweck im Leben, dem man nicht entwächst"[237].

(3) Im Endergebnis folgt daraus für Singer eine eigenartig relativierende und versubjektivierende Deutung der Ethik, die gleichsam als Konfession seine Abhandlung abschließt: „Auf die Frage 'Warum moralisch handeln?'", so meint er, lasse sich keine Antwort geben, „die jedem überwältigende Gründe für moralisches Handeln liefert". Denn „moralisch nicht vertretbares Verhalten" sei eben „nicht immer unvernünftig". Es bedürfe deshalb wohl immer noch gesetzlicher und gesellschaftlicher Sanktionen, „um zusätzliche Gründe gegen ernsthafte Verletzungen ethischer Anforderungen vorzubringen" und also m.a.W.: um dem hemmungslosen Egoismus zu steuern. „Diejenigen andererseits" aber, so das

[231] So *Singer*, a.a.O., S. 422.
[232] So *Singer*, a.a.O., S. 420.
[233] So *Singer*, a.a.O., S. 420.
[234] So *Singer*, a.a.O., S. 420.
[235] So *Singer*, a.a.O., S. 422.
[236] So *Singer*, a.a.O., S. 422 f.
[237] So *Singer*, a.a.O., S. 423.

geheimnisvoll-appellative Finale der „praktischen Ethik", das diese gleichsam arkanisch für wenige Wissende reserviert, „die nachdenklich genug sind, die in diesem Kapitel erörterte Frage zu stellen, werden am ehesten die Gründe anerkennen, die sich für das Einnehmen des ethischen Standpunkts anführen lassen"[238].

bb) Die Inkohärenz von praktischem Programm und theoretischer Fundamentierung

(1) Die Frage nach dem philosophischen Rang dieses Abschlußtraktats über den Sinn von Moral und menschlichem Leben ist hier nicht zu verfolgen[239]. Offenbleiben kann ferner auch die von Singer mehr angedeutete als entwickelte These, daß die Menschen durch die Mehrung ihres persönlichen Glücks, namentlich dadurch, „daß sie mehr Geld haben", kaum „auch wirklich Zufriedenheit und Erfüllung finden"[240] würden und daß deshalb für moralisches Handeln letztlich das dauerhaftere Glück aus einer altruistischen Lebenseinstellung spreche: Ob diese Deutung mehr ist als eine popularisierte Version der zuvor verworfenen Lehren, die Ethik aus recht verstandenem Eigeninteresse begründen[241], kann hier ebenso dahingestellt bleiben, wie die naheliegende weitere Frage, ob Singer mit dieser Glücksverheißung als entscheidender Motivation nicht nur eine Art säkularisierter Religion propagiert und deshalb nicht weniger Glaubenskraft und -bereitschaft fordert, als die so scharf kritisierten „echten" Religionen. Für die hier verfolgte Unabgeklärtheit von Grund- und Gesamtkonzeption der Lehre sind andere, *doktrinimmanente* offene Fragen entscheidend.

(2) Schon auf Anhieb erweckt Singers Arbeit den Anschein, daß das praktische Programm seiner Ethik und deren abschließende theoretische Rechtfertigung nicht aufeinander abgestimmt wurden. Die Moral- und Lebenssinnsuche, die die „praktische Ethik" beschließt, wirkt im Gegenteil künstlich und aufgepfropft. Das zeigt allem voran schon ein einfacher logischer Einwand:

Singer stellt die Frage nach dem Grund und damit nach den Zielen ethischen Handelns offensichtlich *zu spät*. Denn schon vor dieser Frage nach dem „Warum" moralischen Handelns ist für ihn dessen „Wie" längst geklärt: Er selbst bekundet das, wie zitiert, ausdrücklich[242]. Und in der Tat hat er in diesem Zeitpunkt schon seine sämtlichen Thesen zur Relativierung des Tötungsverbots bis in alle Einzelheiten elaboriert und mit allen für ihn erheblichen Gesichtspunkten untermauert. Programm und Begründung seiner Abtreibungs-, Infantizid- und Euthanasiekonzeption sind mithin schon abschließend festgeschrieben, ehe er sich der Sinnfrage

---

[238] So *Singer*, a.a.O., S. 423.
[239] S. aber die Bemerkung etwa von *Bastian/Rost*, in: Bastian, Denken (o. Fn. 29), S. 65.
[240] So *Singer*, Ethik (o. Fn. 29), S. 422.
[241] S. dazu schon *Singer*, a.a.O., S. 412 ff. u. schon hiervor unter B III 2 c aa (1) (b) (aa).
[242] S. die hiervor bei Fn. 210 zitierte Einleitung zu dem Kapitel „Warum moralisch handeln?".

widmet. Das aber heißt: Weite Teile der Population sind der Theorie nach bereits dem Tode geweiht, ehe die Frage nach dem Sinn ihrer Tötung gestellt wird!

Über die konkreten Inhalte der Lehre hinaus ist zu diesem Zeitpunkt zugleich aber auch die theoretische Unterfangung dieser Konzepte schon insofern vollendet, als Singer, „um *innerhalb* der Ethik eine brauchbare Diskussion führen zu können", gleich zu Beginn seiner Schrift für unerläßlich erklärt, „ein wenig *über* Ethik zu reden", und als er in dieser Introduktion, „die den Rahmen für den Rest des Buches" abstecken soll[243], sein Bekenntnis zu einer utilitaristischen Ethik entwickelt[244]. Die „praktische Ethik" ist also auch schon abstrakt und als Philosophie längst voll entwickelt, und sie hält sich auch selbst längst für rundum gesichert, ehe Singer die Frage nach Sinn und Zweck dieser weithin letalen Handlungsanweisung aufwirft. Die Sinnfrage wird folglich gegenüber einer Ethik gestellt, die sie als vorgeblich in sich geschlossene Lehre schon vorher hätte beantworten müssen und - immer nach dem Selbstverständnis ihrer Verfechter - tatsächlich auch beantwortet hat.

Der Versuch einer theoretischen Überhöhung der „praktischen Ethik" krankt damit an einem greifbaren logischen Bruch. Und dieser rächt sich in einer so intrikaten wie unvermeidlichen Alternative, die vollends die hier verfolgte Unabgeklärtheit belegt: Entweder überzeugt schon die vorangegangene Begründung der Singer'schen Thesen. Dann erweist sich die spätere Frage nach der Funktion von Moral als ein Anhängsel ohne Bedeutung. Oder aber diese Frage ist tatsächlich noch offen. Dann aber ermöglicht erst diese Sinnfrage die entscheidende Prüfung. Und dann erweist sie die gesamte vorangegangene Lehre als eine noch unbegründete, buchstäblich bodenlose Doktrin: Sie offenbart dann, daß sie so ungewöhnliche wie weittragende ethische Postulate erhebt, daß sie nämlich unter Berufung auf ihre Ethik in weitem Umfang selbst die Tötung von Menschen verficht, ohne den Grund und das Ziel dieser ihrer Ethik zuvor zu bestimmen. Sie präsentiert sich dann also als eine gedanklich noch unausgereifte, weil noch nicht näher reflektierte Philosophie, die gleichwohl für sich die Kompetenz reklamiert, über Lebenswert oder -unwert einer menschlichen Existenz zu entscheiden. Und sie provoziert so die Gefahr, daß eine theoretische Unkorrektheit in ihrem Gedankengebäude praktisch letale Folgen zeitigt.

(3) Der gedanklichen Inkohärenz entspricht darüber hinaus aber auch ein Widerspruch in der Sache. Er zeigt, daß das praktische Programm dieser Ethik und deren späte theoretische Rechtfertigung nicht nur nicht abgestimmt sind, daß sie sich vielmehr auch inhaltlich widersprechen. Deutlich wird das an der Schlußkonfession, daß eine haltbare Deutung von Moral- und Lebenssinn erst auffindbar sei jenseits der Egozentrik von „Psychopathen" und „klügeren Egoisten"[245], daß sie

---

[243] So *Singer*, Ethik (o. Fn. 29), S. 15.
[244] S. *Singer*, a.a.O., S. 24 ff. u. dazu schon o. unter B III 2 b aa.
[245] S. dazu das Zitat hiervor bei Fn. 228 u. 229.

nämlich die Reflexion von „umfassenderen Interessen als der Qualität unserer eigenen Existenz“ zur Voraussetzung habe[246]. Denn die erste Verblüffung, die der Übergang von einer ausgefeilten Tötungslegitimierung zu einem lebensbejahenden Altruismus hervorruft, überdauert auch die genauere Prüfung der Rechtfertigung dieser plötzlichen Wendung:

Mit dieser Wendung gibt Singer, wie schon erwähnt, eine Erklärung von Ethik, die den eigenen Glücksgewinn nurmehr noch als Reflex beachtet, die ihm nämlich nur, aber auch gerade dann ethische Relevanz zuerkennt, wenn er der Befriedigung aus uneigennützigem, selbstlosem Handeln entspringt. Diese Deutung erweist sich jedoch als offensichtlich nicht schlüssig, mehr noch: sie will geradezu unglaubwürdig erscheinen, sobald man sie mit den zuvor entwickelten praktischen Forderungen der Doktrin konfrontiert. Denn von vornherein schon ist eine Lebensphilosophie, die ein Handeln jenseits von Egoismus und Hedonismus als höchste Stufe menschlichen Verhaltens bewertet, unvereinbar mit dem Postulat einer praktischen Lebenshaltung, die gerade den kranken und schwachen Mitgliedern der Gesellschaft mit dem Recht auf Dasein die daseinssichernde Hilfe verweigert. Fundament und Finalität einer solchen Ethik sind also schon spontanintuitiv als unstimmig zu erkennen, und es ist, weil es um Sein oder Nichtsein geht, eben schon diese fühlbare Unstimmigkeit der Begründung ein irritierender Defekt der „praktischen Ethik“.

Vollends deutlich aber, weil auch begrifflich erfaßbar, wird diese sachliche Diskrepanz der Singer'schen Lehre, wenn man die nähere Begründung ihrer Lebensverhinderungs- und -vernichtungsprogramme hinzunimmt. Denn vollends die dort verfochtene Dritt- und Gesellschaftsbezogenheit der Interessen, denen sie im Verhältnis zu krankem oder geschädigtem Leben den Vorrang zuspricht, kontrastiert scharf und unüberbrückbar mit einer auf Altruismus gegründeten Rechtfertigung moralischen Handelns:

Die extremen Abtreibungs- und Infantizidpostulate, die Relativierung und Eliminierung des menschlichen Lebens zumindest auch und primär im Interesse der pflegebelasteten Eltern und der kostenbelasteten Sozietät, lassen keinen Zusammenhang mit der These erkennen, der Sinn von moralischem Handeln erkläre sich daraus, daß Menschen erst durch die Überwindung des Egoismus „wirklich Zufriedenheit und Erfüllung finden“[247]. Im Gegenteil liefern exakt die Belastungen durch die Hilfsbedürftigkeit anderer Menschen, deren selbstlose Hin- und Annahme eben der Altruismus wäre, den Singer am Schluß seiner Schrift als den wahren Sinn des Lebens entdeckt, im „praktischen“ Teil seiner „praktischen Ethik“ die Legitimation für die Programme ihrer Eliminierung. Diese Programme sind damit nach seiner Doktrin gerechtfertigt durch ein dem Altruismus gerade entgegengesetztes Nützlichkeitsdenken. Sie sind folglich als Anweisungen für die

---

[246] So *Singer*, Ethik (o. Fn. 29), S. 422.
[247] S. hiervor bei Fn. 240.

reale Organisation einer „effektiven" und „gesunden" Gesellschaft nicht durch eine Ethik zu überhöhen, die „Wohlwollen", „Mitgefühl" und insgesamt eben einen „umfassenderen" Zweck als die eigenen Interessen[248] zu ihren entscheidenden Determinanten erhebt. Singers ohnehin stark verhaltene und unscharfe Antwort auf die „letzte philosophische Frage"[249] bleibt danach unplausibel und künstlich. Gravierender noch: Ihr fehlt schon die Glaubhaftigkeit.

cc) Die Irritationswirkung der Versubjektivierung einer auf Lebensrelativierung gerichteten Ethik

Die Aufdeckung einer bis in die Fundamente unabgeklärten und widersprüchlichen Lehre bestätigt aber vor allem auch den gravierendsten Vorwurf, die Folge von Angsterregung und Regressionsstimulierung, die hier als der entscheidende, in der Kritik bislang wenig beachtete Einwand verfolgt wird:

(1) Singers Antwort auf seine Schlußfrage nach dem Sinn von Moral und damit auch nach dem seiner eigenen Ethik erweist sich nicht nur als gedanklich und sachlich inkohärent. Und sie erfolgt, für sich genommen, nicht nur verhalten und unscharf. Sie bleibt vor allem auch in frappanter Weise unentschieden und offen. Denn wie die hiervor referierten Zitate belegen, relativiert Singer selbst schon den Geltungsanspruch seiner eigenen Deutung bis an den Rand der Revokation, indem er den von ihm anerkannten Grund für moralisches Handeln auf eine nach Belieben anzunehmende oder zu verwerfende Option reduziert: Zwar mögen sich alle die für eine ethische Haltung entscheiden, denen die Einsicht gelingt, daß erst die Überwindung des Egoismus durch Altruismus und also erst die Beachtung fremder Interessen beim eigenen Tun einen dauerhaften Glücksgewinn sichern. Dennoch bleibt es für Singer dabei, daß ein solcher „Prozeß ... kein notwendiger" ist, daß vielmehr auch die, denen diese Einsicht verwehrt bleibt, oder die ihr „nicht bis zum ethischen Standpunkt folgen", weder „unvernünftig" verfahren noch „im Irrtum" verharren. Es bleibt also bei der Grundannahme, auch der Psychopath oder der Briefmarkensammler als Singers paradigmatische Zeugen handelten rational und gäben ihrem Leben einen schlüssigen Sinn.

Mit dieser Sicht wird jedoch die Entscheidung für moralisches Handeln zur Frage eines rein subjektiven Entschlusses und damit zur bloßen Zufälligkeit: Nur die, die „nachdenklich genug"[250] und darüber hinaus auch bereit sind, die Begrenztheit des Glücksgewinns aus egoistischem Handeln und die Dauerhaftigkeit der Befriedigung aus selbstlosem Tun zu erkennen, können zu einer moralbestimmten Lebenshaltung gelangen. Nur wer das „Paradox des Hedonismus" erfährt und begreift, findet zur Ethik. Das bedeutet, zugespitzt formuliert: Morali-

---

[248] S. zu diesen Begriffen *Singer*, Ethik (o. Fn. 29), S. 416 sowie hiervor bei Fn. 235.
[249] S. dazu hiervor bei Fn. 211.
[250] S. zu alledem sowie zu den wiederaufgenommenen Zitaten hiervor bei Fn. 235 ff.

sche Haltung wird zur Sache der Wissenden und der Eingeweihten. Ethik wird bei Singer zur Esoterik.

Dagegen scheitert jeder Versuch, moralisches Handeln als rationales Handeln plausibel zu machen, Moral also als Ausdruck von Klugheit zu deuten und somit als einen „vernünftigen" Wert, der kraft Universalisierbarkeit objektive Gültigkeit fordert. Vernunft und Ethik bleiben vielmehr aufs schärfste getrennt. Beide dekken sich gleichsam nur eben für höhere Kreise. Für alle die weniger Arrivierten dagegen, denen das Arkanwissen fehlt, namentlich also für den kurzfristig denkenden Egoisten, sind beide inkongruent und zumeist auch inkompatibel. Für sie besteht deshalb weder unter dem Aspekt der Vernunft noch unter dem Gesichtspunkt der Lebenssinnsuche ein triftiger Grund, die Normen der Moral einzuhalten. Im Gegenteil ist unter beiden Maßstäben menschlichen Planens moralisches und amoralisches Handeln äquivalent. Auch und gerade bei zielstrebigem und vernünftigem Handeln bleibt also ihre Entscheidung für oder gegen die Ethik nach Singer ein Akt persönlicher Willkür.

(2) Man muß auch hier wieder die angehängte theoretische Deutung mit dem zuvor entwickelten praktischen Programm konfrontieren, um ganz das Disparate der Konzeption zu erkennen. Und man muß diese Konfrontation namentlich hier auf die Kernthesen der Doktrin konzentrieren, um deren Schreckwirkung zu begreifen:

Eine Ethik, die sich die Frage des Lebensrechts insbesondere von noch unentwickelten und kranken Menschen zum zentralen Thema gesetzt hat und die insoweit so präzise wie robuste Antworten liefert, leugnet die Möglichkeit rationaler, intersubjektiv vermittelbarer Begründung von „Ethik"! Eine Lehre, die ein bislang beispielloses Tötungsprogramm propagiert, deutet in der abschließenden Reflexion ihrer Basis moralisches Handeln als Zufallsprodukt, nämlich als Resultante einer ganz spezifischen Weltsicht. Sie stellt es unter den Maßgaben der Vernunft und der rationalen Planung des Lebens mit dem amoralischen egoistischen und antisozialen Verhalten auf eine Stufe. Sie läßt folglich den Beweggrund für moralisches Handeln, dem sie wie dem Leben selbst einen letzten Sinn aberkennt, in einem Konglomerat von individuellen Gefühlsimpulsen und subjektivistischen Motiven verschwimmen.

(3) Danach scheitert die im Schlußkapitel nachgelieferte tiefere Rechtfertigung der lebensrelativierenden Handlungsanweisungen Singers. Auch und gerade sie stellt keinen Zusammenhang her zwischen den Praxispostulaten und der theoretischen Unterfangung der neuen Ethik. Notwendigerweise bleibt damit aber zugleich auch offen, wie weit die einzelnen zuvor entwickelten Thesen und Konzeptionen tragen, wie weit sie also die Aberkennung des Lebensrechts von noch unentwickeltem oder infirmem Leben in der letzten Konsequenz forttreiben werden. Und unausweichlich sind damit die hier als entscheidend verfolgten Effekte:

Undeutlichkeiten wie namentlich die skizzierte Inkongruenz zwischen dem theoretischen Potential ihrer Ethik des Tötens und dessen explizit geforderter praktischer Realisierung, Verschwommenheiten und Dissimulierungen also, die zur Akzeptanz etwa des Infantizids primär das Mitleid mit dem Opfer zu instrumentalisieren versuchen, die den Leser zugleich aber subkutan präparieren für eine fremd- und gesellschaftsnützige Euthanasie - alles das ist geradezu darauf angelegt, die neue Lehre vor einer streng rationalen Kontrolle zu schützen. Zwar mag eine solche Präsentation kurzfristig zu vorschneller Beschwichtigung führen. Auf Dauer führt sie zu Zweifeln und Argwohn. Und vollends drohen solche Effekte, vollends muß eine solche Doktrin betroffene Ratlosigkeit provozieren und auf Dauer heftige und selbst irrationale oder gar gewaltsame Abwehr, wenn sie die Frage nach der Rechtfertigung ethischen Handelns erst nach dem detaillierten Entwurf befremdlicher Tötungsprogramme als Thema aufwirft, wenn sie zu ihrer Beantwortung dann ebenso vage wie im Kontext verblüffend auf die persönlichen Glücksgewinne aus moralischer Lebensführung verweist und wenn sie so in der Gesamtkonsequenz dieser Deutung die Entscheidung über Leben und Tod als Resultante höchstpersönlicher Präferenzen darstellt. Denn - eben darin liegt die fatalste, weil vollends gesellschaftsweit angsterregende Undeutlichkeit dieser Lehre, damit zugleich aber auch ihr zentraler Defekt - völlig ungeklärt und unklärbar bleibt dann die Reichweite ihrer spektakulären Tötungsprogramme; völlig offen bleibt also das den Betroffenen drohende Schicksal[251].

3. Die Verfehltheit einer Umkehrung der Beziehung zwischen Norm und Realität als Rechtfertigung der Lebensrelativierung

a) Die nach allem nicht zu leugnende fundamentale Gefahr von gesellschaftszerrüttenden Angstreaktionen und Regressionsphänomenen ist schließlich auch nicht dadurch in ihrer Bedeutung zu mindern oder gar zu bestreiten, daß man sie als unvermeidliche Konsequenzen des Fortschritts der Wissenschaft darstellt. Denn zwar sind solche Argumentationen beliebt und entsprechend verbreitet. Sie ändern jedoch nichts an den Fakten und lösen deshalb auch keine der Fragen. Statt dessen schaffen sie neue, ihrerseits fatale Probleme, indem sie in gleichsam achselzukkender Resignation Grenzüberschreitungen akzeptieren, die nach traditioneller Moral- und Rechtsüberzeugung die ge- und verbotsweise Intervention von Gesellschaft und Staat erforderlich machen.

[251] Vor allem wohl hier liegt denn auch ein entscheidender Grund für die Schärfe u. den Furor der Reaktionen (s. o. bei u. in Fn. 62 u. 169): Diese entspringen augenscheinlich weniger einem klar gefügten Gegenprogramm als einer Abwehrhaltung aus Unsicherheit, Argwohn u. Angst. Man kämpft gegen eine explizit als „praktische" Lebensanleitung entworfene Ethik, die die sicherheitsstiftende Regel der Sakrosanktheit des menschlichen Lebens durchbricht, die diese These jedoch oft nur verdeckt u. unscharf entwickelt. Man glaubt, den Gegner nicht fassen zu können; man vermutet weitere, unausgesprochene Konsequenzen, u. man wehrt sich deshalb mit der plan- u. ziellosen Heftigkeit dessen, der die Bedrohung nur schemenhaft wahrnimmt. Die Kritik - so ist zusammenzufassen - reflektiert in ihrem heutigen Stand die Defizite der Kritisierten.

b) Die eher triviale Version einer solchen Taktik der Abwiegelung artikuliert sich in der Stereotype, es würde der wissenschaftliche Zugriff auf die Natur des Menschen, den die eine Gesellschaft aus ethischer Scheu unterließe, mit Gewißheit von anderen unternommen - mitsamt der Gewinn- und Vorteilsziehung[252]. Das Argument mag zutreffend sein. Man muß es jedoch in seinen positiven Gehalt übersetzen, um seine zweifelhafte Schlagkraft zu sehen. Denn dann wird es als eine kuriose Abwandlung der Teufel-Beelzebub-Methode erkennbar, als die Forderung nämlich, alles Unwesen, das jenseits der eigenen Grenzen droht, vorauseilend selber zu üben, um seinem Import zuvorzukommen. Was aber die Besorgnis von Verlusten betrifft, die hier verdeckt oder offen mitschwingt, so überspielt solche suggestive Nachteilsbeschwörung die entscheidende Frage, ob denn diese Vorteile überhaupt, ob sie nämlich zu dem erörterten Preis erzielt werden sollen.

c) aa) Subtiler dient dieser Fatalismus als Argument in allen den Lehren, die als Prämisse den Erfahrungssatz unterstellen, daß die Aufdeckung von Naturgesetzen mit Naturläufigkeit die Gesetze von Moral und Recht derogiere[253]. Denn mit dieser Prämisse bekämpft man - auch hier in Aufklärungsattitüde - die angeblich eingewurzelte Ansicht, es hätten die Sollenssätze der Gesellschaft den steten Primat gegenüber ihrem faktischen Können. Man versucht also, das als tradiert unterstellte Weltbild von der Beziehung zwischen Recht und Wirklichkeit zu erschüttern: Man kehrt es um, um die Aussichtslosigkeit jeder Gegenwehr gegen den Fortschritt zu zeigen.

bb) Tatsächlich kann nun nicht zweifelhaft sein, daß wissenschaftliche Innovationen nicht selten normative Antiquiertheiten schaffen: Daß sich der Fortschritt und seine Nutzung nicht allein durch Verbote aufhalten lassen, ist eine Banalität. Keineswegs läßt sich daraus jedoch die Aussage folgern, es seien Recht und Moral stets und ausschließlich von rein akzessorischem Wesen: Der Gesetzgeber ist im Sozialgeschehen keineswegs ein bloßer Notar. Und dem Recht bleibt gegenüber dem Tun und Lassen der Sozietät keineswegs nur die Wahl, willen- und hilflos zu reagieren[254]. Die Wahrheit liegt vielmehr in der schwierigen Mitte: Die Beziehung besteht in einer komplizierten Interdependenz beider Größen. Und es bedeutet deshalb schon für sich eine grundsätzliche Unrichtigkeit der hier verfolgten Doktrin, daß sie diese Interdependenz nicht beachtet. Denn statt des kultur- und schicksalsbestimmenden Wechselspiels zwischen Können und Dürfen unterstellt sie damit eine einseitige Abhängigkeit der Moral- und Rechtsnormen

---

252 Solche Argumentationen finden sich bald mehr, bald minder betont nahezu überall dort, wo man einer möglichst ungehinderten Forschungsfreiheit das Wort redet, s. außer den in der Tendenz durchaus entsprechenden o. unter A I 2 b u. unter C II 3 c u. III erörterten Lehren nur etwa trotz aller Nachdenklichkeit gegenüber der Problematik *Köbl* (o. Fn. 95), S.161, 189; *van den Daele*, KritV 1991, 257, 276.

253 Treffend insoweit die Diagnose von *van den Daele*, Mensch nach Maß?, 1985, S. 201 ff., bes. S. 203, auch S. 206; zu den Folgerungen des Autors s. aber *Picker*, Wrongful Life (o. Fn. 19), S. 124 ff.

254 S. auch dazu schon *Picker*, a.a.O., bes. S. 123 ff. sowie noch im Folg. unter cc.

von den wissenschaftlichen Fähigkeiten je ihrer Zeit. Sie suggeriert gar eine „Unbeherrschbarkeit“ der „Optionen“, die deshalb ihrerseits normativ wirken sollen[255]. Und sie stellt so insgesamt die Freiheit der „modernen Gesellschaft“ in Frage, „über die Nutzung oder Nichtnutzung der in ihr entstehenden Optionen zu entscheiden“[256]. Der Fortschritt schafft hier also nicht mehr nur autokratisch die moralische und rechtliche Legitimation seiner Nutzung. Er macht diese Nutzung zum schicksalhaften unausweichlichen Zwang. Die fundamentale soziale Frage, ob die normative Lebenskonzeption der konkreten Gesellschaft über deren wissenschaftliche und technische Potenz die Herrschaft behält oder ob gerade umgekehrt diese Potenz das normative Fundament ihrer Ordnung bestimmt, ist im Sinne eines reinen Determinismus entschieden.

cc) Dieser auch empirisch widerlegbare Schluß[257] scheitert jedoch nicht nur an der genannten Einseitigkeit. Entscheidend ist vielmehr ein weiterer, doppelt begründeter Einwand, der aus tatsächlichen wie aus „politischen“ Gründen gegen solche Versuche sozialer Beschwichtigung spricht:

(1) Die drohenden Angstreaktionen unterbleiben nicht deshalb und dann, weil und wenn man ihre Gründe als unumstößliche Daten aufdeckt. Die Regressionsphänomene werden folglich nicht dadurch verhindert, daß man ihre Ursachen einräumt und geradezu als Naturgesetzlichkeiten bestätigt. Im Gegenteil ist die gezeigte Verunsicherung innerhalb der Gesellschaft mit ihren zivilitätszerrüttenden Folgen gerade dann zu befürchten, wenn man die Zwangsläufigkeit einer durch Wissenschaftsfortschritt bedingten Abkehr von der Sakrosanktheit des menschlichen Lebens zum Dogma erhebt. Denn dann wird das Empfinden hilfloser Ausgeliefertheit zur zentralen Erfahrung. Und gerade dann wächst die Bereitschaft zur blinden, radikalen, schließlich exorzistischen Abwehr[258], mithin zu einer Individual- und Kollektivhysterie, die immer das Gegenteil eines prinzipiell rationalen, damit auch normativ gelenkten und insgesamt also humanen Verhaltens darstellt. Das Faktum, daß ein zunehmend unbekümmerter Fortschrittsglaube, der sich zu Technik- und Wissenschaftsradikalismus zu verschärfen beginnt, der nämlich nur noch naturgesetzliche Grenzen hinnimmt, zunehmend auf naive oder doppelbödige Ausstiegsromantik, auf militante Technikfeindlichkeit oder panische Flucht in apodiktische Tabuisierungen trifft, liefert schon heute reiches Beweismaterial: Die erbitterten Kämpfe zwischen Verfechtern und Gegnern etwa der

---

[255] S. zu letzterem mitsamt den genannten Begriffen etwa *van den Daele*, KritV 1991, 257, 276 f.

[256] So, in plastischer Beschreibung der Grundproblematik unserer Zeit, exemplarisch für zahlreiche meist weniger treffend u. zugespitzt formulierte Stimmen *van den Daele*, a.a.O., sowie differenzierter *ders.*, in: Hesse/Kreibich/Zöpel (Hrsg.), Zukunftsoptionen - Technikentwicklung in der Wissenschafts- und Risikogesellschaft, 1989, S. 91 ff.; *Kuhse*, in: Leist (o. Fn. 28), S. 102 f.; s. auch *Picker*, Wrongful Life (o. Fn. 19), S. 125 Fn. 225.

[257] S. auch dazu schon *Picker*, a.a.O., S. 125.

[258] S. nur o. Fn. 251 m. den dortigen w. Nachw.

Nutzung von Atomenergie, des Ausbaus von Genforschung und -technik oder selbst nur des Straßenverkehrs belegen dieses Phänomen als allseits bekannte Exempel. Sie zeigen, daß diese Gegensätze und namentlich die Formen ihrer Austragung und Entladung die geltende Ordnung bis hin zu Verfassungsgefährdungen strapazieren[259].

(2) Ändert also die Behauptung der Unabänderlichkeit nichts an der Gefahr breiter Fortschrittsphobien, so fördert sie in einer Gesellschaft, die in der beschriebenen Weise zwischen der Reklamation dieses Fortschritts und der Furcht vor der Folgenlast hin- und herschwankt, zugleich eine gefährliche Gegenhaltung: Sie motiviert zu unbekümmertem Opportunismus. Denn sie bestärkt die Bereitschaft, sich zum eigenen Nutzen in ein behauptetes Schicksal zu fügen. Damit rechtfertigt sie jene wohlige Passivität, die sich bei je erwachenden Skrupeln gegenüber der wachsenden Instrumentalisierung des Menschen auf vorgebliche Naturgesetzlichkeiten zurückzieht. Und sie betäubt so in der weiteren Folge das individuelle und kollektive Gewissen gegenüber einem Wissenschaftsfortschritt, der auch die Nutzung eines Menschen zugunsten eines anderen, gesünderen, stärkeren oder „erwünschteren" Menschen als das „Gesetz" dieses Fortschritts in Kauf nimmt. Kurz: Sie bemüht ein angebliches Schicksal als Rechtfertigung.

(3) Die hier verfolgte, gleichsam naturgesetzlich argumentierende Fortschrittsapologetik löst danach nicht, sondern verschärft die Probleme. Weil sie in einem realitätswidrigen einseitigen Kausalverlauf denkt, verfehlt sie ihr Ziel. Zugleich provoziert sie mit diesem Fehler gefährliche Folgen: Der von ihr unterstellte Determinismus behebt nicht, sondern bestärkt die Gefahr regressionsbegründender Angstreaktionen. Denn er widerlegt nicht, sondern bestätigt die Realität ihrer Gründe. Der von ihm geförderte Fatalismus dagegen schafft die Gefahr individual- wie sozialmentaler Deformationen. Denn er bagatellisiert und habitualisiert damit auch den Eingriff, der den Nachteil des Opfers für den Vorteil eines fremden Destinatärs in Kauf nimmt und dann alsbald auch bezweckt[260]. Er fördert folglich die Einspielung einer Grenzüberschreitung, die bislang noch mehr oder minder wirksam ein Gewebe von Regeln abgewehrt hat, das dem gerade hierzulande bestimmenden Gefühlskonglomerat von individueller und soziobiologischer Urangst, von geschichtlich bedingten Schuldkomplexen und von intuitiven moralischen Skrupeln entsprang.

---

[259] Zur Verfassungsgefährdung einer solchen Entwicklung m. w. Nachw. *Isensee*, DÖV 1983, 565 ff.; zum Grundphänomen s. auch schon o. unter A III 2 c, 3.

[260] Zu der weitgehenden Außerachtlassung der Tatsache, daß die Verwirklichung der durch den medizinischen Fortschritt eröffneten Optionen in weiten Bereichen unmittelbar auf Kosten Dritter geschieht, s. schon *Picker*, Wrongful Life (o. Fn. 19), bes. S. 126 ff. m. w. Nachw.; s. ferner nur etwa den o. unter A II 2 beschriebenen Prozeß der Perspektivenveränderung.

C. Die Revitalisierung der „Würde" als Bedingung einer „menschenwürdigen" Sozialexistenz

I. Die Notwendigkeit einer funktionalen Verbindung der Schutzpositionen von Leben und „Würde"

1. Der praktische Zwang zur Suche nach einem gemeinsamen Schutzinteresse von Leben und „Würde"

a) Nach allem sollte die Notwendigkeit eines korrigierenden Umdenkens deutlich werden: Die unstete Werthaltung einer Gesellschaft, die in unberechenbarem Wechsel zwischen Fortschrittseuphorie und Folgenphobie einerseits erwägt und verbreitet schon fordert, den Zugriff auf das Leben des Menschen bis zu den beschriebenen Eingriffen freizugeben, die andererseits seine „Würde" kompensatorisch bis in letzte Erhabenheitszonen entrückt, ist in einem Gemeinwesen, das sich auf die Zivilität seiner Mitglieder gründet, nicht tragbar. Denn sie beseitigt die Sakrosanktheit der menschlichen Lebensgüter bis zur totalen Relativierung. Zugleich aber verhindert sie auch die interpretative Rückwirkung der Unantastbarkeit der menschlichen „Würde" auf die inhaltliche Deutung und abwägungsorientierte Bewertung dieser elementaren Güter des Menschen. Sie unterbindet folglich deren Teilhabe an dem Garantiegehalt des obersten Guts. Und sie führt damit zu einer inkonsistenten und unberechenbaren Bewertung des menschlichen Lebens, die ihrerseits die beschriebene fundamentale Verunsicherung der Mitglieder der Gesellschaft bewirkt.

b) In der Fernwirkung hat diese Entwicklung zur Folge, daß die geltende Ordnung, auf einen so schwankenden axiologischen Boden gestellt, die elementare Aufgabe des gesellschaftlichen und staatlichen Lebensschutzes gefährdet. Dem weiteren Auseinanderdriften der beiden Basisgüter des Menschen ist deshalb entgegenzuwirken. Die zunehmend voneinander abgekoppelten und gegeneinander abgeschotteten Werte sind wieder in eine Beziehung zueinander zu setzen, die die Kluft zwischen emphatischer Tabuisierung hier, permissiver Instrumentalisierung dort überwindet. „Würde" und Leben des Menschen sind also, dogmatisch beschrieben, entgegen den aufgezeigten Tendenzen wieder betonter als Teile einer einheitlichen Wertordnung zu begreifen: Sie sind als Elemente eines Systems zu formieren, das erst durch das Zusammenwirken seiner Funktionseinheiten seine Zwecke erfüllt.

c) Geboten ist damit eine „Revitalisierung" der „Würde" als Schutzgut. Diese Revitalisierung hat zu verhindern, daß man allerwegen mit Engagement Diskurse über die „Würde" führt, die ins Praxislos-Esoterische gleiten, daß man gleichzeitig aber den Menschen als das Substrat aller „Würde" in einer Weise relativiert, die ihn bis zur Lebensvernichtung instrumentalisiert und vernutzt. Sie hat also klarzustellen, daß und warum in bestimmten Fällen die Bedrohung der Lebensgüter immer zugleich die der „Würde" bedeutet. Und sie muß folglich sichern, daß man beide Güter des Menschen in einem funktionalen Kontext verklammert, der mit einer konsistenten Wertrelation eine schlüssige und in doppeltem Sinne lebensgerechte Schutzsystematik begründet.

2. Die Notwendigkeit der Beachtung der Wertunterschiede von Lebensgütern und „Würde"

Diese Wiederannäherung der beiden Schutzpositionen darf freilich - das ist zur Abwehr von Einwänden erneut zu betonen - nicht den Wertabstand überspielen, in den sie die Verfassung gestellt hat. Und sie darf ferner auch nicht die Mechanik ihres Zusammenspiels durch andere, gesetzesferne Korrelationen ersetzen. Die Anerkennung wechselseitiger Sinngebung und Konkretisierung darf also nicht in radikaler Umkehrung der Entrückungstendenz zu der Gegenbewegung entarten, die immer dort, wo sie den Schutz eines Interesses für wünschenswert hält, sogleich „herumfuchtelt" mit der Menschenwürde[261]:

Der Tendenz zur Funktionslosigkeit der „Würde" ist nicht mit einer Praxis ihrer Allzuständigkeit zu begegnen. Vielmehr ist unabhängig davon, wie man das Verhältnis von Art. 1 Abs. 1 zu Art. 2 Abs. 2 GG grundrechtsdogmatisch näher bestimmt[262], nach positivem Recht zu beachten, daß zwar selbst noch das Grundrecht auf Leben, daß dagegen nicht mehr auch die „Würde" unter Gesetzesvorbehalt steht. Und sachlich ist folglich immer neu ins Bewußtsein zu rufen, daß keineswegs jede Entscheidung gegen das Lebensgut eines Menschen zugleich eine Entscheidung gegen seine „Würde" bedeutet[263], daß vielmehr noch ein weiteres und eben spezifisches Moment hinzukommen muß, um den Tatbestand einer solchen äußersten, unter allen Umständen zu bekämpfenden Beeinträchtigung der Person zu begründen. Der Versuchung zum Mißbrauch der verbal so leicht verfügbaren „Würde" ist also zu wehren. Und es ist deshalb auch ihre interpretative Implantation in die nachgeordneten Grundrechtsgüter unter diesem Gesichtspunkt

---

261 So anschaulich *Blankenagel*, KJ 1987, 379, 387; zur Kritik solcher inflationärer „Würde"-Bemühungen s. ferner etwa auch schon o. bei u. in Fn. 10; s. ferner *Struck*, ARSP, Beiheft N.F. 33, 1988, S. 110 ff.; Beispiele für offenkundig freigebige Gewährungen von Würdeschutz etwa bei *Nipperdey*, Die Würde des Menschen, in: Grundrechte, Bd. 2, 2. Aufl., 1968, S. 11 ff., 26 ff., 35 ff.; Bericht der *Benda-Kommission*, in: Riesenhuber (Hrsg.), In-vitro-Fertilisation, Genomanalyse u. Gentherapie, 1985, Nr. 2.4.2.1.1.

262 S. dazu etwa *Stern* (o. Fn. 3), S. 39 ff.; *Blankenagel*, a.a.O., 379, 386 ff.; Sachs/*Höfling* (o. Fn. 7), Art. 1 GG, Rn. 60; *Dreier* (o. Fn. 5), Art. 1 GG, Rn. 48.

263 Zu Recht betonen das etwa *Struck*, ARSP (o. Fn. 261), S. 110, 111; Sachs/*Höfling* (o. Fn. 7), Art. 1 GG, Rn. 11; *Dreier* (o. Fn. 5), Art. 1 GG, Rn. 48; *Blankenagel*, a.a.O., 379, 386 f.; s. auch die o. Fn. 10 Genannten.

zu überwachen[264]: Die Flexibilität der Rechtsordnung fordert, wie oben schon anklang[265], angesichts der Natürlichkeit von Interessenkollisionen und der Notwendigkeit ihres Ausgleichs die Anerkennung der Abwägbarkeit und die Herstellung „praktischer Konkordanz" selbst bei vital bedeutsamen Gütern. Zugleich aber verlangt deshalb auch die wirkliche Absicherung letzter, nicht mehr relativierbarer Schutzreservate ihre enge Begrenzung auf besonders qualifizierte Bereiche.

3. Die „Haltung" gegenüber dem Menschenleben als verbindendes Moment der Beeinträchtigungstatbestände

a) Aus diesem Gebot ergibt sich für die weitere Prüfung: Gewiß bedeutet die dargestellte elementare Verunsicherung der Mitglieder der Gesellschaft eine Beeinträchtigung, die qualitativ weit hinausgeht über die Dimension einer „gewöhnlichen" Lebensbedrohung, wie sie etwa von entsprechenden Straftaten ausgeht. Denn gewiß stellt etwa das Aufkommen der Infantizidpostulate in den vordersten neo-utilitaristischen Fronten eine andere und intensivere Form der Verneinung des Lebensrechts dar, als der „ordinäre", auf den Tod bestimmter Personen gerichtete Eingriff z.B. in Form von Mord oder Totschlag. Entwicklungen dieser Art berühren deshalb, wie oben exemplarisch gezeigt[266], gewiß auch die Sozialexistenz des Einzelnen wie die des Kollektivs insgesamt in Belangen, die man gemeinhin als Komponenten oder Teilinhalte der „Würde" betrachtet: Sie verletzen unzweifelhaft etwa „die Sicherheit des Menschen in seinem körperlichen, seelischen und geistigen Sein", deren Bewahrung die „Würde" bezwecken soll[267]. Sie beseitigen fraglos die „Freiheit von Existenzangst", die man als eine Grundbedingung der „Würde" erachtet[268]. Und sie lassen sich ferner auch zwanglos etwa als Abkehr von der „Garantie einer menschengerechten Existenzgrundlage" bewerten[269], sofern man diese Garantie nicht willkürlich auf die Leistung von Viktualien einschränkt.

---

264 Jedenfalls im Bereich der Humangenetik offenbar ganz gegen eine solche Implantation etwa *Lerche*, Gentechnologie (o. Fn. 11), S. 88, 110; *Dreier* (o. Fn. 5), Art. 1 GG, Rn. 51, 62, allgemein Rn. 97; s. dazu schon o. unter A I 2 b u. II 1 a mit Fn. 16 sowie noch u. unter C II 3 c u. III.

265 S. o. unter A I 2 c mit Fn. 14.

266 S. o. unter B III 2, insbes. auch unter b bb (3) (a) das.

267 So etwa *E. Fechner*, JZ 1986, 653, der dann freilich etwa die Humangenetik großzügig aus dem Würdeschutz ausnimmt; verfehlt dort freilich z.T. auch die Vergleiche, etwa der mit dem Soldaten.

268 S. dazu, zumeist freilich in der Ausrichtung auf die eher weniger elementare Bedingung der Sicherung sozialer Mindeststandards, etwa *Podlech*, Alternativkommentar (o. Fn. 18), Art. 1 GG, Rn. 18, 23 ff.

269 So etwa BVerfGE 40, 121, 133; 45, 187, 228; 48, 346, 361; Sachs/*Höfling* (o. Fn. 7), Art. 1 GG, Rn. 19; *Lerche*, Gentechnologie (o. Fn. 11), S. 88, 102 f., der dann freilich, wie noch zu zeigen, gleichfalls den Würdeschutz etwa im Bereich der Humangenetik stark restriktiv deutet.

Dennoch könnte es zweifelhaft scheinen, ob solche Konsequenzen der hier verfolgten Entwicklung in der Gesellschaft und ihrer Wissenschaft schon allein durch ihre tatsächliche Wirkung und also allein schon durch ihr äußerlich-objektives Geschehen die „Würde“ der Opfer berühren. Denn gerade dann, wenn man die Gründe zur Zurückhaltung beim Vorwurf der Würdeverletzung ernst nimmt, ließe sich selbst für eine solche Bedrohung wohl noch der Standpunkt verfechten, sie sei nach Intensität und Modalität nicht schon derart gravierend, daß sich jede Abwägung mit den treibenden Gegeninteressen verböte. Das gilt umso mehr, als auch die Sicherheit als das Korrelat der Freiheit des Menschen ein relativierbares Rechtsgut darstellt[270]. Und das gilt vollends im Hinblick darauf, daß hier der entscheidende Gegenbelang in dem Interesse besteht, eine freie, gar hilfeversprechende Forschung zu sichern[271]. Denn zumindest die dadurch eröffneten Chancen mögen eine fortschrittsoffene Zeit dazu treiben, selbst gegenüber den skizzierten Konsequenzen noch das schärfste Verdikt zu vermeiden. Immer beim Blick allein auf die äußeren Folgen mag man also selbst bei Tendenzen, wie sie oben als Umbruchssymptome angeführt wurden, noch den besonderen Umstand vermissen, der ihre bedingungslose Ächtung verlangt.

b) Dieses besondere zusätzliche Moment, das die genannten Beeinträchtigungen über eine gewöhnliche Rechts- und Grundrechtsverletzung hinaushebt, wird jedoch deutlich, wenn man sich nicht mehr auf die Betrachtung allein der äußeren Fakten beschränkt. Das Spezifikum, das die hier verfolgte Bedrohung der Lebensgüter des Menschen zugleich als Bedrohung seiner „Würde“ erweist, tritt mit anderen Worten zutage, wenn zusätzlich eine entscheidende innere Eigenart des Geschehens berücksichtigt wird:

Die Besonderheit dieser Bedrohung zeichnet sich ab, sobald man über ihre objektiven Effekte hinaus auch das *subjektive Moment des Beweggrundes* mit beachtet, der diesen modernen Zugriff auf den Menschen initiiert und beflügelt. Denn nimmt man zu der äußeren Wirkung die inneren Motivationen hinzu, begreift man die Entwicklung also auch und vor allem aus der Einstellung und „Haltung“ zum menschlichen Leben, der sie als dem dominanten Interesse zuvörderst entspringt, so wird, wie im Folgenden näher zu zeigen, schnell offenbar, daß und in welcher grundsätzlichen Weise sie das Verhältnis von Individuum und Gesellschaft verändert. Und mit dieser Veränderung wird dann weiter auch deutlich, daß die von ihr eröffnete Relativierung der Lebensgüter des Menschen längst umschlägt in die Dimension einer Relativierung des Menschen „als solchen“: In ihren aktuellen, vollends aber in ihren extrapolierbaren und, wie gezeigt, bereits zu Postulaten verdichteten Konsequenzen bringt dann die heutige Umorientierung

---

270 Eingehend zu der Beziehung von Sicherheit und Freiheit *Isensee*, Das Grundrecht auf Sicherheit, 1983, bes. S. 21 ff.

271 Diese steht als das bestimmende Gegeninteresse offenbar durchgängig hinter den Bemühungen um eine Begrenzung der Argumentation mit der Würde, s. dazu die Nachw. o. Fn.16 u. 264.

zutage, daß man beginnt, nicht mehr nur faktisch, sondern auch explizit und konzeptionell auf jenen äußersten Schutzbereich überzugreifen, den die tabuisierende Menschenwürde für unantastbar erklärt. Mit beidem beweist sie deshalb zugleich aber auch, daß die Abwehr dieses Übergriffs nur noch gelingt, wenn man die Lebensgüter und die „Würde" des Menschen entgegen ihrer gängigen hermetischen Trennung als kohärente Schutzpositionen begreift.

c) Das alles führt zu der zusammenfassenden *These*, die oben bei der Unterscheidung von Therapie und Optimierung des Menschen schon anklang[272] und die im weiteren zu verfolgen sein wird:

Das Kriterium, das Menschenwürde und Menschenleben wechselseitig voneinander abhängig macht, das damit beide Werte durch ein gemeinsames Schutzbedürfnis zu einer Interesseneinheit verklammert, so daß die Bedrohung der Lebensgüter in diesen Fällen immer auch zu einer Bedrohung der „Würde" gerät - dieses Kriterium ist in der „Haltung" zu suchen, aus der heraus der Zugriff auf den anderen Menschen erfolgt. Es ergibt sich aus den Zielen und Zwecken, mithin aus den Motiven und Interessen, die den Eingriff finalisieren und tragen und die ihm seine Legitimation geben sollen. Das maßgebliche Moment, das den Eingriff in fremde Lebensgüter zugleich zu einer Verletzung der „Würde" qualifiziert, liegt folglich im Bereich des Mentalen: Es ergibt sich aus der „Einstellung" zu Sinn und Wert des menschlichen Lebens, die den Eingreifer beim Eingriff bestimmt und die die Gesellschaft bei dessen Bewertung leitet.

II. Das Gebot der Abwehr einer Kooptationsgesellschaft

1. Die wertende Betrachtung des Menschen als gemeinsamer Nenner der Entwicklungstendenzen

a) Geht man von dieser These aus, so erweist sich: Das Kriterium, das alle beispielhaft angeführten „würderelevanten" Eingriffe in die Lebensgüter des Menschen in einem gemeinsamen Nenner verbindet, besteht in der *grundsätzlichen Abkehr von der Anerkennung des Menschen als Selbstzweck.* Das belegen alle Moralen und Ethikentwürfe, die diese Eingriffe als Gegenwartspraxis oder Zukunftspostulate legitimieren. Denn sie alle nehmen die umfassende Verfügbarkeit der Person als die oben skizzierte Kehrseite des medizinischen Fortschritts in Kauf. Mehr noch, und gerade darin liegt ihre Besonderheit: Sie akzeptieren nicht nur die beschriebene Folge, daß der erstrebte persönliche Sinn- und Glücksgewinn als individuelles Motiv und die Sozialnützigkeit als entsprechender kollektiver Beweggrund hinauslaufen auf die heteronome, eigeninteressierte Maßschneiderung des anderen Menschen. Sie erheben sie zum *gewollten Ziel* und *erklärten*

---

[272] S. schon o. unter B II 3 b.

Programm des medizinischen Fortschritts. Und sie demonstrieren damit, wie die avantgardistischen Infantizidpostulate oder gentechnischen Steuerungs- und Kreationsspekulationen als Beispiele nur besonders greifbar belegen, eben eine grundsätzlich veränderte Einstellung und „Haltung" gegenüber den Lebensgütern des Menschen.

b) Die schlichte Betrachtung der Fakten belegt das: Jedes dieser Motive instrumentalisiert und vernutzt den derart selektierten oder zurechtgezüchteten Menschen. Jedes von ihnen beruht also auf einer egozentrischen Sicht, die dem anderen Teil die Gleichwertigkeit und Gleichberechtigung abspricht. Denn als Gegenstand individueller Lebensplanung verwandelt sich unter dieser Haltung der Nachkomme von einer autonomen Person zum Mittel der Selbstentfaltung seiner Erzeuger. Und als Objekt sozialeugenischer Ziele mutiert das einzelne Mitglied einer so gestimmten Gesellschaft zum Medium oder auch Opfer kollektiver bevölkerungspolitischer Planung. Immer wird also die Absolutheit und Sakrosanktheit des betroffenen Menschen bestritten. Immer wird er statt dessen in seiner Lebensberechtigung relativiert und in seiner natürlichen Entfaltung gesteuert nach den heteronomen Belangen externer Dritter. Immer also wird er nach fremden Wertvorstellungen und Gestaltungsoptionen zurechtgezüchtet oder eliminiert.

c) Vollends die heute schon überschaubaren weiteren Folgen verdeutlichen diesen Umbruch von der Sakrosanktheit zur krude wertenden Betrachtung des Menschen: Bei konsequenter Verfolgung dieser medizinisch eröffneten Heilsperspektiven denaturiert die Person vom unantastbaren Selbstwert zum verfügbaren Mittel fremder Planungswünsche und Gestaltungsinteressen. Sie wandelt sich im denkbar präzisesten Sinne vom Subjekt zum Objekt[273]: Die zunehmende Beherrschung der Natur durch die medizinische Technik bedeutet die zunehmende Beherrschung auch der menschlichen Gattung als Teils der Natur. Der „Fortschritt", der bislang dem Menschen als dem nutznießenden Subjekt der Naturunterwerfung zu dienen bestimmt war, unterwirft jetzt seinerseits den Menschen als Gestaltungsobjekt und Ausbeutungsopfer. Sein Leben, nach traditioneller Anschauung die Voraussetzung dafür, daß überhaupt irgend etwas einen Wert haben kann, wird unter dieser veränderten Perspektive selbst zum taxierbaren Wert.

---

[273] Zur Bedeutung dieses Wandels für die „Würde" u. konkret zur Objektformel Dürigs s. noch u. bei u. in Fn. 285. - Den derzeit vielleicht eindrucksvollsten Beleg für die unmittelbare Realität dieser Entwicklung liefert die o. bei u. in Fn. 24 dargestellte Eröffnung einer einwilligungsunabhängigen fremdnützigen Forschung am Menschen durch die europ. Bioethik-Konvention.

2. Die Verweigerung der vorbehaltlosen Annahme des Menschen als Folge der Entwicklungstendenzen

a) Die Abkehr von der Selbstverständlichkeit der Lebensberechtigung

Eine solche bewertende Erfassung des Menschen belegt nicht mehr nur, daß in den hier verfolgten Bereichen die Nutzung des Fortschritts identisch ist mit der Entscheidung, das menschliche Leben verfügbar zu machen bis hin zu seiner Vernichtung. Sie erschöpft sich deshalb auch nicht in dem Nachweis, daß dieser Fortschritt gerade wegen der treibenden Motivationen über alle zufallsbedingten Verletzungsfolgen hinaus auch schon abstrakt und konzeptionell nicht mehr nur zum Nutzen der betroffenen Menschen, sondern gleichermaßen auch auf deren Kosten verfolgt wird. Mit der Rezeption solcher Wissenschafts- und Moralkonzeptionen, die die bewertende Betrachtung des Lebens zu einer erlaubten, gleichsam zur offiziellen Haltung erheben, kündigt man auch und vor allem einen Grundkonsens auf, der den faßbaren Kern im verschwimmenden Phänomen des Humanum betrifft:

Man rückt ab von der überlieferten Selbstverständlichkeit des Lebensrechts *allen* menschlichen Lebens. Man bricht mit der traditionellen, tief im kollektiven Unterbewußtsein verwurzelten Elementarüberzeugung, daß Existenz und Existenzberechtigung eines Menschen unumstößlich zusammenfallen. Und man verweigert mit der Entscheidung für diese Weltsicht bestimmten Mitgliedern der Gesellschaft *die vorbehaltlose Hinnahme und Annahme ihres Daseins*. Denn eine Sozietät, die sich den dargestellten Tendenzen verschreibt, wählt ihre Mitglieder aus. Sie stuft sie nach Nützlichkeit oder Schädlichkeit ein. Und sie sortiert sie diesem Maßstab entsprechend - immer im Hinblick auf opferexterne fremde Interessen - nach erwünschtem und unerwünschtem, nach nützlichem und unnützem und schließlich nach lebenswertem und lebensunwertem Leben.

b) Die Konsequenz der Relativierung auch der menschlichen Würde

Es liegt zutage, daß sich damit zwangsläufig auch die Bewertung der menschlichen „Würde" grundsätzlich ändert, daß sich nämlich die als Theorie schon reale Entwicklung, die wir bei der Haltung gegenüber dem menschlichen Leben beobachtet haben, bei ihr im Prinzip wiederholt:

Eine Gesellschaft, die sich auf die Bewertbarkeit des Menschen als Richtschnur ihrer sozialen Gestaltungen einläßt, kann ein ihr vorgegebenes Absolutum nicht dulden. Sie kann deshalb auch eine „unantastbare Würde" jedes ihrer Mitglieder nicht akzeptieren. Im Gegenteil muß sie auch hier auf Relativierbarkeit und Verfügbarkeit drängen. Denn wenn sie die Existenz des Menschen nicht mehr bedingungslos hin- und annimmt, weil sie eine eigene Auswahl- und Steuerungsfreiheit für sich reklamiert, so kann sie folgerichtigerweise diese Grundentscheidung nicht selbst wieder dadurch vereiteln, daß sie sich andere, überlagernde und noch weiterreichende Tabuzonen vorschreiben läßt. Die Entscheidung für die Bewertbarkeit des Menschen schafft ihre Eigengesetzlichkeit. Und diese verlangt Konsequenz. Sie darf sich nicht mehr beirren lassen durch ein Unverfügbarkeitsdogma wie das einer vorgegebenen „Würde". Wie gegenüber dem Leben des Menschen muß sie vielmehr auch einem solchen Gut gegenüber den Unterwerfungsakt einer bedingungslosen Respektierung verweigern. Auch ihm gegenüber muß sie statt dessen auf dem Vorrecht bestehen, über seine Zuweisung oder Aberkennung selbst zu entscheiden: Nach ihrem Selbstverständnis findet sie auch dieses oberste Gut nicht ihrerseits vor. Sie selbst vergibt es mitsamt seinem Schutz nach Art eines „Lehens". Auch die Würde des Menschen wird also wie dessen Lebensbefugnis zu einem verliehenen Gut. Und auch sie wird in Konsequenz der Eigengesetzlichkeit dieser Haltung zu einer relativierbaren und damit instrumentalisierbaren Größe[274].

c) Der Umschlag zur Kooptationsgesellschaft

Im Zusammenwirken dieser Effekte erfährt aber auch das Gemeinwesen selbst einen grundsätzlichen sozialmentalen und „politischen" Wandel:

Ein Kollektiv, das derart auf Auswahl und Steuerung seiner Mitglieder zielt, ist angelegt auf Exklusivität und Zugangsbeschränkung. Es schlägt um von einer offenen, den Menschen in seiner Kontingenz bejahenden Schicksalsgemeinschaft zu einem geschlossenen, durch Initiation und Zuwahl rekrutierten Verband. Es wird zur Kooptationsgesellschaft[275], nachgerade zum „Club". Denn eine solche

---

[274] S. zu diesem Phänomen auch noch u unter C II 3 c cc; gerade die starre Haltung zur Würde gibt diese dem Zeitgeschmack preis.

[275] Diese Haltung, die eben in der Anmaßung gleichsam eines Kooptationsrechts ihren m.E. besonders charakteristischen Ausdruck findet, wird offenbar selten als ein wesentlicher Einwand, wenn ich recht sehe, nie als entscheidendes Argument gegen die hier verfolgten Tendenzen gesehen. Zu Recht u. treffend u. - trotz anderer Begründung doch wohl mit gleicher Zielrichtung wie der obige Text - betont den Kooptations-Aspekt aber *Spaemann*, wenn er sagt: „Würden wir aufgrund bestimmter tatsächlicher Eigenschaften als Mitglieder der menschlichen Gesellschaft erst durch andere kooptiert, so läge es im Belieben einer Mehrheit dieser anderen, diejenigen Eigenschaften zu definieren, aufgrund derer jemand Menschenwürde besitzt u. Menschenrechte beanspruchen darf. Das aber würde den Gedanken des Menschenrechts überhaupt aufheben. Dieser setzt nämlich voraus, daß jeder Mensch als geborenes Mitglied der Menschheit kraft eigenen Rechts den anderen gegenübertritt, u. dies wiederum bedeutet, daß die biologische Zugehörigkeit zur Spezies homo sapiens allein es sein darf, die jene Minimalwürde begründet, welche wir Menschenwürde nennen. Und so führt uns schließlich eine transzendentalpragmatische Überlegung praktisch zum selben Resultat, wie die metaphysische Lehre von der personalen Seele jedes Menschen" (*Spaemann*, Scheidewege, Bd. 15 (1985/86), S. 29 = in: Böckenförde/Spaemann (Hrsg.), Menschenrechte u. Menschenwürde, 1986, S. 305 f.).

Gesellschaft nimmt das, was „zur Welt kommt“, nicht einfach mehr hin. Vielmehr läßt sie zum Leben nur zu, was ihre autonomen Qualitätskontrollen und Bedürfnisprüfungen mit Erfolg absolviert hat und was auch danach der ständigen Neuüberprüfung anhand ihrer selbst definierten Standards genügt. Das Lebensrecht und, wie gezeigt, alsbald auch die „Würde“ des einzelnen Mitglieds haben in einem solchen Verband konsequenterweise nicht mehr den Rang von im Wortsinne angeborenen Rechten. Sie sind nicht mehr mit dem Ins-Leben-Treten per se garantiert. Beide mutieren in einer solchen Gesellschaft zur bloßen Lizenz: Sie werden gewährt, versagt oder widerrufen je danach, ob man die examinierte Person im Kreis der Entscheidungsträger begrüßt oder aber mißbilligt, ob man sie als erwünscht oder störend betrachtet.

3. Die Folgen der Entwicklungstendenzen als tatbestandsmäßige Würdeverletzungen

a) Die Scheidung nach „lebenswertem“ und „lebensunwertem“ Leben als grundsätzliche Folge

Ein solches Geschehen verlangt offenkundig die genannte komplexe Betrachtung. Denn offensichtlich wird es erst dann in seiner ganzen Bedeutung erfaßt, wenn man über die äußeren, bis ins Letale reichenden Folgen dieser Menschenbehandlung hinaus auch die tragende innere Einstellung mit beachtet, wenn man also der genannten These entsprechend das Spezifikum dieses Verhaltens aus der sie tragenden „Haltung“ erschließt. Bezieht man diese aber als Kriterium in die Beur-

---

Nun werden sich die hier erörterten, entgegengesetzt argumentierenden Lehren von dieser Begründung zwar kaum beirren lassen, weil - u. solange - sie auf transzendentalen oder metaphysischen Elementen beharrt (s. dazu noch die ausdrückliche erneuerte Betonung an den angeg. Orten S. 36 u. S. 313; das. auch die Diskussion S. 314 ff.; zu dieser auch unter Juristen verbreiteten Sicht u. ihrer Fragwürdigkeit s. allgemein auch *Dreier* (o. Fn. 5), Art. 1 GG, Rn. 6 ff. m. w. Nachw. sowie namentlich *Cancik* (o. Fn. 13), S. 75, 76 ff., 90 ff.; *Stern* (o. Fn. 3), S. 9 f.) u. damit das Sein immer schon als in einem Sollen gründend begreift, dessen Prämissen sie gerade nicht teilen. In der Tat sollte man auch - dies zu den letzteren Zitaten - dem Nichtchristen nicht die Möglichkeit nehmen, mit Begründung die Menschenwürde anzuerkennen. U. gewiß wird man deshalb schließlich auch über die Einzelfolgerungen des Autors zur Frage, wann konkret jeweils die „Würde“ verletzt ist (s. dazu *Spaemann* an den angeg. Orten S. 32 ff. u. 309 f.), streiten können. Unmittelbar einleuchten sollte jedoch, gerade auch bei rein „weltlicher“ Sicht, wie sie sich dem Juristen gebietet, die Untragbarkeit einer solchen Kooptationsgesellschaft spätestens dann, wenn man entsprechend dem hier verfolgten Gesichtspunkt sieht, daß andernfalls - mangels jeglichen Maßstabs von Allgemeingültigkeit - jedes Mitglied einer solchen Gesellschaft bis hin zur akuten Lebensgefährdung bedroht u. daß folglich die Gesellschaft selbst bis zur Gefährdung ihrer Zivilität beeinträchtigt wäre; s. dazu auch schon *Picker*, Wrongful Life (o. Fn. 19), S. 129 sowie o. unter B III 2 b cc mit Fn. 204.

teilung ein, so läßt sich, ungeachtet aller semantischen Schwierigkeiten bei der Erfassung der „Würde", im Prinzip eine klare Aussage treffen:

Von dieser Gesamtschau aus kann es schwerlich noch zweifelhaft sein, daß die hier verfolgte Entwicklung mit ihren Tendenzen zu ungehemmter Eugenik und selbst zu Infantizid und heteronomer „Euthanasie" über die Lebensgüter des Menschen hinaus auch dessen „Würde" zu verletzen beginnt. Denn wenn diese höchste Wertposition überhaupt eine reale Funktion haben soll, wenn man sie nicht ins Erhaben-Bedeutungslose verflüchtigen will, so muß sie ihre Schutzwirkung jedenfalls gegenüber Eingriffsphänomenen entfalten, die dem Menschen in der beschriebenen Weise den Selbst- und Eigenwert aberkennen und die so mit der Unvertretbarkeit eines jeden Menschen das Besondere des „Menschlichen" als zentrales gesellschaftliches Konsensgut verleugnen. Jedenfalls dort also, wo man menschliches Leben nicht einfach mehr hinnimmt oder seine Bewertung allein dem Träger selbst überläßt, wo man sein Existenzrecht vielmehr nach Eintritt und Dauer von eigenen und eigennützigen Qualitätskriterien abhängig macht, ist die Frage einer Würdeverletzung zu stellen. Und jedenfalls dort, wo sich der Zugriff auf den Menschen als steuernder oder selektierender Eingriff erweist, wo er als Maßnahme der „Verbesserung" oder der „Aussonderung" von Personen deren Hin- und Annahme in ihrer leiblich-geistigen Kontingenz gerade ablehnt, wo er insgesamt also die Respektierung ihrer Identität wie die Achtung ihres Selbstwerts erklärtermaßen verweigert, ist diese Frage prinzipiell zu bejahen. Denn jedenfalls hier verhindert diese Haltung mit der beschriebenen Wiederbelebung der archaischen soziobiologischen Urangst jene bereits zitierte „Freiheit von Existenzangst", die man verbreitet schon bei weitaus minder elementarer Bedrohung als Bedingung der Wahrung menschlicher „Würde" betrachtet[276]: Sie schafft mit dieser permanenten existentiellen Bedrohung ein im Sprach- *und* Rechtssinn menschenunwürdiges Leben. Und gerade hier entspringt - wie drastisch etwa die sich verbreitende These von der Ersetzbarkeit eines kranken Kindes durch ein nach seiner Tötung zu zeugendes gesundes Kind demonstriert[277] - die *Nicht*beachtung

[276] S. dazu namentlich den in den Schutzbereich der „Würde" einbezogenen Sozialschutz u. dazu etwa *Podlech*, Alternativkommentar (o. Fn. 18), Art. 1 GG, Rn. 18, 23 ff.; *Häberle*, in: Isensee/Kirchhof (o. Fn. 5), Rn. 28 zum Bereich des Arbeitsrechts u. Rn. 78 zur schulischen Erziehung; *ders.*, Rechtstheorie 11 (1980), 389, 414 f.; *Spaemann*, Scheidewege, Bd. 15 (1985/86), S. 34; s. aber ferner auch *Badura*, JZ 1964, 337 ff., bes. 339 ff.

[277] S. zu dieser mehrfach berührten These etwa *Singer*, Ethik (o. Fn. 29), S. 200 f.; *Kuhse/Singer*, Kind (o. Fn. 28), S. 95 ff.; *Hoerster*, Neugeborene (o. Fn. 30), S. 30, 45 f.; s. ferner *Hare*, in: Leist (o. Fn. 28), S. 374, 378 ff.; alle diese Plädoyers für die Ersetzbarkeit des nach ihnen nicht lebenswerten Menschen zeigen nicht nur einmal mehr u. in aller Drastik, daß die Bewertung rein fremdbestimmt ausfällt, daß also die Beschwörung, allein im Interesse des Betroffenen zu entscheiden, nicht zutrifft (s. dazu schon o. Fn. 61 m. w. Nachw.); sie demonstrieren namentlich auch ein völlig unbefangenes, kühl kalkulierendes Selektions- u. Züchtungsdenken als geistige Basis, eine Haltung nämlich, die

der Individualität der „optimierten“ oder liquidierten Personen der *Miß-* und *Verachtung* ihrer individuellen Konstitution[278]: Wenn je überhaupt, so wird der Mensch durch diese Haltung vom Subjekt zum Objekt. Denn vollends sie reduziert ihn zur vertretbaren Größe[279]. Sie unterscheidet deshalb - immer nach selbstgesetzten und selbstbezogenen Wertmaßstäben - eben zwischen „lebenswertem“ und „lebensunwertem“ Leben.

b) Die Gemeinsamkeiten der Entwicklungsfolgen mit dem anstoßgebenden historischen Geschehen

aa) Die Erfahrung, die sich nach allem bei Fortführung der jetzigen Entwicklung wohl mit Gewißheit ergäbe, entspricht der Erfahrung, die zur Anerkennung der „Würde“ als des obersten positivrechtlichen Werts geführt hat. Deshalb überschreitet ihre hier entwickelte Deutung auch nicht den Kreis der Erklärungsversuche, die man üblicherweise bemüht, um der „Menschenwürde“ habhaft zu werden. Denn zwar kennzeichnet diese Versuche eine partiell schon erwähnte ebenso bunte wie strittige Kasuistik. Und speziell im heute wohl prekärsten Bereich von Fortpflanzungsmedizin und Humangenetik, konkret also und über die schon genannten Fälle[280] hinaus bei den Erörterungen etwa über künstliche Insemination oder Leihmutterschaft, über Klonen oder Chimären- und Hybridenherstellung, gibt bei der Frage der Würdeverletzung offenbar oft nur der Grad des Grusels den Ausschlag[281]. Die prinzipielleren Definitions- und Deutungsansätze aber, mit

die Partizipation an der Welt nur dem vitaleren Nachwuchs gestattet. Treffende Bedenken auch bei *Parfit*, das., S. 384 ff.; *Lenzen*, Analyse u. Kritik 1990, 190, 196 f.

278 Zur Tatbestandsmäßigkeit einer Verletzung, die „Ausdruck der Verachtung des Wertes (ist), der dem Menschen kraft seines Personseins zukommt“, s., freilich in anderem konkreten Zusammenhang, BVerfGE 30, 1, 27; das. das Zitat; ferner etwa *Podlech*, Alternativkommentar (o. Fn. 18), Art. 1 GG, Rn. 15; Sachs/*Höfling* (o. Fn. 7), Art. 1 GG, Rn. 23; *Stern* (o. Fn. 3), S. 24 f. Man muß im Zitat des BVerfG nur das nach seinem umgangssprachlichen Sinn zu hoch greifende Moment der „Verachtung“ ergänzen um das der fremdzweckbezogenen „Nutzbarmachung“, „Indienstnahme“ oder „Unterordnung“ bzw. einen verwandten Begriff, um die hier verfolgte Schutzfunktion der „Würde“ zu erfassen.

279 S. zu dieser Einordnung als Würdeverletzung *Dürig*, in: Maunz/Dürig (o. Fn. 10), Art. 1 GG, Rn. 28.

280 S. o. unter B II 3 b.

281 S. zu der hier herrschenden Meinungsvielfalt, die sich oft in frappantem Dezisionismus bekundet, oft in verschwimmendem Räsonnement oder vorsichtig-tastenden Erwägungen kundtut, außer den Belegen o. (s. Vornote) nur etwa *Dürig*, in: Maunz/Dürig (o. Fn. 10), Art. 1 GG, z.B. Rn. 39, wo die heterologe Insemination jedenfalls bei Spenderanonymität als „ohne Zweifel“ würdewidrig bewertet wird; ferner Rn. 40, wo der Heileingriff als würdeverträglich bewertet wird, „wenn die Modalitäten 'menschenwürdig'“ sind; ebenso etwa *Podlech*, Alternativkommentar (o. Fn. 18), Art. 1 GG, Rn. 52 f., 58; *Steiner*, Der Schutz des Lebens durch das Grundgesetz, 1992, S. 14 ff., der u.a. etwa für die Ersatzmutterschaft das Individuum autonom entscheiden lassen will, „was seiner Würde entspricht“ (S. 15); Sachs/*Höfling* (o. Fn. 7), Art. 1 GG, Rn. 23; *Graf Vitzthum*,

denen man sich dem schwierigen Wesen der „Würde" nähert, decken den hier aufgezeigten Tatbestand ab. Deshalb gilt es zu sehen: Gerade auch ihr Kriterienkodex ist trotz der Neigung zur Flucht vor der „Würde" so weit gefaßt, daß er - ernst und beim Wort genommen - die dargestellten Tendenzen gleichfalls als Bedrohung dieses Basiswerts ausweist.

bb) Diese Deutung bestätigt sich allem voran für das verbreitet geübte Konkretisierungsbemühen, das auf die Entstehungsgeschichte des „Würde"-Schutzes verweist, um die Dimension dieses Schutzes faßbar zu machen[282]. Denn man muß nicht, wie es vielfach geschieht, alle grundsätzlichen Unterschiede bestreiten, die zwischen dem anstoßgebenden nationalsozialistischen Unrechtsgeschehen und der hier verfolgten Entwicklung bestehen, um dennoch tragende Parallelen zu sehen. Man braucht also nicht, wie es namentlich in der Auseinandersetzung mit der „praktischen Ethik" Singers beliebt ist, eine Art Nationaltrauma zu beschwören, das mit der Mobilisierung schlimmster Assoziationen und Konnotationen ohne weiteres für sich selbst sprechen soll[283]. Vielmehr genügt hier, gänzlich unpolemisch, aber faktengetreu eine einzige, keineswegs überabstrakte Gemeinsamkeit des geschichtlichen und des möglichen künftigen Geschehens deutlich zu machen, um die Aktualität der Ursprungsidee und damit die Gültigkeit gerade auch einer historischen Auslegung zu erweisen: Hier wie dort, heute wie damals steht und stand eine Konzeption zur Debatte, die bestimmten Menschen die Akzeptanz der Gesellschaft verweigert und die ihnen selbst das Lebensrecht abspricht, weil sie in ihren körperlich-geistigen oder abstammungsmäßigen Eigenarten, in ihrer religiösen oder weltanschaulichen Haltung „unerwünscht" sind. Hier wie dort ist also der Tatbestand zu bewerten, daß man Menschen umformt, ausschließt oder beseitigt, weil sie in ihrer veranlagungs- oder verhaltensbedingten Beschaffenheit dem „Menschenbild" der herrschenden Wertvorstellung, der dominanten „Mode" oder der führenden Ideologie nicht entsprechen.

cc) Namentlich die beispielhaft angeführte moderne Infantizid-Diskussion unterstrich diese Parallelität an einem plastischen konkreten Geschehen[284]. Und die Funktion wie die einzigartige Betonung der Pflicht zur Achtung der menschlichen Würde gebieten, solche Analogien auch schon dort aufzuzeigen und als Gefährdung dieses obersten Schutzguts deutlich zu machen, wo sie sich als Verneinung des Selbstwerts des Menschen nur erst sublim und verdeckt entwickeln: Die Gemeinsamkeit beider Konstellationen, die unter dem „Würde"-Merkmal die

---

MedR 1985, 249, 255 ff.; *Lerche*, Gentechnologie (o. Fn. 11), S. 88, 104 ff.; *Dreier* (o. Fn. 5), Art. 1 GG, Rn. 56 ff.

282 S. zu solchen Verweisen mit der Tendenz eines restriktiven Verständnisses der „Würde" etwa v. Mangoldt/Klein/*Starck* (o. Fn. 7), Art. 1 Abs. 1 GG, Rn. 7; *Starck*, Gutachten (o. Fn. 12), S. A 14; *Enders*, Menschenwürde (o. Fn. 7), S. 25 ff., 501 ff.; *Badura*, JZ 1964, 341; *Neumann*, ARSP (o. Fn. 16), S. 141 ff.; Sachs/*Höfling* (o. Fn. 7), Art. 1 GG, Rn. 18; *Cancik* (o. Fn. 13), S. 73 ff.

283 S. dazu o. bei u. in Fn. 62.

284 S. o. unter A II 1 c u. 2.

Gleichheit ihrer Beurteilung rechtfertigt, liegt in der *Verweigerung der vorbehaltlosen Hin- und Annahme des Menschen als Selbstzweck*.

c) Die Subsumierbarkeit der Entwicklungsfolgen unter die herrschenden Beschreibungen der Würdeverletzung

Auch dort aber, wo man das Wesen der „Würde" nicht mehr nur derart indirekt historisch zu erfassen versucht, erweisen die faustformelartigen Definitionen die hier aufgezeigte Relativierung und Instrumentalisierung des Menschen als einen tatbestandsmäßigen Eingriff:

(1) Das gilt zunächst für die nach wie vor beherrschende, kantisch inspirierte *Objektformel* Dürigs, nach der „die Menschenwürde ... getroffen (ist), wenn der konkrete Mensch zum Objekt, zu einem bloßen Mittel, zur vertretbaren Größe herabgewürdigt wird"[285]. Denn eben diese Auswirkung des beschriebenen Wissenschaftsfortschritts und sie als die dem Menschen und dem Menschlichen drohende existentielle Gefahr erwies sich im Vorangegangenen immer von neuem. Sie stellte sich geradezu Seite für Seite als der problem- und themenbegründende Sachverhalt dar: Die Umwandlung der Person vom Subjekt zum Objekt des forschenden Zugriffs, mit ihr die Folge einer wachsenden Absage an Individualität und Eigenwert als definitiven menschlichen Selbstzweck, bildeten den gemeinsamen Nenner aller hier als bedenklich erörterten Entwicklungstendenzen und Ethikentwürfe. Konkretisiert in der beschriebenen Kooptationshaltung der Gesellschaft, die in immer entschiedenerer Anmaßung von Steuerungs- und Selektionskompetenzen die vorbehaltlose Annahme jedes Menschen verweigert, damit immunisiert gegen den Mißbrauch als beliebig verwendbare Floskel[286], lieferte der Gesichtspunkt der Instrumentalisierung und Denaturierung zum bloßen Objekt im obigen Text durchgängig die Begründung dafür, ein konkretes Eingriffsgeschehen zugleich als Verletzung auch der „Würde" des Menschen zu qualifizieren.

---

[285] S. die wiederholt schon zit. Ausführungen von *Dürig*, in: Maunz/Dürig (o. Fn. 10), Art. 1 GG, Rn. 28 sowie etwa auch Rn. 34 (ohne Hervorheb. i. O.); s. auch schon *ders.*, AöR 81 (1956), S. 117, 127; zur Vorbildwirkung Kants sowie zur Problematik der Bezugnahme als Legitimationsversuch s. etwa *Lorz*, Grund- u. Menschenrechtsverständnis (o. Fn. 2), bes. S. 71 ff., 125 ff. u. 271 ff.; *Stern* (o. Fn. 3), S. 7 ff., auch S. 35 ff.; *Dreier* (o. Fn. 5), Art. 1 GG, Rn. 11 ff.; *Graf Vitzthum*, MedR 1985, 249, 252; *ders.*, ARSP (o. Fn. 89), S. 119, 122; zur Rezeption der Dürig'schen Formel s. nur etwa *Stern*, a.a.O., S. 24 f.; Sachs/*Höfling* (o. Fn. 7), Art. 1 GG, Rn. 13; *Enders*, Menschenwürde (o. Fn. 7), bes. S. 20 ff., 156 ff.; *Häberle*, Rechtstheorie 11 (1980), 390 f., 408 f., 422; *Graf Vitzthum*, a.a.O., S. 119, 138 („Verbot, menschliches Leben schlechthin Zwecken zu unterwerfen, die prinzipiell außerhalb seiner selbst liegen"); s. in diesem Zusammenhang auch noch *U. Beck*, Risikogesellschaft, 1986, S. 334 f.; zur Kritik dieser Formel s. die Folgenote.

[286] S. zu solchen Kritiken an der Objektformel etwa *Hoerster*, JuS 1983, 93 ff.; Sachs/*Höfling* (o. Fn. 7), Art. 1 GG, Rn. 14; *Dreier* (o. Fn. 5), Art. 1 GG, Rn. 39; *Denninger* (o. Fn. 1), S. 25 ff.; *Birnbacher*, in: Leist (o. Fn. 28), S. 266, 276 ff.

(2) Diese Qualifizierung ergibt sich ferner auch dann, wenn man sich mit einer gleichfalls verbreiteten Methode der Annäherung an den Wesensgehalt der „Würde“ auf *letzte und äußerste Bedrohungen des Humanum* zurückzieht, um so der Tatsache Rechnung zu tragen, daß das verfassungsrechtliche Unantastbarkeitsgebot jede Abwägung mit den noch so gewichtigen Staats- oder Drittinteressen verbietet[287]:

Auch dann, wenn man etwa betont, daß hier „allein ein absoluter Kernbereich menschlicher Existenz“ i.S. von „Tabuverletzungen“ oder „schweren Beeinträchtigungen elementarer Persönlichkeitskomponenten“ geschützt sei[288], daß es um „den verfestigten, nicht mehr rückgängig zu machenden Autonomiegrad des Individuums, seine kulturell verfestigte Subjektstellung“ gehe[289] oder daß ein Kompositum aus dem „Verbot menschlicher Demütigung“ i.S. einer Herabwürdigung zum „Objekt“, aus der „Respektierung der Individualität des jeweils einzelnen in ihrem Grundbereich“ sowie aus der „Garantie einer menschengerechten Existenzgrundlage“ den Ausschlag gebe[290] - auch unter so weit zurückgenommenen Schutzgrenzen also ist der Tatbestand einer Würdeverletzung in unseren Fällen als erfüllt anzusehen. Denn eben mit der Verweigerung der vorbehaltlosen Annahme des Menschen in seiner körperlich-geistigen Kontingenz, mit dem Programm, ihn nach fremden Interessen zurechtzuzüchten oder aber zu eliminieren, und kurz also mit der Verneinung seines Wertes als Selbstzweck wird der „Kernbereich“ seiner Existenz angetastet, wird seine für die Kultur konstitutive „Subjektstellung“ als Prinzip preisgegeben und werden ihm in der weiteren Folge mit der Individualität auch die übrigen Bedingungen „menschengerechten“ Daseins entzogen.

Eine einfache Gegenprobe beweist das: In einer Gesellschaft, die ihren Mitgliedern gegenüber eine Korrektur- und Aussonderungsbefugnis beansprucht, die den Menschen also nach ihren Wünschen und Bedürfnissen umschöpft oder entfernt, besteht nach ihrem eigenen Wert- und Rechtsverständnis für den Schutz des Menschlichen nicht länger Bedarf. In ihr besteht auch kein Grund, seine Autonomie zu wahren oder die Basis seines Daseins zu garantieren. In einer solchen Gesellschaft herrscht vielmehr das gerade entgegengesetzte Prinzip. Sollen sich also die Definitionen nicht in Redensarten erschöpfen, soll vielmehr das Verbot der Würdeverletzung auch nach ihnen einen, wenngleich nur letzten Tabuschutz leisten, so sind die erörterten Konstellationen auch ihnen mit Gewißheit zu subsumieren.

---

[287] S. dazu o. in u. bei Fn. 15.

[288] So Sachs/*Höfling* (o. Fn. 7), Art. 1 GG, Rn. 16, 17; ähnlich etwa *Jarass* (o. Fn. 5), Art. 1 GG, Rn. 4 u. 10; *Starck*, Gutachten (o. Fn. 12), S. A 14; s. ferner schon o. bei u. in Fn. 10 ff.

[289] So *Blankenagel*, KJ 1987, 379, 387.

[290] So *Lerche*, Gentechnologie (o. Fn. 11), S. 102 f.; ähnlich auch *Enders*, EuGRZ 1986, 241, bes. 250 ff.

(3) Dasselbe gilt schließlich für ein gleichfalls verbreitetes, geradezu empirisch-sozialpsychologisch operierendes Bestimmungsverfahren. Danach soll die „Würde" als Schutzgut das umfassen, worauf „im Modell des Gesellschaftsvertrages gedacht ... zu verzichten niemandem zugemutet werden darf". Sie soll somit der „Inbegriff der Bedingungen" sein, „unter denen die Zustimmung von Menschen zu der ihre Gesellschaft regelnden Ordnung und insbesondere zur Ausübung staatlicher Gewalt allein gedacht werden kann"[291]. Und sie soll - so ein noch stärker auf Intuitivreaktionen als Instrument der Sondierung gestützter Erklärungsversuch - den Schutz „vor solchen Eingriffen" garantieren, vor denen „*unter allen möglichen Bedingungen verschont zu bleiben*", die „Gesamtheit der Gesellschaftsmitglieder" sicher sein müsse[292]. Daß aber die Anforderungen auch dieser „konklusiven" Bestimmungsversuche erfüllt sind, wenn man nur immer zu dem äußeren Eingriff die bestimmende innere Haltung gegenüber dem Menschen hinzunimmt, ist auch hier offenbar. Denn die Preisgabe eben der Eigenschaft, als Person Selbstwert und Selbstzweck zu sein, ist niemandem „zuzumuten". Von ihrer Verleugnung ist jedermann unbedingt zu „verschonen". Sie nämlich ist die Grund- und Primärbedingung dafür, daß der Mensch gegenüber der ihn umfassenden Ordnung überhaupt eine „Zustimmung" bilden und diese dann auch mitteilen kann.

III. Die Notwendigkeit der Erstreckung des Würdeschutzes auf neuartige Gefährdungen des Menschen als Selbstzweck

1. Das Gebot der Aktualisierung des Schutzes als Ausgangspunkt

Bedarf es danach keiner neuen oder extensiveren Auslegung des Würdebegriffs, und bedarf es namentlich keiner Vernutzung dieses Wertes in „kleiner Münze", so ist doch gegenüber dem hier verfolgten Geschehen über die Revitalisierung der Unantastbarkeitszone hinaus zugleich auch deren „Aktualisierung" geboten: Um die neuen Erscheinungsformen einer Gefährdung des Menschen in seiner Selbstwert- und Selbstzweckeigenschaft als mögliche Würdeverletzungen zu erfassen, um insbesondere also den Instrumentalisierungstendenzen von Fortpflanzungsmedizin und Humangenetik im weitesten Sinne würdewahrende Grenzen zu setzen, ist das Schutzgebot, das den Text der Verfassung eröffnet, anzupassen an den je neuen Fundamentalschutzbedarf der je neuen Zeiten. Die „Würde" des Menschen muß also, weil sie auch und gerade unter den Gegebenheiten der Zukunft zu sichern bleibt, in ihrer Inhaltsbestimmung an deren Veränderungen angepaßt wer-

---

[291] So *Podlech*, Alternativkommentar (o. Fn. 18), Art. 1 GG, Rn. 15, s. auch noch Rn. 20 u. 68.

[292] So einer der Umschreibungsversuche von *Birnbacher*, in: Leist (o. Fn. 28), S. 277 (Hervorheb. von mir).

den. Andernfalls drohte eine in einem Elementarbereich buchstäblich „würdelose“ Gesellschaft.

2. Die Unschlüssigkeit der Berufung auf die Freiheit von Forschung und gesetzgeberischer Gestaltung als Gegenargument

a) Der offenbar verbreiteten, zumeist freilich nur mehr unterschwellig und undeutlich bekundeten Gegenmeinung[293] ist schon in ihrem „politischen“ Motiv nicht zu folgen. Denn soweit sie - wie wohl in aller Regel[294] - der Sorge entspringt, ein wuchernder Einsatz der „Würde“ müßte als beliebig verfügbares Mittel der Tabuisierung den wissenschaftlichen Fortschritt behindern, namentlich den der genannten zukunftsträchtigen Disziplinen, wird sie dem Sinn eines solchen Aktualisierungspostulats nicht gerecht: Die Forderung nach zeitgemäßer Öffnung hat nicht den Zweck, an die Bejahung einer Würdeverletzung geringere Anforderungen zu stellen. Vielmehr geht es ihr darum, das oberste Schutzgebot für *neue* Anforderungen verfügbar zu halten, so daß es auch gegenüber Eingriffen zwar anderer Art, aber nicht minderer Schwere seine Geltung entfaltet. Diese Bestimmung mag hier wie sonst nicht den Mißbrauch verhindern. Sie steht hier wie sonst aber der radikalen Alternative entgegen, zur Vermeidung jeglichen Mißbrauchs auch den berechtigten Zweck preiszugeben.

b) Beachtet man das, so erweisen sich der Einwand einer Behinderung von Forschung und Fortschritt wie die Besorgnis einer Lähmung der gesetzgeberischen Gestaltungsfreiheit als direkt zirkulär. Denn der begrenzte Zweck einer auch diesen Werten entgegengesetzten Unantastbarkeitsgrenze ist die „Behinderung“ gerade solcher Maßnahmen und Programme, die eine der „Würde“ verpflichtete Ordnung *niemals*, also auch nicht gegen einen noch so hohen Fortschrittsgewinn zu gestatten bereit ist. Die Aktualisierung dieses Schutzguts inhibiert also nichts, was nicht ohnehin schon konzessionslos verboten wäre. Aus der Sorge um den Wissenschaftsfortschritt ließe sich folglich logisch wie sachlich einer Aktualisierung der „Würde“ nur dann widersprechen, wenn dieser Fortschritt in der geltenden Ordnung *um jeden Preis*, also ohne jede Unterordnung unter ein höheres Gut verfolgt werden sollte. Er wäre mithin nur in einer monomanischen Wissenschaftsgesellschaft berechtigt, die einen szientistischen Mißbrauch nicht kennt und die deshalb die Forschung auch dort noch betreibt und

---

293 Deutlich aber etwa *Lerche*, Gentechnologie (o. Fn. 11), S. 88, bes. S. 109 ff.; *Dreier* (o. Fn. 5), Art. 1 GG, Rn. 62; s. ferner etwa *Struck*, ARSP (o. Fn. 261), S. 110 ff.; *Neumann*, das., S. 143 ff.; *Köbl*, Festschr. für Hubmann (o. Fn. 94), S. 161, 185 ff.; *Enders*, EuGRZ 1986, 241, 249 u. 250 ff.; *Blankenagel*, KJ 1987, 379, 386 ff.; s. auch schon Fn. 11; s. demgegenüber aber die bemerkenswert unbefangene Einzelfallprüfung u. -entscheidung von *Häberle*, in: Isensee/Kirchhof (o. Fn. 5), Rn. 84 ff.

294 Das belegen mehr oder minder deutlich alle hiervor Genannten.

antreibt, wo ihre Wirkungen und Erfolge sich gegen den Menschen zu kehren beginnen.

c) Damit erledigt sich auch die beliebte Empfehlung dieses um den Fortschritt besorgten Lagers, „neu erwachenden Schutzbedürfnissen durch Ausbau der allgemeinen Rechtsordnung Rechnung zu tragen“[295]: Solche einfachgesetzliche Reglementierung mag hilfreich, weil orientierend sein. Sie kann jedoch den spezifischen Schutz, den die geltende Ordnung der „Würde“ zuweist, weder sachlich noch dogmatisch ersetzen. Und sie kann folglich dort, wo konkret die „Würde“ verletzt ist, den Rückgriff auf diesen Schutz nicht verhindern.

Dasselbe gilt auch und erst recht, soweit man die Fortschreibung des Schutzgehalts der menschlichen Würde als „Neuetablierung eines Tabus“ denunziert und statt dessen die „Verstärkung des demokratischen Diskussionsprozesses“ als Alternative empfiehlt[296]: Zwar ist auch einem solchen Klärungsprozeß hier so wenig wie sonst zu wehren. Auch der „demokratisch“ organisierten Debatte mit ihrem naturgemäß offenen Ausgang aber kommt nicht die Entscheidung darüber zu, ob und nach welchem Maßstab einem Mitglied des „Demos“ die Elementarteile des Menschseins zu- oder aberkannt werden: Die „Würde“ und das, was sie konstituiert, sind weder Resultat noch Gegenstand von Mehrheitsbeschlüssen!

3. Die Gefahr der Entbindung des Fortschrittsstrebens von der Beachtung der Menschenwürde als maßgeblicher Gesichtspunkt

a) Die Verfehltheit des Postulats einmütiger Wertanerkennung

Nicht zu folgen ist den erörterten Lehren aber namentlich auch insoweit, als sie ihre Skepsis oder Ablehnung gegenüber einer Öffnung der „Würde“ für neue Gefahrpotentiale gerade aus deren „Wesen“ zu begründen versuchen. Im Gegenteil zeigt sich hier ein weittragendes Fehlverständnis dieses obersten Schutzguts:

Keineswegs „widerrät ... der interpretativen Ausdehnung des Art. 1 GG angesichts angenommener neuer Schutzbedürfnisse“ schon die „einfache Tatsache“, „daß es einen sehr guten Sinn hat, den Schutzbezirk der Menschenwürde auf jenem engen Raum festzuhalten, ... der sich auf selbstverständliche Übereinstimmung zu stützen vermag“[297]. Denn gewiß ist zwar neben der Ausnahms- und

[295] So *Lerche*, Gentechnologie (o. Fn. 11), S. 88, 111; s. ferner *Enders*, EuGRZ 1986, 241, 242 ff.; *Dreier* (o. Fn. 5), Art. 1 GG, Rn. 62.

[296] So *Struck*, ARSP (o. Fn. 261), S. 110, 117; ähnlich auch der Verhaltensvorschlag von *Köbl* (o. Fn. 95), S.189 ff.

[297] So *Lerche*, Gentechnologie (o. Fn. 11), S. 88, 110; in vergleichbarem Sinne äußern sich ferner etwa *Blankenagel*, KJ 1987, 379, 389 ff.; *Maihofer*, Menschenwürde (o. Fn. 5), S. 80.

Bedingungslosigkeit auch „die selbstverständliche Verteidigungsbereitschaft des so geschützten Gehalts seitens der Rechtsgenossen“[298] ein Indiz für die Bestimmung dessen, was die „Würde“ konstituiert. Das wurde hiervor schon betont und beachtet. Das Merkmal des „Einmütigen“[299] ist aber auch *nur* ein Indiz. Es kennzeichnet etwa die Gegenwartshaltung zur traditionellen Deutung der „Würde“. Es stellt jedoch kein schlechthin spezifizierendes, unabdingbares Kriterium dar. Denn will man den unhintergehbaren Wert, den man mit der „Würde“ umschreibt und mit der „Unantastbarkeit“ als unverlierbar bestimmt, nicht doch wieder an die Variable der herrschenden Meinungen binden und damit vollständig relativieren, hält man vielmehr fest an dem eingangs genannten Dogma der Absolutheit, so gilt es, gerade umgekehrt zu erkennen: Nach der tragenden Rechts- und Moralvorstellung verliert dieser Wert keineswegs seine Geltung, wenn man ihn nicht mehr mit „Selbstverständlichkeit“ und „Einmütigkeit“ anerkennt und verteidigt. Er bleibt im Gegenteil unverändert und eben unverlierbar bestehen, selbst wenn man ihn verbreitet bestreitet und angreift. Er entfaltet in diesen letzteren Fällen richtigerweise überhaupt erst seine rechtlich erhebliche Wirkung. Denn erst hier setzt er sich um in einen aktuellen Anspruch auf Achtung und Schutz seines Trägers.

b) Die Herabsetzung der axiomatischen „Würde“ zur disponiblen Größe

aa) Der Grundeinwand gegen diese Lehre wird damit deutlich: Ihrer Forderung, die „einzigartige Substanz des Art. 1 GG“ nicht durch die Einbeziehung „neu erwachender Schutzbedürfnisse“ zu „verbreitern“ und zu „verdünnen“[300], liegt eine Vermengung von Faktischem und Normativem zugrunde. Deshalb verkennt sie, daß das Kriterium der Selbstverständlichkeit und Geschlossenheit der Wertüberzeugung dort, wo es vorliegt, zwar die „Würde“ in ihrem Rang reflektiert, daß es sie aber *nicht konstituiert*. Sie mißachtet, daß die sozialtypische psychische Reaktion nicht identisch ist mit dem Gegenstand, der diese Reaktion auslöst.

bb) Indem sie aber dieses Verhältnis verkennt und verkehrt, verzeichnet diese Lehre die „Idee“ der „Würde“ in der geltenden Ordnung: Sie verändert sie von einem dieser Ordnung vorgegebenen Wert zu einer von ihr erst zu schaffenden Größe, nämlich eben zu einem durch „Anerkennung“ zu kreierenden Gut. Sie kehrt das auslegungsleitende Präexistente ins Resultat der Auslegung um: Das Axiom wird bei ihr zum Diskursergebnis. Und in der Sache entspricht sie damit einer tiefer angelegten analogen Doktrin, die Art. 1 Abs. 1 GG als eine „Rechtsutopie“ und „politische Konzeption“ deutet, „welche sich die Würde des Menschen nicht nur als ein schon Bestehendes und Feststehendes, sondern als ein

---

[298] So *Lerche*, a.a.O., S. 110 f.

[299] So *Lerche*, a.a.O., S. 111; s. auch noch u. bei u. in Fn. 303.

[300] So *Lerche*, a.a.O., S. 111; s. ferner ähnlich *Enders*, EuGRZ 1986, 241, 251 f.; *Neumann*, ARSP (o. Fn. 16), S. 139, 151; *Dreier* (o. Fn. 5), Art. 1 GG, Rn. 62.

noch Ausstehendes und Offenstehendes zum Zwecke macht"[301]: Die „Würde" beherrscht nach dieser Sicht nicht mehr Staat und Gesellschaft, indem sie als kategorisches Schutzgut deren Normen bestimmt. Vielmehr beherrschen nach ihr gerade umgekehrt Staat und Gesellschaft die „Würde", indem sie sie durch ihren fallweisen - damit aber auch *zu*fallsweisen! - Konsens erst erschaffen. Das nach höchstem Dekret moralisch und rechtlich oberste Gut stellt sich hier also, wie genereller oben schon dargelegt, als das Ergebnis eines sozialen Stiftungsakts dar.

cc) Zu beachten ist nicht zuletzt eine weitere Folge: Mit dieser Konsequenz einer Deutung, die den axiomatischen Wert zu einer disponiblen Größe herabsetzt, stellen die Anhänger solcher Lehren nicht nur die Funktion der „Würde" direkt auf den Kopf. Und sie verfehlen folglich diese selbst nicht nur in ihrem positiv festgelegten innersten Wesen. Sie erliegen damit namentlich auch - mit allen gefährlichen Ferneffekten dieser Relativierung selbst des obersten Grundwerts - einer Ironie ihrer eigenen Dialektik: Als starrste und beharrendste Deutung der „Würde" öffnen sie diese unterderhand dem ungezügeltsten Dezisionismus. Sie machen sie, fort- und zuendegedacht, zu einer zeitgeistakzessorischen Größe. Und sie nehmen sie damit zugleich in Dienst: Auch die „Würde" wird so - immer weitergedacht - zu einem gefügigen ideologischen Mittel sozialer und rechtlicher Steuerung.

c) Die Preisgabe der unantastbaren „Würde" gegenüber neuen Gefährdungen

aa) Theoretisch wie praktisch fast bedenklicher noch ist jedoch die enge Beschränkung der unantastbaren Würde, die die genannten Definitionen bezwecken. So verfehlt ihre Deutung als Konsensresultat schon ihre geistes- und rechtsgeschichtliche Basis in der geltenden Ordnung. Denn nicht dem Drang einer „selbstverständlichen Übereinstimmung" ist ihre positivistische Anerkennung und Betonung entsprungen. Im Gegenteil war es das Erlebnis einer bis dahin nicht vorstellbaren Mißachtung und Verneinung der menschlichen Würde, die das Bewußtsein für deren fundamentale Bedeutung geweckt und zu der Entscheidung verstärkt hat, ihr einen ranghöchsten, zudem ausnahms- und bedingungslosen Schutz zuzuweisen[302]. Alle Versuche, diesen Schutz auf einen historisch einmaligen, sachlich abgeschlossenen Konsens zu beschränken, sind damit in ihrer Mißdeutung der Genese geschichtsfremd. Und zugleich erweisen sie sich in ihrer Verkennung gerade der permanenten und immer neuartigen Bedrohtheit der „Würde" als realitätsabgehoben und lebensfremd.

---

[301] So - in Anlehnung an *Ernst Bloch*, Naturrecht u. menschliche Würde, 1961, S. 81 ff. - *Maihofer*, Menschenwürde (o. Fn. 5), S. 80 (ohne die Hervorheb. i. O.); dagegen etwa *Spaemann*, Scheidewege, Bd. 15 (1985/86), S. 29 ff.; s. dazu o. Fn. 275.

[302] S. dazu o. bei u. in Fn. 282; s. ferner etwa *Stern* (o. Fn. 3), S. 18 f.

bb) Offenkundig ist das kritisierte Verständnis aber auch positivrechtlich und rechtsdogmatisch nicht haltbar. Vielmehr spricht derselbe Einwand, der sich aus der Herkunft der Verfassungsbestimmung ergab, entsprechend für eine der Doktrin entgegengesetzte Bestimmung auch des gesetzlichen Ziels:

Schon der Erlaß eines Gesetzesbefehls macht als solcher deutlich, daß der Verfassunggeber keineswegs davon ausging, die „Würde" werde inhaltlich durch Werte bestimmt, die ein allgemeiner und selbstverständlicher Verteidigungswille umhege, sie sei deshalb ihrer Funktion nach darauf beschränkt, den „Sinn des Einmütigen" zu bewahren und mit ihm also auch nur das „Einmütige" zu beschützen[303]. Denn Normen und namentlich solche, die den Stadien instinktiver Moral und lediglich ethischer Regeln entwachsen, die vielmehr zu Gesetzen und hier zur obersten Verfassungsnorm avanciert sind, verfolgen nicht als funktionslose Deklaration die Bestätigung dessen, was allgemein gilt und endgültig anerkannt ist. Sie wollen im Gegenteil wirklich regeln. Und sie setzen deshalb voraus, daß der Gegenstand ihrer Regelung durch Streit und Uneinigkeit bedroht ist. Ihr Ziel sind folglich nicht die Bereiche des selbstverständlich und einmütig Akzeptierten, die Gefilde des eitlen Konsenses also. Ziel ihres Geltungs- und Gestaltungsbefehls ist ein Bereich des Konflikts, und es ist hier bei der obersten Norm das Feld des denkbar elementarsten Konflikts.

cc) (1) Die Einsicht, daß das Achtungsgebot zugunsten der „Würde" auch und vor allem seine Geltung entfaltet, wo die Einmütigkeit der Werthaltung nicht mehr besteht oder wo sie bedroht ist, macht schließlich auch die wohl gravierendste Fehlkonsequenz jeder „statischen" Deutung dieses Guts offenbar: Eine solche Deutung ist auch rechtspolitisch und -praktisch nicht tragbar. Denn machte man ernst mit ihrem Verständnis des Rechtsguts, so würde dieses in seiner Funktion gleichsam eingefroren: Sein Schutz bliebe beschränkt auf die konkrete - und immer zufällige - Konstellation, die den Akt der Positivierung initiiert hat und deren Beurteilung sich als Wertkonsens der Gesellschaft zu erhalten vermochte. Er könnte in der Tat also - ganz dem theoretischen Ansatz dieser Lehre entsprechend, deren praktische Ziele aber doch wohl weit überschießend - neue Gefährdungen nicht erfassen. Diese blieben als Ausdruck konsensferner Fundamentalkontroversen vielmehr schon begrifflich-definitorisch außerhalb seines Geltungsbereichs: Die Deutung, die aus Sorge vor dem interpretativen Exzeß, der die Forschungs- und Gesetzgebungsfreiheit bedrohen könnte, ihrerseits interpretativ alle neuartigen Schutzbedürfnisse aus der Unantastbarkeitszone der „Würde" ausschließt, stände hier der Anpassung des Rechts an die Realitäten unüberwindbar im Wege.

(2) Nicht erfaßt und eben auch schon definitionsgemäß nicht erfaßbar wäre damit aber namentlich auch die hier verfolgte Entwicklung: Die beschriebenen

---

[303] S. dazu noch einmal *Lerche*, Gentechnologie (o. Fn. 11), S. 111 sowie schon o. bei u. in Fn. 299; treffend betont *Cancik* (o. Fn. 13), S. 76, man dürfe, „da der Staat die Menschenwürde schützen soll, folgern, daß diese antastbar ist".

Sparten der Forschung am Menschen würden zu einem würdeschutz-exemten Bereich. Die Frage, ob ihre Eingriffsakte auf die Heilung des Betroffenen zielen oder ob sie, im Schutzziel gerade entgegengesetzt, individuellen oder kollektiven Interessen Dritter an wunschgemäßer Nachkommenschaft oder eugenisch optimaler Bevölkerung dienen, wäre nicht mehr zu stellen. Der epocheprägende Vorgang, daß sich im Prozeß der Unterwerfung der Natur durch den Menschen die Subjekt-Objekt-Beziehung verkehrt, daß diese Unterwerfung nämlich mit der künstlichen Rekonstruktion des Menschen auf das Subjekt durch- und zurückschlägt, so daß dieses seinerseits zum Objekt wird, alles das wäre trotz seiner grundstürzenden Bedeutung nicht mehr unter dem Gesichtspunkt einer Verletzung der „Würde" zu prüfen.

(3) Das Endresultat spricht für sich: Selbst schon die Prüfung, erst recht die Bejahung einer Verletzung der „Würde" des Menschen bliebe gerade dort ausgeschlossen, wo der auf Naturunterwerfung versessene Mensch Gefahr läuft, von seiner Natur unterworfen zu werden. Beide fielen als Mittel letzter Warnung und Vergewisserung aus, wo ihm droht, eben das, was er an Herrschaft im Übermaß anstrebt, in totaler Verfügbarkeit zu verlieren. Es bliebe also nach dieser Doktrin - ihren Ansatz immer zuendegedacht - gerade das schicksalbestimmende Zukunftsgeschehen, das bei allem Segen unbestritten auch die größte Gefährdung des Menschen bedeutet, in einem absurden Dispens von der Beachtung der Menschenwürde entbunden.

D. Die Sicherung des „Menschlichen" in Zeiten der Werteunsicherheit

I. Die Garantie eines lebensgerechten Vitalgüterschutzes

1. Die Revitalisierung und mit ihr die Aktualisierung von Verständnis und Auslegung der menschlichen Würde an dem je neuen Fundamentalschutzbedarf der Epoche sind danach nicht zu umgehen: Sie treten der interpretativen Entrückung dieses „tragenden Konstitutionsprinzips" der Verfassung entgegen [304]. Denn sie wehren seiner Auflösung in eine anämische Abstraktion, die keine konkrete Entscheidung mehr zuläßt. Zugleich wirken sie einem technik- und wissenschaftsbedingten Veralten entgegen, das die „Würde" dem Fortschritt hilflos preisgeben würde. Und nicht zuletzt verhindern sie mit diesen beiden Effekten, daß die hiervor dargestellte dialektische Relativierung die „Würde" über kurz oder lang zu einer dem Zeitgeist verfügbaren Größe entwertet.

---

[304] Zur Terminologie s. schon o. bei u. in Fn. 3.

2. Diesen Abwehrerfolgen entspricht der Substanzgewinn der Figur. Mit ihrer Revitalisierung und Aktualisierung behält die „Würde" eine präzise Aufgabe in der Moral- und Rechtsordnung der Gesellschaft. Diese sichert ihr einen zeitgerechten, damit lebendigen Schutzzweck: Mit der Wiederbelebung des Zwecks der „Würde", in den Bereichen der abwägungsoffenen Lebensgüter dem wie immer begründeten Eingriff letzte, unüberwindbare Grenzen zu setzen, erhält dieses Grundprinzip eine konkrete Funktion. Mit der Leit- und Ordnungsaufgabe, den Eingriff in diese Güter konzessionslos immer dort zu verbieten, wo er fremdnützig motiviert ist, gewinnt das oberste Verfassungsgebot vitale Bedeutung. Denn es entfaltet sich dann eben in den vitalen Gütern des Menschen. Es zwingt als Gebot des Schutzes einer in diesen Lebensgütern immer wieder und immer auf neue Weise gefährdeten Würde zur „Wachsamkeit", zur „'ethischen Unruhe'" gegenüber jedem neuen „Entpersönlichungsvorgang, der den Menschen zum Objekt entwürdigt"[305]. Es sichert kurz also den Menschen auch in der Zukunft davor, dem Ingenium der eigenen Gattung zum Opfer zu fallen.

3. Insgesamt wirkt das Gebot der unbedingten Achtung der menschlichen Würde in diesem Verständnis der genannten Entwicklung entgegen, daß die moralverändernde Wirkung des Fortschritts auch die letzte, für die gesellschaftliche Stabilität unverzichtbare Wert- und Schutzbastion schleift: Es begründet das strikte Verbot jeder fremdnützigen Lebenswertprüfung. Es schließt damit aus, ein Individuum fremden individuellen oder kollektiven Interessen dienstbar zu machen. Namentlich wehrt es dieser Instrumentalisierung und Kolonisierung auch in der gleitenden, zunächst scheinbar unverdächtigen Form, wie sie dem Menschen durch das derzeit noch diffuse Phänomen einer autogenen, durch den Wissenschaftsfortschritt bedingten wachsenden Manipulierbarkeit droht. Und es sichert damit als das strikte Verdikt selbst schon der Denkkategorie eines extern bestimmten „lebensunwerten Lebens" die Sicherung des „Menschlichen" auch und gerade in Zeiten, die durch eine fundamentale Wertunsicherheit labil geworden und deshalb dem Menschen gefährlich sind.

II. Die Wahrung der Forschungsfreiheit

1. Mit der skizzierten Sicht sollte zugleich ein Lösungsweg dafür aufgezeigt sein, wie die Achtungsansprüche aus der Unantastbarkeit der menschlichen Würde mit dem Grundwert der Freiheit der Forschung harmonisiert werden können. Denn von vornherein darf nicht zweifelhaft sein: Die genannten Postulate, die sich aus dem Schutzbedarf des obersten Gutes ergeben, lassen sich nicht als Technik- oder Wissenschaftsskepsis, gar als Fortschrittsfeindlichkeit denunzieren. Die Mobilisierung der „Würde" als Ferment eines gewachsenen Wertsystems, das diesen Ba-

---

[305] So auch besonders anschaulich - dort freilich im konkreten Zusammenhang mit den Formen künstlicher Insemination - *Dürig*, in: Maunz/Dürig (o. Fn. 10), Art. 1 GG, Rn. 39.

siswert in seine einzelnen Rechtsgüter aufnimmt und ihn dort - immer als die beschriebene letzte und spezifische Sperre - jeweils bereichsspezifisch zu praktischer Wirksamkeit bringt, verfolgt keine Abkehr von Forschung und Fortschritt. Sie setzt im hiesigen Kontext nur eine einzige Schranke. Und diese Schranke ist hier klar begrenzt und begründet, weil sie eben dem Wertsystem selbst immanent ist.

2. Die Menschenwürde zieht der Forschungsfreiheit nur und erst dann eine Grenze, wenn sie individuell nicht mehr das Wohl des betroffenen Menschen verfolgt oder überindividuell nicht mehr das aller Gruppen innerhalb der Gesellschaft als den Verbindungen von je gleich- und eigenwerten Personen. Sie wird mithin zur Sperre der Forschungsfreiheit erst dann, wenn diese sich in der dargestellten spezifischen Weise der Transformation des Subjekts zum Objekt gegen den Menschen selber richtet. Dort aber, wo dieses Umschlagen droht, ist die Begrenzung der Forschung auch ein vitales Gebot. Denn diese verläßt hier ihren internen Freiraum. Sie löst umstürzende Individual- und Sozialfolgen aus. Folglich stößt sie unvermeidbar auf elementare gegenläufige Rechte Dritter. Und sie hat sich deshalb nach allgemeinem, auch der Verfassung immanentem Rechtsvorbehalt, der die Forschungsfreiheit nicht ausnimmt[306], an Rang und Bedeutung dieser Gegenbelange zu messen. Das aber heißt im hier verfolgten Konflikt: Sie stößt auf unübersteigbare, weil eben durch die Menschenwürde gesetzte Grenzen. Denn diese sind, wie oben gezeigt, jedenfalls dann überschritten, wenn man in Konsequenz dieser Forschungs- und Fortschrittsfreiheit einzelne Mitglieder der Gesellschaft ablehnt oder „verwendet", eliminiert oder „optimiert" zugunsten fremder individueller oder kollektiver Interessen.

3. Die Plausibilität wie die Unverzichtbarkeit dieser der Forschungsfreiheit durch die Menschenwürde gezogenen letzten Grenze sind somit im hier diskutierten Bereich von unmittelbarer Einsichtigkeit. Sie sind folglich auch sozialtypisch offenkundig und deshalb zu allgemeinem Konsens zu vermitteln. Blieben trotzdem noch letzte Zweifel, so würde sie der Blick auf die Fernkonsequenzen zerstreuen, die sich aus dem Potential der einschlägigen Wissenschaftssparten ergeben:

Wie wiederholt schon anklang, begründet die sog. Zukunftsmedizin neben allen Hoffnungen die Gefahr, daß der Mensch *als solcher* zum Mittel seiner Mitmenschen wird. Denn die „Optionen", Glücksmaximen und Wertmaßstäbe einer Gesellschaft, die sich von unveränderlichen Letztwerten dispensiert hat, unterliegen häufigem Wandel und jederzeitiger Wandelbarkeit. Dasselbe gilt für das Objekt der Bewertung und also für die Konstitution des jeweiligen konkreten Probanden. Damit kann *niemand sicher sein, daß er den Ansprüchen seiner Umwelt*

---

[306] S. dazu nur etwa Sachs/*Höfling* (o. Fn. 7), Art. 5 GG, Rn. 223; *Graf Vitzthum*, MedR 1985, 249, 253; *Enders*, EuGRZ 1986, 241, 248; *Starck*, Gutachten (o. Fn. 12), S. A 19; jew. m. w. Nachw.

entspricht und daß dieser Zustand bejahendenfalls dauerhaft anhält. Jeder hat vielmehr jeden Moment zu befürchten, daß er vor dem Qualitätstest seiner Gesellschaft versagt, daß diese ihn deshalb als unerwünscht ablehnt oder aber zwecks „Optimierung" einer „meliorativen" Behandlung durch andere zuweist. Potentiell und also immer in den schon heute extrapolierbaren Folgen wird damit bei konsequenter Weiterentwicklung über kurz oder lang *jeder* Mensch *jedem* anderen Menschen verfügbar. Jeder wird folglich jedem zur permanenten Bedrohung. Wo aber eine solche Entwicklung die Gesellschaft bis hin zum status naturalis zurückwirft, wo sie ihre Zivilität bis in die Fundamente zerrüttet, muß die „Würde" als letztes Refugium des Humanum ihre humanen Schutzfunktionen entfalten. Wo - wie es in Ansätzen längst schon geschieht - der „Fortschritt" den Einzelnen in Angst und Selbstschutzreaktionen hineintreibt, dort ist im ureigensten Sinne des Wortes ein „menschenwürdiges" nicht möglich. Schon die Selbsterhaltung der Population in der Lebensform der Zivilgesellschaft verlangt hier folglich die Abwehr auch und gerade des forschungsbegründeten Zugriffs.

III. Die Verhinderung eines blutleeren Würdeschutzes

1. Diese Abwehrhaltung gegenüber einem den Menschen instrumentalisierenden Fortschritt, die seine „Würde" als letzte Waffe ins Feld führt, mag - daran ist zu erinnern - in einer Zeit stabiler Wertegewißheit entbehrlich erscheinen. Die stete, wiederholt zitierte Beschwörung, das oberste Gut sei nicht im Tagesgeschäft zu vernutzen, zeigt die Verbreitung dieses Empfindens. Und in der Tat ist auch anzuerkennen: Solange die Sakrosanktheit des Menschen als Selbstverständlichkeit akzeptiert ist und solange bei Kollisionen mit fremden Interessen über die Güterabwägung intuitive Sicherheit herrscht, wird der Schutz der Lebensgüter des Menschen schon durch die Alltagsmoral garantiert. Diese bedarf hier noch keiner letztmoralischen Additive. Wäre sich die Gesellschaft also ihrer grundsätzlichen Werte gewiß, brauchte sie über die „Würde" kein Wort zu verlieren!

Wie die Gesamtdarstellung und namentlich die den Zeitgeist extrapolierenden modernsten Ethikentwürfe gezeigt haben sollten, ist diese Moral- und Rechtsgewißheit jedoch im Schwinden begriffen. Sie kommt immer weiteren Schichten abhanden. Unter der Erfahrung der Dialektik des Fortschritts sind deshalb die tradierten Tabubereiche nicht mehr intuitiv schon gesichert. Insgesamt ist die gewachsene Werthierarchie vielmehr bis in die Fundamente erschüttert. Sie stiftet damit nicht mehr Konsens. Und sie gewährleistet folglich auch nicht mehr für sich schon den Schutz der bedrohten Interessen. Im Gegenteil weicht sie einer völlig neuen und unerprobten Dimension individueller wie kollektiver Unsicherheit und Gefährdung: Sie steht vor der erwähnten[307] dritten, gleichsam nach-Hobbes'schen fundamentalen Herausforderung, die den Menschen nach der Bedrohung durch seinesgleichen und nach dem Ausgesetztsein gegenüber dem eigenen Staat zu-

[307] S. o. unter A III 2 c.

nehmend dadurch gefährdet, daß sie ihn vom Subjekt zum Objekt, vom Schöpfer zum Opfer seiner selbstgeschaffenen Wissenschaft und Technik verändert.

2. Angesichts einer solchen Entwicklung aber bleibt in der Gegenwartslage als einer Situation wachsender Wertaporie nur der Rückgriff auf das letzte Tabu der säkularen Gesellschaft. Die axiologische und funktionale Verbindung der Lebensgüter mit der „Würde" als oberstem Wert wird unter solchen Gegebenheiten zum Zwang. Denn anders entfiele in dieser Epoche der Suche und Umordnung aller Werte die letzte, jetzt entscheidende Orientierung. Es unterbliebe damit die Rückbesinnung darauf, daß diese moderne Relativierung und Instrumentalisierung des Menschen spätestens durch ihre treibende innere Haltung über die Lebensgüter hinaus auch die menschliche Würde berührt: Man ließe das entscheidende Moment außer acht, daß diese Tendenzen durch ihre Motivation, nämlich gerade durch ihre Einstellung und „Haltung" gegenüber den physisch-realen Gütern des Menschen auch dessen geistig-ideales Höchstgut verletzen. Und insgesamt würde man damit ignorieren oder verdrängen, daß diese Entwicklung auf eine neue und in der Tat dann „praktische" Ethik hinausläuft, auf eine Lebensführungsmaxime nämlich, die dem Menschen faktisch wie konzeptionell die vorbehaltlose Hin- und Annahme durch die Gesellschaft verweigert, die sein Lebensrecht vielmehr an die Erfüllung autokratisch gesetzter und eigennützig bestimmter Qualitätsstandards bindet und die ihn selber diesen Zielen gemäß zurechtzüchtet oder eliminiert.

3. Es liegt auf der Hand, daß sich die Nichtbeachtung eines solchen Geschehens verbietet, daß dieses vielmehr die Mobilisierung aller Abwehrressourcen und damit eben auch die der Menschenwürde verlangt. Denn mit der Verwirklichung dieser Verwandlung des Menschen zum Mittel und Objekt der Gesellschaft wäre nicht nur zugunsten der Verfügbarkeit seiner Lebensgüter entschieden. Mit ihr wäre auch das Schicksal seiner „Würde" besiegelt:

Deren weitergepflegte, zunehmend exaltierte Beschwörung als unantastbares Gut geriete zur sedierenden Kompensation der Abkehr von der Sakrosanktheit des Lebens. Ihr Schutz würde damit substratlos und folglich gegenstandslos. Sie selbst würde - wo nicht zum Mittel der Manipulation der Gesellschaft! - zum rein symbolhaften Gut, gleichsam zum zeichenhaften Ersatz für den natürlichen Träger. Das Gebot, das die hier verfolgte Entwicklung begründet und das deshalb unter den Zeitumständen den Rückgriff auf die Menschenwürde als letztes und oberstes Schutzgut erzwingt, ist damit in aller Klarheit zu formulieren: Es gilt angesichts der dargestellten Tendenz zu verhindern, daß der umfassende, zivilitätsbegründende Schutz des Menschen, wie er als Elementaraufgabe jeder gesellschaftlichen Ordnung obliegt, bei wachsender Verklärung der „Würde" des Menschen zunehmend die Sicherung seines Lebens verfehlt. Es gilt folglich einer Entwicklung zu wehren, in deren Konsequenz sich seine Bejahung und Achtung verflüchtigt zu blutleer-symbolhaften Akten, in deren Folge sich damit der Menschenschutz zu einer Art Denkmalschutz wandelt.

Die Verdeckte Gewinnausschüttung - eine Bestandsaufnahme

Wolfgang Schön

I. Einkommen und Steuerkraft juristischer Personen

Seit dem Inkrafttreten des PrEStG 1891 gehört es zu den Selbstverständlichkeiten des deutschen Steuerrechts, daß die Einkommensteuer darauf gerichtet ist, das tatsächliche Einkommen einer Person zu erfassen. Während die Vorläufergesetze, vor allem das PrEStG 1851, noch in grober Weise anhand scheinbar objektiver Richtgrößen versucht hatten, die Steuerkraft als „Soll-Ertrag" auszugestalten[1], liegt eine der großen Leistungen der v.Miquel'schen Steuerreform in der Durchsetzung einer auf die individuellen Verhältnisse zugeschnittenen Ist-Besteuerung. Nur wer tatsächlich ein Gewerbe betreibt oder den Tatbestand einer anderen Einkunftsart verwirklicht, wird zur objektiven Steuerpflicht herangezogen. Nur wer tatsächlich und mit Einkünfteerzielungsabsicht eine Mehrung seines Betriebsvermögens oder einen Überschuß der Einnahmen über die Werbungskosten erwirtschaftet, konstituiert eine positive Bemessungsgrundlage, auf welche der gesetzliche Steuertarif angewandt werden kann.

Das Einkommensteuerrecht nimmt damit in Kauf, daß eine natürliche Person ihre Fähigkeiten brachliegen läßt, ihr Vermögen nicht optimal nutzt[2]. Nicht das durchschnittlich mögliche oder gar maximale fiktive Einkommen einer Person, sondern der tatsächliche, am Markt verwirklichte Reinvermögenszuwachs konstituiert das Objekt der Einkommensbesteuerung. Auch wenn die reine Lehre der Ökonomie dies als Subventionierung der Trägheit brandmarkt, hat doch auch die moderne Finanzwissenschaft erkannt, daß die Besteuerung fiktiver Einkünfte schwer zu praktizieren ist[3]. Der Gesetzgeber des Einkommensteuergesetzes hat denn auch mit der Abschaffung der Besteuerung selbstgenutzten Wohnungsei-

---

[1] Gesetz, betreffend die Einführung einer Klassen- und klassifizierten Einkommensteuer. Vom 1.5.1851, G.S.S. 1851, S.193 ff.

[2] *Kirchhof* in: Kirchhof/Söhn, EStG (Stand 1986), § 2 EStG Rz.A 3.

[3] *Haller*, Die Steuern, 3.Aufl., 1981, S.61 ff., 65 ff.; *Andel*, Finanzwissenschaften, 3.Aufl., 1990, S.291 ff.

gentums den letzten gesetzlichen Fall einer Einkommensteuer auf fiktive Einnahmen vor mehr als zehn Jahren abgeschafft[4].

Die Körperschaftsteuer ist darauf angelegt, die juristische Person der natürlichen Person im Hinblick auf die Ertragsbesteuerung nach Möglichkeit gleichzustellen. Bereits die Gesetzgeber der KStG 1920, 1925 und 1934 haben ausdrücklich die Parallelität des Einkommensbegriffs für Körperschaften und natürliche Personen sowie Personengesellschaften angeordnet[5]. Aus Anlaß der Körperschaftsteuerreform 1977 hat der Gesetzgeber noch einmal die materiellen Gründe für diese Gleichstellung offengelegt[6]: Es ist zum einen der Respekt vor der zivilrechtlichen Selbständigkeit der juristischen Person, der zu einer Gleichbehandlung von natürlichen und juristischen Rechtsträgern nötigt; es ist zum anderen das wettbewerbspolitische Postulat einer rechtsformneutralen Besteuerung von Unternehmensträgern, welches eine Besteuerung des Einkommens von Körperschaften nach Maßgabe der Besteuerung von Personenunternehmen fordern. Auch die Körperschaftsteuer ist daher gedacht als eine Besteuerung des tatsächlichen Ist-Einkommens der juristischen Person.

Wer die Rechtsprechung des Bundesfinanzhofs zur verdeckten Gewinnausschüttung und das begleitende Schrifttum sichtet, muß demgegenüber den Eindruck gewinnen, daß die Körperschaftsteuer immer wieder Gefahr läuft, Züge einer typisierenden Besteuerung des Soll-Ertrages einer Körperschaft anzunehmen. Indem sämtliche Vermögensminderungen und vor allem verhinderte Vermögensmehrungen, die das Verhältnis der Körperschaft zu ihren Mitgliedern berühren, dem Einkommen der Körperschaft zugerechnet werden, wandelt sich die Körperschaftsteuer - wie der Bundesfinanzhof in einem jüngeren Urteil ausdrücklich formuliert hat - zu einer „partiellen Soll-Ertragsteuer“[7]. Dieser Soll-Ertrag wird durch eine sich verselbständigende Typisierung ermittelt, die für Geschäfte zwischen Gesellschaft und Gesellschafter unter den Stichworten der Wirksamkeit, Ernstlichkeit, Üblichkeit und tatsächlichen Durchführung von Vereinbarungen immer weiter ausdifferenziert wird. Zwar hat der Bundesfinanzhof in neuerer Zeit hervorgehoben, daß eine Vielzahl der richterrechtlichen Maßstäbe zur verdeckten Gewinnausschüttung nur Indizcharakter besitzen[8] und auch an den Grundtatbeständen der Einkünfteerzielung nicht gerüttelt werden soll[9]. Doch wird von Seiten der Steuer- und Rechtsberatung deutlich gemacht, daß die typisierenden Tendenzen in Verwaltung und Rechtsprechung für den gewöhnlichen Steuer-

---

[4] BT-Drs.10/3633, S.10.

[5] RT-Drs.III 1924/25, Nr.796, S.9; RStBl 1935, S.81 ff., 84.

[6] BT-Drs.7/1470, S.323 ff., 326.

[7] BFH v. 2.2.1994 I R 78/92 BStBl II 1994, S.479 ff., 481; *Wassermeyer*, StVJ 1993, S.208 ff., 215.

[8] BFH v. 23.10.1996 I R 71/95 BFHE 181, S.328 ff.

[9] BFH v. 30.8.1995 I R 155/94 StRK KStG 1977 § 8 Abs.3 KStG R.123; BFH v. 12.10.1995 I R 127/94 StRK KStG 1977 § 8 Abs.3 KStG R.124; BFH v. 13.11.1996 I R 149/94 StRK KStG 1977 § 8 Abs.3 KStG R.139

pflichtigen den faktischen Zwang zur Anpassung, zum Nicht-Auffallen, zum Habitus der „grauen Maus“[10] hervorrufen: der Berater, der für jeden Schritt vom sicheren Wege haftbar gemacht wird, kann letztlich nur darauf hinwirken, sich in den verbleibenden Spielräumen der Typisierungen und Fiktionen einzurichten.

Auch wenn als Grundkonzept der Körperschaftsteuer das Prinzip der Ist-Besteuerung keinem Zweifel unterliegen kann, muß doch anerkannt werden, daß die vom Gesetzgeber angeordnete Korrektur von Unternehmensgewinnen auf der Grundlage des § 8 Abs.3 S.2 in begrenztem Umfang eine Umqualifikation von Sachverhalten mit sich bringt[11]. Ein scheinbar rein betrieblicher Vorgang muß in seinem wahren Kern, einer verschleierten Gewinnverteilung, erkannt, der Sachverhalt korrekt beurteilt werden[12]. Der Versuch, das Rechtsinstitut der verdeckten Gewinnausschüttung zu präzisieren, muß daher darauf gerichtet sein, die Grenze zwischen der in § 8 Abs.3 KStG gesetzlich angeordneten Gewinnkorrektur und einer dem Grundgedanken des Gesetzes fremden Gewinnfiktion an den diskutierten Einzelfällen herauszuarbeiten. Dafür bedarf es zunächst eines Blicks auf die Funktion der verdeckten Gewinnausschüttung im Körperschaftsteuerrecht.

II. Einkommensbegriff und verdeckte Gewinnausschüttung

1. Einkommenserzielung und Einkommensverwendung

§ 8 Abs.3 S.1 KStG ordnet an, daß es für die Ermittlung des Einkommens einer Körperschaft ohne Bedeutung ist, ob das Einkommen verteilt wird. Damit rezipiert das Körperschaftsteuerrecht die für die Einkommensbesteuerung grundlegende Unterscheidung zwischen der steuerlich relevanten Einkommenserzielung und der steuerlich unbeachtlichen Einkommensverwendung[13]. So wie natürliche Personen Ausgaben für die Befriedigung privater Bedürfnisse im Regelfall nicht steuermindernd geltend machen können, gilt für Körperschaften, daß die Verwendung der erzielten Einkünfte zur Ausschüttung an die Gesellschafter auf die Höhe des Gewinns keinen Einfluß haben darf. Gemeinsam mit § 10 Nr.1 KStG, der den Abzug von Aufwendungen für andere satzungsmäßige Zwecke ausschließt, konstituiert § 8 Abs.3 S.1 KStG daher für Körperschaften die Nichtabzugsfähigkeit

---

[10] *Hoffmann*, DStR 1998, S.313 ff., 316 f..

[11] *Wassermeyer*, DB 1987, S.1113 f.

[12] BFH v. 11.2.1987 I R 177/83 BStBl II 1987, S.461 ff.; BFH v. 27.7.1988 I R 68/84 BStBl II 1989, S.57 ff.

[13] vgl. bereits RFH v. 29.10.1929 I Aa 378/29 RStBl 1929, S.667 f.; *Wassermeyer*, GmbHR 1998, S.157 ff., 162 f.; *ders.*, Stbjb.1997/98 (im Druck); *Frotscher*, DStJG 20 (1997), S.205 ff., 207 ff.; *ders.*, GmbHR 1998, S.23 ff., 23.

von Aufwand, den diese aus den erzielten Einkünften in Verfolgung der von den Gründern oder Mitgliedern der juristischen Person vorgegebenen Zielsetzungen tätigt[14]. § 8 Abs.3 S.2 erstreckt dieses Prinzip auf verdeckte Ausschüttungen, mit denen erzieltes Einkommen außerhalb der offenen Gewinnverteilung im Interesse der Gesellschafter verwendet wird.

Die Problematik der verdeckten Gewinnausschüttung liegt nun in der Frage, welche Vermögensminderungen oder verhinderten Vermögensmehrungen dem Bereich der Einkommenserzielung und welche dem Bereich der Einkommensverwendung zuzurechnen sind. Die Antwort des Bundesfinanzhofs und der herrschenden Lehre lautet: Es kommt darauf an, ob die betreffende Vermögensschmälerung ihre Veranlassung im Gesellschaftsverhältnis findet, ob sie causa societatis erfolgt ist. Damit soll die gesellschaftsrechtliche Veranlassung bei der Körperschaft in eine Parallele zur privaten Veranlassung bei natürlichen Personen gerückt werden, die ebenfalls die Abzugsfähigkeit von Aufwendungen ausschließt.

Diese traditionelle Differenzierung leuchtet ein, wenn es um die tatsächliche Minderung eines vorhandenen betrieblich gebundenen Vermögens geht, die entweder Betriebsausgabe oder Entnahme oder eben verdeckte Gewinnausschüttung sein kann. Sie ist jedoch prekär, wenn es um die Qualifikation unterlassener Vermögensmehrungen geht[15]. Denn bei natürlichen Personen bleibt der privat begründete Verzicht auf Einnahmen oder gar die freiwillige Hinnahme von Verlusten - etwa im Rahmen der Liebhaberei - steuerlich ohne jede Relevanz, ja selbst der durch Trägheit hervorgerufene Verzicht auf die Wahrnehmung einer Geschäftschance durch den Einzelunternehmer wird nicht als Entnahmetatbestand gewertet. Erst dann, wenn aus dem betrieblich gebundenen Vermögen des Steuerpflichtigen ein Wirtschaftsgut i.w.S. (vgl. § 4 Abs.1 S.5 EStG) entnommen wird, kommt es zu einer - evtl. gewinnerhöhenden - Korrektur des Betriebsvermögensvergleichs. Bei Kapitalgesellschaften tritt an die Stelle der Regelung über Entnahmen das Rechtsinstitut der verdeckten Gewinnausschüttung[16].

Begreift man, daß für die Körperschaften aus Gründen der vom Gesetzgeber angordneten Parallelität der Einkommensbegriffe im Interesse einer Rechtsformneutralität der Besteuerung im Grundsatz keine anderen Maßstäbe gelten dürfen als bei Personenunternehmen, so wird man daher bei der Auslegung des § 8 Abs.3 S.2 KStG zunächst danach unterscheiden müssen, ob eine Körperschaft lediglich darauf verzichtet, mit Einkünfteerzielungsabsicht tätig zu sein oder ob sie im Rahmen einer grundsätzlich steuerbaren Tätigkeit Wertabgaben auf gesell-

---

14 § 8 Abs.3 S.2 KStG findet daher auch auf Körperschaften ohne kapitalgesellschaftlichen Charakter Anwendung (BFH v. 3.8.1989 I R 4/84 BStBl II 1990, S.237 ff., 240; an*ders* noch BFH v. 11.2.1987 I R 43/83 BStBl II 1987, S.643).

15 kritisch auch *Reiß*, StuW 1996, S.337 ff., 345 f.

16 BFH v. 26.10.1987 GrS 2/86 BStBl II 1988, S.348 ff., 354.

schaftsrechtlicher Grundlage tätigt. Im letzten Fall wird erzieltes Einkommen verwendet, so daß eine Gewinnkorrektur geboten ist. Damit ist die Mehrzahl der Fälle einer verdeckten Gewinnausschüttung erfaßt, bei denen eine Kapitalgesellschaft im Rahmen ihrer gewerblichen Tätigkeit nachteilige Geschäfte mit ihren Gesellschaftern oder diesen nahestehenden Personen abschließt. Demgegenüber besteht kein Anlaß, die Tätigkeit einer Körperschaft, die objektiv keinen Tatbestand der Einkunftserzielung verwirklicht, mit Hilfe des Instruments der verdeckten Gewinnausschüttung in ein gewerbliches Unternehmen mit fiktiver Gewinnerzielungsabsicht und ebenso fiktiver Betriebsvermögensmehrung umzuqualifizieren.

Dazu ein Beispiel: Wenn eine natürliche Person sich der reinen Wissenschaft verschreibt und dabei nur Kosten produziert, wird man dies schlicht dem steuerlich irrelevanten Bereich der Liebhaberei zurechnen können. Wenn diese Person ihre Tätigkeit auf einen Verein oder eine GmbH verlagert, kann die steuerliche Beurteilung nicht anders ausfallen: Es geht nicht an, die Minderungen des Vermögens der Körperschaft nur wegen der gewählten Rechtsform in steuerpflichtige Einkünfte umzufingieren. Daß sie diese Tätigkeit im weitesten Sinne im Interesse ihres Gründers ausübt, ändert daran nichts. Der Bundesfinanzhof geht für Kapitalgesellschaften jedoch einen entscheidenden Schritt weiter. Er nimmt an, daß die Grundsätze der verdeckten Gewinnausschüttung immer dann eingreifen, wenn die Körperschaft „im Interesse eines oder mehrerer Gesellschafter tätig werden soll, ohne dafür ein angemessenes Entgelt zu erhalten, oder wenn sie einem Gesellschafter in anderer Weise einen Vermögensvorteil einräumen soll“[17]. Auf dieser Grundlage müßte eine verdeckte Gewinnausschüttung auch dann bejaht werden, wenn weder die Forschungs-GmbH selber mit Einkünfteerzielungsabsicht tätig ist noch bei dem Gesellschafter Vorteile im Rahmen einer auf Einkünfte gerichteten Tätigkeit eintreffen. Es würde der Kapitalgesellschaft zu Unrecht unterstellt, daß sie kraft Rechtsform auf Gewinnerzielung angelegt sei.

Die Forderung nach gleichartiger Ermittlung des steuerbaren Einkommens stößt jedoch dort an ihre Grenzen, wo zwischen der juristischen Person und der natürlichen Person grundsätzliche Unterschiede bestehen, so daß zum Zwecke der Wettbewerbsneutralität gerade eine Modifikation der allgemeinen Regeln geboten ist. Diese Unterschiede liegen darin begründet, daß die natürliche Person nur ihren eigenen Zielen unterworfen ist, während die juristische Person von ihren Gründern und Mitgliedern weitgehend nach Belieben instrumentalisiert und für deren Interessen eingesetzt werden kann. Wenn nun die Gründer oder die Mitglieder mit Hilfe der juristischen Person Vorteile anstreben, die bei ihnen in die Sphäre der steuerbaren Einkunftserzielung fallen würden, dann kann die steuerliche Relevanz

[17] BFH v. 4.12.1996 I R 54/95 StRK KStG 1977 § 8 Abs.3 KStG R.141; BFH v. 18.12.1996 I R 26/95 StRK KStG 1977 § 8 Abs.3 KStG R.143; *Wassermeyer*, StVJ 1993, S.208 ff., 218; *ders.*, Festgabe Haas, 1996, S.401 ff., 405 f.; kritisch *Prinz*, Stbjb. 1997/98 (im Druck).

dieser Vorgänge nicht durch Auslagerung auf die juristische Person aufgehoben werden. Daher muß auch auf der Ebene der Körperschaft die Einkünfteerzielungsabsicht der dahinterstehenden Personen die objektive Steuerpflicht ihrer Tätigkeit begründen und damit für allfällige Vermögensschmälerungen das Rechtsinstitut der verdeckten Gewinnausschüttung auf den Plan rufen können. Wenn z.B. eine Konzernmuttergesellschaft eine Forschungsabteilung auf eine selbständige Tochtergesellschaft ausgliedert und auf diese Weise ihre eigenen originär betrieblichen Zwecke mit Hilfe einer selbständigen juristischen Person verfolgt, dann kann die Tochtergesellschaft die objektive Steuerbarkeit ihrer Tätigkeit nicht mit dem Argument widerlegen, daß ihr als solcher die Gewinnerzielungsabsicht fehle: der betriebliche Charakter ihrer Tätigkeit wird ihr durch die betrieblichen Absichten der Muttergesellschaft vermittelt, so daß eine verdeckte Gewinnausschüttung bejaht werden muß, wenn die Muttergesellschaft der Tochtergesellschaft für deren Forschungsleistungen keine angemessenen Entgelte zahlt. Diese Fälle lassen sich übrigens besser als Gewinnverlagerung denn als Gewinnausschüttung bezeichnen - sie bilden einen wichtigen Teil der beanstandeten Fälle in Konzernunternehmen.

2. Die Privatsphäre im Körperschaftsteuerrecht

Die vorstehenden Thesen sind eng mit der Annahme verknüpft, daß im Grundsatz bei Körperschaften wie bei natürlichen Personen und Personenunternehmen zwischen einer betrieblichen und einer nichtbetrieblichen Sphäre zu unterscheiden ist. Auch der Gesetzgeber hat - wie die Materialien zum KStG 1977 ausdrücklich belegen - gemeint, daß „Einnahmen und Ausgaben, die im Rahmen einer als Liebhaberei ausgeübten Tätigkeit anfallen, danach unberücksichtigt bleiben, weil sie keiner der im Einkommensteuergesetz bezeichneten Einkunftsarten zuzuordnen sind“[18]. Für Vereine, Stiftungen oder sonstige Vermögensmassen entspricht dies mit Selbstverständlichkeit der allgemeinen Auffassung[19]. Zwar formuliert das Gesetz für Kapitalgesellschaften in § 8 Abs.2 KStG, daß Einkünfte bei buchführungspflichtigen Körperschaften sämtlich als Einkünfte aus Gewerbebetrieb zu behandeln sind - aber eben nur, wenn überhaupt nach der allgemeinen Regel des Einkommensteuerrechts steuerbare Einkünfte vorliegen.

Dennoch hat der Bundesfinanzhof[20] vor kurzem in offenem Widerspruch zu den Gesetzgebungsmaterialien formuliert, daß eine nichtbetriebliche Sphäre der

---

18 BT-Drs.7/1470, S.341; vgl. auch *Pezzer*, StuW 1998, S.76 ff., 78.

19 *Rengers* in: Blümich; EStG + KStG, Loseblatt-Kommentar, Stand 1997, § 8 KStG Rz.75.

20 BFH v. 4.12.1996 I R 54/95 a.a.O. (Fn.17); BFH v. 22.1.1997 I R 64/96 BStBl II 1997, S.548 f.; *Thiel/Eversberg*, DStR 1993, S.1881 ff.; *Wassermeyer*, Festgabe Haas, 1996, S.401 ff.; *ders.*, Stbjb.1997/98 (im Druck); offen noch BFH v. 4.2.1987 I R 58/86 BStBl II 1988, S.215 ff., 219; anders noch BFH v. 2.11.1965 I 221/62 S BStBl III 1966, S.255; BFH v. 4.3.1970 I R 123/68 BStBl II 1970, S.470 ff.; Groh, DB 1995, S.844 ff., 846.

Kapitalgesellschaft nicht existiere, daß vielmehr alle Vermögenswerte dem Betriebsvermögen zugeordnet und alle Minderungen oder verhinderten Mehrungen im Hinblick auf dieses Betriebsvermögen als verdeckte Gewinnausschüttungen dem Einkommen der Kapitalgesellschaft zugerechnet werden müßten. Man muß sich darüber im klaren sein, daß mit dieser Judikatur einer Kapitalgesellschaft in allen ihren Tätigkeitsbereichen Gewinnerzielungsabsicht unterstellt und der Bereich der steuerpflichtigen Gewinnkorrekturen unter dem Gesichtspunkt der „verhinderten Vermögensmehrung" deutlich erweitert, letztlich der geschilderte Einstieg in die „Soll-Ertrag-Steuer" vollzogen wird.

Die Gründe, die der Bundesfinanzhof für diese Abkehr von der vom Gesetzgeber ausdrücklich gewollten Rechtsformneutralität des Körperschaftsteuerrechts anführt, sind nicht stichhaltig. Der Umstand, daß die Kapitalgesellschaft als Formkaufmann gilt, ändert nichts an der gesetzlichen Anordnung, daß AG und GmbH nicht auf Gewinnerzielung festgelegt, sondern den unterschiedlichsten Zwecken gewidmet werden können. Daß eine Kapitalgesellschaft ihr gesamtes Vermögen in die handelsrechtliche Bilanz aufnehmen muß (§§ 6, 238 HGB), reicht ebenfalls nicht aus, denn für die Handelsbilanz ist die Erfassung sämtlicher Aktiva und Passiva im Interesse des Gläubigerschutzes kennzeichnend, während die Steuerbilanz lediglich die im Einkunftserzielungsbereich eingesetzten Vermögenspositionen in den Blick nehmen soll. Daher hat der Bundesfinanzhof für die Personenhandelsgesellschaften, die ebenfalls zu den Formkaufleuten gehören, zu Recht hervorgehoben, daß die allgemeine Abgrenzung zwischen Privatsphäre und Erwerbssphäre gemäß § 5 Abs.6 EStG dem Maßgeblichkeitsgrundsatz vorgeht[21]. Da der nicht-betriebliche Charakter eines körperschaftlichen Tätigkeitsfeldes nichts mit persönlicher Lebensführung zu tun hat, verfängt auch nicht der Hinweis[22] des Bundesfinanzhofs auf das Fehlen einer dem § 12 Nr.1 EStG nachgebildeten Vorschrift im Körperschaftsteuerrecht. Für die somit erforderliche Trennung der betrieblichen von der nichtbetrieblichen Sphäre genügt es jedoch nicht, mit Pezzer[23] das „private" Vermögen vollständig in die Steuerbilanz aufzunehmen und lediglich die laufenden Einnahmen und Ausgaben zu korrigieren. Denn dies würde immerhin den Wertveränderungen des Liebhabereivermögens steuerliche Relevanz verschaffen[24], wofür unter dem Gesichtspunkt der Rechtsformneutralität kein Anlaß besteht.

Sein Hauptargument sieht der Bundesfinanzhofs in dem Umstand, daß es im KStG an Vorschriften fehle, „die die Überführung von Wirtschaftsgütern aus dem Betriebsvermögen in das außerbetriebliche Vermögen der Kapitalgesellschaft und

---

21 vgl. *L.Schmidt* in: Schmidt, EStG, 16.Aufl., 1997, § 15 EStG Rz.484 ff. m.w.N.

22 vgl. auch *Wassermeyer*, Festgabe Haas, 1996, S.401 ff., 402 f.; *ders.*, DB 1987, S.1113 ff., 1114 f.

23 StuW 1998, S.76 ff., 78 f.; ähnlich *Weber-Grellet*, 1994, S.12 ff., 15 ff.

24 vgl. *Rengers* a.a.O. (Fn.19) , § 8 KStG Rz.64.

umgekehrt wie eine Ausschüttung oder Einlage erfassen." [25] Daran wird deutlich, daß der Bundesfinanzhof die grundlegende Differenzierung von Betriebsvermögen und Privatvermögen aus gliederungstechnischen Gründen aufgibt: die materielle Frage der Steuerbarkeit tritt in den Hintergrund, das Anrechnungsverfahren in den Vordergrund!

Der Bundesfinanzhof legt diesem Postulat die Annahme zugrunde, daß jeder Vorteil, der von der Gesellschaft an den Gesellschafter gelangt, unabhängig von seiner Herkunft aus der Betriebs- oder Privatsphäre der Gesellschaft einer Ausschüttungsbelastung zugeführt und beim Gesellschafter als Beteiligungsertrag versteuert werden muß[26]. Das eben ist im Gesetz nicht zwingend angelegt. Indem § 20 Abs.1 Nr.1 EStG zwischen steuerpflichtigen Gewinnanteilen, Dividenden und sonstigen Bezügen einschließlich der verdeckten Gewinnausschüttungen einerseits (S.1 u.2) und steuerfreien Auskehrungen aus dem EK O4 andererseits (S.3) unterscheidet, macht das Gesetz selbst deutlich, daß nur solche Vorteile beim Gesellschafter einkommensteuerpflichtig sein sollen, die aus dem erwirtschafteten Gewinn der Körperschaft stammen (mag dieser auch im Einzelfall - etwa aufgrund eines DBA - steuerfrei gestellt sein). Werden Vermögenswerte, die bei der Körperschaft nicht der Gewinnerzielung dienen, an die Gesellschafter ausgekehrt, besteht kein Anlaß, diese lediglich wegen des Rechtsträgerwechsels steuerlich zu belasten. Die Führung eines Gestüts oder die Unterhaltung einer Segelyacht durch eine Kapitalgesellschaft bedarf ebensowenig einer Besteuerung beim Gesellschafter wie diese Tätigkeit bei ihr selber steuerliche Relevanz besitzt[27]. Eine Gewinnkorrektur ist nur dann erforderlich, wenn Vermögenswerte des eigentlichen Betriebsvermögens der Kapitalgesellschaft für nichtbetriebliche Zwecke umgewidmet und damit in den steuerfreien Bereich überführt werden. Hier reicht es aber aus, die „Entnahme" aus der Betriebssphäre zunächst als verdeckte Gewinnausschüttung nach § 8 Abs.3 S.2 KStG mit Körperschaftsteuer zu belegen und bei einer späteren Weitergabe dieser Werte an den Gesellschafter die Ausschüttungsbelastung herzustellen sowie die Besteuerung des Empfängers nach § 20 Abs.1 Nr.1 EStG durchzuführen.

---

[25] vgl. bereits *Pezzer*, Die verdeckte Gewinnausschüttung im Körperschaftsteuerrecht, 1986, S.55 ff.; *Wassermeyer*, Festgabe Haas, 1996, S.401 ff., 404.

[26] BFH v. 4.2.1987 a.a.O. (Fn.20), 219 ff.; BFH v. 31.10.1990 I R 47/88 BStBl II 1991, S.255 ff., 257; *Thiel/Eversberg*, DStR 1993, S.1881 ff., 1882.

[27] BFH v. 4.3.1970 a.a.O. (Fn.20), S.473.

III. Der Begriff der verdeckten Gewinnausschüttung

1. „Alte" und „neue" Definition des Bundesfinanzhofs

Die Tendenz, der Körperschaftsteuer mit Hilfe des Instituts der verdeckten Gewinnausschüttung Züge einer typisierenden Soll-Ertragsteuer zu verleihen, wird in besonderem Maße gefördert durch die neue Definition, mit welcher der I.Senat des Bundesfinanzhof seit einigen Urteilen aus dem Jahre 1989 den gesetzlichen Tatbestand des § 8 Abs.3 S.2 KStG ausfüllt. Das bereits vom Reichsfinanzhof[28] begründete und über lange Zeit vom Bundesfinanzhof[29] tradierte Verständnis hatte eine verdeckte Gewinnausschüttung immer dann bejaht, wenn die Gesellschaft dem Gesellschafter mit Rücksicht auf die Gesellschafterstellung einen Vorteil zuwendet, den sie bei Anwendung der Sorgfalt eines gewissenhaften und ordentlichen Geschäftsleiters unter sonst gleichen Umständen einem Nichtgesellschafter nicht zugewandt hätte. Nunmehr soll als verdeckte Gewinnausschüttung bei Kapitalgesellschaften eine „Vermögensminderung (verhinderte Vermögensmehrung)" angesehen werden, die „durch das Gesellschaftsverhältnis veranlaßt ist, sich auf die Höhe des Einkommens auswirkt und nicht im Zusammenhang mit einer offenen Ausschüttung steht"[30].

Diese Definition soll zunächst die richtige Erkenntnis verdeutlichen, daß für die Annahme einer verdeckten Gewinnausschüttung i.S. von § 8 Abs.3 S.2 KStG kein Zufluß eines Vorteils beim Gesellschafter erforderlich ist, es reicht vielmehr die Schmälerung des Vermögens bei der Gesellschaft[31]. Ob es später zu einem Abfluß bei der Gesellschaft und der Gesellschafter in den Genuß eines korrespondierenden Bezuges kommt (Beispiel: Die überhöhte Pensionszusage wird später ausgezahlt) ist ebenso gleichgültig wie die Frage, ob ein Abfluß bei der Gesellschaft und ein Zufluß beim Gesellschafter überhaupt fehlen (Beispiel: Der Gesellschafter stirbt vor Eintritt des Pensionsfalls). Dies spielt lediglich eine Rolle, wenn es darum geht, für die verdeckte Gewinnausschüttung als „andere Ausschüttung" die Ausschüttungsbelastung herzustellen oder den Bezug beim Gesellschafter nach § 20 Abs.1 Nr.1 S.2 EStG festzustellen. Schließlich muß die Höhe der Gewinnkorrektur nach § 8 Abs.3 S.2 KStG nicht dem Betrag des dem Gesellschafter zufließenden Vorteils entsprechen (Beispiel: Die Gesellschaft erstellt und übereig-

---

28 Grundlegend RFH v. 5.6.1925 I A 17/25 RFHE 16, S.355 ff.

29 Grundlegend BFH v. 16.3.1967 I 261/63 BStBl III, S.626 f.

30 BFH v. 22.2.1989 I R 44/85 BStBl II 1989, S.475; BFH v. 22.2.1989 I R 9/85 BStBl II 1989, S.631 ff.; *Wassermeyer*, GmbHR 1989, S.298 ff.; *ders.*, StVJ 1993, S.208 ff.; *ders.*, GmbHR 1998, S.157 ff., 158 f.; kritisch *Frotscher*, DStJG 20 (1997), S.214 ff.; *Scholtz*, FR 1990, S.321 ff.; *Wrede* in: Herrmann/Heuer/Rapauch, EStG + KStG, 21.Aufl., Stand 1995, § 8 KStG Rz.39.

31 *Knobbe-Keuk*, Bilanz- und Unternehmenssteuerrecht, 9.Aufl., 1993, § 19 I 1; *Frotscher*, DStJG 20 (1997), S.205 ff., 217 ff.; *Wassermeyer*, GmbHR 1998, S.157 ff., 158.

net an den Gesellschafter ein privates Wirtschaftsgut, dessen Herstellungsaufwand den Verkehrswert übersteigt).

Es darf jedoch nicht verkannt werden, daß der Wegfall des Tatbestandsmerkmals der Zuwendung eines konkreten Vorteils an den Gesellschafter der Möglichkeit breiten Raum einräumt, bereits den bloßen Verzicht auf gewinnerzielende Tätigkeiten bei der Gesellschaft in stärkerem Umfang als bisher als verdeckte Gewinnausschüttung zu qualifizieren und fiktive Gewinne der Gesellschaft zuzuordnen[32].

Hinzu kommt, daß in der neuen Definition die Denkfigur des ordentlichen Geschäftsleiters keine ausdrückliche Erwähnung mehr findet, vielmehr jede gesellschaftliche Veranlassung dieser Vermögensminderung oder verhinderten Vermögensmehrung ausreichen kann, um die Rechtsfolge des § 8 Abs.3 S.2 KStG herbeizuführen. Daran ist überzeugend, daß die Annahme eines ordentlichen Geschäftsleiters und der mit seiner Lage gedanklich verknüpfte Fremdvergleich ohnehin nur dazu dienen, die gesellschaftliche Veranlassung einer Vermögensschmälerung im Einzelfall deutlich zu machen[33]. Es darf aber nicht verkannt werden, daß die neue Formulierung es erlaubt, auch solche Maßnahmen als verdeckte Gewinnausschüttungen zu qualifizieren, die sich aus der Sicht der Gesellschaft als angemessen, vielleicht sogar als besonders günstig herausstellen, die m.a.W. auch und gerade von einem ordentlichen Geschäftsleiter vollzogen worden wären.

IV. Die Grundausstattung der juristischen Person und die verdeckte Gewinnausschüttung

1. Fragestellung

Für eine systematische Ordnung des Rechtsprechungsmaterials zur verdeckten Gewinnausschüttung bietet es sich an, zwischen zwei Konstellationen zu unterscheiden. Zunächst sollen diejenigen Fälle behandelt werden, in denen bereits in der Grundausstattung der juristischen Person, d.h. ihrer satzungsmäßigen Ordnung und ihren personellen und sachlichen Mitteln ein bestimmtes Verhalten der Gesellschaft angelegt ist. Anschließend sollen die Situationen gewürdigt werden, die im laufenden Geschäftsbetrieb einer auf Gewinn angelegten Kapitalgesellschaft den Verdacht einer verdeckten Gewinnausschüttung begründen.

---

32 *Wrede* in: Herrmann/Heuer/Raupach, 21.Aufl., Stand 1998, § 20 EStG Rz.224.

33 BFH v. 23.5.1984 I R 294/81 BStBl II 1984, S.673 ff.; BFH v. 14.8.1985 I R 149/81BStBl II 1986, S.86 ff., 87; BFH v. 28.6.1989 I R 89/85 BStBl II 1989, S.854 ff., 855.

2. Zweck, Gegenstand und andere Vorgaben des Gesellschaftsvertrages oder der Satzung

Art und Umfang der Tätigkeit eines Personenverbandes werden in ihrem Kern durch die Satzung bzw. den Gesellschaftsvertrag bestimmt. Diese enthalten bei Kapitalgesellschaften zwingend eine Festlegung des Gesellschaftszwecks - d.h. vor allem: Gewinnerzielungsabsicht, Gemeinwohlorientierung oder Wahrnehmung von Gesellschafterinteressen - und eine Festlegung des Unternehmensgegenstandes, d.h. der Art von Leistungen, welche die Gesellschaft am Markt erbringen soll sowie eine grobe Umschreibung ihres örtlichen und sachlichen Wirkungskreises. In begrenztem Umfang - mehr bei der GmbH als bei der Aktiengesellschaft - kann die Satzung auch Vorgaben für die Art und Weise der Geschäftsführung vorsehen. Schließlich können Sonderrechte für Mitglieder - Stichwort: Geschäftsführungs- oder Entsenderechte - sowie Sonderpflichten - Stichwort: Nebenleistungen nach § 3 Abs.2 GmbH angeordnet werden. Diese Vorgaben können das Leben einer Kapitalgesellschaft von vornherein belasten, da ihr Geschäftsfelder verschlossen, Zielsetzungen verboten oder belastende Auflagen im Rahmen ihres Geschäftsgebarens aufgegeben werden. Begründet dies von vornherein eine verdeckte Gewinnausschüttung?

Die Antwort muß von zwei Erkenntnissen ausgehen: Einerseits bildet es für Körperschaften eine gesetzliche Notwendigkeit, Zweck und Gegenstand der Tätigkeit festzulegen und damit auch für die Geschäftsführung Vorgaben zu treffen. Die juristische Person ist nun einmal eine Zweckschöpfung ihrer Gründer zur Verfolgung bestimmter Ziele. Dies allein kann nicht ausreichen, um den Tatbestand der verdeckten Gewinnausschüttung hervorzurufen[34]. Auch hat ein ordentlicher Geschäftleiter nicht die Wahl, gegen die Satzung zu verstoßen- er muß die Gesellschaft so hinnehmen, wie sie gegründet worden ist, er muß auf Geschäfte verzichten, die außerhalb von deren Unternehmensgegenstand liegen, und er muß satzungsmäßige Nebenleistungen von Gesellschaftern beziehen, auch wenn er diese andernorts günstiger erwerben könnte. Dennoch hat der Bundesfinanzhof zu Recht darauf hingewiesen, daß Tatbestand und Rechtsfolgen der verdeckten Gewinnausschüttung nicht dadurch vermieden werden können, daß eine vorgesehene benachteiligende Maßnahme in die Satzung aufgenommen wird[35] - dies hindert nicht die gesellschaftliche Veranlassung einer Vermögensminderung, sondern bestätigt sie geradezu. Daher ist Wassermeyer darin zu folgen, daß auch die Ausgestaltung des Tätigkeitsbereichs einer Gesellschaft vor dem Hintergrund des § 8 Abs.3 S.2 KStG durchaus einer Angemessenheitsprüfung unterzogen werden kann[36]. Diese Prüfung darf aber nicht darauf hinauslaufen, einer Gesellschaft ohne

---

[34] so in der Tendenz *Knobbe-Keuk* a.a.O. (Fn.31), § 19 I c aa; *Pott*, StuW 1979, S.321 ff., 327.

[35] BFH v. 2.2.1994 I R 78/92 a.a.O. (Fn.7), S.481.

[36] *Wassermeyer*, StVJ 1993, S.208 ff., 211 f.; *ders.*, Festgabe Haas, 1996, S.401 ff., 405 f.; *Streck*, KStG, 5.Aufl., 1997, § 8 KStG Anm.97.

oder mit nur eingeschränkter Gewinnerzielungsabsicht in schlichter Typisierung eine allgemeine gewerbliche Zielsetzung zu unterstellen oder ihren Tätigkeitsbereich fiktiv in sämtliche Richtungen zu erweitern, in denen sich Gewinnchancen bieten. Eine Stadttheater-GmbH, die aufgrund ihrer Satzung die Verbreitung von Kulturgut über den Profit stellen muß und daher zeitgenössisches Ballett anstelle populärer Musicals aufführt und zudem ihre Eintrittskarten unter dem marktüblichen Preis ausgibt, begeht keine verdeckte Gewinnausschüttung zugunsten der beherrschenden Kommune. Und wenn eine Automobil-AG für jedes deutsche Bundesland eine eigene Vertriebs-Tochter-GmbH gründet, liegt noch kein Fall des § 8 Abs.3 S.2 KStG darin, daß diesen GmbHs satzungsmäßig untersagt ist, in fremden Bezirken Kraftfahrzeuge zu verkaufen. Auch muß einer Muttergesellschaft unbenommen bleiben, ihre Geschäftsbereiche in mehrere Tochtergesellschaften aufzuspalten und diesen unterschiedlich profitable Segmente zuzuordnen.

Die Grenze zur verdeckten Gewinnausschüttung ist bei der Ausgestaltung der satzungsmäßigen Aufgaben einer Gesellschaft erst dann überschritten, wenn eine Gesellschaft, die nach Ziel und Gegenstand ein gewerbliches Unternehmen betreibt, im Rahmen ihrer Geschäftsführung zu nachteiligen Maßnahmen gezwungen wird und damit dem Gesellschafter Vorteile zuwendet. Ein unangemessenes Geschäftsführer-Gehalt wird nicht dadurch angemessen, daß es in der Satzung bereits vorgesehen ist. Hierhin gehört auch der vom Bundesfinanzhof entschiedene Fall, daß eine Handwerksinnung eine GmbH als Einkaufszentrale ihrer Mitglieder gründet und diese GmbH nach Maßgabe der Satzung zum Jahresende Umsatzrückvergütungen an die Innungsmitglieder vornahm, durch welche der angefallene Gewinn aufgezehrt wurde[37].

Besonders schwierig wird die Beurteilung, wenn die Gesellschaft zwar eingeschränkt oder vollständig auf Gewinnlosigkeit zugeschnitten ist, jedoch ihre Tätigkeit einem herrschenden Unternehmen oder anderen Konzerngesellschaften wirtschaftliche Vorteile bei deren Einkunftserzielung bringt. Beispiele sind Marketing-, Forschungs- oder andere Service-Einheiten, die in selbständige Gesellschaften eingebracht werden. Hier infiziert m.E. die Gewinnerzielungsabsicht des herrschenden Unternehmens auch die Tochtergesellschaft, so daß eine Gewinnverlagerung nach § 8 Abs.3 S.2 KStG auch dann korrigiert werden kann, wenn die Tochtergesellschaft nach ihrer Satzung nicht auf Gewinnerzielung angelegt ist. Für derartige Service-Gesellschaften reicht es nicht aus, ein Entgelt lediglich auf Selbstkostenbasis zu berechnen oder gar konzernnützliche Vorgänge auf Kosten des Kapitals der Tochtergesellschaft zu finanzieren - eine verdeckte Gewinnausschüttung wird nur vermieden, wenn ein angemessener Gewinnaufschlag im Entgelt enthalten ist.

---

37 BFH v. 2.2.1994 a.a.O. (Fn.7), S.481.

3. Wettbewerbsverbote und Geschäftschancen

a) Wettbewerbsverbote

Die Frage nach der Bedeutung von satzungsmäßigen Vorgaben zum Gegenstand des Unternehmens und der laufenden Geschäftsführung ist in den letzten Jahren in besonderem Maße an den Fragen erörtert worden, die mit der Konkurrenztätigkeit von Gesellschaft und (beherrschendem) Gesellschafter in derselben Branche zusammenhängen. Mit zwei gewagten Hypothesen hatte der Bundesfinanzhof hier den geschilderten Schritt der Körperschaftsteuer von der Ist- zur Soll-Ertrag-Steuer vollzogen: Er hatte zunächst angenommen, daß bei Fehlen einer klaren Aufgabenabgrenzung zwischen beherrschendem Gesellschafter und Gesellschaft die Eigentätigkeit des Gesellschafters im Zweifel auf Rechnung der Gesellschaft durchgeführt werde[38]. In einem zweiten Schritt hatte er für jeden Gesellschafter oder Geschäftsführer einer GmbH ein prinzipielles Wettbewerbsverbot postuliert, das nur duch einen Dispensvertrag mit besonderem Entgelt abbedungen werden konnte, und das bei Verstoß zu einer verdeckten Gewinnausschüttung in Höhe des jeweils aus dem Wettbewerbsverbot folgenden Anspruchs der Gesellschaft auf Vorteilsherausgabe oder Schadensersatz führen sollte[39]. Damit war, soweit der Unternehmensgegenstand der Gesellschaft betroffen war, der Kreis ihrer Geschäfte fiktiv um den gesamten Bestand der branchengleichen Geschäfte ihres Gesellschafters erweitert.

Der Bundesfinanzhof hat sich jedoch unter dem Eindruck massiver literarischer Kritik aus Wissenschaft[40] und Praxis[41] bereit gefunden, diese Judikatur noch einmal zu überdenken. Auf der Grundlage, daß das Körperschaftsteuerrecht wie das Einkommensteuerrecht nur die persönliche Erzielung von Einkünften durch den Steuerpflichtigen erfaßt, können auch Einkünfte aus Gewerbebetrieb nach § 15 EStG nur von dem Inhaber des Gewerbebetriebes erwirtschaftet werden[42]. Damit ist es künftig ausgeschlossen, das Eigengeschäft des Gesellschafters - unabhängig von seiner gesellschaftsrechtlichen Zulässigkeit - der Kapitalgesellschaft zuzurechnen. Ein Wettbewerbsverbot wird nunmehr jedenfalls dann nicht mehr postu-

---

38 BFH v. 9.2.1983 I R 229/81 BStBl II 1983, S.487 ff.; BFH v. 8.9.1993 I R 27/93 KStG § 27 I R.15.

39 BFH v. 11.2.1987 I R 177/83 BStBl II 1987, S.461, 462 f.; BFH v. 12.4.1989 I R 142-143/85 BStBl II 1989, S.636 ff., 637 f.; BFH v. 26.4.1989 I R 172/87 BStBl II 1989, S.673 ff., 674 f.

40 *Knobbe-Keuk* a.a.O. (Fn.31), § 19 I 2 c; *dies.*, GmbHR 1992, S.333 ff.

41 Nachweise bei *Rengers* a.a.O. (Fn.19), § 8 KStG vor Rz.770 ff.

42 BFH v. 30.8.1995 I R 155/94 BFHE 178, S.371 ff.; BFH v. 12.10.1995 I R 127/94 BFHE 179, S.258 ff.; BFH v. 22.11.1995 I R 45/95 BFH/NV 1996, S.645 ff.; BFH v. 16.2.1996 I R 61/95 BFH/NV 1996, S.708 ff.; BFH v. 29.5.1996 I R 70/95 BFH/NV 1997, S.65 ff.; BFH v. 13.11.1996 I R 149/94 BFHE 181, S.494 ff.; BFH v. 18.12.1996 I R 26/95 BFHE 182, S.190 ff.

liert, wenn sämtliche Gesellschafter mit dem Konkurrenzgeschäft des Gesellschafters einverstanden sind - z.B. bei der Einpersonen-GmbH - und das Stammkapital nicht i.S. von §§ 30, 31 GmbHG beeinträchtigt wird. Gibt der Gesellschafter - freiwillig oder auf der Grundlage eines Wettbewerbsverbots - den Erlös an die Gesellschaft heraus, so handelt es sich bei ihm um Einkommensverwendung, die - um Doppelbesteuerungen zu vermeiden - auf Seiten der Gesellschaft in steuerlicher Hinsicht nur als Einlage qualifiziert werden kann[43]. Auch der Verzicht der Gesellschaft auf eine solche Einlageforderung kann daher keine verdeckte Gewinnausschüttung bilden. Lediglich dann, wenn die Gesellschaft über den Vorteilsherausgabeanspruch hinaus auch einen Schadensersatzanspruch besitzt, kann der Verzicht auf diesen Anspruch als verdeckte Gewinnausschüttung gewertet werden[44].

Schließlich hat der Bundesfinanzhof eingesehen, daß die Befreiung von einem Wettbewerbsverbot gesellschaftsrechtlich oder steuerrechtlich nicht notwendig ein gesondertes Entgelt des Gesellschafters voraussetzt[45]. Diese satzungsmäßige Befreiung gehört eben - wie jede andere Abgrenzung des Tätigkeitsbereichs einer Gesellschaft von den Tätigkeitsbereichen ihrer Gesellschafter - zu denjenigen Vorgaben, die der Geschäftsleiter eine Gesellschaft vorfindet, wenn er seinen Amtsführung aufnimmt. Es würde die Grundstruktur unseres Gesellschaftsrechts umkehren, wenn nicht die Gesellschafter souverän und privatautonom die Tätigkeit der Gesellschaft festlegen, sondern umgekehrt die Gesellschafter sich von der Gesellschaft ihre ökonomische Handlungsfreiheit erkaufen müßten.

b) Geschäftschancen

Damit ist jedoch nicht gesagt, daß eine Tätigkeit der Gesellschafter in den Geschäftsfeldern der Gesellschaft unter dem Gesichtspunkt der verdeckten Gewinnausschüttung folgenlos bleiben muß. Insbesondere dann, wenn der Gesellschafter auf eigene Rechnung konkrete Geschäftschancen verwertet, die in der Sphäre der Gesellschaft entstanden sind, steht für den Bundesfinanzhof die Annahme einer verdeckten Gewinnausschüttung im Raum[46]. Hier bestehen jedoch erhebliche Unsicherheiten. So wird angenommen, daß Geschäftschancen regelmäßig noch nicht zum Vermögen der Gesellschaft gehören, so daß bei einer Nutzung dieser Chance durch den Gesellschafter/Geschäftsführer keine echte Vermögensminderung der Gesellschaft, sondern lediglich eine verhinderte Vermögensmehrung anzunehmen sei[47]. Andererseits ist zweifelhaft, worin die gesellschaftliche Veranlassung dieser verhinderten Vermögensmehrung liegen soll, wenn ein generel-

---

43 BFH v. 13.11.1996 I R 126/95 StRK KStG 1977 § 8 Abs.3 KStG R.139.

44 BFH v. 13.11.1996 a.a.O. (Fn.43); *Wassermeyer*, StVJ 1993, S.208 ff., 219.

45 BFH v. 18.12.1996 a.a.O. (Fn.42).

46 ausführlich *Rengers* a.a.O. (Fn.19), § 8 KStG Rz.730 ff.

47 BFH v. 11.6.1996 I R 97/95 StRK KStG 1977 § 8 Abs.3 KStG R.135; BFH v. 18.12.1996 a.a.O. (Fn.42) ; *Frotscher*, DStJG 20 (1997), S.205 ff., 245.

les Wettbewerbsverbot zu Lasten des Gesellschafter-Geschäftsführers zivilrechtlich gerade nicht besteht und auch die Wahrnehmung einzelner Geschäftschancen sowohl einem Geschäftsführer als auch einem Gesellschafter durch Beschluß der Gesellschafterversammlung gestattet werden kann.[48]

Daher sollen die entschiedenen Fälle näher betrachtet werden. Eindeutig ist der Fall, daß die Gesellschaft einen günstigen Grundstückskaufvertrag geschlossen hat und die Ansprüche aus diesem Vertrag einem Gesellschafter überträgt, bevor in bilanzrechtlicher Hinsicht eine Gewinnrealisierung bei der Gesellschaft eingetreten ist[49]. Diesen Vorteil hätte die Gesellschaft einem Dritten nicht oder jedenfalls nur gegen Entgelt gewährt, so daß mit dem Bundesfinanzhof der Tatbestand der verdeckten Gewinnausschüttung als verwirklicht anzusehen ist. Gleiches gilt, wenn einer Makler-GmbH ein Grundstück zu einem Festpreis mit der Maßgabe an die Hand gegeben ist, daß ein erzielter Mehrerlös ihr zustehen soll, und sie das Grundstück zu einem günstigen Preis an ihre Gesellschafter vermittelt[50]. Hat die Gesellschaft jedoch noch keine durchsetzbare Rechtsposition, sondern lediglich die Aussicht auf ein günstiges Geschäft, muß es darauf ankommen, ob der Gesellschafter gegen seine Verhaltenspflichten als Geschäftsführer oder die gesellschaftsrechtliche Treupflicht verstößt, wenn er seine im Rahmen der Gesellschaft erworbenen Kenntnisse oder deren geschäftliche Verbindungen verwertet und damit der Gesellschaft diese Geschäftschance entzieht. In einem solchen Fall erwächst der Gesellschaft gegen den Gesellschafter ein betrieblicher Schadensersatzanspruch, dessen einvernehmlicher Erlaß als verdeckte Gewinnausschüttung gewertet werden kann. Es muß jedoch beachtet werden, daß ein solcher Schadensersatzanspruch nicht entsteht, wenn der Gesellschafter oder Geschäftsführer durch den oder die Gesellschafter von vornherein von diesen Verhaltenspflichten befreit worden ist. Diese Befreiung stellt ihrerseits ebenfalls keine verdeckte Gewinnausschüttung dar.

Vor diesem Hintergrund erscheint es zweifelhaft, ob die Wahrnehmung einer in der Sphäre der Gesellschaft entstandenen Geschäftschance durch einen Gesellschafter, bei der weder die Gesellschaft zugunsten des Gesellschafter eine Rechtsposition begründet oder abtritt noch die Gesellschaft auf ein Verbietungsrecht verzichtet, als verdeckte Gewinnausschüttung angesehen werden kann. Zwar läßt sich nicht bestreiten, daß auch in diesen Fällen der Gesellschafter einen Vorteil realisiert, der ihm ohne seine Mitgliedschaft in der Gesellschaft nicht zugefallen wäre. Doch fehlt es an einer aktuellen Vermögensminderung auf Seiten der Gesellschaft. Wenn der Bundesfinanzhof dazu neigt, diese Ausnutzung einer Erwerbschance durch den Gesellschafter unter dem Tatbestand einer „verhinderten Vermögensmehrung" der Gesellschaft zuzurechnen, so wird doch wieder ein

---

[48] Überblick bei *Roth/Altmeppen*, GmbHG, 2.Aufl., 1997, § 13 GmbHG Rz.57 ff., § 43 GmbHG Rz.12 ff.

[49] BFH v. 12.12.1990 I R 73/89 BStBl II 1991, S.593 ff., 594 f.

[50] BFH v. 12.6.1997 I R 14/96 StRK KStG 1977 § 8 Abs.3 KStG R.147.

fiktiver Soll-Ertrag bei der Körperschaft besteuert, obwohl der Ist-Ertrag originär in der Person des Gesellschafters verwirklicht wird. Der Bundesfinanzhof sollte Konsequenz zeigen und die restriktive Haltung, die er für Gewinnzurechnungen kraft Wettbewerbsverbot entwickelt hat, auch auf die Ausnutzung von konkreten, aber noch nicht rechtlich verfestigten Geschäftschancen ausdehnen.

4. Die sachliche und personelle Ausstattung der Gesellschaft

Neben diesen rechtlichen Vorgaben ist der Umfang der Erwerbstätigkeit der Gesellschaft faktisch durch die sachlichen und personellen Mittel begrenzt, welche die Gesellschafter ihr durch die satzungsmäßig vereinbarten Sach- und Bareinlagen sowie durch die Übernahme von Geschäftsführungs- oder anderen Sonderpflichten zuführen. Daher stellt sich die Frage, ob bereits die tatsächliche Mittelausstattung der Gesellschaft durch ihre Gesellschafter darauf überprüft werden kann, ob der Verzicht der Gesellschaft auf bestimmte Tätigkeitsfelder oder eine nachteilige Kostenstruktur eine gesellschaftlich veranlaßte Vermögensschmälerung zugunsten der Gesellschafter hervorrufen.

Dies betrifft zunächst das Problem, ob die Ausstattung in der Weise erfolgen muß, daß die Gesellschaft in Verfolgung ihrer prinzipiellen Gewinnerzielungsabsicht auf dem ihr zugewiesenen Geschäftsfeld bei gewöhnlichem Verlauf der Dinge einen angemessenen Gewinn erwirtschaften kann. In der Tat hat der Bundesfinanzhof angedeutet, daß der Geschäftsleiter einer Kapitalgesellschaft prüfen muß, ob die Aufnahme des Geschäftsbetriebes oder die Durchführung einzelner Projekte überhaupt einen Gewinn erwarten läßt[51]. Diese Prüfung ist vor allem dann wesentlich, wenn innerhalb eines Konzerns einzelne verlustträchtige oder riskante Unternehmensfelder auf selbständige Tochtergesellschaften ausgelagert werden, z.B. der Vertrieb eines neu entwickelten Produkts von einer Tochtergesellschaft durchgeführt und ihr der gesamte Werbeaufwand für die Markteinführung zugemutet wird[52]. Es muß jedoch erneut darauf hingewiesen werden, daß eine solche Belastung der Gesellschaft mit verlustträchtigen Aufgaben nach der hier vertretenen Auffassung nur dann als verdeckte Gewinnausschüttung eingeordnet werden kann, wenn die Gesellschafter ihrerseits mit Einkünfteerzielungsabsicht handeln, z.B. das Mutterunternehmen mit Hilfe der Vertriebs-Tochtergesellschaft ihre eigenen Produkte in den Markt bringen, die mit dem Marktzutritt verbundenen geschäftlichen Risiken daher bei der Tochter allozieren und etwaige Gewinne überwiegend in eigener Person vereinnahmen will.

Die Erstausstattung der Kapitalgesellschaft entscheidet häufig auch darüber, ob eine Gesellschaft ihre Leistungen am Markt mit eigenem Personal oder durch Inanspruchnahme von Subunternehmern, durch Zugriff auf eigene Wirtschafts-

---

[51] BFH v. 2.2.1994 I R 78/92 a.a.O. (Fn.7), S.481.

[52] BFH v. 17.2.1993 I R 3/92 BStBl II 1993, S.457 ff., 458 f.

güter oder durch Anmietung von unbeweglichem oder beweglichem Vermögen ausführt[53]. Der Geschäftsleiter einer auf Gewinnerzielung angelegten Gesellschaft ist selbstverständlich gehalten, insoweit immer den finanziell günstigsten Weg zu wählen und die vorhandenen Ressourcen optimal zu nutzen. Verfügt die Gesellschaft über hinreichenden Büroraum und Dienstfahrzeuge, kann es daher eine verdeckte Gewinnausschüttung darstellen, wenn sie von ihren Gesellschaftern zusätzliche Räume oder Fahrzeuge anmietet, auch wenn diese Mietverträge objektiv zu angemessenen Preisen abgewickelt werden. Gleiches gilt für die Aufnahme von Gesellschafterdarlehen, für die keine ertragbringende Verwendungsmöglichkeit besteht. Denn die Geschäftsführer haben in diesem Fall aus gesellschaftlichen Gründen Kosten, d.h. Vermögensminderungen, in Kauf genommen, die bei gewissenhafter Geschäftsleitung nicht angefallen wären. Das bedeutet jedoch nicht, daß die Gesellschafter gehalten sind, ihre Gesellschaft prinzipiell mit Eigenkapital soweit auszustatten, daß die entgeltliche Nutzung von Drittressourcen oder Gesellschaftervermögen überflüssig wäre. Ist die Kapitaldecke der Gesellschaft von vornherein schmal und die Fremdfinanzierung im tatsächlichen Geschäftszuschnitt angelegt, ist die entgeltliche Inanspruchnahme von Dritt- oder Gesellschaftervermögen solange akzeptiert wie die Geschäftsleiter die Erzielung von Gewinnen mit Hilfe dieser Ressourcen anstreben[54].

Dies hat der Bundesfinanzhof auch für die Frage entschieden, ob die Gesellschaft Auftragsarbeiten durch ihre Gesellschafter als Subunternehmer ausführen und diesen damit eine erhebliche Gewinnspanne überlassen kann. Auch in diesem Fall muß ein ordentlicher Geschäftsleiter kalkulierend vergleichen, in welchem Verhältnis Vorteile und Risiken einer Eigenausführung zu der Inanspruchnahme von Subunternehmern stehen. Sind die Gesellschafter als Geschäftsführer ohnehin verpflichtet, ihre Arbeitskraft für die Erledigung dieser Auftragsarbeiten zur Verfügung zu stellen, ist es grundsätzlich nicht angemessen, ihnen für dieselbe Leistung als Subunternehmer ein zusätzliches Entgelt zuzuführen. Darüber hinaus muß geprüft werden, ob die personellen und sachlichen Mittel der Gesellschaft so weit ausgelastet sind, daß eine Beauftragung Dritter lohnend erscheint. Diese Kalkulation muß die Geschäftsleitung auch dann aufmachen, wenn zwischen der Gesellschaft und ihren Gesellschaftern als Subunternehmern marktübliche Entgelte vereinbart werden. Es geht zunächst darum, ob überhaupt der entgeltliche Zugriff auf außenstehende Ressourcen erforderlich ist.

---

53 BFH v. 12.10.1995 I R 127/94 StRK KStG 1977 § 8 Abs.3 KStG R.124; BFH v. 29.5.1996 I R 70/95 StRK KStG 1977 § 8 Abs.3 KStG R.134; BFH v. 13.11.1996 I R 149/94 a.a.O. (Fn.43).

54 *Wassermeyer*, Anmerkung zu BFH v. 15.10.1997 I R 80/96 IStR 1998, S.148 f.

V. Das laufende Geschäft der juristischen Person und die verdeckte Gewinnausschüttung

1. Die gesellschaftsrechtliche Veranlassung

a) Stand der Rechtsprechung

Das Hauptanwendungsgebiet der verdeckten Gewinnausschüttung in der Praxis bilden jedoch nach wie vor die Fälle, in denen eine auf Gewinnerzielung angelegte sowie mit einem hinreichenden Kapital und Personal ausgestattete Gesellschaft im Rahmen ihrer laufenden Geschäftstätigkeit unangemessene Geschäfte mit Gesellschaftern und diesen nahestehenden Personen schließt. Gemeint sind Dauerschuldverhältnisse wie Geschäftsführer- und Angestelltenverträge, Darlehen, Miete, Pacht- und Lizenzvereinbarungen, aber auch einmalige Austauschverträge wie Kauf und Tausch, die zu unangemessenen Preisen vollzogen werden. Selbstverständlich rechnen hierhin auch von vornherein unentgeltliche Geschäfte, etwa Schenkungen aus dem Gesellschaftsvermögen, die Übernahme unentgeltlicher Aufträge, unverzinsliche Darlehen oder die leihweise Überlassung von Gesellschaftsvermögen.

Nach ständiger zutreffender Rechtsprechung des Bundesfinanzhofs handelt es sich bei der gesellschaftlichen Veranlassung eines Vorgangs um ein finales Element, einen inneren Vorgang, der durch äußere Indizien festgestellt werden muß[55]. Denn obwohl der Tatbestand der verdeckten Gewinnausschüttung nicht voraussetzt, daß einem Gesellschafter ein persönlicher Vermögensvorteil tatsächlich zufließt, muß doch zumindest festgestellt werden, daß die Intention des beanstandeten Vorgangs darauf gerichtet war, im Interesse des Gesellschafters tätig zu sein und ihm oder einer nahestehenden Person Vorteile außerhalb einer offenen Gewinnausschüttung zuzuwenden. Daher kann ein allgemeiner Ursachenzusammenhang zwischen der Gesellschafterstellung einer Person und einer Vermögensschmälerung der Gesellschaft nicht ausreichen, um den Tatbestand des § 8 Abs.3 S.2 KStG zu erfüllen. Mit dem Bundesfinanzhof ist daher die Durchführung riskanter Optionsgeschäfte durch eine Gesellschaft nicht als verdeckte Gewinnausschüttung anzusehen, denn das Ziel solcher Geschäfte ist darauf gerichtet, den allgemeinen Gewinn der Gesellschaft zu erhöhen und diesen anschließend regulär an die Gesellschafter zu verteilen[56]. Auch reicht es - entgegen dem Bundesfinanz-

---

[55] BFH v. 14.8.1985 I R 149/81 BStBl II 1986, S.86 ff., 87; BFH v. 23.10.1985 I R 247/81 BStBl II 1986, S.195 ff.; BFH v. 2.3.1988 I R 103/86 BStBl II 1988, S.786 ff., 787 f.; BFH v. 28.11.1991 I R 13/90 BStBl II 1992, S.359 ff., 360 f.

[56] BFH v. 14.9.1994 I R 6/94 BStBl II 1997, S.89 ff., 90 f.; *Frotscher*, DStJG 20 (1997), S.205 ff., 225 f.; *ders.*, GmbHR 1998, S.23 ff., 26 f.; *Wassermeyer*, StVJ 1993, S.208 ff.,

hof[57] - nicht aus, wenn Gesellschafter mit oder ohne Organposition[58] im Wege der Untreue Vermögenswerte der Gesellschaft zu eigenen Gunsten entwenden oder verbrauchen[59]. In beiden Fällen besteht lediglich ein kausaler, aber kein finaler Zusammenhang. In beiden Fällen können aber Schadensersatzsansprüche oder Bereicherungsansprüche gegen die beteiligten Personen in Rede stehen, so daß ein Verzicht auf Ersatz des Verbrauchten oder Herausgabe des Entwendeten jedenfalls als verdeckte Gewinnausschüttung qualifiziert werden muß.

Der Bundesfinanzhof zieht für die Antwort auf die Frage, ob und inwieweit eine Vermögensminderung oder verhinderte Vermögensmehrung sich als gesellschaftlich veranlaßt darstellt, eine Vielzahl von Indizien heran, in deren Mittelpunkt der Fremdvergleich steht, d.h. die Frage, ob ein ordentlicher und gewissenhafter Geschäftsleiter das jeweilige Geschäft auch zu denselben Bedingungen mit einem fremden Dritten geschlossen hätte. Kernbereich der verdeckten Gewinnausschüttung ist daher das unentgeltliche oder im Hinblick auf das Verhältnis von Leistung und Gegenleistung unausgewogene Geschäft. Darüber hinaus werden jedoch als Anhaltspunkt für eine gesellschaftliche Veranlassung auch die Ernsthaftigkeit und Üblichkeit einer Vereinbarung herangezogen und bei beherrschenden Gesellschaftern verlangt, daß diese im Vorhinein klare, eindeutige und zivilrechtlich wirksame Abreden treffen. Fehlt einem Vertrag die Ernsthaftigkeit, die zivilrechtliche Wirksamkeit, Klarheit oder Eindeutigkeit, so führt dies regelmäßig zur vollständigen Nichtanerkennung des Geschäfts - sogenannte „totale verdeckte Gewinnausschüttung“ - , während die bloße Unausgewogenheit einer Entgeltabrede lediglich die überschießende Vermögensschmälerung der Gesellschaft als verdeckte Gewinnausschüttung qualifiziert - sogenannte „partielle verdeckte Gewinnausschüttung“[60].

Wer Rechtsgeschäfte zwischen der Gesellschaft und ihren Gesellschaftern oder diesen nahestehenden Personen lediglich unter der allgemeinen Überschrift „gesellschaftliche Veranlassung“ einem pauschalen „Drittvergleich“ unterzieht

---

217; *ders.*, FR 1997, S.563 f.; *ders.*, Stbjb. 1997/98 (im Druck); Paus, FR 1997, S.565 ff.; an*ders* BMF BStBl I 1997, S.112 f.

57 BFH v. 13.9.1989 I R 41/86 BStBl II 1989, S.1029 f., 1030; BFH v. 18.7.1990 I R 32/88 BStBl II 1991, S.484 f.; BFH v. 14.10.1992 I R 14/92 BStBl II 1993, S.351 f.; BFH v. 14.10.1992 I R 17/92 BStBl II 1993, S.352 ff.; vgl. auch BFH v. 29.4.1987 I R 176/83 BStBl II 1987, S.733 ff., 734 f.

58 Die Untreue des Nur-Geschäftsführers stellt selbstverständlich keine vGA dar (vgl. BFH v. 13.7.1994 I R 112/93 BStBl II 1995, S.198).

59 kritisch auch Paus, DB 1993, S.1258 ff. m.Replik *Wassermeyer* S.1260 f.; Flume, DB 1993, S.1345 ff. mit Replik *Wassermeyer* S.1348 f.; Groh, DB 1995, S.844 ff., 846; Schulze-Osterloh, StuW 1994, S.131 ff., 135; dem BFH zustimmend *Wassermeyer*, StVJ 1993, S.208 ff., 220 f.; *Frotscher*, DStJG 20 (1997), S.205 ff., 225 f.;

60 BFH v. 12.10.1995 I R 27/95 a.a.O. (Fn.9) ; BFH v. 5.10.1994 I R 50/94 BStBl II 1995, S.549 ff., 550; *Hoffmann*, DStR 1998, S.313 ff., 314 f.; *ders.*, StBerKongRep 1997, S.81 ff., 89 ff.; *Gosch*, DStZ 1997, S.1 ff., 2 f.

und jeden Schritt vom Wege der Typizität zum Anlaß für die Anwendung des § 8 Abs.3 S.2 KStG nimmt, der gerät indessen in die Gefahr, bei der Gesellschaft einen fiktiven Soll-Ertrag zu besteuern. Dies ist bei der „totalen verdeckten Gewinnausschüttung" deshalb besonders gefährlich, weil nicht nur das fiktive durchschnittliche Einkommen einer Körperschaft dieser Ausstattung und Zielsetzung erfaßt wird, sondern die steuerliche Bemessungsgrundlage um scheinbar unentgeltliche Fremdleistungen erweitert wird, indem auch ausgeglichene oder der Gesellschaft günstige Geschäfte umqualifiziert werden. Vor allem bei beherrschenden Gesellschaftern wird die Inanspruchnahme von Gesellschafterressourcen, die üblicherweise entgeltlich vollzogen wird, mangels klarer und eindeutiger Vereinbarung in eine unentgeltliche Leistung umfingiert, so daß der korrigierte Gewinn den durchschnittlich typisierten Gewinn sogar übersteigt.

b) Historische Entwicklung

Diese pauschalierende Vorgehensweise widerspricht der Funktion des Drittvergleichs, wie er sich bereits zum Ende des letzten Jahrhunderts in der Rechtsprechung des PrOVG entwickelt hat. Wer die Judikatur dieser Zeit studiert, findet schnell heraus, daß der Drittvergleich für zwei grundsätzlich unterschiedene Grundkonstellationen entwickelt worden ist. Ausgangspunkt waren zum einen Fälle, in denen Gesellschafter einer GmbH als Geschäftsführer auf der Grundlage eines Schuldvertrages für die Gesellschaft tätig wurden und unangemessene Gehälter vereinbaren[61]. Das PrOVG verwendete den Drittvergleich, um dieses scheinbar schuldrechtliche Verhältnis auf seinen wahren Kern, nämlich eine partielle Gewinnauskehr gesellschaftsrechtlicher Art zu reduzieren. Der Drittvergleich wurde zum anderen für Fälle entwickelt, in denen von Landwirten gegründete Zuckerrübengesellschaften auf satzungsmäßiger Grundlage ihren Gesellschaftern für deren Rübenlieferungen Entgelte zahlten. In diesen Fällen war die gesellschaftsrechtliche Veranlassung dieser Zahlungen offensichtlich, denn die Lieferverträge waren als Nebenleistungspflichten offene Bestandteile der jeweiligen Satzungen. Das PrOVG[62] wies jedoch darauf hin, daß die Entgeltzahlungen nur in dem Umfang als Gewinnverteilung angesehen werden könnten, in dem der Ge-

---

[61] PrOVG v. 10.7.1897 Rep.VI.G 559/96 OVGStE 6, S.437 ff.; OVG v. 6.12.1897 Rep.VI G 402/96 OVGStE 6, S.435 ff.; PrOVG v. 22.6.1899 Rep.VI.G 248/98 OVGStE 8, S.388 ff.

[62] PrOVG v. 7.10.1893 Rep.V.A. 2023/93 OVGStE 2, S.219 ff.; PrOVG v. 7.10.1893 Rep.V.A.1968/93 OVGStE 2, S.229 ff.; PrOVG v. 24.2.1894 Rep.V.A. 2733/94 OVGStE 2, S.234 ff.; PrOVG v. 6.12.1895 Rep.V.A. 131/94 OVGStE 4, S.217 ff.; PrOVG v. 24.6.1896 Rep.VI. G 565/94 OVGStE 4, S.279 ff.; PrOVG v. 4.6.1898 Rep.II.C. 49/98 OVGE 33, S.63 ff.; PrOVG v. 8.10.1899 Rep.II C. 79/89 OVGE 18, S.33 ff.; PrOVG v. 17.11.1899 Rep.V.A. 46/98 OVGStE 8, S.206 ff.; PrOVG v. 26.10.1899 Rep.VI.G. 294/98 OVGStE 8, S.413 ff.; PrOVG v. 10.1.1902 Rep.II C 51/01 OVGE 40, S.53 ff.; PrOVG v. 8.4.1905 Rep.V.A. 27/04 OVGStE 12, S.308 ff.; PrOVG v. 28.10.1908 Rep.V.A. 6/08 OVGStE 14, S.340 ff.; PrOVG v. 29.10.1910 Rep.V.A. 62/10 OVGStE 14, S.348 ff..

sellschafter keine objektiv gleichwertige Gegenleistung erbracht hatte. Hier wurde der Drittvergleich somit entwickelt, um bei einer erkennbar im Gesellschaftsverhältnis veranlaßten Zuwendung an den Gesellschafter den Umfang des zugewandten Vorteils auf den Betrag zu reduzieren, der nicht durch eine Gegenleistung des Gesellschafters aufgewogen wurde. Der Drittvergleich hat also sowohl eine erweiternde als auch eine einschränkende Funktion: Er dient zum einen dazu, scheinbar betrieblich veranlaßte Leistungen in gesellschaftsrechtliche Zuwendungen umzuqualifizieren, er dient zum anderen dazu, den Umfang einer gesellschaftlich veranlaßten Leistung auf diejenige Vermögensschmälerung zu reduzieren, die wirklich im Gesellschaftsvermögen eingetreten ist. Nur dies verhindert die fiktive Verlagerung von Gewinnen in die Gesellschaftssphäre, die über den tatsächlichen Einsatz der dort vorhandenen Ressourcen hinausgeht.

Daher gilt: Die Erkenntnis, daß ein Geschäft zwischen Gesellschaft und Gesellschafter durch das Gesellschaftsverhältnis - oder ein Konzernverhältnis[63] - veranlaßt ist, bedeutet noch nicht zwingend, daß die aus diesem Gesellschaftsverhältnis fließenden Leistungen als verdeckte Gewinnausschüttungen zu qualifizieren sind. Es muß in einem zweiten Schritt geprüft werden, ob sich Leistung und Gegenleistung in der Geschäftsbeziehung zwischen Gesellschaft und Gesellschafter als ausgeglichen darstellen. Nur der jeweils entstehende Überschuß kann nach § 8 Abs.3 S.2 KStG dem Gewinn der Körperschaft zugeschlagen und bei Ausschüttung und Zufluß belastet sowie beim Gesellschafter erfaßt werden.

c) Zivilrechtliche Wirksamkeit

aa) Formale Wirksamkeitsvoraussetzungen

Dies macht sich zunächst bei der Frage bemerkbar, ob eine verdeckte Gewinnausschüttung bereits dann angenommen werden kann, wenn die Vereinbarung eines ausgeglichenen schuldrechtlichen Geschäfts sich als zivilrechtlich unwirksam erweist. An sich müßte bereits § 41 AO, der zivilrechtliche Wirksamkeitshindernisse dann für irrelevant erklärt, wenn die Beteiligten das wirtschaftliche Ergebnis einer nichtigen Vereinbarung bestehen lassen, den Weg öffnen, um dem tatsächlichen Leistungsaustausch zwischen den Beteiligten die Anerkennung zu gewähren. Der Bundesfinanzhof weist jedoch den Regeln über die verdeckte Gewinnausschüttung den Vorrang zu und sieht bei Geschäften der Gesellschaft mit einem beherrschenden Gesellschafter in der fehlenden Wirksamkeit ein grundsätzliches Indiz für die gesellschaftliche Veranlassung der jeweiligen Leistungen. In den letzten Jahren hat sich insoweit vor allem eine differenzierte Judikatur zur Befreiung des Gesellschafter-Geschäftsführers vom Selbstkontrahierungsverbot des

---

63 *Wassermeyer*, IStR 1998, S.149 f.

§ 181 BGB[64] sowie zur mündlichen Vertragsänderung trotz gewillkürter Schriftformklausel entwickelt[65]. Dabei ist zu bemerken, daß der Bundesfinanzhof in jüngeren Urteilen seine bisherige Rigidität zurückgenommen, auf den lediglich indiziellen Charakter dieser formalen Vorgaben hingewiesen und eine dokumentierte tatsächliche Durchführung unwirksamer Vereinbarungen als hinreichend für die betriebliche Veranlassung akzeptiert hat. Dieser Sinneswandel wird allgemein[66] auf die Beschlüsse des Bundesverfassungsgerichts zum Oder-Konto zurückgeführt, in welchen das Bundesverfassungsgericht für Ehegatten-Arbeitsverhältnisse die Tendenz des Bundesverfassungsgerichts beanstandet hat, bloße Indizien zu zwingenden Tatbestandsmerkmalen zu erheben[67]. Entscheidend ist auch für den Bundesfinanzhof, daß die formale Wirksamkeit nicht um ihrer selbst willen geprüft werden soll, sondern letztlich nur als Indiz für den inneren Willen der Parteien zum Abschluß eines ernsthaft gemeinten Vertrages herangezogen werden kann[68].

bb) Scheingeschäft und Ernstlichkeit

Vor dem Hintergrund der Tatsache, daß es sich bei der gesellschaftlichen Veranlassung eines Vorgangs immer um eine innere, zweckbezogene Tatsache handelt, kann in der Tat nicht die äußere Wirksamkeit, aber durchaus die innere Ernsthaftigkeit einer getroffenen Regelung über die Qualifikation des jeweiligen Rechtsverhältnisses entscheiden. Vor allem dann, wenn für eine vom - beherrschenden oder nicht beherrschenden - Gesellschafter erbrachte Leistung ein Entgelt nur zum Schein vereinbart wird, aber letztlich nicht gezahlt werden soll, liegt es nahe, die Einbuchung einer entsprechenden Verbindlichkeit bei der Gesellschaft als verdeckte Gewinnausschüttung einzuordnen. Vor diesem Hintergrund hat der Bundesfinanzhof in mehreren jüngeren Urteilen Verträgen zwischen Gesellschaft und Gesellschafter die Ernstlichkeit abgesprochen, wenn ein Entgelt tatsächlich nicht, nur unregelmäßig oder erst erheblich später ausgezahlt werden sollte. Beispielhaft sind Vereinbarungen zwischen Gesellschafter und Gesellschaft, ein laufendes Gehalt nach Lage der wirtschaftlichen Verhältnisse der Gesellschaft auszuzahlen

---

64 BFH v. 13.3.1991 I R 1/90 BStBl II 1991, S.597 ff.; BFH v. 17.9.1992 I R 89-98/91 BStBl II 1993, S.141 ff.; BFH v. 23.10.1996 I R 71/95 StRK KStG 1977 § 8 Abs.3 KStG R.138.

65 BFH v. 24.1.1990 I R 157/86 BStBl II 1990, S.645 ff.; BFH v. 31.7.1991 I S 1/91 BStBl II 1991, S.933 ff.; BFH v. 17.10.1990 I R 47/87 StRK KStG 1977 § 8 Abs.3 KStG R.74; BFH v. 26.2.1992 I R 39/91 StRK KStG 1977 § 8 Abs.3 KStG R.88a; BFH v. 24.7.1996 I R 115/95 BStBl II 1997, S.138 f.; dazu *Gosch*, StBp 1997, S.82 f.

66 *Pezzer*, Stbjb. 1996/97, S.25 ff., 39 ff.; *Wassermeyer*, Stbjb. 1997/98 (im Druck).

67 BVerfG v. 7.11.1995 2 BvR 802/90 BStBl II 1996, S.34; BVerfG v. 19.12.1995 2 BvR 1791/92 NJW 1996, S.834.

68 BFH v. 23.10.1996 I R 71/95 a.a.O. (Fn.64); *Wrede* a.a.O. (Fn.32), § 20 EStG Rz.258.

oder von vornherein anstelle eines laufenden Gehalts lediglich eine Pensionszusage als Gegenleistung für die Geschäftsführungstätigkeit vorzusehen[69].

Dies bedarf jedoch der Differenzierung. Zunächst ist festzuhalten, daß der Tatbestand einer verdeckten Gewinnausschüttung mit dem Vorwurf mangelnder Ernstlichkeit (§ 118 BGB) oder gar einem Scheingeschäft (§ 117 BGB) der getroffenen Vereinbarungen nichts zu tun hat[70]. Vielmehr sind die Parteien sogar daran interessiert, daß ihre Verträge zivilrechtlich wirksam sind, daß der Gesellschafter tatsächlich ein überhöhtes Gehalt kraft Zivilrechts beanspruchen kann oder die Gesellschaft explizit auf Zinsen für ein Darlehen an den Gesellschafter verzichtet. Von einem Scheingeschäft kann aber nur dann gesprochen werden, wenn die Parteien nicht nur auf dem Wege eines schuldrechtlichen Geschäfts der Gesellschaft Gewinn entziehen, sondern auch dieses schuldrechtliche Geschäft in Wahrheit gar nicht durchführen wollen. In einem solchen Fall bedarf es aber für eine Gewinnkorrektur überhaupt nicht des Tatbestands der verdeckten Gewinnausschüttung, vielmehr fehlt es bei Verpflichtungen aus Scheingeschäften von vornherein an einer bilanzierungsfähigen Verbindlichkeit, so daß eine Gewinnkorrektur schon nach Maßgabe der §§ 8 Abs.2 KStG, 4 ff. EStG möglich und geboten ist[71].

Zweifelhaft ist weiterhin, ob in den vom Bundesfinanzhof angesprochenen Fällen der Vorwurf mangelnder Ernstlichkeit überhaupt zutrifft. Wenn einem Geschäftsführer-Gesellschafter das versprochene Gehalt wegen schlechter Geschäftslage nur unregelmäßig oder gar nicht ausgezahlt wird, kann dies nur dann als Indiz für fehlende Ernstlichkeit gewertet werden, wenn sich der Schluß ziehen läßt, daß von vornherein eine regelmäßige Lohnzahlung nicht beabsichtigt, vielmehr die Auszahlungen in das Belieben der Gesellschaft gestellt waren[72]. Das dürfte die Ausnahme sein. Läßt sich der Geschäftsführer-Gesellschafter als Ersatz für laufende Gehaltszahlungen eine Pensionszusage erteilen, deren Wert durchaus seinen Leistungen entspricht, so sind die Parteien, um die Passivierung einer entsprechenden Pensionsrückstellung zu erreichen, gerade daran interessiert, daß den Vereinbarungen Verbindlichkeit inter partes zukommt. In all diesen Fällen läßt sich übrigens feststellen, daß die Beteiligten Geschäfte geschlossen haben, die sich aus der Sicht der Gesellschaft als besonders günstig darstellen, die Gesellschaft mithin keine Vermögensnachteile hinnehmen mußte, sondern eher Vorteile, zumindest in der Gestalt erhöhter Liquidität, vereinnahmt hat.

---

69 BFH v. 17.5.1995 I R 147/93 BStBl II 1996, S.204 ff., 205; BFH v. 25.10.1995 I R 9/95 StRK KStG 1977 § 8 Abs.3 KStG R.126; BFH v. 6.12.1995 I R 88/94 BStBl II 1996, S.383 ff., 384 f.; *Gosch*, DStZ 1997, S.1 ff., 28.

70 *Anders* noch OVG v. 23.4.1918 VII E St 115/17 OVGStE 18, S.96 ff.; RFH v. 20.10.1922 I A 162/22 RFHE 11, S.11 ff.

71 *Hoffmann*, DStR 1998, S.313 ff., 318; *Pezzer*, StBerKongRep 1997, S.63 ff., 69 ff.; *ders.*, FR 1996, S.379 f.

72 BFH v. 28.10.1987 I R 110/83 BStBl II 1988, S.301 ff., 302; vgl. auch BFH v. 29.6.1994 I R 11/94 BStBl II 1994, S.952 ff., 954.

Entgegen dem Bundesfinanzhof[73] wird der Tatbestand einer verdeckten Gewinnausstattung auch nicht dadurch begründet, daß ein außenstehender Geschäftsführer sich auf diese Regelung nicht eingelassen hätte: Dies mag zwar die gesellschaftliche Veranlassung des Vorgangs indizieren. Aber selbst dann, wenn sich eine Unüblichkeit oder gar eine gesellschaftliche Veranlassung feststellen läßt, muß immer noch geprüft werden, ob es bei der Gesellschaft zu einer Vermögensminderung oder verhinderten Vermögensmehrung gekommen ist. Daher muß bezweifelt werden, ob die verdeckte Gewinnausschüttung für diese Fälle den richtigen Korrekturmechanismus darstellt[74].

Schaut man näher hin, so stellt man fest, daß in den entschiedenen Fällen der eigentliche steuerliche Vorteil für die Beteiligten darin liegt, daß die Gesellschaft bei zeitlich gestreckten Entgeltzahlungen zwar ihre Leistungspflicht bereits passivieren kann, wenn ein Verbindlichkeitsansatz oder eine Rückstellung nach allgemeinen Regeln ausgewiesen werden muß, jedoch der Gesellschafter seinen Verdienst als Geschäftsführer nach den Regeln der Überschußeinkünfte erst bei dem späteren Zufluß versteuern muß. Daher entsteht, soweit bei gestreckten oder unregelmäßigen Zahlungen der Zufluß hinausgeschoben wird, in den Augen des Bundesfinanzhofs eine Besteuerungslücke, die mit Hilfe der Regeln über die verdeckte Gewinnausschüttung geschlossen werden soll. Daß hierzu kein Anlaß besteht, zeigt sich schon daran, daß der Gewinn der Gesellschaft völlig korrekt ausgewiesen wird, denn dessen Höhe würde auch nicht anders ausfallen, wenn die Gesellschaft zeitnah das Gehalt an den Gesellschafter/ Geschäftsführer ausgezahlt hätte[75]. In diesem Fall wäre es allerdings zur Abführung von Lohnsteuer und zur Erhebung von Einkommensteuer bei dem Empfänger gekommen, so daß sich allenfalls die Frage stellt, ob in dem Fall einer hinausgezögerten Gehaltzahlung oder der Vereinbarung einer Nur-Pension eine mißbräuchliche Umgehung der Lohnsteuer- und Einkommensteuerpflicht nach § 42 AO festgestellt werden muß[76]. Aber auch die Anwendbarkeit dieser Mißbrauchsnorm läßt sich bezweifeln, denn ein Gestaltungsmißbrauch nach § 42 AO setzt zumindest voraus, daß die Parteien im wirtschaftlichen Ergebnis den Erfolg einer Gehaltsauszahlung herbeigeführt haben. Gerade daran fehlt es aber: die Auszahlung des Gehalts wird ja nicht etwa auf einem unüblichen Wege durchgeführt, sondern überhaupt unterlassen.

---

73 BFH v. 17.5.1995 I R 147/93 a.a.O. (Fn.69); BFH v. 6.12.1995 I R 88/94 (Fn.69); *Wassermeyer*, StVJ 1993, S.208 ff., 212 f.; *ders*., GmbHR 1998, S.157 ff., 161 f.; Stbjb. 1997/98 (im Druck).

74 Kritisch auch *Frotscher*, DStJG 20 (1997), S.205 ff., 228 ff.; *Hoffmann*, StBerKongRep 1997, S.81 ff., 120 ff.; *Wrede* a.a.O. (Fn.32), § 20 EStG Rz.245.

75 Entgegen *Wassermeyer*, GmbHR 1998, S.157 ff., 160 f.; *ders*., DStR 1996, S.733 f. ist der „richtige“ Vergleichsfall nicht die unentgeltliche Tätigkeit des Geschäftsführers, sondern die entgeltliche Tätigkeit mit laufender Gehaltszahlung.

76 *Reiß*, StuW 1996, S.337 ff., 346 f.

Es läßt sich daher festhalten, daß eine steuerliche Korrektur von ausgeglichenen Geschäften, bei denen die Leistungspflicht der Gesellschaft zeitlich gestreckt wird, weder unter dem Gesichtspunkt der verdeckten Gewinnausschüttung noch unter dem Gesichtspunkt des Mißbrauchs nach § 42 AO beanstandet werden kann. Dabei ist jedoch zu beachten, daß die Verfügung über einen fälligen oder der Verzicht auf einen bestehenden Gehaltsanspruch den Zufluß herbeiführt. Wenn also der Gesellschafter eine fällige Gehaltsforderung der Gesellschaft ohne betrieblichen Anlaß stundet oder auf einen Pensionsanspruch verzichtet, kann dies als Zufluß dieser Beträge gewertet werden, dem sich zeitgleich eine verdeckte Einlage in das Gesellschaftsvermögen anschließt[77].

d) Angemessenheit und Üblichkeit

Zum Kernbereich der verdeckten Gewinnausschüttung gehört die Frage nach der Angemessenheit der zwischen der Kapitalgesellschaft und ihren Gesellschaftern oder nahestehenden Personen geschlossenen Vereinbarungen. Dabei meint „Angemessenheit" im Grundsatz das Wertverhältnis zwischen den von der Gesellschaft und ihrem Gesellschafter ausgetauschten Leistungen. Hier kann es zu einer verdeckten Gewinnausschüttung kommen, wenn die Gesellschaft ihrerseits einen Vermögensnachteil erleidet, der nicht durch eine wertgleiche Leistung des Gesellschafters ausgeglichen wird oder - vor allem bei beherrschenden Gesellschaftern - die Gesellschaft nachträglich ein Entgelt für eine Leistung zahlt, die ursprünglich gegen ein geringeres oder kein Entgelt erbracht werden sollte. Der Bundesfinanzhof hat diese Kriterien in jüngerer Zeit vor allem an der Erdienbarkeit von Pensionszusagen exemplifiziert[78].

Der Bundesfinanzhof neigt jedoch - wie auch bei Angehörigenverträgen - dazu, die Vereinbarung zwischen den Beteiligten auch über das Wertverhältnis hinaus auf ihre Üblichkeit zu untersuchen, z.B. den Inhalt der Dienstleistungspflicht eines Geschäftsführers oder die Relation zwischen festen und gewinnabhängigen Entgeltsbestandteilen oder die Balance zwischen Gehalt und Pensionsanspruch zu überprüfen. Beispielhaft sei die Frage erwähnt, ob bei einem Geschäftsführer die Entlohnung von Überstunden als typisches „Aufgabenbild" eines Geschäftsführers akzeptiert werden könnte[79]. Damit wird eine Typisierung versucht, die durch den Zweck des § 8 Abs.3 S.2 KStG nicht gerechtfertigt ist[80]. Es reicht nicht aus, die Ungewöhnlichkeit einer Vereinbarung zu beanstanden, denn selbst dann,

---

77 vgl. BFH v. 9.6.1997 GrS 1/94 DB 1997, S.1693 ff.

78 BFH v. 20.5.1992 I R 2/91 StRK KStG 1977 § 8 Abs.3 KStG R.91a; BFH v. 16.12.1992 I R 2/92 BStBl II 1993, S.455 ff.; BFH v. 21.12.1994 I R 98/93 BStBl II 1995, S.419 ff.; BFH v. 5.4.1995 I R 137/93 StRK KStG 1977 § 8 Abs.3 KStG R.119; BFH v. 24.1.1996 I R 41/95 BStBl II 1997, S.440 ff.; vgl. auch BMF BStBl I 1997, S.637.

79 BFH v. 19.3.1997 I R 75/96 BStBl II 1997, S.577 ff.

80 kritisch auch *Frotscher*, DStJG 20 (1996), S.205 ff., 242; *ders.*, GmbHR 1998, S.23 ff., 28; *Hoffmann*, DStR 1998, S.313 ff., 316 f.; *Rengers* a.a.O. (Fn.19), § 8 KStG Rz.243; befürwortend *Gosch*, DStZ 1997, S.1 ff.

wenn die gesellschaftliche Veranlassung einer Vereinbarung auf der Hand liegt, kann eine verdeckte Gewinnausschüttung nur in Höhe der überschießenden Wertabgabe der Gesellschaft bejaht werden. Dabei ist zu berücksichtigen, daß gerade Gesellschafter - seien es natürliche Personen, seien es Muttergesellschaften - sich häufig im Hinblick auf die gemeinsame Interessenlage auf ungewöhnliche Arbeits- oder sonstige Leistungsbeziehungen einlassen, die von Dritten nicht in Kauf genommen worden wären. Solange eine solche Vereinbarung nicht einen Gewinn auf den Gesellschafter verlagert, der bei gewöhnlicher Betriebsführung bei der Gesellschaft realisiert worden wäre, kommt es nicht zu einer gesellschaftlich veranlaßten Minderung oder verhinderten Mehrung des Körperschaftsvermögens.

Dabei ist jedoch erneut darauf hinzuweisen, daß ein ordentlicher und gewissenhafter Geschäftsleiter eine Leistung von dem Gesellschafter auch zu einem angemessenen Preis nur dann in Anspruch nimmt, wenn die Inanspruchnahme außenstehender Ressourcen überhaupt durch die Gewinnerzielungsabsicht der Gesellschaft und ihren Unternehmensgegenstand gerechtfertigt ist[81]. Immer dann, wenn die Gesellschaft für ihre Tätigkeit günstiger auf eigene Mittel zurückgreifen könnte oder gar im Hinblick auf einen vorhersehbaren Verlust auf das jeweilige geschäftliche Projekt und die Inanspruchnahme von Drittleistungen besser ganz verzichtet hätte, können die Zuwendungen an den Gesellschafter in vollem Umfang als verdeckte Gewinnausschüttungen qualifiziert werden. In diesen Fällen ist nicht nur ein überschießender, unangemessen hoher Entgeltanteil gesellschaftlich veranlaßt ist, sondern es steht dem gesamten Mittelabfluß kein für die Gesellschaft in ihrer geschäftlichen Situation nützlicher Gegenwert gegenüber.

e) Sonderregeln für den beherrschenden Gesellschafter

Für beherrschende[82] Gesellschafter hat der Bundesfinanzhof im Hinblick auf den Interessengleichlauf mit der Gesellschaft, aber auch mit Rücksicht auf die besonderen Einflußmöglichkeiten des Gesellschafters von jeher strenge Anforderungen an den Abschluß von Schuldverträgen zwischen Gesellschaft und Gesellschafter oder diesem nahestehenden Personen[83] gestellt[84]. Denn für den Gesellschafter kann es sowohl von Interesse sein, im Hinblick auf seine Leistungen unmittelbar ein schuldrechtliches Entgelt zu erhalten, als auch, durch seine Tätigkeit den Gewinn der Kapitalgesellschaft zu steigern. Mangelt es an einer von vornherein klar und eindeutig vereinbarten Entgeltabrede zwischen Gesellschaft und Gesellschafter, so soll dies ein Indiz für die Annahme bilden, daß der Gesellschafter seine

---

[81] BFH v. 17.2.1993 I R 3/92 a.a.O. (Fn.52).

[82] zum Tatbestand der Beherrschung vgl. *Rengers* a.a.O. (Fn.19), § 8 KStG Rz.110 ff.

[83] vgl. aus der jüngeren Judikatur BFH v. 16.12.1992 I R 2/92 BStBl II 1993, S.455 ff., 456 f.; BFH v. 12.10. 1995 I B 46/95 StRK KStG 1977 § 8 Abs.3 KStG R.125.

[84] grundsätzliche Kritik bei *Hoffmann*, StBerKongRep 1997, S.81 ff., 104 ff.; *Frotscher*, GmbHR 1998, S.23 ff., 31 f.

Leistung unentgeltlich erbringen und auf diese Weise den Gesellschaftszweck fördern will[85].

Diese Grundthese besitzt ein starkes Argument gegen und ein starkes Argument für sich. Dagegen läßt sich einwenden, daß aufgrund der Trennung der Rechtssphären von Gesellschaft und Gesellschafter nicht davon ausgegangen werden darf, daß der Gesellschafter einer Kapitalgesellschaft im Zweifel unentgeltlich für diese tätig sein will. Der Gesellschafter hat lediglich die Pflicht, die im Gesellschaftsvertrag oder der Satzung versprochenen Einlagen und Nebenleistungen zu erbringen. Wenn er darüber hinaus für die Gesellschaft tätig wird, tritt er der Gesellschaft als fremder Dritter gegenüber, und unter fremden Dritten ist nun einmal Entgeltlichkeit die Regel. Die Annahme, daß der Gesellschafter nicht geschuldete Leistungen im Zweifel unentgeltlich erbringt, hat geradezu die Folge, daß der Gewinn einer Gesellschaft fiktiv über den gewöhnlichen Gewinn hinaus erweitert wird, denn es wird ein Gewinn besteuert, den sie mit Hilfe ihrer eigenen Ressourcen oder durch Inanspruchnahme von Drittleistungen gerade nicht hätte erwirtschaften können[86]. Hier scheint sich beim Bundesfinanzhof eine Wende zum Guten anzudeuten: Hatte der Bundesfinanzhof vor einigen Jahren noch die Entgeltlichkeit selbst dann abgelehnt, wenn der Gesellschafter sich auf gesetzliche Vergütungsregelungen berufen konnte[87], hat er jüngst für die Tätigkeit als Geschäftsführer die Entgeltlichkeit als Regeltatbestand anerkannt[88].

Andererseits kann es den Gesellschaftern nicht gestattet sein, im Nachhinein auf der Grundlage der eingetretenen Gewinn- oder Verlustsituation der Gesellschaft darüber zu befinden, ob schuldrechtlich begründete Leistungen mit einer Gegenleistung der Gesellschaft entgolten oder die Gesellschaft finanziell nicht belasten sollen. Wenn die Gesellschafter erst im Hinblick auf das erwirtschaftete Jahresergebnis entscheiden, ob bei der Gesellschaft ein Mittelabfluß eintreten soll, ist geradezu der klassische Fall einer verschleierten Gewinnverteilung gegeben[89]. Daher kann von den Gesellschaftern verlangt werden, sich vor der Ausführung der Gesellschafterleistung[90] hinsichtlich der Entgeltlichkeit festzulegen[91]. Läßt sich im Besteuerungsverfahren nun feststellen, daß von vornherein Entgeltlichkeit beabsichtigt war, sollte die Abzugsfähigkeit eines angemessenen Entgeltes aller-

---

85 BFH v. 30.1.1985 I R 37/82 BStBl II 1985, S.345 ff., 346; BFH v. 2.3.1988 I R 63/82 BStBl II 1988, S.590 ff., 591; BFH v. 4.12.1991 I R 63/90 BStBl II 1992, S.362 ff., 364.

86 *Hoffmann*, DStR 1998, S.313 ff., 314 f.

87 BFH v. 2.3.1988 I R 63/82 a.a.O. (Fn.85).

88 BFH v. 25.10.1995 I R 9/95 BStBl II 1997, S.703 ff., 705; *Reiß*, StuW 1996, S.337 ff., 346.

89 Vgl. BFH v. 29.4.1992 I R 21/90 BStBl II 1992, S.851 ff., 852 f.: Nachträgliche Festsetzung der Tantieme durch die Gesellschafterversammlung

90 und nicht erst vor der Zahlung, vgl. BFH v. 11.12.1991 I R 49/90 BStBl II 1992, S.434.

91 *Knobbe-Keuk* a.a.O. (Fn.31), § 19 I 2 b; *Frotscher*, DStJG 20 (1996), S.241.

dings nicht von einer detaillierten Kalkulation abhängig gemacht werden[92], zumal - gerade im Konzern - häufig wirtschaftliche Gründe gegen eine solche präzise Vorkalkulation dargelegt werden können[93]. Fehlt es an hinreichender Klarheit (Beispiel: widersprüchliche Vereinbarungen[94] oder Widersprüche zwischen Vertragsinhalt und Vertragsdurchführung[95]) oder hinreichender Eindeutigkeit der jeweiligen Vereinbarung, so obliegt allerdings der Gesellschaft der Nachweis, daß die später tatsächlich gezahlten Entgelte in einem angemessenen Verhältnis zu den erbrachten Gesellschafterleistungen stehen. Auch hier scheint der Bundesfinanzhof vorsichtig zu einer liberaleren Haltung zu neigen, indem einerseits den Gesellschaftern gestattet wird, unklare oder uneindeutige Vereinbarungen durch die Dokumentation ihrer tatsächlichen Durchführung zu konkretisieren, und andererseits bei Nichtanerkennung einzelner Teile einer Vereinbarung nicht mehr das gesamte Entgelt dem Verdikt des § 8 Abs.3 S.2 KStG unterstellt werden soll, sofern nicht die Ernstlichkeit der Vereinbarung insgesamt bezweifelt werden muß[96]. Der Nachholbedarf wird daran deutlich, daß die schlichte Erkentnis, auch Vereinbarungen zwischen einer Gesellschaft und ihrem beherrschenden Gesellschafter seien auslegungsfähig, erst im Jahre 1995 vom Bundesfinanzhof formuliert und in einen amtlichen Leitsatz aufgenommen worden ist[97].

f) Gewinnabsaugung und variable Vergütungsbestandteile

Die Gefahr einer verdeckten Gewinnausschüttung ist dann besonders hoch, wenn der Gesellschafter für seine Leistungen von der Gesellschaft im Wege von Umsatz- oder Gewinnbeteiligungen nicht nur feste Entgeltbeträge, sondern ergebnisorientierte Zahlungen erhält. Diese Zahlungen unterfallen mit Selbstverständlichkeit schon dann der Anwendung des § 8 Abs.3 S.2 KStG, wenn sie in ihrem Ausmaß der Leistung des Gesellschafters nicht entsprechen[98], wobei natürlich nicht der im jeweiligen Wirtschaftsjahr zufällig erzielte Erfolg entscheidet, sondern eine realistische Prognose über die Höhe der ergebnisorientierten Vergütung bei Abschluß des Vertrages entscheidend sein muß. Es muß aber die Frage gestellt wer-

---

[92] vgl. die Ansprüche in BFH v. 30.1.1985 I R 37/82 BStBl II 1985, S.345 ff.; BFH v. 11.12.1991 I R 49/90 BStBl II 1992, S.434 ff., 436; BFH v. 1.7.1992 I R 78/91 BStBl II 1992, S.975 ff., 976 f.

[93] *Wassermeyer*, Stbjb. 1997/98 (im Druck).

[94] BFH v. 24.5.1989 I R 90/85 BStBl II 1989, S.800 ff., 801 (kein Gegenbeweis zugelassen).

[95] BFH v. 1.7.1992 I R 78/91 a.a.O. (Fn.92), S.977; BFH v. 4.12.1991 I R 63/90 BStBl II 1992, S.363 ff., 364.

[96] BFH v. 25.4.1990 I R 59/89 StRK KStG 1977 § 8 Abs.3 KStG R.73; BFH v. 28.10.1987 I R 110/83 BStBl II 1988, S.301 ff., 303; BFH v. 25.10.1995 I R 9/95 BStBl II 1997, S.703 ff., 705.

[97] BFH v. 25.10.1995 I R 9/95 a.a.O. (Fn.88).

[98] BFH v. 26.2.1992 I R 124/90 BStBl II 1992, S.691 ff. (Umfang der Tantieme erhöhte sich bei Vorliegen von vGA).

den, ob das Rechtsinstitut der verdeckten Gewinnausschüttung nicht auch über diese unangemessenen Verhältnisse hinaus der ergebnisorientierten Vertragsgestaltung Grenzen setzt.

Die Judikatur bewegt sich hier im Spannungsfeld zwischen zwei Prinzipien[99]. Einerseits haben bereits das PrOVG[100] und der Reichsfinanzhof[101] ausgesprochen, daß eine verdeckte Gewinnausschüttung selbstverständlich gegeben ist, wenn der Gewinn der Gesellschaft statt auf gesellschaftsrechtlicher auf schuldrechtlicher Grundlage an die Gesellschafter verteilt wird. In beiden Fällen repräsentiert der Gewinn die Steuerkraft des körperschaftlichen Unternehmens, so daß eine Gewinnkorrektur angebracht erscheint, wie sie das Gesetz beispielhaft für Genußrechtsvergütungen vorsieht. Andererseits ist unbestritten, daß erfolgsabhängige Vergütungen in der Praxis zum regelmäßigen Inhalt von schuldrechtlichen Beziehungen mit dritten Personen gemacht werden können und die Gesellschaft - wie paradigmatisch der Fall der typischen stillen Beteiligung belegt - zum gewöhnlichen Betriebsausgabenabzug berechtigen. Die Gewinntantieme des leitenden Angestellten ist ebenso üblich und abzugsfähig wie die Umsatzteilhabe eines gewerblichen Vermieters. Es kommt daher darauf an, ob eine Grenze zwischen der betrieblich veranlaßten und der gewinnabsaugenden Ergebnisbeteiligung gefunden werden kann.

Der Bundesfinanzhof versucht, im Interesse der Praxis hier klare Grenzen zu ziehen, indem zunächst zwischen Umsatz- und Gewinnbeteiligung unterschieden und für die Gewinnbeteiligung auf bestimmte Verhältniszahlen abgestellt wird. Eine Umsatzbeteiligung soll in der Regel unangemessen sein, weil sie das Management dazu verleiten kann, die Steigerung der Umsatzzahlen auf Kosten des Gesellschaftsgewinns zu betreiben und auf diese Weise eine optimierte Unternehmenspolitik zu vernachlässigen. Lediglich in Ausnahmefällen - etwa für den Leiter einer Verkaufsabteilung - kann eine Umsatztantieme sinnvoll erscheinen[102]. Für Gewinntantiemen hat der Bundesfinanzhof in einem Urteil aus dem Jahre

---

99 BFH v. 2.12.1992 I R 54/91 BStBl II 1993, S.311 ff., 313. „Darüber hinaus liegt eine vGA auch dann vor, wenn der nach Ablauf des jeweiligen Geschäftsjahres entstehende gesellschaftsrechtliche Gewinnanspruch lediglich der Form nach in einen Gehaltsanspruch gekleidet wird.“; BFH v. 5.10.1994 I R 50/94 BStBl II 1995, S.549 ff., 550 „wirtschaftliche Funktion einer Gewinnausschüttung“; BFH v. 23.5.1984 I R 294/81 BStBl II 1984, S.673 ff.

100 PrOVG v. 13.6.1908 Rep.V.A 48/08 OVGStE 13, S.314 ff.; PrOVG v. 13.6.1908 Rep.V.A. 72/08 OVGStE 13, S.320 ff.

101 RFH v. 8.7.1921 I A 60/21 RFHE 6, S.266 ff., 273 f.; RFH v. 14.6.1927 I A 147/27 RFHE 21, S.275 ff.; RFH v. 16.11.1926 I A 335/26 RFHE 21, S.1 ff.; RFH v. 12.4.1932 I A 315/31 RStBl 1932, S.521.

102 BFH v. 5.10.1978 I R 230/75 BStBl II 1978, S.234 ff.; BFH v. 28.6.1989 I R 89/65 BStBl II 1989, S.854 ff.; BFH v. 19.5.1993 I R 83/92 StRK KStG 1977 § 8 Abs.3 KStG R.106; BFH v. 20.9.1995 I R 130/94 StRK KStG 1977 § 8 Abs.3 KStG R.131.

1994[103] gefragt, in welchem Verhältnis die abfließenden Tantiemen zum Gesamtgewinn stehen - überschreiten die Abflüsse prozentual 50 % des Jahresgewinns, so soll ein Beweis ersten Anscheins für eine verdeckte Gewinnausschüttung sprechen. Für das Verhältnis der Gewinntantieme zu den Festbezügen des Gesellschafter-Geschäftsführers soll darüber hinaus gelten, daß die durchschnittlich zu erwartende Beteiligung 25 % der Festbezüge nicht überschreiten darf. Auf diese Weise soll vermieden werden, daß die Gesellschaft wesentliche Teile ihres Gewinns an den Gesellschafter abführt.

Es fällt indessen schwer, diese gegriffenen Zahlen aus dem Gesetz abzuleiten, und auch der Bundesfinanzhof scheint - wie die Anerkennung einer Nur-Rohgewinntantieme in einem Urteil aus dem Jahre 1995[104] beweist - diesem Schematismus nicht zu trauen. Im Ausgangspunkt ist allerdings der Überlegung zuzustimmen, daß eine grundsätzlich auf Gewinnerzielung angelegte Gesellschaft sich nicht auf eine feste Verzinsung des eingelegten Kapitals beschränken, sondern eine nach oben offene Mehrung ihres Betriebsvermögens anstreben soll. Die in einem Revisionsverfahren beanstandete Vereinbarung zwischen einer Gesellschaft und ihrem beherrschenden Gesellschafter, derzufolge die Gesellschaft alle Gewinne bis auf eine Kapitalverzinsung von 10 - 15 % abführen sollte, war daher sicherlich als verdeckte Gewinnausschüttung unangemessen[105]. Der Gesellschaft muß vielmehr der Gewinn zufallen, der nach Zahlung angemessener Entgelte für die eingesetzten Produktionsfaktoren im Unternehmen noch verbleibt[106]. Zweifelhaft ist jedoch, ob die Grenze zwischen einer angemessenen und einer unangemessenen Gewinnbeteiligung Dritter überhaupt in einem Prozentsatz des Gesamtgewinns gefunden werden kann. Die Regelung des § 8a KStG für nichtanrechnungsberechtigte Anteilseigner macht deutlich, daß außerhalb des Anwendungsbereichs dieser Spezialnorm die schuldrechtlich begründete Gewinnabführung an inländische Gesellschafter steuerlich akzeptiert werden muß. Nach § 8 Abs.3 KStG kann lediglich dann, wenn die schuldrechtliche Gewinnverteilung auf der Grundlage von Genußrechten durchgeführt wird oder die Vergütung in einem unangemessenen Verhältnis zur Leistung des Gesellschafters steht, eine Umqualifikation der Ausschüttungen in Gewinn der Körperschaft vorgenommen werden. Dies ist bei Geschäftsführertantiemen oder anderen Dienstleistungsvergütungen für den Fiskus besonders schmerzlich, weil diese Gewinnverteilungen auch nicht der gewerbesteuerlichen Hinzurechnung unterliegen. Allenfalls dann, wenn die Rechtsstellung des Gesellschafters durch Beteiligung an den stillen Reserven des körperschaftlichen Unternehmens die Grenze zum mitunternehmerischen Engagement überschreitet, ist seine schuldrechtliche Gewinnteilhabe als gewerblicher Gewinnanteil nach § 15 Abs.1 S.1 Nr.2 EStG zu qualifizieren.

---

103 BFH v. 5.10.1994 I R 50/94 a.a.O. (Fn.99); vgl. bereits BFH v. 2.12.1992 I R 54/91 a.a.O. (Fn.99); kritisch *Pezzer*, StBerKongRep 1997, S.61 ff., 76.

104 BFH v. 25.10.1995 a.a.O. (Fn.88); vgl. dazu das Nichtanwendungsschreiben des BMF BStBl I 1997, S.900 f.

105 BFH v. 10.6.1987 I R 149/83 BStBl II 1988, S.25 ff., 27.

106 BFH v. 28.6.1989 a.a.O. (Fn.102).

Daher bleibt die Frage, ob wenigstens für das Verhältnis von Festgehalt und gewinnabhängiger Vergütung feste prozentuale Grenzen gezogen werden können. Wenn allerdings die moderne Betriebswirtschaft uns mitteilt, daß die Anreizstruktur für Manager durch überwiegend gewinnabhängige Vergütungen fundamental verbessert werden kann, kann nicht akzeptiert werden, daß deutschen Managern durch Rechtsprechung und Finanzamt hohe Festanteile gleichsam vorgeschrieben werden. Hier erweisen sich inzwischen erhebliche Gewinnbeteiligungen als marktüblich, so daß auch der Drittvergleich diesen Gestaltungen keinen Einhalt bieten kann. Umsomehr muß natürlich geprüft werden, ob der prognostizierte Gesamtbezug des Gesellschafters in einem ausgeglichenen Verhältnis zum Wert seiner Arbeitsleistung steht.

2. Zuwendungen an dritte Personen

Es gehört zu den Selbstverständlichkeiten des Rechts der verdeckten Gewinnausschüttung, daß der Tatbestand des § 8 Abs.3 S.2 KStG auch dadurch verwirklicht werden kann, daß die Körperschaft auf Veranlassung eines oder aller Gesellschafter einem Dritten einen Vorteil zuwendet. Beispiele sind die Tilgung einer Gesellschafterschuld gegenüber einem Gläubiger des Gesellschafters oder der Abschluß eines für die Gesellschaft nachteiligen Schuldvertrages mit einer Person, die dem Gesellschafter nahesteht. Das Nahestehen kann sowohl durch familiäre oder andere persönliche Bindung als auch durch unternehmerische Verflechtung begründet werden[107].

Bis vor kurzem rechnete der Bundesfinanzhof es zu den tatbestandlichen Voraussetzungen der Anwendung von § 8 Abs.3 S.2 KStG, daß in diesen Fällen dem Gesellschafter ein Vorteil aus der Zuwendung an die nahestehende Person erwachsen mußte[108]. Vor dem Hintergrund, daß eine verdeckte Gewinnausschüttung im Sinne dieser Vorschrift lediglich eine gesellschaftlich veranlaßte Vermögensschmälerung erfordert, ohne daß Abfluß oder Zufluß eines Vorteils festgestellt werden müssen, hat das Gericht jedoch in einer jüngeren Entscheidung auf diese Voraussetzung verzichtet. Daran ist richtig, daß es in § 8 Abs.3 S.2 KStG allgemein darum geht, die Grenze zwischen Einkommenserzielung und Einkommensverwendung bei Körperschaften einzuhalten - dafür kommt es lediglich darauf an, ob die Gesellschaft Zwecke außerhalb ihrer Gewinnerzielungsabsicht verfolgt. Entscheidend ist die Veranlassung der Vermögensminderung oder verhinderten Vermögensmehrung im Gesellschaftsverhältnis. Dafür können der Umstand, daß der Gesellschafter einen unmittelbaren finanziellen Vorteil erfährt, oder auch die

---

[107] vgl. zuletzt BFH v. 18.12.1996 I R 139/94 BStBl II 1997, S.301 ff.

[108] vgl. BFH v. 18.7.1985 IV R 135/82 BStBl II 1985, S.635 ff., 636; BFH v. 23.10.1985 I R 247/81 BStBl II 1986, S.195 ff., 197; vgl. bereits RFH v. 15.11.1932 I A 124/32 RStBl 1932, S.1145 f.

Nähebeziehung zwischen einem Gesellschafter und dem begünstigten Dritten immer nur ein Indiz bieten[109]. So bildet die Tilgung einer Gesellschafterschuld den Fall einer verdeckten Gewinnausschüttung, die dem Gesellschafter einen unmittelbaren finanziellen Vorteil bringt, ohne daß er seinem Gläubiger persönlich verbunden sein müsse, während der Abschluß eines günstigen Arbeitsvertrages mit dem Neffen des Gesellschafters diesen zwar nicht persönlich bereichert, aber doch privat und damit gesellschaftlich veranlaßt sein dürfte. Erkennt man aber, daß ein Vorteil für den Gesellschafter schon darin liegen kann, daß auf seine Veranlassung und gemäß seinen Wünschen über Vermögen der Gesellschaft verfügt wird, so dürfte es schwer fallen, eine Situation zu finden, in welchem zwar die gesellschaftliche Veranlassung, aber kein derartiger Gesellschaftervorteil festgestellt werden können[110].

3. Der Umfang der Vermögensschmälerung

a) Vermögensminderung und verhinderte Vermögensmehrung

Besteht die verdeckte Gewinnausschüttung in einer Vermögensminderung, d.h. vor allem einem überhöhten oder sonst gesellschaftlich veranlaßten Aufwand der Körperschaft, so lassen sich Umfang und Wert der Auschüttung leicht feststellen: Bei einer überhöhten Gehaltszahlung, einer unangemessenen Pensionszusage oder einem überhöhten Kaufpreis für ein vom Gesellschafter der Gesellschaft veräußertes Wirtschaftsgut besteht die verdeckte Gewinnausschüttung schlicht in dem überschießenden Teil der abgeflossenen Beträge oder der eingebuchten Verbindlichkeit. Schwieriger gestalten sich Feststellung und Bewertung, wenn die Gesellschaft Lieferungen oder Leistungen an den Gesellschafter erbringt, die von diesem nicht oder unter dem Marktpreis entgolten werden. Würde man diese Wertabgaben wie Entnahmen von Personenunternehmen behandeln, müßten der Teilwert des abgegebenen Wirtschaftsguts bzw. die angefallenen Selbstkosten des Betriebes angesetzt werden. Die h.M.[111] sieht hier jedoch einen weiteren wesentlichen Unterschied zwischen Personenunternehmen und Kapitalgesellschaften: nicht der tatsächliche Vermögensverlust der Gesellschaft, sondern die verhinderte Vermögensmehrung sei zu bewerten - und dies sei das Entgelt, das die Gesellschaft bei einer Leistung an einen fremden Dritten am Markt hätte erzielen können. Dieser Betrag könne höher liegen - wenn z.B. bei der Gesellschaft ein Gewinnaufschlag unterstellt werden kann - aber auch niedriger, z.B. wenn für die Gesellschaft bei

109 BFH v. 18.12.1996 I R 139/94 BStBl II 1997, S.301 ff., 302; *Frotscher*, GmbHR 1998, S.23 ff., 28 f.; *Rengers* a.a.O. (Fn.19), § 8 KStG Rz.140.

110 vgl. auch die Kritik bei *Wrede* a.a.O. (Fn.32), § 20 EStG Rz.231.

111 *Döllerer*, Verdeckte Gewinnausschüttungen und verdeckte Einlagen bei Kapitalgesellschaften, 2.Aufl., 1990, S.34, 138 ff.

der Leistungserstellung Kosten angefallen sind, die den endgültigen Marktwert des zugewandten Vorteils übersteigen.

Es ist darauf hinzuweisen, daß auch diese vorgebliche Differenz zwischen der Besteuerung der Personen- und der Kapitalgesellschaften ihren Grund letztlich in einem Verständnis der Körperschaftsteuer als einer partiellen „Soll-Ertrag"-Steuer besitzt. Weil die Gesellschaft prinzipiell auf Gewinnerzielung angelegt ist, muß jeder gesellschaftlich veranlaßte Verzicht auf den Einsatz eigener Ressourcen am Markt mit der Fiktion einer Vermögensmehrung belegt werden. Vor dem Hintergrund der früheren Definition der verdeckten Gewinnausschüttung ließ sich dies auch systematisch begründen: der dem Gesellschafter zugewandte Vorteil ist eben der ersparte Betrag, den er am Markt für die Gesellschaftsleistung hätte aufwenden müssen. Legt man die neue Definition zugrunde, die auf die Vorteilszuwendung verzichtet, wird das Bild weniger klar. Denn als gesellschaftlich veranlaßte Vermögensminderung können bereits vor Vollzug des ungünstigen Geschäfts mit dem Gesellschafter alle Aufwendungen angesehen werden, die die Gesellschaft im Hinblick auf eine vorgesehene Vorteilszuwendung tätigt, wie z.B. die Kosten des Erwerbes eines Geschenks für den Gesellschafter[112], die Sollzinsen eines Kredits, mit dem ein Darlehen für den Gesellschafter finanziert werden soll[113] oder die Baukosten eines privat zu nutzenden Gebäudes, die durch Fehlmaßnahmen oder Luxusaufwendungen über den endgültigen Miet- und Marktwert des Objekts hinausgehen[114].

Einen vernünftigen Lösungsweg hat hier Reiß[115] vorgeschlagen. Er weist zunächst darauf hin, daß es dem Grundkonzept des § 8 Abs.3 S.2 KStG, nämlich der Sonderung der Einkommenserzielung von der Einkommensverwendung, widerspricht, fiktive Vermögensmehrungen ertragsteuerlich zu erfassen. Nicht die verhinderte Vermögensmehrung, sondern nur die tatsächliche Vermögensminderung kann eine versteckte Einkommensverteilung darstellen. Indessen bestehe der von der h.M. behauptete Widerspruch zwischen der Bewertung von Entnahmen und der Erfassung von verdeckten Gewinnausschüttungen in Wahrheit nicht: Der im Fremdvergleich ermittelte Marktwert der Leistung der Gesellschaft indiziere nicht nur das angemessene fiktive Entgelt des Gesellschafters, sondern auch den Teilwert der ausgeschütteten Leistung. Daher stehe nichts im Wege, die bisherige Verfahrensweise unter dem Etikett der Bestimmung des Teilwerts der gesellschaftliche veranlaßten Lieferung oder Leistung weiterzuführen. Dann ist es auch konsequent, im Einzelfall anstelle des Teilwerts die höheren Selbstkosten der Gesellschaft anzusetzen, wenn z.B. die Leistung nicht vollendet wird oder die

---

112 zum „Tigerfall" vgl. *Scholtz*, FR 1990, S.350 ff.

113 BFH v. 28.2.1990 I R 83/87 BStBl II 1990, S.649 ff., 651; demgegenüber sind Kreditkosten, die zur Finanzierung einer offenen Ausschüttung dienen, als Betriebsausgaben abzugsfähig (RFH v. 11.12.1934 I A 55/34 RStBl 1935, S.119).

114 RFH v. 10.7.1934 I A 142/32 RFHE 34, S.228 ff.

115 *Reiß*, StuW 1996, S.337 ff., 345 f.; kritisch *Wassermeyer*, GmbHR 1998, S.157 ff., 160.

Minderung des Gesellschaftsvermögens den Marktpreis der hergestellten Leistung übersteigt. In diesen Fällen übersteigt die Gewinnkorrektur nach § 8 Abs.3 S.2 KStG wertmäßig die „andere Ausschüttung" nach § 27 Abs.3 S.2 KStG sowie die zu versteuernden Einnahmen des Gesellschafters i.S. von § 20 Abs.1 Nr.1 EStG.

b) Der Saldierungsbereich von Vor- und Nachteilen

Vor dem Hintergrund, daß das Rechtsinstitut der verdeckten Gewinnausschüttung zu dem Zweck entwickelt worden ist, um gesellschaftlich veranlaßte Minderungen oder verhinderte Mehrungen des Gesellschaftsvermögens zu korrigieren, gehört zum Kernbereich des § 8 Abs.3 S.2 KStG die Frage, in welchem Umfang eine gesellschaftlich begründete Wertabgabe durch Vorteile aufgewogen wird, die der Gesellschaft in diesem Rahmen zufallen[116]. Damit sind natürlich in erster Linie diejenigen Vorteile gemeint, die im Rahmen einer synallagmatischen Bindung vom Gesellschafter zugeführt werden. Darüber hinaus sind auch solche Vorteile erfaßt, die auf der Grundlage einer Rahmenvereinbarung beruhen, auch wenn nicht notwendig eine synallagmatische Abhängigkeit festgestellt werden muß. Es reicht - gerade bei beherrschenden Gesellschaftern - jedoch nicht aus, am Ende eines Wirtschaftsjahrs die zufällig und unverbunden eingetretenen gesellschaftlich veranlaßten Wertabgaben und Zuführungen zwischen Gesellschaft und Gesellschafter zu saldieren und auf diese Weise lediglich den Nettoüberschuß der Vermögensschmälerungen bei der Gesellschaft zu erfassen. Andernfalls könnten die Gesellschafter durch nachträgliche verdeckte Einlagen die eingetretenen steuerlichen Folgen einer verdeckten Gewinnausschüttung manipulieren[117].

c) Liquiditäts- oder Kapitalnachteile (Darlehen)

Besonders anschaulich läßt sich die Frage, ob und in welchem Umfang eine verdeckte Gewinnausschüttung bei der Gesellschaft eingetreten ist, diskutieren, wenn diese ihrem Gesellschafter ein Darlehen gewährt[118]. Dabei ist zu unterscheiden zwischen dem Verlust an Liquidität, der sich in entgangenen Anlagezinsen niederschlägt, und dem Verlust des eigentlichen Kapitals. Die Hingabe eines unverzinslichen Darlehens führt zunächst zu einer verdeckten Gewinnausschüttung in Höhe der im Drittvergleich angemessenen Zinsen[119]. Ist die Rückzahlung des Darlehenskapitals von den Parteien ernstlich gewollt und wirtschaftlich nicht gefährdet,

---

[116] Vgl. BFH v. 14.8.1985 I R 149/81 BStBl II 1986, S.86 ff.; BFH v. 8.11.1989 I R 16/86 BStBl II 1990, S.244; BFH v. 28.2.1990 I R 83/87 BStBl II 1990, S.649 ff., 651; BFH v. 7.12.1988 I R 25/82 BStBl II 1989, S.248 ff., 250; BFH v. 10.3.1993 I R 51/92 BStBl II 1993, S.635 ff., 636.

[117] vgl. BFH v. 7.12.1988 a.a.O (Fn.116).

[118] ausführlich *Rengers* a.a.O. (Fn.19), § 8 KStG Rz.570 ff.; *Wrede* a.a.O. (Fn.32), § 20 EStG Rz.270 ff.

[119] BFH v. 28.2.1990 I R 83/87 BStBl II 1990, S.649 ff.; RFH v. 3.7.1935 VI A 1149/33 RStBl 1935, S.1127.

kann bei der Gesellschaft eine Geldforderung aktiviert werden, so daß es im Hinblick auf § 8 Abs.3 S.2 KStG an einer bilanziellen Vermögensminderung fehlt, auch wenn das Geld dem Unternehmen vorläufig nicht zur Verfügung steht[120]. Dies ändert sich, wenn der Kredit notleidend ist oder wird. Ist bereits bei Auszahlung des Darlehenskapitals mit einer vollständigen Rückzahlung nicht zu rechnen, liegt bei der Gesellschaft in Höhe der Differenz zwischen Auszahlungsbetrag und Teilwert der Rückzahlungsforderung eine verdeckte Gewinnausschüttung vor[121]. Verzichtet die Gesellschaft gar auf den durchsetzbaren Rest ihrer Forderung, wird auch in Höhe dieses Restwerts eine verdeckte Gewinnausschüttung realisiert[122]. Zweifelhaft ist, ob der nachträgliche Wertverfall einer ursprünglich werthaltigen Forderung auch dann als verdeckte Gewinnausschüttung zu qualifizieren ist, wenn eine rechtliche oder tatsächliche Maßnahme von Seiten der Gesellschaft in Form eines Erlaßvertrages oder einer freiwilligen Prolongation nicht vorliegt. Das ist zu bejahen, wenn dieser Wertverlust gesellschaftlich bedingt ist, d.h. wenn die Gesellschaft keine marktüblichen Sicherheiten verlangt hat oder ein durch den Vermögensverfall des schuldenden Gesellschafters begründetes außerordentliches Recht zur Kündigung des Darlehensvertrages nicht ausgeübt hat[123]. Im übrigen ist der Verlust einer gegen den Gesellschafter gerichteten Forderung jedoch als betrieblich veranlaßte Gewinnminderung zu erfassen.

---

[120] BFH v. 8.10.1985 VIII R 284/83 BStBl II 1986, S.481 ff.; BFH v. 26.2.1992 I R 23/91 BStBl II 1992, S.846; vgl. bereits RFH v. 23.10.1934 I A 201/34 RStBl 1935, S.1064 ff.

[121] BFH v. 7.11.1990 I R 35/89 StRK KStG 1977 § 8 Abs.3 KStG R.75; vgl. auch RFH v. 4.7.1932 I A 3/32 RStBl 1933, S.1031; RFH v. 28.5.1935 I A 2/34 RStBl 1935, S.941.

[122] BFH v. 14.3.1990 I R 6/89 BStBl II 1990, S.795 ff.

[123] BFH v. 14.3.1990 a.a.O. (Fn.122).

Irrtum über rechtliche Eigenschaften und Kauf

- 50 Jahre „Eigenschaftsirrtum und Kauf" von Werner Flume -

Jan Wilhelm

I. Vereinheitlichungsbestrebungen zum Kaufrecht und die Rechtswissenschaft vom Bürgerlichen Recht

Die Europäische Union ist dabei, das Kaufrecht der Mitgliedstaaten in Hinsicht auf ein Teilgebiet zu vereinheitlichen. Die Kommission hat den Vorschlag einer Richtlinie „über den Verbrauchsgüterkauf und -garantien" vorgelegt.[1] Das Europäische Parlament hat dem Vorschlag mit einigen Änderungen zugestimmt.[2] Wird die Richtlinie verabschiedet, ist sie binnen zwei Jahren nach der Veröffentlichung in deutsches Recht umzusetzen. Von deutscher Seite ist dem Vorhaben lange Zeit hindurch Widerstand entgegengesetzt worden.[3] Dies hat zu der Mahnung geführt, man solle sich offen der Diskussion über ein einheitliches Recht stellen statt zu „lamentieren", daß man an dem 100 Jahre alten Bürgerlichen Gesetzbuch festhalten wolle.[4]

Wenn es etwas zu verteidigen gilt und sein Verlust, wenn es fiele, zu beklagen wäre, so ist dies in der Tat nicht das 100 Jahre alte BGB um seiner selbst willen. Aber das BGB ist für uns der Ausgangspunkt, von dem aus diejenige Position zu erkennen ist, die es wirklich gilt, mit allen Kräften zu verteidigen. Das BGB ist die

---

[1] Am 23.8.1996, Abl. Nr. C 307 vom 16.10.96. Dazu *Kircher* ZRP 1997, 290 ff.; *Abbo Junker* DZWiR 1997, 271 ff.

[2] Bericht PE 224.596/endg. des Europäischen Parlaments über den Vorschlag für eine Richtlinie des Europäischen Parlaments und des Rates über den Verbrauchsgüterkauf und -garantien (KOM(95)0520 - C4-0455/96 - 96/0161(COD))

[3] Unter Berufung auf das Subidiaritätsprinzip, Stellungnahme des Bundesrates, BR-Drucks. 696/96, Ziff. 1; Stellungnahme des Rechtsausschusses des Bundestages, Mitteilung „Ausschuß stützt Bundesregierung", hrsg. vom Pressezentrum des Deutschen Bundestages.

[4] So das Mitglied des Europäischen Parlaments, *Lehne*, mit Unterstützung der Bundesverfassungsrichterin *Renate Jaeger*, Bericht der FAZ vom 21.1.1998, S. 14. Die Berufung auf das Subsidiaritätsprinzip ist aber ein Rechtsargument, kein „Lamento".

Frucht der vor allem auf dem römischen Recht fußenden Rechtswissenschaft der vorausgehenden Jahrhunderte. Als solche ist es kein abgeschlossenes und abriegelndes Gesetzeswerk, sondern eine der Interpretation und Fortentwicklung aus dem geschichtlichen Zusammenhang heraus zugängliche, ja der Fortentwicklung als Material selbst dienliche Materie. Diese Durchlässigkeit für die Rechtswissenschaft oder anders: die Fortentwicklungsmöglichkeit des Rechts durch Rechtswissenschaft ist die zu verteidigende Position, die keinesfalls auf dem Altar europäischer Rechtseinheit, insbesondere eines vom EuGH in Anspruch genommenen, von jeder Bemühung um Rechtswissenschaft abgehobenen Rechtsfortbildungsmonopols, geopfert werden darf.

Das durch den Entwurf einer Richtlinie über den Verbrauchsgüterkauf betroffene Kaufrecht des BGB ist exemplarisch für den Wert und die Notwendigkeit der Rechtswissenschaft. Gerade das Kaufrecht des BGB steht in der Tradition der Pandektistik als Wissenschaft vom modernen römischen Recht. Diese Rechtstradition war der Gegenstand, aus dem *Werner Flume* vor nunmehr 50 Jahren in der 1948 erschienenen Schrift mit dem Titel „Eigenschaftsirrtum und Kauf" die Neuinterpretation des Sachmängelrechts beim Kauf und der Regelung der Anfechtung wegen Eigenschaftsirrtums herausgearbeitet hat. Die Arbeit *Flumes* ist fortgesetzt worden durch *Flumes* Schüler, *Horst Heinrich Jakobs*, mit dem Buch über „Gesetzgebung im Leistungsstörungsrecht"[5] und nochmals durch *Flume* selbst in seiner Stellungnahme zur Schuldrechtsreform.[6]

An dieser Stelle soll versucht werden, die wissenschaftliche Überarbeitung des Kaufrechts auf der von *Flume* geschaffenen Grundlage auf einer Seite der Verkäuferhaftung fortzuführen, die *Flume* in Hinsicht auf den Tatbestand, aber nicht die kaufrechtlichen Rechtsfolgen behandelt hat,[7] nämlich auf der Seite der Haftung des Verkäufers für Rechtsmängel. Die Rechtsmängelhaftung hat in neuester Zeit der Schüler von *Jakobs, Ernst*, in der von *Flume* angeführten Tradition der geschichtlichen Rechtswissenschaft monographisch behandelt.[8] Das Ziel unserer Ausführungen ist es, gerade am Beispiel der Rechtsmängelhaftung des Verkäufers die Fortentwicklungsfähigkeit und -notwendigkeit des Rechts durch Rechtswissenschaft zu erweisen dergestalt, daß die positive Festlegung des Rechts nur verbindlicher Ausgangspunkt, aber nicht Sperre der wissenschaftlichen Arbeit ist, daß vielmehr das Recht vor allem auch durch Rechtswissenschaft fortzuentwikkeln ist.

---

[5] 1985.

[6] AcP 193, (1993), 89 ff.

[7] Eigenschaftsirrtum S. 159 ff.

[8] Rechtsmängelhaftung, 1995.

II. Die Notwendigkeit der wissenschaftlichen Fortentwicklung der Rechtsmängelhaftung des BGB nach der gegenwärtigen Rechtsprechung des Bundesgerichtshofs

1. Die Rechtsmängelhaftung nach dem BGB

Nach dem BGB stehen sich die Rechtsmängel- und die Sachmängelhaftung des Verkäufers gegenüber. Was die Gewährleistung der Rechte am Kaufgegenstand betrifft, ist der Verkäufer zur Rechtsverschaffung verpflichtet (§§ 433 Abs. 1, 434, 435 Abs. 1, 439 Abs. 2 BGB). Den Verkäufer trifft insoweit also die Erfüllungspflicht, und er haftet bei Rechtsmängeln, soweit diese nicht durch Erfüllung beseitigt werden, nach den allgemeinen Vorschriften über die Nichterfüllung der Leistungspflicht (§ 440 Abs. 1 i.V.m. §§ 320-327 BGB). Was demgegenüber die Haftung des Verkäufers für Sachmängel, d.h. nach § 459 Abs. 1 und 2 für Fehler und das Fehlen zugesicherter Eigenschaften, betrifft, kann beim Spezieskauf nur die Verpflichtung zum Schadensersatz wegen Nichterfüllung eingreifen, und tritt auch diese nur ein bei Eigenschaftszusicherung oder arglistigem Verschweigen eines Fehlers (§ 463 S. 1, 2 BGB). Ansonsten ist die Haftung des Verkäufers beim Spezieskauf auf Wandelung oder Minderung beschränkt (§ 462 BGB). Beim Gattungskauf ist statt der Wandelung oder Minderung oder des Schadensersatzes wegen Zusicherung oder arglistigen Verschweigens (§ 480 Abs. 1, 2 BGB) ein Anspruch auf Neulieferung wählbar (§ 480 Abs. 1 BGB).

Geht die Regelung der Rechtsmängelhaftung insofern weiter, als sie Schadensersatz bei jedem Verschulden nach Vertragsschluß gewährt,[9] während die Schadensersatzhaftung nach Sachmängelrecht auf Zusicherung oder Arglist beschränkt ist, so geht umgekehrt die Sachmängelhaftung weiter insofern, als hier in dem Fall, in dem der Erfüllungsanspruch gewährt wird - nämlich beim Gattungskauf -, ohne weiteres Wandelung oder Minderung gewählt werden kann (§ 480 Abs. 1), während die Vertragsaufhebung bei der Rechtsmängelhaftung grundsätzlich von einer Fristsetzung mit Ablehnungsandrohung und dem ergebnislosen Ablauf der Frist abhängt (§§ 440 Abs. 1, 326). Die Erschwerung nach § 326 gilt auch für den

[9] Bei anfänglichem Unvermögen greift nach dem Gesetz die Schadensersatzhaftung sogar ohne Rücksicht auf Verschulden ein. Nach § 440 Abs. 1 haftet der Verkäufer nach den allgemeinen Vorschriften, wenn er seine Rechtsverschaffungspflicht nicht erfüllt. Nichterfüllung setzt die bestehende Leistungspflicht voraus, tritt also nur dann nicht ein, wenn der Schuldner von der Leistungspflicht befreit ist. Dies ist der Verkäufer aber bei anfänglichem Unvermögen nicht. Die auf Unmöglichkeit bezogenen Befreiungsgründe des Gesetzes sind auf die anfängliche „objektive" Unmöglichkeit (§ 306 mit der begrifflichen Abgrenzung in § 275, der nur diesen Fall Unmöglichkeit, den anderen aber Unvermögen nennt) und in § 275 Abs. 2 auf das nachträgliche Unvermögen beschränkt. Zur Schadensersatzhaftung wegen anfänglichen Unvermögens unten bei Fn. 145.

Schadensersatzanspruch bei Rechtsmängelhaftung, während nach Sachmängelrecht, soweit hier der, freilich in der Grundlage beschränkte, Schadensersatzanspruch als Alternative zum Erfüllungsanspruch eingreift - wieder beim Gattungskauf -, jene Erschwerung nicht besteht (§ 480 Abs. 2).

Von empfindlichster Wirkung ist die unterschiedliche Verjährung: Die Rechtsmängelansprüche des Käufers verjähren in 30 Jahren (§ 195 BGB), die Sachmängelansprüche verjähren vorbehaltlich des Falls der Arglist des Verkäufers beim Kauf beweglicher Sachen in 6 Monaten, beim Kauf von Grundstücken in einem Jahr (§ 477 Abs. 1 BGB).[10]

Nach dieser Übersicht sind die Haftung des Verkäufers für Rechtsmängel und die Haftung für Sachmängel unterschiedlicher kaum denkbar. Infolgedessen scheint eine klare Abgrenzung zwischen Rechts- und Sachmängeln so zu vollziehen notwendig, daß die unterschiedlichen Rechtsfolgen den beiden Fallgestaltungen sinnfällig zugeordnet werden.

2. Die neueste Rechtsprechung des BGH zur Abgrenzung von Rechts- und Sachmängelhaftung des Verkäufers

Die neueste Rechtsprechung des BGH zur Rechts- oder Sachmängelhaftung, die wir hier behandeln wollen, beginnt mit dem Urteil vom 28.2.1997.[11] Gekauft und übereignet war eine Dachgeschoßwohnung. Nur von dieser aus war ein darüber befindlicher „Spitzboden“ von 70 qm Grundfläche erreichbar. An dem Spitzboden bestand weder Sondereigentum noch ein Sondernutzungsrecht des Eigentümers der Dachgeschoßwohnung. Nach der Prüfung des BGH bezog sich der Kaufvertrag nicht auf das Sondereigentum an dem Spitzboden. Auch die vom Käufer behauptete Äußerung des Verkäufers, zur Wohnung gehöre ein Hobbyraum von 70 qm, ergebe dies nicht. Dies könne ein Hinweis auf eine mögliche Nutzung gewesen sein. Allerdings setze die „Zugehörigkeit“ des Raums zur Wohnung nicht nur die tatsächliche Möglichkeit der Nutzung, sondern auch ein Recht zur alleinigen Nutzung des Dachraums voraus. Da weder Sondereigentum noch ein Sondernutzungsrecht des Käufers am Dachraum bestehe, sei, wenn die Behauptung des Käufers über die Äußerung des Verkäufers zutreffe, das verkaufte Wohnungseigentum mit einem Rechtsmangel behaftet. Der Käufer habe grundsätzlich[12] einen Schadensersatzanspruch nach §§ 440 Abs. 1, 325 BGB.

---

[10] Zu ergänzen sind noch die Unterschiede zwischen § 439 (Ausschluß der Rechtsmängelhaftung bei Kenntnis des Käufers vom Mangel im Zeitpunkt des Kaufs) und § 460 (Ausschluß der Sachmängelhaftung schon bei grob fahrlässiger Unkenntnis) sowie zwischen § 464 (Ausschluß der Sachmängelhaftung bei vorbehaltloser Annahme der Sache durch den Käufer in Kenntnis des Mangels) und der Nichtexistenz einer entsprechenden Vorschrift für die Rechtsmängelhaftung.

[11] V ZR 27/96 - NJW 1997, 1778 f.

[12] Der BGH behält die Prüfung des § 439 Abs. 1 mit § 166 Abs. 1 BGB vor.

Auch in der Entscheidung vom 31.10.1997[13] ging es um die Nutzung von Dachräumen, hier im gekauften Hause. Der Verkäufer hatte versichert, daß die Gebäude behördlicherseits genehmigt und abgenommen seien. Die Dachräume waren als Wohnräume genutzt. Dies war aber von der Genehmigung nicht umfaßt. Der BGH hat den Verkäufer aus Sachmängelrecht auf Schadensersatz haften lassen. Die Versicherung des Verkäufers sei als Zusicherung einer Eigenschaft auszulegen, die auch auf die tatsächliche Nutzung der Dach- als Wohnräume im Zeitpunkt des Kaufs zu beziehen sei.

Im Falle der Entscheidung des BGH vom 8.10.1997[14] ging es um die Belastung mit einer Verpflichtung des Verkäufers von Mietgrundstücken, der öffentliche Fördermittel in Anspruch genommen hatte, gegenüber der Förderanstalt. Die Verpflichtung bestand darin, bei Mieterhöhungen Grenzen einzuhalten, die in Richtlinien des Landes Berlin bestimmt waren. Im Kaufvertrag waren Jahresbruttokaltmieten als gefordert und gezahlt angegeben. Der Käufer hielt sich nach § 2 I 2 MHRG[15] i.V.m. § 14 ModEnG[16] sowie nach § 571 BGB an die zugunsten der Mieter bestimmten Mietpreisgrenzen für gebunden. Die Grenzen seien durch die tatsächlich geforderten und gezahlten Mieten überschritten worden. Er habe die Mieten deshalb teilweise zurückzuzahlen. Der Käufer verlangte Minderung des Kaufpreises und darüber hinaus Schadensersatz aufgrund der Zusicherung, daß die tatsächlich gezahlte Miete als zulässige Miete gefordert werden könne.

Der BGH hat mit dem Berufungsgericht die Haftung des Verkäufers nach Sachmängelrecht geprüft, und zwar die Haftung aufgrund der Zusicherung bestimmter Mietzahlungen als Eigenschaft der Kaufgrundstücke. Anders als das Berufungsgericht hat der BGH die Angabe der geforderten und gezahlten Mieten als Zusicherung des Inhalts ausgelegt, daß die von den Mietern gezahlten Mieten auch in gesetzmäßiger Weise vereinbart worden waren. Die Zusicherung sei aber „nicht falsch" gewesen. Dies begründet der BGH, was hier nicht weiter interessiert, mit mietpreisrechtlichen Erwägungen unter Berücksichtigung der Verteilung der Darlegungslast im Hinblick auf die Möglichkeit, daß die Mieter durch die Zahlung der angehobenen Mieten der Mietpreiserhöhung zugestimmt hatten.

Zusätzlich hatte die Revision des Käufers einen Schadensersatzanspruch wegen Rechtsmangels nach §§ 434, 440 Abs. 1, 326 BGB geltend gemacht, der darauf beruhe, daß der Käufer durch die gesetzlichen Vorschriften darin beschränkt sei, in Zukunft die Mieten zu erhöhen. Der BGH läßt dahingestellt, ob darin ein Rechts- oder ein Sachmangel liegen würde. Der Käufer sei mangels Übernahme der Last im Kaufvertrag durch die mit der Förderung verbundene Beschränkung in der Mietpreisgestaltung nach den Vorschriften nicht betroffen.

---

[13] V ZR 248/96 - NJW 1998, 535 ff.
[14] VIII ZR 371/96 - NJW 1998, 445.
[15] Gesetz zur Regelung der Miethöhe vom 18.12.1974 (BGBl. I S. 3603, 3604).
[16] Gesetz zur Förderung der Modernisierung von Wohnungen und von Maßnahmen zur Einsparung von Heizenergie (Modernisierungs- und Energieeinsparungsgesetz BGBl I 1978, 994).

Ist der BGH in dieser Entscheidung hinsichtlich der im Kaufvertrag angegebenen Mietzahlungen seiner Rechtsprechung gefolgt, nach der der Mietertrag - und zwar auch hinsichtlich der Zulässigkeit der Mietforderung - als Eigenschaft der Kaufsache im Sinne des Sachmängelrechts anzusehen ist,[17] so hat er demgegenüber in dem Urteil vom 24.10.1997[18] die Minderung des Mietertrages (beziehungsweise des Weiterverkaufserlöses aufgrund des geminderten Mietertrags) in dem folgenden Sachverhalt entgegen dem Berufungsgericht, das auch hier einen Sachmangel angenommen hatte, als Folge eines Rechtsmangels gewertet: Das Grundstück war mit fristgebundener Verlängerungsoption gewerblich vermietet gewesen. Die Verkäuferin, die das Grundstück geerbt hatte, hatte im Kaufvertrag die Nichtausübung der Option zugesichert, während die Mieterin die Option doch, nämlich gegenüber dem Erblasser, fristgerecht ausgeübt gehabt hatte. Das Berufungsgericht hatte die Klage aufgrund Verjährung der Sachmängelrechte abgewiesen. Der BGH weist sie zwar gleichfalls ab, aber aus dem anderen, die Klägerin weniger belastenden Grunde, daß es für den Schadensersatzanspruch an der Fristsetzung nach § 326 Abs. 1 BGB für die Beseitigung des Rechtsmangels fehle.

Der BGH grenzt ab: Sachmängel könnten durchaus auch auf der Beziehung der Sache zur Umwelt beruhen, wenn sie nach der Verkehrsanschauung für die Brauchbarkeit der Sache oder deren Wert von Bedeutung seien. Dies könne auch auf rechtliche Beziehungen zutreffen. Es kämen aber nur solche Rechtsbeziehungen in Frage, die auf der besonderen Beschaffenheit des Kaufgegenstands beruhten und in dieser selbst ihre Ursachen hätten. Denn die Sachmängelregelung, insbesondere § 477 BGB, stelle darauf ab, daß der Käufer regelmäßig nach der Besitzerlangung in der Lage sei, den Mangel zu erkennen. An dieser Voraussetzung fehle es im vorliegenden Fall. Die Ausübung des Optionsrechts betreffe im Kern den zeitlichen Umfang der Belastung des Grundstücks mit einem Mietrecht. Dies stehe in keinem Bezug zu der erkennbaren Beschaffenheit des Grundstücks selbst (etwa betreffend Lage oder Bebauungsart), sondern beruhe auf der vorausgegangenen und für die Parteien zunächst nicht zu erkennenden Optionsausübung der Mieterin gegenüber dem ursprünglichen Grundstückseigentümer.

Der BGH fährt fort: „Zutreffend ist zwar, daß der Mietertrag eines Hausgrundstücks eine Eigenschaft i.S. des § 459 II BGB sein kann ... und dies auch für die Dauer eines bestehenden Mietverhältnisses in Betracht kommt ... Dies gilt aber nur dann, wenn die Angabe über die rechtlich gesicherte Dauer des Ertrages mit der Auskunft über die Ertragshöhe derart verbunden ist, daß sich aus dem Zusammenhang beider Umstände ein Aussagewert über eine dauerhafte Ertragsfähigkeit des Grundstücks und damit den Verkehrswert ergibt. Anders liegt es jedoch hier. Die Frage der Optionsausübung war ... für den Kläger wegen des Zeitpunkts einer für ihn günstigeren Weitervermietung von Bedeutung, nicht aber wegen der rechtlich gesicherten Dauer des gegenwärtigen Ertrages. Damit bezieht sich die falsche Angabe der Verkäuferin ... auf die durch den Mietvertrag beste-

---

[17] Nachweise bei Palandt-*Putzo,* Kom. BGB, 57. Auflage 1998, § 459 Rz. 24.

[18] V ZR 187/96 - NJW 1998, 534 f., dazu Anm. *Grunewald* EWiR § 434 BGB 1/98, 13.

hende weitere zeitliche Beschränkung in der beabsichtigten Nutzung des Grundstücks, die den Kläger an der vollumfänglichen Ausübung seiner Eigentümerrechte hindert. Dies stellt einen Rechtsmangel dar."

3. Die Notwendigkeit rechtswissenschaftlicher Bearbeitung

So sehr sich der BGH in der zuletzt angeführten Entscheidung um eine gründliche Abgrenzung zwischen Rechts- und Sachmängelhaftung bemüht hat, liegt doch auf der Hand, daß die Abgrenzung des BGH nicht befriedigen kann.[19] Vor allem fällt auf, daß der BGH vornehmlich an den Begriffen des Rechts- und des Sachmangels arbeitet. Von den Rechtsfolgen taucht in der Abgrenzung nur die kurze Verjährung bei der Sachmängelhaftung auf. Die Fixierung darauf ist zwar verbreitet, aber zu eng. Rechts- und Sachmängelhaftung stehen sich, wie gesehen, mit weiteren, grundsätzlich verschiedenen Rechtsfolgen gegenüber.

Angesichts dieser unterschiedlichen Rechtsfolgen kann man nicht sagen, daß die Abgrenzung des BGH sinnfällig macht, weshalb für Rechtsbeziehungen, die „auf der besonderen Beschaffenheit der Kaufsache beruhen und in dieser selbst ihre Ursache haben", alle Folgen der Sachmängelhaftung gelten sollen, während bei Rechtsbeziehungen ohne diese Grundlage alle Folgen der Rechtsmängelhaftung eingreifen sollen.

Sodann ist die Abgrenzung des BGH in sich nicht widerspruchsfrei: Sicher beruhen Mieterträge auf der Beschaffenheit der Kaufsache. Deretwegen wird gemietet. Genau dasselbe gilt aber auch für die Verlängerung einer Mietrechtsoption.

Ebenso begrenzt in beiden Fällen die erreichte oder erreichbare Vermietung „die günstigere Weitervermietung" und zwar, ohne Unterschied, betreffend Zeitpunkt und Dauer. Nimmt man noch den Fall hinzu, daß öffentlich-rechtliche Fördervorschriften die Anhebung der Mietzinsforderung beschränken, auf welchen Fall der BGH das Sachmängelrecht anwendet, so ist die Unterscheidung sachbezogener Rechtsdefizienz als Sachmangel einerseits und der Rechtsmangelhaftigkeit andererseits schlechterdings nicht nachvollziehbar.

Gleiches gilt, wenn man aus den anderen hier zitierten Fällen den Ausschluß der Nutzung eines Dachbodens mangels Sondereigentums oder Sondernutzungsrechts einerseits oder mangels behördlicher Genehmigung andererseits unterschiedlich eingeordnet sieht.

Die Herausarbeitung eines schlüssigen Verständnisses der beiden Haftungsregelungen ist noch erst zu leisten. Das BGB kann insofern nur Material für die rechtswissenschaftliche Arbeit sein. Das Vorbild dieser Arbeit am Kaufrecht ist die wissenschaftliche Bearbeitung insbesondere der Sachmängelhaftung und der

---

[19] *Grunewald* rügt a.a.O. die Willkürlichkeit der Folgen. Sie stellt gegenüber: kurze Verjährung bei aussagekräftigeren, nämlich auf einen längeren Zeitraum, lange Verjährung bei auf einen kurzen Zeitraum bezogenen Angaben. *Grunewald* schlägt vor, daß man, wenn man schon die Ertragsfähigkeit in die Sachmängelhaftung einordne, doch wenigstens von einem Nebeneinander von Sach- und Rechtsmängelhaftung ausgehen solle.

Anfechtung wegen Eigenschaftsirrtums nach dem BGB durch *Flume*. Wie wir sehen werden, ist sie nicht nur Vorbild, sondern auch Grundlage.

III. Die rechtswissenschaftliche Entwicklung der Mängelhaftung beim Kauf und der Anfechtung wegen Eigenschaftsirrtums durch Flume

Das BGB stellt in § 119 Abs. 2 den Irrtum über solche Eigenschaften der Person oder der Sache dem Irrtum über den Inhalt der Erklärung gleich, die *im Verkehr* als wesentlich angesehen werden. In § 459 Abs. 1 regelt das BGB die Haftung des Verkäufers für *Fehler* der Kaufsache. Diese trennt es von der Haftung für das Fehlen von Eigenschaften, die es bei einer Zusicherung begründet (§ 459 Abs. 2). Betreffs der Fehler stellt es Fehler, die den Wert, Fehler, die die Tauglichkeit zu dem gewöhnlichen, und schließlich Fehler, die die Tauglichkeit zu dem nach dem Vertrag vorausgesetzten Gebrauch aufheben oder mindern, zusammen. Damit kann der Fehler mit dem objektiven Wert und der gewöhnlichen Gebrauchstauglichkeit korrespondieren. Die subjektiven Elemente der vertraglichen Gebrauchstauglichkeit und der zugesicherten Eigenschaft werden neben den Fehler gestellt oder der Fehlerhaftung gegenübergestellt. Aus dieser Trennung ergibt sich die Vorstellung der Gesetzesverfasser, daß der Fehler ebenso wie die im Verkehr als wesentlich angesehene Eigenschaft (§ 119 Abs. 2) objektiv, nach der Verkehrsauffassung, zu bestimmen ist.

Diese objektive Bestimmung der anfechtungsrelevanten Eigenschaften und des Fehlers beim Kauf hat *Flume* in Frage gestellt. Die Fragestellung hat zu der Entdeckung geführt, daß die Abgrenzung nach objektiven Merkmalen ein Anachronismus ist: Die Gesetzesformulierung ist historischen Ursprüngen verhaftet, über die die Entwicklung des Irrtums- und Kaufrechts hinweggegangen ist.

Seine Entdeckung mußte *Flume* gegen den genau entgegengesetzten Weg der Bearbeitung des Rechtsstoffs erringen und durchsetzen, den die vor und zunächst nach Schaffung des BGB herrschende Meinung beschritten hatte: Sie hat den historischen Entwicklungsstand gerade zum maßgeblichen Ausgangspunkt genommen, indem sie diese dogmatisch festzulegen und so als Rechtszustand der Gegenwart zu bewahren versucht hat. Die seinerzeit herrschende Meinung hat die historisch überkommene objektive, vom Rechtsgeschäft unabhängige Abgrenzung der Wesentlichkeit von Eigenschaften dadurch dogmatisch zu verankern versucht, daß sie bei der Vereinbarung der Leistung einer Speziessache schon die Möglichkeit einer der Leistungsvereinbarung selbst innewohnenden, geschäftlichen Bestimmung der Eigenschaften der Sache geleugnet hat.[20] Diese Leugnung war als

---

[20] „Entscheidende Formulierung und psychologische Grundlegung" (*Flume*, Eigenschaftsirrtum, S. 13) durch *Zitelmann*, Irrtum und Rechtsgeschäft, 1879. Ohne weiteres wird die Ansicht *Zitelmanns* in den Motiven zum E I zugrunde gelegt (Motive I, 199). Die Ansicht betrifft die Speziesvereinbarung, da bei der Gattungsvereinbarung auch nach

unrichtig darzutun, indem die Vereinbarung von Eigenschaften des Leistungsgegenstands in der Leistungsvereinbarung als möglich aufgezeigt wurde. War dies geleistet, so konnte nicht mehr begreiflich erscheinen, wenn Vertragsaufhebungsrechte bei fehlsamen Eigenschaften an die Verkehrsanschauung, ohne Zusammenhang mit dem Vertrag, angeknüpft wurden. Der Weg zu der Erkenntnis der historischen Bedingtheit der objektiven Abgrenzung und der Notwendigkeit, sie zu überwinden, war frei.

Genauer bezeichnet, war vor *Flume* herrschende Meinung, daß die Vereinbarung der Leistung einer Speziessache auf die Sache als raum-zeitlich bestimmtes Etwas bezogen ist, während die Vorstellung über Eigenschaften nur als Motiv in Betracht kommt, wenn nicht zusätzlich zu der Leistungsvereinbarung eine davon getrennt zu sehende Vereinbarung im Sinne einer Bedingung oder Eigenschaftsgarantie getroffen ist. Demgegenüber hat *Flume* gezeigt, daß die Parteien die versprochene Sache als eine solche von bestimmter Beschaffenheit vereinbaren können und in der Regel auch vereinbaren. Der Durchsetzung dieser Erkenntnis gilt das erste Kapitel von „Eigenschaftsirrtum und Kauf".[21] Entscheidend ist der Satz: „Die Vorstellung von der Beschaffenheit ist ebensowenig von der Vorstellung des Gegenstands zu trennen wie die Beschaffenheit vom Gegenstand."[22] Deshalb betreffe der Wille den Gegenstand mit der vorgestellten Beschaffenheit. Soweit die Parteien in der Vereinbarung über eine bestimmte Beschaffenheit übereinkommen, betrifft der Vertrag den Gegenstand in der somit vertraglich vereinbarten Beschaffenheit.[23]

Der damit maßgebliche Irrtum über die Abweichung des wirklichen Gegenstands von der vertraglichen Beschaffenheit konnte auch nach der damaligen Irrtumslehre nicht erfaßt werden. Die Irrtumslehre des 19. Jahrhunderts hatte auf dem Verständnis des Irrtums als Willensunwirklichkeit, d.h. als Fall der Diskrepanz von Wille und Erklärung, beharrt. Von da aus war der Eigenschaftsirrtum als

---

der allgemeinen Meinung die Beschaffenheit zur Vereinbarung gehörte, indem die Leistung nur nach ihrer gattungsmäßigen Beschaffenheit bestimmt wird (*Flume* S. 17). Bei der Speziesvereinbarung geht es um die psychologische Frage, in welchem Verhältnis die Vorstellung von den Eigenschaften zu dem rechtsgeschäftlichen Willen hinsichtlich der Speziessache steht. Da sie diese Frage ausgeklammert hatten, hatten auch abweichende Meinungen der damaligen Zeit zur Einordnung des Eigenschaftsirrtums keine Fortschritte erbracht (*Flume* S. 14 ff., 88).

[21] S. 11 - 32 mit der Widerlegung vor allem *Zitelmanns*, auf dessen Analyse des Verhältnisses des rechtsgeschäftlichen Willens zu einem bestimmten Objekt die h.M. gegründet war, Eigenschaftsirrtum, S. 17 ff. Zum Eigenschaftsirrtum nochmals S. 88 f.

[22] Eigenschaftsirrtum S. 18.

[23] Eigenschaftsirrtum S. 18 f. gegen *Zitelmann*, der es für „völligen Nonsens" erklärt hatte, zu wollen, daß der ausgewählte Gegenstand diese oder jene Eigenschaft hat. Demgegenüber geht es darum, daß die Sache als eine solche von bestimmten Eigenschaften versprochen wird. Dabei ist so, wie die Vorstellung von der Beschaffenheit eines bestimmten Leistungsgegenstands integrierender Bestandteil der Vorstellung von einem Gegenstand ist, der auf die Leistung eines bestimmten Gegenstands gerichtete rechtsgeschäftliche Wille auf die Leistung des Gegenstands in der vorgestellten Beschaffenheit gerichtet (Eigenschaftsirrtum S. 27, siehe auch noch S. 70, 78 f., 95, 109).

rechtsgeschäftlicher Irrtum nicht einzuordnen. *Flume* zeigt, daß es um zwei verschiedene Irrtumsfälle geht, die beide, wenn auch in unterschiedlicher Weise, eine Verfehlung des rechtsgeschäftlichen Willens bedeuten: Der Erklärungsirrtum ist der Fall der Nichtübereinstimmung des Erklärungswillens mit der Erklärung. Demgegenüber stimmen im Fall des Eigenschaftsirrtums der Erklärungswille und die Erklärung durchaus überein. Aber das Rechtsgeschäft stimmt nicht mit der Wirklichkeit überein.[24]

Ist die Möglichkeit der Beziehung der Vereinbarung eines bestimmten Leistungsgegenstands auf die Beschaffenheit desselben erwiesen, so folgt für die Haftung des Verkäufers nach dem BGB für Sach- und Rechtsmängel als eine vertragliche Haftung[25], „daß der Kaufvertrag als Vertragstypus des geltenden Rechts sich auf die rechtliche und sachliche Beschaffenheit des Kaufgegenstands bezieht, daß nämlich die Kaufvereinbarung auf die Leistung in rechtlich und sachlich mangelfreiem Zustand gerichtet ist“ und daß der Verkäufer aus dem Rechtsgrund haftet, „daß die Leistung des sachlich oder rechtlich mangelhaften Kaufsgegenstands der Kaufvereinbarung nicht entspricht.“[26]

Was nach dieser Überwindung des Dogmas der Nichtbezogenheit des rechtsgeschäftlichen Willens auf die Eigenschaften des Leistungsgegenstands jene Entdeckung betrifft, die die objektiven Elemente des Anfechtungs- und des Sachmängelrechts des BGB als korrekturbedürftige Überbleibsel eines überholten Rechtszustands identifiziert, so ist dies die Entdeckung des Zusammenhangs der objektiven Elemente mit dem Kaufrecht des klassischen römischen Rechts.[27] Nach ius civile bezog sich der Kaufvertrag im Hinblick auf Fehler und Vorzüge der Sache nicht auf die sachliche Beschaffenheit der Kaufsache. Es gab insoweit nur die Haftung für Arglist und Garantie. Die Fehlerhaftung wurde für den Kauf von Sklaven und Vieh als Marktpolizeirecht entwickelt und in den ädilizischen Edikten festgelegt. Es war die Haftung des Verkäufers von Sklaven und Zugvieh für die ediktmäßigen Fehler. Daneben haftete der Verkäufer nach dem Edikt wegen der dicta und promissa bezüglich der Eigenschaften des verkauften Sklaven oder

---

[24] Eigenschaftsirrtum S. 21, 92, 100 ff., 107. Vertiefend *Flume*, Allgemeiner Teil des Bürgerlichen Rechts, 2. Band, Das Rechtsgeschäft, 4. unveränd. Aufl. 1992, §§ 21 ff. S. 415 ff., § 24 2. S. 474 ff. Vom Eigenschaftsirrtum ist scharf zu unterscheiden der Erklärungsirrtum betreffend Eigenschaften, Eigenschaftsirrtum S. 104 ff., Rechtsgeschäft § 23 4. c) S. 460 ff.

[25] S. für die Sachmängel Motive II 224: „Die Haftung ist im obligatorischen Veräußerungsvertrag begründet.“ Zu der Stelle mit ihrer widersprüchlichen Fortsetzung *Flume*, Eigenschaftsirrtum S. 50 Fn. 69.

[26] Eigenschaftsirrtum S. 33, 51 f. Beim Rechtskauf trifft den Verkäufer die Haftung „nicht nur für den rechtlichen Bestand des Rechts überhaupt, sondern auch für das ‘Wie’ des rechtlichen Bestandes, für die rechtliche Beschaffenheit des verkauften Rechts ... So wird für den Rechtskauf durch die Vorschrift des § 437 erwiesen, daß beim Spezieskauf der Kaufvertrag als Vertragstypus des geltenden Rechts sich auf die Beschaffenheit des Kaufgegenstandes bezieht, indem die Leistung des Kaufgegenstandes als eines solchen von einer bestimmten Beschaffenheit vereinbart wird“ (Eigenschaftsirrtum S. 47).

[27] Eigenschaftsirrtum S. 57 f.

Viehs.[28] Weil der Kauf nicht auf die sachliche Beschaffenheit der Sache bezogen war, war die Haftung bei Arglist des Verkäufers entgegen § 463 S. 2 BGB nicht auf das positive, sondern auf das negative Interesse gerichtet.[29]

Von dem Kreis der Fehler und Vorzüge der Kaufsache hat das klassische Recht Eigenschaften geschieden, die - in Abgrenzung nach dem Einzelfalljudiz - als zum Wesen der Sache gerechnet wurden, so daß bei Fehlen der Eigenschaft „aliud pro alio venisse videtur". Die Fälle wurden als Fälle eines error in materia oder in substantia erörtert. Der Kauf kam in diesen Fällen wegen Nichtübereinstimmung von Vereinbarung und Wirklichkeit nicht zustande.[30]

Damit war die Verhaftetheit des Anfechtungs- und des Kaufrechts des BGB an einen überholten Rechtszustand in einem ersten Punkt aufgedeckt. Die Abgrenzung des Anfechtungsrechts wegen Eigenschaftsirrtums nach objektiv wesentlichen Eigenschaften geht zurück auf den überholten Rechtszustand, in dem die Sachmängelhaftung außerhalb des Kaufvertrags angeknüpft wurde, davon die Nichtgeltung des Kaufs wegen Fehlens besonderer Eigenschaften abgrenzt werden mußte und dazu das Wesen der Sache angeführt wurde. Mit der Einordnung der Sachmängelhaftung in den Kaufvertrag vereinigen sich die Fälle. Insgesamt geht es jetzt um die Abweichung der Kaufsache, wie diese in Wirklichkeit ist, vom Kaufvertrag, allgemein: des Gegenstands nach seiner wirklichen Beschaffenheit vom Rechtsgeschäft. Die Tatbestandsfassung des § 119 Abs. 2 BGB mit dem Irrtum über verkehrswesentliche Eigenschaften ist damit überholt. Das objektive Element in § 119 Abs. 2 BGB kann nur noch Bedeutung haben als Einschränkung des grundsätzlich maßgeblichen Merkmals: Nur wenn und weil der Geschäftsgegenstand, so wie dieser wirklich ist, von der geschäftlich geregelten, insbesondere vertraglich vereinbarten Beschaffenheit abweicht und darüber geirrt wird, kann - vorbehaltlich der weiteren Regelungen dieses „geschäftlichen Eigenschaftsirrtums"[31] - angefochten werden. Nur als Beschränkung der Anfechtbarkeit kommt in Betracht, daß die Eigenschaft, von der abgewichen wird, im Verkehr als wesentlich angesehen werden muß.[32]

Der zweite Punkt, in dem das BGB einem überholten Rechtszustand verhaftet ist, ist die objektive Bestimmung des Fehlers in § 459 Abs. 1. Die objektive Bestimmung ist nur zu rechtfertigen, wenn die Fehlerhaftung des Verkäufers ihren Grund in einer objektiv eingreifenden Gesetzgebung findet. Dies war der Fall im klassischen römischen Recht, in dem der Kauf sich auf die Beschaffenheit der Kaufsache nicht bezog und die Fehlerhaftung marktpolizeilich angeordnet wur-

---

28 S. 57 ff., 124 ff.

29 Eigenschaftsirrtum S. 60 ff.

30 Eigenschaftsirrtum S. 64 ff., S. 67 f.; Rechtsgeschäft § 22 1. b) S. 436 ff., § 24 2. f) S. 483 f.

31 = Irrtum über Eigenschaften, bezüglich deren der Leistungsgegenstand von der vereinbarten Beschaffenheit abweicht, Eigenschaftsirrtum S. 70, 72 vor II, 83 f., 89. Zum Vorbehalt für die Sonderregelung, insbesondere der §§ 459 ff. BGB, Eigenschaftsirrtum S. 132 ff.

32 Für diese Beschränkung noch Eigenschaftsirrtum S. 133. Die Beschränkung findet sich nicht mehr in Rechtsgeschäft (s. § 24 2. b) S. 477 f.).

de.[33] Das BGB knüpft die Sachmängelhaftung beim Spezieskauf wie die Haftung beim Gattungskauf und wie die Rechtsmängelhaftung an den Vertrag.[34] Damit ist der objektive Fehlerbegriff des klassischen römischen Rechts nicht mehr verwendbar.[35] Der Vertrag bestimmt über die Fehlerhaftigkeit, wie er ja auch zumindest für die Gattung maßgeblich sein muß, auf die die Norm zu beziehen ist, an der die Kaufsache gemessen werden kann.[36] Vor dem Vertrag sind die Varianten der Abweichung der Spezieskaufsache von der Vereinbarung, mögen diese dem Außenstehenden als schlechtere Qualität oder als Zugehörigkeit zu einer anderen Gattung[37], als Individualitäts-[38] oder Quantitätsabweichung[39] oder wie immer erscheinen, unwesentliche Abwandlungen. Nur als Auslegungsmoment für den Vertrag kann die Verkehrsanschauung dienen, indem beim Kauf einer Sache, für die nur eine bestimmte Gattung vereinbart wird, die Parteien auf die Normalbeschaffenheit von Sachen dieser Gattung abstellen.[40]

Wir haben bisher den Einschnitt bezeichnet, den „Eigenschaftsirrtum und Kauf" in bezug auf die tatbestandliche Grundlegung der Sach- und Rechtsmängelhaftung beim Kauf und des Anfechtungsrechts bei Eigenschaftsirrtum bedeutet. Was nunmehr die Rechtsfolgen betrifft, erklärt *Flume* zunächst einmal, weshalb das Gesetz dem Verkäufer, obwohl die Lieferung einer mangelhaften Sache Nichterfüllung der Vereinbarung bedeute, bei Sachmängeln grundsätzlich nicht die volle Nichterfüllungshaftung auferlegt, sondern nur das Wandelungs- oder Minderungsrecht des Käufers.[41] Der bei Kaufabschluß um den Fehler nicht wissende Verkäufer übernehme das Risiko der Beschaffenheit anders als bei einer Zusicherung, durch die er eine Garantie erkläre,[42] nicht.[43] Bei Arglist des Verkäufers sei jene Rücksicht des Gesetzes aber nicht am Platze. Hier lasse die Rechtsordnung die uneingeschränkten Rechtsfolgen der Beschaffenheitsvereinbarung zu.[44]

Weiter folgt aus jener tatbestandlichen Grundlegung unmittelbar das Konkurrenzverhältnis zwischen den beiden betroffenen Materien (Irrtumsanfechtung und

---

33 S. a. *Jakobs*, Gesetzgebung im Leistungsstörungsrecht S. 88, 128 f.

34 Die Regelung des Viehkaufs (§§ 481 ff.) ist zu verstehen als Festlegung der normalen Beschaffenheit, auf die sich die Kaufvereinbarung mangels besonderer Vereinbarung bezieht (s. sogleich).

35 Eigenschaftsirrtum S. 124 ff.

36 Eigenschaftsirrtum S. 109 ff., 110 f.

37 Eigenschaftsirrtum S. 113, 114 f.

38 S. 117 ff.

39 S. 121 ff.

40 Eigenschaftsirrtum S. 128 f.

41 „Die Sachmängelhaftung ist aber, was Wandlung und Minderung betrifft, in Wahrheit gar keine 'Haftung', sondern es ist doch nur so, daß der Käufer, weil er nicht die der Kaufvereinbarung entsprechende Leistung bekommt, auch seinerseits sich von der ihm obliegenden Kaufpreisverpflichtung ganz oder teilweise befreien kann" (S. 185).

42 S. 47, 53 Fn. 77.

43 S. 51, 52, 54.

44 S. 52 ff., 55.

Mängelhaftung) im Sinne des Verhältnisses zwischen lex generalis und lex specialis.[45]

Nicht weiter geht „Eigenschaftsirrtum und Kauf" auf die Gestaltung der Rechtsfolgen des Kaufrechts, insbesondere beim Gattungskauf und im Verhältnis von Rechts- und Sachmängeln, ein. Was den Gattungskauf betrifft, sagt *Flume*: „Wie wir den Gattungskauf überhaupt nicht behandeln, so bleibt auch unerörtert der Fall, daß bei einem Gattungskauf nicht die vereinbarte Menge geliefert wird."[46] Was sodann die Rechtsmängel betrifft, so unterscheidet *Flume* die Rechts- von den Sachmängeln; eine Angemessenheit der Unterscheidung im Hinblick auf die unterschiedliche Haftung herzustellen, versucht er nicht. Er gibt den lapidaren Bescheid: „Daß es ein Fehler des BGB war, die Rechts- und Sachmängelhaftung auseinanderzureißen und verschiedenen Regelungen zu unterwerfen, ist längst erkannt ... Da hilft aber u.E. nur eine Reform an Haupt und Gliedern, Teilmaßnahmen erhöhen nur die Verwirrung."[47]

Zwei Ergänzungen bringt „Eigenschaftsirrtum und Kauf" aber doch über die Erklärung und Abgrenzung der im Gesetz gegebenen Rechtsfolgen der Mängelhaftung und des Irrtumsrechts hinaus. Die erste betrifft zeitlich nach Kaufabschluß eintretende Fehler. Die milde Nichterfüllungshaftung sei für Fehler begründet, die der Sache schon bei Vertragsschluß anhaften. Werde die verkaufte Sache aber nach dem Vertragsschluß fehlerhaft, hafte der Verkäufer hierfür voll, nämlich nach §§ 320 ff., wobei nur § 323 durch §§ 459, 462 verdrängt werde.[48] Die zweite Ergänzung betrifft die Verjährungsvorschrift des § 477. Hier hilft zunächst schon die geleistete Abgrenzung zwischen Sach- und Rechtsmängeln. Durch Zuordnung des Fehlens vereinbarter rechtlicher Eigenschaften zu den Rechtsmängeln vermeidet *Flume* in bestimmten Fällen die kurze Verjährung.[49] Darüber hinaus restringiert er auch die Verjährungsvorschrift des § 477 dort, wo sie nach seiner Abgrenzung eigentlich anzuwenden ist, nämlich bei Fehlen nicht-rechtlicher Eigenschaften. Die Vorschrift passe nicht bei der analogen Anwendung der Sachmängelvorschriften auf den Kauf von sachbezogenen Rechten, Wertpapieren und Immaterialgütern[50].[51] Auch wenn hier nicht-rechtliche Eigenschaften fehlten und somit die

---

[45] §§ 9 ff., S. 129 ff. S. a. Rechtsgeschäft § 24 3. S. 484 ff.

[46] Eigenschaftsirrtum S. 121. Die Haltung *Flumes* entspricht den römischen Quellen, s. *Jakobs* S. 90. Zum Fall der Quantitätsabweichung beim Gattungskauf als normalem Fall der Nichterfüllung *Flume* AcP 193, 94 m.N.

[47] Eigenschaftsirrtum S. 171 Fn. 16.

[48] S. 39 f., 49 Fn. 64, 80 Fn. 34. Zur Frage eingehend *Jakobs*, Gesetzgebung S. 92 ff.; *Wilhelm* JZ 1982, 488 bei und mit Fn. 7 (dort w. N.), S. 492 unter IV.

[49] So S. 193 zu RGZ 69, 429 (Kauf eines Betriebes, der von Drittem aufgrund eines schon bei Kaufabschluß bestehenden Patentrechts untersagt wird), ebendort zu RGZ 88, 103 (Kauf eines Handelsgeschäfts, Vertriebsbeschränkung des Verkäufers geht nach § 25 HGB auf den Käufer über) und S. 193 f. zu RGZ 100, 201 (Kauf sämtlicher GmbH-Anteile, der von den Verkäufern garantierte Schuldenstand ist überschritten).

[50] Unternehmen, unpatentierte Erfindungen, insbes. Geheimverfahren (S. 192 mit Fn. 2). Zur Abgrenzung des Unternehmenskaufs vom Kauf von Mitgliedschaftsrechten an einer ein Unternehmen tragenden Gesellschaft, die aber nicht entscheidend sei, weil auch beim

Sachmängelvorschriften anzuwenden seien, so sei doch die Anwendung des § 477 einzuschränken, wenn die von der Vorschrift vorausgesetzte abstrakte Möglichkeit, den Mangel zu entdecken, nicht gegeben sei. Dies treffe beim Kauf nicht mit dem Besitz verbundener Rechte und beim Kauf von Immaterialgütern zu.[52] Um des Zweckes des § 477 willen, daß Sachmängel beim Kauf nur kurze Zeit sollen geltend gemacht werden können, will *Flume* aber nicht die 30-jährige Verjährung einräumen, sondern die Fristbestimmung dem Richter überlassen. „Maßgebend muß entsprechend der Regelung des § 477 für die richterliche Bemessung sein, ob der Käufer die abstrakte Möglichkeit hatte, den bestimmten Mangel zu entdekken."[53]

Zusammengefaßt, bestand der wissenschaftliche Fortschritt in der Anwendung des Anfechtungs- und des Kaufrechts des BGB durch „Eigenschaftsirrtum und Kauf" in den folgenden Schritten: Grundlegend in der Prämisse, daß bei Vertragshaftung oder -aufhebung wegen Eigenschaften des Vertragsobjekts der Haftungs- oder Aufhebungsgrund im Zusammenhang mit der vertraglichen Regelung des Objekts stehen muß, während objektive Kriterien den Grund nicht bilden können. Von dieser Prämisse ausgehend, die Erkenntnis, daß die die Gesetzesfassung des BGB bestimmende herrschende Lehre, die einen Bezug des Vertrages bei Speziesleistung auf die Eigenschaften des Vertragsobjekts bestritten hat, von den objektiven Kriterien der Quellen ausgegangen ist und daraus die Auffassung vom Vertrag gebildet hat, während nach der Prämisse umgekehrt vom Vertrag auszugehen ist und daraus die Kriterien gebildet werden müssen. Schließlich bestand der wissenschaftliche Fortschritt in der Präparation eines selbständigen Falls eines erheblichen Irrtums, in welchem Irrtumsanfechtungsrecht betreffend Eigenschaften und Sach- und Rechtsmängelhaftung im Verhältnis von lex generalis und lex specialis übereinkommen: Kannte man bisher nur den Irrtum als Nichtübereinstimmung von Wille und Erklärung, so war die gesuchte Einordnung der erheblichen Eigenschaften in den Vertrag durch die Erkenntnis gelungen, daß es noch einen zweiten erheblichen, nämlich vertragsbezogenen Irrtum gibt: den Irrtum, der nicht in einem Zwiespalt zwischen Vertragserklärung und Erklärungswillen besteht, sondern auf einen Zwiespalt zwischen Vertrag und Wirklichkeit bezogen ist, indem sich der Vertrag auf Eigenschaften bezieht, die der Vertragsgegenstand in Wirklichkeit nicht hat, und darüber geirrt wird.

Zu der tatbestandlichen Klärung kamen schließlich hinsichtlich der Rechtsfolgen die Abgrenzung, insbesondere nach der Einordnung von Rechts- und Sach-

---

letzteren die Eigenschaften des Unternehmens als solche des Kaufgegenstands vereinbart werden können, S. 187 f.

[51] Zu der analogen Anwendung, ausgehend von § 493 2. Alt., S. 177 ff.

[52] S. 182 (betr. Rechte an einer Sache, die nicht mit dem Besitz verbunden sind), S. 187 (betr. Forderungen auf Leistung einer Sache), S. 190 (betr. den Kauf von GmbH-Anteilen im Hinblick auf Eigenschaften des Unternehmens), S. 191 (betr. Wertpapiere), S. 195 (betr. Immaterialgüter, insbes. deren immaterielle Eigenschaften wie Umsatz, Ertrag eines Unternehmens, Art des Kundenkreises einer verkauften Pension , S. 194).

[53] S. 182; von dieser Möglichkeit an seien die 6 Monate zu berechnen, S. 187; s.a. S. 190, 195.

mängeln in denselben Grundtatbestand deren Abgrenzung, und die Gestaltung der problematischen Verjährungsvorschrift des § 477 BGB hinzu.

IV. Die Fortentwicklung der Sachmängelhaftung durch Jakobs

Es zeigt den Fortschritt, den „Eigenschaftsirrtum und Kauf" gebracht hat, daß *Jakobs* sich mit dem Gutachten von *Ulrich Huber* auseinandergesetzt hat, welches *Huber* im Rahmen der Arbeit an einer Schuldrechtsreform zum Thema der Leistungsstörungen und des Kaufrechts erstattet hat[54], und beide von der Fehlerhaftung als Haftung wegen Nichterfüllung des Vertrages und von der vertraglichen Bestimmung des Fehlerbegriffs ausgehen.[55] Da uns hier die wissenschaftliche Fortentwicklung bei bestehendem Gesetz interessiert, behandeln wir im folgenden die Ausarbeitung von *Jakobs*, nicht die Reformarbeit von *Huber*.

Der Gegenstand allerdings, den gerade das *Huber'sche* Reformgutachten *Jakobs* bot, nämlich die von *Huber* entwickelten Reformvorschläge betreffend Tatbestände und Rechtsfolgen des Kaufrechts[56], treibt *Jakobs* zur Klärung und Fortentwicklung der Rechtsfolgen der Sachmängelhaftung beim Kauf insgesamt, insbesondere also auch in dem Bereich des Gattungskaufs an, den „Eigenschaftsirrtum und Kauf" noch nicht behandelt hatte.

Jakobs klärt,[57] daß aufgrund der Maßgeblichkeit der vertraglich vereinbarten Beschaffenheit beim Gattungskauf nicht zwischen aliud und Fehlerhaftigkeit unterschieden werden kann, weil die Gattungsabrede nur die Merkmale, nicht die Identität des Lieferungsgegenstands festlegt und es also immer um das Abweichen der Lieferung von den vereinbarten Merkmalen - insofern also immer um aliud und Fehlerhaftigkeit zugleich - geht, während beim Spezieskauf der selbständige aliud-Fall denkbar ist, indem hier in Betracht kommt, daß nicht diese bestimmte Sache, sondern eine andere geliefert wird. Das aussichtslose Bemühen der Rechtsprechung um die Abgrenzung zwischen aliud und fehlerhafter Lieferung beim Gattungskauf entfällt, an seine Stelle tritt die Bemühung um die sachgerechte Abgrenzung der Rechtsfolgen, zwecks deren jene aussichtslose Abgrenzung von der Rechtsprechung betrieben wird: der Rechtsfolgen der kurzen Verjährung

---

[54] Gutachten und Vorschläge zur Überarbeitung des Schuldrechts, Bd. I, 1981, S. 647, 911 ff. Mit dem auf der Grundlage der Gutachten von *Huber* verfaßten Entwurf der Kommission zur Überarbeitung des Schuldrechts hat sich *Flume* AcP 193, 89 ff. befaßt.

[55] *Huber* S. 765, 868. *Jakobs*, Gesetzgebung im Leistungsstörungsrecht, S. 85 ff., dort auch Behandlung der abweichenden Meinung von *Knöpfle*, JZ 1978, 121, 1979, 11 - *Jakobs* S. 85 Fn. 170 f., S. 91 Fn. 183; zur Lehre vom subjektiv-objektiven Fehlerbegriff - dafür etwa Staudinger-*Honsell,* Kom. BGB, 13. Aufl., 1995 § 459 Rz. 18 - *Jakobs* S. 87 f.

[56] Betreffend die Verjährung nach § 477 BGB lagen *Jakobs* neben den Reformvorschlägen von *Huber* auch die in dem Gutachten zum Verjährungsrecht vor, welches *Peters* und *Zimmermann* erstattet haben, Gutachten und Vorschläge Bd. 1, S. 77 ff.

[57] Gesetzgebung S. 90.

(§ 477) und der käufmännischen Rügeobliegenheit (§§ 377 f. HGB). Die sachgerechte Abgrenzung räumt zugleich mit Zweifeln überhaupt an der bruchlosen Anwendung des subjektiven Fehlerbegriffs im Rahmen der gesetzlichen Regelung auf.[58]

Die Besonderheit des Gattungskaufs im Verhältnis zum Spezieskauf macht nicht nur die Unterscheidung zwischen aliud und Fehlerhaftigkeit beim Gattungskauf gegenstandslos. Sie ergibt auch, daß beim Gattungskauf diejenige Rechtsfolge allgemein selbstverständlich ist, die beim Spezieskauf nur in dem dort unterscheidbaren aliud-Fall eintritt. Beim Spezieskauf kann der Käufer nur, wenn ihm ein aliud, also nicht die bestimmte individuelle Sache geliefert wird, Neulieferung, nämlich die Lieferung der vertraglich bestimmten Sache verlangen.[59] Beim Gattungskauf ist die Lage, die beim Spezieskauf nur im aliud-Fall zutrifft, daß nämlich bei Abweichung der Lieferung von der vertraglichen Vereinbarung die vereinbarte Lieferung überhaupt nicht erbracht ist, immer gegeben. Beim Gattungskauf ist folglich im Fall der Fehlerhaftigkeit die Rechtsfolge immer selbstverständlich, daß der Verkäufer auf Verlangen des Käufers zur Neulieferung verpflichtet ist (§ 480 Abs. 1 BGB).[60]

Von den Rechtsfolgen, die „Eigenschaftsirrtum und Kauf" betreffs des Spezieskaufs als gegeben nimmt und einordnet, stellt *Jakobs* die Beschränkung der Schadensersatzhaftung des Verkäufers auf Arglist und Zusicherung für den Spezies- und den Gattungskauf, die aus §§ 463, 480 Abs. 2 BGB hervorzugehen scheint, in Frage.[61] Der Zweifel führt, was zunächst den Spezieskauf betrifft, *Ja-*

[58] Gesetzgebung S. 90, 193 f.

[59] Wird die vereinbarte Sache, wenn auch fehlerhaft, geliefert, so ist grundsätzlich auch nicht eine Nachbesserungspflicht oder ein Nachbesserungsrecht des Verkäufers begründet (dazu de lege lata und de lege ferenda *Jakobs* S. 92 ff., 96 ff.). Die Annahme einer Nachbesserungspflicht ist auch bei nach Vertragsschluß auftretenden Mängeln grundsätzlich ausgeschlossen, weil der Verkäufer eben zur Nachbesserung idR nicht berufen ist, der Käufer sich auf seine Versuche idR nicht soll einlassen müssen. Die vertragliche Pflicht des Verkäufers, die Sache vor Mängeln zu schützen, weitet nicht die Pflicht zur Leistung der versprochenen Sache, die die Pflicht zur Herstellung der Mangelfreiheit nicht umfaßt, nicht aus. Den Verkäufer trifft vielmehr mit Kaufabschluß eine Erhaltungspflicht, weil die Sache mit dem Kauf dem Käufer versprochen ist. Bei Beschädigung der Sache ist § 249 S. 2 BGB anzuwenden.

[60] Besonders ist hier, daß der Käufer statt der Neulieferung Wandelung, Minderung oder - unter den Voraussetzungen des § 480 Abs. 2 - Schadensersatz verlangen kann, also nicht auf den Vorrang der Erfüllung gemäß § 326 BGB verwiesen ist. Zur Frage, ob dies geändert werden sollte, *Jakobs* S. 101 ff.

[61] Nach der Klärung, daß diese Schadensersatzhaftung die Mangelfolgeschäden selbstverständlich umfaßt und insoweit die in §§ 463, 480 Abs. 2 formulierte Alternativität („statt Wandelung oder Minderung") keinesfalls gelten kann (S. 110 ff., 153). Wegen des Anspruchs aus positiver Vertragsverletzung ist die Haftung auf Ersatz der Mangelfolgeschäden auch nicht auf Arglist und das Fehlen einer zugesicherten Eigenschaft beschränkt (S. 114 f.). Auch insoweit ist die Rechtsentwicklung über die dem gemeinen Recht verhaftete Fassung des BGB hinweggeschritten (zur Legitimation *Jakobs* S. 115 ff.).

kobs zu einer Verschiebung der Abgrenzung zwischen bloßer Wandelungs- oder Minderungshaftung auf der einen und der Schadensersatzhaftung auf der anderen Seite. Die Unterscheidung beruhe auf dem Prinzip des „caveat emptor". Nach diesem Prinzip müsse sich grundsätzlich der Käufer die von ihm angeschaffte Sache anschauen und trage er das Risiko, wenn sein Interesse an der Sache nicht erfüllt werde. Anders sei es aber dann, wenn der Verkäufer den Käufer von der Untersuchung der Sache abhalte, indem er ihm „einen besonderen Anlaß dafür gibt, daß dieser sich auf ihn: den Verkäufer, auf dessen Kenntnis der Sache, auf dessen Fachkunde verlassen. darf."[62] Diesen Anlaß gibt der Verkäufer nach dem Gesetz mit einer Zusicherung, und diese Zusicherung wird bisher als Garantieerklärung verstanden.[63] *Jakobs* sieht zwei Grundlagen, darüber hinauszugehen. Die erste ist die von *Flume* übernommene Erkenntnis der Kategorie der im Kaufvertrag selbst integrierend enthaltenen Beschaffenheitsvereinbarung. Sie könne i.S. einer verschärften Haftung ausgelegt werden. Einer selbständigen Garantieerklärung bedürfe es dann nicht.[64]

Die zweite Grundlage ist die Unterscheidung zweier Typen von Beschaffenheitsvereinbarungen, von denen *Jakobs* meint, daß sie entgegengesetzt zu § 459 Abs. 1 und 2 BGB im Verhältnis des Regelfalls der verschärften Haftung und der Fälle der milderen Haftung als Ausnahmefälle zueinander stehen.[65] Der eine Fall, in dem die Beschaffenheitsvereinbarung die scharfe Haftung begründen müsse, ist dadurch bestimmt, daß „im Verhältnis zwischen Verkäufer und Käufer die Feststellung von Mängeln Sache des Verkäufers ist, der Käufer sich deswegen auf diesen verlassen kann und verläßt."[66] Der andere Fall, bei dem die Beschaffenheitsvereinbarung nur mit der milden Konsequenz der ädilizischen Rechtsbehelfe (Wandelung oder Minderung) verbunden sein könne, ist dadurch gekennzeichnet, „daß der Käufer sich hinsichtlich des Vorhandenseins einer für ihn relevanten Eigenschaft der Kaufsache auf den Verkäufer so wenig verlassen kann wie auf sich selbst, beide aber das Vorhandensein der betreffenden Eigenschaft voraussetzen und der Vertrag auch in Hinsicht auf dieses Vorhandensein geschlossen wird. Beide haben für die Feststellung des Vorhandenseins dieser Eigenschaft nicht den Sachverstand und keiner kann von dem anderen erwarten, daß dieser sich des Sachverstands eines Dritten bedient: Es wird etwa ein Grundstück verkauft, das nach dem erlassenen Bebauungsplan für eine 3-geschossige Bebauung geeignet

[62] Gesetzgebung S. 127.

[63] So insbesondere Eigenschaftsirrtum und Kauf S. 47 f., 79 f., 122, 132 Fn. 9. Umfassende Darstellung bei Soergel-*Huber*, Kom. BGB, 12. Aufl. 1991, § 459 Rz. 128 ff.; zur Erklärung der Zusicherungshaftung aus einer Garantie Rz. 139. - *Flume* hat in Eigenschaftsrrtum und Kauf eine Ausweitung der Haftung für denkbar gehalten (S. 30 f., 55 Fn. 83). In AcP 193, 98 verlangt *Flume* für die Haftung auf das Erfüllungsinteresse eine eindeutige Garantie.

[64] Gesetzgebung S. 132 ff.

[65] S. 134.

[66] S. 135. Die Folge der Vereinbarung ist die Schadensersatzhaftung des Verkäufers auch für die Mangelfolgeschäden (S. 139).

sein soll und der Bebauungsplan stellt sich nach Vertragsschluß als nichtig heraus."[67]

Was sodann den Gattungskauf betrifft, erkennt *Jakobs* in § 480 Abs. 2 BGB zunächst einmal überhaupt keine Beschränkung der Schadensersatzpflicht. Diese folge selbstverständlich nach den allgemeinen Vorschriften (§§ 325 f.) aus der Feststellung, daß die mangelhafte Lieferung beim Gattungskauf Nichterfüllung der Leistungspflicht ist, wie ebenso die primäre Neulieferungspflicht aus dieser Feststellung folgt. Was in § 480 Abs. 2 BGB beschränkt wird, ist nach *Jakobs* nicht die Schadensersatzpflicht, sondern sind die Voraussetzungen, unter denen der Gläubiger von der Bindung an den primären Erfüllungsanspruch befreit wird, so daß er auf den Schadensersatz wegen Nichterfüllung[68] übergehen kann.[69] Neben die in anderen Vorschriften geregelten Fälle, in denen der Gläubiger vom Erfüllungs- auf den Schadensersatzanspruch übergehen kann, stelle das Gesetz in § 480 Abs. 2 die Fälle der Arglist und der Zusicherung. Die Gleichstellung der Zusicherung hält *Jakobs* allerdings für verfehlt. Diesen Befreiungsgrund will er nicht gelten lassen.[70] Im Hinblick auf die Zusicherung enthält § 480 Abs. 2 nach *Jakobs* nicht einen Grund der Befreiung von der Bindung an die primäre Erfüllungspflicht, sondern einen zusätzlichen Haftungsgrund für den vollen Schadensersatz wegen Nichterfüllung noch neben der allgemeinen Haftung wegen schuldhafter Nichterfüllung.[71] Entsprechend seiner Auffassung von der Zusicherung beim Stückkauf sieht *Jakobs* beim Gattungskauf, bei dem jedenfalls der Verkäufer die mit dem Programm übereinstimmende Leistung auszuwählen habe, insofern also das „caveat emptor" gar nicht gelten könne, in dem kaufvertraglichen Leistungsversprechen und dessen Perfektionierung durch die Lieferung[72] die - eben

[67] S. 137. Zur weiteren Abgrenzung der beiden Fallgestaltungen S. 137 ff., S. 192 Fn. 400 auch noch im Hinblick auf die Anwendung des § 477 (dazu unten Fn. 78).

[68] Hier verstanden als das Erfüllungsinteresse im engeren Sinne. Nicht unter die Voraussetzung eines Befreiungsgrundes gestellt ist der Schadensersatzanspruch wegen Mangelfolgeschäden (s.o. Fn. 61).

[69] Zur Möglichkeit nach § 480 Abs. 1, statt Neulieferung nicht Schadensersatz, sondern Wandelung oder Minderung zu verlangen, oben Fn. 60.

[70] S. 147 ff., 152 f., 153, 158 f.

[71] Gesetzgebung S. 157 ff. Zum Nebeneinander der beiden Haftungsgründe zusammenfassend S. 170. Die Arglist - der zweite Fall des § 480 Abs. 2 - hat nach *Jakobs* sowohl die Bedeutung eines Grundes der Befreiung von der Bindung an den Erfüllungsanspruch als auch als Fall des Zu-Vertretens-Habens die Bedeutung der Begründung der vollen Haftung auf Schadensersatz wegen Nichterfüllung (einschließlich also der Mangelfolgeschäden), S. 159 (dort auch Zusammenfassung).

[72] Ohne Rücksicht auf die Lieferung und den Kauf, den sie perfekt macht, kann nach *Jakobs* eine Garantie in einer selbständigen Erklärung übernommen werden, S. 161. Schließlich unterscheidet *Jakobs* von beiden Garantiefällen noch die im Kauf allein liegende Garantie des Leistungsvermögens (S. 160).

durch die Lieferung zu verwirklichende - Zusicherung, daß die Lieferung die vereinbarten Eigenschaften hat.[73]

Schließlich nimmt sich *Jakobs* der Rechtsfolge der kurzen Verjährung der Gewährleistungsansprüche an. Er stellt sie nicht nur, wie *Flume* in „Eigenschaftsirrtum und Kauf", in bezug auf die analoge Anwendung der Sachmängelvorschriften auf den Rechtskauf u.ä. in Frage. Vielmehr hält er die Grenzen einer Anwendung im Grundsätzlichen zu klären für nötig, eine Aufgabe, von deren Lösung, wie oben[74] gesagt, die Überzeugungskraft des Merkmals der vertraglichen Beschaffenheit beim Gattungskauf gegenüber der Unterscheidung der Rechtsprechung zwischen aliud und Fehlerhaftigkeit, darüber hinaus aber überhaupt die bruchlose Einfügung der Maßgeblichkeit des subjektiven Fehlerbegriffs entgegen der Beschränkung des § 477 auf den objektiven Fehler abhängt.

Zunächst verteidigt *Jakobs* die rigide Bestimmung einer kurzen Frist von der Ablieferung oder Übergabe an als beweisrechtliche Regelung, die den besonderen Schwierigkeiten der Feststellung eines Mangels in dem für die Haftung des Verkäufers maßgeblichen Zeitpunkt Rechnung trägt, die nach kurzer Zeit aufgrund der Einordnung der Sache in den Lebens- und Tätigkeitsbereich des Käufers unvermeidlich eintreten.[75] Gerade aufgrund dieser beweisrechtlichen Begründung der Verjährungsregel trägt die Regel nach *Jakobs* aber eine Beschränkung in sich. Die Beschränkung greife insbesondere ein in den Fällen des subjektiven Andersseins der Sache, für die die am objektiven Fehlerbegriff orientierte Verjährungsregelung ohnehin nicht gelten könne. Von hier aus sei die Beschränkung zu formulieren, ergreife dann aber auch Fälle der „objektiven" Fehlerhaftigkeit.[76]

Die Verjährungsregel ist nach *Jakobs* unter zwei Voraussetzungen einzuschränken: Erstens muß es sich um einen Fehler handeln, „der seiner Art nach, wenn er jetzt vorhanden ist, z.Z. der Übergabe nicht nicht vohanden gewesen sein kann". In diesem Fall komme es auf jenen Beweis gar nicht an.[77] Zweitens muß zutreffen, daß der Fehler „'besonders versteckt' ist, es also eines äußeren Ereignisses bedarf, das den Käufer argwöhnisch macht und also veranlassen kann, sich

---

[73] Gesetzgebung S. 159, 161, 162. Geht es um die Tauglichkeit für einen bestimmten Zweck des Käufers, so muß die Tauglichkeit zu diesem Zweck vereinbart sein, wenn der Verkäufer die Nichteignung zu vertreten haben soll (S. 162). Kraft des Versprechens, aus der vereinbarten Gattung Stücke mittlerer Art und Güte (§ 243 Abs. 1) zu besorgen, folgt nach *Jakobs* auch bei Ausreißerfällen, die der Verkäufer nicht entdecken kann, die Schadensersatzpflicht, so wie in diesen Fällen ja auch die Neulieferungspflicht außer Frage stehe (S. 163 ff.); als Exempel behandelt *Jakobs* die Entscheidung BGH NJW 1968, 2238 ff. (Gesetzgebung S. 160 ff.).

[74] Bei Fn. 58. Zur oben ebenfalls erwähnten kaufmännischen Rügeobliegenheit *Jakobs* S. 192 Fn. 399.

[75] Gesetzgebung S. 170 ff.

[76] Gesetzgebung S. 193 f.

[77] Gesetzgebung S. 189.

um die Beschaffenheit der Sache zu kümmern".[78] Unter diesen beiden Voraussetzungen sei die Verjährungsregel dahin einzuschränken, daß die Frist gehemmt sei, bis ein Ereignis eintrete, das den Käufer hinsichtlich eines solchen Mangels argwöhnisch mache. Vom Eintritt eines solchen Ereignisses an laufe die Frist. Dem Verkäufer stehe aber die Einrede doch dann schon zu, wenn, was er zu beweisen habe, ein argwöhnisch machendes Ereignis schon vorher eingetreten sei und länger als 6 Monate bzw. 1 Jahr zurückliege.[79] In den Fällen, in denen die Rechtsprechung beim Gattungskauf § 480 nicht angewandt hat, weil die Vorschrift auf Fehlerhaftigkeit abstelle, in casu aber ein aliud geliefert sei, bleibt es nach *Jakobs* bei der Nichtunterscheidbarkeit von Fehler und aliud beim Gattungskauf. Nur träfen die erwähnten zwei Voraussetzungen zu und deshalb das Ergebnis des Ausschlusses der Verjährungseinrede, welches die Rechtsprechung durch jene - undurchführbare - Unterscheidung erreicht hat.[80] [81]

Zusammengefaßt, hat *Jakobs* die Sachmängelhaftung im Sinne von „Eigenschaftsirrtum und Kauf" in den folgenden Richtungen fortgedacht: Zunächst hat *Jakobs* den subjektiven Fehlerbegriff beim Gattungskauf zur Konsequenz gebracht. Für den Gattungskauf ist bei Maßgeblichkeit der vertraglichen Beschaffenheit eine Unterscheidung zwischen aliud und Fehler nicht denkbar. Ebenso aufgrund des subjektiven Fehlerbegriffs hat *Jakobs* versucht, mit der weiteren unseligen Unterscheidung im Hinblick auf „stillschweigende Zusicherungen"[82] aufzuräumen. Die Haftung auf das Erfüllungsinteresse, die §§ 463, 480 Abs. 2 bei Zusicherung anordnen, sei aus der Beschaffenheitsvereinbarung zu entwickeln. Im Hinblick auf sie unterscheidet *Jakobs* zwischen Verträgen, bei denen sich der Käufer auf den Verkäufer verläßt und verlassen kann, und anderen Verträgen, in denen beide Parteien eine Beschaffenheit feststellend vereinbaren,

---

[78] S. 190. So bei Unechtheit eines Gemäldes, wenn die Echtheit zugesichert ist, während bei bloßer gemeinsamer Voraussetzung der Echtheit u.U. der Käufer nachprüfen muß (S. 190 Fn. 400).

[79] S. 189. Zur Hemmungswirkung S. 204.

[80] In den Fällen der Lieferung von Sommerweizensaatgut statt des gekauften Winterweizensaatguts (RGZ 103, 77, BGH NJW 1968, 640), von Titanium Dioxyd Anatase statt des gekauften Titanium Dioxyd Rutile (BGH BB 1967, 433). Dazu *Jakobs* S. 191. Zur Ausnahme von § 477 beim Spezieskauf dann S. 192 ff. *Flume* versucht in AcP 193, 96, die Problematik des § 477 in diesen Fällen dadurch zu entschärfen, daß er auf die in derartigen Fällen idR gegebene Haftung des Verkäufers aus positiver Forderungsverletzung auf das negative Interesse verweist, auf die nach seiner Ansicht § 477 nicht anzuwenden ist (S. 114 ff.).

[81] Von ihrem beweisrechtlichen Untergrund her ist die Verjährungsregel nach *Jakobs* sodann in dem Fall außer Anwendung zu lassen, daß aus anderen, nicht kaufrechtlichen Gründen der Beweis der Mangelhaftigkeit bei Gefahrübergang auch nach der Frist des § 477 BGB gestattet ist. Das sei dann der Fall, wenn der Verkäufer durch Lieferung der mangelhaften Sache schuldhaft die deliktisch geschützten Rechtsgüter des Käufers oder eines Dritten verletzt haben und der deliktische Schutz mit der Verjährung nach § 852 BGB eingreifen könnte (S. 196 ff., 204 f.).

[82] Gesetzgebung S. 164. Umfassende Darstellung bei Soergel-*Huber* (oben Fn. 63) § 459 Rz. 175 ff.

ohne daß sich in bezug auf sie der Käufer auf den Verkäufer verläßt oder verlassen kann, indem „das Fehlen einer vereinbarten Eigenschaft außerhalb derjenigen Erkenntnismöglichkeit des Verkäufers liegt, die der Käufer bei diesem voraussetzen darf und auch voraussetzt".[83] Diese Unterscheidung ist maßgeblich bei Spezies- wie bei Gattungskauf. Beim Gattungskauf folgt nach *Jakobs* aber aus dem Versprechen der abstrakten Merkmale durch den Verkäufer, daß immer ein Vertrag des ersteren Typs gegeben ist. So will *Jakobs* die Rechtsfolge der Haftung auf das Nichterfüllungsinteresse (unter Einschluß der Mangelfolgeschäden) aus der Beschränkung auf extraordinäre Fälle lösen und nach der Grundlage im konkreten Vertrag ordnen. Was sodann die Rechtsfolgen der Verjährung und der kaufmännischen Rügeobliegenheit betrifft, so löst *Jakobs* diese von der begrifflichen und nicht durchführbaren Unterscheidung zwischen aliud und peius und setzt an deren Stelle die Unterscheidung nach der Rechtfertigungsgrundlage der konkreten Normen.

V. Die Rechtsmängelhaftung beim Kauf nach Ernst

Wenden wir uns nach dieser Bestandsaufnahme betreffend die Sachmängelhaftung des Verkäufers der dieser nach dem BGB gegenüberstehenden Rechtsmängelhaftung zu, so ist diese, nachdem sie von „Eigenschaftsirrtum und Kauf" miterfaßt, in den Rechtsfolgen und deren Unterschiedlichkeit gegenüber denen der Sachmängelhaftung aber nicht ausgearbeitet und nachdem sie sodann von *Jakobs* gar nicht behandelt worden ist, von dem Schüler von *Jakobs, Ernst*, speziell untersucht worden.[84] *Ernst* geht von der Haftung nach §§ 434, 440 als Rechtsfolge der Rechtsmängelhaftung aus.[85] Es gehe um diese Haftung als objektive, kraft Gesetzes an den „nackten" Kaufvertrag anknüpfende Haftung. D. h. die Haftung trete ohne Rücksicht auf den Inhalt des konkreten Vertrages und auch ohne Rücksicht auf ein Verschulden ein. Diese objektive Haftung gilt nach *Ernst* für jede bei der Eigentumsverschaffung (nach Vornahme des Verschaffungsakts) fehlende Zuständigkeit des Käufers.[86]

Die objektive Haftung ist nach *Ernst* Haftung wegen Nichterfüllung der Rechtsverschaffungspflicht. *Ernst* stellt die historische Entwicklung als Hinter-

---

[83] Gesetzgebung S. 138.

[84] Oben Fn. 8.

[85] Rechtsmängelhaftung S. 138, 139.

[86] S. 140, 141. Betreffend den Zeitpunkt der Eigentumsverschaffung S. 169. - S. 169 f. gegen die Preisgabe des objektiven Charakters der Rechtsmängelhaftung und gegen die Zusammenfassung der objektiven Haftung mit der Haftung aus der konkreten Zusicherung einer bestimmten Rechtslage, die für Ernst eine Haftung aus selbständiger Garantie, bezogen auf den Zeitpunkt des Kaufs, ist. Bei einer konkreten Zusicherung nimmt *Ernst* aber doch einmal die Rechtsmängelhaftung an, nämlich dann, wenn der Verkäufer sein Leistungsversprechen betreffs der zu verschaffenden Rechtszuständigkeit einschränkt und er dann noch weniger verschafft, als, eingeschränkt, versprochen (S. 170).

grund der Entscheidung für die Rechtsverschaffungspflicht des Verkäufers durch das BGB dar und will den Tatbestand des Rechtsmangels aus der sich so ergebenden Eigenart jener Entscheidung ableiten, eben aus dem Prinzip einer Haftung für die Nichterfüllung der Pflicht zur Eigentumsverschaffung.[87] Den Rechtsmangel definiert *Ernst* als Mangel an der ungeteilten (Eigentums-) Zuständigkeit. Von dem so definierten Rechtsmangel sind Nachteile abzugrenzen, die zwar aus rechtlichen Regelungen folgen, aber aus Regelungen, die nur die Kaufsache als Objekt betreffen, nicht dagegen die volle Rechtszuständigkeit des Käufers antasten.[88] „Die Situation, daß die rechtliche Zuständigkeit hinsichtlich der Sache ganz oder teilweise statt dem Käufer einer anderen Person zugewiesen ist - hier besteht die Rechtsmängelhaftung als Haftung für die Nichterfüllung der Pflicht zur Eigentumsverschaffung -, ist eine grundlegend andere als das bloße Bestehen solcher rechtlicher Normierungen, die die Sache als Objekt erfassen, sich gegen deren rechtliche Zuordnung zum zuständigen Subjekt aber indifferent verhalten".[89] Nachteile der letzteren Art könnten auch bei Miete etc. auftreten und seien ein Problem des allgemeinen Leistungsstörungsrechts. Sie hätten mit der besonderen Haftung des Verkäufers gerade für die Rechtsverschaffung nichts zu tun.[90]

Beispiel ist nach *Ernst* der zu duldende Überbau über das Kaufgrundstück im Vergleich zu einer Dienstbarkeit. Den Überbau habe der BGH[91] zu Recht nicht als Rechtsmangel aufgefaßt.[92] Der Überbau stelle nicht infrage, daß der Käufer die volle, mit niemandem geteilte rechtliche Zuständigkeit über das Grundstück erlangt habe. Er betreffe die Sache des Käufers, der überbauende Eigentümer habe aber keine die Zuständigkeit des Käufers beschränkende Rechtsposition.[93] So entfalle auch mit Wegfall des Überbaus die Duldungspflicht nach § 912 BGB.

Anders bedeute eine Dienstbarkeit eine Abspaltung aus dem Eigentum, die auch bei Wegfall einer etwaigen, zur Ausübung unterhaltenen Anlage (siehe § 1021 BGB) fortbestehe. Die Servitut als im Grundbuch einzutragende Berechtigung mit einem bestimmten Rang sei eine auf das Eigentum und die übrigen am Eigentum bestehenden beschränkten dinglichen Rechte sich beziehende Rechtsposition mit Verfahrensrechten des Inhabers nach der Grundbuchordnung und dem Versteigerungsrecht und seiner Beteiligung am Versteigerungserlös. Abstrahiere man die Befugnisse aus der Dienstbarkeit von dieser Ausgestaltung als auf das Eigentum sich beziehendes dingliches Recht am Grundstück, wie sie mit der Unterstellung unter den Buchungszwang bewirkt sei, dann blieben auch bei ihr nur Befugnisse im Hinblick auf die Sache als Objekt. Eine Befugnis zur Nutzung der Sache sei aber keine „auf das Grundeigentum als solche sich beziehende rechtli-

[87] Im Gegensatz zur Miete, bei der es keine Rechtsverschaffungspflicht und deshalb auch keine Rechtsmängelhaftung im eigentlichen Sinne gebe, S. 138 Fn. 66.

[88] S. 126, 130 f., 131 ff.

[89] S. 132.

[90] S. 165 f.

[91] NJW 1981, 1362.

[92] Rechtsmängelhaftung S. 132 ff.

[93] Keine „Zuständigkeit", „die die Zuständigkeit des Käufers als Eigentümer begrenzt" (S. 138).

che Zuständigkeit, die mit der Zuständigkeit des Eigentümers konkurrieren würde".[94] Genau diese bloße Nutzungsbefugnis ohne auf das Eigentum bezogene Zuständigkeitsposition schreibt *Ernst* den öffentlich-rechtlichen Baulasten zu, die in der Funktion, bauaufsichtsrechtliche Interessen zu schützen, an die Stelle privatrechtlicher Dienstbarkeiten getreten seien. Die Auswirkung auf die Benutzbarkeit der Kaufsache sei kein Umstand, dessentwegen man sagen könne, der Verkäufer habe seiner Pflicht zur Rechtsverschaffung nicht genügt.[95] Auf Baulasten seien die Sachmängelvorschriften anzuwenden, allerdings nicht unmittelbar - die Vorschriften beträfen sächliche Eigenschaften der Kaufsache -, aber analog.[96]

Die Analogie beschränkt *Ernst* im Tatbestand auf die Fälle ungünstiger Rechtslagen, in denen Rechtsvorschriften die Sache als Objekt regelten dergestalt, daß sie den durch den Vertrag vorgesehenen Gebrauch behinderten.[97] Anders behandelt *Ernst* zum einen den Fall, daß eine sächliche Beschaffenheit vereinbart sei, bei deren Gegebensein eine günstige Rechtslage eingreife, daß aber die zur Anwendung zuständige Behörde falsch, d.h. gegen den rechtmäßigen Gebrauch, entscheide. Hier hafte der Verkäufer nicht. Nur die Genehmigungsfähigkeit sei vereinbart; diese treffe zu.[98] Zum anderen will *Ernst* die Sachmängelvorschriften nicht analog anwenden bei ungünstiger Rechtslage im Hinblick auf die Sache, wenn diese sich nicht auf den Sachgebrauch auswirke, so etwa bei dem Ausbleiben einer Steuervergünstigung.[99]

Was die Rechtsfolgen der von ihm vorgeschlagenen Analogie betrifft, nimmt *Ernst* von der analogen Anwendung aus zum ersten die Maßgeblichkeit des Gefahrübergangs nach § 459 Abs. 1[100], zum zweiten die Haftung wegen Zusicherung[101] und zum dritten die Verjährungsvorschrift des § 477.[102] Was die letztere betrifft, so passe die Verjährungsvorschrift hier nicht, weil der Käufer über die

---

[94] S. 135 (Hervorhebung im zitierten Text).

[95] Für die Rechtsmangelqualität einer Baulast dagegen Soergel-*Huber*, Kom. BGB, 12. Aufl., § 434 Rz. 59; *Grunewald*, Die Grenzziehung zwischen Rechts- und Sachmängelhaftung beim Kauf, 1980, S. 62 f.

[96] Rechtsmängelhaftung S. 138, 139, 140, 147, 165 ff. (174 ff., 178).

[97] S. 172 Fn. 214, 177 ff., 181. Beispiele sind Baulast, Überbau, Verbietbarkeit der Nutzung aufgrund gewerblicher Schutzrechte. Zu gewerblichen Schutzrechten insbesondere S. 181 und noch 182 f.

[98] S. 171 ff. *Ernst* gibt das Beispiel, daß die Erteilung einer Konzession vorgesehen sei, die dann rechtswidrig verweigert werde. Im Fall der mit Rücksicht auf die daraus folgende Rechtslage getroffenen Vereinbarung der der Rechtslage entsprechenden sachlichen Beschaffenheit sei lediglich die sächliche Genehmigungsfähigkeit vereinbart; nur im Fall der Garantie der Rechtslage hafte der Verkäufer bei unrichtiger Entscheidung der Behörde.

[99] S. 179 f.

[100] S. 184.

[101] S. 168 ff., S. 171 f., 187. Nur S. 143 spricht *Ernst* von Zusicherung.

[102] S. 140, 164, 185. Geradezu begrüßenswert sei demgegenüber aus den analog anzuwendenden Vorschriften § 460 im Gegensatz zu § 439 BGB (S. 185 f.).

Rechtslage nicht durch den Besitz der Sache Klarheit bekommen könne.[103] Was sodann die Gefahrtragung des Verkäufers nach § 459 Abs. 1 bis zum Gefahrübergang anbelangt, treffe diese ebenfalls auf das Risiko der Rechtslage nicht zu. Und schließlich greife die Sachmängelhaftung mit der Möglichkeit der Zusicherung nur dann ein, wenn eine Vereinbarung über die sächliche Beschaffenheit der Kaufsache getroffen werde.[104] Demgegenüber könne die Rechtslage als solche nur durch eine zum Kauf hinzutretende Garantieerklärung zum Gegenstand einer Schadensersatzhaftung auf das positive Interesse gemacht werden.[105] Außer der Haftung aus Garantie komme aber, wie auch neben der Zusicherungshaftung, die Haftung des Verkäufers aus culpa in contrahendo auf das negative Interesse in Betracht.[106]

Ernst sieht also einen Gegensatz zwischen der objektiven, an den nackten Kaufvertrag anknüpfenden Rechtsmängelhaftung nach §§ 434, 440 und der Sachmängelhaftung, der es auf den Inhalt des konkreten Vertrages ankomme und auch ankommen müsse.[107] Die erstere - rein objektive - Haftung müsse auf die Fälle des Zuständigkeitsmangels beim Käufer, insbesondere der Teilung seiner Zuständigkeit mit anderen Berechtigten, beschränkt werden. Wolle man, wie in der Literatur vertreten, die Haftung für eine „volle" oder „normale" rechtliche Benutzungsmöglichkeit einbeziehen, so komme man in die methodische Sackgasse, in die bei der Sachmängelhaftung die Lehre vom objektiven Fehlerbegriff geführt habe. Unter Überwindung dieser Lehre sei die Sachmängelhaftung als eine an den konkreten Vertrag anknüpfende Haftung erkannt worden. Auf den konkreten Vertrag komme es auch für eine Haftung betreffs der rechtlichen Nutzungsmöglichkeit an. Also gelte für sie (analog) die Regelung der Sachmängelhaftung. Das bedeutet: Nur bei Garantien hinsichtlich der Rechtslage sei die Haftung auf das positive Interesse bei rechtlichen Mängeln in der Gebrauchsfreiheit der Sache begründet, während die Haftung nach § 440 an den nackten Kaufvertrag anknüpfe. Ohne Garantie komme nur die Schadensersatzhaftung aus culpa in

---

[103] *Ernst* knüpft an die oben zu Fn. 52 berichtete Einschränkung des § 477 durch *Flume* an (Rechtsmängelhaftung, S. 164 Fn. 191).

[104] Was nicht heiße, daß die physische Beschaffenheit der Sache betroffen sein müsse. Anwendungsfall sei etwa auch die Urheberschaft bezüglich eines Kunstwerks (S. 176 Fn. 241, gegen *Koller* NJW 1981, 1768).

[105] *Ernst* stellt also die Vereinbarung einer sächlichen Beschaffenheit, bei deren Gegebensein eine günstige Rechtslage besteht, und die Garantie dieser Rechtslage als solcher gegenüber. (Um das erstere, eine Vereinbarung sächlicher Merkmale, gehe es auch dann, wenn die Vereinbarung im Hinblick auf die Rechtslage getroffen werde, S. 167 f.; durch eine selbständige Garantie wiederum kann nach *Ernst* auch die Haftung für nicht auf die Gebrauchstauglichkeit bezogene, etwa steuerliche Folgen übernommen werden, S. 180). Die Folge der Unterscheidung ist die soeben zu und in Fn. 98 beschriebene unterschiedliche Haftung im Falle falscher Entscheidung der Behörde bei der Anwendung der Rechtslage.

[106] S. 138, 139, 140, 147 f. Im einzelnen S. 166 ff., 174.

[107] Zu letzterem nochmals S. 182 ff.

contrahendo in Betracht, die Verschulden voraussetzt und auf das negative Interesse gerichtet ist.[108]

Aus den Anwendungsfällen, die *Ernst* anführt, geben wir folgende Beispiele: Kein Rechtsmangel eine bloß schuldrechtliche Belastung des Sacherwerbs wie nach § 419 BGB (solange die Vorschrift noch gilt) oder § 25 HGB[109], Rechtsmangel die Fortwirkung des Mietverhältnisses nach § 571 BGB wegen der Fortwirkung auch im Konkurs und der Zwangsversteigerung und der Beteiligtenstellung des Mieters in der Zwangsversteigerung.[110] Kein Rechtsmangel die öffentlich-rechtliche Nutzungs-, insbesondere Baubeschränkung und die Belastung des Bodens mit Altlasten; Rechtsmangel aber öffentlich-rechtliche Befugnisse, die Sache ganz oder teilweise einzuziehen.[111] Kein Rechtsmangel bei Bestehen eines Verbietungsrechts aus gewerblichem Schutzrecht hinsichtlich der Nutzung einer Maschine, Rechtsmangel dagegen bei einem Einziehungs- oder Zerstörungsrecht aus gewerblichem Schutzrecht.[112] Während *Ernst* sich betreffs öffentlich-rechtlicher Beschränkungen weitgehend mit der Rechtsprechung des BGH einig sieht, folgt er dieser nicht in der Annahme[113], daß das Bestehen einer Sozialbindung aufgrund des WohnungsbindungsG ein Rechtsmangel sei.[114] Vielmehr sei die Sachmängelhaftung auf Wandelung oder Minderung anzuwenden, eine schärfere Haftung des venditor ignorans nicht gerechtfertigt; allerdings dürfe die kurze Verjährung nach § 477 BGB nicht gelten.[115]

Beim Unternehmenskauf unterscheidet *Ernst* den Kauf der Mitgliedschaftsrechte an einer Gesellschaft als Unternehmensträgerin und den Kauf des Unternehmens als Sachgesamtheit. Im ersteren Fall beschränkt er die Rechtsmängelhaftung auf den Fall der Beschränkung der rechtlichen Zuständigkeit des Käufers in Hinsicht auf die Mitgliedschaftsrechte, im zweiten bestehe die Rechtsmängelhaftung auch dann, wenn das Eigentum an einzelnen Gegenständen nicht verschafft sei.[116] Betreffs der Beschränkung der Rechtsmängelhaftung im ersteren Fall meint er: „Jede Ausweitung der Rechtsmängelhaftung über die Einstandspflicht für die geschuldete Rechtsverschaffung hinaus, jede 'Erstreckung' noch auf Fälle einer den Kaufgegenstand, hier: das Unternehmen, betreffenden

[108] Rechtsmängelhaftung S. 141 f., 143.

[109] S. 151 f.

[110] S. 148, nochmals S. 170.

[111] S. 154, 154 f.

[112] S. 155 ff., 150.

[113] BGHZ 67, 134, 137; BGH WM 1984, 214, 215.

[114] S. 155.

[115] S. 155, 181, 185. Zum Ausschluß der Rechtsmängelhaftung sagt *Ernst*: „Wir müßten es demgegenüber für unangemessen halten, wenn ein Verkäufer, der selbst von der rechtlichen Gebrauchsbeschränkung keine Kenntnis hatte, der vollen Haftung auf das positive Interesse ausgesetzt sein sollte: der Garantiecharakter der Rechtsmängelhaftung ist 'passend' eben nur für die Verschaffung der rechtlichen Zuständigkeit hinsichtlich der Kaufsache“ (S. 186 f.).

[116] Im ersteren Fall wieder Wandelung und Minderung ohne § 477, vorbehaltlich Garantie und culpa in contrahendo, S. 158.

Rechtslage, widerspricht der gesetzlichen Ausgestaltung der Rechtsmängelhaftung und muß deswegen zu einer methodischen crux führen, weil die dann notwendige Grenzziehung, für welche Rechtslagen der Verkäufer soll einstehen müssen, mangels gesetzlicher Grundlage nur noch willkürlich ausfallen kann."[117]

Ernst lehnt die herrschenden Versuche der Abgrenzung zwischen Rechts- und Sachmängeln nach Kriterien, die als sachgerecht in bezug auf die unterschiedlichen Rechtsfolgen der Rechts- und Sachmängelhaftung entwickelt worden sind,[118] ab. Seines Erachtens stehen sich die auf die sächliche Beschaffenheit bezogene Sachmängelhaftung und die Rechtsmängelhaftung als Nichterfüllungshaftung inkommensurabel gegenüber. Weder Rechts- noch Sachmangel und deshalb mit den allgemeinen Figuren und dem Mittel der Analogie zu bewältigen sei die gebrauchsbeeinträchtigende rechtliche Normierung der Kaufsache. Demgegenüber gingen die herrschenden Meinungen unrichtig - nämlich unvereinbar mit dem subjektiven Fehlerbegriff - von einer Mangelhaftigkeit aus, für die es die Alternative der Einordnung als Rechts- oder Sachmangel gebe, während nach dem subjektiven Fehlerbegriff die Abweichung der Sache in ihrer tatsächlichen Beschaffenheit von der Vereinbarung maßgeblich sei und mit ihr die Rechtsbehelfe gegeben seien, die dem Käufer immer im Falle dieser Abweichung zustünden.[119]

VI. Der Irrtum über rechtliche oder sachliche Eigenschaften und die Rechtswissenschaft vom Bürgerlichen Recht

1. Der Ertrag der referierten rechtswissenschaftlichen Arbeit am Kaufrecht als Beispiel für den Wert rechtswissenschaftlicher Arbeit

Wenn wir die rechtswissenschaftlichen Durchbrüche oder Neuansätze, die hier zusammengetragen sind, auf wenige Nenner bringen, so liegt danach die der Rechtswissenschaft mögliche Förderung der Erkenntnis in folgendem: Zunächst kann die Rechtswissenschaft die Bindung rechtlicher Normierung oder ihrer An-

---

[117] Dies wird gesagt gegen die Abgrenzung *Hommelhoffs*, Die Sachmängelhaftung beim Unternehmenskauf, 1975, der grundsätzlich gebrauchsbeeinträchtigende Rechte Dritter § 434 unterstellt und diese Haftung dann teilweise wieder einschränkt.

[118] *Ernst* nennt die Abgrenzung von *Walter*, Kaufrecht, 1987, S. 110 ff., *Landsberg*, Die Abgrenzung zwischen Sach- und Rechtsmängeln beim Kauf, 1981, *Grunewald*, Die Grenzziehung zwischen der Rechts- und Sachmängelhaftung beim Kauf, 1980, und *Huber*, in Soergel, Kom. BGB, 12. Aufl., § 459 Rz. 29, § 434 Rz. 12 (15 ff., 28). Gegenüber der Replik von *Huber* auf die von *Ernst* in seinem Bonner Habilitationsvortrag dargelegte These (Soergel a.a.O. § 434 Rz. 26 a, 26 b) macht *Ernst* im Vorwort seines Buches für dieses einen erneuerten Ansatz geltend.

[119] Rechtsmängelhaftung S. 188 ff.

wendung an Vorstellungen aufdecken, die einem von der Entwicklung überwundenem Rechtszustand verhaftet und damit überholt und folglich selbst zu überholen sind. Dieses Aufdecken ist häufig verbunden mit bzw. auch erst möglich durch die Einsicht in neue Kategorien des Verhältnisses von Recht und Wirklichkeit, an die bisher nicht gedacht worden ist. Als solche Kategorien waren hier zu erwähnen die Beschaffenheitsvereinbarung und der geschäftliche Eigenschaftsirrtum nach *Flume*. In der Rechtsfolgendiskussion tritt hinzu der von *Jakobs* durchgesetzte Vorstellungswechsel von der zu ausschließlichen Sicht auf die Haftung bzw. Haftungsentlastung des Schuldners hin zu der Frage der Bindung des Gläubigers an den Erfüllungsanspruch und der Befreiung des Gläubigers daraus. Von einleuchtender tatbestandlicher Unterscheidungskraft ist aber auch die Unterscheidung von *Jakobs* zwischen den beiden Vertragstypen, nämlich der Beschaffenheitsvereinbarung zum einen, bei der der Käufer sich auf den Verkäufer verläßt und sich auch muß verlassen können, und der Beschaffenheitsvereinbarung zum anderen, bei der beide Parteien eine bestimmte Beschaffenheit voraussetzen, sich der Käufer aber nicht darin auf den Verkäufer verlassen kann, daß die Beschaffenheit in der Wirklichkeit zutrifft.

Ein zweiter Aspekt des rechtswissenschaftlichen Fortschritts kommt zu dem der Neuorientierung des Rechts an neu entdeckte Kategorien hinzu. Dieser zweite Aspekt betrifft insbesondere die hier interessierende Haftung des Verkäufers für Rechtsmängel. Bei diesem Aspekt geht es um die Aufdeckung von Widersprüchen in der rechtlichen Normierung und um ihre Heilung aus der Einsicht in rechtliche Grundgegebenheiten, bei deren Beachtung die Widersprüche sich auflösen. Es ist das Verdienst von *Ernst*, gegenüber den in der Literatur zu findenden Versuchen der Abgrenzung zwischen Rechts- und Sachmängeln die Einheitlichkeit des subjektiven Fehlerbegriffs betont zu haben. Wenn *Ernst* aber selbst die Lösung in der Unterscheidung einer kategorial anderen Haftungsart sucht, so ist auch dem die Einheit des subjektiven Fehlerbegriffs entgegenzuhalten. Dieser erfaßt auch die Fälle, die *Ernst* der mit der Sachmängelhaftung "inkommensurablen" Rechtsmängelhaftung zuweist. Damit wird die Folgerung unvermeidlich: Die Unterscheidung zwischen Rechts- und Sachmängeln ist nicht von Abgrenzungsversuch zu Abgrenzungsversuch fortzuführen, sie ist aufzugeben.

2. Die Verwerfung des Entscheidens in der Alternative zwischen Rechts- oder Sachmangelhaftigkeit aufgrund der rechtswissenschaftlichen Arbeit

a) Die Folgerung aus den dargestellten Beiträgen für die Unterscheidung von Rechts- und Sachmängelhaftung

Es zeigt sich die Grundsätzlichkeit der hier verzeichneten Entdeckungen in „Eigenschaftsirrtum und Kauf" darin, daß von ihnen aus auch die Lösung der Rechtsmängelfrage möglich ist. Die Möglichkeit ergibt sich durch Nutzung der rechtswissenschaftlichen Erträge aller drei Arbeiten, die wir hier referiert haben. Der Schrift „Eigenschaftsirrtum und Kauf" ist der grundlegende, sowohl rechts- wie sachmängelumfassende Tatbestand zu entnehmen. In allen drei Monographien, zu denen noch *Flumes* "Nachtrag" zu "Eigenschaftsirrtum und Kauf"[120] hinzuzunehmen ist, ist sodann die Arbeit an den Rechtsfolgen der beiden Haftungsarten richtungweisend.

b) Die Einordnung der These von Ernst zur Rechtsmängelhaftung in den allgemeinen Ansatz bei der Unterscheidung von Rechts- und Sachmängeln

Als Ausgangsbasis ist freilich festzuhalten, daß auch *Ernst* mit seiner Lehre in die Bemühungen um die Gegenüberstellung von Rechts- und Sachmängeln hineingehört. Der Vorwurf von *Ernst* an die Literatur, die bisherigen Abgrenzungsbemühungen gingen unter Verletzung des subjektiven Fehlerbegriffs einfach von Mängeln der Sache aus und ordneten diese dann den Rechts- oder Sachmängeln zu, ist ebenso wenig berechtigt wie die Prätention, daß *Ernst* selbst etwas davon grundsätzlich Verschiedenes aufgebracht habe. Allen vorausgehenden Abgrenzungsbemühungen ist gemeinsam, daß die Lehren nicht für irgendwelche Mängel, sondern für die Nichterfüllung der vertraglichen Vereinbarung durch die Beschaffenheit der Sache die Unterscheidung zu treffen suchen, ob die Nichterfüllung ihrer Art nach unter §§ 434, 440 oder unter §§ 459 ff. zu subsumieren ist. Nur soweit bei dieser Unterscheidung eine objektive Bestimmung der zur einen oder anderen Kategorie gehörigen Mängel für maßgeblich erklärt wird, ist der Vorwurf der Verletzung des subjektiven Fehlerbegriffs berechtigt. Genau dieses tut aber *Ernst* selbst. Seine Abgrenzung des Rechtsmangels als Zuständigkeitsmangel ist eine objektive Fehlerbestimmung.

c) Die Einheitlichkeit des Tatbestands von Rechts- und Sachmängeln entgegen Ernst

Den Abgrenzungslehren, einschließlich der von *Ernst*, ist entgegenzuhalten, daß es, wie in „Eigenschaftsirrtum und Kauf" gesagt, hinsichtlich der Rechts- oder Sachmängel immer um ein- und dasselbe geht: nämlich darum, daß die Kaufsache (oder weiter gefaßt: der Kaufgegenstand) in ihrer (seiner) sachlichen oder rechtlichen Beschaffenheit von der Vereinbarung abweicht. Bei allen rechtlichen oder sachlichen Nachteilen der Kaufsache, die der Käufer findet und geltend macht, ist immer entscheidend, ob eine diese Nachteile nicht aufweisende Beschaffenheit vereinbart ist. In allen Fällen, die man unter der Alternative von Rechts- oder Sachmangel erörtert, geht es um diese einheitliche Kategorie der vereinbarten Beschaffenheit. Das ist der Grund, weshalb die Abgrenzungsversuche, die die Rechts- und die Sachmängel einander gegenüberstellen wollen, immer unbefriedigend bleiben müssen. Anders gewandt, ist das der Grund, weshalb die Zuordnung

[120] AcP 193, 89 ff. Von einem "Nachtrag zu jenem Buch" spricht *Flume* selbst (S. 90).

zur Rechts- oder Sachmangelhaftigkeit im Hinblick auf die gravierende Unterschiedlichkeit der vom Gesetz für beide Fälle angeordneten Rechtsfolgen so willkürlich erscheint. Trifft dies aber zu, so muß uns die einheitliche Kategorie der Beschaffenheitsvereinbarung dahin führen, die Unterscheidung zwischen Rechtsmängeln mit den einen und Sachmängeln mit den anderen Rechtsfolgen aufzugeben.

Ernst hat auf der Grundlage der Annahme, die Rechtsmängelhaftung sei eine objektive, an den „nackten" Kaufvertrag anknüpfende Haftung, versucht, dem Rechtsmangel eine ganz eigene Kategorie zu reservieren, und er hat gerade dadurch die Unhaltbarkeit der Gegenüberstellung aufgedeckt. Zunächst einmal ist die Präparierung des Zuständigkeitsmangels als eines ganz eigenartigen („inkommensurablen") Zurückbleibens der Leistung hinter dem Versprechen nicht gelungen. Die Rechtslagen, die *Ernst* unterscheidet, sind nur dadurch geschieden, daß sie das Eigentum mehr oder weniger oder in einer unterschiedlichen Rechtsausstattung der das Eigentum einschränkenden Befugnis beschränken. Als rechtliche Eigentumsbeschränkungen sind sie jedoch alle gleich. Das Eigentum ist die unbeschränkte Sachzuständigkeit. Diese Zuständigkeit ist ebenso beschränkt durch ein beschränktes dingliches Recht wie durch den Duldungsanspruch bei entschuldigtem Überbau, durch eine Dienstbarkeit ebenso wie durch eine Baulast oder eine öffentlich-rechtliche Nutzungsbeschränkung. Wieso die Umstellung der Rechtslage von einer Dienstbarkeit zur Regelung einer öffentlich-rechtlichen Baulast oder umgekehrt aus einer objektiven, an den nackten Kaufvertrag gebundenen vollen Nichterfüllungshaftung die milde Sachmängelhaftung machen soll oder umgekehrt, ist nicht nachvollziehbar. Ebenso nicht, wieso das gewerbliche Schutzrecht, wenn es auf Zerstörung oder Einziehung der Sache gerichtet ist, zur objektiven, wenn es dagegen die Nutzung der Kaufsache ausschließt, zur Sachmängelhaftung führen, weshalb der Kauf eines Unternehmens als Sachgesamtheit bei Fehlen des als zugehörig angenommenen Grundstückseigentums zur Rechtsmängelhaftung, der Kauf von Mitgliedschaftsrechten mit derselben Zugehörigkeitsvereinbarung nur zur Sachmängelhaftung führen soll. Diese Unterscheidungen widerstreiten elementaren Gerechtigkeitsvorstellungen.[121]

Maßgeblich ist die Abweichung des verschafften Kaufgegenstands von der Vereinbarung, ist der geschäftliche Eigenschaftsirrtum. Jede nachteilige Abweichung der Rechtslage hinsichtlich des Gegenstands von der Vereinbarung ist Fehlen rechtlicher Eigenschaften. Auf diese Abweichung von der Vereinbarung kommt es an, einen inkommensurablen Sonderfall der Abweichung in der Zuständigkeitsverteilung, der sinnvoll zur objektiven, an den „nackten" Kaufvertrag geknüpften Haftung führen würde, gibt es nicht.

---

[121] „Wodurch soll es gerechtfertigt sein", fragt *Flume*, Eigenschaftsirrtum und Kauf, S. 167 f., zu entsprechenden Unterscheidungen.

d) Die Überwindung des Widerspruchs zwischen Rechts- und Sachmängelhaftung durch die Unterscheidung nach den Rechtsfolgen und ihren Rechtfertigungsgründen

Verdienstlich ist die Arbeit von *Ernst* insofern, als sie die gesetzliche Haftung für Rechtsmängel präzise heraushebt. Diese Haftung scheint in der Tat eine objektive, an den „nackten" Kaufvertrag anknüpfende Nichterfüllungshaftung zu sein. Aber *Ernst* bleibt die Untersuchung schuldig, wann und inwieweit eine solche Haftung wirklich gerechtfertigt sein könnte. Diese Untersuchung ist unumgänglich. Das Gesetz kann ja nicht willkürlich einfach irgendwo eine Haftungsaxt heruntersausen lassen.

Auf die Rechtfertigung einer Nichterfüllungshaftung bei Rechtsmängeln ist bei näherer Überlegung durchaus zu kommen. Wird sodann diese Rechtfertigung herausgearbeitet, so ergibt sich: Nach ihr kann die Rechtsmängelhaftung erstens nicht eine objektive, an den Kaufvertrag geknüpfte Haftung bei jedem Rechtsmangel sein. Dies wird später[122] zu klären sein. Zweitens findet sich, und das interessiert hier bei der Frage der Rechts- oder Sachmängelhaftung, dieselbe Rechtfertigung wie bei der Rechtsmängelhaftung auch bei der Sachmängelhaftung und ergibt sich so die Schlußfolgerung: nicht Rechts- und Sachmängelhaftung stehen einander gegenüber mit der Notwendigkeit, Rechts- und Sachmängel zu unterscheiden. Vielmehr stehen sich Haftungsfolgen gegenüber, und diese sind nach ihrer Rechtfertigung anzuwenden, gleich ob rechtliche oder sachliche Eigenschaften der Kaufsache entgegen der Beschaffenheitsvereinbarung fehlen.

Bei dieser Suche nach der Rechtfertigung der Rechtsmängelhaftung geht es um die oben genannte Überwindung von Systemwidersprüchen im Gesetz: War oben *Ernst* entgegenzuhalten, daß seine Gegenüberstellung von Rechtsmängeln und Mängeln im Sinne der Sachmängelhaftung nicht überzeugt, so heißt das nicht, daß andere - der vollen Rechtsherrschaft des Eigentums und der Gleichheit aller Beschränkungen dieser Rechtsherrschaft besser Rechnung tragende - Abgrenzungen überzeugen könnten. Rechts- und Sachmängelhaftung sind so, wie das Gesetz sie gegenüberstellt, widersprüchlich geregelt. Es gilt die Feststellung von *Flume*[123]: „Daß es ein Fehler des BGB war, die Rechts- und Sachmängelhaftung auseinanderzureißen und verschiedenen Regelungen zu unterwerfen, ist längst erkannt."

Anders, als *Flume* noch gemeint hat, sollten wir aber vor dieser Feststellung nicht resignieren und auf eine Gesetzesreform „an Haupt und Gliedern" warten. Die Widersprüche sind zu überwinden unter Nutzung der Grundfiguren unseres Rechts und der sachgerechten Einordnung von Vertragstypen, die unser Recht regelt. Die erforderlichen Erkenntnisse hat die rechtswissenschaftliche Arbeit in der Zeit nach „Eigenschaftsirrtum und Kauf" hervorgebracht. *Ernst* hätte, bevor er bei der Inkommensurabilität der Rechtsmängelhaftung stehenblieb, zunächst die gesetzliche Regelung der Sachmängelhaftung und sodann Erkenntnisse aus „Gesetzgebung im Leistungsstörungsrecht" heranziehen sollen. Dann hätte er

---

[122] Unten bei Fn. 142 ff.

[123] Oben bei Fn. 47.

durchaus kommensurable Haftungsfälle bei der Sachmängelhaftung sehen und feststellen können, daß bei der Anwendung der Rechts- wie der Sachmängelhaftung dasselbe Problem gestellt ist. Das Gesetz gibt im Sachmängelrecht eine - nur beim Spezieskauf nicht die Erfüllungshaftung einschließende - Haftung, die in der Rechtsfolge der Rechtsmängelhaftung ganz entspricht. Es handelt sich um die Haftung auf Schadensersatz wegen Nichterfüllung, die das Gesetz bei Zusicherung gibt (§§ 463 S. 1, 480 Abs. 2). Die Frage nach der Abgrenzung der Haftung wegen Zusicherung ist dieselbe wie die nach der Abgrenzung der harten Haftung wegen Rechtsmängeln. *Jakobs* hat denn auch in „Gesetzgebung im Leistungsstörungsrecht" die Zusicherungshaftung so abgrenzt, daß sie auch tatbestandlich der Rechtsmängelhaftung entspricht.

Für die Abgrenzung der Zusicherung hat *Jakobs* die oben[124] gekennzeichneten zwei Typen vertraglicher Beschaffenheitsvereinbarungen unterschieden, den Typus des Sich-Verlassens und Verlassen-Könnens bzw. -Müssens des Käufers auf die Angaben des Verkäufers und den Typus der gemeinsamen Voraussetzung einer bestimmten Beschaffenheit der Kaufsache durch die Parteien. Bei jeder Beschaffenheitsvereinbarung des ersteren Typs gibt *Jakobs* die Zusicherungshaftung, bei Beschaffenheitsvereinbarungen des letzteren die Sachmängelhaftung auf Wandelung oder Minderung. Die Zusicherungshaftung ist damit eine genauso objektive, an den „nackten" Vertrag anknüpfende Haftung wie die Rechtsmängelhaftung, und wir haben eine Rechtfertigung der Rechtsmängel- wie der Sachmängelhaftung, die die Rechtsfolge der vollen Nichterfüllungshaftung einheitlich, ohne willkürliche Unterscheidung von Rechts- und Sachmängeln, begründet. Die Rechtfertigung für die volle Nichterfüllungshaftung des Verkäufers entgegen der auf die ädilizischen Rechtsbehelfe beschränkten Sachmängelhaftung liegt darin, daß der Verkäufer dem Käufer über die Sache Angaben über Eigenschaften macht, die der Austauschvereinbarung von Kaufgegenstand und Preis zugrunde gelegt werden, und der Käufer sich dabei auf den Verkäufer verläßt und auch verlassen können muß, weil der Verkäufer allein um die Eigenschaften wissen kann und das Risiko des Zutreffens der Eigenschaften von seinem Versprechen nicht etwa ausnimmt.

Ergibt sich so die Rechtfertigung für die volle Nichterfüllungshaftung des Verkäufers, gleich, ob vereinbarte rechtliche oder vereinbarte sachliche Eigenschaften der Kaufsache fehlen, so sind nicht der Rechtsmängelhaftung alle Rechtsmängel zu unterwerfen und sind nicht Mängel dadurch der Sachmängelhaftung zuzuführen, daß man sich um die Abschichtung dieser Mängel von den Rechtsmängeln müht. Vielmehr ist die scharfe Haftungsfolge gemäß ihrer Rechtfertigung von der besonderen Vereinbarung abhängig zu machen, die die Rechtfertigung enthält. Und aus der Haftungsfolge sind auszunehmen Fälle, in denen die konkrete Beschaffenheitsvereinbarung im Sinne des anderen Typs von Beschaffenheitsvereinbarungen auszulegen ist, im Sinne nämlich desjenigen, der nur durch gemeinsames Voraussetzen einer bestimmten Beschaffenheit gekennzeichnet ist, ohne daß sich der Käufer auf den Verkäufer verlassen kann.

---

[124] Bei Fn. 65

Fälle zur Demonstration der unterschiedlichen Vereinbarungen im Bereich der rechtlichen Eigenschaften lassen sich leicht finden. Ihre Zuordnung ist häufig durchaus mit der von der Rechtsprechung und in weitgehender Übereinstimmung mit ihr von *Ernst* gegebenen Abgrenzung von Rechts- und Sachmängelhaftung vereinbar. Das spricht aber nicht für diese Abgrenzung, sondern nur für ein richtiges Judiz bei ihrer Vornahme. Das Abgrenzungskriterium muß die Rechtfertigung der Haftungsfolgen und kann nicht eine begriffliche Gegenüberstellung von Mängeln sein.

In der Tat ist es so, daß der Käufer sich auf die Angaben des Verkäufers betreffend dessen unbeschränktes Eigentum zunächst einmal insofern verlassen kann, als der Verkäufer solche Angaben aufgrund ihm zugänglicher Erkenntnisquellen, wie insbesondere des Grundbuchs, tatsächlich im Einzelfall macht. Sodann liegt schon in dem unbeschränkten Eigentumsverschaffungsversprechen des Verkäufers die Angabe des Verkäufers, daß er das von Zuständigkeitsabspaltungen an Dritte unbelastete Eigentum verschaffen kann. Auch darauf muß sich der Käufer verlassen können. Wenn das Grundbuch unrichtig sein (und der Käufer vor Übereignung bösgläubig werden sollte) oder beim Kauf einer beweglichen Sache dem Eigentumserwerb des Käufers ein Abhandenkommen entgegenstehen sollte, gilt nichts anderes: Die Übersicht darüber ist (abstrakt) nur dem Verkäufer möglich, und das Eigentumsversprechen des Verkäufers bindet ihn gegenüber dem Käufer. Ebenso trifft dies auf die beiden oben[125] zitierten Fälle des BGH zu, daß der Verkäufer Angaben über die Zugehörigkeit eines Dachbodens zur Berechtigung des Wohnungsverkäufers oder über die Nichtausübung einer Mietverlängerungsoption gemacht hat. Genauso nur dem Verkäufer überschaubar und deshalb in seine Angaben, auf die sich der Käufer verläßt und verlassen können muß, demzufolge also in die volle Nichterfüllungshaftung einzubeziehen, sind aus den anderen Fällen die etwaige Kappung der Mietobergrenze, wenn sie aus einer persönlichen Förderung des Verkäufers folgt,[126] und die in dem weiteren Fall[127] vom Verkäufer behauptete baurechtliche Genehmigung des verkauften Hausgrundstücks einschließlich der Dachräume. Die Sachmängelhaftung kam nur unter dem Gesichtspunkt in Betracht, daß man aus ihr dieselbe Haftung wie bei Rechtsmängeln prüfte, also die Zusicherungshaftung. Nur weil der BGH dies auch getan hat, ist seinen Entscheidungen zuzustimmen. Da in den beiden letztgenannten Fällen der bei Rechtsmängelhaftung primäre Erfüllungsanspruch von vornherein ausschied, brauchte nicht zwischen Sach- und Rechtsmangel unterschieden zu werden.

Zu demselben Typus der Beschaffenheitsvereinbarung gehören aber auch Fälle, die *Ernst* der Sachmängelhaftung unterwirft und nur bei einer selbständigen Garantie der Rechtslage mit der vollen Nichterfüllungshaftung verbinden will: Das sind die Fälle eines Unternehmenskaufs, bei dem der Käufer nach § 25 HGB mit vertriebsbeschränkenden Verpflichtungen des Verkäufers belastet wird, und des

---

[125] Fn. 11, 18.
[126] Fn 14.
[127] Fn. 13.

Kaufs eines Gegenstands, dessen Nutzung der Inhaber eines Patent- oder sonstigen gewerblichen Schutzsrechts untersagen kann.[128]

Sieht man die maßgebliche Unterscheidung in den verschiedenen Vertragstypen, die sich im Hinblick darauf gegenüberstehen, daß nicht bei allen das Versprechen des Verkäufers aus der eigenen Übersicht oder der Autorität und Verläßlichkeit seiner Angaben festzustellen ist, so wird klar, weshalb die auf die angeblich unterschiedlichen Eigenschaften bezogene Abgrenzung des BGH zwischen Rechts- und Sachmängeln im Fall der Ausübung der Mietrechtsverlängerungsoption so gezwungen und verklausuliert erscheinen muß.[129] Zwischen den Angaben des Verkäufers über diese Ausübung und über den nachhaltigen Ertrag des Kaufobjekts besteht überhaupt kein haftungsrelevanter Unterschied. Läßt der Verkäufer sich zu derartigen Angaben herbei, so sind dies Angaben aus der Übersicht, die abstrakt nur der Verkäufer allein haben kann. Der Käufer muß sich darauf verlassen und, wenn der Verkäufer sie macht und nicht ihre Unverbindlichkeit erklärt, auch darauf verlassen können. Wiederum gilt: Man kann den Ertrag als sachliche Eigenschaft auffassen. Darauf kommt es aber nicht an. Bei inhaltlich bestimmten, von der Verbindlichkeit der Angabe nicht ausgenommenen Ertragsangaben muß wenigstens die Zusicherung des Verkäufers angenommen werden. Die Unterscheidung der beiden Typen von Beschaffenheitsvereinbarungen durch *Jakobs* führt zu dieser Korrektur des Differenzierungsansatzes.

Differenziert man in dieser Weise, so gehören zum anderen Typ, dem Typ der nur gemeinsam feststellenden und voraussetzenden Beschaffenheitsvereinbarung, die Mängel in der öffentlich-rechtlichen Nutzbarkeit der Kaufsache, d.h. Baubeschränkungen, kraft allgemeinen öffentlichen Rechts bestehende gemeindliche Vorkaufsrechte, Baulasten etc. Wenn der Verkäufer hier nicht die Autorität dessen, der sachverständig geprüft hat oder hat prüfen lassen, für sich in Anspruch nimmt - dann greift wieder die volle Nichterfüllungshaftung ein, gleich ob man die Rechtsmängelhaftung oder die Haftung aus Zusicherung von Eigenschaften annimmt -, dann ist es an Verkäufer und Käufer gleichermaßen, über die allgemeine Rechtslage sich ins Bild zu setzen. Wenn sie bestimmte Nutzungsmöglichkeiten der Kaufsache voraussetzen, die der Rechtslage dann doch widersprechen, so ist der Kaufvertrag nicht (voll) aufrechtzuerhalten, die ädilizischen Rechtsbehelfe (Wandelung oder Minderung) sind angebracht. Die volle Nichterfüllungshaftung des Verkäufers ist aber nicht gerechtfertigt. Die Mängel sind zwar rechtlicher Art, man kommt aus der Rechtsmängelhaftung nicht heraus durch begriffliche Abgrenzung der Rechts- von den Sachmängeln. Aber die Grundlage der gesetzlichen Rechtsmängelhaftung, die Übernahme der vereinbarten rechtlichen Beschaffenheit in das eigene Leistungsversprechen des Verkäufers, ist nicht gegeben.[130]

---

[128] S. bei Fn. 109 ff.

[129] Bei Fn. 18.

[130] S. insbesondere den von *Flume*, Eigenschaftsirrtum und Kauf, S. 90, berichteten sog. Bockenheimer Fall (RGZ 29, 260 ff.): Hätte der Käufer die in Anwesenheit des Verkäufers eingeholte Angabe des Bürgermeisters über die Höhe der Straßenanlagekosten zum

Ebenso wie man sich in Fällen der verläßlichen Angaben des Verkäufers nicht, um zur sachgerechten Nichterfüllungshaftung zu kommen, auf die Einordnung als Rechtsmangel kaprizieren muß, indem ja auch die Sachmängelhaftung in §§ 463 S. 1, 480 Abs. 2 BGB die volle Schadensersatzhaftung wegen Nichterfüllung aufweist, muß man in den Fällen der bloßen gemeinsamen Feststellung und Voraussetzung einer bestimmten Beschaffenheit sich nicht auf die Einordnung als Sachmangel versteifen, um zur Abmilderung der Haftung auf das Wandelungs- oder Minderungsrecht zu kommen. Wandelung oder Minderung bedeuten die (teilweise) Aufhebung des Kaufvertrags, beschränken also die „Haftung" des Verkäufers darauf, daß der Vertrag, weil die Beschaffenheitsvereinbarung nicht erfüllt ist, nicht (voll) durchgeführt wird. Eine solche „Haftung" enthält auch die Rechtsmängelhaftung nach § 440 Abs. 1 BGB, nämlich in Gestalt der „Haftung" nach §§ 320 - 323 BGB. Zu Recht hat das Reichsgericht in dem Fall, daß der Käufer sich betreffs des Erwerbs des Rechts an der Kaufsache nicht auf die Angaben des Verkäufers verlassen konnte, vielmehr beide Parteien sich des Risikos des Fehlschlagens ihrer Vorstellung bewußt waren, § 440 Abs. 1 i.V.m. §§ 320 - 323, aber nicht die Haftung des Verkäufers auf Schadensersatz nach §§ 325, 326 BGB angewandt.[131]

Nach dieser Verteilung der Haftungsfolgen gemäß den sie rechtfertigenden unterschiedlichen Vereinbarungen im einzelnen Fall bleiben von den zwischen Rechts- und Sachmängelhaftung unterschiedlichen Rechtsfolgen noch zu betrachten der allgemeine Erfüllungsanspruch bei der Rechtsmängelhaftung im Gegensatz zum Ausschluß des Nachbesserungsanspruchs beim Spezieskauf und zum besonders geregelten Neulieferungsanspruch beim Gattungskauf und schließlich die besonders empfindliche Verjährungsfolge.[132] Dazu mögen hier Andeutungen genügen.

Gegenstand der Kaufvereinbarung gemacht (zu der Voraussetzung *Flume* S. 90, 106), so wäre die bestimmte Höhe der Kosten Gegenstand der Beschaffenheitsvereinbarung; gleichwohl wäre nur die „Haftung" des Verkäufers auf Wandelung oder Minderung gerechtfertigt.

[131] RGZ 88, 165; 132, 148. Dazu *Wilhelm* JZ 1982, 488 r.Sp., 492 ff. Für die Anwendung des § 323 nach der Sachlage des einzelnen Falls statt des Ausweichens vor der vollen Haftung wegen Rechtsmängel durch die Annahme eines Sachmangels zu Recht *Koller*, Risikozurechnung bei Vertragsstörungen in Austauschverträgen, 1979, S. 344 ff., 346 f., 358 ff., sowie NJW 1981, 1768 f.

[132] Was die Unterschiedlichkeit betreffend Haftungsausschluß bei Kenntnis oder grob fahrlässiger Unkenntnis des Käufers betrifft (siehe oben Fn. 10), so geht es insoweit offensichtlich um die Angemessenheit der Rechtsfolgen im einzelnen Fall, ohne daß die begriffliche Unterscheidung, ob Rechts- oder Sachmangel vorliegt, hilft. Die einschlägigen Vorschriften sind ohnehin nicht formal, ohne Rücksicht auf die Vereinbarung im Einzelfall, anzuwenden. Dem Ausschluß der Haftung nach § 439 bei Kenntnis des Käufers vom Rechtsmangel entspricht der Haftungsausschluß nach § 436 betreffend öffentliche Lasten, welcher Ausschluß gilt, weil die Lasten als bekannt vorausgesetzt werden. Dieser Ausschluß ist aber dann nicht anzunehmen, wenn die Parteien die Abwesenheit oder die bestimmte Höhe der öffentlichen Last vereinbart haben, *Flume*, Eigenschaftsirrtum und Kauf, S. 105, 168. Ebenso führt die Kenntnis des Käufers trotz § 439

Was die Frage nach dem Erfüllungsanspruch betrifft, so kommt dieser bei Fällen mit bloßer Wandelungs- oder Minderungsberechtigung nicht in Betracht. Der Abgrenzung bedarf die Frage des Erfüllungsanspruchs nur im Rahmen der vollen Nichterfüllungshaftung des Verkäufers, gleich ob man für diese die Rechtsmängel- oder die Zusicherungshaftung anführt. Was nun die Erfüllungshaftung des Verkäufers einerseits und die Bindung des Käufers an den Erfüllungsanspruch andererseits im Rahmen jener vollen Nichterfüllungshaftung betrifft, so sind auch diese nicht nach der begrifflichen Unterscheidung zwischen Rechts- und Sachmängeln zu beurteilen. Der Erfüllungsanspruch bemißt sich vielmehr nach dem Leistungsversprechen des Verkäufers[133] und danach, ob im Einzelfall nicht die Unmöglichkeit der Erfüllung feststeht. Was zum anderen in dem Fall, daß der Erfüllungsanspruch besteht, die Befreiung des Käufers von der Bindung an diesen entweder nach den allgemeinen Vorschriften oder nach der besonderen Vorschrift des § 480 betrifft, so ist auch über diese von der Begründung der Befreiungsregelungen her und nicht aufgrund einer begrifflichen Unterscheidung zwischen Sach- oder Rechtsmangel zu entscheiden. Wir können uns insoweit auf die grundlegende Ausarbeitung in „Gesetzgebung im Leistungsstörungsrecht" beziehen.[134]

---

dann nicht zum Ausschluß seiner Rechte, wenn die Parteien den Kauf auf der Grundlage abschließen, daß der Verkäufer das Recht erwerben kann, *Wilhelm* aaO. (vorige Fn.). Was sodann die Differenz zwischen § 439 (Ausschluß der Rechte bei Kenntnis vom Rechtsmangel) und § 460 (Ausschluß bei Kenntnis oder grobfahrlässiger Unkenntnis vom Sachmangel) betrifft, so erweist sich auch dieser Unterschied als ein solcher, der nach der Gestaltung des Sachverhalts im einzelnen Fall und nicht nach der Unterscheidung von Rechts- und Sachmängeln anzuwenden ist: § 439 beruht darauf, daß der Verkäufer dem Käufer über die rechtlichen Einschränkungen seiner Rechtsstellung auskunftspflichtig ist, er sich also, wenn er nicht Auskunft erteilt, nicht darauf berufen kann, der Käufer hätte ohne weiteres Kenntnis vom Rechtsmangel erwerben können (s. die Motive Mugdan II, 119). Folglich ist betreffs der Schädlichkeit nur der Kenntnis oder auch der grob fahrlässigen Unkenntnis nach dem Einzelfall zu unterscheiden, nämlich danach, welche Partei hier klarzustellen hatte, nicht nach Sach- oder Rechtsmangel. - Was schließlich § 464 und das Fehlen einer entsprechenden Vorschrift bei den Rechtsmängeln betrifft, so ist der Gedanke des § 464 (Risikoübernahme durch den Käufer, mit der die spätere Geltendmachung von Ansprüchen in einem unzulässigen Widerspruch stehen würde) der gleiche wie der Gedanke des § 439 und deshalb gleich, ob Rechtsmängel oder Sachmängel angenommen werden, je nach dem Einzelfall und der hier begründeten Schlußfolgerung anwendbar (gegen die analoge Anwendung des § 464 auch auf Rechtsmängel aber das RG in Recht 1915 Nr. 1052).

[133] Dieses ist beim Spezieskauf, wenn der Verkäufer Angaben macht, auf die sich der Käufer verlassen kann, immer noch nur auf die Leistung dieser bestimmten Sache beschränkt. Darin ist das Versprechen der vollen vereinbarten Rechtsstellung, auf die sich der Käufer verlassen kann, eingeschlossen, nicht aber das Versprechen einer Änderung der Sache, die nun einmal so ist, wie sie ist, und zu deren Veränderung der Verkäufer auch keine sachliche Zuständigkeit hat. Siehe *Jakobs*, Gesetzgebung und Leistungsstörungsrecht aaO. oben Fn. 59.

[134] Siehe oben bei Fn. 69. S. a. *Flume* AcP 193, 98 ff.

Jakobs ist schließlich auch in seinem Ansatz zu der Verjährungsfrage zu folgen.[135] Er wendet sich gegen die Ein- oder Ausschaltung der Verjährungsvorschrift je nach der begrifflichen Abgrenzung, ob beim Gattungskauf[136] oder beim Spezieskauf[137] ein aliud oder eine fehlerhafte Leistung erbracht werde. *Jakobs* grenzt danach ab, ob im einzelnen Fall, bezogen auf den konkreten Mangel, § 477 nach seinem Grundgedanken paßt oder nicht. Er führt damit denselben Ansatz, den *Flume* in "Eigenschaftsirrtum und Kauf" und später *Ernst,* diese beschränkt auf die teleologische Einschränkung im Rahmen der analogen Anwendung der Sachmängelregelung, angewandt haben, konsequent auch bei der direkten Anwendung des § 477 durch. Genauso wenig wie eine - immer künstliche - Unterscheidung zwischen aliud- oder Fehlerfällen über die Anwendung des § 477 entscheiden darf, darf eine - von Abgrenzungsversuch zu Abgrenzungsversuch hin- und herschwankende - Unterscheidung zwischen Rechts- und Sachmängelhaftung darüber entscheiden, ob „nach bestimmten Fristen endgültig Ruhe sein soll".[138] Auch für das Fehlen rechtlicher Eigenschaften muß dieser Gedanke gelten. Man kann auch auf solche Fälle § 477 anwenden, wenn man die von *Jakobs* gezeigte eingeschränkte Rechtfertigung der Vorschrift beachtet. Oder man arbeitet im Bereich der rechtlichen Eigenschaften mit dem Verwirkungseinwand, der in den Voraussetzungen an dem Gedanken des § 477, wie *Jakobs* diesen herausgearbeitet hat, zu orientieren ist. Die Freiheit der Anwendung, die hierdurch gewonnen wird, widerspricht nicht dem Charakter gesetzlicher Fristbestimmungen. Das Kapitalgesellschaftsrecht kann Vorbild sein. In ihm wird die Anfechtungsfrist nach § 246 Abs. 1 AktG im Rahmen der analogen Anwendung auf die GmbH in Anpassung an die besonderen Verhältnisse dieser Gesellschaftsform elastisch gehandhabt.[139] Bei der Nichtigkeitsfeststellungsklage in bezug auf Aufsichtsratsbeschlüsse werden die Anfechtungsvorschriften nicht analog angewandt, es wird aber mit einem streng gefaßten Verwirkungseinwand gearbeitet.[140] Die entsprechende - dem Mangel im Einzelfall angepaßte - Anwendung der Verjährungsbestimmung des § 477 ist also möglich. „Eigenschaftsirrtum und Kauf" ist auch in der These von der aus der schematischen Bindung an § 477 zu lösenden richterlichen Anwen-

---

[135] *Flume* will AcP 193, 96, 114 ff. aus der Problematik durch die Entwicklung einer allgemeinen Verschuldenshaftung des Verkäufers betreffs der sachlichen Beschaffenheit der Kaufsache auf das negative Interesse (zu dieser sogleich) und die Nichtanwendung des § 477 auf diese heraushelfen. Da vom Käufer bei schädigender Einwirkung der Sache immer Verschulden des Verkäufers geltendgemacht werden kann, müssen wir doch § 477 anwenden und kommen dann um seine Begrenzung aus den Grundlagen der Vorschrift nicht herum.

[136] So die Rechtsprechung, oben zu Fn. 57.

[137] So die Literatur, wenn sie § 477 mit Hilfe des § 119 Abs. 2 BGB auszuschalten versucht, indem sie auch in Fällen, in denen beim Spezieskauf die bestimmte vereinbarte Sache geliefert ist, aliud-Fälle abzugrenzen versucht, dazu *Jakobs* S. 193 Fn. 401.

[138] Eigenschaftsirrtum und Kauf S. 135 Fn. 21.

[139] Darstellung der Rechtsprechung bei *Wilhelm*, Kapitalgesellschaftsrecht, 1998, Rz. 557 ff., 767.

[140] *Wilhelm* aaO. Rz. 771 ff., 775, 778.

dung der Verjährungsfrist[141] von aktueller Kraft. Bei der freieren Anwendung der Verjährungsfrist hat sich der Richter an den von *Jakobs* entwickelten Kriterien zu orientieren.

Jedenfalls gilt auch hinsichtlich der Verjährungsfolge, daß nicht die Unterscheidung zwischen rechtlichen und sachlichen Mängeln, sondern die Unterscheidung nach der Rechtfertigung der Rechtsfolge im einzelnen Fall maßgeblich ist.

e) Die Einordnung der Schadensersatzhaftung wegen Rechtsmangels oder wegen Zusicherung in die allgemeine Schadenshaftung entgegen der These von der objektiven, an den „nackten" Kaufvertrag anknüpfenden Haftung

Im Vorstehenden war insbesondere der Widerspruch zwischen voller Nichterfüllungshaftung bei Rechtsmängeln und „Haftung" auf Wandelung oder Minderung bei Sachmängeln zu überwinden. Es war die Rechtfertigung der scharfen Rechtsmängelhaftung aufzusuchen und daraus jener Widerspruch zu beseitigen. Für die Überwindung des Widerspruchs reicht es aus, daß wir die Rechtfertigung der scharfen Rechtsmängelhaftung in eben derselben Art von vertraglicher Vereinbarung gefunden haben, die auch von der Regelung der Sachmängelhaftung berücksichtigt wird und die nach dieser zu derselben scharfen Haftung wie der bei Rechtsmängeln führt. Allerdings haben wir dadurch nur die Frage nach dem Ob einer widerspruchsfreien Haftungsgrundlage bei Sach- und Rechtsmangel beantwortet. Ob nach Rechtsmängel- und ebenso nach Sachmängelregelung die volle Nichterfüllungshaftung eingreift, ergibt sich aus der identischen Grundlage, jener von *Jakobs* präzisierten Art der Beschaffenheitsvereinbarung.

Offen ist die Frage, wie weit diese Nichterfüllungshaftung geht. Die Frage ist für Rechts- und Sachmängelregelung identisch, brauchte also für das Verhältnis der beiden an sich nicht mehr gelöst zu werden. Wenn wir uns aber bei dem Ergebnis der identischen Nichterfüllungshaftung aus Rechts- oder Sachmangelhaftigkeit, wenn die erforderliche Art der Beschaffenheitsvereinbarung festzustellen ist, wirklich beruhigen wollen, so muß auch diese Frage beantwortet werden. Es spricht neuerlich für die Identität der Grundlage der Rechtsmängel- und der Zusicherungshaftung, daß auch in der Reichweite dieser Haftungen dasjenige übereinstimmt, was *Ernst* für die Rechtsmängel- und was *Jakobs* für die Zusicherungshaftung angenommen haben. *Ernst* nimmt ohne weiteres an, daß §§ 434, 440 BGB eine objektive, nicht auf Verschulden abstellende, an den „nackten" Kaufvertrag anknüpfende Haftung begründe. Genauso weit geht die Zusicherungshaftung nach *Jakobs*. Der Verkäufer eines Gattungskaufs haftet nach *Jakobs* sogar für Ausreißer-Fälle, d.h. wenn er Stücke aus der Gattung besorgt, die ohne Betei-

---

[141] Oben zu Fn. 53. Für die freie Anwendung der Anfechtungsfrist nach § 246 Abs. 1 AktG im Falle der Gesellschafterklage betreffend rechtswidrige Geschäftsführungsmaßnahmen von Vorstand oder Aufsichtsrat *Flume*, Die juristische Person, 1983, § 8 V 4. S. 312.

ligung irgendeines Verschuldens nicht die nach § 243 Abs. 1 geschuldete mittlere Art und Güte aufweisen.[142]

Es ist offensichtlich, daß die Unterscheidung von Angaben des Verkäufers, auf die der Käufer sich verlassen kann, und solchen, die Verkäufer und Käufer nur gemeinsam voraussetzen, zwar in dem Fall, daß erstere festzustellen sind, eine einheitliche, aber keineswegs eine so weitgehende Haftungsgrundlage ergeben kann. Würde die Zusicherungshaftung des Verkäufers so weit gehen, so brauchten wir keine Produkthaftung, ja die Produkthaftung würde mit ihren Beschränkungen hinsichtlich der geschützten Rechtsgüter etc. von der Verkäuferhaftung überholt.

Der „venditor ignorans“ wird von *Ernst* bei Bestehen einer Sozialbindung aufgrund des WohnungsbindungsG milde behandelt, indem *Ernst* entgegen der Rechtsprechung verneint, daß es sich um einen Rechtsmangel handele.[143] Wieso genau derselbe „venditor ignorans“ in Fällen, die auch *Ernst* als Rechtsmangelfälle einordnet, oder bei ernsthaften Angaben im Sinne von *Jakobs* derart hart haften soll, ist schlechterdings nicht einzusehen. Auch insoweit bedarf es noch der rechtswissenschaftlichen Überwindung von Widersprüchen.[144]

Dabei ist in einem ersten Schritt eine Widersprüchlichkeit bzw. Willkürlichkeit der Annahmen von *Jakobs* und *Ernst* in dem jeweils konkreten Haftungszusammenhang, den sie behandeln, und in einem zweiten Schritt der übergreifende einheitliche Haftungsgedanke zu berücksichtigen, aus dem die Widersprüchlichkeit bzw. Willkürlichkeit bezüglich der Reichweite der Haftung aus dem von *Jakobs* aufgedeckten Vereinbarungstyp aufzulösen ist.

Als im konkreten Haftungszusammenhang willkürlich erweist sich zunächst die objektive Rechtsmängelhaftung nach *Ernst*, wenn man diese in einen allgemeineren Zusammenhang einordnet. Dadurch zeigt sich zugleich einerseits, daß die Annahme von *Ernst* nicht für sich allein steht, vielmehr dem Gesetz von der h.M. in allgemeinerer Weise entnommen wird, und andererseits, daß diese - mithin allgemeiner vorzufindende - Annahme nicht etwa unbestritten ist, also nicht so einfach vorausgesetzt werden darf, wie *Ernst* dies tut. Die Rechtsmängelhaftung ist in ihrem Kernfall die Haftung für anfängliches Unvermögen, und für diese vertritt in der Tat, wie *Ernst* für die Rechtsmängelhaftung, die h.M. in der Bindung an die gesetzliche Regelung[145] eine objektive, an den „nackten“ Kauf geknüpfte, nämlich eine sogenannte Garantiehaftung des Schuldners.[146] Diese h.M. ist aber keineswegs unbestritten. Der Annahme einer Garantiehaftung wird das Verschuldensprinzip unseres Rechts entgegengehalten und die Haftung für anfängliches Unvermögen demgemäß nur dann bejaht, wenn der Schuldner das

---

[142] Oben Fn. 73.
[143] Oben zu Fn. 115.
[144] Mit Recht hat *Flume* AcP 193, 98 der scharfen Haftung aus weit gefaßter Zusicherung widersprochen. *Flume* hat die allgemeine Verschuldenshaftung des Verkäufers bei Sachmängeln auf das negative Interesse entwickelt und für die Haftung auf das Erfüllungsinteresse eine "eindeutige Garantie" verlangt (S. 98, 108 ff.).
[145] Siehe oben Fn. 9.
[146] Nachweise bei Palandt-*Heinrichs*, Kom. BGB, 57. Aufl. § 306 Rz. 9.

Unvermögen zu vertreten hat.[147] Dieser Kritik ist grundsätzlich zu folgen: Es kann nicht überzeugen, ist vielmehr eben willkürlich, den Schuldner „objektiv" haften zu lassen, wenn das zu leistende Recht, wovon der Schuldner aber nichts weiß, nicht voll in die Rechtszuständigkeit des Schuldners gelangt ist - wenn etwa die bewegliche Sache, an der das Eigentum zu übertragen ist, vor dem Besitzerwerb des Schuldners abhanden gekommen war -, den Schuldner aber nur für das von ihm zu Vertretende einstehen zu lassen, wenn der Leistungsgegenstand nach dem Zeitpunkt des Kaufabschlusses abhanden kommt.[148] Führt man für die objektive Haftung bei anfänglichem Unvermögen eine Garantie des Schuldners an, so ist das bare Fiktion. Beruft man sich demgegenüber nur auf die dem Gesetz zu entnehmende Regelung, so ist dies die Anwendung einer unverständlichen und mit Grundgedanken, die im Gesetz selbst verankert sind, unvereinbaren Regelung.

Diese Widersprüchlichkeit im Verhältnis zu allgemeinen Haftungsgedanken haftet auch der objektiven, an den „nackten" Zusicherungskauf geknüpften Haftung im Sinne von *Jakobs* an. Auch diese Annahme einer objektiven Haftung steht freilich nicht allein. *Jakobs* erweitert nämlich nur mit seiner Erweiterung des Tatbestands der Zusicherung diejenige objektive Haftung, die auch die h.M. bei Zusicherung, insbesondere aufgrund der Annahme sog. stillschweigender Zusicherungen, vertritt, nämlich die auch hier so genannte Garantiehaftung. Gerade die Ausweitung der Garantiehaftung durch *Jakobs* macht nun aber die Unvereinbarkeit der Haftung mit allgemeinen Haftungsprinzipien deutlich. Indem *Jakobs* die Haftung für Zusicherung beim Spezieskauf auf den Gattungskauf und hier auf jeden Fall der Abweichung der vom Verkäufer gelieferten Sache von der Beschaffenheitsvereinbarung, und zwar auch der erst in der Zeit nach dem Kaufabschluß ausgewählten Sache, ausdehnt, gibt er die Haftung auch bei nachträglicher Leistungsstörung. Und insoweit gilt nun ohne Zweifel das Verschuldensprinzip. Man müßte dies wieder mit der Annahme einer Garantie überwinden. Daß aber dem Leistungsversprechen des Verkäufers, auch wenn dieser durchaus ernsthafte und

---

[147] So etwa *Esser/Schmidt*, Schuldrecht Allgemeiner Teil, Teilband 2, 7. Aufl. 1993, § 22 III 2.

[148] Die Willkürlichkeit besteht übrigens ebenso in bezug auf die objektive Unmöglichkeit, hier nur in umgekehrter Richtung: Es kann nicht eine unterschiedliche Haftungsintensität begründet sein je nachdem, ob der Leistungsgegenstand vor (dann §§ 306, 307) oder nach Vertragsschluß (dann § 325) untergegangen ist. § 306 ist, was wirliche Leistungsversprechen betrifft, zunächst einmal auf Verträge zu beschränken, die als sinnvoll nicht denkbar sind. Geht es dagegen um den Untergang des versprochenen Leistungsgegenstands vor Vertragsschluß, hat der Schuldner ebenso wie bei dem Untergang nach Vertragsschluß nach Maßgabe seines Zu-Vertretens-Habens zu haften. Zu § 306 umfassend *Arp*, Anfängliche Unmöglichkeit, 1988; s. die Besprechung von *Medicus* JZ 1988, 757. Die Rechtfertigung des § 306 sodann in einem weiteren Fall zeigt *Flume* AcP 193, 112 f. mit der Einordnung des § 306 in die Risikohaftung für die Nichtübereinstimmung von Vertrag und Wirklichkeit, wie sie nach §§ 459, 462 den Verkäufer treffe. In der Tat ist im Fall von Vereinbarungen, nach denen beide Parteien eine bestimmte Wirklichkeit voraussetzen, der Schuldner dem Gläubiger aber nicht die bestimmte Leistung zusagt, die Rechtsfolge des § 306 ebenso wie die der §§ 459, 462 angebracht.

für den Käufer verläßliche Angaben macht, eine Garantie entnommen werden kann, die als rechtsgeschäftliche Rechtfertigung dafür herhalten könnte, daß der Verkäufer für jede Schädigung des Käufers einstehen muß, insbesondere auch für solche Schäden, die aus Fehlern in der Sphäre des Herstellers, ja sogar aus Ausreißern bei sonst rite organisierter Herstellung herrühren, das kann nicht angenommen werden. Auch dies ist bare Fiktion.

Die somit in einem ersten Schritt festgestellte Widersprüchlichkeit bzw. Willkürlichkeit ist in einem zweiten Schritt aus dem allgemeinen Gedanken der Schadenshaftung zu überwinden. In diesen hat *Picker* die Nichterfüllungshaftung aus Vertrag eingeordnet.[149] Gerade *Picker* hat aber gezeigt, daß das rechtsgeschäftliche Erfüllungsversprechen nicht einfach objektiv, „nackt“ als Grundlage einer Schadensersatzhaftung angenommen werden kann. Das Erfüllungsversprechen als autonome Regelung ist nur die Grundlage der Leistungspflicht, nicht aber die Grundlage des Schadensersatzes bei Nichtleistung. Der autonomen Haftung, die auf Erfüllung gerichtet ist, ist die Schadensersatzhaftung als eine heteronome Haftung, die dem privatautonomen Willen gerade nicht entnommen werden kann, gegenüberzustellen.[150] Nur wenn der Inhalt des vertraglichen Versprechens selbst auf Schadensfreihaltung gerichtet, wenn eine Garantie in diesem wirklich rechtsgeschäftlichen Sinne festzustellen ist, ist die Schadenshaftung als Erfüllungshaftung begründet.[151] Dies kommt aber weder hinsichtlich der anfänglichen Rechtsmängel, von denen der Verkäufer nichts weiß, ja über deren Abwesenheit häufig nicht einmal gesprochen wird, noch hinsichtlich der Angaben zur sachlichen Beschaffenheit der Kaufsache, die der Verkäufer guten Glaubens macht, in Betracht. Gerade wenn man die Zusicherungshaftung, was *Jakobs* aufgrund seiner Unterscheidung der beiden Typen von Beschaffenheitsvereinbarungen mit Recht tut, schon auf die für den Käufer verläßliche Angabe des Verkäufers stützt, wird die Unhaltbarkeit der Annahme, daß an die Zusicherungserklärung des Verkäufers eine objektive Schadensersatzhaftung zu knüpfen sei, offenbar.

Somit kann es für die Schadensersatzhaftung des Verkäufers wie für jede Schadensersatzhaftung nur die Begründung aus der Verantwortlichkeit des Verkäufers für den Schaden des Käufers geben, und zwar auf das negative Interesse des Käufers, weil und soweit dessen vorhandene Güter vor Schäden zu bewahren sind und der Vertrag die erforderliche Sonderbeziehung schafft, die die notwendige Eingrenzung der Schadensersatzhaftung ergibt,[152] sodann auf das positive Interesse, weil und soweit der Verkäufer durch den Kauf dem Käufer die Kaufsache zugesagt und so die dem Käufer zugeordnete Interessensphäre, bei deren nachteiliger Veränderung die Haftung in Betracht kommt, inter partes erweitert hat.[153] Für

---

[149] AcP 183, (1983), 371 ff., 460 ff., 473 ff. (477/478); JZ 1987, 1043 ff.

[150] *Picker* AcP 183 (1983), 371, 393 ff.; JZ 1987, 1043 f., 1045.

[151] AcP 183, 395 Fn. 91, S. 402 mit Fn. 105.

[152] *Picker* JZ 1987, 1044, 1052, 1053 f.; für die Verschuldenshaftung des Verkäufers betreffs der sachlichen Beschaffenheit der Kaufsache auf das negative Interesse bahnbrechend *Flume* AcP 193 (1993), 108 ff.

[153] *Picker* AcP 183, 399 ff.; JZ 1987, 1056 f.; *Wilhelm,* Sachenrecht, 1993, Rz. 16 ff.

diese Verantwortlichkeit des Verkäufers besteht aber nach unserem Recht wie für jede Schadensverantwortlichkeit das Prinzip, daß der Schuldner auf Schadensersatz nur dann haftet, wenn er den Umstand, der zu dem Schaden des Gläubigers geführt hat, zu vertreten hat. Solange und soweit nicht der Gesetzgeber - und zwar in der willkürfreien Abwägung besonderer Schadensgefahren auf der einen gegen eine besondere Risikozurechnung auf der anderen Seite - Spezialregeln unbedingter Schadenseinstandspflichten schafft,[154] gilt das Prinzip der Verschuldenshaftung. Dieses Prinzip bedeutet für den Schutz im Rahmen eines Vertrages, daß der Schuldner für die Schäden bei der Erfüllung ebensowohl wie durch die Nichterfüllung seines Leistungsversprechens dann einzustehen hat, wenn er die Störung, aus der der Schaden des Gläubigers entsteht, zu vertreten hat, und in diesem Fall nur für diejenigen Schäden, die er in zu vertretender Weise der Zuordnungssphäre des Gläubigers zufügt oder deren Eintreten er pflichtwidrig nicht verhindert.

Für anfängliche Mängel, seien es Rechtsmängel, seien es Mängel zugesicherter Eigenschaften, ist zu beachten, daß der Verkäufer vor dem Vertragsschluß und vor Eintritt in die Vertragsverhandlungen noch überhaupt keine Vermögensposition des Käufers kraft Sonderbeziehung zu beachten hatte[155] und mit Eintritt in die Vertragsverhandlungen nur das negative Interesse des Käufers an der Erhaltung seiner in Kontakt zum Verkäufer kommenden Rechtsgüter. Was das Vertrauen des Käufers auf den Vertrag und sein positives Interesse an diesem betrifft, wird die vor Schaden zu bewahrende Rechtsposition des Käufers erst durch den Vertragsschluß geschaffen. Zu fragen ist dann bezüglich von Mängeln, die schon bei Vertragsschluß gegeben sind, ob insoweit überhaupt eine schuldhafte Störung der erst durch den Vertrag begründeten Rechtsposition des Käufers denkbar ist. Dies ist nur in der folgenden Weise zu bejahen: Eben weil der Verkäufer mit dem Vertragsschluß die vertragliche Rechtsposition des Käufers schafft, muß er um des Schutzes dieser Rechtsposition willen bei seinem den Vertragsschluß begründenden Versprechen rückblickend überprüfen, ob er nach der Organisation seines vorvertraglichen Verhaltens das Versprechen wird halten, die sich durch das Versprechen geschaffene Rechtsposition des Käufers wird wahren können. Fehler in dieser Überprüfung sind es, die die zu vertretende Schädigung der durch den Vertrag zugeordneten Rechtsposition des Käufers ergeben. So ist es der Verkäuferin des gewerblichen Grundstücks im oben berichteten Fall der Ausübung der Mietrechtsverlängerungsoption[156] zum Verschulden zuzurechnen, daß sie die Nichtausübung der Verlängerungsoption zugesichert hat, obwohl die Option

[154] Zu dieser Abwägungsfrage umfassend *Blaschczok*, Gefährdungshaftung und Risikozuweisung, 1993.

[155] Nicht zu folgen ist *Jakobs*, der betreffend die von ihm neben die Zusicherungshaftung gestellte Haftung wegen schuldhafter Lieferung einer mangelhaften Gattungssache Hersteller und Vorlieferanten als Erfüllungsgehilfen des Verkäufers ansieht und dies auch auf Fehler bezieht, die vor dem Vertragsschluß unterlaufen (Gesetzgebung S. 154 f.). § 278 ist nur bei Einschaltung von Gehilfen in die Erfüllung eigener Leistungs- und Integritätsschutzpflichten anzuwenden (*Picker* AcP 183, 488 f.; JZ 1987, 1041 Fn. 2).

[156] Oben Fn. 18.

schon durch Erklärung gegenüber dem Erblasser ausübbar war und sie sich nicht bei dem Mieter der Nichtausübung der Option vergewissert hat.

Der Fall zeigt aber zugleich, daß, auch wenn beim anfänglichen Mangel die schuldhafte Verletzung der Rechtsposition des Käufers begründet werden kann, aus der hier allein denkbaren zu vertretenden Verletzung nicht immer der Ersatz auch des positiven Interesses des Käufers folgt. Das positive Interesse ist nur dann zu gewähren, wenn der Verkäufer im Fall der ordnungsgemäßen Überprüfung und dann der Entdeckung eines Fehlers in seiner Organisation statt der gelieferten fehlerhaften eine andere Sache derselben Gattung geliefert hätte, die jetzt nicht mehr lieferbar ist (sonst gilt ja das Leistungsversprechen weiterhin). Nur das negative Interesse bezüglich der Vertragskosten und -aufwendungen oder auch nur die Minderung des Kaufpreises sind demgegenüber geschuldet, wenn bei Feststellung des Fehlverhaltens der Kauf gar nicht oder zu einem geringeren Kaufpreis zustande gekommen wäre. In zu vertretender Weise ist in diesem letzteren Fall nur bewirkt, daß der Kauf überhaupt bzw. zu diesem Kaufpreis zustande gekommen ist, aber nicht hat der Verkäufer die durch sein Versprechen für den Käufer begründete Rechtsposition diesem ganz oder teilweise genommen.

VII. Schluß

Unsere Darstellung galt der Bewährung und Erhaltung der Rechtswissenschaft vom Bürgerlichen Recht vor der Gefahr, daß durch die europäische Gesetzgebung und Rechtsanwendung die Tendenz zu einheitlichen Lebensverhältnissen, die man meint, durch einen schematisch flachen Positivismus verbürgen zu müssen, übermächtig wird. Unser Ausgangspunkt war der Entwurf zu einer Richtlinie über den Verbrauchsgüterkauf, unser Beispiel das Kaufrecht des BGB und die Rechtswissenschaft zu diesem Kaufrecht. Es war zu zeigen, wie das Recht rechtswissenschaftlich, nämlich durch die Erkenntnis geschichtlicher Bedingtheit des positiven Rechts ebenso wie neuer kategorialer Einsichten in das Verhältnis des Rechts zur Wirklichkeit und durch die Aufdeckung von Grundgedanken, in deren Licht sich vorhandene Regelungen und die Praxis ihrer Anwendung als willkürlich und korrekturbedürftig herausstellen können, fortzubilden ist. Grundlegend für diese Demonstration war das Buch „Eigenschaftsirrtum und Kauf".

GPSR Compliance
The European Union's (EU) General Product Safety Regulation (GPSR) is a set of rules that requires consumer products to be safe and our obligations to ensure this.

If you have any concerns about our products, you can contact us on

ProductSafety@springernature.com

In case Publisher is established outside the EU, the EU authorized representative is:

Springer Nature Customer Service Center GmbH
Europaplatz 3
69115 Heidelberg, Germany

www.ingramcontent.com/pod-product-compliance
Ingram Content Group UK Ltd.
Pitfield, Milton Keynes, MK11 3LW, UK
UKHW022049051026
15623UKWH00001B/364
9783540648321